All new
GRAMMAR
Basics

저자 임인재 (前 한국외대 통역대학원 강사)

All new GRAMMAR Basics

초판 발행 First Published	2009년 3월 20일
증보판 발행 Enlarged edition Published	2011년 1월 10일
증보판 3쇄 Third Published	2014년 8월 20일
저자 Author	임인재
워크북 문제 및 해설 Workbook Writing	이지영
회장 President	엄호열
발행인 Publisher	엄태상
발행처 Publishing Company	SISA Edu YesEnglish
등록일자 Registration Day	2000년 8월 17일
등록번호 Registration Number	제 1-2718호
주소 Address	서울시 종로구 자하문로 300 송민빌딩
전화 Call to Editorial Dept.	편집부 02-744-0509
Call to Marketing Dept.	주문 문의 02-3671-0555, FAX 02-3671-0500
이메일 info@langpl.com	
홈페이지 www.langpl.com	

Copyright ⓒ 2011 SISA Edu YesEnglish

SISA Edu YesEnglish is an imprint of Language PLUS.
All rights reserved. No part of this publication may not be reproduced, stored in a retrieval system, or transmitted in any form or by any means, electronic, mechanical, photocopying, recording, or otherwise, without the prior written permission of the Publisher.

✻ 이 책의 내용을 사전 허가 없이 전재하거나 복제할 경우 법적인 제재를 받게 됨을 알려 드립니다.
✻ 잘못된 책은 구입하신 서점이나 본사에서 바꿔드립니다.

ISBN 978-89-5518-950-6 13740

All new GRAMMAR Basics

머리말

　높은 영어점수를 받고 싶은 여러분, 가장 확실하게 높은 영어점수를 받는 방법은 바른 길로 가는 것입니다. 요령을 부리면 문제가 해결되는 것처럼 보이지만 금방 원점으로 돌아가야 합니다. 예를 들면, 문법부문에서 점수를 올렸는가 싶으면 독해부문에서 점수가 내려갑니다. 불과 몇 달 동안에 독해부문의 난이도가 올라가 버렸기 때문입니다. 진짜 영어실력을 향상시켜 놓지 않으면 계속해서 이런 식으로 땜질처방을 해야 합니다.

　Reading 부문을 어느 정도 해결했다 싶으면 이제 Listening 점수가 요지부동입니다. 자신의 청취실력으로 받을 수 있는 최고점수를 이미 받고 있기 때문입니다. **결국 길게 계속되는 원어민의 이야기를 이해하려면 phrase 단위로 즉시 처리할 수 있어야 하고 그러려면 영문법을 더 확실하게 알아야 하겠다고 생각하고 다시 영문법 책을 꺼내 듭니다.** 갈 길은 먼데 영문법 공부를 하려니 과연 제대로 판단한 것인지 의구심만 듭니다.

　요즘 우리사회가 한 단계 더 성숙해지면서 영어의 Speaking 점수는 물론 Writing 점수까지 요구하는 직장과 학교가 늘어나고 있습니다. 당연히 이러한 추세는 앞으로 더 확산될 것입니다. 영어실력은 결국 Speaking & Writing이 좌우하기 때문입니다. 가만히 앉아서 Reading & Listening하기 위해서 영어를 공부하지 않습니다. 영어는 결국 만들어내기 위해서 공부합니다. **영어를 만들어낼 때는 확실한 영문법 실력이 아니면 아무 짝에도 쓸모 없다는 것을 여러분도 잘 알고 있습니다.** 허술한 영문법실력은 오히려 방해만 됩니다.

　따라서 이제 여러분은 영문법을 공격적으로 정리해야 합니다. Reading 시험의 문법 part를 위한 영문법만이 아니라 Listening, Speaking, Writing에도 바로 적용할 수 있는 공격적인(aggressive) 영문법 정리가 반드시 필요합니다. 항상 공격이 최상의 방어이기 때문입니다. 어차피 알아야 하는 영문법 규칙들을 애써 외면하고 소극적으로 대처하면, 결국 여러분은 영문법을 여러 차례에 걸쳐서 건드리게 됩니다. 이 무슨 낭비입니까? 영문법을 제대로 정리하는 것이 어렵지도 않습니다. 단지, 태도가 다르기 때문에 효과가 다를 뿐입니다.

　여러분은 어차피 곧 Speaking & Writing 점수를 제시해야 합니다. 그렇다면 왜 한번에 영문법을 완전하게 정리하지 않습니까? **완전하게 영문법을 정리하면 당장 여러분의 Listening & Reading 실력도 눈에 띄게 향상됩니다.** 어떠한 문장이든 전자사전, 인터넷 사전만 있으면 100% 해석할 수 있게 됩니다. 영어는 무조건 많이 듣고 많이 읽는다고 문제가 해결되지 않습니다. **영어는 우리말과 엄청나게 다르기 때문입니다. 제대로 영어를 이해해야 합니다.** 영어에 대해서 30~40%만 알고 덤비면 영영 현재의 그 수준에서 벗어나지 못합니다.

　저는 통역대학원을 졸업하고 동시통역사로 활동하면서 누구보다 영어를 치열하게 Speaking하고 Writing해 본 경험을 가지고 있습니다. 지난 14년 동안 열심히 많은 영어 Reading과 Listening을 했습니다. 그러나 강의실에서는 '영문법 강의'에 전념해 왔습니다. 그 이유는? **한국학생들이 영어를 못하는 이유는 영어발음이 좋지 않거나 영문법을 모르기 때문이라는 점을 현장에서 계속해서 확인했기 때문입니다.** 여러분, 영어를 잘 하는 것 쉽습니다. 영문법을 제대로 정리하십시오. 영어가 재미있고 영어실력이 하루가 다르게 향상됩니다.

저자 임인재

편집자의 글

2008년 9월에 이 책의 저자이신 임인재 선생님의 토익만점 52번이라는 기사를 보고 참으로 대단한 분이라는 생각을 했다. 영어시험 점수라는 것이 꼭 영어실력과 일치하지 않는다. 마찬가지로 그 점수가 한 사람의 영어 역량의 전부를 대변할 수도 없다. 그러나 만점이 50번을 넘어섰다는 것은 얘기가 좀 다르다고 생각했다. 점수를 중위권에서 상위권으로 올리는 것도 만만치 않은데, 출제 pattern이 바뀌었음에도 수년 동안 만점을 유지한다는 것은 대단한 실력과 꾸준한 노력이 뒷받침해 주지 않으면 어려운 일이라고 생각했다.

우선 사람이 기계가 아닌데 50번 넘게 만점을 받으려면 영어실력도 실력이지만 대단한 집중력과 치밀함이 갖추어지지 않으면 어려운 일이라고 생각했다. 영어실력만이 아니라 삶의 자세 또한 특별해야 그런 일이 가능하지 않을까 생각했다. 그러나 무엇보다 이 분의 진짜 영어실력이 어떨 지가 대단히 궁금했다. **어렵게 접촉한 끝에 이 분의 원고를 받아볼 수 있었고, 원고를 보자 그 궁금증이 풀렸다.**

오랜 시간에 걸쳐 쌓아 올린 영어에 대한 해박한 지식이 원고 곳곳에 묻어있었을 뿐만 아니라 처절하리만치 진지한 영어교사만이 제시할 수 있는 창조적이고 분석적이고 정곡을 찌르는 문법설명들을 원고 여기저기에서 접할 수 있었다. 원고를 읽으면서 내내 이것이 바로 한국학생들이 당장 필요로 하는 영어교재라고 확신하게 되었다. 아래에 편집인이 원고에서 직접 또는 간접적으로 읽은 인상적인 구절들을 몇 개 소개하고자 한다.

"영어문장은 구조 쪽에서 보면 지극히 단순하다. 동사 뒤에 있는 것이 보어냐, 목적어냐에 의해서 모든 것이 결정된다. 이 구별을 하기 위해서는 제 2형식에 쓰이는 동사 22개, 제 5형식에 쓰이는 동사 14개만 알면 충분하다." **"한국인이 가장 많이 틀리는 부분이 명사다. 명사를 아직도 가산과 불가산으로 분류하지 못하기 때문이다. 그러니까 당연히 관사를 제대로 이해하지 못한다. 관사를 알려면 명사의 분류부터 다시 시작하라"** "방법부사를 제외한 10가지 부사와 모든 전치사와 접속사들의 뜻을 개별적으로 말할 수 있을 정도로 확실히 알겠다고 마음을 먹고 시작하면 부사, 전치사, 접속사 쉽다." "우리말에는 완료와 완료진행형 시제가 없다. 이 사실을 바탕으로 동사시제를 공부하지 않으면 우리말에 없는 이 6가지 시제를 끝내 이해하지 못해서 사용하지 못한다." "to 부정사, 동명사, 현재분사, 과거분사는 서로 밀접한 관계를 가지고 있기 때문에 이 순서대로 공부해야 체계적인 정리가 가능하다."

바로 한국인을 위한 영어의 핵심을 찌르는 참신하고 확실한 영문법해설이 여러분을 기다리고 있다. **이 책의 원고를 처음 접한 최초의 독자로서 영어와 영문법학습을 하고자 하는 독자 여러분들에게 자신 있게 이 책을 권한다.**

영어편집장 이성

이 책의 구성과 특징

이 교재는 독자가 직접 저자의 강의를 듣는 것처럼 느낄 수 있게 내용을 구성하여 혼자서도 영문법을 충실하게 공부할 수 있도록 하였습니다.

1 핵심강의   각 section별로 introduction에 해당하는 '핵심강의'를 통해서 그 section에서 배우게 될 중요한 내용들을 알기 쉽게 설명했습니다. 이 부분을 먼저 읽고 본문으로 들어가는 것이 좋습니다.

2 예문중심   본문은 철저하게 예문중심으로 구성하였습니다. 정곡을 찌르는 예문들을 통해서 효과적으로 문법규칙들을 이해할 수 있도록 했습니다. 또한 예문들을 통해서 꼭 필요한 어휘공부도 하고 문장구조에 대한 실력도 계속해서 점검할 수 있도록 했습니다.

3 키포인트 제시   꼭 알아야 하는 대단히 중요한 문법규칙들은 본문 사이사이에 key point라는 공간을 마련하여 깔끔하게 정리해 놓았습니다.

★ 서둘러 영문법을 정리해야 하거나 두 번째 또는 세 번째 이 교재를 보는 사람들은 별색으로 표시된 예문/예시 중심으로 보아도 좋습니다. 그 밑에 있는 해설은 필요한 때에만 보십시오.

★ 이 교재를 영문법사전으로 이용할 수도 있습니다. 필요한 경우에 색인 대신 목차를 이용해서 원하는 부분을 바로 찾아갈 수 있도록 목차를 자세하게 만들었습니다.

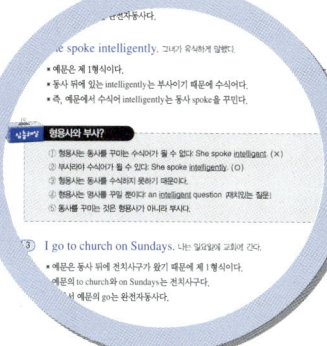

4 해설 및 심층 해설 예문에 대한 해설은 한 줄이 넘지 않도록 했습니다. 추가 설명이 필요하면 다시 한 줄을 추가했습니다. 자세한 해설은 심층해설이라는 공간에 별도로 모았습니다. 여기에는 전문가만이 아니라 여러분 모두 알아두면 크게 도움이 되는 정보들이 실려있습니다.

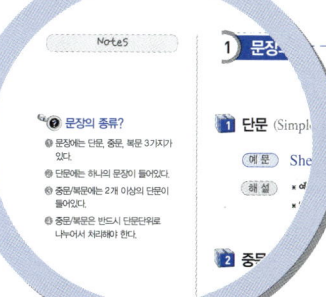

5 Notes 본문의 좌측 또는 우측 여백에 Notes라는 공간을 마련해 놓았습니다. 여러분이 알고 있으면 도움이 되는 정보들이 실려있거나, 또는 여러분이 자유로운 필기 공간으로 활용할 수 있도록 빈 공간으로 남겨두었습니다.

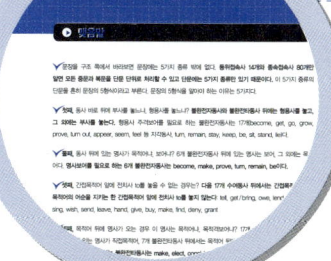

6 맺음말 모든 section을 확실하게 정리할 수 있도록 각 section이 끝나는 곳에 맺음말을 마련했습니다. section이 시작되는 곳의 핵심강의와 이 맺음말을 모아서 읽으면 각 section에 대한 알찬 정리가 됩니다.

목차 (Contents)

Chapter 1 문장구조와 단어형태

Section 1 문장구조 — 18
1. 문장의 종류 — 20
2. 단문의 5가지 종류 — 22
3. 자동사와 타동사 양쪽으로 쓰는 동사들 — 35

Section 2 단어형태 — 38
1. 어미 — 39
2. 접두사 — 43
3. ~ly로 끝나는 형용사 — 46
4. 형용사 / 부사로 쓰는 ~ly로 끝나는 단어들 — 48
5. 형용사로만 보이지만 부사이기도 한 단어들 — 50

Section 3 유사어 — 54
1. 주의해야 할 유사어 — 55

Chapter 2 명사와 관사

Section 4 명사 — 62
1. 분류 — 64
2. 가산명사의 복수 — 66
3. ~s로 끝나지만 불가산명사인 명사들 — 72
4. 복수명사 — 74
5. the + 형용사를 명사 취급하는 경우 — 77
6. 고유명사/ 물질명사/ 추상명사를 가산명사처럼 쓰는 경우 — 79
7. 복합명사 — 82
8. 복수형 수사를 써야 하는 경우 — 84
9. 일부 불가산명사를 세는 방법 — 86

Section 5 집합명사 — 88
1. 제1그룹 — 89
2. 제2그룹 — 91
3. 제3그룹 — 93
4. 제4그룹 — 95

Section 6   **명사의 소유격** — **98**
  1. 사람 / 동물 / 국가 / 단체 / 선박에는 's   99
  2. 합성어의 소유격   100
  3. 복수의 소유격   100
  4. ~s로 끝나는 단수명사의 소유격   101
  5. 사람 등에 of를 써서 소유격을 만드는 경우   101
  6. 일반사물에 's를 붙여서 소유격을 만드는 경우   102
  7. 이중 소유격   103
  8. 소유격 뒤의 명사를 생략하는 경우   103

Section 7   **수사** — **106**
  1. 분수를 읽는 법   107
  2. 소수를 읽는 법   108
  3. 기타 수를 읽는 방법   108

Section 8   **관사** — **112**
  1. 부정관사   114
  2. 정관사   119
  3. 관사를 생략할 수 있는 경우   133

Chapter 3 형용사와 대명사

Section 9   **형용사** — **138**
  1. 종류   139
  2. 한정형 / 서술형에 따라 뜻이 달라지는 형용사   140
  3. 형용사들 사이에 and를 놓는 경우와 놓지 않는 경우   141
  4. 형용사들의 나열순서   142
  5. 진주어가 of로 시작하는 경우   143
  6. the same as와 the same that   143
  7. 혼동하기 쉬운 형용사   144
  8. '많은'이라는 뜻의 형용사   145
  9. 한국어에서 '명사 + 명사', 영어에서 '형용사 + 명사'   146

Section 10	대명사	148
	1. 종류	150
	2. 인칭대명사	152
	3. 소유대명사	153
	4. both	154
	5. every와 each	155
	6. either와 neither	157
	7. all	158
	8. some과 any	159
	9. no	161
	10. none과 no one	161
	11. a few, few, a little, little	162
	12. most	163
	13. 가주어 / 가목적어 it	164
	14. 강조구문	165
	15. one	166
	16. ones와 the ones	167
	17. this, that, these, those	167
	18. 재귀대명사	168
	19. own	169
	20. other, another, the other, others, the others	170
	21. each other와 one another	172
	22. 의문 형용사/ 대명사	172

Section 11	비교급과 최상급	178
	1. 비교급	180
	2. 최상급	185

Chapter 4 부사, 전치사, 접속사

Section 12	부사	192
	1. 방법부사	194
	2. 장소부사	196
	3. 시간부사	200
	4. 빈도부사	207
	5. 정도부사	212

  6. 강조부사   216
  7. 초점부사   220
  8. 관점부사   223
  9. 접속부사   226
  10. 의문부사   230
  11. 관계부사   231

Section 13 전치사   234
  1. 개별전치사   235
  2. 집단전치사   253
  3. 구동사   264
  4. 기타 전치사 규칙   284

Section 14 등위접속사   296
  1. 추가와 순서   297
  2. 대비   298
  3. 대안   299
  4. 결과   300
  5. 원인   300

Section 15 부사절 접속사   302
  1. 시간절   303
  2. 조건절   308
  3. 이유절   311
  4. 목적절   313
  5. 결과절   314
  6. 양보절   315
  7. 양태절   319

Section 16 명사절 접속사   322
  1. 명사절 접속사   323
  2. 생략할 수 있는 명사절 접속사 that   327
  3. 명사절에 원형동사를 쓰는 경우   328

Section 17 관계절   332
  1. 관계절의 유형   333
  2. 관계대명사   334
  3. 관계부사   340

Chapter 5 동사

Section 18 능동태 동사시제 — **346**
    1. 단순현재 — 347
    2. 단순과거 — 349
    3. 단순미래 — 351
    4. 현재진행 — 354
    5. 과거진행 — 355
    6. 미래진행 — 356
    7. 현재완료 — 357
    8. 과거완료 — 359
    9. 미래완료 — 360
    10. 현재완료진행 — 361
    11. 과거완료진행 — 362
    12. 미래완료진행 — 362

Section 19 수동태 — **364**
    1. 형태 — 365
    2. 수동태 문장을 만드는 이유 — 365
    3. 자동사는 수동태로 만들 수 없다. — 367
    4. 수동태로 만들 수 없는 타동사 — 367
    5. 수동태 시제 — 368

Section 20 조동사 — **372**
    1. 추측 — 373
    2. 의무 — 375
    3. 불필요 — 377
    4. 금지 — 378
    5. 선호 — 380
    6. 과거의 습관 — 381
    7. could와 was / were able to — 382
    8. 기타 조동사 — 382

Section 21 상태동사 — **386**
    1. 지각동사 — 387
    2. 사고동사 — 389

    3. 감정동사 390
    4. 소유동사 391
    5. 기타 392

Section 22 주어와 동사의 일치 **396**
    1. 주어와 동사 사이에 관계절이 있는 경우 397
    2. 주어와 동사 사이에 과거분사가 있는 경우 397
    3. 주의해야 하는 등위접속사 398
    4. 주어 뒤에 as well as, along with, together with가 있을 때 ... 399
    5. 명사절 400
    6. 관계대명사 400
    7. 주어로 착각하기 쉬운 형용사 400
    8. of 이하에 따라서 단수 / 복수가 결정되는 단어들 402
    9. 복수주어를 단수 취급하는 경우 403

Section 23 시제일치 **406**
    1. 정의 407
    2. 시제 일치의 세부 규칙 408
    3. 시제 일치 시키지 않는 경우 409

Section 24 사역동사 **414**
    1. have 415
    2. get 416
    3. let 417
    4. make 418

Chapter 6 to 부정사, 동명사, 현재분사, 과거분사

Section 25 to 부정사 **422**
    1. 형태 423
    2. 역할 424

Section 26 동명사 **434**
    1. 형태 435
    2. 역할 436
    3. to 다음에 동명사를 놓는 경우 438
    4. 동명사와 to 부정사 둘 다 쓸 수 있는 경우 439

      5. 명사와 동명사 ... 442
      6. 동명사를 진주어로 사용하는 경우 ... 444
      7. for + 동명사로 목적을 나타내는 경우 ... 445
      8. 동명사 앞에 소유격 / 목적격 ... 445
      9. 형용사 worth 뒤의 동명사 ... 446

  Section 27 **현재분사** ... 448
      1. 형태 ... 449
      2. 역할 ... 449
      3. 현재분사의 기타 기능 ... 453

  Section 28 **과거분사** ... 458
      1. 형태 ... 459
      2. 역할 ... 460

Chapter 7 가정법, 축약절, 어순의 도치 등

  Section 29 **가정법** ... 468
      1. 현재가정 ... 469
      2. 과거가정 ... 471
      3. 혼합형 가정법 ... 473
      4. If only S + V ... 474
      5. I wish S + V ... 474

  Section 30 **축약절, 병치, 중복** ... 476
      1. 축약절 ... 477
      2. 병치구조 ... 482
      3. 중복 ... 483

  Section 31 **어순의 도치** ... 486
      1. 의문문 ... 487
      2. 단어 / 구의 강조 ... 488
      3. 성질 형용사가 부정관사 앞에 놓이게 되는 경우 ... 492
      4. than 뒤에서 어순의 도치 ... 493
      5. 양태접속사 as 뒤에서 어순의 도치 ... 493
      6. 인용구 뒤에서 주어가 명사일 때 어순의 도치 ... 494

Section 32 간접화법 — 496
1. 어순의 조정 — 497
2. 시제 일치 — 497
3. 주어와 목적어의 조정 — 498
4. 장소의 조정 — 498
5. 시간의 조정 — 498

Section 33 명령문 — 500
1. 긍정 명령문 — 501
2. 부정 명령문 — 501
3. 강조형 명령문 — 502
4. 수동태 명령문 — 502
5. 상대방을 언급하는 명령문 — 503
6. 명령문 바로 앞에 있는 Go / Come (and) — 504
7. 명령문 앞에 놓인 Try and — 504
8. 명령문 앞에 놓인 Be sure and — 504

Section 34 부가의문 — 506
1. 부정 부가의문과 긍정 부가의문 — 507
2. Be 동사가 쓰인 경우 부가의문 — 507
3. 조동사가 쓰인 경우 부가의문 — 507
4. 일반동사가 쓰인 경우 부가의문 — 508
5. I am 뒤에 쓰는 부가의문 'aren't I?' — 508
6. 명령문 뒤의 부가의문 — 508
7. Let's 뒤의 부가의문 — 509
8. 미국식 부가의문 — 509
9. The same-way tag question — 509
10. 부가의문의 intonation — 510

Section 35 구두법 — 512
1. 쉼표 — 513
2. 세미 콜론 — 514
3. 콜론 — 514
4. 대시 — 515
5. 따옴표 — 515

Appendix 불규칙 동사변화 — 518

Acknowledgement

이 교재의 문법해설 중 상당부분이 저자의 독창적인 아이디어입니다. 그러나 기본적인 문법규칙과 문법 설명은 다음과 같은 영문법 또는 일반 영어교재의 주장들을 신중하게 비교, 검토해서 채택했습니다. 이 자리를 빌어 이 교재들의 저자 여러분들에게 깊은 감사를 드립니다.

1. Practical English Usage - Oxford - Michael Swan
2. Oxford Guide to English Grammar - Oxford - John Eastwood
3. A Practical English Grammar - Oxford - A.J. Thomson & A.V. Martinet
4. Longman English Grammar - Longman - L.G. Alexander
5. Exploring Grammar in Context - Cambridge - Ronald Carter
6. Grammar for English Language Teachers - Cambridge - Martha Parrott
7. Collins Cobuild English Grammar - HarperCollins Publishers
8. Basic English Usage - Oxford - Michael Swan
9. The Cambridge Grammar of the English Language - Cambridge - Rodney
10. English Grammar in Use - Cambridge - Raymond Murphy
11. The English Language / A historical Introduction - Canto - Charles Barber
12. Concise Companion to the English Language - Oxford - Rom McArthur
13. A History of the English Language - Prentice Hall - Albert C. Baugh
14. The Oxford Dictionary of Word Histories - Oxford - Glynnis Chantrell
15. Modern English Usage - Oxford - R.W. Burchfield
16. English as a Global Language - Canto - David Crystal
17. Common Mistakes in English - Longman - T.J. Fitikides
18. Clear Grammar 2 & 3 - Michigan State Univ. - Keith S. Folse
19. Longman Dictionary of Phrasal Verbs - Longman - Rosemary Courtney
20. Dictionary of Phrasal Verbs - Collins Publishers - John Sinclair

Chapter 1

문장구조와 단어형태

Section 1_ **문장구조**

Section 2_ **단어형태**

Section 3_ **유사어**

Section 01 문장구조 (Sentence Structure)

Notes

 문장구조?

① 구조 쪽에서 보면 영어문장에는 5가지 종류가 있다.
② 이 5가지를 흔히 문장의 5형식이라고 한다.
③ 단, 이는 단문의 5가지 종류를 말한다.
④ 중문 또는 복문은 단문단위로 나눈 다음에 형식을 따진다.

핵심강의

☐ **문장에는 단문, 중문, 복문 3가지가 있다.** 단문에는 하나의 문장이 들어있다. 중문에는 두 개의 문장이 있고, 그 중간에 등위접속사가 있다. 복문에도 두 개의 문장이 있지만, 종속접속사가 두 문장을 연결한다. 종속접속사가 이끄는 종속절에는 부사절, 명사절, 관계절이 있다. **중문과 복문을 단문단위로 처리하면, 결국 이 세상에는 단문만 있는 셈이다.**

☐ 단문에는 5가지 종류가 있다. 이를 문장의 5형식이라고 한다. **문장의 5형식은 주어+동사 뒤에 무엇이 오느냐에 의해서 결정된다.** 주어+동사로 의사전달을 할 수 있으면 제 1형식, 동사 뒤에 보어가 있어야 하면 제 2형식, 동사 뒤에 목적어가 있어야 하면 제 3형식, 동사 뒤에 간접목적어와 직접 목적어가 있어야 하면 제 4형식, 동사 뒤에 목적어와 목적보어가 있어야 하면 제 5형식이다.

☐ **수식어(adverbial)는 문장의 형식을 결정짓는 요소가 아니다.** 수식어가 있느냐, 없느냐에 따라서 문장 형식이 달라지지 않는다. 예를 들면, 제 1형식 문장은 주어+동사일 수도 있고 주어+동사+수식어일 수도 있다. 수식어의 역할을 하는 것은 부사, 전치사구, 부사절이다. **형용사는 수식어가 될 수 없다.** 예를 들면, "She spoke intelligently"이지 "She spoke intelligent"가 아니다. intelligent는 형용사이므로 수식어가 될 수 없기 때문이다.

☐ 문장의 4대 요소는 주어, 동사, 보어, 목적어다. **이 중 한국인에게 가장 중요한 것은 보어다.** 즉, 제 2형식에 쓰이는 주격보어와 제 5형식에 쓰이는 목적격 보어가 중요하다. 보어는 명사 또는 형용사다. 부사, 전치사구, 부사절은 보어가 될 수 없다. 보어는 주어나 목적어를 보완하고 수식어는 동사를 수식한다.

☐ **제 2형식에 쓰이는 동사를 불완전자동사라고 한다. 총 22개 있다.** 이 중 17개 동사 뒤에는 형용사를 보어로 놓는다. 예를 들면, "They grew rich"에서 형용사 rich는 불완전자동사 grew 뒤에서 보어의 역할을 하고 있다. 6개 불완전자동사 뒤에는 명사를 보어로 놓는다. 예를 들면, "He will make a good president"에서 a good president는 명사보어다.

☐ 제 3형식에 사용하는 동사를 완전타동사라고 한다. 타동사 뒤에는 목적어가 있어야 한다. 목적어가 될 수 있는 것은 명사, 대명사, to 부정사, 동명사, 명사절이다. 완전타동사의 숫자는 엄청나게 많다. **따라서 명사보어를 필요로 하는 6개 불완전자동사를 완전하게 장악해야 동사 뒤에 있는 명사가 보어인지 목적어인지를 100% 구별할 수 있게 된다.**

☐ 제 4형식에 사용하는 동사를 수여동사라고 한다. **총 17개의 수여동사가 있다.** 수여동사 뒤에는 간접목적어와 직접목적어 둘 다 필요하다. 그리고 **간접목적어 앞에 전치사 to를 놓지 않는다.** 이 규칙 때문에 어떤 동사들이 수여동사인지 알고 있어야 한다. 예를 들면, "Send me an e-mail"이라고 한다. 간접목적어 me 앞에 to가 없다. send가 수여동사이기 때문이다.

☐ 제 5형식에 사용하는 동사를 불완전타동사라고 한다. **14개의 불완전타동사가 있다.** 이 동사들 뒤에는 목적어와 목적격보어가 있어야 한다. 이 동사들 뒤에는 부사가 아니라 형용사가 와야 한다는 점에 주의해야 한다. 부사는 보어가 될 수 없기 때문이다. 명사보어를 요구하는 불완전 타동사는 7개, 형용사보어를 요구하는 불완전타동사는 8개다. 불완전타동사 make 뒤에는 명사보어나 형용사보어가 올 수 있기 때문에 전체 불완전타동사의 숫자는 14개다.

☐ 제 1형식과 제 2형식에 쓰이는 동사는 자동사, 제 3형식, 제 4형식, 제 5형식에 쓰이는 동사는 타동사다. 그러나 사실은 **많은 동사들이 자동사와 타동사 양쪽 뜻을 가지고 있고 양쪽으로 쓴다.**

☐ 영어공부에 있어서 가장 중요한 것은 문장구조다. 문장구조를 모르면 영어를 열심히 공부해도 영어가 늘지 않는다. 기본이 부실하기 때문이다. 문장에는 결국 5가지 종류 밖에 없다. 그리고 **중요한 구조는 제 2형식과 제 5형식이다.** 제 2형식에 쓰이는 불완전자동사 22개와 제 5형식에 쓰이는 불완전타동사 14개를 특별히 잘 챙기는 것이 문장구조 공부의 핵심이다.

Notes

Notes

1 문장의 종류

문장의 종류?
① 문장에는 단문, 중문, 복문 3가지가 있다.
② 단문에는 하나의 문장이 들어있다.
③ 중문/복문에는 2개 이상의 단문이 들어있다.
④ 중문/복문은 반드시 단문단위로 나누어서 처리해야 한다.

1 단문 (Simple Sentence)

예문   She has arrived. 그녀가 도착했다.

해설   * 예문은 단문이다. 하나의 문장이 들어있기 때문이다.
* She는 주어, has arrived는 동사다.

2 중문 (Compound Sentence)

예문   We can go swimming, or we could stay here.
우리는 수영 갈 수 있고 또는 여기 머물러 있을 수 있다.

해설   * 중문에는 두 개 이상의 단문이 들어있고 그 중간에 등위접속사가 있다.
* **예문은 중문이다. 두 개의 단문이 들어있고 중간에 접속사 or가 있기 때문이다.**
* 첫째 단문은 We can go swimming이고, 둘째 단문은 We could stay here다.
* 두 단문 사이에 있는 or는 등위접속사다.

등위 접속사?
① 등위접속사는 단어/구/절을 대등하게 접속한다.
② and/but/or 등 총 14개의 등위접속사들이 있다.

3 복문 (Complex Sentence)

> **Key Point**   복문?
> ① 복문이란 '복잡한 문장'이라는 뜻이다.
> ② 복문에는 다음 3가지 종류가 있다.
>   a. 주절+부사절   b. 주절+명사절   c. 주절+관계절
> ③ 부사절, 명사절, 관계절은 종속절이다.
> ④ 종속절은 홀로서기 할 수 없다. 주절에 종속되어있다.
>   예) Because I was extremely tired (?) '내가 극도로 피곤했기 때문에(?)'
> ⑤ 그러나 주절을 먼저 해석한 다음에 종속절을 별도의 단문으로 처리할 수밖에 없다.
> ⑥ 종속절이 먼저 나오는 우리말 어순대로 해석하려고 하면 너무 늦기 때문이다.

절(clause)?
① 절(clause)은 중문과 복문에 들어있는 단문을 말한다.
② 절은 주어와 동사를 갖추고 있다.
③ 따라서 절은 독립시켜주면 문장이 될 수 있다.

(1) 주절 + 부사절

예문   I went to bed early because I was extremely tired.
나는 극도로 피곤해서 일찍 잠자리에 들었다.

해설   * I went to bed early는 주절, because I was extremely tired는 부사절이다.
* **부사절에는 7가지 종류가 있다: 시간/조건/이유/목적/결과/양보/양태**
* 예문의 because I was extremely tired는 이유절이다.

(2) 주절 + 명사절

예문 I thought that you were Japanese.

나는 당신이 일본인이라고 생각했다.

해설 * I thought는 주절, that you were Japanese는 명사절이다.
* **명사절은 명사처럼 복문 안에서 주어/보어/목적어의 역할을 한다.**
* 예문에서 that you were Japanese는 목적어의 역할을 하고 있다.

(3) 주절 + 관계절

예문 That is the hotel that you are looking for.

저것이 당신이 찾고 있는 호텔이다.

해설 * That is the hotel은 주절, that you are looking for는 관계절이다.
* 관계절은 그 앞에 있는 단어를 꾸미는 형용사의 역할을 한다.
* 예문에서 that you are looking for는 그 앞에 있는 hotel을 꾸민다.

심층해설 | 중문과 복문을 단문 단위로 처리한다?

① 모든 중문과 복문을 단문 단위로 처리한다.
② **timing이 중요하다.**
③ 첫 번째 단문이 끝나자마자 그 단문을 해석 완료한다.
④ 접속사 이후의 두 번째 단문은 2차로 해석한다.
⑤ 접속사(94개)를 알면 얼마든지 그렇게 할 수 있다.
⑥ 등위접속사는 14개이다.
⑦ 종속접속사는 80개이다.

Notes

🔍 **복문이 중요하다?**

❶ 문법 문제에 출제되는 문장들 중 80% 이상이 복문이다.

❷ 문법 문제에서 틀리지 않으려면 우선 복문을 제대로 단문화 할 수 있어야 한다.

❸ 복문을 즉시 단문 단위로 나눌 수 있으면 정답 찾는 일의 50%는 이미 성공했다.

2. 단문의 5가지 종류

Notes

문장형식을 알아야 답할 수 있는 5가지 질문?

① 주어+동사 뒤에 부사가 오냐, 형용사가 오냐?
② 주어+동사 뒤에 있는 명사가 목적어냐, 보어냐?
③ 간접목적어 앞에 전치사 to를 놓을 수 없는 경우는?
④ 동사+명사/대명사 뒤에 있는 명사가 목적어냐, 목적보어냐?
⑤ 주어+동사+목적어 뒤에 부사를 놓냐 형용사를 놓냐?

Key Point 문장의 5형식?

① 단문의 5가지 종류를 흔히 문장의 5형식이라고 한다.
② **모든 단문은 주어+동사로 시작한다.**
③ 따라서 문장형식은 동사 뒤의 요소에 의해서 결정된다.
④ 동사 뒤에는 보어, 목적어, 수식어가 온다.

1 제 1형식

Key Point 제 1형식?

① 제 1형식 문장은 주어+동사로 의사전달을 할 수 있다.
② 단, 1형식 문장의 동사 뒤에 수식어가 올 수 있다.
③ 수식어는 부사/전치사구/부사절이다.
④ 제 1형식에 사용하는 동사를 완전자동사라고 한다.
⑤ 완전자동사는 그 뒤에 보어/목적어가 없어도 된다.

예문 1 She has arrived. 그녀가 도착했다.

해 설
* 예문은 주어(She)+동사(has arrived)로 구성되었기 때문에 제 1형식이다.
* 따라서 arrive는 완전자동사다.

예문 2 She spoke intelligently. 그녀가 유식하게 말했다.

해 설
* 예문은 제 1형식이다.
* 동사 뒤에 있는 intelligently는 부사이기 때문에 수식어다.
* 즉, 예문에서 수식어 intelligently는 동사 spoke을 꾸민다.

심층해설 형용사와 부사?

① 형용사는 동사를 꾸미는 수식어가 될 수 없다: She spoke <u>intelligent</u>. (×)
② 부사라야 수식어가 될 수 있다: She spoke <u>intelligently</u>. (O)
③ 형용사는 동사를 수식하지 못하기 때문이다.
④ 형용사는 명사를 꾸밀 뿐이다: an <u>intelligent</u> question '재치있는 질문'
⑤ 동사를 꾸미는 것은 형용사가 아니라 부사다.

전치사구?

① 전치사구는 전치사로 시작하는 구(phrase)다.
② to church와 on Sundays는 전치사구다.
③ to와 on이 전치사이기 때문이다.
④ 구는 두 단어 이상으로 구성되어 있지만 절과 다르다.
⑤ 독립시켜주면 절은 문장이고, 구는 문장이 아니다.

예문 3 I go to church on Sundays. 나는 일요일에 교회에 간다.

해 설
* 예문은 동사 뒤에 전치사구가 왔기 때문에 제 1형식이다.
* 예문의 to church와 on Sundays는 전치사구다.
* 따라서 예문의 go는 완전자동사다.

2 제 2형식

Key Point 제 2형식?
① 제 2형식 문장은 주어+동사+주격보어로 구성된다.
② 주격보어는 명사 또는 형용사다.
③ 부사나 전치사구는 주격보어가 될 수 없다.
④ 제 2형식에 사용하는 동사를 불완전자동사라고 부른다.
⑤ 불완전자동사는 보어의 도움을 받아야 완전해진다.
⑥ 다음과 같이 22개의 주요 불완전자동사들이 있다.

(1) become, get, make, go '되다'

예문 1 She has become a lawyer. 그녀는 변호사가 되었다

해설
* 예문은 동사 뒤에 명사(a lawyer)가 왔기 때문에 제 2형식 문장이다.
* 예문에서 명사 a lawyer는 주격보어다.
* 수식어는 동사를 수식하는데 반해서, 보어는 주어를 보완해 준다.
* 불완전자동사 become은 '되다'라는 뜻이다.

예문 2 The plan has become complicated. 그 계획은 복잡하게 되었다.

해설
* 예문은 동사 뒤에 형용사(complicated)가 왔기 때문에 제 2형식 문장이다.
* 예문에서 형용사 complicated은 주어를 보완하는 보어역할을 한다.
* 예문은 불완전자동사 become 뒤에 형용사가 온 예다.
* **become처럼 일부 불완전자동사 뒤에는 명사/형용사 보어가 온다.**

예문 3 It's getting easy. 그것이 쉬워지고 있다.

해설
* 예문은 동사 뒤에 형용사(easy)가 왔기 때문에 제 2형식 문장이다.
* 불완전 자동사 get은 '되다'라는 뜻이다. get 뒤에는 형용사보어만 온다.

 형용사와 부사?
① easy는 형용사다. 보어가 될 수 있다: It's getting easy.
② easily는 부사다. 보어가 될 수 없다: It's getting easily. (×)
③ 부사는 동사를 수식하지 주어를 보완하지 못한다.

예문 4 He will make a good president. 그는 좋은 대통령이 될 것이다.
You will make a good father/wife/teacher.
너는 훌륭한 아버지가/부인이/선생님이 될 것이다.

해설
* 예문은 제 2형식 문장이다. 동사 make 뒤에 명사보어가 왔기 때문이다.
* **make 뒤에 'a good+사람'이 오면 make은 '되다'라는 뜻의 불완전자동사다.**
* 예문은 제 3형식 문장이 아니다. 사람이 사람을 만들 수 없기 때문이다.

Notes

동사 make?
❶ 제 2형식에 쓴 불완전자동사 make은 '되다'라는 뜻이다.
❷ 제 3형식에 쓴 완전타동사 make은 '~을 만들다'이다.
Who made this?
"누가 이것을 만들었나?"
❸ 제 4형식의 수여동사 make은 '~에게 ~을 만들어 주다.'
I will make you some coffee.
"커피를 좀 끓여주마."
❹ 제 5형식의 불완전타동사 make은 '~을 ~으로 만들다.'
She made him a star.
"그녀는 그를 스타로 만들었다."

Notes

grow의 뜻?

❶ 제 1형식 문장에 쓴 grow는 '자라나다'이다.
I grew up there. "나는 거기에서 자라났다." (up/there는 부사)

❷ 제 2형식 문장에 쓴 grow는 '점점 ~되다'이다.
They grew rich. "그들은 점점 부유하게 되었다." (rich는 형용사)

❸ 제 3형식 문장에 쓴 grow는 '~을 재배하다'이다.
They grow corn. "그들은 옥수수를 재배한다." (corn은 명사)

prove?

❶ 제 2형식 문장에 쓴 prove는 '결국~임이 드러나다'이다.
She proved (to be) a genius.
"그녀는 천재임이 드러났다."

❷ 제 3형식 문장에 쓴 prove는 '~을 증명하다'이다.
She proved her innocence.
"그녀는 자신의 결백을 증명했다."

❸ prove 뒤에 온 명사는 보어일 수도 있고 목적어일 수도 있다.
사람이면 보어이고,
사물이면 목적어다.

예문 5
The company went bankrupt. 그 회사가 파산했다.
The fruit went sour. 그 과일이 시어 버렸다.
He went crazy. 그가 미쳤다/화가 났다.
He went bald. 그가 대머리가 되었다.

해설
* 예문들은 모두 제 2형식 문장이다.
* 동사 go 뒤에 형용사 보어가 왔기 때문이다.
* **불완전 자동사 go는 '(갑자기) 되다' 라는 뜻이다.**
* 예문에서 go는 '가다'라는 뜻이 아니다. 그 뒤에 형용사가 왔기 때문이다.
* bankrupt('파산한'), sour('신'), crazy('미친'), bold('대머리인')는 형용사다.

(2) grow

예문
They grew rich. 그들은 점점 부유해졌다.

해설
* 예문은 제 2형식 문장이다. 동사 뒤에 형용사 보어 rich가 왔기 때문이다.
* 불완전 자동사 grow는 '점점 ~되다'라는 뜻이다.

(3) prove, turn out

예문 1
She proved (to be) a genius. 그녀는 천재임이 드러났다.
She proved (to be) efficient. 그녀는 능률적임이 증명되었다.

해설
* 예문들은 제 2형식 문장이다. 동사 뒤에 명사/형용사 보어가 왔기 때문이다.
* a genius는 명사, efficient는 형용사다.
* **불완전 자동사 prove는 '(결국) ~임이 드러나다' 라는 뜻이다.**
* 미국식에서는 이런 경우에 to 부정사를 보어로 쓸 수 있다.
  She proved to be a genius.   She proved to be efficient.

> **심층해설 | 제 2형식 문장에는 부사가 아니라 형용사?**
> ① 제 2형식 문장에는 동사 뒤에 형용사를 놓는다.
> ② 즉, 불완전자동사 뒤에는 수식어인 부사가 아니라 보어인 형용사를 놓는다.

예문 2
The film turned out (to be) boring.
그 영화는 지겨운 것임이 드러났다.

해설
* 예문은 제 2형식이다. 동사 뒤에 형용사 보어(boring)가 왔기 때문이다.
* **turn out은 prove처럼 '(결국) ~임이 드러나다' 라는 뜻이다.**
* 미국식에서는 turn out 뒤에 to 부정사구(to be boring)를 보어로 쓸 수 있다.

(4) appear, seem

Key Point 완전자동사 appear?

① 완전자동사 appear는 '(~에) 나타나다'라는 뜻이다.
　He did not appear until six. "그는 6시에야 나타났다."
② 바로 위 예문에서 appear 뒤에 전치사구가 왔다.
③ 동사 뒤에 전치사구가 오면 그 동사는 완전자동사다.

예문 It appears/seems (to be) very easy. 그것은 매우 쉬워 보인다.

해설
* 예문은 제 2형식 문장이다. 동사 뒤에 형용사 보어(easy)가 왔기 때문이다.
* 불완전자동사 appear/seem는 '~처럼 보이다'라는 뜻이다.
* appear/seem 뒤에 to 부정사구(to be very easy)를 보어로 쓸 수도 있다.

(5) 지각동사

예문
It feels soft. 그것은 부드럽게 느껴진다.
You look angry. 너는 화가 난 것처럼 보인다.
It tastes too sweet. 그것은 너무 단 맛이 난다.
The stew smells good. 그 스튜가 좋은 냄새가 난다.
It sounds interesting. 그것은 재미있게 들린다.

해설
* 예문들은 제 2형식 문장이다. 동사 뒤에 형용사 보어가 왔기 때문이다.
* 9개 지각동사 중에서 5개(feel, look, taste, smell, sound 등)는 불완전 자동사다.
* **이 지각동사들 뒤에는 항상 형용사 보어를 놓는다.**

심층해설 ❶ 지각동사 뒤에 부사가 맞는 것처럼 보인다?

① 우리말 식으로 생각하기 때문이다.
② 우리말에서는 "그것이 재미있게 들린다"라고 말한다.
③ 그러나 영어에서는 "It sounds interestingly.(×)"가 아니다.
④ 영어에서는 지각동사 뒤에 형용사 보어를 놓기 때문이다. 부사를 놓을 수 없다.
⑤ "It sounds interesting"이 맞다.

심층해설 ❷ look/sound like + 명사?

지각동사 뒤에 명사를 놓을 때는 명사 앞에 like를 놓는다.
It looks/sounds like a good idea. (like은 '~처럼'이라는 전치사)
"그것은 좋은 생각처럼 보인다/들린다."

Notes

(6) turn

> **Key Point** 동사 turn의 뜻?
> ① 제1형식 문장에서는 '돌다': Turn right. "우회전하라."
> ② 제2형식에서는 '~로 바뀌다': Leaves turn brown in the fall.
>   "나뭇잎들은 가을에 갈색으로 바뀐다."
> ③ 제3형식에서는 '돌리다': Turn the knob. "손잡이를 돌려라."

(예문) **Leaves turn brown in the fall.** 나뭇잎들은 가을에 갈색으로 바뀐다.
She turned Buddhist. 그녀는 불교신자로 개종했다.

(해설)
* 예문은 제2형식 문장이다. 동사 뒤에 형용사/명사 보어가 왔기 때문이다.
* 불완전 자동사 turn은 '~으로 바뀌다'라는 뜻이다.
* 예문에서 brown과 Buddhist는 각각 형용사 보어와 명사 보어다.

> **심층해설 ② 불완전자동사와 보어와의 관계**
> 17개 불완전자동사 뒤에는 형용사보어가 오고, 6개 불완전자동사 뒤에는 명사보어가 온다. 보어는 불완전자동사를 수식하는 것이 아니다. 주어를 보완한다. 그래서 정확히 말할 때에는 주격보어라고 한다. 주격보어인 명사나 형용사는 불완전자동사를 수식할 수 없다.

(7) remain

왜 틀렸지?
It remains as a mystery. (×)
It remains mysteriously. (×)

❶ 불완전 자동사 remain 뒤에 보어를 놓아야 한다.
❷ 전치사구(as a mystery)나 부사(mysteriously)는 보어가 아니다.
❸ 명사나 형용사라야 보어의 역할을 할 수 있다.

It remains a mystery. (○)
It remains mysterious. (○)

(예문 1) **It remains a mystery.** 그것은 수수께끼로 남아있다.
It remains mysterious. 그것은 신비로운 상태로 남아있다.

(해설)
* 예문은 제2형식 문장이다. 동사 뒤에 명사/형용사 보어가 왔기 때문이다.
* **불완전 자동사 remain은 '~으로 남아있다' 이다.**
* 예문에서 a mystery와 mysterious는 각각 명사 보어와 형용사 보어다.

완전자동사 remain?

❶ 완전자동사 remain은 '(건물 등이) ~에 남다'라는 뜻이다.
  Five buildings remain there.
  "건물 다섯 채가 거기에 남아있다."
❷ remain 뒤에 부사가 오기 때문에 remain은 완전자동사다.

(예문 2) **We must remain aware of the changing economic conditions.**
우리는 바뀌는 경제여건을 계속해서 알고 있어야 한다.

(해설)
* 예문은 제2형식 문장이다. remain 뒤에 형용사 aware가 왔기 때문이다.
* **remain aware는 '~을 알고 있는 상태로 있다'라는 뜻이다.**

(8) stay, keep

(예문) **Stay calm in an emergency.** 비상시에 계속 침착해라.
Keep quiet. 조용히 해라.

(해설)
* 예문들은 제2형식 문장이다. 동사 뒤에 형용사(calm/quiet)가 왔기 때문이다.
* 불완전 자동사 stay/keep은 '~인 채로 있다'이다.
* 완전 자동사 stay가 있다. '~에 머물다'라는 뜻이다.
  Where are you staying? "너는 어디에 머물고 있니?" (제1형식 문장)

* 완전 타동사 keep은 '~을 보관하다'라는 뜻이다.
Keep it here. "그것을 여기에 보관하라." (제 3형식 문장)

(9) be

예문   She is intelligent. 그녀는 지적이다.
She is a singer. 그녀는 가수다.

해설
* 예문들은 제 2형식 문장이다. 동사 뒤에 형용사/명사 보어가 왔기 때문이다.
* 불완전자동사 be는 '~이다'라는 뜻이다.
* 예문에서 be 동사 뒤에 형용사 보어(intelligent)와 명사 보어(a singer)가 왔다.
* **부사(intelligently)는 보어가 되지 못한다**: She is intelligently. (×)

(10) sit, stand

예문   Sit still. 가만히 앉아 있어라.
Stand still. 가만히 서있어라.

해설
* 예문은 제 2형식 문장이다. 동사 뒤에 형용사 still이 왔기 때문이다.
* 불완전 자동사 sit/stand는 '~채로 앉다/서다'라는 뜻이다.
* 형용사 still은 '움직이지 않는'이라는 뜻이다.
* 시간부사 still('아직도')은 동사 앞에 온다: They still use a water mill.

(11) lie

예문   She lay motionless. 그녀는 꼼짝 않고 누워있었다.

해설
* 예문은 제 2형식 문장이다. 동사 뒤에 형용사(motionless)가 왔기 때문이다.
* 불완전 자동사 lie(lie-lay-lain)는 '~한 상태로 누워있다'라는 뜻이다.
* 완전 자동사 lie도 있다. '눕다'이다: Lie down. "누워라." (down은 부사)
* '거짓말하다'라는 뜻의 동사 lie도 있다.
He lied in court. "그는 법정에서 거짓말을 했다."
* **'눕다' 라는 뜻의 lie는 불규칙변화를 한다**: lie-lay-lain
* **'거짓말하다' 라는 뜻의 lie는 규칙변화를 한다**: lie-lied-lied

3 제 3형식

Key Point   제 3형식?
① 제 3형식 문장은 주어+동사+목적어로 구성된다.
② 제 3형식에 사용하는 동사를 완전타동사라고 부른다.

예문 1   They declared independence. 그들은 독립을 선언했다.

해설   * 예문은 제 3형식 문장이다. 동사 뒤에 명사 목적어가 왔기 때문이다.

Notes

🔍 **완전자동사 be?**
❶ 완전자동사 be도 있다. '(~에) 있다'라는 뜻이다.
Under the table was a huge dog. "식탁 밑에 큰 개가 있었다."
❷ 예문에서 a huge dog이 주어, under the table은 전치사구다.

🔍 **완전자동사 stand?**
완전자동사 sit/stand 뒤에는 부사 (down/up)가 온다.
Sit down. "앉아라."
Stand up. "일어서라."

Notes

목적어?
① 목적어는 (동작의) 대상이 되는 단어/구/절이다.
② 명사/대명사/to 부정사/동명사/ 명사절이 목적어가 될 수 있다.
③ 우리말로 해석할 때 목적어에는 '을/를'이라는 조사를 붙인다.

to 부정사?
① to 부정사는 원형동사 앞에 to를 붙인 것이다.
② to conquer는 원형동사 conquer 앞에 to를 붙인 to 부정사다.

동명사?
① 동명사는 원형동사의 끝에 ~ing를 붙인 것이다.
② watching은 동사 watch에 ~ing 를 붙인 것으로 동명사다.

---

* 타동사 뒤에는 목적어가 있어야 한다.
* 명사(independence)가 목적어의 역할을 하는 경우가 가장 많다.
* 형용사/부사는 목적어가 될 수 없다는 점에 특별히 주의해야 한다.
  They declared <u>independent</u>. (✗) (independent는 형용사)
  They declared <u>independently</u>. (✗) (independently는 부사)

심층해설 타동사?
① 타동사는 그 뒤에 목적어가 있어야 한다: They declared. (✗)
② **타동사 뒤에 목적어가 없으면 의사전달이 되지 않는다.**
③ 타동사는 제3형식, 제4형식, 제5형식 문장에 쓴다.
④ 자동사는 제1형식과 제2형식 문장에 쓴다.

예문 2) I have loved you since I met you.
나는 너를 만난 이래로 너를 사랑해왔다.

해설
* 예문은 제3형식 문장이다.
* 동사 loved/met 뒤에서 대명사 you가 목적어의 역할을 하고 있다.

예문 3) He failed to conquer the mountain.
그는 그 산을 정복하는 데에 실패했다.

해설
* 예문은 제3형식 문장이다. to 부정사가 목적어의 역할을 하고 있다.
* 예문의 to conquer the mountain ('그 산을 정복하는 것')이 목적어다.

예문 4) I really enjoyed watching the game.
나는 그 게임을 정말로 재미있게 보았다.

해설
* 예문은 제3형식 문장이다. 동명사가 목적어의 역할을 하고 있다.
* 예문에서 동명사구 watching the game이 목적어다.

예문 5) I thought that you were American.
나는 당신이 미국 사람이라고 생각했다.

해설
* 예문은 제3형식 문장이다. 동사 뒤에 명사절이 목적어로 왔기 때문이다.
* 예문에서 명사절 that you were American이 목적어다.

심층해설 명사절?
① 명사절은 명사처럼 문장에서 주어/보어/목적어의 역할을 한다.
② that/if/whether/who 등이 명사절 접속사다.
③ that you were American은 접속사 that이 이끄는 명사절이다.
④ 예문에서 명사절은 타동사 뒤에서 목적어의 역할을 하고 있다.

4 제 4형식

Key Point 제 4형식?
① 제 4형식문장은 주어+동사+간접목적어+직접목적어로 구성된다.
② 제 4형식문장에 쓰는 동사를 수여동사라고 부른다.
③ 수여동사는 주로 '~에게 ~을 주다'라는 뜻이다.
④ 수여동사 바로 뒤의 간접목적어 앞에는 전치사를 놓지 않는다.
⑤ 주요 수여동사로는 다음 17개가 있다.

예문 1 Please tell me her telephone number.
나에게 그녀의 전화번호를 말해달라.

해설
* 예문은 제 4형식 문장이다.
* 동사 tell 뒤에 간접목적어와 직접목적어가 있기 때문이다.
* 그리고 간접목적어 앞에 전치사(to)가 없기 때문이다.
* 예문에서 me는 간접목적어, her telephone number는 직접목적어다.
* **수여동사 뒤에서는 간접목적어 앞에 전치사(to)를 놓지 않는다.**
  Please tell to me her telephone number. (×)

심층해설 수여동사와 완전타동사?
① 수여동사(tell)의 경우에 간접목적어 앞에 전치사를 놓지 않는다.
  He told me that he was going to resign.
  "그는 나에게 사직하겠다고 말했다."
② 완전타동사(say)의 경우에는 간접목적어 앞에 전치사를 놓는다.
  He said to me that he was going to resign.
  "그는 나에게 사직하겠다고 말했다."

예문 2 Could you get me something to drink?
나에게 마실 것을 갖다 줄래요?

해설
* 예문은 제 4형식 문장이다.
* me는 간접목적어, something to drink는 직접목적어다.
* 수여동사 get은 '~에게 ~을 갖다 주다'라는 뜻이다. bring과 뜻이 같다.

예문 3 How much do I owe you? 내가 너한테 얼마를 빚지고 있는 거니?

해설
* 수여동사 owe는 '~에게 ~을 빚지다'라는 뜻이다.
* 예문에서 you는 간접목적어, How much는 직접목적어다.

예문 4 I'll lend you some money. 나는 네게 약간의 돈을 빌려주마.

해설
* 수여동사 lend는 '~에게 ~을 빌려주다'이다.
* 예문에서 you는 간접목적어, some money는 직접목적어다.

Notes

동사 뒤의 명사는 목적어?
① 불완전자동사 뒤에 있는 명사는 목적어가 아니라 보어다.
② 다른 모든 동사 뒤의 명사는 보어가 아니라 목적어다.

간접목적어?
간접목적어에는 우리말로 해석할 때 '~에게'라는 조사가 들어간다.

> Notes

예문 5   Did they offer you a job? 그들이 네게 일자리를 제안했니?

해설
* 수여동사 offer는 '~에게 ~을 제공/제안 하다'이다.
* 예문에서 you는 간접목적어, a job은 직접목적어다.

> **심층해설   offer와 provide는 무엇이 다른가?**
> ① offer는 수여동사. 제 4형식 문장에 쓴다.
>   They offered me a job. "그들은 나에게 일자리를 제공/제안했다."
> ② provide는 완전타동사. 제 3형식 문장에 쓴다.
>   Cows provide us with milk. "소들은 우리에게 우유를 제공한다."
> ③ provide 뒤에는 직접목적어(us)+전치사구(with milk)가 온다.

예문 6   It cost me $200. 그것은 나에게 200달러의 비용을 발생시켰다.

해설
* 수여동사 cost는 '~에게 ~(비용)을 발생시키다'라는 뜻이다.
* 예문에서 me는 간접목적어, $200는 직접목적어다.

예문 7   I will sing her a song. 나는 그녀에게 노래를 불러주겠다.

해설
* 예문에서 sing이 수여동사로 쓰였다.
* 예문에서 her는 간접목적어, a song은 직접목적어다.

예문 8   I wish you a speedy recovery. 나는 당신에게 빠른 쾌유를 빈다.

해설
* 수여동사 wish는 '~에게 ~을 기원하다'라는 뜻이다.
* 예문에서 you는 간접목적어, a speedy recovery는 직접목적어다.

예문 9   Send me an e-mail. 내게 이메일을 보내라.

해설
* send는 '~에게 ~을 보내다'라는 뜻이다.
* 예문에서 me는 간접목적어, an e-mail은 직접목적어다.

예문 10   The old lady left him a big fortune.
그 할머니가 그에게 큰 재산을 남겼다.

해설
* **수여동사 leave는 '~에게 ~을 (유산으로) 남기다' 이다.**
* 예문에서 him은 간접목적어, a big fortune은 직접목적어다.

> **심층해설   왜 수여동사를 다 알아야 하나?**
> ① 수여동사 뒤의 간접목적어 앞에는 전치사를 놓지 못한다.
> ② 이 규칙 때문에 모든 수여동사를 알고 있어야 한다.

예문 11   Hand me the hammer, please. 그 망치를 내게 넘겨주세요.

해설
* 수여동사 hand는 '~에게 ~을 넘겨주다'이다.
* 예문에서 me는 간접목적어, the hammer는 직접목적어다.

예문 12 Give me another chance. 나에게 한번 더 기회를 주세요.

해설
* 수여동사 give는 '~에게 ~을 주다'라는 뜻이다.
* 예문에서 me는 간접목적어, another chance는 직접목적어이다.

예문 13 She bought me a suit. 그녀는 내게 양복을 사주었다.

해설
* 수여동사 buy는 '~에게 ~을 사주다'라는 뜻이다.
* 예문에서 me는 간접목적어, a suit은 직접목적어이다.

예문 14 She made me some coffee. 그녀는 내게 커피를 만들어주었다.

해설
* 수여동사 make은 '~에게 ~을 만들어주다'이다.
* 예문에서 me는 간접목적어, some coffee는 직접목적어이다.

예문 15 I'll find you an apartment. 내가 네게 아파트를 찾아주마.

해설
* 수여동사 find는 '~에게 ~을 찾아주다'이다.
* 예문에서 you는 간접목적어, an apartment는 직접목적어이다.

예문 16 She can deny her son nothing.

그녀는 아들에게 아무것도 거절하지 못한다.

해설
* 수여동사 deny는 '~에게 ~을 거절하다'라는 뜻이다.
* 예문에서 her son은 간접목적어, nothing은 직접목적어이다.

예문 17 We will grant him a scholarship.

우리는 그에게 장학금을 부여하겠다.

해설
* 수여동사 grant는 '~에게 ~을 부여하다'라는 뜻이다.
* 예문에서 him은 간접목적어, a scholarship은 직접목적어이다.

심층해설 ❶ 수여동사를 제 3형식 문장에 사용하는 경우?

다음과 같은 3가지 경우에 수여동사를 제 3형식 문장에 쓴다.

① 간접목적어를 문장 끝에 놓아서 이를 강조하고 싶을 때
Leave the rest to us. "그 나머지는 우리에게 맡겨라."

② 간접목적어가 너무 길 때
I handed my license to a policeman wearing sunglasses.
"나는 내 면허증을 색안경을 낀 경찰관에게 넘겼다."

③ 간접목적어와 직접목적어 둘 다 인칭대명사일 때
Send them to him. "그것들을 그에게 보내라."
Send him them. (×) (이렇게 하면 listening이 어렵기 때문에)

Notes

explain과 suggest는 수여동사가 아니다?

❶ explain/suggest는 수여동사가 아니다. 제 4형식에 쓰지 마라.
Explain us the reason. (×)
(제 4형식 문장)
She suggested me the doctor. (×) (제 4형식 문장)

❷ explain/suggest는 완전타동사다. 제 3형식 문장에 쓴다.
Explain the reason to us. (○)
(동사+목적어+전치사구)
She suggested the doctor for me. (○) (동사+목적어+전치사구)

Notes

심층해설 ❷ She bought a suit to my father(✗)?

① 수여동사 buy/make/find를 제 3형식에 쓸 때 조심해야 한다.
② 이 3개 수여동사 뒤에는 전치사 to가 아니라 for를 쓴다.
③ **이 동사들은 '~를 위하여' 이런 동작을 행하기 때문이다.**

She bought a suit to my father. (✗)
She bought a suit for my father.
"그녀는 내 아버지를 위해서 양복을 샀다."

She made some coffee to the five of us. (✗)
She made some coffee for the five of us.
"그녀는 우리 다섯을 위해서 커피를 끓여주었다."

Who will find an apartment to the couple? (✗)
Who will find an apartment for the couple?
"누가 그 부부를 위해서 아파트를 찾아줄 거나?"

심층해설 ❸ 수여동사를 정리하면?

① 수여동사 뒤에는 간접목적어와 직접목적어가 있어야 한다.
② 수여동사 뒤의 간접목적어 앞에는 전치사 to를 놓지 않는다.
③ 심층해설 ①의 3가지 이유가 아니면 제 4형식 문장에 쓴다.
④ 제 3형식에 쓰인 수여동사 뒤에는 주로 전치사 to를 쓴다.
⑤ 제 3형식에 쓰인 수여동사 buy, make, find 뒤에는 for를 쓴다.

5 제 5형식

Key Point 제 5형식?

① 제 5형식 문장은 주어+동사+목적어+목적보어로 구성된다.
② 목적보어는 주격보어와 마찬가지로 명사/형용사다.
③ 제 5형식에 쓰는 동사를 불완전 타동사라고 부른다.
④ 목적어 외에 목적보어가 있어야 완전해진다는 뜻이다.
⑤ 다음 14개의 주요 불완전타동사들이 있다.

❓ 부사를 목적보어로 쓴다?

부사는 목적보어가 될 수 없다.
부사는 수식어일 뿐이다.
I find her attitude strangely. (✗)
(부사 strangely)
I find her attitude strange. (O)
(형용사 strange)

예문 1 I find her attitude strange. 나는 그녀의 태도가 이상하다고 생각한다.

해 설
* 예문은 제 5형식 문장이다.
* 예문에서 her attitude는 직접목적어, strange는 형용사 목적보어다.
* 불완전 타동사 find는 '~임을 알게 되다' 즉, '~을 ~이라고 생각하다'이다.

예문 2 She made him a star.
그녀는 그를 스타로 만들었다.

She made it clear to everybody.
그녀는 그것이 모두에게 분명해지도록 만들었다.

해 설
* 예문들은 제 5형식 문장이다.
* 첫번째 예문에서 동사 뒤에 목적어(him)+목적보어(a star)가 왔기 때문이다.

* 두번째 예문에서 it은 목적어, clear는 형용사 목적보어이다.
* 불완전타동사 make은 '~을 ~으로 만들다'라는 뜻이다.
* 전치사구(as a star)는 보어가 되지 못한다.
  She made him as a star. (×) (as a star는 전치사구)
  She made him a star. (○)
* 부사는 보어가 되지 못한다: She made it clearly to everybody. (×)

예문 3 They elected him President. 그들은 그를 대통령으로 선출했다.

해설
* 예문은 제 5형식 문장이다.
* **예문에서 him은 목적어, President는 명사 목적보어다.**
* 불완전 타동사 elect는 '~을 ~로 선출하다'라는 뜻이다.
* 전치사구는 보어가 될 수 없다: They elected him as President. (×)
* as President는 전치사구다. '전치사 as('~로') + 명사'이기 때문이다.

예문 4 I would consider it an honor. 나는 그것을 영광으로 여기겠다.

해설
* 예문은 제 5형식 문장이다.
* **예문에서 it은 목적어, an honor는 명사 목적보어다.**
* 불완전 타동사 consider는 '~을 ~이라고 여기다'라는 뜻이다.
* 이런 상황에서 consider를 구태여 제 3형식 문장에 쓰는 것은 구어체다.
  I would consider it as an honor. (×) (as an honor는 전치사구)
* 구어체영어는 회화에서는 인정하지만 writing에서는 틀린 것으로 간주한다.

예문 5 We call them natural disasters. 우리는 그것들을 자연재해라고 부른다.

Don't call me a liar. 나를 거짓말쟁이로 부르지 마라.

해설
* 예문은 제 5형식 문장이다.
* **예문에서 natural disasters와 a liar가 각각 명사 목적보어다.**
* 불완전타동사 call은 '~을 ~으로 부르다'라는 뜻이다.

심층해설 We call him as a genius(×)의 뜻?
① "We call him as a genius."라는 말은 없다.
② "우리는 천재로써 그에게 전화한다(?)"라는 뜻이기 때문이다.
③ 주어+동사+목적어+전치사구는 제 3형식 문장이다.
④ 제 3형식 문장에 쓴 동사 call은 '~에게 전화하다'이다.
⑤ We call him a genius라야 "우리는 그를 천재로 부른다"이다.
⑥ 그래야 제 5형식 문장이고, call이 불완전타동사가 된다.

예문 6 They appointed her CEO. 그들은 그녀를 CEO로 임명했다.

해설
* 예문은 제 5형식 문장이다.
* **예문에서 her는 직접목적어, CEO는 명사 목적보어다.**
* 불완전 타동사 appoint는 '~을 ~으로 임명하다'이다.

Notes

완전타동사 call의 뜻은?
❶ 완전타동사 call이 있다. '~에게 전화하다'라는 뜻이다.
  Don't call me tonight.
  "오늘 밤에 내게 전화하지 마라."
❷ tonight은 시간부사다. 부사는 수식어다. 예문은 제 3형식이다.
❸ 결국 동사 call이 문장형식에 따라서 뜻이 달라진다.

appoint를 제 3형식 문장에?
❶ appoint를 제 3형식 문장에 쓸 수 있다.
❷ 단, 목적어 뒤에 전치사구 to the position of~를 놓아야 한다.
  They appointed her to the position of CEO. "그들은 그녀를 대표이사 직에 임명했다."
❸ appoint를 제 3형식에 쓸 때 다른 pattern을 이용할 수 없다.
  They appointed her as CEO. (×)

| Notes |

예문 7 They named their daughter Sarah.
그들은 그들의 딸 이름을 Sarah라고 지었다.

해설
* 예문은 제5형식 문장이다.
* **예문에서 their daughter는 목적어, Sarah는 명사 목적보어다.**
* 불완전 타동사 name은 '~을 ~으로 이름 짓다'이다.
* 동사 name은 appoint처럼 '~을 ~으로 임명하다'라는 뜻도 가지고 있다.

예문 8 They declared her the winner. 그들은 그녀를 승자로 선언했다.

해설
* 예문은 제5형식 문장이다.
* **예문에서 her는 목적어, the winner는 명사 목적보어다.**
* 불완전 타동사 declare는 '~을 ~으로 선언하다'이다.

예문 9 I'll get/have the car ready by five.
나는 그 차가 다섯 시까지 준비되도록 조치하겠다.

해설
* 예문은 제5형식 문장이다.
* **예문에서 the car는 목적어, ready는 형용사 목적보어다.**
* 불완전 타동사 get/have는 '~이 ~(상태)가 되도록 조치하다'라는 뜻이다.

예문 10 Please keep it fresh. 그것을 신선한 상태로 유지하라.

해설
* 예문은 제5형식 문장이다.
* **예문에서 it은 목적어, 형용사 fresh는 목적보어다.**
* 불완전 타동사 keep은 '~을 ~한 상태로 유지하다'라는 뜻이다.
* 다음 예문은 제3형식 문장이므로 틀렸다: Please keep it <u>freshly</u>. (×)
* 부사 freshly는 목적보어가 될 수 없기 때문이다.
* 다음 예문은 맞다. satisfied가 형용사보어다.
   Keep the customers satisfied. "고객들이 계속 만족하게 하라."

예문 11 We leave the gate open. 우리는 그 문을 열린 채로 놔둔다.

해설
* 예문은 제5형식 문장이다.
* **예문에서 the gate는 목적어, open은 형용사 목적보어다.**
* 불완전 타동사 leave는 '~을 ~한 상태로 놔두다'라는 뜻이다.

예문 12 We will paint it white. 우리는 그것을 하얗게 칠하겠다.

해설
* 예문은 제5형식 문장이다.
* **예문에서 it은 목적어, white는 형용사 목적보어다.**
* 불완전 타동사 paint는 '~을 ~색깔로 칠하다'라는 뜻이다.

예문 13 I think him (to be) honest. 나는 그가 정직하다고 생각한다.

해설
* 예문은 제5형식 문장이다.

* 예문에서 him은 목적어, (to be) honest는 형용사 목적보어다.
* 불완전 타동사 think는 '~을 ~으로 생각하다'이다.
* 단, 예문은 문어체다. 회화에서는 think를 주로 완전 타동사로 쓴다.
   I think <u>that he is honest</u>. (제 3형식 문장: 주어+동사+직접목적어)

3 자동사와 타동사 양쪽으로 쓰는 동사들

Key Point 자동사와 타동사?
① 자동사는 제 1~2형식에, 타동사는 제 3~5형식 문장에 쓴다.
② 그러나 많은 동사들이 자동사와 타동사 양쪽으로 쓰인다.
③ 즉, 많은 동사들이 자동사와 타동사의 뜻을 같이 가지고 있다.
④ 문장구조를 보고 자동사로 쓰였는지 타동사로 쓰였는지 안다.
⑤ 한 동사가 자동사일 때와 타동사일 때 뜻이 약간 다르다.

Notes

타동사?
① 타동사는 다른 사람/물건에게 동작을 미친다.
② 타동사 뒤에는 목적어가 있다.

자동사?
① 자동사는 다른 사람/사물에게 동작을 미치지 않는다.
② 자동사 뒤에는 목적어가 없다.

1 close

(예문 1) I can't close the window. 나는 이 창문을 닫을 수가 없다.

(해 설)
* 예문에서 close는 **타동사**다. 그 뒤에 목적어 the window가 왔기 때문이다.
* 타동사 close는 '닫다'라는 뜻이다.

(예문 2) The shop closes at eight o' clock. 그 가게는 8시에 닫힌다.

(해 설)
* 예문에서 close는 **자동사**다. 그 뒤에 수식어인 전치사구가 왔기 때문이다.
* 자동사 close는 '닫힌다'라는 뜻이다.

2 open

(예문 1) She opened the door. 그녀는 그 문을 열었다.

(해 설)
* 예문에서 open은 **타동사**다. 그 뒤에 목적어 the door가 왔기 때문이다.
* 타동사 open는 '열다'라는 뜻이다.

(예문 2) The door opened. 그 문이 열렸다.

(해 설)
* 예문에서 open은 **자동사**다. 그 뒤에 목적어가 없기 때문이다.
* 자동사 open은 '열리다'라는 뜻이다.

> Notes

3 move

예문 1 The wind is moving the curtain. 바람이 커튼을 움직이게 하고 있다.

해설 * 예문에서 move는 **타동사**다. 그 뒤에 목적어 the curtain이 왔기 때문이다.

예문 2 The curtain is moving. 커튼이 움직이고 있다.

해설 * 예문에서 move는 **자동사**다. 그 뒤에 목적어가 없기 때문이다.

4 sell

예문 1 We're selling a lot of copies of your book.
우리는 당신의 책을 많이 팔고 있다.

해설 * 예문에서 sell은 **타동사**다. 그 뒤에 목적어(a lot of copies~)가 왔기 때문이다.

예문 2 Your book is selling well. 당신의 책이 잘 팔리고 있다.

해설 * 예문에서 sell은 **자동사**다. 그 뒤에 부사(well)가 왔기 때문이다.
* 자동사 sell은 '팔리다'라는 뜻이다.

5 start

예문 1 I can't start the car. 나는 이 차를 시동 걸리게 하지 못하겠다.

해설 * 예문에서 start는 **타동사**다. 그 뒤에 목적어 the car가 왔기 때문이다.

예문 2 The car won't start. 이 차가 영 시동 걸리지 않는다.

해설 * 예문에서 start는 **자동사**다. 그 뒤에 목적어가 없기 때문이다.

6 change

예문 1 Marriage has really changed him. 결혼이 정말로 그를 바꾸어 놓았다.

해설 * 예문에서 change는 **타동사**다. 그 뒤에 목적어 her가 왔기 때문이다.

예문 2 He has changed a lot since he got married.
그는 결혼한 이래로 많이 바뀌었다.

해설 * 예문에서 change는 **자동사**다. 그 뒤에 목적어가 없기 때문이다.
* 예문에서 a lot('많이')은 부사, since he got married는 (시간) 부사절이다.
* 자동사 change는 '바뀌다'라는 뜻이다.

▶ 맺음말

✔ 문장을 구조 쪽에서 바라보면 문장에는 5가지 종류 밖에 없다. **등위접속사 14개와 종속접속사 80개만 알면 모든 중문과 복문을 단문 단위로 처리할 수 있고 단문에는 5가지 종류만 있기 때문이다.** 이 5가지 종류의 단문을 흔히 문장의 5형식이라고 부른다. 문장의 5형식을 알아야 하는 이유는 5가지다.

✔ **첫째**, 동사 바로 뒤에 부사를 놓느냐, 형용사를 놓느냐? **불완전자동사와 불완전타동사 뒤에는 형용사를 놓고, 그 외에는 부사를 놓는다.** 형용사 주격보어를 필요로 하는 불완전자동사는 17개(become, get, go, grow, prove, turn out, appear, seem, feel 등 지각동사, turn, remain, stay, keep, be, sit, stand, lie)다.

✔ **둘째**, 동사 뒤에 있는 명사가 목적어냐, 보어냐? 6개 불완전자동사 뒤에 있는 명사는 보어, 그 외에는 목적어다. **명사보어를 필요로 하는 6개 불완전자동사는 become, make, prove, turn, remain, be이다.**

✔ **셋째**, 간접목적어 앞에 전치사 to를 놓을 수 없는 경우는? **다음 17개 수여동사 뒤에서는 간접목적어+직접목적어의 어순을 지키는 한 간접목적어 앞에 전치사 to를 놓지 않는다**: tell, get/bring, owe, lend, offer, cost, sing, wish, send, leave, hand, give, buy, make, find, deny, grant

✔ **넷째**, 목적어 뒤에 명사가 오는 경우 이 명사는 목적어냐, 목적격보어냐? 17개 수여동사 뒤에서는 (간접)목적어 뒤에 있는 명사가 직접목적어, 7개 불완전타동사 뒤에서는 목적어 뒤에 있는 명사가 목적격보어다. **명사 목적격보어를 필요로 하는 불완전타동사는 make, elect, consider, call, appoint, name, declare다.**

✔ **다섯째**, 어떤 경우에는 목적어 뒤에 부사 대신 형용사를 놓나? 보통 목적어 뒤에 부사를 놓는다. **다음 8개 불완전타동사 뒤에만 형용사 목적격 보어를 놓는다**: find, make, get, have, keep, leave, paint, think

✔ **많은 동사가 자동사와 타동사의 뜻을 같이 가지고 있다.** 자동사인지 타동사인지 자신이 없으면 주로 양쪽으로 쓴다고 생각하면 맞을 정도다. 그러나 어느 한쪽으로만 쓰는 동사들도 있다. **평소에 문장을 볼 때 동사가 자동사인지 타동사인지 살펴보는 습관이 필요하다.**

Section 02 단어형태 (Word Forms)

Notes

단어형태?
1. 단어형태를 보면 단어의 품사를 알 수 있다.
2. 품사를 알면 문장 안에서의 그 단어의 역할을 알 수 있다.
3. 따라서 단어형태에 대한 상식은 대단히 중요하다.

핵심강의

☐ 단어형태(word form)를 보면 단어의 품사를 말할 수 있다. 어미(suffix)를 보면 단어의 품사를 말할 수 있기 때문이다. **내용어(명사, 동사, 형용사, 부사)는 대부분 고유의 어미를 가지고 있다.** 기능어(대명사, 전치사, 접속사, 감탄사)는 모두 합해도 500개가 넘지 않기 때문에 고유의 어미를 가지고 있지 않다. 750,000개 정도의 영어단어들 중 대부분은 내용어다. 이들은 쉽게 품사를 구별할 수 있도록 품사별로 고유의 어미를 가지고 있다.

☐ 예를 들면, attract는 동사, attractive는 형용사, attraction은 명사, attractively는 부사다. ~ive는 형용사어미, ~tion은 명사어미, ~ly는 부사어미이기 때문에 어미를 보고 품사를 구별한다.

☐ 접두사(prefix)는 문법적으로 중요하지 않다. **접두사는 단어의 품사를 바꾸지 않기 때문이다.** 예를 들면, inexpensive는 형용사 expensive 앞에 접두사 in~을 붙인 것이기 때문에 형용사다. 접두사 in~은 '아니' 라는 뜻을 나타낸다. 접두사는 단어의 뜻을 외우는 데에 도움이 될 뿐이다. 따라서 접두사는 다 알 필요 없다. 자주 쓰는 접두사가 아니면 접두사 외우는 시간에 단어전체의 뜻을 외우는 것이 훨씬 낫다.

☐ 일부 형용사와 부사는 특별한 형태를 가지고 있다. 예를 들면, ~ly로 끝나는 단어들은 대부분 부사이지만 다음과 같은 단어들은 형용사다. 첫째, 명사+~ly로 끝나는 모든 단어들은 형용사다. **예를 들면**, friendly, costly, cowardly, lovely, womanly, worldly, fatherly, timely는 **형용사다. 둘째, 다음 7개 ~ly로 끝나는 단어들은 명사+~ly가 아니지만 형용사다:** lively, lonely, likely, unlikely, ugly, deadly, silly

☐ 6개 단어(hourly, daily, weekly, monthly, quarterly, yearly)는 명사+~ly로 구성되어 있지만 형용사/부사다. early도 ~ly로 끝나지만 형용사/부사다. 8개 단어(fast, free, hard, high, late, sound, wide, sharp)는 형용사처럼 보이지만 형용사/부사다.

1 어미 (Suffixes)

> **Key Point 어미?**
> ① 어미(접미사)는 많은 명사/동사/형용사/부사의 끝에 붙는다.
> ② 대명사/전치사/접속사/감탄사의 끝에는 특별한 어미가 없다.

1 명사어미

예시 1 employ - employer (~er) 고용주

해설
* ~er은 '~하는 사람'이라는 뜻의 명사어미다.
* employ는 동사이고, employer는 명사다.

예시 2 employ - employee (~ee) 피고용인/직원

해설
* ~ee는 '~을 당하는 사람'이라는 뜻의 명사어미다.

예시 3 India - Indian (~an) 인도인

해설
* ~an은 '~에 사는 사람'이라는 뜻의 명사어미다.
* Indian은 명사 India에 -an을 붙여서 만든 명사다.
* 단, ~an은 형용사어미이기도 하다. 즉, Indian은 형용사이기도 하다.
  an Indian movie '인도 영화'

예시 4 China - Chinese (~ese) 중국인/중국어

해설
* ~ese도 '~에 사는 사람' 또는 '~의 언어'라는 뜻의 명사어미다.
* **단, ~ese는 형용사 어미이기도 하다: a Chinese restaurant '중국 식당'**

예시 5 accept - acceptance (~ance) 수락

해설
* ~ance는 추상명사 어미다. accept는 '수락하다'라는 뜻의 동사다.

예시 6 develop - development (~ment) 발전

해설
* ~ment도 추상명사 어미다. develop은 '발전시키다'라는 동사다.

예시 7 discover - discovery (~ery) 발견

해설
* ~ery도 추상명사 어미다. discover는 '발견하다'라는 뜻의 동사다.

예시 8 absent - absence (~ence) 결석

해설
* ~ence도 추상명사 어미다. absent는 '결석한'이라는 뜻의 형용사다.

> Notes

예시 9 active - activity (~ity) 활동

해설 　＊~ity도 추상명사 어미다. active는 '활동적인'이라는 뜻의 형용사다.

예시 10 happy - happiness (~ness) 행복

해설 　＊~ness도 추상명사 어미다. happy는 '행복한'이라는 뜻의 형용사다.

예시 11 decide - decision (~sion) 결정

해설 　＊~sion도 추상명사 어미다. decide는 '결정하다'라는 뜻의 동사다.

예시 12 marry - marriage (~age) 결혼

해설 　＊~age도 추상명사 어미다. marry는 '결혼하다'라는 뜻의 동사다.

예시 13 capital - capitalism (~ism) 자본주의

해설 　＊~ism은 '~주의'라는 뜻의 명사 어미다.
　　　＊**capital은 '자본(금)'이라는 뜻의 명사다.**

예시 14 friend - friendship (~ship) 우정

해설 　＊~ship은 추상명사 어미다. friend는 '친구'라는 뜻의 명사다.

예시 15 case - cassette (~ette) 카세트

해설 　＊~ette은 '소형의 ~'이라는 뜻의 명사 어미다. cassette는 '소형 case'이다.
　　　＊cassette tape은 작은 case 안에 들어 있는 tape라는 뜻이다.
　　　＊kitchenette은 kitchen에서 파생된 '소형 주방'이라는 뜻이다.

예시 16 spoon - spoonful (~ful) 한 숟갈 분량

해설 　＊~ful은 '~에 들어갈 양'이라는 뜻의 명사 어미다.
　　　＊단, ~ful은 형용사 어미이기도 하다: useful '유익한'

2 동사어미

예시 1 grade - graduate (~ate) 졸업하다

해설 　＊~ate은 동사 어미다. 동사 어미 ~ate은 [~eit]로 발음한다.
　　　＊~ate은 명사 어미이기도 하다. 명사어미 ~ate은 [~ət]으로 발음한다.
　　　　a college graduate '대학졸업생'

예시 2 short - shorten (~en) 단축하다

해설 　＊~en은 동사어미다. short은 '짧은'이라는 뜻의 형용사다.

예시 3 simple - simplify (~ify) 단순화하다

해설 * ~ify는 동사어미다. simple은 '단순한'이라는 뜻의 형용사다.

예시 4 modern - modernize (~ize) 현대화하다

해설 * ~ize는 동사 어미다. modern은 '현대적인'이라는 뜻의 형용사다.

3 형용사어미

예시 1 machine - mechanical (~al) 기계의

해설 * ~al은 '~의'라는 뜻의 형용사 어미다. machine은 명사다.
* 단, ~al은 일부 명사 어미이기도 하다: approval '승인', withdrawal '철회'

예시 2 change - changeable (~able) 바뀔 수 있는

해설 * ~able은 형용사 어미다. able은 '~할 수 있는'이라는 뜻이다.
* changeable의 어간(단어의 줄기) change는 '변화'라는 뜻의 명사다.

예시 3 use - useful (~ful) 유익한

해설 * ~ful은 '~으로 가득 찬'이라는 뜻의 형용사 어미다.

예시 4 use - useless (~less) 쓸모 없는

해설 * ~less는 '~이 없는'이라는 뜻의 형용사 어미다. 어간 use[juːs]는 명사다.

예시 5 glory - glorious (~ious) 영광스러운

해설 * ~ious는 형용사 어미다. glory는 '영광'이라는 뜻의 명사다.

예시 6 attract - attractive (~ive) 매력적인

해설 * ~ive는 형용사 어미다. attract는 '관심을 끌다'라는 뜻의 동사다.

예시 7 fool - foolish (~ish) 바보 같은

해설 * ~ish는 형용사 어미다. fool은 명사다.

예시 8 Victoria - Victorian (~an) 빅토리아 시대의

해설 * ~an은 형용사 어미다. Victoria는 명사다.

예시 9 hesitate - hesitant (~ant) 주저하는

해설 * ~ant은 형용사 어미다. hesitate은 동사다.
* 단, ~ant는 명사 어미이기도 하다: an assistant '보좌관'

Notes

예시 10 suffice - sufficient (~ent) 충분한

해설 *~ent는 형용사 어미다. suffice는 '충분하다'라는 뜻의 동사다.

예시 11 humor - humorous (~ous) 유머러스한

해설 *~ous는 형용사 어미다. humor는 명사다.

예시 12 energy - energetic (~ic) 정력적인

해설 *~ic는 형용사 어미다. energy는 명사다.
*단, ~ic는 명사 어미이기도 하다: mechanic '정비공' characteristic '특징'
*characteristic은 '특징적인'이라는 뜻의 형용사이기도 하다.

4 부사 어미

예시 1 attractive - attractively (~ly) 매력적으로

해설 *~ly는 부사 어미다. attractive는 형용사다.

예시 2 west - westward (~ward) 서쪽으로

해설 *~ward는 부사 어미다. west는 명사다.

예시 3 like - likewise (~wise) 마찬가지로

해설 *~wise는 부사 어미다. 여기서 like은 '같은'이라는 뜻의 옛날식 형용사다.
*clockwise는 '시계 돌아가는 방향으로'라는 뜻의 부사다.

심층해설 어미 정리?

명사어미와 형용사어미가 많다. 동사어미는 4개만 알면 되고, 부사어미는 1개(~ly)만 알아도 된다. 단, 한 어미가 두 품사의 어미로 사용되는 경우도 있다. 예를 들면 ~ate는 동사어미도 되고, 명사어미도 된다. 어미는 접두사보다 훨씬 더 중요하다.

2 접두사(prefix)

> **Key Point** 접두사?
> ① 접두사는 명사/동사/형용사/부사의 앞에 붙는다.
> ② **접두사는 항상 일정한 뜻을 갖는다.**
> ③ **접두사는 단어의 품사를 바꾸지 않는다.**
> ④ 접두사는 어휘공부를 하는 데에 도움이 된다.

1 anti-, pro-

- 예시: **anti-nuclear** 원자력 이용을 반대하는 / **pro-nuclear** 원자력 이용을 찬성하는
- 해설: * anti-는 '반대하는'이고, pro-는 '찬성하는'이라는 뜻의 접두사다.

2 pre-, post-

- 예시: **preindustrial** 산업화 이전의 / **postindustrial** 후기 산업사회의
- 해설: * pre-는 '이전의'이고, post-는 '이후의'라는 뜻의 접두사다.

3 under-, over-

- 예시: **undercooked** 덜 익혀진 / **overcooked** 지나치게 익혀진
- 해설: * under-는 '덜'이고, over-는 '지나치게'라는 뜻의 접두사다.

4 re-

- 예시: **rewrite** 재작성하다
- 해설: * re-는 '다시'라는 뜻의 접두사다.

5 inter-

- 예시: **international** 국제적인
- 해설: * inter-는 '사이의'라는 뜻의 접두사다.
  * international은 '국가들 사이의'라는 뜻이기 때문에 결국 '국제적인'이다.

Notes

> Notes

6 mono-

예시 monolog 독백

해설 *mono-는 '혼자의'라는 뜻의 접두사다.

7 multi-

예시 multilateral 다자간의

해설 *multi-는 '여럿의'라는 뜻의 접두사다: multilateral negotiations '다자간 협상'

8 sub-

예시 submarine 잠수함

해설 *sub-은 '아래의'라는 뜻의 접두사다.
*여기서 marine은 '선박'이라는 뜻의 명사다.
*marine은 보통 '바다의'라는 뜻의 형용사다.

9 out-

예시 outweigh 무게가 더 나가다

해설 *out-은 '더'라는 뜻의 접두사다. weigh는 '무게가 나가다'라는 동사다.

10 semi-

예시 semi-skilled 반 숙련된

해설 *semi-는 '절반의'라는 뜻의 접두사다. skilled은 '숙련된'이라는 형용사다.

11 dis-

예시 disagree 동의하지 않다

해설 *dis-는 '아니'라는 뜻의 접두사다. agree는 '동의하다'라는 뜻의 동사다.

12 in-

예시 inexpensive 비싸지 않은

해설 *in-도 '아니'라는 뜻의 접두사다. expensive는 '비싼'이라는 뜻의 형용사다.

13 un-

예시 unlucky 불운한

해설 *un~도 '아니'라는 뜻의 접두사다. lucky는 '운이 좋은'이라는 뜻의 형용사다.

14 non-

예시 non-stop 멈추지 않는

해설 *non~도 '아니'라는 뜻의 접두사다.
 a non-stop flight to New York '뉴욕직행 항공편'

15 de-

예시 decentralize 지방분권하다

해설 *de~는 '반대로'라는 뜻의 접두사다.
*centralize는 '중앙집권화하다'라는 뜻의 동사다.

심층해설 더 많은 접두사 공부?

① 접두사 공부는 최소화하는 것이 좋다.
② 기본적인 접두사 외에는 단어전체의 뜻을 외우는 것이 낫다.

3 ~ly로 끝나는 형용사

> **Key Point** ~ly로 끝나는 형용사?
> ① ~ly로 끝나는 단어들은 압도적으로 형용사+~ly이며 부사다.
> ② 단, 다음과 같은 일부 ~ly로 끝나는 단어들은 형용사들이다.

1 명사+~ly

> **Key Point** 명사+~ly?
> ① 명사+~ly는 형용사다. 이 단어들은 부사가 아니다.
> ② 형용사+~ly가 부사다.

예시 1 **in a friendly way/manner** 친절한 방식으로

해설 *friendly는 형용사다. 명사 friend에 ~ly를 붙인 단어이기 때문이다.

예시 2 **a costly experience** 비싼 경험

해설 *costly는 형용사다. 명사 cost('비용')에 ~ly를 붙인 단어이기 때문이다.

예시 3 **a cowardly conduct** 비겁한 행위

해설 *cowardly는 형용사다. 명사 coward에 ~ly를 붙인 단어이기 때문이다.

예문 4 **She is lovely.** 그녀는 예쁘다.

해설 *lovely는 형용사다. 명사 love에 ~ly를 붙인 단어이기 때문이다.

예시 5 **womanly qualities** 여자다운 성질들

해설 *womanly는 형용사다. 명사 woman에 ~ly를 붙인 단어이기 때문이다.

예시 6 **worldly success** 세속적인 성공

해설 *worldly는 형용사다. 명사 world에 ~ly를 붙인 단어이기 때문이다.

예시 7 **fatherly advice** 아버지 같은 충고

해설 *fatherly는 형용사다. 명사 father에 ~ly를 붙인 단어이기 때문이다.

예시 8 **in a timely manner** 시의 적절한 방식으로

해설 *timely는 형용사다. 명사 time에 ~ly를 붙인 단어이기 때문이다.

Notes

● **friendly가 부사가 아니다?**
❶ friendly는 '친절한'이라는 뜻의 형용사다.
❷ '친절하게'는 전치사구 in a friendly way/manner를 쓴다.

● **timely가 부사가 아니다?**
❶ timely는 부사가 아니라 형용사다. 명사+~ly이기 때문이다.
❷ 일부 영한 사전에 timely가 형용사 또는 부사라고 쓰여있다.
❸ 그러나 수많은 영영사전에는 timely를 형용사로만 정의하고 있다.
❹ 현대영어에서는 timely를 형용사로만 쓴다.
❺ 부사로는 전치사구 in a timely manner('시의 적절하게')를 쓴다.

명사 끝에 ~ly를 붙인 단어는 부사가 아니라 형용사다.

이 규칙은 문법시험마다 단골로 출제된다. 이런 단어를 부사라고 착각하면 함정에 빠진다. 형용사이므로 명사를 꾸미거나 불완전동사 뒤에서 주격보어나 목적격 보어가 될 수 있다.

2 명사+~ly가 아니지만 ~ly로 끝나는 형용사

Key Point 무슨 얘기?
① 다음 7개 ~ly로 끝나는 단어들은 명사+~ly가 아니지만 형용사다.
② 이 단어들은 명사 앞에 놓거나 불완전동사 뒤에 놓을 수 있다.

예시 1 a lively discussion 활기 넘치는 토의
해설 * lively는 '활기 넘치는'이라는 뜻의 형용사다. 부사가 아니다.

예문 2 Are you lonely? 너는 외롭니?
해설 * lonely는 '외로운'이라는 뜻의 형용사다. 부사가 아니다.

예문 3 He is likely to succeed. 그는 성공할 것 같다.
해설 * likely는 '~할 것 같은'이라는 뜻의 형용사다. 부사가 아니다.
* likely to succeed는 '성공할 것 같은'이고, to succeed는 likely를 보완설명한다.
* 또는 be likely to를 조동사로, 그 뒤의 원형동사를 본동사로 볼 수도 있다.

예문 4 It is unlikely that he will return soon.
그가 일찍 돌아온다는 것은 가능성이 없다.
해설 * unlikely는 '~할 것 같지 않은'이라는 뜻의 형용사다. 부사가 아니다.
* unlikely가 형용사이므로 be 동사 뒤에 놓을 수 있다.
* 예문에서 unlikely는 보어, it은 가주어, that he will return soon은 진주어다.

예시 5 an ugly building 보기 흉한 건물
해설 * ugly('못 생긴')는 ~ly로 끝나지만 형용사다. 부사가 아니다.

예시 6 a deadly poison 치명적인 독
해설 * deadly('치명적인')는 ~ly로 끝나지만 형용사다. 부사가 아니다.

예문 7 Don't be silly. 어리석은 소리하지 마라.
해설 * silly('어리석은')는 형용사다. 부사가 아니다.

Notes

4 형용사/부사로 쓰는 ~ly로 끝나는 단어들

> **Key Point** 이 단어들의 특징?
> ① ~ly로 끝나지만 형용사/부사 양쪽으로 쓰는 7개 단어가 있다.
> ② early를 제외하면 모두 명사+~ly로 만들어진 단어들이다.

1 hourly

예문 We will soon raise the average <u>hourly</u> wage.
우리는 곧 평균시급을 올리겠다.

Forecasts are updated <u>hourly</u>. 예보는 매 시간 갱신된다.

해설
* hourly는 명사+~ly다. 그러나 형용사와 부사 양쪽으로 쓴다.
* 첫 예문에서 hourly는 명사(wage) 앞에 쓰였기 때문에 형용사다.
* 둘째 예문에서 hourly는 문장 끝에 쓰였기 때문에 확정 빈도부사다.

2 daily

예문 a <u>daily</u> newspaper 일간신문

The train service carries 100,000 passengers <u>daily</u>.
철도가 매일 10만 명의 승객을 나른다.

해설
* daily는 명사+~ly이지만 형용사와 부사 양쪽으로 쓴다.
* 예문에서 명사 앞에 쓴 daily는 형용사, 문장 끝에 쓴 daily는 빈도부사다.

3 weekly

예문 a <u>weekly</u> meeting 주간회의

Wages are paid <u>weekly</u>. 임금은 일주일 단위로 지급된다.

해설
* weekly는 명사 week에 ~ly를 붙인 단어이지만 형용사/부사로 쓴다.

4 monthly

예문 a <u>monthly</u> meeting 월간회의

The journal is published <u>monthly</u>. 그 학술지는 매달 출판된다.

해설
* monthly도 명사 month에 ~ly를 붙인 단어이지만 형용사/부사로 쓴다.

❓ 확정 빈도부사?

확정 빈도부사는 확실한 빈도를 나타낸다. 문장 끝에 놓는다.
Forecasts are updated <u>hourly</u>.
"예보는 매시간 갱신된다."

5 quarterly

예문 the quarterly report 분기별 보고서
We prepare the report quarterly. 우리는 그 보고서를 분기별로 준비한다.

해설 * quarterly도 명사 quarter에 ~ly를 붙인 단어이지만 형용사/부사로 쓴다.

6 yearly

예문 a yearly income 연간소득
a conference held yearly 매년 열리는 회의

해설 * yearly도 명사 year에 ~ly를 붙인 단어이지만 형용사/부사로 쓴다.

7 early

예문 Take an early train. 새벽 기차를 타라.
We get up early. 우리는 일찍 일어난다.

해설 * early도 형용사/부사다. 즉, '이른' 또는 '일찍'이다.
* 첫째 예문에서 early는 형용사다. 명사 train 앞에 쓰였기 때문이다.
* 둘째 예문에서 early는 시간부사다. 문장 끝에 쓰였기 때문이다.

심층해설 자신있게 부사를 구별하려면

왜 이런 규칙을 챙기는 것이 중요하냐 하면 '~ly로 끝나는 단어는 부사' 라는 철칙을 지키려면 이런 예외적인 것들을 철저하게 챙겨야 하기 때문이다. 즉, 엄청나게 많은 ~ly로 끝나는 부사들을 자신 있게 '부사'라고 말할 수 있으려면 이 예외들을 빠짐없이 챙겨야 한다.
매번 영어시험마다 단어형태에 관해서 다수의 문제가 출제된다. 여기에 나열된 것들만 잘 챙기면 이런 문제에 100% 대비할 수 있다.

Notes

yearly와 annually의 차이?

❶ yearly는 형용사/부사다. '연례적인' 또는 '연례적으로'이다.

❷ annually는 부사다. '연례적으로'다. 형용사로는 annual이 있다.
an annual report '연례보고서'

5 형용사로만 보이지만 부사이기도 한 단어들

1 fast

예문 a fast runner 빠른 주자
She runs fast. 그녀는 빨리 달린다.

해설
* fast는 형용사처럼 보이지만 부사이기도 하다. 즉, '빠른' 또는 '빨리'다.
* fastly라는 단어는 없다. 부사도 fast다.
* 두번째 예문에서 fast는 부사다. 동사 뒤에 쓰였기 때문이다.

2 free

예문 a free country 자유로운 국가
You can eat free in my restaurant.
너는 우리식당에서 무료로 식사할 수 있다.

해설
* free는 형용사처럼 보이지만 부사이기도 하다.
* 형용사 free는 '자유로운'이라는 뜻이다.
* **부사 free는 '무료로' 이다. 즉, free of charge와 같다.**
* 부사 freely는 '자유롭게'라는 뜻이다. 부사 free와 뜻이 다르다.
    You can speak freely here. "당신은 여기에서 자유롭게 발언할 수 있다."

3 hard

예문 a hard choice 어려운 선택
She always works hard. 그녀는 항상 열심히 일한다.

해설
* hard는 형용사처럼 보이지만 부사이기도 하다.
* 형용사 hard는 '딱딱한', '어려운', '열심히 일하는'이라는 뜻이다.
* 부사 hard는 '열심히'라는 뜻이다: She works hard at home.
* **부사 hardly는 '거의~아니' 라는 뜻이다. 부사 hard와 뜻이 다르다.**
    He hardly works at home. "그는 집에서 거의 일을 하지 않는다."

4 high

예문 a high wall 높은 벽
He can jump high. 그는 높이 점프할 수 있다.

Notes

부사 hard와 부사 hardly의 위치?

① 부사 hard는 방법부사이므로 문장 끝에 놓는다.
② 부사 hardly는 불확정 빈도부사로 문장 중간에 놓는다.

해설
* high는 형용사처럼 보이지만 부사이기도 하다.
* 형용사 high는 '높은'이고 부사 high는 '높이'라는 뜻이다.
* **highly는 주로 '매우'라는 뜻의 강조부사다. 단, '비싼 값으로'라는 뜻도 있다.**
  highly successful/profitable '매우 성공적인/수익성이 있는'
  a highly paid government official '봉급을 많이 받는 공무원'
* highly는 '(공간적으로) 높이'가 아니다. 그런 뜻의 부사는 high다.
* **부사 highly와 부사 high는 뜻이 다르다.**

5 late

예문
a late lunch 늦은 점심
I hate arriving late. 나는 늦게 도착하는 것을 싫어한다.

해설
* late은 형용사처럼 보이지만 부사이기도 하다.
* 형용사 late은 '늦은'이고, 부사 late은 '늦게'이다.
* **lately는 '최근에'라는 뜻의 부사다. 부사 late과 뜻이 다르다.**
  I have not seen him lately. "나는 최근에 그를 본 적이 없다."

6 sound

예문
a sound judgment 건전한 판단
He's sound asleep. 그는 곤히 자고 있다.

해설
* sound는 형용사처럼 보이지만 부사이기도 하다.
* 형용사 sound는 '건전한'이고, 부사 sound는 '곤히'라는 뜻이다.
* 부사 sound는 문장 중간에 놓는다.
* 부사 soundly는 부사 sound처럼 '곤히'라는 뜻이지만 문장 끝에 놓는다.
* **즉, 부사 sound는 문장 중간에 놓고, 부사 soundly는 문장 끝에 놓는다.**
  He's sound asleep. = He's sleeping soundly.
* 부사 sound와 부사 soundly는 뜻은 같다.

7 wide

예문
a wide road 넓은 도로
The door was wide open. 그 문은 활짝 열려있었다.

해설
* wide는 형용사처럼 보이지만 부사이기도 하다.
* 형용사 wide는 '넓은'이고, 부사 wide는 '활짝'이라는 뜻이다.
* **부사 widely는 '널리/광범위하게'라는 뜻이다. 부사 wide와 뜻이 다르다.**
  a widely accepted fact '널리 인정된 사실'

> Notes

8 sharp

예문 a sharp knife 날카로운 칼
Can you be there at 6 o'clock sharp?
너는 그곳에 정각 6시에 도착할 수 있겠나?

해설
* sharp은 형용사처럼 보이지만 부사이기도 하다.
* 형용사 sharp은 '날카로운'이고, 부사 sharp은 '정각에'라는 뜻이다.
* 부사 sharp은 시각 뒤에 놓는다: at six o'clock <u>sharp</u>
* sharply는 '날카롭게'라는 뜻의 부사다. 부사 sharp와 뜻이 다르다.
  The price rose <u>sharply</u>. "그 가격이 급등했다."

심층해설 ▸ 형용사이기도 하고 부사이기도 하다?

이 8개 단어들은 모두 형용사이기도 하고 부사이기도 하다. 그리고 이 단어들을 어간(단어의 줄기)으로 한 것에 ~ly를 붙인 단어들은 다른 뜻의 부사다. 예를 들면, 부사 hard는 '열심히'라는 방법부사이고, 부사 hardly는 '거의 ~아니'라는 불확정빈도부사다. 단, fastly라는 단어는 아예 없고, soundly라는 부사는 부사 sound와 뜻이 같지만 놓이는 위치가 다르다.

맺음말

▼ Vocabulary 교재의 대부분을 접두사가 차지한다. **그러나 접두사보다 더 중요한 것이 어미다. 어미는 품사를 결정짓기 때문이다. 품사를 알아야 주어진 단어가 문장 안에서 어떤 역할을 하는지 알 수 있다.**

▼ 예를 들면, attractive는 ~ive라는 어미를 보고 형용사임을 알 수 있다. 따라서 이 단어는 주어나 목적어가 될 수 없다. 명사를 수식하거나 주격보어나 목적격보어의 역할을 한다. attractively는 어미 ~ly를 보고 부사임을 알 수 있다. 따라서 이 단어는 보어가 될 수 없다. 수식어로 쓰일 뿐이다.

▼ 명사어미 중에서 유명한 것은 ~er, ~ance, ~ment, ~ity, ~ness, ~sion/tion이다. 예를 들면, activity는 명사다. ~ity로 끝나기 때문이다. 형용사어미 중에서 유명한 것은 ~able, ~al,~ful, ~ic, ~less, ~ive다. 예를 들면, mechanical은 형용사다. ~al로 끝나기 때문이다. ~ic로 끝나는 단어들은 주로 형용사다. 그러나 예외가 있다. mechanic('정비공')은 명사다. characteristic은 형용사('독특한')이기도 하지만 명사('특징')로 더 많이 쓴다.

▼ **명사와 형용사 양쪽으로 쓰는 어미도 있다.** 예를 들면, assistant는 명사이고 hesitant는 형용사다. ~ant가 명사/형용사 어미이기 때문이다. graduate는 명사/동사다. ~ate는 명사어미이기도 하고 동사어미이기도 하기 때문이다. **단, 명사어미일 때와 형용사어미일 때 발음이 다르다.**

▼ 동사어미와 부사어미는 몇 개 안 된다. 동사어미는 4개, 부사어미는 주로 ~ly 하나다. 명사어미와 형용사어미도 엄청나게 많은 것은 아니다. **이 교재에서 제시하는 16개의 명사어미와 12개의 형용사어미만 알면 충분하다.**

▼ **형용사와 부사의 구별은 대단히 중요하다. 두 단어의 역할이 다르기 때문이다.** 따라서 형용사와 부사 양쪽으로 쓰는 15개 단어(hourly, daily, weekly, monthly, quarterly, yearly, early, fast, free, hard, high, late, sound, wide, sharp)를 확실하게 알아두는 것이 대단히 중요하다. 앞쪽 7개 단어는 ~ly로 끝나기 때문에 부사로 보이지만 형용사이기도 하고, 뒤쪽 8개 단어는 ~ly로 끝나지 않기 때문에 형용사로 보이지만 부사이기도 하다. 당연히 이 15개 단어들은 형용사일 때와 부사일 때 뜻이 다르다.

Section 03 유사어 (Similar Words)

Notes

유사어?

1. 유사어는 spelling이 비슷해서 혼동하기 쉬운 단어들이다.
2. 유사어는 주로 품사가 다르므로 품사로 구별하는 것이 좋다.
3. Section 3를 Sections 1-2의 복습공간으로 활용하는 것도 좋다.
4. 즉, 이 section에서 문장형식, 단어형태, 품사 등을 복습하자.
5. 유사어 때문에 위에서 배운 것들을 수포로 돌리는 일도 막자.

핵심강의

☐ 유사어(similar words)는 spelling이 비슷해서 혼동하기 쉬운 단어들이다. **유사어들은 뜻의 차이만이 아니라 품사의 차이를 알아야 기억하기 쉽다.**

☐ some time('상당한 시간')은 형용사+명사로 주로 for some time('상당한 기간 동안')처럼 쓴다. sometime('언젠가')은 시간부사로 sometime next week('다음주 언젠가')처럼 쓴다. sometimes('가끔')는 빈도부사다.

☐ rise('오르다')는 자동사로만 쓰고, raise('올리다')는 타동사로 쓴다. spelling도 비슷하고 뜻도 비슷해서 혼동하기 쉽다. desert는 '사막'이고, dessert는 '디저트'다. principal은 '교장'이라는 명사 또는 '주요한'이라는 형용사이고, principle은 '원칙'이라는 명사다.

☐ capital은 '자본(금)'이고, capitol은 '의사당 건물'이다. personal('개인적인')은 형용사이고, personnel('직원들')은 명사다. compliment는 '칭찬(하다)'이고, complement는 '보완(하다)'이다.

☐ specially는 '특별하게'이고, especially는 '유별나게'이다. 둘의 뜻이 다르다. stationery('사무용품')는 명사이고, stationary('움직이지 않는')는 형용사다. **beside는 '옆에'라는 뜻의 전치사이고, besides는 '~외에'라는 뜻의 전치사 또는 '그 외에도'라는 뜻의 부사다.**

☐ advise('충고하다')는 동사이고 advice('충고')는 명사다. effect('영향')는 명사이고, affect('영향을 미치다')는 동사다. like('처럼')은 전치사이고 alike('닮은')은 형용사다.

☐ farther는 far의 비교급으로 '더 먼'이고, further도 far의 비교급이지만 '더 먼' 외에 '추가적인'이라는 뜻도 가지고 있다. it's는 it is나 it has를 줄여서 읽었다는 표시이고, its는 it의 소유격형용사다.

☐ dead('죽은')는 형용사이고, died는 동사 die의 단순과거다. **lay('놓다')는 타동사이고, lie('눕다')는 자동사다. 자동사 lie의 단순과거 lay('누웠다')와 타동사 lay('놓다')는 형태가 같지만 뜻이 다르다.**

1 주의해야 할 유사어

1 some time, sometime, sometimes

예문 She has lived in Italy for some time.
그녀는 상당 기간 이태리에서 살아왔다.

Let's have dinner together sometime next week.
다음 주 언젠가 식사를 같이 하자.

Sometimes we go skiing in winter.
우리는 가끔 겨울철에 스키 타러 간다.

해설
* some time은 형용사+명사로 '상당한 시간'이라는 뜻이다.
* sometime은 '언젠가'라는 뜻의 시간부사다.
* sometimes는 '가끔'이라는 뜻의 빈도부사다.

2 rise, raise

예문 Interest rates will rise soon. 곧 금리가 오를 것이다.
Banks will soon raise their interest rates.
은행들이 곧 자신들의 금리를 올릴 것이다.

해설
* rise는 자동사로 '(가격 등이) 오르다'라는 뜻이다: **rise-rose-risen**
* raise는 타동사로 '(가격 등을) 올리다'라는 뜻이다: **raise-raised-raised**

3 desert, dessert

예문 the Sahara Desert 사하라 사막
Would you like to have some dessert? 디저트를 드실래요?

해설
* desert는 '사막'이고, dessert는 '디저트'다.
* **전자는 s가 하나이고, 후자는 s가 둘이다.**
* 읽을 때는 desert는 첫 음절에, dessert는 둘째 음절에 accent를 둔다.

4 principle, principal

예문 in principle 원칙적으로
the principal of the high school 그 고등학교 교장

해설
* principle은 '원칙'이고, principal은 '교장'이다. 둘의 발음은 같다.
* 형용사 principal도 있다. '주된'이라는 뜻이다: the principal reason '그 주된 이유'

Notes

유사어

Notes

집합명사?
1. 집합명사는 다수의 사람/동물/사물을 가리킨다.
2. personnel은 주로 한 회사의 직원 전체를 가리킬 때 쓴다.

5 capital, capitol

예시 the capital of the country 그 나라의 수도
the U.S. Capitol 미국 연방 의사당

해설
* capital은 '수도' 또는 '자본'이고, capitol은 '의사당 건물'이라는 뜻이다.
* the U.S. Capitol은 Washington D.C.에 있는 '연방 의회(건물)'를 가리킨다.

6 personal, personnel

예시 a personal matter 개인적인 일
Who is in charge of personnel management here?
누가 여기서 인사관리를 담당하고 있나?

해설
* personal은 '개인적인'이라는 뜻의 형용사다. person에 형용사 어미 ~al을 붙였다.
* personnel은 '사람들/직원들'이라는 뜻의 집합명사다.
  personnel department '인사부'   personnel manager '인사부장'
* personal은 첫째 음절에, personnel은 마지막 음절에 accent가 있다.

7 compliment, complement

예문 Thank you for your compliment. 당신의 칭찬에 감사 드립니다.
A good wine is a complement to a good meal.
좋은 포도주는 좋은 식사를 완성시켜주는 것이다.

해설
* compliment는 '칭찬'이라는 뜻의 명사 또는 '칭찬하다'라는 뜻의 동사다.
* complement는 '보완(물)'이라는 뜻의 명사, 또는 '보완하다'라는 동사다.
* 두 단어의 발음은 같다. 둘 다 첫 음절에 accent가 있기 때문이다.
* 영어에서는 accent가 없는 음절의 모음소리들은 반모음이다.

8 specially, especially

예시 the specially designed shoes for the athlete
그 선수를 위해서 특별하게 디자인된 신발
She loves all sports, especially swimming.
그는 모든 스포츠, 특히 수영을 좋아한다.

해설
* especially는 specially와 뜻이 다르다. especially는 '특히' 또는 '유별나게'이다
  She loves all sports, specially swimming. (✗)
* especially는 particularly와 뜻이 같다.
  She loves all sports, especially/particularly swimming.
* specially는 '특별하게' 또는 '특별한 방식으로'라는 뜻이다.

* specially는 '특별하게 제작된/준비된/설계된'이라고 할 때 쓴다.
* **우리말에서는 구별되지 않는데 영어에서는 다르기 때문에 조심해야 한다.**

9 stationery, stationary

예시
a stationery store 사무용품 가게
a stationary bike 움직이지 않는 (운동용)자전거

해설
* stationery는 '사무용품'이라는 뜻의 집합명사다. ~ery는 명사어미다.
* stationery는 letterhead처럼 '업무용 편지지 양식'이라는 뜻이기도 하다.
  He wrote the letter on the stationery. "그는 그 편지를 회사편지지에 썼다."
* stationary는 '움직이지 않는'이라는 뜻의 형용사다. ~ary는 형용사어미다.

10 beside, besides

예시
beside the window 창문 옆에
besides that 그것 외에

해설
* beside는 '옆에'라는 뜻의 전치사, besides는 '~외에'라는 뜻의 전치사다.

11 advice, advise

예문
I need a piece of advice. 나는 충고 한 마디가 필요하다.
She advised taking a rest. 그녀는 휴식을 취할 것을 권고했다.

해설
* advice는 '충고'라는 뜻의 명사, advise는 '충고하다'라는 뜻의 동사다.
* 소리는 마지막 자음소리가 다르다. 명사는 [~s]로, 동사는 [~z]로 마무리한다.

12 effect, affect

예시
the effect of air pollution 대기오염의 영향
Cold weather affected the crops.
추운 날씨가 그 작물들에게 영향을 미쳤다.

해설
* effect는 '영향'이라는 뜻의 명사, affect는 '영향을 미치다'라는 뜻의 동사다.

13 like, alike

예문
You look like my brother. 너는 내 형/동생처럼 생겼다.
Major cities are alike everywhere. 대도시들은 어디에서나 닮았다.

해설
* like은 '~처럼'이라는 뜻의 전치사, alike은 '닮은'이라는 뜻의 형용사다.

Notes

14 farther, further

예문 It's farther/further than that. 그것은 그보다 더 멀다.
further information/questions 추가적인 정보/질문들

해설 * farther/further는 둘 다 형용사 far의 비교급으로 '더 먼'이라는 뜻이다.
* 단, further에는 '추가적인'이라는 뜻도 있다. farther에는 그런 뜻이 없다.
farther information/questions (×) further information/questions (○)

❓ it's가 it의 소유격 형용사처럼 보인다?
① 명사의 소유격은 명사 끝에 's를 붙인다: David's car .
② 그러나 인칭대명사 it의 소유격은 it's가 아니라 its다.

15 it's, its

예시 its title 그것의 제목
It's good. 그것은 좋다.

해설 * its는 인칭대명사 it의 소유격이다. 즉, its는 '그것의'라는 뜻이다.
* it's는 it is 또는 it has를 줄여서 읽었다는 표시다.
　It's good = It is good.　　It's been useful. = It has been useful.
* it's는 it의 소유격이 아니다: it's title (×)

16 died, dead

예문 She died in a car crash. 그녀는 자동차 사고로 죽었다.
That idea is now dead. 그 아이디어는 이제 죽었다.

해설 * died는 동사 die('죽다')의 단순과거이고, dead는 '죽은'이라는 뜻의 형용사다.

❓ make과 do?
'~하다'이지만 영어에서는 동사 do가 아니라 동사 make를 쓰는 다음 경우들을 조심해야 한다. 예를 들면 do an appointment로 알기 쉽다. 우리말로 '약속하다'이기 때문이다. 그러나 영어에서는 make를 쓴다.
make a promise '약속하다'
make an appointment '만날 약속하다'
make progress '진보하다'
make an effort '노력하다'
make an attempt '시도하다'
make an offer '제안하다'
make a decision '결정하다'
make a mistake '실수하다'
make a phone call '전화하다'
make arrangements '준비하다'

17 lay, lie

예문 1 I laid the papers on the table. 나는 그 서류들을 그 테이블에 놓았다.

해설 * lay는 타동사로 '~을 ~에 놓다'라는 뜻이다: lay-laid-laid

예문 2 I lay down and closed my eyes. 나는 드러누워서 두 눈을 감았다.

해설 * lie는 자동사로 '눕다'라는 뜻이다: lie-lay-lain
* 예문의 lay는 자동사 lie의 단순과거다.

예문 3 He lied in court. 그는 재판 중에 거짓말을 했다.

해설 * '거짓말하다'라는 뜻의 lie도 있다. 자동사/타동사 양쪽으로 쓴다: lie-lied-lied

▶ 맺음말

▽ specially와 especially는 둘 다 우리말로 '특별히' 라고 해석되지만 뜻이 다르다. 전자는 '특별한 방식으로' 라는 뜻이고 후자는 '유별나게' 라는 뜻이다.

▽ stationery는 '사무용품' 이고 stationary는 '움직이지 않는' 이다. spelling이 비슷하지만 뜻이 전혀 다르다. 더구나 전자는 명사이고 후자는 형용사다. ~ery는 명사어미, ~ary는 형용사어미이기 때문이다. stationery는 a stationery store('문방구')처럼 쓰고, stationary는 "It has remained stationary"처럼 쓴다. 유사어의 품사와 의미만이 아니라 실제 사용 예까지 알고 있으면 더욱 좋다.

▽ advise는 동사이고 advice는 명사다. 전자의 마지막 자음소리는 [z]이고 후자의 마지막 자음소리는 [s]이다. a piece of advise가 아니라 a piece of advice('충고 한마디')다.

▽ effect와 affect의 차이점은 품사로 관리해야 한다. 전자는 명사, 후자는 동사다. 두 단어의 발음은 거의 같다. 둘 다 첫 음절은 반모음이기 때문이다. "Cold weather ____ the crops"의 빈칸에는 affected 이 들어가야지 effected이 들어가지 않는다. 동사는 affect이기 때문이다.

▽ further와 farther의 차이점을 묻는 문제도 자주 출제된다. 둘 다 far의 비교급이다. 그러나 further에는 '추가적인' 이라는 뜻도 있다. 따라서 further information('추가적인 정보')은 맞고 farther information은 틀렸다. '더 먼 정보' 라는 말은 없기 때문이다.

▽ lay는 두 가지라는 것을 배웠다. 자동사 lie('눕다')의 과거이거나, 타동사 lay('놓다')의 현재다. 이 두 단어는 대단히 유명한 유사어다. 둘 다 불규칙(lie-lay-lain, lay-laid-laid)이기 때문에 혼동하는 사람이 많다. lay의 과거 laid를 lie의 과거로 잘 못 알고 있는 native speaker들도 꽤 있을 정도다. 예를 들면, "I lay on the beach"라고 해야 하는데 "I laid on the beach"라고 잘 못 말하는 사람도 있다.

Chapter 2

명사와 관사

Section 4_ **명사**

Section 5_ **집합명사**

Section 6_ **명사의 소유격**

Section 7_ **수사**

Section 8_ **관사**

Section 04   명사 (Nouns)

Notes

명사?

① 명사는 사람/동물/사물/개념 등에 붙인 명칭이다.

② 명사는 문장 안에서 주어/보어/목적어의 역할을 한다.

③ 명사를 제대로 이해해야 명사에 붙는 관사를 알 수 있다.

④ **즉, 관사규칙 때문에 명사를 제대로 이해해야 한다.**

핵심강의

☐ 명사는 8품사 중에 가장 많이 쓰는 품사다. 명사는 주어, 보어, 목적어가 될 수 있을 뿐만 아니라, 전치사구의 목적어도 되기 때문이다. **명사에서 가장 중요한 것은 명사의 분류다.** 현대영어에서는 명사를 countable('가산')과 uncountable('불가산') 두 가지로 나눈다. 가산명사에는 부정관사(a/an)를 붙이거나 복수형으로 만들 수 있고, 불가산명사에는 부정관사를 붙이거나 복수형으로 만들 수 없다.

☐ 명사를 바로 가산/불가산으로 분류하는 것이 어려우면 재래식 분류방법을 이용할 수 있다. 즉, 명사를 보통명사, 고유명사, 추상명사, 물질명사, 집합명사로 분류한 다음에, 보통명사는 가산이고, 고유/추상/물질명사는 불가산이고, 집합명사는 가산과 불가산이 섞여있다고 생각하면 된다. **그 후에 고유명사, 추상명사, 물질명사를 가산명사로 쓰는 몇 안 되는 경우들을 이 교재에서 챙기면 완전하게 정리가 된다.**

☐ 가산명사는 끝에 ~s/~es를 붙여서 복수형으로 만든다. 단, 불규칙도 많다. **토종 단어의 불규칙 복수는 9개(feet, mice, men, women, geese, lice, teeth, children, oxen)다.** 첫 7개는 중간모음을 바꾸고, 나머지 2개는 단수 끝에 ~ren 과 ~en을 보태서 복수를 만든다.

☐ 다음과 같은 외래어의 불규칙 복수형태 10개는 꼭 알고 있어야 한다. 즉, **crises, bases, oases, analyses, diagnoses, alumni, criteria, phenomena, bacteria, data는 복수다.** 외래어 복수형과 영어식 복수형을 공용하는 다음 8개 단어들도 다음과 같은 외래어 복수형을 눈 여겨 보아야 한다: cacti, radii, formulae, vertebrae, antennae, memoranda, media

☐ **영어에는 단수와 복수의 형태가 같은 명사들도 있다.** sheep, deer, fish, salmon, carp, cod, mackerel, trout, squid, aircraft, spacecraft는 단수처럼 보이지만 복수이기도 하다. Chinese, Japanese, Vietnamese, Swiss도 단수와 복수의 형태가 같다. 예를 들면, a Chinese는 '중국인'이고 the Chinese는 '중국인 전체'다. 다음 단어들은 복수처럼 보이지만 단수이기도 하다: series, species, means, crossroads, works, headquarters.

> Notes

☐ **~ics로 끝나는 모든 단어들은 불가산명사다.** 예를 들면, statistics('통계학')는 불가산이다. 단, 복수 취급하는 statistics는 '통계수치'라는 뜻이다. diabetes와 news도 복수처럼 보이지만 불가산이다.

☐ **복수명사(plural nouns)는 복수형으로만 쓴다.** 예를 들면, clothes('옷')는 복수명사다. cloth는 불가산이면 '천'이고 가산이면 '식탁보/행주/걸레'다. customs('관세')도 복수명사다. a custom은 '관습'이다. 따라서 customs는 '관습들'일 수도 있고 '관세'일 수도 있다. '세관'은 a customs office이지 a custom office가 아니다. '관세'라는 customs는 복수명사이기 때문에 복수형을 쓴다.

☐ **고유명사 앞에 부정관사를 붙이면 다음 3가지 중 하나다.** **첫째**, 예술가이면 그 사람의 작품이다. **둘째**, 세기적인 인물이면 그런 특성을 가진 다른 사람이다. **셋째**, 보통사람이면 그런 이름을 가진 모르는 사람이다. 물질명사는 '여러 종류의 ~들'이라는 뜻이면 복수형으로 만들 수 있고, 단수 앞에 형용사가 있으면 부정관사를 붙인다. 추상명사는 구체적인 사물을 뜻하는 경우에는 부정관사를 붙이거나 복수형으로 만들 수 있다.

☐ **복합명사 규칙은 명사+명사 또는 명사+동명사일 때 앞쪽 명사는 단수형이라야 한다는 규칙이다.** 예를 들면, '3개월 과정'은 a three-month course라고 한다. 수사(hundred 등)는 단독으로 쓸 때는 복수형이라야 한다. 예를 들면 hundred of students가 아니라 hundreds of students('수백 명의 학생들')다.

☐ **명사를 알아야 관사규칙을 완전하게 이해할 수 있다.** 명사를 알아야 주어와 동사의 일치 규칙도 지킬 수 있고, 명사 앞에 붙는 소유/지시 형용사나, 명사를 받는 대명사를 제대로 선택할 수 있다. **명사를 모르면 한 문장도 제대로 만들어 낼 수 없다는 이야기가 결코 과장이 아니다.**

Notes

부정관사?
① 부정관사는 a/an이다.
② 부정관사는 불특정 단수 가산명사 앞에 붙인다.

보통명사와 고유명사?
① 보통명사는 세상에 둘 이상 있다.
  countries '국가들'
② 고유명사는 세상에 하나만 있다.
  France '프랑스'

보통명사와 추상명사?
① 보통명사는 구체적이다.
  a dog '강아지'
② 추상명사는 추상적이다.
  acceptance '수락'

보통명사와 물질명사?
① 보통명사는 개별화할 수 있다.
  a dog, two dogs
② 물질명사는 개별화할 수 없다.
  a water (X) two waters (X)

보통명사와 집합명사?
① 보통명사는 하나를 가리킨다.
  a crane '크레인'
② 집합명사는 다수를 가리킨다.
  equipment '여러 종류의 장비들'

1 분류

1 재래식 분류

> **Key Point** 재래식 분류
> 명사를 보통/고유/추상/물질/집합명사 등 5가지로 분류한다.

(1) 보통명사 (Common Nouns)

예시 a dog 강아지   flowers 꽃들

해설
* 보통명사는 **평범한 명사라는 뜻이다.**
* 보통명사는 세상에 둘 이상 존재하는 사람/동물/사물 등을 가리킨다.
* 보통명사에는 부정관사를 붙일 수도 있고 복수형으로 만들 수도 있다.

(2) 고유명사

예시 France 프랑스   April 4월

해설
* 고유명사는 세상에 하나만 있는 사람/사물의 이름이다.
* 고유명사에는 부정관사를 붙일 수 없고 복수형으로 만들 수도 없다.
  a France (X)   Frances (X)

(3) 추상명사

예시 acceptance 수락   application 신청

해설
* 추상명사는 **사람의 생각 속에만 존재하는 개념이다.**
* 따라서 추상명사에는 부정관사를 붙일 수 없고 복수형으로 만들 수 없다.

(4) 물질명사

예시 water 물   wood 목재

해설
* 물질명사는 **액체, 가루, 재료 등을 가리킨다.**
* 물질명사에는 부정관사를 붙일 수 없고 복수형으로 만들 수도 없다.
  a water (X)   a wood (X)   medicines (X)   lunches (X)
* 다음 명사들은 영어에서 물질명사다: wood '목재' medicine '의약품' grass '풀' hair '머리카락' wool '양털' breakfast/lunch/dinner '조반/점심/저녁' 등

(5) 집합명사

예시 staff 직원들   equipment 여러 종류의 장비

해설
* 집합명사는 **다수의 사람/동물/사물을 가리킨다.**
* 집합명사는 별도의 section에서 철저하게 공부한다. 걱정하지 마라.

2 새로운 분류

(1) 가산명사 (Countable Nouns)

<예시> a glass 잔 papers 신문들 an iron 다리미
       an application 신청서 chickens 닭들

<해설> * 가산(加算) 명사는 셀 수 있다.
       * 가산명사는 단수 앞에 a/an을 붙이거나 복수형으로 만들 수 있다.
         a glass '잔' glasses '잔들'

(2) 불가산명사 (Uncountable Nouns)

<예시> glass 유리 paper 종이 iron 철
       application 신청 chicken 닭고기

<해설> * 불가산(不加算) 명사는 셀 수 없다.
       * 단수 앞에 부정관사를 붙일 수 없고 복수로 만들 수도 없다
         glass '유리' a glass (×) '유리' glasses (×) '유리'

심층해설❶ 왜 새로운 분류?

① 많은 명사들이 가산/불가산 양쪽으로 쓰이기 때문이다.
  chicken '닭고기'   (불가산명사 chicken)
  a chicken '닭' chickens '닭들'   (가산명사 chicken)
② 따라서 명사를 어떻게 썼느냐가 중요하다.
③ chicken은 불가산으로 쓰였기 때문에 '닭고기'라는 뜻이다.
④ a chicken은 가산으로 쓰였기 때문에 '닭'이라는 뜻이다.
⑤ 즉, chicken과 a chicken은 뜻이 다르다.

심층해설❷ 왜 재래식 분류를 버리지 않나?

① 가산/불가산을 판단하는 데에 크게 도움이 되기 때문이다.
② 예를 들면, equipment('장비')는 불가산 명사다.
③ 우리로서는 왜 equipment가 불가산인지 이해할 수 없다.
④ 알고 보면, 집합명사이어서 불가산이다.
⑤ 재래식 명사분류가 가산/불가산을 이해하는 데에 도움이 된다.

심층해설❸ 신청서는 application이 아니라 an application이다.

막상 명사문제를 문법 part에 출제하면 수험생들 대부분이 이 문제가 명사문제라는 사실을 깨닫지 못한다. 관사문제와 연결 지어 출제하기 때문이다. 예를 들면, blank에 들어갈 단어가 '신청서'이면 application을 선택하면 안 된다. an application이여야 하기 때문이다. application은 불가산으로 '신청'이라는 뜻이다.

Notes

Notes

~s가 복수 표시?

❶ 영어는 자음글자 ~s 하나로 복수 표시를 한다.

❷ 우리말의 복수표시 '들'에 비하면 지나치게 가볍다.

❸ 그래서 영어에는 여러 가지 보완 대책들이 필요하다.

2 가산명사의 복수

1 규칙: 단수 끝에 ~s나 ~es를 붙인다.

(1) ~s를 붙이는 경우

(예시) book - books 책   boy - boys 소년

(해설) * 영어에서는 가산명사를 복수로 만들 때 단수 끝에 ~s를 붙인다.
　　　　a book 책 - books 책들

> **심층해설 ~s의 발음 두 가지?**
>
> ① 무성음 뒤에서는 ~s를 무성음 [s]로 발음한다: books
>   (k는 무성음: 무성음 뒤에서는 무성음 발음이 편하다.)
> ② 유성음 뒤에서는 ~s를 유성음 [z]로 발음한다: boys
>   (모음은 유성음: 유성음 뒤에서는 유성음 발음이 편하다.)

(2) ~es를 붙이는 경우

① ~ch, ~sh, ~s, ~x, ~z로 끝나는 단어

(예시) watch - watches 시계   bush - bushes 관목 숲
　　　　class - classes 학급   box - boxes 상자
　　　　buzz - buzzes 윙윙거리는 소리

(해설) * ~ch, ~sh, ~s, ~x, ~z로 끝나는 단어들에는 ~es를 붙여서 복수를 만든다.
　　　　* **이런 단어 뒤에 ~s만 붙이면 단수/복수의 소리가 거의 같기 때문이다.**
　　　　* 예를 들면, class의 끝에 ~s만 추가하면 단수와 소리가 같다: classs(✕)
　　　　* 그러나 ~es를 붙이면 [iz]가 추가되어 단수와 구별된다: classes [klǽsiz]

② 자음+~o로 끝나는 단어

(예시) potato - potatoes 감자   tomato - tomatoes 토마토

(해설) * 자음+~o로 끝나는 단어도 단수 끝에 ~es를 붙여서 복수를 만든다.
　　　　* 이 경우 ~es는 [z]로 발음한다. 즉, spelling 규칙 때문에 그렇게 한다.
　　　　* **단, 모음+~o로 끝나는 단어는 단수 끝에 ~s만 붙인다: radios, zoos**

③ 자음+~y로 끝나는 단어

(예시) baby - babies 아기   country - countries 국가

(해설) * 자음+~y로 끝나는 단어는 ~y를 빼고 ~ies를 붙여서 복수를 만든다.
　　　　* 이 경우에도 단수에 비해 [z]가 추가될 뿐이다.

*spelling 규칙 때문에 ~s 대신에 ~ies를 붙인다.
*단, 모음+~y로 끝나는 단어는 단수 끝에 ~s만 붙인다.
  boy – boys   day – days

④ ~f/~fe로 끝나는 13개 단어

예시
knife - knives 칼   wife - wives 아내   thief - thieves 도둑
calf - calves 송아지   half - halves 절반   life - lives 삶
self - selves 자신   wolf - wolves 여우   elf - elves 요정
leaf - leaves 나뭇잎   shelf - shelves 선반
loaf - loaves 빵의 한 덩어리   sheaf - sheaves 곡식의 한 단

해설
*~f/~fe로 끝나는 위 13개 단어는 ~f/~fe를 빼고 ~ves를 보탠다.
*위 13개를 제외한 다른 ~f/~fe로 끝나는 단어에는 ~s만 붙인다.
  cliff – cliffs

심층해설: 영어 자음 중에 유성음들도 있다?

① 영어 자음들 중에 15–16개는 유성음이다. 한국인에게는 특히 다음 11개 자음들이 유성음 이라는 사실이 중요하다.
  [b] but   [d] day   [g] go   [dʒ] jewelry
  [l] long   [m] money   [n] no   [r] road
  [v] very   [ʒ] decision [z] zoo

② 왜냐하면 이 자음들의 소리가 우리말에 있다고 착각하기 때문이다. 위 자음소리들은 우리말에 없다. 유성음 자음들은 숨을 들이마셨다가 성대를 울리면서 낸다.

③ 특히 이 자음소리들을 발음하기 위한 혀의 위치도 대부분 우리말과 다르기 때문에 이 자음 소리들은 우리말 소리와 대단히 다르다고 생각해야 한다.

④ 예를 들면, [b]는 유성음이고 [ㅂ]는 무성음이다. 둘은 다르다.

2 불규칙: 다음과 같은 4가지 pattern이 있다.

(1) 토종 단어의 불규칙

예시
foot - feet 발   tooth - teeth 치아   goose [guːs] - geese [giːs] 기러기
louse [laus] - lice [lais] 이   mouse - mice 생쥐   man - men 남자
woman - women 여자   child - children 어린이   ox - oxen 황소

해설
*토종 불규칙 단어는 중간모음을 바꾸어 복수를 만든다: a foot - two feet
*단, child와 ox는 반모음이 추가되도록 단수 끝에 ~ren/~en을 보탠다.
*'1피트'는 one feet이 아니라 one foot이라는 점에 주의해야 한다.
*영어에서 '1 피트'는 one foot, '2피트'는 two feet이기 때문이다.

Notes

왜 ~ves인가?
① 소리가 더 잘 들리도록 하기 위해서다.
② 예를 들면, knife의 복수 knives의 소리는 [naivz]다.
③ 만일 knifes(X)라고 한다면 [naifs]로 발음해야 한다.
④ [f]와 [s] 둘 다 무성음이어서 잘 안 들리게 된다.
⑤ [v]와 [z] 둘 다 유성음이어서 잘 들리게 된다.

명사 67

Notes

(2) 외래어의 불규칙

① 단수는 ~is, 복수는 ~es로 끝나는 경우

예시 crisis - crises 위기   basis - bases 기본   oasis - oases 오아시스
analysis - analyses 분석   diagnosis - diagnoses 진단

해설 * 원래 그리스어인 이 단어들의 단수는 ~is, 복수는 ~es로 끝난다.
* 단수는 마지막 자음을 [~s]로, 복수는 [~z]로 발음한다.
 crisis[krais] - crises[kraisiz]

② 단수는 ~us, 복수는 ~i로 끝나는 경우

예시 alumnus[əlʌ́mnəs] - alumni[əlʌ́mnai] 동창생

해설 * 원래 라틴어인 이 단어들의 단수는 ~s로 끝나고 복수는 ~i로 끝난다.
* 복수어미 ~i는 [ai]로 발음한다.

③ 단수는 ~on, 복수는 ~a로 끝나는 경우

예시 criterion - criteria 기준   phenomenon - phenomena 현상

해설 * 원래 그리스어인 이 단어들의 단수는 ~on, 복수는 ~a로 끝난다.

④ 단수는 ~um, 복수는 ~a로 끝나는 경우

예시 bacterium - bacteria 박테리아   datum - data 데이터

해설 * 원래 라틴어인 이 단어들의 단수는 ~um, 복수는 ~a로 끝난다.
* 영어에서는 단수 datum은 사용하지 않는다. 복수인 data만 사용한다.
* 구어체에서는 data를 불가산명사로 보고 단수 취급하기도 한다.

(3) 외래어 복수형과 영어식 복수형을 공용하는 경우

① 단수는 ~us, 복수는 ~i 또는 ~es

예시 cactus - cacti/cactuses 선인장   radius - radii/radiuses 반경

해설 * 원래 라틴어인 cactus와 radius의 라틴어 복수형은 cacti와 radii다.
* 그러나 영어식 복수형 cactuses와 radiuses를 쓸 수도 있다.
* cacti와 radii의 마지막 i는 [ai]로 발음한다.

② 단수는 ~a, 복수는 ~ae 또는 ~s

예시 formula - formulae/formulas 공식
vertebra - vertebrae/vertebras 척추
antenna - antennae/antennas 안테나

해설
* 원래 라틴어인 formula, vertebra, antenna의 복수는 ~ae로 끝난다.
* 단, 단수 끝에 ~s를 붙인 영어식 복수형도 쓸 수 있다.
* 라틴어 식 복수어미 ~ae는 [i]로 발음한다: ex. formulae [fɔ́:rmjuli:]

③ 단수는 ~ex, 복수는 ~ices 또는 ~es

예시
index 지수/색인 - indices 지수들 / indexes 색인들

해설
* 원래 라틴어인 index의 복수는 indices다.
  major U.S. indices '미국의 주요 지수들'
* 단, 영어식 복수형 indexes도 쓴다. 주로 '색인들'의 뜻으로 쓴다.

④ 단수는 ~um, 복수는 ~a 또는 ~s

예시
memorandum - memoranda/memorandums 메모
medium - media/mediums 매체

해설
* 원래 라틴어인 이 단어들의 복수는 memoranda와 media다.
* 그러나 영어식 복수형 memorandums와 mediums도 쓴다.
* 구어체에서는 복수인 media를 단수취급하기도 한다.

(4) 단수와 복수의 형태가 같은 명사들

① 동물

예시
sheep 양   deer 사슴

해설
* 동물 중에는 명사 sheep과 deer의 단수와 복수의 형태가 같다.
  a sheep - two sheep   a deer - two deer

심층해설 the deer는?

① the deer는 '그 사슴' 또는 '그 사슴들'이다.
② the deer 뒤의 동사/소유격형용사/대명사를 보고 구별한다.
  The deer is behind its mother.   (단수 deer)
  "그 사슴은 자기 어미 뒤에 있다."
  The deer are around their mother.   (복수 deer)
  "그 사슴들은 자기 어미 주위에 있다."

② 물고기

예시 1
fish 물고기

해설
* 명사 fish는 단수와 복수의 형태가 같다: a fish - two fish
* fishes는 '다양한 종류의 물고기들'이라는 뜻으로만 쓴다.
  the fishes in the aquarium '그 수족관의 다양한 종류의 물고기들'
* 따라서 '다섯 마리의 물고기'는 five fish이지 five fishes가 아니다.
* fish는 복수이면 '물고기들'이고, 단수이면 불가산으로 '생선 살'이다.
  Some fish can fly. "일부 물고기는 날 수 있다." (복수 fish)
  We had some raw fish. "우리는 약간의 생선회를 먹었다." (불가산 fish)

Notes

단수와 복수의 형태가 같으면 불편하지 않나?

아니다. 부정관사도 있고, 단수동사와 복수동사의 구별도 있기 때문에 명사의 단수/복수 형태가 같아도 문제가 되지 않는다.

Notes

예시 2) salmon 연어

해설) * salmon도 단수와 복수가 같다: several salmon '5~6 마리의 연어들'
* salmons(×)라는 단어는 없다.

예시 3) carp 잉어   cod 대구   mackerel 고등어
trout 송어   squid 오징어

해설) * carp, cod, mackerel, trout, squid도 단수와 복수의 형태가 같다.

③ ~craft로 끝나는 단어

예시) aircraft 항공기   spacecraft 우주선

해설) * ~craft가 들어간 단어도 단수와 복수가 같다: an aircraft - two aircraft
* airplane은 단수와 복수의 형태가 다르다: an airplane - two airplanes
* spacecraft('우주선')도 ~craft로 끝나기 때문에 단수/복수가 같다.
  a spacecraft - two spacecraft

④ 일부 국적명사

예시 1) a Chinese 중국인 - the Chinese 중국인 전체
a Japanese 일본인 - the Japanese 일본인 전체
a Vietnamese 월남인 - the Vietnamese 월남인 전체
a Lebanese 레바논인 - the Lebanese 레바논인 전체

해설) * 국적명사 Chinese, Japanese, Vietnamese, Lebanese는 단수와 복수가 같다.
* 예를 들면, a Chinese는 '중국인'이고 the Chinese는 '중국인 전체'다.

> **심층해설 Chinese와 the Chinese?**
>
> ① Chinese는 '중국어'라는 뜻의 불가산명사다.
>   Do you speak Chinese? "중국어 할 줄 아느냐?"
> ② Chinese는 '중국의'라는 뜻의 형용사이기도 하다.
>   a Chinese restaurant '중국식당'
> ③ the Chinese는 '중국인들 전체'이다.
> ④ '중국어'를 the Chinese language라고 할 수 있다.

예시 2) a Swiss 스위스인 - the Swiss 스위스인 전체

해설) * a Swiss는 '스위스인'이고 the Swiss는 '스위스인 전체'다.
* **Swiss는 나라이름이 아니다. Switzerland가 나라이름이다.**
* Swiss는 형용사다: a Swiss knife '스위스 제 다용도 칼'
* 스위스의 고유언어는 없다. Swiss는 '스위스 어'가 아니다.

> **심층해설 틀리기 쉬운 국적명사?**
>
> ① '잉글랜드 사람'은 an English가 아니다.
>   남자는 an Englishman, 여자는 an Englishwoman이다.
>   '잉글랜드 사람 전체'는 the English다.
> ② '영국 사람'은 a British가 아니다.
>   a Briton, a Brit, a British person이다.
>   또는 다음과 같이 지역별로 구별해서 부른다.
>   an Englishman '잉글랜드사람'
>   a Scotsman '스코틀랜드 사람'
>   a Welshman '웨일즈 사람'
>   '영국사람 전체'는 the British다.
> ③ '프랑스 사람'은 a French가 아니다.
>   a Frenchman 또는 a Frenchwoman이다.
>   '프랑스 사람 전체'는 the French다.
> ④ '화란 사람'은 a Dutch가 아니다.
>   a Dutchman 또는 a Dutchwoman이다.
>   '화란 사람 전체'는 the Dutch다.
> ⑤ '스페인 사람'은 a Spanish가 아니다.
>   남녀 공히 한 사람은 a Spaniard라고 한다.
>   '스페인 사람 전체'는 the Spanish다.

⑤ ~s로 끝나는 다음 명사들

예시 1 a series 시리즈

해 설 ＊series는 단수/복수다: a series - two series

예시 2 a species 종자

해 설 ＊species도 단수/복수다: a species – two species

예시 3 a means 수단

해 설 ＊means도 단수/복수다: a mean (✗) a means (○)
＊mean은 '의미하다'라는 동사, 또는 '야비한'이라는 형용사다.

예시 4 a crossroads 사거리

해 설 ＊crossroad라는 단어는 없다. 단수도 crossroads다: a crossroad (✗)
＊intersection('사거리')은 단수와 복수가 다르다: two intersections

예시 5 a works 공장

해 설 ＊works('공장')는 단수/복수가 같다.
    an ice works '제빙공장' Pohang Works '(POSCO의) 포항공장'

예시 6 headquarters 본부/본사

해 설 ＊headquarters는 단수/복수다: a headquarter (✗) a headquarters (○)
＊headquarter는 '~에 본부를 두다'라는 뜻의 동사이지 명사가 아니다.
＊단수 headquarters가 주어일 때 단수동사로 받는 것이 원칙이다.
＊그러나 예외적으로 단수 headquarters를 복수동사로 받아도 틀리지는 않는다.

Notes

3 ~s로 끝나지만 불가산명사인 명사들

Key Point 불가산명사?
① 불가산명사는 셀 수 없기 때문에 부정관사를 붙일 수 없다.
② 불가산명사는 단수 취급한다.
③ 다음 명사들은 ~s로 끝나기 때문에 복수로 착각하기 쉽다.

1 ~ics로 끝나는 단어

예시 acoustics 음향학   athletics 육상/체육   economics 경제학
electronics 전자공학   genetics 유전학   mathematics 수학
physics 물리학   ethics 윤리학   politics 정치/정치학
statistics 통계학

해설
* ~ics로 끝나는 모든 명사는 불가산명사다. 복수가 아니다.
* 이 단어들의 뜻은 주로 '~학'이다.

심층해설❶ acoustics?
① 불가산명사 acoustics는 '음향학'이다.
② 단, 복수 취급하는 acoustics는 '음질'이라는 뜻이다.
The acoustics in the concert hall are terrific.
"그 콘서트 홀의 음질이 기가 막히다."

심층해설❷ athletics?
athletics는 영국식에서는 '육상경기', 미국식에서는 '체육'이다.

심층해설❸ ethics가 '윤리'?
① 불가산명사 ethics는 '윤리학'이다.
② 가산명사 ethic은 '윤리'다. 단수와 복수가 있다.
work ethic '직업윤리'   medical ethics '의료윤리'

심층해설❹ politics?
① 불가산명사 politics는 '정치' 또는 '정치학'이다.
② 복수 취급하는 politics는 '정치관'이라는 뜻이다.
What are his politics? "그의 정치관은 무엇이냐?"
③ '정치학'은 politics보다 political science라는 단어를 많이 쓴다.

심층해설 ❺ statistics?

① 불가산명사 statistics는 '통계학'이다. 줄여서 stats라고도 한다.
② 복수 취급하는 statistics는 '통계 수치들'이라는 뜻이다.
   The unemployment statistics <u>are</u> disturbing.
   "그 실업 수치들은 불안하다."
③ a statistic은 '하나의 통계수치'라는 뜻이다.

2 일부 질병이름

예시   diabetes 당뇨병   measles 홍역   mumps 볼거리

해설   *diabetes, measles, mumps는 ~s로 끝나서 복수처럼 보이지만 불가산명사다.

3 기타

예시   news 뉴스

해설   *news는 ~s로 끝나지만 복수가 아니라 불가산명사다: a news (✗)
         *따라서 news는 불가산명사이므로 주어일 때 단수동사로 받는다.
           The news is shocking. "그 뉴스는 충격적이다."

심층해설 statistics에 대해

여기서 가장 중요한 단어는 statistics다. 단수 취급하면 통계학이고 복수 취급하면 통계수치들이다. 시험에는 주로 통계수치들이라는 뜻으로 복수 취급하는 경우가 많이 출제된다.

Notes

> Notes

4 복수명사 (Plural Nouns)

> **Key Point** 복수명사란?
> ① 복수명사는 복수형으로만 쓰는 명사다. 단수형이 없다.
> ② 복수명사는 직접 셀 수 없다: two clothes (X)
> ③ 당연히 복수명사는 복수 취급한다: Where <u>are</u> the clothes?

1 옷과 신발

예시
clothes 옷   pajamas 잠옷   jeans 청바지
pants 바지   trousers 바지   boots 부츠
shoes 신발   socks 양말

해설
* 이 명사들은 복수명사다. 복수형으로만 쓴다. 단수형은 다른 뜻이 된다.
　　clothes '옷'   a cloth '식탁보/행주/걸레'   cloth '옷감'
* clothes를 제외한 명사들은 명사 pair를 이용해서 셀 수 있다.
　　a pair of pants '바지 한 벌'   two pairs of pants '바지 두벌'
* shoes는 예외적으로 다음과 경우에는 단수형(shoe)을 쓴다.
　　a <u>shoe</u> store '구두 가게'   a <u>shoe</u> lace '구두 끈'

2 도구

예시
binoculars 쌍안경   scissors 가위   glasses / spectacles 안경
pliers 집게   shears 양털 깎는 큰 가위

해설
* 이 명사들도 복수명사다. 복수형으로만 쓴다. 단수형은 다른 뜻이 된다.
　　glasses '안경'   a glass '잔'   glass '유리'
* 이 명사들도 꼭 세고 싶으면 명사 pair를 이용해서 셀 수 있다.
　　a pair of glasses '안경 하나'   two pairs of glasses '안경 두 개'
* two glasses는 '두 개의 잔'이고, two pairs of glasses는 '두 개의 안경'이다.
* a glass('잔')의 복수 glasses와 '안경'이라는 뜻의 glasses의 형태가 같다.
* 이런 단어 때문에 모든 복수명사를 직접 세지 못하도록 했다.

3 기타 복수명사

예시 1
arms 무기   customs 관세   damages 손해배상금
funds 자금   manners 예의   particulars 세부사항
premises 구내   proceeds 수익금   quarters 숙소
regards 안부   remains 유적/유해   savings 저금

spirits 사기   supplies 물자   valuables 귀중품

해설 * 이 명사들도 모두 복수명사다. 이 명사들의 단수형은 전혀 다른 뜻이 된다.

예시 2   arm / arms

해설 * arms는 '무기'라는 뜻의 복수명사다: the arms race '군비경쟁'
* arms는 arm('팔')의 복수이기도 하다: his two arms '그의 두 팔'

예시 3   custom / customs

해설 * custom은 '관습'이다: Maori customs '마오리 관습들'
* **a custom office라는 것은 없다. '관습 사무소(?)' 이기 때문이다.**
* '세관'은 a customs office다. '관세'는 customs이기 때문이다.

예시 4   damage / damages

해설 * damage는 '파손'이다. 복수형으로 만들지 못한다.
* **damages는 '손해배상금' 이다. 복수명사다. 복수형으로 쓴다.**
   Pay him US$2 million in damages.
   "그에게 손해배상금으로 2백만 불을 지불하라."

예시 5   fund / funds

해설 * fund는 '펀드/기금'이라는 뜻이다: a pension fund '연금 기금'
* **복수명사 funds는 '자금' 이라는 뜻이다.**
   We are low on funds. "우리는 자금이 부족하다."

예시 6   manner / manners

해설 * manner는 '방식'이다: a scientific manner '과학적인 방식'
* **복수명사 manners는 '예의' 라는 뜻이다.**
   He has no manners. "그는 예의가 없다."

예시 7   particular / particulars

해설 * particular는 '특별한'이라는 뜻의 형용사다.
   a particular friend '각별한 친구'
* particulars는 '세부사항들'이라는 뜻의 복수명사다.
   its particulars '그것의 세부사항들'
* detail은 단수형태가 있지만 particulars는 단수형태가 없다.

예시 8   premise / premises

해설 * premise는 '전제'라는 뜻이다: the false premise '그 잘못된 전제'
* **premises는 '구내' 라는 뜻의 복수명사다.**
   Escort him off the premises. "그를 구내 밖으로 데려가라."

Notes

Notes

예시 9 proceed / proceeds

해설
* proceed는 '나아가다'라는 뜻의 동사다.
  Proceed to Gate 23. "23번 탑승구로 가라."
* **proceeds**는 '수익금' 이라는 뜻의 복수명사다.
  Donate the proceeds. "그 수익금을 기부하라."

예시 10 quarter / quarters

해설
* quarter는 '1/4' 등의 뜻이다: three quarters '3/4'
* **quarters**는 '숙소' 라는 뜻의 복수명사다.
  the married quarters '기혼자 숙소'

예시 11 regard / regards

해설
* regard는 '여기다'라는 뜻의 동사다.
  We regard him as a fool. "우리는 그를 바보로 여긴다."
* **regards**는 '안부' 라는 뜻의 복수명사다.
  Give her my best regards. "그녀에게 안부를 전해달라."

예시 12 remain / remains

해설
* remain은 '~으로 남다'라는 뜻의 자동사다.
  That remains to be seen. "그것은 두고 보아야 한다."
* **remains**는 '유적/유물/유해' 라는 뜻의 복수명사다.
  the remains of an old castle '고성의 유적'

예시 13 saving / savings

해설
* saving은 '절약하기'라는 뜻의 동명사다.
  saving time and money '시간과 돈을 절약하기'
* saving은 '절약하는'이라는 뜻의 현재분사이기도 하다.
  labor-saving devices '노동을 줄여주는 기구들'
* **savings**는 '저금' 이라는 뜻의 복수명사다.
  I'd like to open a savings account.
  "나는 보통예금 계좌를 개설하고 싶다."
  I have no savings. "나는 저금해 놓은 돈이 없다."
* 따라서 '저축/보통 예금'은 a savings account이다.

예시 14 spirit / spirits

해설
* spirit은 '정신'이라는 뜻의 불가산명사다.
  the spirit of the age '그 시대의 정신'
* **spirits**는 '사기'라는 뜻의 복수명사다. morale과 같다.
  They are in high spirits. "그들은 사기충천해 있다."

예시 15 supply / supplies

해설
* 명사 supply는 '공급'이라는 뜻의 불가산명사다.
  the supply of oil '기름의 공급'
* **supplies는 '물자'라는 뜻의 복수명사다.**
  office supplies '사무용품'

예시 16 valuable / valuables

해설
* valuable은 '귀중한'이라는 뜻의 형용사다.
  your valuable advice '너의 귀중한 충고'
* **valuables는 '귀중품'이라는 뜻의 복수명사다.**
  your valuables '너의 귀중품'

5 the+형용사를 명사 취급하는 경우

1 복수 취급

Key Point the+형용사를 복수 취급한다?

다음 the+형용사는 계층전체를 나타내기 때문에 복수 취급한다.

예시
the blind 장님들   the dead 사망자들
the injured/wounded 부상자들   the old/elderly 노인들
the young 젊은이들   the unemployed 실업자들
the rich 부자들   the poor 가난한 자들
the handicapped 장애인들   the homeless 노숙자들
the needy 빈곤자들   the living 살아있는 자들

해설
* 이 the+형용사들은 복수 취급한다.
  The dead <u>are</u> silent. "죽은 자들은 말이 없다."
* 이 단어들이 단수처럼 보이는데 복수 취급하기 때문에 주의해야 한다.

심층해설 ❶ the blind?

① the blind는 the+형용사로 계층전체를 나타내기 때문에 복수다.
   The blind <u>read</u> with their fingers. "맹인들은 손가락으로 판독한다."

② 한 사람을 나타낼 때는 blind 뒤에 명사가 있어야 한다.
   the blind man/woman/girl/boy '그 눈 먼 남자/여자/소녀/소년'

Notes

> **심층해설 ❷** **the rich/poor?**
>
> the rich와 the poor도 복수다. 계층 전체를 나타내기 때문이다.
> The rich <u>are</u> getting richer and the poor <u>are</u> getting poorer.
> "부자는 더 부유해지고 빈자는 더 가난해지고 있다."

> **심층해설 ❸** **the unemployed?**
>
> the unemployed는 복수다. '실업자 모두'라는 뜻이기 때문이다. 복수동사로 받는다.
> The unemployed <u>are</u> losing hope. "실업자들이 희망을 잃고 있다."

2 단수 또는 복수 취급

Key Point 단수 또는 복수 취급?

다음 the+형용사는 문장에서의 뜻에 따라 단수/복수 취급한다.

예시
the accused 피고(들)   the deceased 고인(들)
the former 전자(들)   the latter 후자(들)

해설
* 이 4개 the+형용사들은 문장에서의 뜻에 따라 단수 또는 복수 취급한다.
  The accused <u>was/were</u> sentenced to death. "그 피고(들)가 사형선고를 받았다."

3 단수 취급

Key Point 단수취급?

다음 the+형용사들은 의미상 단수이므로 단수 취급한다.

예시
the supernatural 초자연적인 존재   the unexpected 예상하지 못했던 일
the unheard-of 전대미문의 일   the unknown 미지의 일
the unthinkable 생각치도 못할 일

해설
* 이 the+형용사들은 의미상 단수이므로 단수 취급하는 것이 당연하다.

6 고유명사/물질명사/추상명사를 가산명사처럼 쓰는 경우

Key Point 고유명사/물질명사/추상명사를 가산명사처럼 쓴다?
① 이 명사들은 모두 원칙적으로 불가산명사다.
② 그러나 다음과 같은 경우에는 가산명사처럼 쓸 수 있다.

1 고유명사

Key Point 고유명사를 가산명사처럼 쓰는 경우?
다음 3가지 경우에 단수 고유명사 앞에 a/an을 붙일 수 있다.

(1) a/an + 예술가

예시) a Picasso 피카소의 그림   a Mozart 모차르트의 음악 한 곡

해설) * 예술가의 이름에 부정관사를 붙이면 그의 작품이라는 뜻이 된다.
Picasso '피카소'   a Picasso '피카소의 그림'

(2) a/an + 신화적/역사적 인물

예시) Hercules 헤라클레스   a Hercules 또 하나의 헤라클레스
Edison 에디슨   an Edison 또 하나의 에디슨

해설) * 이런 사람이름 앞에 a/an을 붙이면 그런 특성을 가진 다른 사람이다.
Edison '에디슨'   an Edison '또 하나의 에디슨'
* 이 때 부정관사는 형용사 another와 같은 뜻이다.
Edison '에디슨'   an Edison = another Edison '또 하나의 에디슨'

(3) a/an + 보통사람

예문) We don't have a Susan here.
미안하지만 여기에 Susan이라는 사람 없는데요.
A Mr. Stevenson called. Mr. Stevenson이라는 사람이 전화했다.

해설) * 보통사람 이름에 a/an을 붙이면 그런 이름의 우리가 모르는 사람이다.
Susan '수잔'   a Susan '수잔이라는 사람'
Mr. Stevenson '스티븐슨'   a Mr. Stevenson '스티븐슨이라는 사람'
* 즉, a Susan은 a person called Susan('수잔이라고 불리우는 사람')을 줄인 것이다.

Notes

a Ford?
① 회사이름 앞에 a/an을 붙이면 그 회사의 제품이라는 뜻이다.
Ford '포드'   a Ford '포드 자동차'
② 단, 회사이름이 회사 설립자의 이름을 딴 경우라야 한다.
a Hyundai (X)   a Hyundai car/automobile (O)

> Notes

2 물질명사

> **Key Point** 물질명사를 가산명사처럼 쓰는 경우?
> ① '여러 종류의 물질들'이라는 뜻일 때 복수형으로 쓴다.
> ② 또는 단수 물질명사 앞에 형용사가 있을 경우 a/an을 붙인다.

(1) 복수형 물질명사를 쓰는 경우

예문 1 The 1950 wines were among the best in this country.
1950년도 산 여러 종류의 포도주들은 이 나라의 최고급 포도주 중 하나였다.

해설
* '여러 종류의 물질들'이라는 뜻일 때는 물질명사를 복수형으로 쓴다.
* 예문에서 wines는 '여러 종류의 포도주들'이라는 뜻이다.

예문 2 What will happen when our fossil fuels run out?
우리의 여러 종류의 화석 연료들이 고갈되면 어떻게 될까?

해설
* fuel은 물질명사이므로 불가산명사다. 복수형으로 만들 수 없다.
* 그러나 복수형 fuels는 '여러 종류의 연료들'이라는 뜻이면 맞다.
* 문장의 뜻으로 보아 our는 '우리 인류의'라는 뜻이다.

예문 3 Not all washing powders are kind to your skin.
모든 종류의 세제가 당신 피부에 무난한 것은 아니다.

해설
* washing powder는 물질명사로 불가산명사다.
* 단, 복수형 washing powders는 '여러 종류의 세제들'이라는 뜻이다.

(2) 물질명사 앞에 부정관사를 붙이는 경우

예문 1 Pine is a soft wood. 소나무는 부드러운 목재다.

해설
* 물질명사 앞에 형용사가 있을 때에는 그 앞에 부정관사를 붙인다.
* **a/an+형용사+물질명사는 '~한 종류의 물질'이라는 뜻이다.**
* 예문에서 물질명사 wood 앞에 형용사 soft가 있기 때문에 a를 붙였다.
* a soft wood는 a soft kind of wood('부드러운 종류의 목재')와 같다.

예문 2 Gasoline is no longer a cheap fuel.
휘발유는 더 이상 저렴한 연료가 아니다.

해설
* 물질명사 fuel 앞에 형용사 cheap이 있으므로 그 앞에 a를 붙였다.
* a cheap fuel은 a cheap kind of fuel('싼 종류의 연료')을 줄인 것이다.

(3) 구어체에서 복수형 물질명사 앞에 수사를 놓는 경우

예문 Three coffees, please. 커피 세 잔 주세요.
Two beers, please. 맥주 두 병/잔 주세요.

해설
* 회화에서는 일부 물질명사 앞에 바로 수사를 붙일 수 있다.
* 그러나 이는 서로 알고 있는 용기의 언급을 생략한 경우에 한한다.
* 예를 들면, 식당에서 three cups of coffee 대신에 three coffees라고 한다.
* 또는 bar에서 two bottles/glasses of beer 대신에 two beers라고 한다.
* writing에서는 이렇게 할 수 없다.

3 추상명사

Key Point 추상명사를 가산명사처럼 쓰는 경우?
① 대부분의 추상명사는 가산명사의 뜻도 같이 가지고 있다.
② 추상명사가 구체적인 것을 뜻할 때는 항상 가산처럼 쓴다.
③ 소위 추상명사를 보통명사처럼 쓰는 경우는 대단히 많다.

(1) 추상명사에 형용사가 있을 때

예문 1 Have a good time. 좋은 시간 가져라.
That was an exciting experience. 그것은 흥미진진한 경험이었다.
They want a better life. 그들은 더 나은 삶을 원한다.

해설
* 추상명사 앞에 형용사가 있으면 항상 구체적인 것을 뜻한다.
* 예문에서 추상명사 time/experience/life 앞에 형용사들이 있다.
* good/exciting/better는 형용사다.
* 그래서 그 앞에 부정관사를 붙였다.

예시 2 until we find a suitable replacement
우리가 적당한 후임자를 찾을 때까지

해설
* 추상명사 앞에 형용사(suitable)가 있으므로 부정관사를 붙였다.
* 불가산명사 replacement는 '대체', 가산명사 a replacement는 '후임자'다.

심층해설 생각을 바꾸라?
① "추상명사는 불가산명사다"라는 생각을 바꾸라.
② 많은 추상명사가 가산명사의 뜻도 가지고 있기 때문이다.

Notes

사전에서 확인하라?
❶ 추상명사를 가산으로 쓸 수 있는지는 사전에 표시된다.
❷ C표시가 있으면 가산명사처럼 쓸 수 있다는 뜻이다.
❸ C는 countable noun('가산명사')의 표시이기 때문이다.
❹ U는 uncountable noun('불가산명사')의 표시다.

Notes

(2) 형용사 없이 가산명사처럼 쓰는 경우

예문 1 That's a beauty. 저것은 멋진 경치/건물/차/미인/골이다.

해 설
* 많은 추상명사는 형용사 없이도 바로 가산명사처럼 쓸 수 있다.
* 예문에서 a beauty라고 했다. 즉, 명사 beauty를 가산명사로 썼다.
* beauty는 불가산이면 '아름다움', 가산이면 '아름다운 경치' 등이다.

예시 2 beauties of nature 자연의 아름다운 경치들

해 설
* 추상명사가 구체적인 것을 뜻할 때는 복수형으로 쓸 수도 있다.
* 예문에서 beauties는 '아름다운 경치들'이다.

예시 3 through a licensing process 라이센싱 절차를 통해서

해 설
* process를 불가산으로 쓰면 '(역사 등의) 진행'이다.
* process를 가산으로 쓰면 '공정/절차'라는 뜻이다.
* licensing process에서 process는 '절차'이므로 가산명사로 써야 한다.
* 따라서 가산명사 표시로 a를 붙여서 a licensing process라고 했다.

예문 4 We have received 400 applications for the job.
우리는 그 일자리에 400통의 지원서를 접수했다.

해 설
* application을 불가산으로 쓰면 '지원', 가산으로 쓰면 '지원서'다.
* 예문에서 applications는 '지원서들'이라는 뜻이다.
* 따라서 예문에서 복수형 applications를 썼다.

가산명사처럼 쓰였으면 구체적인 사물을 떠올려라?

① 추상명사를 가산명사처럼 쓰는 경우가 가장 중요하다.
② 대부분의 추상명사가 그 앞에 부정관사가 있든가, 복수형으로 되어 있으면, 가산명사로 쓰였으므로 해석을 달리해야 한다.
③ 시험장에서 사전을 찾을 수 없기 때문에 추측해야 하는데 대부분의 추측이 맞다.
④ 가산명사처럼 쓰였으면 그 추상명사에서 파생한 구체적인 사물을 떠올리면 된다.

---

7 복합명사 (Compound Nouns)

Key Point 복합명사에는 3가지가 있다?
① 명사+명사: a car key '차 열쇠' a five-day tour '5일짜리 여행'
② 명사+동명사: bird watching '새 관찰하기'
③ 동명사+명사: a boarding pass '탑승권'

1 복합명사 규칙

예시 1 a five-day tour 5일짜리 여행

해 설
* **복합명사의 앞쪽 단어는 단수라야 한다**: a five-days tour (×)
* 명사 day 바로 뒤에 명사 tour가 왔기 때문에 이는 복합명사다.
* 따라서 앞쪽 명사 day는 단수형이라야 한다: a five-day tour (O)
* day 앞에 five가 있어도 복합명사이기 때문에 day는 단수형이라야 한다.

(예시 2) the four-week course 그 4주 과정
a two-week vacation 2주간의 휴가

(해설) * 복합명사이기 때문에 앞쪽 명사가 단수형(week)이라야 한다.
the four-weeks course (✕)   a two-weeks vacation (✕)
* the four-weeks course는 틀렸다. 복합명사의 앞쪽 명사가 복수이기 때문이다.
* weeks 바로 뒤에 명사가 있기 때문에 앞 쪽 week는 단수형이라야 한다.
the four-week course (O)   a two-week vacation (O)

> **심층해설 수사와 첫째 단어 사이에 hyphen?**
> ① 수사와 복합명사의 첫 단어를 hyphen(-)으로 연결한다.
>   a two-week vacation (O)   a two week vacation (X)
> ② hyphen을 쓰지 않으면 상황파악이 어렵기 때문이다.
> ③ a two week vacation(X)은 a와 two가 연달아 나와서 헷갈린다.

(예시 3) during its 37-year history 그것의 37년 역사 동안에

(해설) * 복합명사이기 때문에 앞쪽 명사 year를 단수형 year으로 쓴다.
during its 37-years history (✕)
* 즉, 명사 year+명사 history는 복합명사다. 따라서 year는 단수형을 쓴다.

2 복합명사의 복수

(예시) the two four-week courses 그 두 개의 4주 과정들

(해설) * 복합명사를 복수로 만들 때에는 뒤쪽 단어만 복수형으로 만든다.
* 예문에서 뒤쪽 명사 course를 복수형 courses로 만들었다.
* 그러나 이 때에도 앞쪽 명사 week은 단수형이라야 한다.
the two four-weeks courses (✕)

3 복합명사 규칙의 예외

(1) 앞쪽 명사가 복수명사일 때

(예시) a savings account 보통예금   a customs officer 세관직원

(해설) * 앞쪽 명사가 복수명사일 때에는 앞쪽 명사를 복수형으로 쓴다.
a saving account (✕)   a custom officer (✕)
* 복수명사는 단수형이 되면 전혀 다른 뜻이 되기 때문이다.

(2) 앞쪽 명사가 man/woman일 때

(예시) two women drivers 두 명의 여성 운전자들

(해설) * 앞쪽 명사가 man/woman일 때 뒤쪽이 복수이면 앞쪽도 복수라야 한다.

Notes

woman haters?
man/woman이 주체가 아니라 대상일 때는 단수형을 쓴다.
woman haters (O) '여성 혐오자들'
women haters (X) (앞쪽 명사가 복수형이므로 틀렸다)

Notes

a woman driver (O)   two woman drivers (X)   two women drivers (O)
* 뒤쪽 명사가 복수 drivers이기 때문에 앞쪽 명사도 복수라야 한다.

8 복수형 수사를 써야 하는 경우

> **Key Point** 수사의 품사?
> ① 명사 앞에 쓴 수사는 형용사다: two hundred people
> ② **형용사이므로 항상 단수형으로 쓴다.**
> ③ 수사는 그 외에는 명사다.
> ④ 수사 바로 뒤에 명사가 오지 않는 한 복수형이라야 한다.
>   Hundreds were injured.

1 '20대에/30대에'

예시 in his twenties 그의 20대에

해설 * '~의 20대/30대에'라고 할 때 복수형 수사를 쓴다.
         in my thirties '나의 30대에'

2 '1980년대'

예시 in the 1980's/1980s 1980년대에

해설 * 1980년대 등 10년을 나타낼 때 복수형 수사를 쓴다.
         * 이 때 ~'s라고 쓰는 것(the 1980's)이 원칙이나 ~s라고 써도(the 1980s) 된다.
           in the 1980's = in the 1980s

3 단독으로 쓴 수사

예시 1 dozens of students 수십 명의 학생들

해설 * 수사 dozen은 '다스'라는 뜻이다: a dozen eggs '달걀 12개'
         * dozens는 '수십 명/개'라는 뜻이다. a few dozens of votes '수십 표'

예문 2 Scores were injured. 수십 명이 부상당했다.

해설 * 수사 score는 '20'이라는 뜻이다: four score years '80년'
         * scores는 '수십 명/개'라는 뜻이다.

예문 3 Hundreds were injured. 수백 명이 부상당했다.

해설
* 단독으로 쓴 수사는 복수형이라야 한다.
* 예문에서 hundreds 바로 뒤에 명사가 없으므로 복수형을 썼다.
  Hundred were injured. (✗)

예시 4 thousands of people 수천 명의 사람들

해설
* thousands 바로 뒤에 명사가 오지 않았으므로 복수형(thousands)을 썼다.

예시 5 tens of thousands of tourists 수만 명의 관광객들

해설
* ten thousand은 '만'이다.
* tens of thousands는 '수만 명/개'라는 뜻이다.
* tens of thousands of tourists에서 두 번째 thousand도 복수형이라야 한다.
  tens of thousand of tourists (✗)

예시 6 hundreds of thousands of babies 수십만 명의 아기들

해설
* one hundred thousand은 '십만'이다.
* **영어는 thousand을 기준으로 하고 우리말은 '만'을 기준으로 한다.**
* 두 개의 수사 모두 그 뒤에 명사가 없기 때문에 복수형이 되었다.
  hundreds of thousands of babies
  millions of women 수백만 명의 여성들
  tens of millions of dollars 수천만 불
  hundreds of millions of women 수억 명의 여성들
* '수백만'은 millions, '수천만'은 tens of millions, '수억'은 hundreds of millions.
* one hundred million은 '1억'이다.
* 예문에서 수사 바로 다음에 명사가 없기 때문에 복수형 수사들을 썼다.

예시 7 billions of people 수십억 명의 사람들

해설
* billion은 '10억'이다: a billion people '10억 명의 사람들'
* '수십억'은 billions다.

Notes

9 일부 불가산명사를 세는 방법

1 추상명사

예시 1 a bit/piece of news, an item of news, a news item 뉴스 한 토막
해설 * 불가산명사 news를 셀 때에는 명사 bit/piece/item을 이용한다.

예시 2 a piece of advice 충고 한 마디
해설 * 불가산명사 advice를 셀 때에는 명사 piece를 이용한다.

2 물질명사

예시
a blade of grass 풀 한 포기
a drop of oil/water 한 방울의 기름/물
an ear of corn 옥수수 한 대
a pane of glass 유리 한 장
a slice of bread/meat 빵/고기 한 조각
a piece of cake 케이크 한 조각
a grain of sand/salt/rice/corn 모래/소금/쌀/옥수수 한 알갱이(톨)

해설
* 물질명사들을 셀 때에는 물질명사마다 이용하는 명사가 따로 정해져 있다.
* 예를 들면, '유리 한 장'이라고 할 때에는 명사 pane을 이용한다.
  a pane of glass '유리 한 장'
* an ear of corn은 '옥수수 한 대'이고 a grain of corn은 '옥수수 한 알갱이'다.
* grain은 보통 '곡물'이다. 그러나 a grain of rice에서 grain은 '(한) 톨'이다.

3 집합명사

예시
a piece/bit of information 하나의 정보
a few items/pieces/articles of furniture 가구 3-4개
a piece of equipment 장비 하나

해설
* 집합명사들 중에는 information/furniture/equipment처럼 불가산 명사도 있다.
* information을 셀 때는 명사 piece/bit을 이용한다.
* furniture를 셀 때는 명사 piece/item을 이용한다.
* equipment를 셀 때는 명사 piece를 이용한다.
* 집합명사에 대한 세부사항은 다음 Section 5를 참고하라.

▶ 맺음말

▼ 전에는 명사를 5가지로 분류했다. 즉, 보통, 고유, 물질, 추상, 집합명사다. 그러나 이제 이런 분류만으로는 충분치 않다. 예를 들면, application과 an application은 어떻게 다른가? 답은 application은 불가산으로 썼기 때문에 '신청'이고, an application은 가산으로 썼기 때문에 '신청서'다. **이제 명사를 가산과 불가산으로 나눌 수 있어야 한다.** 재래식 분류는 목적지를 가기 위한 중간역일 뿐이다.

▼ 가산명사를 복수형으로 만들 때에는 ~s/es를 붙인다. 불규칙 복수형은 주로 모음을 바꾸어서 만든다. 예를 들면, tooth의 복수는 teeth다. **외래어의 복수형에는 6가지 pattern이 있다. 첫째,** ~is를 ~es로 바꾼다. 예를 들면, analysis의 복수는 analyses다. **둘째,** ~us를 ~i로 바꾼다. 예를 들면, alumnus의 복수는 alumni다. **셋째,** ~on을 ~a로 바꾼다. 예를 들면, criterion의 복수는 criteria다. **넷째,** ~um을 ~a로 바꾼다. 예를 들면, datum의 복수는 data다. **다섯째,** ~a를 ~ae로 바꾼다. 예를 들면, formula의 복수는 formulae다. **여섯째,** ~ex를 ~ices로 바꾼다. 예를 들면, index의 복수는 indices다.

▼ **sheep, deer, fish, salmon, aircraft는 단수/복수다.** 예를 들면, two aircraft라고 한다. series, species, means, crossroads, headquarters도 단수/복수다. 예를 들면, a crossroads라고 한다.

▼ economics는 불가산명사다. ~ics로 끝나는 모든 단어는 불가산명사이기 때문이다. a customs office('세관')에서 customs는 복수명사다. **복수명사는 항상 복수형으로 쓴다.** 단수형은 전혀 다른 뜻이 되기 때문이다. the unemployed('실업자들')는 복수다. the+형용사 중에서 계층 전체를 나타내는 단어들은 복수취급하기 때문이다.

▼ 예술가의 이름 앞에 부정관사를 붙이면 그 사람의 작품이 된다. '여러 종류의 물질들'이라는 뜻일 때에는 물질명사를 복수로 만든다. **추상명사는 구체적인 것을 뜻할 때에는 단수 앞에 부정관사를 붙이거나 복수형으로 만들 수 있다.** 복합명사의 앞쪽 명사는 복수명사가 아닌 한 단수형이라야 한다. 예를 들면, a two-weeks vacation이 아니라 a two-week vacation('2주간의 휴가')이다.

▼ a pane of glass('유리 한 장')는 불가산명사 glass를 세기 위해서 명사 pane을 이용한 경우다. **수사를 독자적으로 쓸 때에는 복수형이라야 한다.** 예를 들면, million of women이 아니라 millions of women('수백만명의 여성들')이다.

Section 05 집합명사 (Collective Nouns)

Notes

 집합명사?

❶ 집합명사는 집단을 가리킨다.
❷ 4가지 종류로 분류한다.
❸ 집합명사는 종류에 따라 가산/불가산과 단수/복수가 다르다.

핵심강의

☐ 집합명사(collective noun)는 사람/동물/사물의 집단을 나타낸다. **집합명사는 4개 그룹으로 나눈다. 가산과 불가산의 측면에서 그룹별로 상황이 다르기 때문이다.**

☐ **제 1그룹의 집합명사는 단체를 뜻하는 단어들이다.** 예를 들면, committee ('위원회')는 단체를 가리키기 때문에 제 1그룹의 집합명사다. 이 그룹의 집합명사는 보통명사와 다르다. 예를 들면, the committee는 단수 취급하면 '그 위원회'이지만 복수 취급하면 '그 위원회의 위원들'이 된다. 즉, **단수 취급하면 단체, 복수 취급하면 구성원들을 가리킨다.**

☐ **제 2그룹의 집합명사는 8개 단어(audience, crew, jury, staff, congregation, crowd, management, livestock)다.** 이 단어들은 livestock('가축들')을 제외하면 모두 다수의 사람들을 가리킨다. 예를 들면, staff는 '(주로 한 조직의) 직원들'이다. 그러나 단수 취급할 수도 있고 복수 취급할 수도 있다. 이 복수의 사람/가축들이 집단적으로 움직일 때는 단수, 개별적으로 움직일 때는 복수 취급한다.

☐ **제 3그룹의 집합명사에는 5개 단어(cattle, clergy, people, poultry, police)가 있다. 이 단어들은 뜻도 복수, 취급도 복수다.** 예를 들면, police는 '경찰들'이라는 뜻이고, 항상 복수취급 한다. 이 5개 집합명사들은 단수처럼 보이지만 항상 복수 취급해야 하기 때문에 각별히 주의해야 한다.

☐ **제 4그룹의 집합명사에는 17개 단어가 있다. 그 중 중요한 것은 baggage, luggage, clothing, equipment, furniture, evidence, information, machinery, mail, stationery다. 이 그룹의 집합명사들은 불가산명사다.** 뜻으로 보면 가산명사일 것 같은데 불가산이기 때문에 조심해야 한다. 예를 들면 an equipment 또는 equipments라고 하지 못한다. equipment가 제 4그룹의 집합명사다. 따라서 불가산이기 때문이다.

1 제1그룹 집합명사

> **Key Point** 제 1그룹?
>
> ① 단체를 뜻하는 모든 명사들은 제 1그룹에 속한다.
>
> | association 협회 | board 이사회 | bank 은행 |
> |---|---|---|
> | class 학급 | club 클럽 | college 대학 |
> | company 회사 | corporation 회사 | committee 위원회 |
> | council 위원회 | family 가정 | government 정부 |
> | group 그룹 | school 학교 | team 팀 |
> | union 노동조합 | couple 커플 | |
>
> ② 이 집합명사들은 단수 취급하면 '단체'라는 뜻이 된다.
> ③ 이 집합명사들은 복수 취급하면 '구성원들'이라는 뜻이다.

1 보통명사와 같은 점

예시 a company 회사 - companies 회사들

해설
* 제 1그룹의 집합명사들은 단수에 a/an을 붙이거나 복수형으로 만들 수 있다.
* 당연히 부정관사를 붙인 것은 단수이고, 복수형인 것은 복수다.
* 즉, a company는 단수이고, companies는 복수다.

2 보통명사와 다른 점

예문 1 The company is holding its annual meeting.
그 회사는 연례회의를 개최 중이다.

The company are holding their annual meeting.
그 회사 사람들이 연례회의를 개최 중이다.

해설
* 정관사/소유형용사/지시형용사가 붙어있는 단수명사를 단수/복수 취급한다.
* 단수 취급하면 '조직', 복수 취급하면 '구성원들'이라는 뜻이 된다.
* the company를 단수 취급하면 '회사', 복수 취급하면 '회사 사람들'이다.

예문 2 The committee meets tomorrow. 그 위원회는 내일 회의를 한다.
The committee meet tomorrow. 그 위원회의 위원들이 내일 회의를 한다.

해설
* the committee를 단수 취급하면 '위원회', 복수 취급하면 '위원들'이다.
* 첫째 예문의 meets는 단수동사이므로 the committee는 '위원회'다.
* 둘째 예문의 meet은 복수동사이므로 the committee는 '위원들'이다.

Notes

일관성?
① '조직' 차원에서 보기 시작했으면 끝까지 단수 취급한다.
② '구성원들'의 차원에서 보기 시작했으면 끝까지 복수 취급한다.
③ 그래서 바로 왼쪽 예문에서 is 뒤에 its를, are 뒤에 their를 썼다.
④ is와 its는 단수이고, are와 their는 복수다.

Notes

❓ have decided이 복수 동사?

have decided은 복수 현재완료, has decided은 단수 현재완료다.

예문 3) My family have decided to move to Hawaii.

우리 집 식구들은 하와이로 이사하기로 결정했다.

해 설
* family를 단수 취급하면 '가정'이고 복수 취급하면 '가족들'이다.
* 예문에서 my family를 복수 취급했다. 즉, 복수동사로 받았다.
* family가 의사결정의 주체일 때는 '가족들'로 보고 복수 취급한다.

3 미국식 영어

예 문) The team is in Detroit this weekend. They have a good chance of winning.

그 팀이 이번 주말에 Detroit에 와 있다. 그들은 승리할 확률이 높다.

해 설
* 미국식 영어에서는 제 1그룹의 집합명사를 주로 단수동사로 받는다.
* 그러나 대명사나 소유격형용사는 주로 복수형을 사용한다.
* 예문에서 the team을 각각 단수동사(is)와 복수 대명사(they)로 받았다.

4 couple

예 문) The couple next door are always arguing.

옆집 부부는 늘 말다툼을 한다.

해 설
* 명사 couple은 원래 제 1그룹의 집합명사다.
* 단, 요새는 주로 '구성원들'의 관점에서 보고 couple을 복수취급 한다.
* 그래서 예문에서 the couple을 복수취급(are arguing) 했다.
* 명사 couple을 조직차원에서 보고 단수 취급하는 경우는 극히 드물다.

심층해설 집합명사의 유의점

우리말에 집합명사가 없기 때문에 어떤 명사들이 집합명사인지 잘 챙겨야 한다. 가산/불가산을 구별하고, 가산의 경우 단수/복수를 구별하기 위해서 집합명사를 4개 그룹으로 나눌 수 있어야 한다. 특히 제 4그룹의 집합명사 17개가 우리말에서는 가산명사인데 영어에서는 불가산명사이므로 각별한 주의가 필요하다. 또한 제 3그룹의 집합명사 5개도 단수처럼 보이는데 복수취급해야 하기 때문에 만만치 않다. 제2그룹의 집합명사는 어떤 특징을 갖나?

2 제 2그룹 집합명사

> **Key Point** 제 2그룹?
> ① 다음 8개 명사는 제 2그룹의 집합명사다.
>   audience 청중   congregation 신도들   crew 승무원들/인부들
>   crowd 군중   jury 배심원단   management 경영진
>   staff 직원들   livestock 가축들
> ② 이 그룹의 집합명사들은 다수의 사람들/가축들이라는 뜻이다.
> ③ 단, 집단적으로 볼 때 단수, 개별적으로 볼 때 복수 취급한다.

1 뜻은 복수

예문 1 Most of our staff are based in London.
우리 직원 대부분은 런던에 본거지를 두고 있다.

해설
* staff는 보통명사가 아니다. staff는 직원 전체를 가리키는 집합명사다.
* 따라서 most of our staff는 복수다. 복수동사(are based)로 받았다.
* 단수동사(is based)로 받는 것은 미국식 구어체다.

예문 2 All the passengers and crew survived the crash.
그 추락사고에서 모든 승객과 승무원이 살아남았다.

해설
* crew는 '(한 항공기/선박의) 승무원 전체' 또는 '(한 현장의) 인부 전체'다.
* crews라고 하지 않는다. crew가 이미 뜻이 복수이기 때문이다.

예문 3 The crowd roared. 군중들이 소리를 질렀다.

해설
* crowd는 우리말과 마찬가지로 '(한 곳에 모인) 군중 전체'다.

예문 4 The audience all applauded. 청중들이 모두 박수를 쳤다.

해설
* audience는 우리말과 마찬가지로 '(한 곳에 모인) 청중들'이다.

예문 5 He's very knowledgeable about livestock.
그는 가축에 대해서 매우 지식이 많다.

해설
* livestock은 '(우리 집에서 키우는) 가축 전체'라는 뜻이다.
* 즉, livestock은 소, 돼지, 말, 양 등을 포함한다.

> Notes

2 취급은 단수/복수

(1) 집단적으로 볼 때 단수 취급

예문 1 The hotel staff <u>is</u> excellent. 그 호텔 직원들은 훌륭하다.

해설 * 예문에서 the hotel staff를 집단적으로 보고 단수취급(is) 했다.

예문 2 The management <u>is considering</u> closing the factory.
경영진은 그 공장을 폐쇄하는 것을 고려 중이다.

해설 * 예문에서 the management를 집단적으로 보고 단수취급(is considering) 했다.

(2) 개별적으로 볼 때 복수 취급

예문 1 Staff <u>are required</u> to use the rear exit after 9:00 p.m.
직원들은 오후 9시 이후에는 뒷문을 이용해 주세요.

해설 * staff이 개별적으로 퇴근하는 상황이기 때문에 복수취급(are required) 했다.
* 밤 9시 이후에 직원들이 퇴근할 때는 주로 개별적으로 퇴근하기 때문이다.

예문 2 The jury <u>were divided</u> in opinions. 배심원단의 의견이 갈렸다.

해설 * jury의 의견이 엇갈린 상황이기 때문에 복수취급(were divided) 했다.
* jury는 집합명사이고 juror('배심원')는 보통명사다.

3 보통명사와 다른 점

예시 a staff (×)   staffs (×)

해설 * 제 2그룹의 집합명사에 a/an을 붙일 수 없다. 뜻이 이미 복수이기 때문이다.
* 제 2그룹의 집합명사는 뜻이 이미 복수이므로 복수형으로 만들 수도 없다.

심층해설 ❶ a staff member?

① a staff member('직원 한 명')는 맞다. a가 member를 한정한다.
② a staff member에서 a가 집합명사 staff를 한정하는 것이 아니다.
③ 즉, a staff member는 a member of the staff을 줄인 것이다.

심층해설 ❷ a staff of 500 people?

① a staff of 500 people은 '500명으로 구성된 직원 진'이라는 뜻이다.
② 'a staff of + 숫자'의 경우에 staff 앞에 a를 붙인다.
③ 이 경우 a staff는 '직원 진'이라는 뜻이지 '직원 한 명'이 아니다.

4 형용사로 수식된 audience/crowd에 부정관사를 붙인다.

예시 a large audience 많은 청중
a huge crowd in the streets 거리에 모인 엄청난 군중

해설 * audience/crowd가 형용사로 수식된 경우에는 그 앞에 부정관사를 붙인다.

심층해설❶ a crowd of reporters?

① a crowd of는 '많은'이라는 뜻의 형용사다.
　a crowd of reporters '수많은 기자들'
② a crowd of people을 a crowd로 줄여서 말할 수도 있다.
　A crowd gathered around the winner.
　"군중이 승자 주위에 몰려들었다."

심층해설❷ crowds와 audiences?

① crowds는 '여러 장소에 모인 군중들'이라는 뜻이다.
　crowds of Christmas shoppers in the city
　'그 도시의 여러 곳에 모인 크리스마스 쇼핑객들'
② audiences는 '여러 곳에 모인 청중들'이라는 뜻이다.
　the candidate's audiences in the Northeast
　'그 후보의 동북부 여러 지역에 모인 청중들'
③ 한 곳에 모인 군중/청중은 단수형(crowd/audience)으로 나타낸다.

3 제 3그룹 집합명사

Key Point 제 3그룹?

① 다음 5개 명사들은 제 3그룹의 집합명사들이다.
　cattle 소들　　　poultry 가금류　　clergy 성직자들
　(the) police 경찰　　people 사람들
② 이 집합명사들은 뜻도 복수이고, 취급도 복수로 한다.

livestock과 cattle?

❶ livestock은 제 2그룹의 집합명사로 소/돼지/말/양을 포함한다.
❷ cattle은 제 3그룹의 집합명사로 '소들'이라는 뜻이다.

1 뜻도 복수, 취급도 복수

예문 1 Many cattle are suffering. 많은 소들이 고통을 당하고 있다.

해설 * cattle은 암소, 황소, 송아지 등을 집합적으로 일컬을 때 쓴다.
* cattle은 뜻도 복수지만 취급도 복수로 한다.
* 예문에서 cattle 앞에 복수형용사 many를 붙이고 복수동사로 받았다.

Notes

예문 2 They raise poultry for meat and eggs.
그들은 고기와 알을 얻기 위해 가금류를 기른다.

해설 ＊poultry는 닭, 오리, 칠면조 등을 포함한다.

예문 3 Local clergy are campaigning against the plan.
지방 성직자들이 그 계획에 반대하는 캠페인을 하고 있다.

해설 ＊clergy는 '(여러 직급의) 성직자들'이라는 뜻이다.
＊clergy는 복수취급(are campaigning) 한다.

예문 4 The police are patrolling the neighborhood.
경찰이 동네를 순찰 중이다.

해설 ＊(the) police는 '경찰들'이라는 뜻이다.
＊예문에서 the police를 복수동사(are patrolling)로 받았다.
＊특정되지 않은 '경찰'이라도 police 보다 the police를 더 많이 쓴다.

예문 5 People are always looking for a bargain.
사람들은 항상 싼 구매를 찾는다.

해설 ＊people은 '사람들'이라는 뜻의 집합명사다. 복수취급(are looking for) 한다.

2 보통명사와 다른 점

예시 1 a cattle (×)　　cattles (×)

해설 ＊cattle은 이미 복수다. 부정관사를 붙이거나 복수형으로 만들 수 없다.

예시 2 a clergy (×)

해설 ＊clergy는 '(여러 직급의) 성직자들'이라는 뜻이다. a를 붙일 수 없다.
＊**성직자 한 사람은 a priest, a bishop, a minister 또는 a clergyman이다.**

예시 3 poultries (×)

해설 ＊poultry도 제 3그룹의 집합명사다. 복수형으로 만들 수 없다.

예시 4 three cattle (×)

해설 ＊제 3그룹의 집합명사들은 직접 셀 수 없다. three cattle이라고 할 수 없다.
＊three cattle 대신에 three head of cattle('소 3두')이라고 할 수 있다.
＊또는 보통명사를 써서 a cow and two bulls 식으로 세는 것이 일반적이다.
＊단, 제 3그룹의 집합명사 중 people은 직접 셀 수 있다: two people '두 사람'

❓ **(the) police와 the police officer?**

① (the) police는 '경찰들'이라는 뜻이며 집합명사다.
② the police officer는 '경찰관'이라는 뜻이며 보통명사다.

❓ **보통명사 people?**

① 보통명사 people이 있다. '민족'이라는 뜻이다. 가산명사다.
　a people '한 민족',
　two peoples '두 민족들'
② 집합명사 people은 '사람들'이다.
　two people '두 사람'
③ '한 사람'이라고 할 때는 보통명사 person을 쓴다:
　a person '한 사람'

4 제4그룹 집합명사

> **Key Point** 제 4그룹?
>
> ① 다음 17개 명사들은 제 4그룹의 집합명사들이다.
> **baggage/luggage** '(여러 종류의) 가방들'
> **clothing** '(여러 종류의) 옷들'
> **equipment** '(여러 종류의) 장비들'
> **evidence** '(여러 종류의) 증거들' (문서, 혈흔, 탄환 등)
> **furniture** '(여러 종류의) 가구들'
> **information** '(여러 종류의) 정보들'
> **laughter** '(여러 종류의) 웃음소리들' (명사 laugh는 보통명사)
> **machinery** '기계류' (machine은 보통명사)
> **(the) mail** '(여러 종류의) 우편물들' (mail 보다 the mail을 많이 씀)
> **cash** '현금' (coins & bills 포함)
> **money** '돈' (coins, bills & checks 포함)
> **poetry** '(여러 종류의) 시들' (poem은 보통명사)
> **stationery** '(여러 종류의) 사무용품들/문방구들'
> **garbage/trash/rubbish** '(잡다한 것이 섞여있는) 쓰레기'
>
> ② 이 집합명사들은 모두 '여러 종류의 ~들'이라는 뜻이다.
> Where is my <u>baggage</u>? "내 (여러 종류의) 가방들이 어디 있지?"
>
> ③ 그러나 이 집합명사들은 모두 불가산 명사로 취급한다.

1 뜻은 복수

예문 1 Do you have any baggage to check in? 부칠 가방들 있으세요?

해 설
* baggage는 '(여러 종류의) 가방들'이라는 뜻이다. 뜻이 복수다.
* baggage는 보통명사 bag처럼 하나의 가방이라는 뜻이 아니다.
* baggage는 집합명사이고, briefcase, bag, suitcase, trunk는 보통명사다.

예문 2 All this mail must be answered. 이 우편물들은 모두 회신되어져야 한다.

해 설
* mail은 '(여러 종류의) 우편물들'이다. 즉, 엽서, 편지, 소포 등을 포함한다.
* 예문에서 this mail은 하나의 우편물이 아니다.
* 하나의 우편물이면 보통명사 postcard/letter/parcel을 쓴다.

예문 3 I was assigned the task of checking all the equipment.
나에게 그 모든 장비를 점검하는 임무가 부여되었다.

해 설
* equipment는 '(여러 종류의) 장비들'이라는 뜻이다.

| Notes |

예문 4 They sell stationery. 그들은 문구류 장사를 한다.

해설 *stationery는 '문구류/사무용품들'이라는 뜻의 집합명사다.

예시 5 a piece of furniture 가구 한 점

해설 *furniture는 '(여러 종류의) 가구들'이라는 뜻이다.
*furniture를 써서 세고 싶으면 명사 piece를 이용한다: a piece of furniture

2 취급은 불가산명사

예문 1 There isn't much mail today. 오늘은 우편물이 많지 않네요.

해설 *제4그룹의 집합명사들은 불가산명사로 취급한다.
*mail은 불가산명사이므로 그 앞에 much를 놓았다: many mail (×)

예시 2 an equipment (×)   equipments (×)

해설 *equipment는 불가산명사다. 부정관사를 붙이거나 복수형으로 만들 수 없다.

예시 3 an evidence (×)   evidences (×)

해설 *evidence도 불가산명사다. 부정관사를 붙이거나 복수형으로 만들 수 없다.
*proof('증거')는 보통명사다: a proof (O)   proofs (O)

예시 4 a furniture (×)   furnitures (×)

해설 *furniture도 불가산명사다. 보통명사 desk, table, sofa, closet과 다르다.

예시 5 an information (×)   informations (×)

해설 *information도 불가산명사다.

예시 6 a machinery (×)   machineries (×)

해설 *machinery도 불가산명사다.
*machine은 보통명사다: a machine (O)   machines (O)

▶ 맺음말

✓ **집합명사는 가산/불가산, 그리고 가산의 경우 단수/복수에 대해서 우리의 예측을 벗어난다.** 그룹별로 상황이 다르기 때문에 집합명사를 우선 그룹별로 정확하게 분류하는 것이 중요하다.

✓ **제 1그룹에 속한 집합명사들은 많다.** 단체를 뜻하는 모든 명사들은 여기에 속하기 때문이다. 이 집합명사들은 보통명사와 가장 비슷하기도 하다. 예를 들면, a committee 또는 committees라고 할 수 있다. 그러나 the committee는 단수/복수 취급한다. '그 위원회'라는 뜻일 때에는 단수 취급하고, '그 위원회의 위원들'이라는 뜻일 때에는 복수취급 한다. 영어에는 단수동사와 복수동사의 구별이 있기 때문에 이 구별을 활용하자는 것이다. 즉, '그 위원회의 위원들'을 꼭 the committee members라고 하지 않아도 된다.

✓ **제 2그룹의 집합명사에는 8개 단어가 있다. 특히 중요한 단어는 crew, staff, livestock이다.** 이 집합명사들은 뜻이 복수다. 예를 들면, crew는 '(한 곳에 있는) 승무원들/인부들'이라는 뜻이지만 이 crew를 집단적으로 볼 때에는 단수 취급하고, 개별적으로 볼 때에는 복수 취급한다. 이 단어들 자체가 뜻이 복수이기 때문에, 부정관사를 붙이거나 복수형으로 만들지 않는다. 즉, a crew, crews라고 하지 않는다.

✓ **제 3그룹의 집합명사에는 5개 단어가 있다. 특히 중요한 단어는 cattle, police, people이다.** 예를 들면, cattle은 '(수소, 암소, 송아지를 포함한) 소들'이라는 뜻이므로 보통명사 cow, bull, calf와 차원이 다르다. 즉, 이 집합명사들은 뜻도 복수이고 취급도 복수로 한다. 즉, cattle 앞에 부정관사를 붙이거나 복수형으로 만들 수 없다. 그리고 cattle을 받는 동사나 대명사는 복수라야 한다.

✓ **제 4그룹의 집합명사에는 17개 단어가 있다.** 이 단어들의 뜻은 '여러 종류의 ~들'이지만 모두 불가산명사로 취급한다. **특히 중요한 단어로는 baggage/luggage, equipment, evidence, furniture, information, machinery, mail, stationery 등이 있다.** 예를 들면, an equipment나 equipments는 틀렸다. equipment는 불가산이기 때문이다.

Section 06 명사의 소유격 (Possessives)

Notes

명사의 소유격?

① 명사의 소유격은 '~의'라는 뜻을 나타낸다.

② 명사의 소유격은 원칙적으로 명사 끝에 's를 붙여서 만든다.

③ 단, 명사가 사람/동물/국가/단체/선박이 아니면 of를 쓴다.

핵심강의

□ 명사의 소유격은 명사 끝에 's를 붙여서 만든다. 예를 들면, the prisoner의 소유격은 the prisoner's('그 죄수의')다. **소유격은 소유주를 나타낼 때 쓴다.** 우리말에서는 온갖 소유관계를 조사 '의'를 써서 나타낸다. 영어에서는 사람/동물/국가/단체/선박의 경우에만 's를 붙이고 그 외에는 전치사 of('의')를 쓴다. 예를 들면, '그 거리의 이름'은 the name of the street이다.

□ **합성어를 소유격으로 만들 때는 마지막 단어에 소유격표시를 한다.** 예를 들면 sister-in-law의 소유격은 sister-in-law's다. 한편 복수의 소유격은 명사 끝에 apostrophe만 찍는다. 예를 들면, actors의 소유격은 actors'다. 단, 불규칙 복수의 소유격은 ~'s를 붙인다. 예를 들면, children의 소유격은 children's다.

□ **~s로 끝나는 단수명사의 소유격은 ~'s를 붙여서 만든다.** 예를 들면, boss의 소유격은 boss's다. 단, 1800년까지 살았던 옛날사람 이름은 끝에 apostrophe만 찍는다. 따라서 Socrates의 소유격은 Socrates'다. 주격과 소리가 같다.

□ **사람/동물/국가/단체/선박이 관계절로 수식될 때에는 ~'s가 아니라 of를 써서 소유격을 나타낸다.** 예를 들면, '어떤 부부의 충고'는 a couple's advice다. 그러나 a couple을 수식하는 관계절이 있을 때에는 the advice of a couple이라고 하고 그 뒤에 관계절을 놓는다. 그래야 관계절이 a couple을 수식하게 된다.

□ **일반사물인데 's를 붙여서 소유격을 만드는 경우도 있다.** today, tomorrow, yesterday, 요일, the earth와 같은 단어들이다. two hours' delay와 같은 시간 표현에서도 시간에 's를 붙여서 소유격을 만든다.

□ **영어에는 이중 소유격이 있다.** 예를 들면, '오바마의 친구'는 보통 a friend of Obama's라고 한다. 이는 이중 소유격이다. 's와 전치사 of 둘 다를 썼기 때문이다. **보통 친구는 여러 명 있는 것이므로 이렇게 이중 소유격을 쓰는 것이 자연스럽다.**

1 사람/동물/국가/단체/선박에는 's

> Notes

1 사람

예시 the student's car 그 학생의 차   David's car 데이빗의 차

해설
- student는 사람이므로 그 끝에 's를 붙인다: student's '학생의'
- David도 사람이므로 소유격은 David's('데이빗의')다.
- 다음과 같은 대명사들도 사람을 가리키므로 's를 붙여서 소유격을 만든다.
  everyone's '모두의'   somebody's '누군가의'   nobody's '누구의 ~도 아니'

2 동물

예시 the animal's legs 그 동물의 다리들   the dog's ears 그 개의 귀들

해설
- animal's는 '동물의'라는 뜻이고, dog's는 '개의'라는 뜻이다.

3 국가

예시 the country's policies 그 나라의 정책들
France's policies 프랑스의 정책들

해설
- country's는 '국가의'라는 뜻이고, France's는 '프랑스의'라는 뜻이다.
- 이처럼 국가라는 뜻의 보통명사이든 France처럼 고유명사이든 's를 쓴다.

4 단체

예시 the committee's report 그 위원회의 보고서

해설
- committee's는 '위원회의'라는 뜻이다. committee가 단체이므로 's를 썼다.

5 선박

예시 the ship's captain 그 선박의 선장
the Titanic's captain 타이타닉 호의 선장

해설
- ship's는 '선박의'라는 뜻이고, the Titanic's는 '타이타닉 호의'라는 뜻이다.

> **? 선박 이외의 교통수단?**
> 선박 이외의 교통수단은 's를 써도 되지만 주로 of를 쓴다.
> the arrival of the train = the train's arrival '그 기차의 도착'

Notes

왜 the students car (X)가 아닌가?
❶ the students car(X)는 복합명사 규칙의 위반이다.
❷ the student's car라야 복합명사 규칙을 위반하지 않는다.

my sister-in-law's와 my sisters-in-law?
❶ my sister-in-law's는 합성어의 소유격이다. 끝 단어에 ~'s를 붙인다.
❷ my sisters-in-law는 합성어의 복수다. 앞쪽 명사에 ~s를 붙인다.

Henry the Eighth?
'1세/2세' 등을 쓸 때는 로마숫자로, 읽을 때는 the+서수로 읽는다.
King Charles I (King Charles the First) 찰스 1세
Elizabeth II (Elizabeth the Second) 엘리자베스 2세
Henry VIII (Henry the Eighth) 헨리 8세

---

2 합성어의 소유격

Key Point 합성어의 소유격?
합성어는 마지막 단어에 's를 붙여서 소유격을 만든다.

예시 1 my sister-in-law's car 내 처제의 차
해설 * 합성어 sister-in-law의 소유격은 sister-in-law's다.

예시 2 Henry the Eighth's wives 헨리 8세의 부인들
해설 * 합성어 Henry the Eighth의 소유격은 끝 단어 Eighth에 's를 붙여서 만든다.

3 복수의 소유격

1 규칙복수

예시 the actors' houses 그 배우들의 집들
해설 * ~s/~es를 붙여서 복수를 만드는 명사의 소유격은 끝에 apostrophe만 찍는다.
* 이런 명사는 단수소유격(actor's)과 복수소유격(actors')의 소리가 같다.
the actor's houses '그 배우의 집들' the actors' houses '그 배우들의 집들'

2 불규칙 복수

예시 the children's toys 그 어린이들의 장난감들
해설 * 불규칙 복수의 소유격은 명사 끝에 's를 붙여서 만든다.
* 이런 명사들은 단수소유격과 복수소유격의 소리가 다르다.
the child's toys '그 아이의 장난감'
the children's toys '그 아이들의 장난감'

심층해설 John and Mary's car?
① John and Mary's car는 두 사람이 공동으로 소유한 차를 말한다.
② John's and Mary's cars는 두 사람이 각각 가지고 있는 차들이다.

4. ~s로 끝나는 단수명사의 소유격

1 보통명사

예시 the boss's wife 상사의 부인

해설 * 보통명사가 ~s로 끝나는 경우에는 그 끝에 's를 붙인다: boss's '상사의'
* 이 때 's는 [iz]로 발음한다. 따라서 주격과 소유격의 소리가 달라진다.

2 고유명사

(1) 1800년 이전 사람

예시 Socrates' idea 소크라테스의 아이디어

해설 * 1880년 이전 사람은 이름 끝에 apostrophe만 붙인다: Socrates's idea (×)
* 따라서 옛날사람 이름은 주격(Socrates)과 소유격(Socrates')의 소리가 같다.
* **옛날사람 이름은 생소하기 때문에 주격과 소리가 같아지도록 이렇게 한다.**

(2) 1800년 이후 사람

예시 Ross's report 또는 Ross' report Ross의 보고서

해설 * 1800년 이후 사람 이름은 's를 붙여도 되고, apostrophe만 붙여도 된다.
* 그러나 주로 ~'s를 붙인다. 이 때 ~'s의 소리는 [iz]가 된다.
* **최근 사람 이름은 주격과 소유격의 소리가 달라도 문제되지 않기 때문이다.**

5. 사람 등에 of를 써서 소유격을 만드는 경우

예문 I took the advice of a couple that I met on the train.
나는 기차에서 만난 부부의 충고를 받아들였다.

해설 * 's를 붙여 소유격을 만드는 명사(a couple)라도 of를 써야 하는 경우가 있다.
* 그 명사가 관계절에 의해서 수식되고 있을 때다.
* a couple이 관계절에 의하여 수식되었기 때문에 of를 써서 소유격을 만들었다.
* 즉, 예문에서 a couple's advice 대신에 the advice of a couple이라고 했다.
* 그 이유는 a couple을 수식하는 관계절이 있기 때문이다.
  I took a couple's advice that I met on the train. (×)
* advice가 선행사가 되면, '내가 기차에서 만난 충고(?)'가 된다.

Notes

today paper(X)가 틀렸다?
① 우리말은 '오늘신문' 이다. 즉, 복합명사로 말한다.
② 영어는 today's paper다. 즉, 소유격+명사로 말한다.

6 일반사물에 's를 붙여서 소유격을 만드는 경우

1 today, yesterday, tomorrow와 요일

예시
today's paper 오늘 신문   tomorrow's weather 내일 날씨
yesterday's news 어제 뉴스   last Sunday's game 지난 일요일의 게임

해설
* today, yesterday, tomorrow와 요일은 's를 붙여서 소유격을 만든다.

2 일부 시간표현

예시
two hours' delay 두 시간의 지연   a week's vacation 1주일의 휴가
this afternoon's meeting 오늘 오후 회의

해설
* hour, day, week, month, quarter, year, century, afternoon에도 's를 붙인다.
* two hours' delay 대신에 복합명사를 써서 a two-hour delay라고 할 수 있다.
* a week's vacation 대신에 a one-week vacation이라고 할 수도 있다.

3 일부 장소표현

예시
the earth's surface 지구표면

해설
* the earth의 소유격은 the earth's다.
* the earth의 소유격은 of the earth가 아니다.
* the earth's surface는 the surface of the earth보다 편하다.
* 불편한 것을 좋아하는 사람들은 the surface of the earth라고 한다.
* 그러나 그렇게 하는 것은 speaking&writing시험에서 감점요인이 된다.

4 일부 고정표현

예시
along the water's edge 그 물가를 따라서
at the journey's end 그 여행의 끝 무렵에
within a stone's throw 돌멩이가 닿을 수 있는 거리 안에

해설
* 이 고정표현에서는 water, journey, stone에 's를 붙여서 소유격을 만든다.

7 이중 소유격

예문 1 He's a friend of John's. 그는 존의 친구다.

해설
* a friend of John's는 이중 소유격이다.
* John의 끝에 's를 붙이고 그 앞에 다시 of를 썼기 때문이다.
* 예문은 그가 존의 여러 친구들 중 한 명이라는 뜻이다.
* 즉, 예문은 다음 문장과 같은 뜻이다: He is one of John's friends.

예문 2 He's John's friend. 그는 존의 친구다.

해설
* 예문에서는 단일 소유격(John's)을 썼다. 이는 특별한 경우다.
* 예를 들면, 그가 John의 brother가 아니고 John의 friend라고 선언할 때다.
* 따라서 예문은 명사 friend에 문장악센트(sentence stress)를 두고 읽는다.

예문 3 She's a cousin of John's. 그녀는 존의 사촌이다.

해설
* John의 cousin이 여럿일 때는 이처럼 이중 소유격(a cousin of John's)을 쓴다.
* a cousin of John's는 '존의 여러 사촌 중 한 명'이라는 뜻이다.

예문 4 She's John's cousin. 그녀는 존의 사촌이다.

해설
* John의 cousin이 한 명일 때는 이처럼 단일 소유격(John's)을 쓴다.
* 단, cousin이 여럿이라도 둘의 관계를 강조할 때는 이렇게 말할 수 있다.

8 소유격 뒤의 명사를 생략하는 경우

1 일부 가게

예시 1 the baker's 빵집

해설
* the baker's는 '빵집'이다. the bakery와 같다.
* the baker's는 소유격 baker's 뒤의 명사 shop을 생략한 것이다.

예시 2 the butcher's 정육점

해설
* the butcher's는 '정육점'이다. the butchery와 같다.
* butcher's는 butcher's 뒤의 명사 shop을 생략한 것이다.

Notes

a granddaughter of his?
1. 그의 손녀가 여럿이면 이중소유격을 쓴다.
   She's a granddaughter of his.
   "그녀는 그의 손녀 중 한 명이다."
2. 그의 손녀가 한 명이면 단일소유격을 쓴다.
   She's his granddaughter.
   "그녀는 그의 손녀다."

a John's friend(X)?
1. a John's friend라고 할 수 없다. a friend of John's라고 한다.
2. 부정관사 바로 뒤에 소유격을 놓을 수 없기 때문이다.
3. 두 개의 한정사를 연속으로 놓을 수 없다는 규칙 때문이다.

한정사(determiner)?
1. 관사, 지시형용사, 소유형용사가 대표적인 한정사다.
2. 한정사는 그 다음 명사의 범위를 한정한다.
3. 두 개의 한정사를 연속적으로 놓을 수 없다는 규칙이 있다.
4. 그렇게 하면 항상 논리적으로 모순이 되기 때문이다.
5. 예를 들면, 부정관사 a는 막연하고, 소유격 John's는 구체적이다.

> **Notes**

예시 3 the barber's 이발소

해설
* the barber's는 '이발소' 다. the barber shop과 같다.
* barber's는 barber's 뒤의 명사 shop을 생략한 것이다.

예시 4 the florist's 꽃가게

해설
* the florist's는 '꽃집' 이다. 그 뒤의 명사 shop을 생략한 것이다.
  They bought a bouquet at the florist's
  "그들은 그 꽃가게에서 부케를 샀다."

2 특정인의 집

예문 We met at Ann's, didn't we? 우리는 앤의 집에서 만났어, 그렇지?

해설
* '~의 집'이라고 할 때 사람이름 뒤의 place를 생략하는 것이 일반적이다.
* 예문에서 at Ann's는 at Ann's place('앤의 집에서')를 줄인 것이다.

3 병원과 치과

예문 I'm going to the doctor's. 나는 병원에 가는 중이다.
I'm going to the dentist's. 나는 치과로 가는 중이다.

해설
* the doctor's와 the dentist's 뒤의 office를 생략할 수 있다.
* 즉, 예문에서 the doctor's는 '**병원**' 이고 the dentist's는 '**치과**' 다.

4 앞에 언급한 명사를 반복하지 않기 위해서

예문 Your MP3 player looks better than David's.
네 MP3 player는 David의 것보다 좋아 보인다.

해설
* 앞에 언급한 명사를 반복하지 않기 위해서 소유격 뒤의 명사를 생략한다.
* 예문에서 소유격 David's 뒤의 MP3 player를 생략했다.

▶ 맺음말

✓ **명사의 소유격은 소유주를 나타낼 때 쓴다.** 명사 끝에 ~'s를 붙여서 만든다. 예를 들면, the animal's는 '그 동물의'라는 뜻이다. 복수의 소유격은 apostrophe만 붙인다. 즉, the animals'는 '그 동물들의'라는 뜻이다. 단수/복수 소유격의 소리가 같다. 예를 들면, the animal's와 the animals'의 소리는 같다. 불규칙 복수는 단어 끝에 ~'s를 붙여서 만든다. 예를 들면, children의 소유격은 the children's다.

✓ **사람/동물/국가/단체/선박 이외의 경우에는 전치사 of를 쓴다.** '그 거리의 이름'은 the name of the street이다. street이 사람/동물/국가/단체/선박이 아니기 때문이다. the street's name이 아니다.

✓ 선박 이외의 교통수단은 ~'s를 써도 되고 of를 써도 되지만 일반적으로 of를 많이 쓴다. 예를 들면, the arrival of the train도 맞고 the train's arrival도 맞지만 전자를 더 많이 쓴다.

✓ Henry the Eighth's는 '헨리 8세의'다. 즉, 합성어 Henry the Eighth의 소유격은 끝 단어 Eighth에 ~'s를 붙여서 만든다. John and Mary's는 John and Mary의 소유격이다. '존과 메리의'라는 뜻이다. sister-in law의 소유격은 sister-in-law's다. sister-in-law의 복수는 sisters-in-law다. 즉, 합성어의 복수는 앞 단어를 복수로 만든다.

✓ 단수명사가 ~s로 끝나는 경우에는 주격과 소리가 구별되도록 단수 끝에 ~'s를 붙인다. 즉, my boss(주격)와 my boss's(소유격)의 소리는 다르다. 단, **1800년 이전 사람의 이름은 생소하기 때문에 주격과 소리가 달라지지 않도록 단어 끝에 apostrophe만 붙인다.** 그래서 Socrates(주격)와 Socrates'(소유격)의 소리는 같다.

✓ 사람/동물/국가/단체/선박이 관계절로 수식된 경우에는 ~'s가 아니라 of를 써서 소유관계를 나타낸다. ~'s를 쓰면 관계절이 ~'s 뒤에 나오는 엉뚱한 명사를 수식하게 되기 때문이다.

✓ 일반사물에 's를 붙여서 소유격을 나타내는 일부 경우들이 있다. 예를 들면, two hours' delay는 a two-hour delay와 같은 뜻이다. 이중소유격도 있다. 예를 들면, a cousin of John's은 '존의 여러 사촌 중 한 명'이라는 뜻이다. **소유격 뒤의 명사를 생략하는 경우도 있다.** 예를 들면, to the doctor's는 to the doctor's office를 줄인 것이다.

Section 07 수사 (Numerals)

> Notes

핵심강의

☐ **영어에서 분수를 읽는 방법이 우리말과 다르다.** 우리는 '3분의 1'이라고 하지만 영어에서는 one-third라고 한다. 즉, 영어에서는 분자부터 읽는다. 그리고 분자는 기수 (two, three 등), 분모는 서수(second, third)로 읽는다. 우리말에서는 '3분의 2'라고 하지만 영어에서는 분자가 2 이상이면 분모를 복수형으로 읽는다. 즉, 2/3를 'two-thirds'라고 읽는다. 그리고 1/2은 one-half 또는 a half라고 읽고, 1/4은 주로 one/a quarter라고 읽는다.

☐ **소수점은 point라고 읽는다.** 예를 들면, 3.6은 tree point six라고 읽는다. **영어에서는 소수점 앞이 0이면 0(zero)를 생략해도 된다.** 즉, 0.39를 (zero) point three nine 이라고 읽을 수 있다.

☐ 기타 수를 읽을 때 영국식 영어에서는 백 단위 뒤에 and를 넣어서 읽을 수 있다. 예를 들면, 789를 seven hundred and eight-nine이라고 읽는다. 이 때 and는 [n] 이라고 발음한다. hundred 뒤에만 and를 놓을 수 있다. 다른 수사 뒤에는 and를 놓지 않는다.

☐ 연도를 읽을 때 우리말에서는 숫자 뒤에 '년'을 붙인다. **영어에서는 연도를 특별하게 읽는다. 즉, 뒤에 있는 두 개의 수를 하나로 묶고 나서 그 앞 수부터 읽는다.** 예를 들면, in 727는 in seven twenty-seven이라고 읽는다. new millennium에 들어서면서 2009년 등을 읽을 때 thousand 뒤에 and를 넣어서 읽는다. 예를 들면, 2009년은 two thousand and nine이라고 읽는다. 이 때 and는 [æn(d)]라고 읽는다.

☐ '2시간 10분'은 two hours (and) ten minutes라고 읽는다. 즉, 두 가지 계측 단위 사이에 and를 넣을 수도 있지만 생략할 수도 있다. 생략하는 것이 일반적이다.

☐ 1,300을 읽는 방법은 두 가지다. one thousand three hundred 또는 thirteen hundred이다. 후자는 간편하기 때문에 널리 쓰인다. 단, 이런 숫자가 연도일 때에는 후자의 방법으로만 읽는다. 즉, 'in 1300'는 in thirteen hundred라고 읽는다.

1 분수를 읽는 법

1 분자가 1일 때

예시 1 1/3 one-third 또는 a third

해설
* 분자는 기수(one)로, 분모는 서수(third)로 읽는다.
* one-third 보다 더 빨리 읽고 싶으면 a third라고 할 수 있다.

예시 2 1/5 one-fifth 또는 a fifth

해설
* 1/5은 one-fifth 또는 a fifth다.

예시 3 1/2 a half 또는 one half

해설
* 1/2은 one half 또는 a half라고 읽는다.
* one half는 1/2이고, one and a half는 $1\frac{1}{2}$이다.
* 30분은 thirty minutes, a half hour 또는 half an hour라고 한다.
* 0.5 pound는 a half pound 또는 half a pound라고 읽는다.

예시 4 1/4 one/a quarter 또는 one-fourth / a fourth

해설
* 1/4은 one quarter, a quarter, one-fourth 또는 a fourth라고 한다.
* 3/4는 주로 three quarters라고 하지만 three-fourths라고 할 수도 있다.
* 0.25%는 one-fourth of a percent 또는 a quarter of a percent라고 한다.

2 분자가 2 이상일 때

예시 1 2/3 two-thirds

해설
* 분자가 2 이상일 때에는 분모를 복수형(thirds)으로 읽는다: two-third (✗)

예시 2 2/5 two-fifths

해설
* 분자가 2이므로 분모를 복수형(fifths)으로 읽는다: two-fifth (✗)

Notes

❓ percent와 percentage points?

① percent와 percentage point(s)는 뜻이 같다.
② 단, 표준영어에서는 percent를 쓴다: two percent
③ percentage point(s)는 구어체다: two percentage points

---

2 소수를 읽는 법

1 소수점은 point

예시 $3.6 billion three point six billion dollars

해설 ＊소수점은 point라고 읽는다. three point six는 3.6이라는 뜻이다.

2 소수점 앞의 zero

예시 0.39% (zero) point three nine percent

해설
＊소수점 앞의 zero는 생략할 수 있다: 0.39를 point three nine이라고 읽는다.
＊소수점 뒤의 숫자는 개별적으로 읽는다.
　　0.39% point three nine percent (O)　 point thirty-nine percent (X)
　　0.20% (zero) point two percent
＊0.20%는 (zero) point two percent 외에 a fifth of one percent라고도 읽는다.
＊a fifth of one percent는 1%의 1/5이라는 뜻이기 때문에 0.20%가 된다.

---

3 기타 수를 읽는 방법

❓ 미국식, 영국식?

① 미국이든 영국이든 thousand, million, billion 뒤에는 and를 놓지 않는다.
② 영국식에서만 hundred 다음에 and를 놓을 수 있다.

1 hundred 다음에 and

예시 789 seven hundred (and) eighty-nine

해설
＊미국식에서는 숫자만 읽는다: seven hundred eighty-nine
＊영국식에서는 hundred 다음에 and를 넣어서 읽을 수 있다.
＊**단, 이 때 and는 [n]으로 발음하고 앞 단어 hundred과 연음 해야 한다.**
＊문자로 쓸 때는 21부터 99까지는 단어 사이에 hyphen을 붙인다: eighty-nine
　　456,789 four hundred (and) fifty-six thousand seven hundred (and) eighty-nine

2 연도

예문 1 It was built in 1988. 그것은 1988년에 건설되었다.

해설
＊연도는 두 자리 단위로 끊어서 읽는다. 1988년은 nineteen eighty-eight이다.
＊우리말에는 끝에 '년'을 붙인다. 영어는 특별하게 읽어서 연도를 나타낸다.

예문 2 It was built in 789. 그것은 789년에 건설되었다.

해설
* 789년은 seven eighty-nine이라고 읽는다.
* 뒤쪽 두 자리 숫자를 묶고 나서(eighty-nine), 그 앞 숫자(seven)부터 읽는다.

예문 3 It was completed in 2008. 그것은 2008년에 준공되었다.

해설
* 2001년부터 2010년까지는 thousand 다음에 and를 넣어서 읽는다.
* 2008년은 two thousand and eight이다.
* **2008년을 twenty eight이라고 읽으면 28년이라고 착각하기 때문이다.**
* 단, 2008년을 two thousand eight이라고 읽는 사람도 일부 있다.

예문 4 It will be completed by 2016. 그것은 2016년까지는 완성될 것이다.

해설
* 2016년은 two thousand and sixteen 또는 twenty sixteen이라고 읽는다.

3 두 가지 계측단위 사이에 and

예문 It took us two hours (and) ten minutes.
그것은 우리에게 2시간 10분 걸렸다.

It is two meters (and) thirty centimeters long.
그것은 길이가 2미터 30센티다.

해설
* 두 가지 계측단위 사이에 and를 놓을 수 있지만 생략하는 것이 일반적이다.
* 즉, 2시간 10분을 two hours ten minutes라고 읽는 것이 일반적이다.

4 천 이상을 hundred 단위로 읽는 방법

예문 1,100 one thousand one hundred 또는 eleven hundred
1,300 one thousand three hundred 또는 thirteen hundred

해설
* 1,100부터 1,900까지 백 단위의 9개 수는 hundred 단위로 읽을 수도 있다.
* 단, 연도는 hundred 단위로만 읽는다. 즉, 1300년은 thirteen hundred이다.
* **일상회화에서는 위 9개 이외의 수도 hundred 단위로 읽는 사람들이 많다.**
  1253 one thousand two hundred fifty-three = twelve hundred fifty-three

---

Notes

다르게 읽는 법?
① 2미터 30센티는 two point three meters라고도 읽는다.
② 2.3미터는 2미터 30센티와 같기 때문이다.

▶ 맺음말

✔ 분수를 읽는 방법이 우리말과 다르다. 우리는 '5분의 1'이라고 읽는다. 즉, 기수인 5와 1 사이에 분수 표시로 '분의'를 놓는다. **영어에서는 기수와 서수 두 가지를 이용해서 one-fifth라고 한다. 분자는 기수(one), 분모는 서수(fifth)로 읽는다.** 1/2은 one half 또는 a half라고 읽는다. 30분은 thirty minutes, 또는 a half hour나 half an hour라고 읽는다.

✔ 예를 들면, eight-tenths of a percent는 0.8%다. '1%의 8/10'이기 때문이다. 즉, 8/10은 eight-tenths다. 즉, 분자가 2이상이면 분모를 복수형으로 읽는다. 즉, eight-tenth가 아니라 eight-tenths라고 읽는다.

✔ **소수점은 point라고 읽는다.** 소수점 앞의 숫자가 0일 때는 zero를 생략해도 된다. 예를 들면, 0.39%를 point three nine percent라고 읽을 수 있다. **소수점 이하의 수는 하나씩 읽는다.** 즉, point thirty-nine percent가 아니다. %는 percent라고 읽는 것이 원칙이다. percentage point(s)라고 읽는 것은 비공식적인 방식이다. 예를 들면, 2%는 two percentage points라고 읽는 것보다 two percent라고 읽는 것이 좋다.

✔ **숫자를 읽을 때는 hundred 다음에 and를 놓을 수 있다.** 예를 들면, 456,789을 four hundred and fifty-six thousand seven hundred and eighty-nine이라고 읽을 수 있다. 1529년은 fifteen twenty-nine이라고 읽는다. 2016년은 two thousand and sixteen 또는 twenty sixteen이라고 읽는다.

✔ 2미터 30센티미터는 two meters (and) thirty centimeters라고 읽는다. 즉, 두 가지 계측단위 사이에 and를 놓을 수도 있고 생략할 수도 있다. 물론 2미터 30센티미터를 two point three meters라고 읽을 수도 있다. 2.3미터는 2미터 30센티미터와 같기 때문이다.

✔ 1,900은 one thousand nine hundred 또는 nineteen hundred이라고 읽는다. **후자의 방법은 원칙적으로 1,100부터 1,900까지 9개 숫자에만 적용된다.** 그러나 이 규칙을 지키지 않고 다른 숫자도 이런 식으로 읽는 사람들도 많다. 예를 들면, 2,300을 twenty-three hundred이라고 읽는 사람도 많다.

Section 08   관사 (Articles)

Notes

관사?
1. 관사는 명사를 한정한다.
2. 관사에는 부정관사(a/an)와 정관사(the)가 있다.

핵심강의

1. 부정관사

☐ 자음소리로 시작하는 단어 앞에는 a, 모음소리로 시작하는 단어 앞에는 an를 쓴다. **a는 반모음이기 때문에 모음소리로 시작하는 단어 앞에 놓으면 들리지 않기 때문이다.**

☐ 부정관사는 명사가 불특정 단수가산명사라는 표시다. 부정관사에는 특별한 뜻이 없다. 예를 들면, cat이라고 하면 불가산으로 썼기 때문에 '고양이 가죽/털'이라는 뜻이다. 따라서 '고양이'는 a cat이다. "Have you seen cat around here?"가 아니라 "Have you seen a cat around here?"다. 또는 "I am looking for a hotel"에서 a hotel이라고 한 이유는 a가 없는 hotel은 명사가 아니라 동사이기 때문이다. hotel은 '호텔에 묵다'라는 뜻의 동사다.

☐ **부정관사는 가산명사를 개별적으로 일반화하기도 한다.** 예를 들면, "A doctor must like people"에서 a doctor는 '어떠한 의사라도'라는 뜻으로 doctor라는 가산명사를 개별적으로 일반화한 것이다.

☐ 부정관사의 세 번째 역할은 수사 one을 대신하는 일이다. 회화에서 예를 들면, one hundred dollars 대신에 a hundred dollars라고 할 수 있다.

☐ 부정관사는 불가산명사나 가산명사 복수 앞에 붙이지 못한다.

2. 정관사

☐ 정관사(the)의 발음은 3가지다. 자음소리로 시작하는 단어 앞에는 반모음으로, 모음소리로 시작하는 단어 앞에는 정모음으로, 강세형 the는 장모음으로 발음한다.

☐ **정관사는 특정된 명사 앞에 붙인다. '특정'은 5가지 경우를 말한다. 첫째**, 앞에 나왔던 명사가 두 번째로 나오면 특정된다. **둘째**, 명사가 전치사구 또는 관계절에 의해서 수식되면 특정된다. **셋째**, 이미 서로 알고 있는 명사는 특정된 것이다. **넷째**, 최상급 형용사, 서수, next, last, only, same가 붙어있는 명사는 특정된다.

다섯째, 세상에 하나밖에 없는 사물 등을 가리키는 보통명사는 특정된다.

☐ **정관사는 4가지 종류의 가산명사의 일반화에도 쓴다.** 단, 이 경우에는 the+단수명사를 쓴다. (1) 동물/식물 종자의 일반화 (2) 1900년 이후 최신발명품의 일반화 (3) 신체수족이나 기관의 일반화 (4) 악기의 일반화

☐ 정관사는 24가지 종류의 고유명사에도 붙인다. 즉, 바다, 강, 산맥, 만, 해협, 사막, 운하, 복합호수, 선박, 전쟁, 일간지, 박물관/미술관, 화랑, 극장, 호텔, 가족, 대학, 국가/주/도시의 공식호칭, 복수형 국가/섬, 형용사가 들어있는 지역/국가, 일부 지역, 일부 유명한 건물, 일부 단체/기관, 오케스트라에 the를 붙인다.

☐ 위의 정관사 3대 기능 외에 '1980년대' 나 '21세기' 처럼 decade나 century를 나타낼 때와 판매단위나 지급단위를 나타낼 때도 the를 붙인다.

3. 정관사를 생략해야 하는 경우

☐ **다음 5가지 경우에는 가산명사 앞의 the를 생략하고 무관사로 써야 한다.** (1) school 등 총 9개의 시설이 원래의 목적대로 사용되고 있을 때 (2) office가 '직책' 이라는 뜻일 때 (3) town이 '이 도시/마을' 이라는 뜻일 때 (4) 한 조직의 유일한 직책에 선출/임명/진급되다 라고 할 때 직책 (5) nature, society, space가 각각 '자연', '사회', '우주' 를 의미할 때

4. 부정관사나 정관사를 생략할 수도 있는 경우

☐ **다음 3가지 경우에는 부정관사를 생략할 수 있다:** (1) kind/type/sort 뒤에서 (2) man/woman을 일반화할 때 (3) part of~라고 할 때 part

☐ **다음 2가지 경우에는 정관사를 생략할 수 있다:** (1) 형용사 both/all 뒤에서 (2) 특정되지 않은 4계절

Notes

영어 단어의 spelling과 pronunciation?

① 영어는 spelling과 pronunciation이 다른 단어들이 많다.
② spelling은 그대로인데 그 동안 발음이 달라졌기 때문이다.
③ 따라서 단어의 발음기호도 알고 있어야 한다.
④ 발음기호를 볼 때, accent의 위치도 같이 확인해야 한다.
⑤ 모음소리를 좌우하는 가장 중요한 요소가 accent의 위치이기 때문이다.

1 부정관사 (Indefinite Articles)

Key Point 부정관사?

① 부정관사(a/an)는 불특정 단수 가산명사 앞에 붙인다.
② 부정관사는 복수나 불가산명사 앞에 붙이지 못한다.

1 종류

(1) 자음소리로 시작하는 단어 앞에 a

예시 1 a cat 고양이

해 설 ＊자음소리로 시작하는 단어(cat) 앞에 부정관사를 붙일 때는 a를 쓴다.

예시 2 a hat 모자

해 설 ＊hat도 자음소리 [h]로 시작하는 단어이므로 a를 붙인다.

예시 3 a European 유럽인

해 설 ＊European [jùərəpíːən]도 자음소리 [j]로 시작하는 단어이므로 a를 붙인다.
＊[유]는 우리말에서 분명히 모음이다.
＊그러나 영어의 [ju~]는 자음소리 [j]에 단모음 [u]를 보탠 것이다.

예시 4 a university 대학

해 설 ＊university도 우리말과 달리 자음소리 [j]로 시작한다: an university (✕)

예시 5 a one-day trip 하루짜리 여행

해 설 ＊one도 자음소리 [w]로 시작한다: an one-day trip (✕)
＊우리말의 [원]은 모음으로 시작하지만, one은 자음소리로 시작한다.

(2) 모음소리로 시작하는 단어 앞에 an

예시 1 an apple 사과

해 설 ＊모음소리로 시작하는 단어 앞에는 an을 붙인다: a apple (✕)

예시 2 Send an SOS. 구난신호를 보내라.

해 설 ＊SOS는 글자는 자음으로 시작하지만, 소리는 모음 [e]로 시작한다.

(예시 3) **Write an X.** X자를 써라.

(해 설) * X는 글자는 자음으로 시작하지만, 소리는 모음 [e]로 시작한다.

(예시 4) **an hour** 시간 **an honor** 영예 **an honest man** 정직한 사람

(해 설) * hour, honor, honest의 h는 묵음이다.
* 따라서 이 세 단어들은 모음소리로 시작한다.
　　a hour (✕)　a honor (✕)　a honest man (✕)

심층해설 ❶　왜 a apple이라고 하면 안 되나?

① 부정관사 a의 소리가 반모음 [ə]이기 때문이다.
② [ə]는 정모음 바로 앞에서는 거의 소리가 나지 않는다.
③ 따라서 It's a apple(✕)이라고 하면 It's apple처럼 들린다.
④ It's an apple이라고 해야 an의 자음소리 [n] 때문에 an이 들린다.

심층해설 ❷　반모음?

① 영어에는 [ə]와 [i] 두 가지 반모음이 있다.
② accent가 없는 음절은 모두 반모음이다.
③ 일부 사전에서는 반모음 [i]를 [I]로 표기하기도 한다.
④ 하여튼 accent가 없는 음절의 모음은 모두 반모음이다.

▶ 반모음이 가장 중요하다?
❶ 반모음이 가장 많기 때문이다.
❷ accent가 없는 음절의 모음은 모두 반모음이다.
❸ 따라서 모음중에 가장 많은 갯수를 차지하고 있는 것이 반모음이다.
❹ 반모음은 0.5박자로 발음하라는 뜻이다.
❺ 그러나 실제로는 반모음을 0.2-0.3 박자로 발음하는 원어민들이 많다.

(3) 강세형 부정관사 a

(예문 1) **It's *a* reason - It's not the only reason.**
그것은 하나의 이유일 뿐이지 유일한 이유는 아니다.

(해 설) * italic체로 쓴 a는 강세형 부정관사다. [ei]라고 발음하고 강하게 읽는다.
* 정관사 the와 대비시켜서 사용한 **강세형 부정관사는 [하나]라는 뜻이다.**

(예문 2) **She has *a* voice.** 그녀는 멋진 목소리를 가지고 있다.

(해 설) * the와 대비시켜 사용하지 않은 강세형 부정관사는 '멋진' 이라는 뜻이다.

2 역할

(1) 가산명사라는 표시

(예문 1) **I am looking for a hotel.** 나는 호텔을 찾고 있다.

(해 설) * 부정관사는 가산명사라는 표시다: I'm looking for hotel. (✕)
* 예문에서 명사 hotel이 가산명사이므로 a를 붙여야 한다.
* 부정관사가 없는 hotel은 명사가 아니라 '호텔에 묵다'라는 동사다.

Notes

* 단수가산명사는 특정되지 않았다면 반드시 부정관사를 붙여야 한다.
* 그래야 동사나 불가산명사와 구별이 되기 때문이다.

예문 2 Have you seen a cat around here? 너는 이 근방에서 고양이를 보았나?

해 설
* a cat은 '고양이'이고, cat은 불가산명사이므로 '고양이 털/가죽'이다.
* 즉, 가산명사 cat은 '고양이'이고, 불가산명사 cat은 '고양이 가죽'이다.
  Have you seen cat around here? (×)

(2) 가산명사의 일반화

예문 1 A child needs plenty of love. 어떠한 어린이라도 많은 사랑을 필요로 한다.

해 설
* 부정관사는 가산명사를 일반화할 때도 쓴다.
* **일반화에 쓰인 부정관사는 '어떠한 ~도' 라는 뜻이다. 즉, any와 같다.**
* 예문에서 a child는 '어떠한 어린이라도'라는 뜻이다. 즉, any child와 같다.

예문 2 A doctor must like people. 의사는 사람을 좋아해야 한다.

해 설
* 예문에서 a doctor는 '어떠한 의사라도'라는 뜻이다.
* 관사 없는 doctor는 '치료하다'라는 뜻의 동사. 명사가 아니다.
  Doctor must like people. (×)

? 90%는 집단적 일반화를 쓴다?

주로 집단적 일반화를 쓴다. 개별적 일반화는 어색할 수 있다.
I like a dog. (X)
"나는 어떠한 개라도 좋다(?)"
I like dogs. (O)
"나는 (모든) 개를 좋아한다."

심층해설 ❶ 가산명사의 일반화?

① 집단적 일반화에는 무관사 복수를 쓴다. '모두' 라는 뜻이다.
   Children need plenty of love.
   "어린이들은 많은 사랑을 필요로 한다."
② 개별적 일반화에는 a/an+단수를 쓴다. '어떠한 ~도' 이다.
   A child needs plenty of love.
   "어떠한 어린이라도 많은 사랑을 필요로 한다."

심층해설 ❷ 불가산명사의 일반화?

불가산명사를 일반화할 때는 우리말처럼 무관사 단수를 쓴다.
Water is crucial for survival. "물은 생존을 위해서 필수적이다."

(3) 수사 one 대신에

예문 a hundred dollars 일백 달러

해 설
* 회화에서 수사 one 대신에 부정관사 a를 쓸 수 있다.
  a hundred dollars = one hundred dollars
* one은 1음절이고, a는 반모음이다.

Chapter 2 명사와 관사

(4) per 대신에

예시 1 $100 per/a person 1인 당 100 달러

해설
* 회화에서 per('~당') 대신에 부정관사를 쓸 수 있다.
* 즉, '1인당'은 per person 또는 a person이다.
* **라틴어 per는 for a라는 뜻이다. 따라서 그 뒤에 다시 a/an을 놓지 못한다.**
  $100 per a person (✗) $100 a person (○) $100 per person (○)

예시 2   twice per/a week 일주일에 두 번

해설
* 여기서도 a week은 per week과 같다: twice per a week (✗)

(5) 수식된 요일/월/끼니에

예문 1   We met on a wet Monday. 우리는 어느 비 오는 월요일에 만났다.

해설
* 요일(Monday)이 형용사(wet)로 수식되면 그 앞에 부정관사를 붙인다.
* **wet Monday는 없다. '늘 비 오는 월요일'이라는 뜻이기 때문이다.**
* a wet Monday는 '어느 비 오는 월요일'이라는 뜻이다.

예문 2   We are having a very cold April.
우리는 유별나게 매우 추운 4월을 겪고 있다.

해설
* 월(April)이 형용사(cold)로 수식되면 그 앞에 부정관사를 붙인다.
* **very cold April은 '늘 매우 추운 4월'이라는 뜻이다.**
* a very cold April은 '유별나게 추운 (어느) 4월'이라는 뜻이다.

예문 3   She gave us a good breakfast.
그녀는 우리에게 맛있는 아침식사를 주었다.

해설
* breakfast/lunch/dinner가 수식되면 그 앞에 a/an을 놓는다.
* a good breakfast는 a good kind of breakfast 즉, '맛 있는 종류의 아침'이다.

예문 4   I had a late lunch. 나는 늦게 점심을 먹었다.

해설
* lunch가 형용사 late에 의하여 수식되었기 때문에 부정관사를 붙였다.
* **late lunch라는 말은 어색하다. '늘 늦은 점심'이라는 뜻이기 때문이다.**
* a late lunch라야 '(어쩌다) 늦은 점심식사'라는 뜻이다.

(6) 가벼운 질병

예시   a cold 감기   a headache 두통   an earache 귀앓이
a backache 요통   a toothache 치통   a sore throat 칼칼한 목

해설
* '감기', ache으로 끝나는 명사, 형용사 sore가 있는 질병은 가산명사다.
* 불가산명사 cold는 '추위'이고, 가산명사 cold는 '감기'다.
  I had cold last night. (✗)   I had a cold last night. (○)
* 명사 ache은 '통증'이고, 형용사 sore는 '시린/결린/칼칼한' 등의 형용사다.

Notes

Notes

(7) 복수 금액/시간에 형용사가 있을 때

예문 We need an extra ten thousand dollars.
우리는 추가로 만 달러를 필요로 한다.

She spent a happy ten minutes looking through the photos.
그녀는 그 사진들을 훑어보면서 행복한 10분을 보냈다.

해설
* 복수 금액/시간 앞에 형용사가 있을 때는 그 앞에 부정관사를 붙인다.
* 예문의 ten thousand dollars와 ten minutes는 복수다.
* 그러나 그 앞에 형용사 extra/happy가 있기 때문에 부정관사를 붙였다.
* 이 때 부정관사는 이 복수의 금액과 시간들이 한 덩어리임을 나타낸다.

심층해설① 영문법 규칙 No.1은 무엇인가?

"단수 가산명사 앞에는 한정사(a/the/my/this 등)가 있어야 한다."라는 규칙이다.
I'm looking for a/the/my hotel. (O)   (단수 앞에 한정사가 있다)
I am looking for hotel. (X)   (단수 앞에 한정사가 없다)

심층해설② 부정관사의 정리

부정관사는 두 가지 있다. a는 자음소리로 시작하는 단어 앞에, an은 모음소리로 시작하는 단어 앞에 쓴다. **'글자'가 아니라 '소리'로 따진다.** a가 반모음이기 때문에 모음소리로 시작하는 단어 앞에 갖다 놓으면 a가 들리지 않기 때문에 모음소리로 시작하는 단어 앞에는 an을 쓴다. **부정관사의 뜻은 무엇인가?** 제대로 대답하는 사람 찾기 어렵다. **정답은 "뜻이 없다"**이다. 우리 말에 부정관사가 없을 뿐만 아니라 영어에서도 부정관사가 특별한 뜻을 가지고 있는 것은 아니기 때문이다. **가산명사라는 표시일 뿐이다. 즉, 불가산명사가 아니라는 소극적 표시일 뿐이다.**

물론 부정관사의 역할 중에 수사 one 대신에 부정관사를 사용하는 경우가 있고 그런 경우에는 부정관사의 뜻이 '하나'이다. 그러나 이런 경우는 극히 일부. 부정관사가 형용사로 수식된 요일/월 앞에 쓰였을 때 '어떤' 이라는 뜻으로 해석될 수 있다. 그러나 이것도 극히 일부 경우다. **크게 보아 부정관사는 특별한 뜻을 가지고 있는 것이 아니다.** 예를 들면, "It's a glass"는 "그것은 잔이다"이지 "그것은 하나의 잔이다"가 아니다. **부정관사가 단순히 불특정 단수 가산명사라는 표시이든 개별적 일반화이든 우리말로 해석할 때에는 무시하는 것이 상책이다.**

반면에, 한국어를 영어로 옮길 때에는 단수가산명사가 특정되지 않았다면 반드시 부정관사를 붙여야 한다. '특정'하는 가장 대표적인 방법이 정관사이고, 그 외에도 소유격형용사나 지시형용사 같은 것으로 특정할 수 있다. 부정관사를 철저하게 챙기고 나서 정관사 쪽으로 넘어가는 것이 좋다. 정관사의 분량이 많아서 더 어려운 것처럼 보이지만 사실은 부정관사가 어렵다. 부정관사는 명사가 가산인지, 불가산인지 구별할 수 있어야 하고, 가산인 경우에 단수인지, 복수인지 구별할 수 있어야 하기 때문이다. 정관사를 사용할 때에는 이런 제약이 없다. **관사를 확실히 아는 것은 엄청난 소득이다. 성공이 코 앞에 있다.**

2 정관사 (Definite Articles)

> **Key Point** 정관사?
> ① 정관사(the)는 주로 특정된 명사 앞에 붙인다.
> ② 정관사 the의 발음은 다음 3가지다.

1 the의 발음

(1) 반모음 [ðə]

예시 the country   the university   the one-dollar bill

해설 *자음소리로 시작하는 단어 앞에서는 the를 반모음 [ðə]로 발음한다.

(2) 정모음 [ði]

예시 the apples   the hours   the SOS

해설 *모음소리로 시작하는 단어 앞에서는 the를 정모음 [ði]로 발음한다.
*the를 정모음 앞에서 반모음 [ðə]로 발음하기 어렵기 때문이다.

(3) 장모음 [ði:]

예문 Picasso, *the* painter, lived here for quite a while.
그 유명한 화가 피카소가 여기에서 상당기간 살았다.

해설 *동격명사 앞에 붙은 the는 장모음 [ði:]로 발음한다.
*이런 the는 '그 유명한' 이라는 뜻이고, italic체로 쓰고, 강하게 읽는다.
*이런 the는 자음소리로 시작하는 단어(painter) 앞에서도 [ði:]로 발음한다.

2 정관사의 역할

> **Key Point** 정관사의 역할?
> ① 특정: 5가지 종류의 특정의 경우에 the를 붙인다.
> ② 일반화: 4가지 종류의 가산명사의 일반화에 the+단수를 쓴다.
> ③ 고유명사: 24가지 종류의 고유명사에 the를 붙인다.
> ④ 기타: century와 판매단위 등에 the를 쓴다.

> **Notes**

(1) 특정

> **Key Point** 5가지 종류의 특정
> ① 앞에 언급된 명사가 뒤에 다시 나올 때
> ② 전치사 구 또는 관계절에 의하여 수식된 명사
> ③ 서로 이미 알고 있는 명사
> ④ 일부 형용사들에 의하여 수식된 명사
> ⑤ 세상에서 유일한 사물/존재를 가리키는 명사

① 앞에 언급된 명사가 뒤에 다시 나올 때

예문 His car hit a tree; you can still see the mark on the tree.
그의 차가 나무에 부딪혔다. 너는 아직도 그 나무에서 그 자국을 볼 수 있다.

해설
* 앞에 언급된 명사가 뒤에 다시 나오면 그 명사 앞에 the를 붙인다.
* 예문에서 앞에 언급된 tree가 뒤에 다시 나왔기 때문에 the tree라고 했다.
* **이는 설명할 필요도 없이 당연한 일이다. 우리말에서도 '그 나무' 라고 한다.**

② 전치사구 또는 관계절에 의하여 수식된 명사

예문 1 What's the name of the street? 그 거리의 이름이 무엇이냐?

해설
* 전치사구(of the street)에 의하여 수식된 명사(name)에 the를 붙인다.
* 예문에서 name은 전치사구 of the street에 의하여 특정되었다.

예문 2 Look at the wheels of the car. 저 차의 바퀴들을 보라.

해설
* 명사 wheels가 전치사구에 의하여 수식되었기 때문에 the를 붙였다.
  Look at wheels of the car. (✗)

예문 3 The coffee that we had this morning was Colombian.
우리가 오늘 아침에 마신 커피는 콜롬비아 산이었다.

해설
* 명사가 관계절에 의하여 수식되면 그 명사 앞에 the를 붙인다.
* 예문에서 명사 coffee가 관계절 we had this morning에 의하여 수식되었다.
  Coffee that we had this morning was Colombian. (✗)

예문 4 The player who was injured wouldn't leave the field.
부상당한 선수가 운동장을 떠나려 하지 않았다.

해설
* 예문에서 player가 관계절 who was injured에 의하여 수식되었다.
* 따라서 명사 player 앞에 the를 붙여야 한다.
  Player who was injured wouldn't leave the filed. (✗)
  A player who was injured wouldn't leave the field. (✗)

③ 서로 이미 알고 있는 명사

예문 1 The President was shot. 대통령이 총을 맞았다.

해 설
* 말하는 사람과 듣는 사람이 서로 이미 알고 있는 명사에는 the를 붙인다.
* **예문에서 President는 서로 알고 있는 자국 대통령이므로 the를 붙였다.**
* a president는 특정되지 않은 대통령이라는 뜻이다.
　A president was shot. "(막연하게) 어떤 대통령이 총을 맞았다."

예문 2 Did you lock the car? 차를 잠갔느냐?

해 설
* 예문에서 car는 같이 타고 온 특정 car이므로 the car라고 했다.

예문 3 Pass me the ketchup, please. 케첩 좀 전달해 달라.

해 설
* 예문에서 ketchup은 이 식탁 위의 특정 ketchup이므로 the를 붙였다.

④ 일부 형용사들에 의하여 수식된 명사

a. 최상급 형용사

예 문 It's the longest river in Africa. 그것은 아프리카에서 가장 긴 강이다.

해 설
* 최상급 형용사에 의하여 수식된 명사에는 the를 붙인다.
* 최상급 형용사는 의미상 그 다음 명사를 특정하기 때문이다.
* 예문에서 river 앞에 최상급 형용사 longest가 있으므로 the를 붙였다.

b. 서수

예 시 the first floor 1층 　the third act(= Act Three) 제 3막
　　　　the Second World War(= World War Two) 제 2차 세계대전

해 설
* 서수에 의하여 수식된 명사도 의미상 특정되므로 the를 붙인다.
* 단, 숫자(기수)를 명사 뒤에 놓을 때는 the를 붙이지 않는다.
　　the Act Three (✗)　　Act Three (○)

c. next, last, only, same

예 시 the next person 다음 사람　the last speaker 마지막 연사
　　　　the only way 유일한 방법　the same mistake 똑 같은 실수

해 설
* 형용사 next, last, only, same도 의미상 그 다음 명사를 특정한다.
* 따라서 이 형용사들 앞에는 the를 붙인다.
* 단, 시간표현에서 next/last 앞에 the를 붙이지 않는 경우가 있다.

Notes

❓ **First Street과 the first street?**
❶ 도로이름에 서수가 있을 때는 the를 붙이지 않는다.
❷ First Street('1번가')은 도로이름이다. the를 붙이지 않는다.
❸ the first street은 도로이름이 아니다. 보통명사다.
❹ 들을 때 First Street과 the first street이 구별되어 좋다.

❓ **the ground floor와 the first floor?**
❶ the ground floor는 영국식에서 '1층'이라는 뜻이다.
❷ the first floor는 미국식에서 '1층'이라는 뜻이다.
❸ 영국식에서 the first floor는 2층이다.

Notes

next month와 the next month?
① next month는 '(지금부터) 다음 달' 이다.
② the next month '(과거/미래부터) 그 다음 달' 이다.

last month와 the last month?
① last month는 '지난 달' 이다: I did it <u>last month</u>.
"나는 그것을 지난 달에 했다."
② the last month는 '마지막 달' 이다: <u>the last month</u> of the year '그 해의 마지막 달'

---

⑤ 세상의 유일한 사물/존재

예시 1 the earth[Earth] 지구   the world 세계   the universe 우주
the moon 달   the sea 바다   the sky 하늘   the equator 적도
the Lord 주님   the Gospel 복음

해설 * 세상의 유일한 사물/존재는 특정된 것이므로 그 앞에 the를 붙인다.

예시 2 earth / the earth / Earth

해설 * earth는 '흙' 이고, the earth는 '지구' 다.
* 단, on earth('지상에/도대체')에는 the를 붙이지 않는다.
* 대문자로 시작하는 Earth('지구')에는 the를 붙이지 않는다.

예시 3 a blue sky

해설 * sky 앞에 형용사가 있을 때는 그 앞에 부정관사를 붙인다.
* a <u>blue</u> sky '파란 하늘'   a <u>starry</u> sky '별이 가득한 하늘'

예시 4 the skies 하늘

해설 * 문학작품에서 광활함을 강조하기 위해서 the skies라고 한다.

(2) 일반화

> **Key Point** the+단수로 일반화하는 경우?
> ① 동물/식물의 종자   ② 1900년 이후의 최신 발명품
> ③ 신체 수족/기관   ④ (연주대상으로서의) 악기

① 동물/식물의 종자

예문 1 The lion is called the king of beasts. 사자는 동물의 왕으로 불린다.

해설 * 동물/식물 종자를 일반화할 때는 the+단수를 쓴다.
* 예문에서 the lion은 '사자라는 동물'이라는 뜻이다.
* 예문에서 the lion은 '그 사자'라는 뜻이 아니다. 그렇게 보면 어색하다.

예문 2 The tiger is now a rare animal. 호랑이는 이제 희귀 동물이다.

해설 * 예문에서 the tiger는 '호랑이라는 동물'이라는 뜻이다. 일반화하고 있다.
* 예문에서 the tiger는 '그 호랑이'가 아니다.

예문 3 The rose blooms in May. 장미는 5월에 꽃이 핀다.

해설 * 예문에서 the rose는 '장미라는 식물'이라는 뜻이다.

* 식물자체를 일반화할 때에는 the+단수를 쓴다.
* 예문에서 the rose는 '그 장미꽃'이 아니다.

예문 4 Does the banana grow in this weather?
이런 날씨에 바나나 나무가 자라나?

해 설
* 예문에서 the banana는 '바나나라는 식물'이라는 뜻이다.
* **예문에서 the banana는 '그 바나나' 가 아니다. 바나나는 자라지 않는다.**

② 최신발명품

예문 1 Who invented the telephone? 누가 전화기를 발명했니?

해 설
* 1900년 이후의 최신 발명품을 일반화할 때에는 the+단수를 쓴다.
* 예문에서 the telephone은 '전화기라는 것'이라는 뜻이다.
* 예문에서 the telephone은 문맥상 도저히 '그 전화기'라는 뜻이 아니다.

예문 2 The washing machine is powered by an electric motor.
세탁기는 전기모터로 작동된다.

해 설
* 예문에서 the washing machine은 '세탁기라는 것'이다.
* 예문에서 the washing machine은 '그 세탁기'라는 뜻이 아니다.

③ 신체 수족/기관

예문 1 What does the kidney do? 콩팥은 무슨 일을 하니?

해 설
* 신체 수족이나 기관을 일반화할 때에도 the+단수를 쓴다.
* 예문에서 the kidney는 '콩팥이라는 기관'이다.
* 예문에서 the kidney는 '그 콩팥' 하나를 가리키는 것이 아니다.

예문 2 The hand can be faster than the eye. 손이 눈보다 빠를 수 있다.

해 설
* 예문에서 the hand와 the eye는 각각 hand와 eye를 일반화한 것이다.
* hand와 eye가 인체 수족/기관이기 때문에 the+단수로 일반화했다.
* 예문에서 the hand와 the eye는 '그 손/눈'이 아니다.

④ 악기

예 문 Do you play the guitar? 너는 기타를 칠 줄 아니?
The violin is really difficult. 바이올린은 정말 어렵다.

해 설
* 악기를 일반화할 때도 the+단수를 쓴다: Do you play a guitar? (✗)
* 예문에서 the guitar는 '기타라는 악기'라는 뜻이다. '그 기타'가 아니다.
* **단, 악기를 연주대상이 아닌 일반상품으로 볼 때는 무관사 복수를 쓴다.**
  <u>Violins</u> are really expensive. "바이올린은 정말로 비싸다."

Notes

꽃이나 열매들을 일반화 할 때?

꽃이나 열매들을 일반화할 때는 무관사 복수를 쓴다.
<u>Roses</u> smell sweet.
"장미꽃은 향기가 좋다."
<u>Bananas</u> are not expensive.
"바나나는 비싸지 않다."

일반상품으로 볼 때?

최신 발명품을 일반상품으로 볼 때는 무관사 복수를 쓴다.
Most of them still don't have washing machines.
"그들 대부분은 아직도 세탁기가 없다."

(3) 고유명사

> **Key Point** 고유명사에 the를 붙이는 24가지 경우
> ① 바다/강/산맥/만/해협/사막/복합호수와 같은 일부 자연지형
> ② 운하/선박/박물관/화랑/극장/호텔/대학과 같은 일부 인공시설
> ③ 일부 국가/섬/지역/건물/기관/단체 등

① 바다 이름

예시 the Pacific (Ocean) 태평양 the Atlantic (Ocean) 대서양
the Yellow Sea 황해 the East Sea 동해

해설 * 바다 이름에 the를 붙인다.
* 유명한 바다는 명사 Ocean을 생략할 수 있다: the Pacific/Atlantic (Ocean)

② 강 이름

예시 the Mississippi 미시시피 강 the Nile 나일 강
the Han River 한강 the Yangtze/Yangzi 양쯔강

해설 * 강 이름에 the를 붙인다.
* Mississippi는 주 이름이고 the Mississippi는 강 이름이다.

③ 산맥 이름

예시 the Rocky Mountains / the Rockies 로키 산맥
the Himalayas 히말라야 산맥
the Taebaek Mountains 태백산맥

해설 * 산맥 이름에 the를 붙이고 산맥이름 뒤에 Mountains를 붙인다.
* 유명한 산맥은 Mountains를 생략하고 산맥이름을 복수형으로 만든다.
the Rocky Mountains = the Rockies

④ 만 이름

예시 the Persian Gulf 페르시아 만 the Gulf of Mexico 멕시코 만

해설 * 만(gulf) 이름에 the를 붙인다.

⑤ 해협 이름

예시 the English Channel 영국해협 the Strait of Malacca 말래카 해협

해설 * 해협(channel/strait) 이름에 the를 붙인다.

Notes

❓ **산 이름?**
❶ 산 이름에는 the를 붙이지 않고, 이름 앞에 Mount/Mt.를 놓는다.
Mount/Mt. Everest
Mount/Mt. Halla

❷ 단, 알프스의 마태호른 봉에는 the를 붙인다: the Matterhorn

⑥ 사막 이름

예시 the Sahara 사하라 사막   the Gobi Desert 고비 사막

해설 * 사막(desert) 이름에 the를 붙인다.
* 유명한 사막은 Desert를 생략할 수 있다: the Sahara = the Sahara Desert

⑦ 복합호수 이름

예시 the Great Lakes 5대호

해설 * 2개 이상의 호수를 모아서 다시 이름을 붙인 경우에 the를 붙인다.
* the Great Lakes에 the가 없으면 great lakes('위대한 호수들')로 들린다.

⑧ 운하 이름

예시 the Suez Canal 수에즈 운하   the Panama Canal 파나마 운하

해설 * 운하(canal) 이름에 the를 붙인다.

⑨ 선박 이름

예시 the Titanic 타이타닉 호   the Arizona 애리조나 호

해설 * 선박 이름에 the를 붙인다. titanic은 형용사, the Titanic은 선박 이름이다.

⑩ 전쟁 이름

예시 the Korean War 한국전쟁   the Civil War 남북전쟁

해설 * 전쟁 이름에 the를 붙인다.

⑪ 일간지 이름

예시 the New York Times 뉴욕타임스   the Times 더 타임즈

해설 * 일간지 이름 앞에 the를 붙인다.
* 주간지, 월간지에는 the를 붙이지 않는다: Time, Newsweek

⑫ 박물관/미술관 이름

예시 the British Museum 대영박물관
the Metropolitan Museum of Art 메트로폴리탄 박물관/미술관
The Louvre Museum 루브르 박물관

해설 * 박물관/미술관 이름에 the를 붙인다.
* the Louvre Museum은 줄여서 the Louvre라고도 한다.

Notes

개별호수 이름?
개별 호수에는 the를 붙이지 않고 명사 Lake를 앞에 놓는다.
Lake Michigan '미시건 호'
Lake Ontario '온타리오 호'

Arizona와 the Arizona?
Arizona는 애리조나 주이고, the Arizona는 애리조나 호다.

a civil war와 the Civil War?
a civil war는 '내전'이고, the Civil War는 '미국의 남북전쟁'이다.

Time과 the Times?
Time은 주간지이고, the Times는 런던에서 발행하는 일간지이다.

Notes

⑬ 화랑 이름

예시 　the National Gallery 국립미술관

해설 　＊화랑(gallery) 이름에 the를 붙인다.

⑭ 극장 이름

예시 　the National Theater 국립극장

해설 　＊극장 이름에 the를 붙인다.

⑮ 호텔 이름

예시 　the Hilton (Hotel) 힐튼 호텔　the Hyatt (Hotel) 하이야트 호텔

해설 　＊호텔 이름에 the를 붙인다.
　　　＊유명한 hotel chain이면 명사 Hotel을 생략할 수 있다: the Hilton/Hyatt

⑯ 가족 이름

예시 　the Andersons / the Anderson family 앤더슨 가족

해설 　＊'~네 가족'은 last name을 복수(Andersons)로 만들고 그 앞에 the를 붙인다.
　　　＊즉, the Andersons는 the Anderson family와 같다.
　　　＊**단, the Andersons는 부부모임에서는 'Anderson네 부부' 라는 뜻도 된다.**

❓ Harvard University?
사람 이름을 딴 대학 이름에는 the를 붙이지 않는다.
Harvard University,
Yale University,
Stanford University,
Columbia University,
Cornell University 등

⑰ 공식적인 대학 이름

예시 　the University of Texas 텍사스 대학
　　　the State University of Michigan 미시간 주립대학

해설 　＊공식적인 대학 이름에 the를 붙인다.

⑱ 국가/주/도시의 공식호칭

예시 　the Republic of Korea 대한민국
　　　The People's Republic of China 중화인민공화국
　　　the Kingdom of Saudi Arabia 사우디아라비아 왕국

해설 　＊국가의 공식호칭에 the를 붙인다.
　　　＊미국 각 주의 공식호칭에 the를 붙인다: the state of Texas
　　　＊도시의 공식호칭에 the를 붙인다: the city of Boston

❓ The Hague?
❶ 헤이그는 예외적으로 항상 the를 붙여서 The Hague라고 한다.
❷ 이 경우에는 문장의 중간이라도 The를 대문자로 시작한다.

⑲ 복수형 국가/섬 이름

예시 1 　the United States(the U.S. / the U.S.A.) 미국
　　　 the Netherlands(=Holland) 네덜란드
　　　 the Philippines 필리핀

해설
- 국가 이름이 복수인 이 3가지 경우에는 국가이름 앞에 항상 the를 붙인다.
- the가 없는 United States는 'united states(통일된 국가들)'로 들린다.
- '네덜란드'는 우리말이고 영어로는 the Netherlands다. the가 있어야 한다.
- **Philippine은 형용사다. Philippine은 국가이름이 아니다.**
- 영어로는 그 국가 이름을 the Philippines이라고 해야 한다.

예시 2
the Bahamas 바하마 군도   The Seychelles 세이셸 군도
the West Indies 서인도제도

해설
- 섬 이름이 복수일 때에도 the를 붙인다.
- 섬 이름이 단수이면 the를 붙이지 않는다: Tahiti, Guam

⑳ 형용사가 들어있는 지역/국가 이름

예시
the North/South Pole 북극/남극
the United Kingdom(the U.K.) 영국

해설
- 형용사(North/South)가 들어있는 the North/South Pole에 the를 붙인다.
- 형용사(United)가 들어있는 the United Kingdom에도 the를 붙인다.
- the United Kingdom에 the를 붙이지 않으면 united kingdom으로 들린다.
- **united kingdom은 '통일된 왕국'이다. 도대체 어디인지 알 수 없다.**

심층해설 the United Kingdom과 Great Britain?
① United Kingdom에는 the를 붙인다: the United Kingdom
② United Kingdom에는 고유명사가 없어서 the가 꼭 필요하다.
③ Great Britain(영국)에는 형용사가 있어도 the를 붙이지 않는다.
④ Great Britain에는 고유명사 Britain이 있어서 the가 필요 없다.
⑤ Great Britain은 영국본토, the U.K.는 본토와 북아일랜드를 포함한다.
⑥ 즉, (Great) Britain은 England, Wales, Scotland만 의미한다.

㉑ 일부 지역 명칭

예시
the Middle East 중동   the Far East (Asia) 극동 아시아

해설
- 지역명칭 중 Middle East와 Far East에는 the를 붙인다.
- 다른 지역이름에는 the를 붙이지 않는다: Europe, Latin America 등

㉒ 세계적으로 유명한 건물

예시
the White House 백악관
the Empire State Building 엠파이어 스테이트 빌딩

해설
- 세계적으로 유명한 건물 이름에 the를 붙인다.

> Notes

Notes

United Nations가 아니다?
① United Nations에는 the를 붙여야 한다: the United Nations
② the를 붙이지 않으면 united nations('통일된 국가들')가 된다.

㉓ 일부 단체/기관

예시
the United Nations(the U.N.) 국제연합
the World Health Organization 세계보건기구
the New York Stock Exchange 뉴욕증권시장
the San Diego Zoo 샌디에고 동물원
the New York City Council 뉴욕 시의회

해설
* 중요한 단체/기관 이름에 the를 붙인다.
* 미국에서는 동물원 이름에 the를 붙인다: the San Diego Zoo
* 영국에서는 동물원 이름에 the를 붙이지 않는다: London Zoo

㉔ 오케스트라

예시 the New York Philharmonic (Orchestra) 뉴욕 필하모닉 오케스트라

해설
* 오케스트라 이름에 the를 붙인다.
* 그리고 주로 Orchestra라는 단어를 생략한다: the New York Philharmonic

(4) 1990년대 등과 21세기 등

예시 1 in the 1990's/1990s 1990년대에

해설
* 1980년대, 1990년대라고 할 때 the를 붙인다.
* 쓸 때는, 예를 들면, 1990년대를 the 1990's 또는 the 1990s라고 쓴다.
* the 1990's에서 's는 소유격 표시가 아니라 복수표시다.
* 원래 숫자와 문자의 복수 표시는 's이다: A's 'A들' 3's '3들'
* 현대영어에서는 이 경우 's에서 apostrophe를 생략할 수도 있다.

예시 2 in the 21st century 21세기에

해설
* century 앞에 the를 붙인다.
* 이 경우 서수(21st) 앞이기 때문에 the를 붙인다고 생각해도 된다.

(5) 판매와 지급 단위

무게로?
'무게로'는 도량형 단위가 아니므로 by weight라고 한다.
Bananas are usually sold by weight.
"바나나는 보통 무게로 팔린다."

예문 1 Do you sell eggs by the kilo or by the dozen?
당신은 계란을 킬로 단위로 파나, 12개 단위로 파나?

해설
* 판매단위는 'by the+단수'로 나타낸다: by the kilo, by the dozen

예문 2 We pay by the week. 우리는 1주 단위로 지급한다.

해설
* 지급단위도 'by the+단수'로 나타낸다: We pay by a week. (×)

심층해설 | 정관사의 정리

정관사는 특정된 명사 앞에 붙이기 때문에 정관사라고 한다. 그러나 알고 보면 정관사는 4가지 종류의 명사를 일반화할 때에도 쓰고, 24가지 종류의 고유명사 앞에도 붙인다. **정관사의 3가지 주요 기능들 중에서 '특정된 명사 앞에 붙인다'는 기능이 가장 많이 사용되기 때문에 정관사라고 했을 뿐이다.**

그리고 또 하나 중요한 사실은, '특정'이라는 것이 한 가지가 아니라 5가지 경우를 의미한 다는 점이다. 예를 들면, 전치사구나 관계절에 의하여 수식될 명사 앞에는 미리 the를 붙인 다. 전치사구나 관계절에 의하여 특정될 것이기 때문에 미리 붙이는 것이다. **정관사를 붙이 느냐 붙이지 않느냐를 판단할 때 우리말을 기준으로 하면 십중팔구 틀린다. 우리말에는 정관사가 없기 때문이다.**

비슷한 '그'라는 형용사가 있기는 하나, 정관사를 사용하는 수 많은 case들 중에서 동일시 할 수 있는 경우는 한 가지 밖에 없다. 즉, **앞에 언급된 명사가 뒤에 다시 나오면 우리말에서도 '그'를 붙이듯이 영어에서도 그 명사 앞에 the를 붙이는 경우다.** 이 경우를 제외하면 영어에서 the를 붙이는 경우를 외울 수 밖에 없다. 우리말에서는 아무 것도 붙이지 않는데 영어에서는 the라는 것을 붙이기 때문이다. 부정관사에서 지적했듯이 the를 붙이는 경우는 사실 공부하기 쉽다. 몇 안 되는 case들을 외우기만 하면 되기 때문이다.

명사가 가산이든, 불가산이든, 가산의 경우에 단수이든 복수이든 the를 붙일 수 있다. 이에 반해서 부정관사는 단수 가산명사 앞에만 붙일 수 있기 때문에 정관사보다 훨씬 더 어렵다. **영문법은 우선 이해를 해야 한다. 무조건 외우려고 하면 외워지지 않는다. 정관사의 규칙들도 왜 the를 붙이는지 그 이유를 생각해야 외우기 쉽다.**

예를 들면, coffee we had this morning은 틀렸다고 배웠다. 관계절(we had this morning)에 의하여 수식된 명사 coffee 앞에 the가 있어야 하기 때문이다. 그래서 the coffee we had this morning이라야 맞다. 그런데 왜 coffee we had this morning은 안 되는지를 잘 살펴보아야 한다. coffee라고 하면 듣는 사람은 특정되지 않은, 일반적인 커피라고 생각한다. 왜냐하면 coffee는 불가산명사를 일반화한 것이기 때문이다. 그런데 금방 **we had this morning이라고 말하면, 결국 우리가 오늘 아침에 모든 커피를 마셨다는 뜻이 되어버린다.** 그래서 할 수 없이, 미리 coffee 앞에 the를 붙여서 한정된 커피임을 나타내게 되었다.

> Notes

3 가산명사를 무관사 단수로 쓰는 경우

Key Point 가산명사를 무관사 단수로 쓰는 경우?

① 가산명사가 단수일 때에는 그 앞에 한정사가 있어야 한다.

② 단, 다음과 같은 5가지 경우에는 무관사 단수로 쓴다.
 a. 원래의 목적대로 사용되고 있는 school 등 9가지 명사
 b. '직책'이라는 뜻의 office
 c. '이 도시/마을'이라는 뜻의 town
 d. 조직의 유일한 직책에 선출/임명/진급되다 라고 할 때 직책
 f. '자연', '사회', '우주'라는 뜻의 nature, society, space

(1) 원래의 목적대로 사용되고 있는 school 등 9가지 명사

예문 1 What time do you go to <u>school</u>? 너는 몇 시에 학교 가니?

해 설
 ∗ 원래의 목적대로 사용되고 있는 school은 무관사 단수(school)로 쓴다.
 ∗ 즉, go to school은 '공부할 목적으로 학교에 가다'라는 뜻이다.
 ∗ in school(영국식은 at school)은 '공부할 목적으로 학교에(서)'라는 뜻이다.

> Notes

예문 2 I graduated from college two years ago.
나는 2년 전에 대학을 졸업했다.

해설
* '졸업하다'라고 할 때 각급 학교를 무관사 단수로 쓴다.
* 단, 미국식에서는 university는 특정되지 않아도 the university라고 한다.
  I graduated from the university two years ago. "나는 2년 전에 (그) 대학을 졸업했다."

예문 3 We go to church on Sundays. 우리는 일요일마다 교회에 기도하러 간다.

해설
* '기도할 목적으로 교회에 간다'라고 할 때는 church를 무관사 단수로 쓴다.

예문 4 He lied in court. 그는 재판 중에 거짓말을 했다.

해설
* court('법정')도 원래의 목적대로 사용할 때는 무관사 단수로 쓴다.
* 예문에서 in court는 '재판 중에'라는 뜻이다.

예문 5 He's been in hospital since Monday. 그는 월요일 이래로 입원해왔다.

해설
* hospital도 원래의 목적대로 사용할 때는 무관사 단수로 쓴다.
* 따라서 예문에서 in hospital은 '환자로서 병원에'라는 뜻이다.
* 단, 미국식에서는 hospital은 특정되지 않아도 주로 the hospital이라고 한다.
  He's been in the hospital since Monday. "그는 월요일 이래로 입원해 왔다."

예문 6 He's now in prison/jail. 그는 지금 감옥에 투옥되어 있다.

해설
* 가산명사 prison/jail도 원래의 목적대로 사용할 때는 무관사 단수로 쓴다.
* in prison/jail은 '죄수로서 감옥에 투옥되어'라는 뜻이다.

예문 7 He's at sea. 그는 항해 중이다.

해설
* the를 붙여야 하는 sea도 '항해 중'이라는 뜻일 때는 무관사 단수로 쓴다
  at sea '항해 중' (He's at sea. "그는 항해 중이다.")

예문 8 She's still in bed. 그녀는 아직 자고 있다.

해설
* 가산명사 bed도 취침 목적으로 사용할 때는 무관사 단수로 쓴다.
* in bed는 '침대에서 자고 있는 중'이라는 뜻이다.

예문 9 What time do you go to work? 너는 몇 시에 출근하나?

해설
* 명사 work('일터')도 원래의 목적대로 사용할 때는 무관사 단수로 쓴다.
* go to work은 '일하기 위해서 일터로 가다'라는 뜻이다.
* at work은 '일터에서 근무 중'이라는 뜻이다.
  He's still at work. "그는 아직도 직장에서 근무중이다."

(2) '직책'이라는 뜻의 office

예문 1   He died in office. 그는 재직 중에 죽었다.

해설   * 가산명사 office가 '직책'이라는 뜻일 때는 무관사 단수로 쓴다.

예문 2   They are trying to remove him from office.
그들은 그를 그 직책에서 제거하려고 있다.

해설   * from office는 '직책으로부터'이다. from office는 '사무실로부터'가 아니다.

(3) '이 도시/마을' 이라는 뜻의 town

예문 1   How long will you be in town? 너는 이 마을/도시에 얼마나 머물거니?

해설   * 가산명사 town이 '이 마을/도시'일 때는 무관사 단수로 쓴다.
     * in town은 '이 마을/도시에'라는 뜻이다.

예문 2   He's out of town. 그는 출타 중이다.

해설   * out of town은 '이 도시/마을 밖에'라는 뜻이다.
     * 무관사 단수 town은 '이 도시/마을'을 가리키기 때문이다.

(4) 조직의 유일한 직책에 선출/임명/진급되다 라고 할 때 직책

예문 1   He was elected President in 2008.
그는 2008년에 대통령으로 선출되었다.

해설   * 한 조직의 유일한 직책에 선출/임명/진급되다 라고 할 때 무관사 단수다.
     * 국가의 유일한 직책인 대통령에 선출되었으므로 President를 무관사로 썼다.

예문 2   He was promoted to managing director in 2008.
그는 2008년에 그 회사의 유일한 직책인 상무로 진급되었다.

해설   * 한 회사에 상무가 한 명이면 managing director를 무관사 단수로 쓴다.
     * 한 회사에 상무가 여러 명 있는 경우에는 부정관사를 붙여야 한다.
       He was promoted to a managing director in 2008.
       "그는 2008년에 상무로 진급되었다."

(5) '자연', '사회', '우주'라는 뜻의 nature, society, space

예시 1   the wonders of nature 자연의 경이들

해설   * nature가 '자연'이라는 뜻일 때는 무관사 단수로 쓴다.
     * 관사가 있는 nature는 '성질'이다: the nature of the problem '그 문제의 성질'
     * 혼동을 피하기 위해서 '자연'을 nature 대신에 Mother Nature라고도 한다.

Notes

office가 '사무실'이 되려면?

office가 '사무실'이라는 뜻일 때는 관사/소유격 등 한정사가 있어야 한다.
He died in the/his office.
"그가 사무실에서 죽었다."

> Notes

예시 2 a danger to <u>society</u> 사회에 위험한 존재

해설
* society가 '사회'라는 뜻일 때는 무관사 단수로 쓴다.
* 관사가 있는 society는 '학회'다: the members of the society '그 학회의 회원들'
* 단, society('사회')에 형용사가 있을 때는 그 앞에 부정관사를 붙인다.
 a peaceful society '평화로운 사회'
* 물론 인류사회 전체가 아닌 특정사회를 가리킬 때는 the society라고 한다.

예시 3 a satellite in space 우주에 떠 있는 인공위성

해설
* space가 '우주'라는 뜻일 때는 무관사 단수로 쓴다.
* 관사가 있는 space는 '주차 공간'이다: a parking space '주차공간'
* 불가산명사 space는 '공간/여지'라는 뜻일 수도 있다.
 There is <u>some space</u> left for that. "그것을 넣을 만한 공간이 남아있다."

심층해설 | 가산명사를 무관사로 쓰는 경우의 정리

단수 가산명사인데 아무 한정사도 없이 무관사로 쓰는 경우들을 살펴 보았다. **공통점은 관사의 생략을 통해서 특별한 뜻을 전달하자는 것이다.** 예를 들면, an/the office는 '사무실'이고 office는 '직책'이라는 뜻이다.

단수 가산명사 앞에는 반드시 한정사가 있어야 한다는 규칙이 영문법 규칙 No. 1이라고 했다. 이 대단히 중요한 규칙의 예외가 바로 이 가산명사를 무관사로 쓰는 경우다. **따라서 이 규칙들은 대단히 중요한 의미를 갖는다. 이런 경우가 아니면, 어떠한 경우에도 단수 가산명사를 무관사로 쓸 수 없기 때문이다.**

3 관사를 생략할 수 있는 경우

1 부정관사의 생략

(1) kind/type/sort of 뒤의 명사

예문 1 What kind/type/sort of (a) person is she?
그녀는 어떤 타입의 사람이냐?

해설
* kind/type/sort of 뒤에서는 가산명사 앞의 부정관사를 생략할 수 있다.
* 즉, 예문에서 kind of 뒤에서 a person도 맞고 person도 맞다.

예문 2 What kind/type/sort of (a) newspaper do you read?
너는 어떤 종류의 신문을 읽느냐?

해설
* 예문에서 kind/type/sort of 뒤에서 newspaper의 a를 생략할 수 있다.

(2) 일반화에 쓰인 man/woman

예문 Man and woman were created equal. 남녀는 평등하게 창조되었다.

해설
* 가산명사 man/woman은 예외적으로 무관사 단수로 일반화할 수도 있다.
* 예문에서 man and woman은 남녀를 일반화한 것이다.

(3) part of의 part

예문 (A) Part of the roof is missing. 그 지붕의 일부가 없어졌다.

해설
* part of('~의 일부')에서 **명사 part 앞의 부정관사를 생략할 수 있다.**
* 즉, 예문에서 part of the roof도 맞고 a part of the roof도 맞다.
* 단, part 앞에 형용사가 있을 때는 부정관사를 생략하지 못한다.
  <u>a large part</u> of the roof '그 지붕의 상당부분'

2 정관사의 생략

(1) 형용사 both/all 뒤에서

예문 1 Both (the) children are good at English.
그 어린이 둘 다 영어를 잘한다.

해설
* 형용사 both 뒤에서는 the를 생략할 수 있다.
* 즉, 예문에서 Both the children도 맞고 Both children도 맞다.
* both the children에서 both는 형용사다.
* 단, 대명사 both 뒤에서는 the를 생략할 수 없다.
  both of children (✗)   both of the children (○)
* both of the children에서 both는 대명사다.

Notes

❓ 무관사 man?
무관사 man은 '남자'라는 뜻 외에 '인간'이라는 뜻일 수도 있다.
Man is a rational animal.
"인간은 이성적인 동물이다."

Notes

the summer of 2009?
특정된 계절에는 the를 붙인다:
the summer of 2009 '2009년 여름'

예문 2 All (the) three brothers were arrested. 그 삼형제 모두 체포되었다.

해설 ∗ 형용사 all 뒤에서는 the를 생략할 수 있다: all (the) three brothers
∗ 대명사 all 뒤에서는 the를 생략할 수 없다.
all of three brothers (✗)   all of the three brothers (○)

(2) 특정되지 않은 사계절

예시 1 in (the) spring 봄에

해설 ∗ 특정되지 않은 사계절은 the를 붙여도 되고 생략해도 된다.
∗ 따라서 '봄'은 spring 또는 the spring이다.

예시 2 (The) Summer is approaching. 여름이 다가오고 있다.

해설 ∗ '여름'은 (the) summer다.

예시 3 in (the) autumn 또는 in the fall 가을에

해설 ∗ '가을'은 (the) autumn이다.
∗ 단, 미국식에서는 the fall을 많이 쓴다. **fall 앞의 the는 생략할 수 없다.**

예시 4 in (the) winter 겨울에

해설 ∗ '겨울'은 (the) winter다.

▶ 맺음말

✔ **부정관사가 정관사보다 까다롭다. 부정관사는 단수 가산명사 앞에만 쓸 수 있기 때문이다.** 즉, 명사가 가산인지, 불가산인지, 그리고 가산명사의 경우 단수인지, 복수인지를 알아야 부정관사를 사용할 수 있다.

✔ **부정관사가 두 개(a와 an) 있는 이유는 a의 발음 때문이다.** a의 소리가 반모음이기 때문에 모음소리로 시작하는 단어 앞에는 사용할 수 없다. 그 뒤에 있는 정모음 소리에 묻혀서 a가 들리지 않기 때문이다.

✔ **부정관사의 7가지 역할 중에 중요한 것은 제 1역할과 제 2역할이다.** 즉, a/an은 명사가 불특정 단수 가산명사라는 표시이거나 가산명사의 개별적 일반화에 쓰인다. 결국 어떠한 단수 가산명사이든 특정되지 않으면 반드시 그 앞에 부정관사를 붙여야 한다. **이를 흔히 영문법규칙 No. 1이라고 부른다. 그만큼 중요하다는 뜻이다.**

✔ 정관사는 the 하나다. 단, 발음은 3가지다. 모음소리로 시작하는 단어 앞에서는 정모음으로 발음하지만 자음소리로 시작하는 단어 앞에는 반모음으로 발음한다. 정관사는 명사가 가산이냐, 불가산이냐를 구별할 필요 없다. 그리고 가산의 경우 단수냐, 복수냐를 구별할 필요도 없다. **중요한 정관사의 역할은 다음 3가지다: (1) 특정(5가지) (2) 일반화(4가지) (3) 고유명사(24가지)**

✔ 관사를 붙이는 경우를 아는 것이 중요한 것과 마찬가지로, 가산명사를 관사를 붙이지 않고 무관사로 써야 하는 경우를 아는 것도 중요하다. school등 9개의 시설이 원래의 목적대로 사용되고 있음을 나타낼 때 이 시설들을 무관사로 쓴다. office와 town이 특별한 뜻으로 쓰일 때도 무관사로 쓴다. 직책이 그 조직의 유일한 직책이고, 그 직책에 선출/임명/진급되다라고 할 때 무관사로 쓴다. nature, society, space가 '자연', '사회', '우주'라는 뜻일 때 무관사로 쓴다.

✔ **관사를 생략할 수 있는 경우도 있다.** 부정관사를 생략할 수 있는 경우는 3가지, 정관사를 생략할 수 있는 경우는 2가지다. **예를 들면, in the summer도 맞고 in summer도 맞다.** 즉, 특정되지 않은 계절 앞에는 정관사를 붙일 수도 있고 생략할 수도 있다.

Chapter 3

형용사와 대명사

Section 9_ **형용사**

Section 10_ **대명사**

Section 11_ **비교급과 최상급**

Section 09 형용사 (Adjectives)

Notes

형용사?

① 형용사는 명사를 꾸민다.
② 지시/분배/수량/의문/소유 형용사는 한정형으로만 쓴다.
③ 성질형용사는 한정형/서술형으로 쓴다.

핵심강의

☐ 형용사에는 6가지 종류(지시, 분배, 수량, 의문, 소유, 성질 형용사)가 있다. 이 section에서는 성질 형용사만 다룬다. 나머지 5가지 형용사들은 주로 대명사로도 쓰이거나 대명사와 떼어 놓고 생각할 수 없는 것들이기 때문에 다음 대명사 section에서 같이 다룬다.

☐ 성질형용사는 사람/동물/사물의 성질을 나타낸다. 한정형과 서술형 양쪽으로 쓴다. **단, 3가지 형용사는 한정형이냐, 서술형이냐에 따라서 의미가 달라진다.** 즉, concerned, present, adopted은 명사 앞에 놓일 때(한정형)와 명사 뒤에 놓일 때(서술형) 뜻이 다르다.

☐ 한정형 형용사들 사이에는 원칙적으로 and를 놓지 않지만, 서술형 형용사들 사이에는 and를 놓는다. **형용사들을 나열하는 순서가 정해져 있다. 주관적 형용사 뒤에 객관적 형용사를 놓는다. 객관적 형용사들 사이에는 크기-형태-색깔-원산지의 순서로 놓는다.**

☐ 보어역할을 하는 형용사가 사람의 성격이나 지각 정도를 나타내는 경우에는 to 부정사의 의미상의 주어가 of로 시작한다. 이런 경우가 아니면 to 부정사의 의미상의 주어가 for로 시작한다.

☐ **혼동하기 쉬운 형용사들이 있다.** classical music이지 classic music이 아니다. electric과 electrical, historic과 historical, economic과 economical도 혼동하기 쉽다. economical은 싸다는 뜻의 '경제적인' 이다.

☐ '많은' 이라는 뜻의 형용사가 다양하다. many와 같은 것으로 a number of, a host of, a myriad of가 있고, much와 같은 것으로 a great deal of와 a good deal of가 있다. **many와 much 둘 다를 대신할 수 있는 a lot of, lots of, plenty of도 있다.** 이 형용사들은 회화에서 많이 쓴다. 편하기 때문이다.

☐ 우리말에서는 명사+명사, 영어에서는 형용사+명사인 것들도 있다. 예를 들면 '농업 발전' 은 agriculture development가 아니라 agricultural development다.

1 종류

1 지시형용사

예시 this, that, these, those

해설
* this/these는 가까이에 있는 것을, that/those는 멀리에 있는 것을 가리킨다.
* this/that은 단수형 명사 앞에, these/those는 복수형 명사 앞에 쓴다.

2 수량형용사

예시 some, any, no, a little, a few, many, much

해설 * 수량형용사는 원칙적으로 '적은/많은'의 뜻을 나타낸다.

3 분배형용사

예시 each, every, either, neither, another, other, the other, both, most, all

해설 * 분배형용사는 '각각의/대부분의/모든' 등의 뜻을 나타낸다.

4 의문형용사

예시 which, what, whose

해설 * 의문형용사는 의문문을 이끌면서 의문문 안에서 형용사의 역할을 한다.

5 소유격형용사

예시 my, your, his, her, its, our, your, their

해설 * 소유격 형용사는 인칭대명사의 소유격이다.

6 성질형용사

예시 clever, dry, thin, beautiful

해설 * 성질형용사는 사람/동물/사물의 '성질'을 나타낸다.

Notes

❓ 한정형으로만 쓴다?

❶ 5가지 형용사(지시부터 소유격까지)는 한정형으로만 쓴다.
❷ 즉, 이것들은 명사 앞에 놓는다: this/every/any/which/my car
❸ 이 형용사들은 대부분 대명사로도 쓰인다.
❹ 따라서 이 형용사들은 대명사 section에서 한꺼번에 다룬다.
❺ 이 section에서는 성질형용사만 다룬다.

❓ 한정형과 서술형 양쪽으로 쓴다?

성질형용사는 한정형과 서술형 양쪽으로 쓴다.
a <u>fast</u> car (한정형)
My car is very <u>fast</u>. (서술형)

Notes

심층해설 | 서술형의 3가지 pattern?

① 형용사를 주격보어로 쓴 경우
  The boy is <u>clever</u>. "그 소년은 영리하다."
② 형용사를 목적격보어로 쓴 경우
  We find him very <u>clever</u>.
  "우리는 그가 매우 영리하다고 생각한다."
③ 형용사를 명사/대명사 바로 뒤에 놓는 경우
  the people <u>concerned</u> in it '그것에 관련된 사람들'

2 한정형/서술형에 따라 뜻이 달라지는 형용사

Key Point | 한정형과 서술형?
① 한정형은 명사 앞에서 그 다음 명사의 범위를 한정한다.
② 서술형은 명사/대명사 뒤에서 앞의 명사/대명사를 설명한다.

1 concerned

예시 the concerned doctor 걱정이 된 의사
      the people concerned 관련된 사람들

해설 * 한정형 concerned는 '**걱정이 된**', 서술형 concerned는 '**관련된**' 이다.

심층해설 | concerned about과 concerned in/with?

① concerned about은 '~에 대해서 걱정이 된'이라는 뜻이다.
  I'm concerned <u>about</u> your future.
  "나는 네 장래에 대해서 걱정이다."
② concerned in/with는 '~에 관련된'이라는 뜻이다.
  He's not concerned <u>in/with</u> the crime.
  "그는 그 범죄에 관련되지 않았다."

2 present

예시 the present topic 현재의 주제
      employees present at the meeting 그 회의에 출석한 직원들

해설 * 한정형 present는 '**현재의**', 서술형 present는 '**출석한**' 이다.

3 adopted

예시
an adopted child 입양된 아이
the solution adopted 채택된 해결방안

해설
* 한정형 adopted은 '**입양된**', 서술형 adopted은 '**채택된**'이다.
* 동사 adopt가 '입양하다'와 '채택하다'라는 두 가지 뜻을 가지고 있다.

심층해설 서술형으로만 쓰는 형용사?

① 형용사 available('이용 가능한')은 서술형으로만 쓴다.
Do you have any <u>room available</u> for tonight?
"오늘 밤 묵기 위한 빈 방 있나요?"

② 형용사 left('남아있는')도 서술형으로만 쓴다.
Do you have any <u>tickets left</u> for Friday?
"금요일을 위한 티켓 남은 것 있나요?"

3 형용사들 사이에 and를 놓는 경우와 놓지 않는 경우

1 한정형

예문
We've bought a big rectangular white table.
우리는 크고 직사각형이고 하얀 식탁을 샀다.

해설
* **한정형 형용사들 사이에는 and를 놓지 않는다:** a <u>big rectangular white</u> table
* 예문의 big, rectangular, white는 모두 형용사다.
* 이 형용사들이 명사 table 앞에 놓여 있으므로 한정형으로 쓰인 것이다.
* 이 형용사들 사이에 and를 사용하지 않았다.

심층해설❶ 무엇이 특별한가?

① 명사들 사이에는 and를 놓는다: France, Germany <u>and</u> Italy
② 형용사들 사이에는 and를 놓지 않는다: a <u>big rectangular white</u> table

심층해설❷ 한정형 형용사들 사이에 comma를 쓰는 경우?

① 흔히 쓰지 않는 형용사들 사이에 comma를 놓을 수 있다.
  a graceful, aquatic bird '우아하고 물에 사는 새'
② graceful/aquatic은 흔히 쓰지 않아서 둘 사이에 comma를 썼다.
③ 이 comma는 두 단어 모두 bird를 꾸미는 형용사라는 표시다.
④ 즉, comma가 없으면 graceful을 부사로 착각할 염려도 있다.
⑤ 또한 이 comma는 두 형용사를 또박또박 읽는다는 표시다.

Notes

🔍 **한정형 형용사 사이에 and를 사용하는 경우?**

❶ 색깔 형용사들 사이에
black-<u>and</u>-white photos
'흑백사진들'
a black <u>and</u> white TV set
'흑백 텔레비전 수상기'

❷ 한 사물의 두 가지 상반된 면을 나타내는 형용사들 사이에
a social <u>and</u> political problem
'사회적이면서 정치적인 문제'

2 서술형

예문 The day was cold, wet and windy.
그날은 춥고 비가 오고 바람이 불었다.

해설
* 서술형 형용사들 사이에는 항상 and를 놓는다.
* 예문의 형용사 cold, wet, windy는 서술형으로 쓰였으므로 and를 썼다.
* and를 쓸 때에는 명사를 연결할 때처럼 마지막 둘 사이에 and를 놓는다.
* 그 외 위치에는 comma를 놓는다.
* 그래서 예문에서 'cold, wet and windy'라고 했다.

4 형용사들의 나열순서

Key Point 형용사들의 나열순서?
① 주관적 형용사 다음에 객관적 형용사를 놓는다.
② 객관적 형용사들은 크기 → 형태 → 색깔 → 원산지의 순서로 놓는다.

1 주관적 형용사 → 객관적 형용사

예시
the handsome new director 그 잘 생긴 새로 부임한 이사
the beautiful long legs 그 아름답고 긴 다리들

해설
* 주관적 형용사(handsome/beautiful) 뒤에 객관적 형용사(new/long)를 놓는다.
* beautiful이나 handsome은 주관적, new나 long은 객관적이다.
* **주관적 형용사가 객관적 형용사보다 더 큰 묘사를 하기 때문이다.**
* 객관적 형용사는 주로 detail에 관한 것이다.
* 예문에서 '잘 생겼느냐?'가 '새로 온 사람이냐?'보다 더 중요하다.

2 크기 → 형태 → 색깔 → 원산지

예문 We have bought a big round white Italian table.
우리는 크고 둥글고 하얀 이태리 제 식탁을 샀다.

해설
* 객관적 형용사들끼리는 크기→형태→색깔→원산지의 순서로 놓는다.
* 크기가 가장 눈에 잘 띄고 원산지가 가장 눈에 띄지 않기 때문이다.
  a <u>big round white Italian</u> table
* 영어의 어순을 지배하는 원칙은 단순하다: 중요한 것부터 먼저 놓는다.

5　진주어가 of로 시작하는 경우

> **Key Point** 왜 이 규칙이 특별한가?
> ① 진주어는 보통 전치사 of가 아니라 전치사 for로 시작한다.
>   It's impossible <u>for</u> him to finish it by three.
>   "그가 그것을 3시까지 마치는 것은 불가능하다."
> ② 단, 성격형용사와 지각형용사 뒤에서는 전치사 of로 시작한다.
> ③ 전치사 of가 for보다 앞에 있는 형용사와 연음하기 편하다.

1 성격형용사 뒤에서

예문　It was very kind of you to help him out.
네가 그를 도운 것은 매우 친절한 일이었다.

해설
* 성격형용사 뒤에서는 진주어가 of로 시작한다.
* 예문에서 성격형용사 kind 뒤의 of you to help him out은 진주어다.
* 여기서 of you는 to 부정사의 의미상의 주어이므로 '네가'라고 해석한다.
* 다음과 같은 형용사들이 성격형용사다.
   brave, careless, cruel, generous, good/nice, mean, rude, selfish, wicked

2 지각형용사 뒤에서

예문　It was stupid of her to spend so much money on the dress.
그녀가 그렇게 많은 돈을 그 드레스에 쓴 것은 어리석었다.

해설
* 지각형용사 뒤에서도 진주어가 전치사 of로 시작한다.
* 예문에서 stupid 뒤의 of her to spend so much money on the dress는 진주어다.
* 다음과 같은 형용사들이 지각형용사(합리적인/어리석은 등의 뜻)다.
   absurd, foolish, idiotic, ludicrous, ridiculous, typical, clever, sensible

6　the same as와 the same that

1 the same as + 단어

예문　Your eyes are <u>the same color as</u> mine. 네 눈은 내 눈과 같은 색이다.

해설　* 'A는 B와 같다'고 할 때 B가 단어이면 the same as를 쓴다.

Notes

2 the same that+절

예문 That is the same man that/who asked me for money yesterday.
저 사람은 어제 내게 돈을 요구한 사람과 같은 사람이다.

해설
* 'A는 B와 같다'고 할 때 B가 절이면 the same that을 쓴다.
* 예문처럼 동사(asked) 앞에서는 as가 아니라 that을 쓴다.
* 단, B가 사람일 때는 that 대신에 who를 쓸 수도 있다.

3 the same as+절

예문 She has the same watch as/that I have.
그녀는 내 것과 같은 시계를 갖고 있다.

해설
* 'A는 B와 같다'고 할 때 B가 절이라도 that/as를 쓸 수 있는 경우가 있다.
* 관계절 안에서 that/as가 목적어일 때다. 즉, 목적격 관계대명사일 때다.
  the same watch as/that I have '내가 갖고 있는 것과 같은 시계'
* 예문에서 관계절 안의 주어는 I이고 목적어는 that/as다.
* 이런 that/as은 목적격이므로 생략할 수도 있다.
  She has the same watch I have. "그녀는 내 것과 같은 시계를 갖고 있다."
* 원래 as를 쓰는 경우는 '꼭 같은 물건' 아니라 '같은 종류의 물건'이었다.

현대영어에서는?
① 현대영어에서는 the same 뒤의 목적격 관계대명사 that과 as 사이의 차이점이 없어져버렸다.
② 정말로 같은 사람/물건이든, 단지 같은 종류의 사람/물건이든, the same 뒤의 목적격 관계대명사로 that/as를 쓴다.

7 혼동하기 쉬운 형용사

1 classic & classical

예시 the classical music 그 고전음악
the classic method 그 대표적인 방법

해설
* '고전음악'은 classic music이 아니라 classical music이다.
* classic은 주로 '대표적인'이라는 뜻이다.

2 electric & electrical

예시 electric motor/iron/blanket/lamp/fan/guitar/heater/razor/ current
전기 모터/다리미/담요/등/선풍기/기타/히터/면도기/전류

electrical engineering/components/appliances 전기공학/부품/기구

해설
* electric은 주로 '전기로 작동되는'이라는 뜻이다: an electric iron '전기 다리미'
* electrical은 '전기의' 또는 '전기에 관한'이라는 뜻이다.

3 historic & historical

예시 a historic building/decision/date/ruling 역사적인 건물, 결정/날/판결
      a historical novel/figure/drama 역사 소설/인물/드라마/기록

해설
* historic은 '역사적인'이라는 뜻이고, historical은 '역사(상)의'라는 뜻이다.
* 즉, a historic building('역사적인 건물')은 꼭 오래된 건물이 아닐 수도 있다.

4 economic & economical

예시 economic growth/development/matters 경제 성장/발전/사안들
      an economical plan/car 경제적인 계획/자동차

해설
* economic은 '경제의'라는 뜻이고, economical은 '경제적인'이라는 뜻이다.

8 '많은'이라는 뜻의 형용사

1 many, a number of, a host of, a myriad of

예시 many students 많은 학생들   a number of birds 많은 새들
      a host of cars 큰 무리를 이룬 차들   a myriad of stars 엄청나게 많은 별들

해설
* many, a number of, a host of, a myriad of는 '많은 수의'라는 뜻이다.
* 따라서 이 형용사들 뒤에는 복수가 온다: many students

2 a large/great number of, a great/good many

예시 1 a large/great number of disabled people 수많은 장애인들

해설 * a large/great number of는 '수많은'이라는 뜻이다. 그 뒤에 복수가 온다.

예시 2 a great/good many changes 아주 많은 변화들

해설
* a great/good many는 '아주 많은'이라는 뜻이다. 그 뒤에 복수가 온다.
* 이는 부정관사 뒤에 복수가 오는 드문 경우 중의 하나다.

> Notes

3 much, a great deal of, a good deal of

예시
much money 많은 돈
a great deal of money 많은 돈
a good deal of money 많은 돈

해설
* much, a great deal of, a good deal of는 '많은 양의'라는 뜻이다.
* 따라서 이 형용사들 뒤에는 불가산명사가 온다.

4 a lot of, lots of, plenty of

예시
a lot of students, lots of students, plenty of students 많은 학생들
a lot of money, lots of money, plenty of money 많은 돈

해설
* a lot of, lots of, plenty of는 '많은'이라는 뜻이다.
* 이 형용사들 뒤에는 복수 또는 불가산명사가 온다.
* **이 형용사들은 회화에서 많이 쓴다. 사용하기 편하기 때문이다.**
* 마치 우리말의 '많은'처럼 복수 또는 불가산명사를 구별할 필요 없다.

9 한국어에서 명사+명사, 영어에서 형용사+명사

예시 1 agricultural development 농업 발전

해설
* 우리말에서는 '농업발전'이지만 영어에서는 agricultural development다.
* **즉, 우리말에서는 '명사+명사(복합명사)'이지만 영어에서는 '형용사+명사'다.**
* agriculture는 '농작물의 재배'라는 뜻이다. agriculture를 발전시킬 수 없다.
* agriculture 분야에서의 발전이므로 agricultural development라고 한다.

예시 2 economic development 경제 발전

해설
* 우리말에서는 '경제발전'이지만 영어에서는 economic development다.
* **즉, 우리말에서는 '명사+명사' 이지만 영어에서는 '형용사+명사' 다.**
* economy는 '부존자원의 효율적 이용'이라는 뜻이다.
* economy 자체를 발전시킬 수 없다.
* economy 분야에서의 발전이므로 economic development라고 한다.

예시 3 industrial development 산업발전

해설
* 우리말에서는 '산업발전'이지만 영어에서는 industrial development다.
* **즉, 우리말에서는 '명사+명사' 이지만 영어에서는 '형용사+명사' 다.**
* industry는 '재화의 생산'이라는 뜻이다. 그 자체를 발전시킬 수는 없다.
* industry 분야에서의 발전이므로 industrial development라고 한다.

▶ 맺음말

▼ **형용사는 명사를 꾸민다.** 6가지 형용사를 크게 2 그룹으로 나눈다. 첫 번째 그룹은 지시, 분배, 수량, 의문, 소유 형용사다. 이 형용사들은 관사와 묶어서 한정사(determiner)라고 부른다. 이 형용사들은 명사 앞에만 오고 주로 대명사로도 쓴다. 두 번째 그룹의 형용사는 성질형용사다. 이 형용사들은 한정형/서술형으로 쓴다. 이 section에서는 주로 성질형용사만 다루었다.

▼ **아직도 많은 영어시험에서 형용사와 부사의 구별을 test 한다.** 형용사는 명사를 꾸민다. 명사 앞에서 명사를 꾸미거나(한정형), 동사 뒤에서 주어/목적어인 명사를 설명(서술형)한다. 3개 형용사 (concerned, present, adopted)를 제외한 성질 형용사들은 한정형일 때와 서술형일 때 뜻이 같다. 부사는 동사/형용사/부사를 수식한다. 따라서 형용사와 부사의 역할은 매우 다르다.

▼ 한정형 형용사들 사이에는 and를 놓지 않는다. 단, 색깔 형용사들 사이에는 and를 놓는다. 자주 쓰지 않는 형용사들 사이에는 and 대신에 comma를 놓을 수 있다. 서술형 형용사들 사이에는 and를 놓는다.

▼ **우리말에는 형용사들의 나열순서가 없지만 영어에는 있다.** 주관적 형용사 뒤에 객관적 형용사를 놓고, 객관적 형용사들끼리는 크기–형태–색깔–원산지의 순서로 놓는다. **이는 중요성의 순서다. 즉, 주관적 형용사가 객관적 형용사보다 더 큰 묘사이고, 객관적 형용사들 중에는 크기가 가장 눈에 잘 띄는 변수다.**

▼ 보어가 성질/지각 형용사일 때는 진주어가 전치사 of로 시작한다. 그 외에는 for로 시작한다. the same 뒤에 단어가 오면 as, 절이 오면 that을 쓴다. classic과 classical은 다르다. economic과 economical도 다르다. '많은' 이라는 뜻의 형용사가 매우 다양하다. 기본적으로 복수 앞에 쓰는 형용사와 불가산명사 앞에 쓰는 형용사를 구별하기 때문이다. 단, 회화에서는 그런 구별 없이 쓸 수 있는 a lot of, lots of, plenty of를 많이 쓴다. '경제발전'은 economy development가 아니라 economic development다. 즉, 이 경우 앞 단어가 명사가 아니라 형용사다.

Section 10 대명사 (Pronouns)

핵심강의

☐ **대명사에는 9가지 종류가 있다.** 즉, 인칭, 소유, 재귀, 지시, 부정, 수량, 분배, 의문, 관계 대명사다. 이 section에서는 관계대명사를 제외한 8가지 대명사를 다룬다. 관계대명사는 관계절 section에서 관계부사와 함께 다룬다.

☐ 인칭대명사는 격변화를 한다. 전치사 다음에는 목적격만 쓴다. 인칭대명사는 관계절의 선행사가 될 수 없다. 그 대신 지시대명사 that/those를 선행사로 쓴다. 소유대명사는 '~의 것'이라는 뜻이다. **명사 바로 앞에 놓을 수 없다.** 소유형용사와 소유대명사 양쪽으로 쓰는 유일한 단어는 his다.

☐ **both는 둘에 대해서, all은 셋 이상에 대해서 쓴다.** 단, 대명사로 쓸 때에는 그 뒤의 명사가 특정되어야 한다. every와 each는 둘 다 단수형용사다. 단, each는 대명사이기도 하고 부사이기도 하다. every day는 부사, everyday는 형용사다. 뜻이 다르다.

☐ **either와 neither는 단수 형용사/대명사다.** neither가 목적어일 때는 not ~either로 대체할 수 있다. 이 단어들은 셋 이상에 대해서 쓸 수 없다. some의 뜻은 4가지다. some은 긍정 평서문에 쓴다. 부정문과 의문문에는 any를 쓴다. 긍정 평서문에 쓴 any은 '어떠한 ~라도'라는 뜻이다. any는 '조금이라도'라는 뜻의 부사이기도 하다.

☐ no는 형용사이고 none은 대명사다. none은 전치사 구와 같이 쓰고, no one은 독자적으로 쓴다. no one은 nobody와 같다. **none은 공식적인 writing에서 단수 취급한다.** a few와 few는 복수 형용사/대명사다. a little과 little은 불가산명사와 같이 쓰는 단수 형용사/대명사다. most도 형용사/대명사다. 단, 대명사일 때는 그 뒤의 명사가 특정되어야 한다.

☐ **가주어나 가목적어로 쓰는 대명사는 it뿐이다.** 진주어는 to 부정사구나 명사절이다. 강조구문은 "It is/was ____ that S+V"의 구조를 갖는다. 문장의 주어, 보어, 목적어, 전치사구를 강조할 때에는 그 단어/구를 이 구조의 빈칸에 놓는다. 이런 강조구문은 가주어 it을 쓴 문장과 다르다. **강조 구문에서는 be 동사 뒤의**

보어를 강하게 읽지만 가주어가 쓰인 문장에서는 보어를 강하게 읽지 않는다. 가주어가 쓰인 문장에서는 보어가 형용사이고, 강조구문에서는 보어가 명사, 대명사, 전치사 구다.

☐ **one은 형용사/대명사다.** 대명사 one은 문맥에 따라서 '한 사람' 또는 '사람들'이라는 뜻이다. **회화에서는 '사람들'의 뜻으로 you나 we를 쓰는데 반해서 문어체에서는 one을 선호한다. 회화에서는 '이웃들' 또는 '정부/당국'이라는 뜻으로 they를 쓸 수 있다.** ones는 one의 복수다. 특정된 경우에는 the ones를 쓴다.

☐ **this, that, these, those는 지시 형용사/대명사다.** that과 those는 특별한 역할을 한다. 즉, 앞에 언급한 단수명사를 반복하지 않기 위해서는 that을, 복수형 명사를 반복하지 않기 위해서는 those를 쓸 수 있다.

☐ 재귀대명사는 단수는 ~self로, 복수는 ~selves로 끝난다. 재귀대명사는 재귀역할과 강조역할을 한다. **생략할 수 없으면 재귀역할, 생략할 수 있으면 강조역할이다.** 재귀역할을 하는 재귀대명사는 목적어이기 때문에 생략할 수 없다. by oneself는 '혼자서'라는 뜻이다. own은 형용사/대명사다. on one's own은 by oneself와 같다.

☐ **another는 단수 가산명사 앞에 쓰는 형용사/대명사**, other는 복수 가산명사나 불가산명사 앞에 쓰는 형용사, the other는 둘 중 나머지를 가리키는 형용사/대명사, the others는 '그 나머지들'이라는 뜻의 대명사, others는 막연히 '다른 사람/물건들'이라는 뜻의 대명사다.

☐ **each other와 one another는 '서로를'이라는 뜻의 대명사다.** 전자는 둘에 대해서, 후자는 셋 이상에 대해서 쓴다. **의문대명사 중에서는 what이 들어있는 다음 표현에 주의해야 한다: "What ~for?"는 "Why~?"와 같다. "What ~like?"은 개략적인 정보를 요구할 때 쓴다.** "What do you think of~?"이지 "How do you think of~?"가 아니다. 마찬가지로 "What do you call this?"이지 "How do you call this?"가 아니다. "What if~?"는 제안 또는 가정할 때 쓴다.

> Notes

> Notes

1) 종류

1 인칭대명사

- **예시**: I, you, he, she, it, we, they
- **해설**:
  * 인칭대명사는 앞에 언급한 사람을 받을 때 쓴다.
  * 단, it은 주로 사물을 받고, they는 사람/사물을 받는다.

2 소유대명사

- **예시**: mine, yours, his, hers, ours, theirs
- **해설**:
  * 소유대명사는 '~의 것'이라는 뜻이다.
  * 예를 들면, theirs는 '그들의 것'이라는 뜻이다.

3 재귀대명사

- **예시**: myself, yourself, himself, herself, itself, ourselves, yourselves, themselves
- **해설**:
  * 재귀대명사는 '~자신'이라는 뜻이다.
  * 단수는 ~self로 끝나고, 복수는 ~selves로 끝난다.
  * yourself는 '네 자신'이고 yourselves는 '너희들 자신'이다.

4 지시대명사

- **예시**: this, that, these, those
- **해설**:
  * 지시대명사는 '이것' '저것'이라는 뜻이다.
  * this/that은 단수, these/those는 복수다.

5 부정(不定) 대명사

- **예시**: somebody, anything, everybody, everything, nobody, no one, none, nothing
- **해설**:
  * 부정대명사는 특정되지 않은 사람/사물을 가리킬 때 쓴다.

6 수량대명사

예시 some, any, a little, a few, little, few, many, much, a lot, plenty, a great deal, enough

해설 * 수량대명사는 주로 '조금', '많은 것'이라는 뜻이다.

7 분배대명사

예시 each, either, neither, another, the other, others, the others, both, most, all, each other, one another

해설 * 분배대명사는 '각각', '모두' 등의 뜻이다.

8 의문대명사

예시 who, whose, whom, which, what

해설 * 의문대명사는 WH-Question 안에서 주어/보어/목적어의 역할을 한다.
* WH-Question이란 의문사로 시작하는 의문문이라는 뜻이다.

9 관계대명사

예시 who, whose, whom, which, that

해설 * 관계대명사는 선행사를 대신해서 관계절 안에서 주어/목적어다.
* 단, 소유격 관계대명사 whose는 관계절 안에서 소유형용사다.
* 관계대명사는 관계부사와 같이 관계절 section에서 별도로 다룬다.

Notes

Notes

❓ 인칭대명사의 격 변화?

I -my -me
you-your-you
he-his-him
she-her-her
it-its-it
we-our-us
you-your-you
they-their-them

2 인칭대명사

1 격(格) 변화

예문 Have you seen their report? 그들의 보고서를 보았니?

해설
* 인칭대명사는 격변화를 한다. 즉, 주격/소유격/목적격의 형태가 다르다.
* 명사 앞에는 소유격(their)을 놓는다: Have you seen they/them report? (×)
* 소유격 their는 '그들의'라는 뜻이다: their report '그들의 보고서'
* 주격 they는 '그들이'이고 목적격 them은 '그들에게/그들을'이라는 뜻이다.

2 전치사 뒤에 목적격

예문 Talk to them. 그들에게 말하라.
I know one of them. 나는 그들 중 한 사람을 안다.

해설
* 전치사 뒤에는 목적격을 놓는다: Talk to they. (×) I know of one of they. (×)
* they는 주격 인칭대명사이므로 전치사 뒤에 놓지 못한다.
* 전치사 뒤에는 목적격 인칭대명사 them을 써야 한다: to them, one of them

3 인칭대명사는 관계절의 선행사가 될 수 없다.

예문 Send the memo to those who don't know the meeting date.
회의 날짜를 모르는 사람들에게 그 메모를 보내라.

해설
* 인칭대명사는 관계절의 선행사가 될 수 없다.
  Send the memo to them who don't know the meeting date. (×)
* them은 인칭대명사다. 관계절의 선행사가 될 수 없다.
* **지시대명사 those는 관계절의 선행사가 될 수 있다.**
  Send the memo to those who don't know the meeting date. (O)

4 중성 단수 인칭대명사

예문 A doctor can't do a good job if he (또는 he or she) doesn't like people. 의사는 사람을 좋아하지 않으면 일을 잘 할 수 없다.

해설
* 중성 단수 인칭대명사는 문어체에서는 he, 구어체에서는 he or she다.
* 예문에서 a doctor는 남성일 수도 있고 여성일 수도 있다.
* 이런 경우에 a doctor를 중성 단수 인칭대명사로 받아야 한다.
* **중성 단수 인칭대명사가 별도로 없어서 he 또는 he or she를 쓴다.**

3 소유대명사

예문 1 It's theirs. 그것은 그들의 것이다.

해 설
* 소유대명사는 '~의 것'이라는 뜻이다.
* 예를 들면, theirs는 '그들의 것'이라는 뜻이다.
* 소유대명사는 다음과 같다: mine, yours, his, hers, ours, yours, theirs
* 소유대명사(theirs)를 명사(report) 바로 앞에 놓을 수 없다.
  It's theirs report. (✗)
* theirs report는 '그들의 것 보고서(✗)'라는 nonsense가 되기 때문이다.
* 명사 앞에는 소유격 형용사를 쓴다. It's their report. "그것은 그들의 보고서다."

예문 2 Have you seen his? 너는 그의 것을 보았니?

해 설
* **his는 예외적으로 소유격 형용사이기도 하고 소유대명사이기도 하다.**
* his 외에는 소유격 형용사와 소유대명사의 형태가 다르다.
  my-mine your-yours her-hers our-ours your-yours their-theirs

예문 3 His opinion is different from hers. 그의 의견은 그녀의 의견과 다르다.

해 설
* hers는 '그녀의 것'이라는 뜻의 소유대명사다.
* her는 '그녀의'라는 뜻의 소유격 형용사다.
* her는 '그녀에게' 또는 '그녀를'이라는 뜻의 간접/직접 목적어이기도 하다.

> Notes

4 both

1 '둘 다'라는 뜻의 형용사/대명사

예문 1 Both women wanted to marry him.

그 두 여성 다 그와 결혼하기를 원했다.

해설
* both는 '둘 다'라는 뜻의 형용사/대명사다.
* **예문에서 both는 형용사로 쓰였다. 바로 그 뒤에 명사가 왔기 때문이다.**
* both가 형용사일 때는 the를 생략할 수 있다.
  Both (the) women wanted to marry him.

예문 2 Both of the women wanted to marry him.

그 여성 둘 다 그와 결혼하기를 원했다.

해설
* **예문에서 both는 대명사다. 그 뒤에 전치사(of)가 왔기 때문이다.**
* 대명사 both 뒤에서는 the를 생략할 수 없다.
  Both of women wanted to marry him. (✗)
  Both of the women wanted to marry him. (○)

예문 3 They both wanted to marry him.

그 여성 둘 다 그와 결혼하기를 원했다.

해설
* 구어체에서는 대명사 both를 문장 중간(주어와 동사 사이)에 놓을 수 있다.
  They both wanted to marry him. = Both of them wanted to marry him.

2 not~both는 부분부정

예문 You cannot have both of them. 당신은 그 둘 다를 가질 수는 없다.

해설
* not ~both는 부분부정이다. '둘 다를 ~할 수는 없다'라는 뜻이다.
* **not이 both 한 단어만 부정한다고 해서 '부분부정'이라고 한다.**
* 전면부정에는 neither나 not either를 쓴다.
  You can have neither of them. = You cannot have either of them.
  "너는 그 둘 중 어느 것도 가질 수 없다."

5) every와 each

1 every

예시 every student 모든 학생

해설
- every는 '모든'이라는 뜻의 단수 형용사다.
- every 뒤에는 단수명사가 온다: every students (✗)
- every는 불가산명사 앞에 쓸 수 없다: every oil (✗)
- 단, 빈도/간격을 나타낼 때는 every 뒤에 복수 가산명사를 놓을 수 있다.
  every three days '3일마다' (빈도)   every three steps '세 걸음마다' (간격)
- every는 대명사가 아니다: Every has a computer. (✗)
- 대명사는 everyone이다: Everyone has a computer.

2 each

예시 1 each student 각 학생

해설
- each는 '각각'이라는 뜻의 단수 형용사다: each students (✗)
- each는 불가산명사 앞에 쓸 수 없다: each oil (✗)

예문 2 Each of us has a computer. 우리 각자가 컴퓨터를 가지고 있다.
We each have a computer. 우리 각자가 컴퓨터를 가지고 있다.

해설
- each는 '각자/각개'라는 뜻의 단수 대명사이기도 하다.
- 따라서 each가 주어일 때는 단수동사(has)로 받는다.
- **회화에서는 each를 문장 중간에 놓을 수 있다.**
  We each have a computer. = Each of us has a computer.
- 단, "We each..."에서는 **주어가 We이므로 복수동사(have)로 받는다.**

예문 3 I gave them two apples each. 나는 그들에게 각각 두 개의 사과를 주었다.

해설
- each는 '각각'이라는 뜻의 부사이기도 하다. respectively와 뜻이 같다.
- 예문에서 each는 부사다.
- 예문은 each가 있기 때문에 그들 각자에게 사과 2개씩을 주었다는 뜻이다.
- **each가 없으면 그들에게 총 2개의 사과를 주었다는 뜻이 된다.**

Notes

> Notes

3 everyone

예문 Everyone needs energy. 모두 에너지를 필요로 한다.

해설
* everyone은 '모두'라는 뜻의 단수 대명사다. everybody와 뜻이 같다.
* everyone/everybody는 전치사구와 같이 쓰지 못한다.
  Everyone of us needs energy. (✕)
* everyone/everybody는 단독으로 쓴다: Everyone needs energy. (○)

4 every one

예문 Every one of us needs energy. 우리 모두 에너지를 필요로 한다.

해설
* every one은 '모두'라는 뜻의 단수 대명사다.
* 단, every one은 전치사구와 같이 쓴다: Every one of us needs energy.
* **every one에서는 one을 강하게 읽고 everyone에서는 every를 강하게 읽는다.**
* every one은 독자적으로 쓰지 못한다: Every one needs energy. (✕)
* 독자적으로 쓸 때에는 everyone/everybody를 쓴다.
* every one은 사물에 대해서도 쓸 수 있다.
  I've tried every one of those plans. "나는 그 계획 모두를 시도해 보았다."

5 every day

예문 He sends me flowers every day. 그는 나에게 매일 꽃을 보낸다.

해설
* every day는 '매일'이라는 뜻의 빈도 부사다. every와 day를 띄어 쓴다.

6 everyday

예시 everyday life 일상생활   everyday English 일상영어
everyday clothes 평상복

해설
* everyday는 '일상의'라는 뜻의 형용사다. everyday는 한 단어로 쓴다.
* everyday는 '매일'이라는 뜻의 부사가 아니다.
  He sends me flowers everyday. (✕)

6 either와 neither

1 either

예시 1 either bus 둘 중 어느 버스라도

해설
- either는 '둘 중 어느 쪽이라도'라는 뜻의 단수 형용사다: either <u>buses</u> (×)
- either 뒤에는 단수명사가 온다: either bus (○)

예문 2 Either of the buses goes there. 그 버스들 중 어느 쪽이라도 거기에 간다.

해설
- either는 '둘 중 어느 쪽이라도'라는 뜻의 단수 대명사이기도 하다.
- 대명사 either가 주어일 때는 단수동사(goes)로 받는다.
  Either of the buses <u>go</u> there. (×)

2 neither

예시 1 neither bus 두 버스 중 어느 쪽도 아니

해설
- neither는 '둘 중 어느 쪽도 아니'라는 뜻의 단수 형용사다: neither buses (×)
- neither 뒤에는 단수명사가 온다: neither bus (○)

예문 2 Neither of the buses goes there.
그 두 버스 중 어느 쪽도 거기에 가지 않는다.

해설
- neither는 '둘 중 어느 쪽도 아니'라는 뜻의 단수대명사다.
- 대명사 neither가 주어일 때는 단수동사(goes)로 받는다.
  Neither of the buses go there. (×)
- neither는 '둘 중 어느 하나도 아니'라는 뜻이므로 단수 취급해야 한다.

3 neither를 not ~either로 대체할 수 있는 경우

예문 I have read <u>neither</u> of these. = I have <u>not</u> read <u>either</u> of these. 나는 그 둘 중 어느 쪽도 읽지 않았다.

해설
- neither가 목적어일 때는 neither를 not ~either로 대체할 수 있다.
- neither가 주어일 때는 not ~either로 대체할 수 없다.
  <u>Neither</u> goes there. (○) <u>Not either</u> goes there. (×)

Notes

Notes

7 all

1 복수 형용사/대명사 all

예문 1 All (the) glasses were broken. 그 모든 잔들이 깨졌다.

해설
* all은 '모든'이라는 뜻의 복수 형용사다. 그 뒤에 복수(glasses)가 온다.
* 형용사 all 뒤에서는 the를 생략할 수 있다: all the glasses = all glasses

예문 2 All of the glasses were broken. 그 잔들 모두가 깨졌다.

해설
* all은 '모두'라는 뜻의 복수 대명사이기도 하다.
* **따라서 대명사 all이 주어일 때는 복수동사(were broken)로 받는다.**
* 구어체에서는 대명사 all을 문장 중간에 놓을 수 있다.
  The glasses were <u>all</u> broken. = All of the glasses were broken.

2 all + 불가산명사

예시 all the bread on the table 그 식탁 위의 모든 빵
all of the bread on the table 그 식탁 위의 빵 모두

해설
* 형용사 all은 불가산명사를 수식할 수도 있다: all the bread
* 대명사 all은 불가산명사와 같이 쓸 수 있다: all of the bread
* every는 불가산명사와 같이 쓸 수 없다: every bread (✗) every of the bread (✗)

3 all + 단수가산명사

예시 all the country 그 나라 전체

해설
* all은 단수 가산명사(country)도 수식할 수 있다.
* all the country는 the whole/entire country('그 나라 전체')와 같다.
* all the country는 all the countries('그 모든 나라들')와 뜻이 다르다.
* 단수명사만 수식하는 형용사 whole/entire는 the 뒤에 온다.
  the <u>whole/entire</u> country
* 형용사 all은 the 앞에 온다: <u>all</u> the country.

4 not ~all은 부분부정

예문 Not all Americans like hamburgers.
모든 미국인이 햄버거를 좋아하는 것은 아니다.

I don't like all of them. 나는 그들 모두를 좋아하는 것은 아니다.

해설
* not ~all은 부분부정이다. '모두 ~한 것은 아니'라는 뜻이다.
* not ~all은 전면부정이 아니다.
* 전면부정에는 none이나 not ~any를 쓴다.
  None of them like hamburgers. "그들 중 누구도 햄버거를 좋아하지 않는다."
  I don't like any of them. "나는 그들 중 누구도 좋아하지 않는다."

8 some과 any

1 some

(1) '약간의'

예시 1 some books 약간의 책들   some money 약간의 돈

해설
* some은 '약간의'라는 뜻의 형용사다.
* some은 복수(books)나 불가산명사(money) 앞에 쓸 수 있다.
* **이처럼 some은 대단히 편리하기 때문에 특히 회화에서 많이 쓴다.**

예시 2 some of the books 그 책들 중 일부   some of the money 그 돈 중 일부

해설
* some은 '약간'이라는 뜻의 대명사이기도 하다.

(2) '어떤'

예문 Some woman called. 어떤 여성이 전화했다.

해설
* some은 단수 가산명사(woman) 앞에서는 '(막연하게) 어떤'이라는 뜻이다.
* **즉, some women은 '일부 여성들'이고 some woman은 '어떤 여성'이다.**
* 문어체에서는 이런 some 대신에 a certain을 쓴다.
  A certain woman called. "어떤 여성이 전화했다."

(3) '멋진'

예문 It was some party. 그것은 멋진 파티였다.

해설
* 구어체에서 단수명사 앞에 쓴 some은 '멋진'이라는 뜻이기도 하다.

> **Notes**

* 예문에서 some party는 '멋진 파티'라는 뜻이다.
* 이런 some은 강세형 부정관사 a[ei]와 뜻이 같다.
  It was <u>some</u> party = It was <u>a</u> party.

(4) '대략'

예시 some 400 people 대략 400명

해설 * 숫자 앞에 쓴 some은 about/approximately처럼 '대략'이라는 뜻이다.

2 any

(1) '조금(이라)도'

예문 1 I didn't eat any meat. 나는 고기를 조금도 먹지 않았다.
Did you eat any meat? 너는 고기를 조금이라도 먹었니?

해설 * 부정문/의문문에는 some 대신에 any를 쓴다.
* 이런 any는 '조금(이라)도'라는 뜻이다.

예문 2 Do you want some meat? 고기를 드실래요?
Would you like some coffee? 커피 드실 거죠?

해설 * 단, 상대로부터 긍정적인 답을 기대할 때는 의문문에 some을 쓴다.
* 특히 음식 등을 권유할 때는 긍정적인 답을 기대하므로 some을 쓴다.

(2) '어떠한 ~도'

예문 1 Take any book you like. 네가 좋아하는 어떠한 책이라도 가져가라.
I'll buy it at any price. 나는 그것을 어떠한 값으로든 사겠다.

해설 * 긍정 평서문에 쓴 any는 '어떠한 ~도'라는 뜻이다.
* 단, any는 셋 이상에 대해서 쓴다. 둘에 대해서는 either를 쓴다.

예문 2 Take any of the books you like. 네가 좋아하는 아무 책이라도 가져가라.

해설 * any는 대명사이기도 하다.

(3) 부사 any

예문 Was the concert any good? 그 콘서트가 조금이라도 좋더냐?

해설 * 부사 any는 '조금이라도'라는 뜻이다.
* 예문에서 any가 형용사(good) 앞에 쓰였기 때문에 any는 부사다.
* 부사 any는 부정적인 생각을 가지고 물어볼 때 쓴다.

9 no

예문 We have got no plans for the summer.
우리는 이번 여름을 위한 계획을 가지고 있지 않다.

해설
* no는 '(하나도/조금도) 없는'이라는 뜻의 형용사다.
* no는 대명사가 아니다.

10 none과 no one

1 대명사 none

예문 None of the tourists wants to climb the mountain.
그 관광객들 중 누구도 그 산을 오르기를 원치 않는다.

해설
* none은 '(셋 이상 중) 누구도 아니/어느 것도 아니'라는 뜻의 대명사다.
* **none은 단수 대명사다. 그들 중 어느 하나도 아니라는 뜻이기 때문이다.**
* 그래서 예문에서 none을 단수동사(wants)로 받았다.
* 단, 미국식 구어체에서는 none을 복수 취급하는 사람이 많다.
  None of the tourists want to climb the mountain. (미국식 구어체)

2 대명사 no one

예문 No one wished me a happy birthday.
아무도 내게 생일을 축하해 주지 않았다.

해설
* no one은 nobody와 같다. 단수 대명사다. no one은 두 단어를 띄어 쓴다.
* no one은 전치사구와 같이 쓸 수 없다: No one of them wished…(✕)
* 전치사구와 같이 쓸 때에는 none을 쓴다: None of them wished…(○)
* **즉, no one은 단독으로 쓰고, none은 전치사구와 같이 쓴다.**

Notes

🔍 none은 단수? 복수?

❶ 문어체에서는 그들 중 누구도 아니 또는 어느 것도 아니므로 단수 취급.

❷ 미국식 구어체에서는 그들 모두가 아니므로 복수 취급.

> Notes

11 a few, few, a little, little

1 a few

예문 1 A few passengers have survived. 일부 승객들이 살아남았다.

해설
* a few는 '약간/일부/3-4의'라는 뜻의 복수 형용사다.
* 즉, a few 뒤에는 복수 가산명사(passengers)가 온다.

예문 2 A few have survived. 일부가 살아 남았다.

해설
* a few는 복수 대명사이기도 하다.
* a few는 의미가 복수이므로 당연히 복수동사(have survived)로 받는다.

예문 3 Arsenal have played fewer games this year.
아스날이 금년에 더 적은 수의 게임을 했다.

해설 * a few의 비교급은 fewer이다. a fewer가 아니다. a fewer라는 단어는 없다.

2 few

예문 1 Few passengers have survived. 살아남은 승객들이 거의 없었다.

해설
* few는 '거의 없는'이라는 뜻의 복수 형용사다.
* 형용사 few 뒤에 복수(passengers)가 온다.
* a few는 뜻이 긍정적이고, few는 뜻이 부정적이다.

예문 2 Few have survived. 살아남은 자가 거의 없었다.

해설
* few는 복수 대명사이기도 하다.
* few가 주어일 때 few를 복수동사(have survived)로 받는다.

3 a little

예문 1 I have a little interest in politics. 나는 정치에 약간의 관심을 가지고 있다.

해설
* a little은 '약간'이라는 뜻의 형용사다.
* a little은 양을 나타내기 때문에 그 뒤에 불가산명사(interest)가 온다.

예문 2 **A little has changed.** 그 동안 약간 바뀌었다.

해설
* a little은 '약간'이라는 뜻의 대명사이기도 하다.
* a little이 주어일 때는 단수동사(has changed)로 받는다.

4 little

예문 1 **I have little interest in politics.** 나는 정치에 거의 관심이 없다.

해설
* little은 '거의 없는'이라는 뜻의 형용사다. little 뒤에 불가산명사가 온다.

예문 2 **Little has changed.** 그 동안 바뀐 것이 거의 없다.

해설
* little은 대명사이기도 하다.
* little이 주어일 때 단수동사(has changed)로 받는다.

12 most

예시 most businesses 대부분의 기업들
    most of the businesses 그 기업들의 대부분

해설
* most는 '대부분'이라는 뜻의 형용사/대명사다.
* 단, 대명사 most는 특정된 명사 앞에만 쓴다.
  most of businesses (✕)   most of the businesses (○)
* 특정되지 않은 명사 앞에는 형용사 most를 써야 한다: most businesses (○)
* most는 불가산명사와 같이 쓸 수도 있다.
  most (of the) information '대부분의 정보'

Notes

Notes

13 가주어/가목적어 it

1 가주어 it

예문 1 It is impossible to finish the report by Friday.
그 보고서를 금요일까지 마치는 것은 불가능하다.

해설
* 대명사 it을 가주어로 쓸 수 있다.
* 예문의 it은 가주어, to finish the report by Friday는 진주어다.
* **it을 제외한 다른 어떤 대명사도 가주어로 쓸 수 없다.**

예문 2 It surprised me that he was still in bed.
그가 아직도 잠자리에 있다는 것은 나를 놀라게 했다.

해설
* It은 가주어, 명사절 that he was still in bed는 진주어다.
* 이런 경우 문어체에서는 명사절을 바로 주어로 쓸 수 있다.
  That he was still in bed surprised me.
* 또는 명사절 앞에 명사 the fact 등을 놓을 수도 있다.
  The fact that he was still in bed surprised me.

2 가목적어

예문 1 We found it impossible to understand her.
우리는 그녀를 이해하는 것이 불가능하다는 것을 알게 되었다.

해설
* 대명사 it을 가목적어로 쓸 수 있다.
* 예문의 it은 가목적어, to understand her는 진목적어다.
* **it을 제외한 다른 어떤 대명사도 가목적어로 쓸 수 없다.**

예문 2 She made it clear that she was not interested in the offer.
그녀는 그 제안에 관심이 없다는 점을 분명히 했다.

해설
* it은 가목적어, that she was not interested in the offer는 진목적어이다.
* 제5형식 문장에서 목적어가 명사절일 때는 예문처럼 가목적어를 써야 한다.
* 가목적어가 없으면 목적어와 목적보어를 구별하기 어렵기 때문이다.
  She made that she was not interested in the offer clear. (✗)

14) 강조구문

> **Key Point** 강조구문?
> ① 강조구문은 어떤 한 단어/구를 강조할 때 사용하는 구문이다.
> ② 강조구문은 만일 A를 강조한다면 It is/was A that S+V이다.
> ③ 즉, 강조하고 싶은 단어/구를 A의 자리에 놓으면 된다.

1 It is A that S+V

예문 1 It is the CEO that we are talking about.
우리가 얘기하고 있는 주제는 그 사장이다.

해설
* 예문은 the CEO를 강조한다. 따라서 the CEO을 강하게 읽어야 한다.
* 평범한 문장은 다음과 같다: We are talking about the CEO.

예문 2 It's the CEO who we are talking about.
우리가 얘기하고 있는 주제는 그 사장이다.

해설
* 단, 사람을 강조할 때는 that 대신에 who를 쓸 수도 있다.

예문 3 It's the little things that move you.
사람을 감동시키는 것은 사소한 것들이다.

해설
* 예문은 the little things를 강조한다. 따라서 the little things를 강하게 읽는다.
* 평범한 문장은 다음과 같다: The little things move you.

2 It was A that S+V

예문 1 It was you that we were talking about. 우리 얘기의 주제는 바로 너였다.

해설
* 과거동사가 쓰인 문장의 단어를 강조할 때는 It was A that S+V를 쓴다.
* 예문은 you를 강조한다. 따라서 you를 강하게 읽는다.
* 평범한 문장은 다음과 같다: We were talking about you.

예문 2 It was (at) eight o'clock that we left the office.
우리가 퇴근한 것은 8시였다.

해설
* 예문은 eight o'clock을 강조한다. 따라서 eight o'clock을 강하게 읽는다.
* 평범한 문장은 다음과 같다: We left the office at eight o'clock.
* **예문처럼 시간을 강조할 때에는 that 대신에 when을 쓸 수도 있다.**
  It was eight o'clock when we left the office.

15 one

1 형용사 one

예문 One night there was a terrible storm. 어느 날 밤 끔찍한 폭풍이 불었다.

해설
* 형용사 one은 막연히 '어느'라는 뜻이다: one night '어느 날 밤'
* 예문에서 one은 수사가 아니다. '하나' 라는 뜻이 아니기 때문이다.

2 대명사 one

(1) '한 사람/물건'

예문 One of them wanted to read and another wanted to watch TV
그들 중 한 사람은 책 읽기를 원했고, 다른 사람은 TV 시청하기를 원했다.

해설
* 대명사 one은 '(막연히) 한 사람/물건'이라는 뜻이다.
* 예문에서 one은 '한 사람'이라는 뜻이다.

(2) '사람들'

예문 One always thinks other people's lives are more interesting.
사람들은 항상 다른 사람들의 인생이 더 재미있다고 생각한다.

해설
* one은 막연히 '사람들'이라는 뜻일 수도 있다.
* 예문에서 one은 '한 사람'이 아니라 '(모든) 사람들'이다.
* **이런 one의 소유격형용사는 영국식에서는 one's이고, 미국식에서는 his다.**
* one의 재귀대명사는 oneself다. 미국식에서는 himself도 쓴다.
* 회화에서는 이런 one 대신에 you 또는 we를 쓸 수 있다.
  You/We always think that other people's lives are more interesting.

Notes

one과 they?

❶ one은 '사람들'이다. 즉, people, human beings와 같다.

❷ they는 '이웃들'이나 '정부/당국'이다.
They say he's a millionaire.
"이웃들이 그가 백만장자라고 말한다."
They should widen this road.
"당국이 이 도로를 확장해야 한다."

❸ 앞에 언급한 것이 없을 때 사용하는 they는 the neighbors 또는 the government/authorities를 대신한 것이다.

16 ones와 the ones

예문 1 Red apples taste better than green ones.
빨간 사과가 파란 사과보다 더 맛있다.

해설
* ones는 one의 복수형으로 앞에 언급한 불특정 복수형 명사를 대신한다.
* 예문에서 ones는 앞에 언급한 불특정 복수형 명사 apples를 대신한다.
* 앞에서 이미 apples라고 했는데 뒤에 다시 apples라고 하는 것은 좋지 않다.

예문 2 I'd like to try the ones at the front of the window.
나는 쇼윈도 앞쪽에 있는 물건을 시도해 보았으면 좋겠다.

해설
* the ones는 the가 있으므로 서로 이미 알고 있는 특정된 복수명사를 대신한다.
* 예문에서 the ones는 서로 알고 있는 명사 shoes/pants/glasses 등을 대신한다.
* 가게에서 shoes 등에 대한 이야기 중이었다면 shoes 대신에 the ones를 쓴다.

17 this, that, these, those

1 형용사 this/that/these/those

예문 this/that chair 이/저 의자   these/those chairs 이/저 의자들

해설
* this/that은 단수 형용사, these/those는 복수 형용사다.
* 즉, this/that 뒤에는 단수(chair), these/those 뒤에는 복수(chairs)가 온다.

2 대명사 this/that/these/those

예문 This is for sale; that is not. 이것은 판매용이다. 그러나 저것은 아니다.
These are for sale; those are not.
이것들은 판매용이다. 그러나 저것들은 아니다.

해설
* this/that은 단수 대명사, these/those는 복수 대명사다.
* 즉, this/that이 주어일 때는 단수동사, these/those가 주어일 때는 복수동사다.

Notes

3 that/those의 특별한 역할

예문) Your idea sounds better than <u>that</u> of the sales manager.
너의 아이디어가 영업부장의 것보다 더 좋게 들린다.

Your ideas sound better than <u>those</u> of the sales manager.
너의 아이디어들은 영업부장의 아이디어들보다 더 좋게 들린다.

해설)
* that과 those는 특별한 역할을 한다. this/these는 여기에 해당되지 않는다.
* that은 앞에 언급한 단수를, those는 복수를 대신한다.
* 첫 예문의 that은 단수 idea, 둘째 예문의 those는 복수 ideas를 대신한다.
* **회화에서는 소유격 뒤의 명사를 생략하는 방식도 많이 쓴다.**
  예) ~than that of the sales manager = ~ than the sales manager's

18 재귀대명사

1 형태

예시 1) myself, yourself, himself, herself, itself

해설) * 단수 재귀대명사는 ~self로 끝난다.

예시 2) ourselves, yourselves, themselves

해설) * 복수 재귀대명사는 ~selves로 끝난다.

2 역할

(1) 재귀역할

예문) She dressed herself. 그녀는 옷을 입었다.

해설)
* 직접목적어가 주어와 같으면 인칭대명사 대신에 재귀대명사를 쓴다.
  She dressed <u>her</u>. (X)   She dressed <u>herself</u>. (O)
* 재귀역할을 하는 재귀대명사는 '자신을'이라는 뜻이다.
* **'재귀' 란 자신이 행한 동작이 자신에게 '돌아온다' 라는 뜻이다.**

(2) 강조역할

예문 1) The President <u>himself</u> sent me the letter.
대통령 자신이 그 편지를 내게 보냈다.

| 해설 | * 주어/보어/목적어인 명사를 강조하기 위해서 재귀대명사를 쓸 수 있다.
* 예문에서 himself는 '자신이'라는 뜻이다. 직접 썼다는 뜻을 강조한다.
* **재귀역할을 할 때는 생략할 수 없지만 강조역할을 할 때는 생략 가능하다.**

| 예문 2 | The house <u>itself</u> is nice. 그 주택 자체는 좋다.
| 해설 | * 재귀대명사가 사물을 강조할 때는 '그 (물건) 자체'라고 해석한다.
* **예문은 '정원 등은 마음에 들지 않지만 주택 자체는 좋다' 라는 뜻이다.**

(3) by oneself

| 예문 | He is traveling by himself. 그는 혼자 여행 중이다.
I can do it by myself. 나는 그것을 혼자 해낼 수 있다.
| 해설 | * by oneself는 '혼자'라는 뜻이다. 즉, '동행 없이' 또는 '혼자 힘으로'다.
* 첫 예문에서는 '(동행 없이) 혼자', 둘째 예문에서는 '혼자 힘으로'이다.

(4) for oneself

| 예문 | You must judge for yourself. 너는 스스로 판단해야 한다.
Set realistic aims for yourself. 너 자신을 위한 실질적인 목표를 세우라.
| 해설 | * for oneself는 '스스로' 즉, '자력으로'라는 뜻이다.
* **for oneself는 둘째 예문처럼 '자신을 위하여' 이라는 뜻일 수도 있다.**

19 own

1 형용사 own

| 예문 | I saw it with my own eyes. 나는 그것을 내 자신의 눈으로 보았다.
| 해설 | * own은 '자신의'라는 뜻의 형용사로 소유격형용사 뒤에 쓴다.
* my own은 '내 자신의'라는 뜻이다.
* 즉, my own은 재귀대명사 myself의 소유격에 해당한다.

2 대명사 own

| 예문 | I am looking for a place of my own.
나는 내가 살 집을 찾고 있는 중이다.

> Notes

해설
* own을 '자신의 것'이라는 뜻의 대명사로 쓸 수도 있다.
* a place of my own에서 own은 대명사다. own 뒤에 명사가 없기 때문이다.
* a place of my own은 my own place와 뜻이 비슷하다.

3 on one's own

예문   My mother lives on her own. 내 엄마는 혼자 사신다.

해설
* on one's own은 by oneself처럼 '혼자'라는 뜻이다.
* on her own은 by herself처럼 '그녀 혼자'라는 뜻이다.
* on one's own은 by oneself처럼 '혼자 힘으로'라는 뜻도 가지고 있다.
  I can do it on my own = I can do it by myself

20 another, other, the other, the others, others

❓ another를 복수 앞에 쓰는 경우?

❶ another 뒤에 수사가 있을 때
another three months 3개월 더

❷ another 뒤에 few가 있을 때
another few months 3-4개월 더

1 another

예문 1   Show me another picture. 내게 다른 사진을 보여달라.

해설
* another는 other 앞에 부정관사 an을 붙인 것으로 단수 형용사다.
* another는 '(막연하게) 다른'이라는 뜻이다.
* another는 단수 형용사이므로 그 뒤에 단수명사를 놓는다: another picture
* another에 an이 있기 때문에 불가산명사 앞에 쓸 수 없다: another coffee (✗)

예문 2   Make one copy for her and another for me.
그녀를 위하여 한 부, 나를 위해 또 한 부 복사해 달라.

해설
* another는 '또 다른 사람/물건'이라는 뜻의 단수 대명사이기도 하다.
* 예문에서 another 뒤에 명사가 없기 때문에 another는 대명사다.

예문 3   This is yet another example of his negligence.
이것은 그의 게으름의 또 다른 예다.

해설
* yet another는 '또 다른'이라는 뜻의 형용사다.

2 other

예문 1 Other students wanted a concert. 다른 학생들은 콘서트를 원했다.

해설
* other는 '다른'이라는 뜻의 형용사다. 주로 복수형용사로 쓴다.
    other student (X)   other students (O)
* other는 대명사가 아니다.

예문 2 Let's meet some other time. 다음에 만나자.

해설
* other는 불가산명사 앞에도 쓸 수 있다: some other time

3 the other

예문 Now, shut the other eye. 이제 다른 쪽 눈을 감으세요.
The other walked home. 둘 중 나머지 사람은 걸어서 집으로 갔다.

해설
* the other는 '둘 중 나머지'라는 뜻의 형용사/대명사다.
* 첫째 예문에서 the other는 형용사, 둘째 예문에서 the other는 대명사다.
* the other는 '둘 중 나머지'이고, another는 '(막연하게) 다른'이다.
    Now, shut another eye. (X)   Now, shut the other eye. (O)

4 the others

예문 The others will get here next Monday.
그 나머지 사람들은 다음 월요일에 여기 도착할 것이다.

해설
* the others는 '그 나머지 사람들/물건들'이라는 뜻의 대명사다.
* the others는 the가 있기 때문에 others와 달리 특정된 나머지를 뜻한다.

5 others

예문 Be kind to others. 다른 사람에게 친절해라.

해설
* others는 '(막연하게) 다른 사람들/물건들'이라는 뜻의 대명사다.

Notes

Notes

21) each other와 one another

예문 The two candidates criticized each other.
그 두 후보는 서로를 비난했다.

The three candidates criticized one another.
그 세 후보는 서로를 비난했다.

해설
* each other와 one another는 '서로를'이라는 뜻의 대명사다. 목적어로만 쓴다.
* **each other는 둘에 대해서, one another는 셋 이상에 대해서 쓴다.**
* 둘에 대해서도 each other 대신에 one another를 쓰는 것은 구어체다.

22) 의문 형용사/대명사

1 who

예문 1 Who said that? 누가 그 말을 했나?

해설 * who는 '누가'라는 뜻의 의문 대명사다. 의문문에서 주어의 역할을 한다.

예문 2 Who do you think will win the election?
너는 누가 그 선거에서 승리할 것 같니?

해설
* 예문은 "Who will win the election?"에 삽입구 do you think가 들어있다.
* WH-Question에 삽입구를 놓을 때에는 반드시 **의문사 뒤**에 놓아야 한다.
  Do you think who will win the election? (✗)
  Who do you think will win the election? (○)
  Whom do you think will win the election? (✗)
* WH-Question에 삽입구를 놓을 때는 삽입구를 빼고 맞는지 판단해야 한다.
* 마지막 예문은 틀렸다. 삽입구를 빼면 다음과 같은 의문문이 되기 때문이다.
  Whom will win the election? (✗) "누구를 그 선거를 이길까?" (✗)
* 의문사가 주어가 되어야 하는 상황이기 때문에 주격의문사 who를 쓴다.
  Who will win the election? → Who do you think will win the election? (○)

2 whose

예문 Whose coat is this? 이것은 누구의 외투냐?

Whose is the red car? 빨간 차가 누구의 것이냐?

해설
* whose는 '누구의' 또는 '누구의 것'이라는 뜻의 의문 형용사/대명사다.
* whose 뒤에 명사가 오면 '누구의', 명사가 없으면 '누구의 것'이다.
* 첫째 예문에서 whose는 의문형용사, 둘째 예문에서 whose는 의문대명사다.

3 whom

예문 Whom did they elect? 그들은 누구를 선출했나?

해설
* whom은 '누구를'이라는 뜻의 의문대명사다.
* **이런 경우 미국식 구어체에서는 whom 대신에 who를 쓸 수 있다.**
  Who did they elect? = Whom did they elect?
* 예문에서 whom 대신에 who를 써도 they가 주어임을 알 수 있기 때문이다.

4 which

예문 Which coat is yours? 어느 외투가 너의 것이냐?
Which is yours? 어느 것이 너의 것이냐?

해설
* which는 '어느'라는 뜻의 형용사, 또는 '어느 것'이라는 뜻의 대명사다.
* which 뒤에 명사가 오면 '어느', 명사가 없으면 '어느 것'이다.
* 첫 예문에서 which는 **'어느'** 이고, 둘째 예문에서 which는 **'어느 것'** 이다.

5 what

(1) What ~for?

예문 What did you do that for? 너는 무엇을 위해서 그것을 했나?

해설
* what은 '무엇이' 또는 '무엇을'이라는 뜻의 의문대명사다.
* What ~for?는 For what ~? 대신에 쓴 것이다. why와 뜻이 같다.
  What did you do that for? = Why did you do that?
* **의문대명사 앞에 전치사를 놓는 것은 현대영어에서 지나친 문어체다.**
  For what did you do that? (문어체)

(2) What ~like?

예문 What was the exam like? 그 시험은 대충 어떻더냐?
What is he like? 그 사람은 대충 어떤 사람이냐?
What does he look like? 그 사람은 대충 어떻게 생긴 사람이냐?

해설
* What ~like?은 '무엇처럼'이다. 여기서 like은 전치사다.
* **What ~like?은 개략적인 정보를 요구할 때 쓴다.**

Notes

> Notes

* 첫째 예문은 그 시험이 어려웠는지 또는 쉬웠는지 정도를 묻는다.
* 둘째 예문은 그의 외모와 성격, 셋째 예문은 그의 외모에 대해서 묻는다.

(3) What do you think of this?

예문 What do you think of this? 너는 이것에 대해서 어떻게 생각하나?

해설
* "What do you think of this?"는 상대방의 의견을 물어볼 때 쓴다.
* "How do you think of this?"가 아니다.
* '어떻게(how)'가 아니라 '무엇을(what)' 생각하는지 물어야 한다.
* **우리말과 다르기 때문에 조심해야 한다.**

(4) What/How about ~ing?

예문 What/How about going shopping this afternoon?
오늘 오후에 쇼핑 가는 것 어때?

해설
* **아는 사람 사이에서 격의 없이 제안할 때 많이 쓰는 구문이다.**
* 의문사 What/How와 전치사 about 사이에 do you think가 생략되었다.
* 영국식에서는 How about ~ing?는 틀린다고 생각한다.
* "How do you think of/about…?"이 nonsense라고 생각하기 때문이다.

(5) What do you call this?

예문 What do you call this in English?
너는 이것을 영어로 무엇이라고 부르니?

해설
* 동사 call은 제 5형식 문장에서 '~을 ~으로 부르다'라는 뜻이다.
* 예문에서 call은 불완전타동사, this는 목적어, what은 목적보어다.
* **"How do you call this?"가 아니다. 이는 제 3형식 문장이기 때문이다.**
* **"How do you call this?"는 "너는 이것에게 어떻게 전화하냐?(×)"이다.**
* 제 3형식 문장에 쓰인 call은 '~에게 전화하다'라는 뜻이기 때문이다.
* 영어만 아는 native speaker에게는 'in English'를 생략하고 묻는다.

(6) What if…?

예문 1 What if I came tomorrow?
혹시 내가 내일 네게 가는 것은 어떨까?

해설
* What if…?는 제안할 때 쓴다. '혹시 ~하는 것은 어때?'라는 뜻이다.
* 예문은 "What would you think if I came tomorrow?"를 줄인 것이다.
* **if 절에 단순과거(came)를 써서 가정법처럼 말하면 공손하게 들린다.**

예문 2 What if it rains on Saturday? 이번 토요일에 비가 오면 어떻게 하지?

해설
* What if…?는 '혹시 ~한다면 어떻게 하지?'라는 뜻의 가정에서도 쓴다.
* 예문은 "What should we do if it rains on Saturday?"를 줄인 것이다.

▶ 맺음말

▼ 관계대명사를 제외한 8가지 대명사와 5가지 종류의 형용사를 이 section에서 다루었다. 인칭 대명사는 격변화를 한다. 주격은 주어일 때, 소유격은 명사 앞에, 목적격은 목적어일 때 사용한다. 전치사 다음에는 목적격만 쓴다.

▼ **소유격형용사는 명사 앞에 놓는다. 단독으로 사용하지 않는다.** 단, her는 소유격형용사이기도 하고 목적격 인칭대명사이기도 하다. 인칭대명사는 앞에 언급한 것을 대신하기 때문에 관계절의 선행사가 될 수 없다. 중성 단수대명사로는 he 또는 he or she를 쓴다. 회화에서는 they를 쓰기도 한다.

▼ 소유대명사는 '~의 것'이라는 뜻이기 때문에 명사 바로 앞에 놓을 수 없다. 즉, theirs report라고 할 수 없다. their report라고 해야 한다. 소유대명사는 단독으로 쓴다. 예를 들면, "This is not theirs"라고 한다.

▼ 대명사 both를 문장중간에 놓을 수 있다. all은 셋 이상에 대해서 쓰고, both는 둘에 대해서 쓴다. not ~both는 부분부정이다. **빈도를 나타낼 때는 every 뒤에 복수형 명사를 놓지만 그 외에는 단수를 놓는다.** every는 불가산명사 앞에 쓰지 못한다. everyone과 every one은 다르다. everyday는 '일상의'라는 뜻의 형용사이고 every day는 '매일'이다. each는 형용사/대명사/부사다. 대명사 each는 문장중간에 놓을 수 있다.

▼ either와 neither는 둘에 대해서만 쓰는 단수 형용사/대명사다. all은 셋 이상에 대해서 쓴다. all은 복수 가산명사, 불가산명사, 단수 가산명사를 꾸밀 수 있다. **some의 4가지 뜻은 '약간의', '어떤', '멋진', '대략'이다.** some은 대명사로도 쓴다. 의문문에 some을 쓸 수 있는 경우도 있다.

▼ 긍정문에 쓰인 any는 '어떠한 ~라도'이다. no는 형용사, none은 대명사다. none은 전치사구와 함께 쓰고, no one은 독자적으로 쓴다. 둘의 뜻이 같다. 둘 다 단수 취급한다. nobody에 비해서 no one은 공식적인 상황에서 많이 쓴다.

▼ **a few와 few는 복수 취급하는 형용사/대명사다.** a little과 little은 단수 취급한다. most는 형용사/대명사다. **most가 대명사일 때는 명사가 특정되어야 한다.** 가주어와 가목적어로 쓰는 단어는 it이다. 진주어는 to 부정사구나 명사절이다. 주어, 보어, 목적어 등을 강조할 때 강조구문 "It is/was ~ that S+V"를 쓴다.

▶ 맺음말

▼ one은 수사/형용사/대명사다. 형용사 one은 '어느'라는 뜻이다. 대명사 one은 '한 사람' 또는 '사람들'이라는 뜻이다. one의 소유격 형용사는 영국식에서는 one's이고, 미국식에서는 his다. they는 '이웃들' 또는 '정부/당국'이다. **that과 those는 각각 앞에 언급된 단수와 복수를 반복하지 않기 위해서도 쓴다.**

▼ 재귀대명사는 재귀용법으로 쓰인 때에는 생략할 수 없고, 강조용법으로 쓰인 때에는 생략할 수 있다. 주어와 목적어가 같을 때에는 재귀대명사를 목적어로 쓴다. 이를 재귀용법 이라고 한다. **강조용법으로 쓴 재귀대명사는 사람이면 '~가 직접', 사물이면 '~자체' 라는 뜻이다.** own은 형용사/대명사로 쓴다. a room of my own에서 own은 대명사다. on her own은 by herself와 같다.

▼ another는 other 앞에 an을 붙인 것으로 단수 가산명사 앞에 쓴다. 단, 수사나 few가 있을 때는 복수 앞에도 쓸 수 있다. 예를 들면, another few weeks라고 할 수 있다. another는 형용사/대명사다. other는 형용사다. 주로 복수 가산명사 앞에 쓴다. **the other는 other 앞에 the를 붙인 것으로 둘 중 나머지에 대해서 쓰는 형용사/대명사다.** 즉, '둘 중 나머지(의)'라는 뜻이다. the others는 other의 복수형 others 앞에 the를 붙인 것으로 '그 나머지들' 이라는 뜻의 대명사다. others는 other의 복수형이고 the가 없기 때문에 막연히 '다른 사람/사물들' 이다.

▼ each other는 둘에 대해서, one another는 셋 이상에 대해서 쓴다. 이 대명사들은 목적어로만 쓴다. 의문형용사와 의문대명사는 who, whose, whom, which, what이다. 미국식에서는 whom 대신에 who를 많이 쓴다. "What ~for?"는 의문대명사 앞의 전치사를 의문문의 끝에 놓은 것이다. 현대영어에서는 주로 이렇게 한다. 해석할 때는 "For what ~?"이라고 생각한다. 결국 이 질문은 "Why ~?"와 같다.

▼ "What ~like?"에서도 like('처럼')은 전치사다. "What do you think of ~?"는 상대방의 의견을 물어 볼 때 많이 쓴다. 이 때 How가 아니라 What을 쓴다. 사고방식을 묻는 것이 아니라 사고내용을 묻고 있기 때문이다. "What do you call this?"는 제 5형식 문장이다. "How do you call this?"가 아니다.

Section 11

비교급과 최상급 (Comparison)

Notes

비교급과 최상급?

① 대부분의 형용사/부사를 비교급과 최상급으로 만들 수 있다.

② 비교급은 둘, 최상급은 셋 이상을 비교할 때 쓴다.

핵심강의

□ **비교급은 둘 사이를 비교할 때, 최상급은 셋 이상을 비교할 때 쓴다.** 비교급에 우위/열위 비교급과 등위비교급이 있다. **우위/열위 비교급을 만들 때는 1음절은 ~er를 붙이고, 2음절 이상은 원급 앞에 more/less를 붙인다.** 단, ~y로 끝나는 2음절 단어는 ~y를 빼고 ~ier를 붙여서 만든다. 예를 들면, happy의 비교급은 happier다. 불규칙형태를 가지고 있는 8개 단어가 있다. 예를 들면, well의 비교급은 better이고 bad의 비교급은 worse이다.

□ **우위/열위 비교급 뒤에는 than~이 있어야 한다.** 그러나 ~ior로 끝나는 4개 라틴어 비교급 형용사(superior, inferior, senior, junior) 뒤에는 라틴어의 전통에 따라 전치사 to를 쓴다. 예를 들면, "This is superior to that"이라고 한다.

□ 한 문장 안에 같은 명사가 있을 때에는 the+형용사 뒤의 명사를 생략하고 the+형용사를 명사로 여긴다. 끊임없는 변화를 강조할 때에는 비교급을 반복할 수 있다. **양쪽 변화가 비례함을 나타낼 때 'the+비교급~, the+비교급~'의 구문을 사용한다.** 이 구문은 '~하면 할수록 그만큼 ~하다'라는 뜻이다. 자신과 자신이 속한 집단을 비교급을 써서 비교할 수 없다. 예를 들면, 다음 예문에서 만일 he가 한국인이면 "He is taller than any Korean"이라고 할 수 없다. "He is taller than any other Korean"이라고 해야 한다.

□ **우위/열위 비교급을 수식하는 부사는 far, much, a lot이다. 모두 '훨씬' 이라는 뜻이다. even('심지어')도 비교급 앞에 놓을 수 있다.** than 뒤에서는 명사절 접속사 what을 생략할 수 있다. 광고 등에서 듣기 좋도록 원급 대신에 비교급을 사용할 수 있다. 이런 경우에는 비교급 뒤에 than 이하가 없다. 명사를 가지고 비교할 때는 'more of+a+명사'를 쓴다. 자체 비교할 때에는 1음절 단어라도 more+원급을 써서 비교급을 만든다. more than double은 '2배 이상 증가하다'라는 뜻이다.

□ 등위비교급은 양쪽이 대등함을 나타낸다. **등위비교급의 형태는 as+원급+as 이다.** 부정형은 not as~as도 쓰지만 특히 영국식에서는 not so ~as를 선호한다. '몇 배 더 강하다' 등을 나타낼 때 우위비교급은 물론 등위비교급도 쓸 수 있다.

□ 이 경우 twice, three times 등을 등위비교급 앞에 놓는다. 즉, twice as strong as이지 as twice strong as가 아니다. 등위비교급 앞에 just/exactly 또는 nearly/almost를 놓을 수 있다.

□ **최상급을 만들 때는 비교급을 만들 때 적용하는 원칙을 그대로 적용한다.** 즉, 1음절 단어는 ~est를 붙이고, 2음절 이상 단어는 앞에 the most/least를 붙인다. 단, ~y로 끝나는 2음절 단어는 ~y를 빼고 ~iest를 붙여서 최상급을 만든다. 예를 들면, happy의 최상급은 the happiest다. 물론 비교급과 마찬가지로 최상급에도 8개의 불규칙 단어들이 있다.

□ **최상급 뒤에는 다음 3가지 중 하나가 있어야 한다.** 첫째, 최상급 뒤에 명사가 있을 때에는 전치사 in/of를 쓴다. 단수 앞에는 in을, 복수 앞에는 of를 쓴다. 둘째, 동사가 있을 때에는 to 부정사를 쓴다. 즉, 최상급 뒤에 있는 to 부정사는 형용사의 역할을 한다. 셋째, 절을 이용할 경우에는 최상급 뒤에 관계절을 놓는다.

□ 최상급 뒤에 관계절을 놓을 때는 관계절 안에 완료동사와 불확정빈도부사 ever를 쓴다. 주절과 관계절의 주어가 같을 때에는 관계절을 과거분사로 줄일 수 있다. 과거분사를 생략하고 부사 ever나 yet 한 단어로 최상급 환경을 대신할 수도 있다.

□ **최상급 앞에 the를 쓰지 말아야 하는 경우도 있다.** 첫째, 자체 비교할 때다. 진짜 최상급과 구별할 수 있도록 하기 위해서다. 둘째, 최상급이 '매우~'의 뜻일 때다. 즉, 이런 경우에 최상급 앞의 the를 생략하면 '가장/제일~'이 아니라 '매우~' 라는 뜻이 된다. 물론 이런 두 가지 경우에는 위에 언급한 최상급 뒤의 최상급 환경이 없다.

□ **최상급을 강조하는 부사로 가장 많이 쓰는 것은 by far('단연코/압도적으로')** 다. 문맥에 따라 easily를 쓸 수도 있다. very는 the best라는 한 단어를 강조할 수 있다. 단, very는 the 뒤에 놓는다. 즉, the very best라고 한다.

Notes

Notes

이중모음(diphthong)?

❶ late[leit]은 1음절이다. [ei]가 이중모음이기 때문이다.
❷ 이중모음은 두 모음이 연속으로 나오는 것을 말한다.
❸ 첫 모음에 90%, 둘째 모음에 10%의 시간을 할애한다.
❹ high, slow, nice, light, loud도 이중모음으로 1음절 단어다.

2음절 단어의 예외?

❶ ~y로 끝나는 2음절 단어는 ~y를 빼고 ~ier를 붙인다.
happy - happier lucky - luckier
early - earlier
❷ 단, ~ly로 끝나는 단어는 early 외에는 more/less를 붙인다.
slowly - more slowly '더 천천히'
quietly - less quietly '덜 조용히'
❸ 다음 2음절 단어 4개도 ~er를 붙여 비교급을 만든다.
narrow, simple, clever, quiet -
narrower, simpler, cleverer, quieter

more students와 more convenient에서 more는 다르다?

❶ more students('더 많은 학생들')에서 more는 '더 많은'이다. 이때 more는 many의 비교급이다.
❷ more convenient('더 편리한')에서 more는 '더'다. 형용사 앞에 쓰인 이 more는 비교급 표시이기 때문이다.

1 비교급

> **Key Point 비교급?**
> ① 우위비교급은 원급보다 강하다: more expensive '더 비싼'
> ② 열위비교급은 원급보다 약하다: less expensive '덜 비싼'
> ③ 등위비교급은 양쪽이 대등하다: as expensive as '똑 같이 비싼'

1 우위/열위 비교급

(1) 형태

① 1음절 단어는 원급 끝에 ~er를 붙인다.

예시 cheap - cheaper 더 싼   late - later 더 늦은/늦게

해설
* 1음절 단어는 원급 끝에 ~er를 붙여서 비교급을 만든다.
* late은 2음절이 아니라 1음절 단어다. 이중모음은 1음절로 간주한다.

② 2음절 이상 단어는 원급 앞에 more/less를 붙인다.

예시 mature - more mature 더 성숙한 / less mature 덜 성숙한

해설
* 2음절 이상 단어는 원급 앞에 more('더')나 less('덜')를 붙인다.
* more mature는 '더 성숙한'이고, less mature는 '덜 성숙한'이다.
* 2음절 이상인 경우에는 우리말처럼 원급 앞에 별도의 단어를 붙인다.

③ 불규칙 형태: 다음 7개 단어는 원급과 매우 다르게 바뀐다.

예시 1 good - better 더 좋은 - best 가장 좋은
well - better 더 잘 - best 가장 잘

해설
* good('좋은')과 well('잘')의 비교급과 최상급은 better와 the best다.

예시 2 bad - worse 더 나쁜 - worst 가장 나쁜

해설
* bad('나쁜')의 비교급과 최상급은 worse와 the worst다.

예시 3 many/much - more 더 많은 - most 가장 많은

해설
* many와 much의 비교급과 최상급은 각각 more와 the most다.

예시 4 old - older 더 늙은 - oldest 가장 늙은

해설
* old의 비교급 older는 '더 늙은'이라는 뜻이다. 최상급은 the oldest다. 단, 이는 old의 규칙변화다.

예시 5 old - elder 손위의 - eldest 가장 손위의

해설
* old의 또 다른 비교급 elder는 '손위의'라는 뜻이다.
* elder는 주로 다음과 같이 쓴다: my elder brother/sister '내 형제/누이'
* elder는 보어가 될 수 없다. 보어에는 older를 쓴다.
   She is <u>elder</u> than him. (X)   She is <u>older</u> than him. (O)
* 최상급 eldest도 한정형으로만 쓴다: my <u>eldest</u> sister '나의 큰 언니/누나'

예시 6 little - less 더 적은 - least 가장 적은

해설
* little의 비교급과 최상급은 각각 less와 the least다.

예시 7 far - farther 더 먼 - farthest 가장 먼
far - further 더 먼/추가적인 - furthest 가장 먼

해설
* far의 비교급 farther/further는 '더 먼'이라는 뜻이다.
* 단, 비교급 further에는 '더 먼' 외에 '추가적인'이라는 뜻도 있다.
   further information '추가적인 정보' further questions '추가 질문들'
* farther에는 '추가적인'이라는 뜻이 없다: farther information (X)

(2) than 대신에 to를 쓰는 경우

예문 This is superior/inferior to that. 이것은 저것보다 우수/열등하다.

해설
* 4개 형용사(superior, inferior, senior, junior) 뒤에는 than 대신에 to를 쓴다.
   This is superior <u>than</u> that. (X) This is superior <u>to</u> that. (O)
* 라틴어 비교급인 이 단어들 뒤에는 라틴어 식으로 전치사 to를 쓴다.
   She is three years senior/junior to me. "그녀는 나보다 3살 더 많다/적다."

(3) 비교급 뒤의 명사를 생략하는 경우

예문 Tom is <u>the taller</u> of the two boys. 그 두 소년 중에서 톰이 더 크다.

해설
* 비교급 뒤의 명사를 생략할 수 있다.
* 비교급 뒤에 올 명사가 이미 앞에 언급되었거나 뒤에 언급될 경우다.
   Of the two <u>boys</u>, Tom is the taller. = Tom is the taller of the two <u>boys</u>.
* 이런 경우 비교급 뒤에 그 명사를 언급하는 것은 틀린 것으로 간주한다.
   Tom is the taller <u>boy</u> of the two boys. (X)

(4) 비교급의 반복

예문 She is getting taller and taller. 그녀는 하루가 다르게 키가 커가고 있다.

해설
* 끊임없는 변화를 강조하기 위해서 **비교급 형용사/부사를 반복**할 수 있다.
* 예문에서 비교급 형용사 taller를 반복해서 taller and taller라고 했다.
* 그녀가 하루가 다르게 키가 커지는 상황이라면 이렇게 할 수 있다.

Notes

less와 lesser?

① less는 little의 비교급이다. '더 적은'이라는 뜻이다. lesser는 little의 비교급이 아니다.

② lesser는 smaller('더 작은')라는 뜻의 옛날식 단어다.

③ 현대영어에서 lesser는 다음과 같은 표현에서만 쓴다.
a lesser evil '꼬마 악마'
lesser nations '약소국'
a lesser-known writer
'덜 알려진 작가'

동사 prefer 뒤에도 to?

동사 prefer('선호하다') 뒤에도 than이 아니라 전치사 to를 쓴다.
I prefer walking <u>to</u> jogging.
"나는 조깅보다 걷기를 선호한다."
I prefer wine <u>to</u> beer.
"나는 맥주보다 포도주를 선호한다."

Notes

(5) the+비교급~ the+비교급~

예문 1 The better I know her, the more I admire her.

나는 그녀를 더 잘 알게 될수록 그만큼 더 그녀를 존경하게 된다.

해 설
* 두 변화가 비례함을 나타낼 때 이 구문을 쓴다.
* '~하면 할수록 그만큼 더 ~하다'라는 뜻이다.
* **앞 쪽 the에는 특별한 뜻이 없지만 뒤쪽 the는 '그만큼' 이라는 부사다.**
* 예문은 다음 두 문장을 비교한다: I know her better. + I admire her more.
* the+비교급 뒤에 있는 주어+동사를 먼저 찾는 것이 중요하다.
* 비교급 형용사/부사는 이 주어+동사 뒤에 붙인다.

예문 2 The sooner the better. 빠르면 빠를수록 그만큼 더 좋다.
The more the better. 다다익선

해 설
* 뒤쪽이 the better일 때는 양쪽에서 각각 주어+동사를 생략할 수 있다.
* 그렇게 하면, 결국 예문처럼 'the+비교급, the+비교급'만 남는다.
* 이런 경우 남아있는 부분만 잘 해석하면 무슨 뜻인지 충분히 알 수 있다.
* **두 번째 the가 정관사가 아니라 '그만큼' 이라는 뜻의 부사임을 잊지 말라.**

(6) 비교급을 강조하는 부사

① far, much, a lot

예문 1 This is far/much/a lot more difficult than I thought.

이것은 내가 생각했던 것보다 훨씬 더 어렵다.

해 설
* 우위/열위 비교급을 강조할 때는 부사 far, much, a lot를 쓴다.
* **이 부사들은 모두 이런 경우 '훨씬' 이라는 뜻의 정도부사가 된다.**

예문 2 There are many more opportunities in Australia.

호주에는 훨씬 더 많은 기회들이 있다.

해 설
* 단, 위 부사들 중 much는 복수(opportunities) 앞에는 쓰지 못한다.
  There are much more opportunities in Australia. (✗)
* 이런 경우에는 much 대신에 many를 쓴다: many more opportunities
* **원래 복수 앞에 much를 쓰지 못하기 때문이다.**
* 따라서 예문에서 many는 '많은'이 아니라 '훨씬'이라는 뜻이다.
* many 대신에 far나 a lot을 쓸 수 있다: far/a lot more opportunities

② even

예문 It is even worse than the previous one.

그것은 심지어 지난번 것보다 더 나쁘다.

해 설
* **even도 비교급 형용사/부사를 수식할 수 있다.**
* 이런 경우 even은 '심지어'/'더욱'이라는 뜻이다.
  even worse '심지어/더욱 더 나쁜'

(7) than 뒤에서 명사절 접속사 what을 생략할 수 있다.

예문 She spent more money than we expected.

그녀는 우리가 예상했던 것보다 더 많은 돈을 썼다.

해설 * 예문에서 than 뒤의 we expected는 what we expected을 줄인 것이다.
* 따라서 than we expected은 '우리가 예상했던 것보다'라고 해석한다.

(8) 명사를 가지고 비교할 때는 'more of a + 명사'를 쓴다.

예문 It was more of a meeting than a party.

그것은 파티보다 회의에 더 가까웠다.

해설 * 명사를 가지고 비교할 때는 'more of a+명사'를 쓴다.
* 예문은 명사 a meeting과 명사 a party를 비교한다.
* 결국 예문에서 more of a meeting은 '회의에 더 가까운 것'이라는 뜻이다.

(9) 1음절이라도 more+원급으로 비교급을 만드는 경우

예문 He is more lazy than stupid.

그는 어리석다기보다 게으른 쪽에 더 가깝다.

해설 * 한 인물에 대한 두 가지 평가를 비교할 때에는 항상 more+원급을 쓴다.
* lazy의 비교급은 lazier이지만 예문에서 more lazy를 썼다.
* 예문은 한 인물에 대한 두 가지 평가를 비교하고 있기 때문이다.
* 즉, 예문은 "He is lazy."와 "He is stupid."를 비교하고 있다.
* 두 사람 사이의 비교라면 당연히 lazier를 썼을 것이다.

(10) more than double의 뜻

예문 Sales have more than doubled in the last year.

판매가 지난 1년 동안 두 배 이상 증가했다.

해설 * more than double은 '두 배 이상 증가하다'라는 뜻이다.
* 따라서 예문의 have more than doubled는 more than double의 현재완료다.
* more than triple은 '세 배 이상 증가하다'라는 뜻이다.

2 등위 비교급

(1) 형태

① as+원급+as

예문 1 She's as tall as her brother. 그녀는 자기 오빠만큼 키가 크다.

해설 * 등위 비교급의 형태는 as+원급+as다.
* 예문의 as tall as는 tall의 등위 비교급이다. '똑 같이 키가 큰'이다.

Notes

부정형 등위비교급과 열위비교급?

❶ 부정형 등위비교급은 열위비교급과 사실상 뜻이 같다.
It is not as expensive as you think.
= It's cheaper than you think.

❷ 부정형 등위비교급은 열위비교급보다 완곡하게 들린다.

❸ 그래서 부정형 등위비교급은 특히 회화에서 많이 쓴다.

twice as strong as?

❶ '2배 더~'라고 할 때에는 등위비교급만 쓴다.
A is twice as strong as B.
"A는 B보다 2배 더 강하다."

❷ 즉, '2배 더'라고 할 때에는 우위 비교급을 쓸 수 없다.
A is twice stronger than B. (X)

등위 비교급의 제 2의 역할?

등위 비교급은 '(무려) ~이나'라는 뜻도 나타낸다.
He paid as much as $2000.
"그는 무려 2천불이나 지급했다."
I waited as long as three hours.
"나는 무려 3시간이나 기다렸다."

---

* 이 때 앞쪽 as는 '그만큼'이라는 뜻의 부사다.
* 등위 비교급의 형태에는 예외가 없어서 좋다.

예문 2 She speaks English as fluently as a native speaker.
그녀는 원어민만큼 영어를 유창하게 말한다.

해설 * as fluently as는 frequently의 등위비교급이다. '똑 같이 유창하게'이다.

② not as/so +원급+as

예문 It's not as/so expensive as you think.
그것은 네가 생각하는 것만큼 비싸지 않다.

해설
* 부정형 등위비교급은 not as ~ as 또는 not so ~ as다.
* not as ~ as는 미국식에서, not so ~ as는 영국식 영어에서 많이 쓴다.
* 예문의 not as expensive as는 '~만큼 비싼 것은 아니라'는 뜻이다.

(2) '몇 배 더 강하다'를 나타내는 두 가지 방법

① 우위비교급을 쓰는 경우

예문 A is three times stronger than B. A는 B보다 세배 더 강하다.

해설
* 예를 들면, '3배 더 강하다'는 three times stronger than~이다.
* 이렇게 우위비교급을 쓰는 것은 문어체다.

② 등위비교급을 쓰는 경우

예문 A is three times as strong as B. A는 B보다 3배 더 강하다.

해설
* 예를 들면, '3배 더 강하다'를 three times as strong as라고 할 수 있다.
* **이는 완곡하게 들리기 때문에 회화에서 많이 쓴다.**
* 이 때 three times를 as ~as 앞에 놓는다: ~ three times as strong as B
* three times를 as ~as 안에 놓지 않는다: ~ as three times strong as B (X)

(3) 등위 비교급을 강조하는 부사

예문 He is just/exactly as tall as his father now.
그는 이제 정확히 자기 아버지만큼 키가 크다.

It's not nearly/almost as cold as it was yesterday.
오늘은 어제만큼 거의 똑 같이 추운 것이 아니다.

해설
* 등위 비교급을 강조하는 부사는 just, exactly, nearly, almost다.
* just와 exactly는 '정확히', nearly와 almost는 '거의'라는 뜻이다.
* 둘째 예문의 not nearly as cold as는 결국 '훨씬 더 따뜻한'이다.

2 최상급

1 형태

(1) 규칙

예시 1 the fastest runner 가장 빠른 선수
the most/least mature man 가장 성숙한 / 가장 덜 성숙한 남자

해설
* 최상급을 만들 때는 비교급을 만들 때 적용했던 원칙을 그대로 쓴다.
* 즉, 1음절 단어는 어미에 ~est를 붙인다: fast - the fastest
* 2음절 이상 단어는 원칙적으로 원급 앞에 the most/least를 붙인다.
* 즉, 형용사/부사 앞의 the most는 '가장'이고, the least는 '가장 덜'이다.

예시 2 the happiest man 가장 행복한 남자

해설
* 단, ~y로 끝나는 2음절 단어는 ~y를 빼고 ~iest를 붙인다.
* 그리고 다음 4개의 2음절 단어들도 ~est를 붙여서 최상급을 만든다.
  narrow, quiet, simple, clever - narrowest, quietest, simplest, cleverest

(2) 불규칙

예시
good/well - better - the best 가장 좋은/잘
bad - worse - the worst 가장 나쁜
old - older/elder - the oldest/eldest 가장 늙은/연장자인
many/much - more - the most 가장 많은
little - less - the least 가장 적은
far - farther/further - the farthest/furthest 가장 먼

해설
* 비교급에서 살펴 보았듯이 위 8개의 단어들의 최상급은 불규칙이다.
* 예를 들면, the best는 형용사 good이나 부사 well의 최상급이다.

2 최상급 환경

(1) in + 단수 또는 of + 복수

예문 1 John is the tallest boy in our class.
존은 우리 학급에서 가장 키가 큰 소년이다.
Mary is the tallest of the four girls.
메리는 그 네 명의 소녀들 중에서 가장 키가 크다.

Notes

of any +단수?

① 최상급 뒤에서 of+복수 대신에 of any+단수를 쓸 수 있다.

② of any+단수는 of all+복수와 뜻이 같다.
Australia has the smallest population <u>of any continent</u>.
"호주는 모든 대륙 중에서 가장 적은 인구를 가지고 있다."

해설
* 최상급 뒤에는 in+단수 또는 of+복수를 놓는다.
* 첫 예문의 in class와 둘째 예문의 of the four girls는 최상급 환경이다.
* **단수 class 앞에 in을, 복수 girls 앞에 of를 썼다.**

예문 2 Of the four girls, Mary is the tallest.
메리는 그 네 소녀 중에서 가장 키가 크다.

해설
* of+복수를 문장의 맨 앞에 놓을 수도 있다.
* 이런 of는 out of를 줄인 것이다: <u>Out of</u> the four girls, Mary is the tallest.

(2) to부정사

예문 She is the youngest person to win an Olympic gold medal.
그녀는 올림픽 금메달을 딴 가장 나이 어린 사람이다.

해설
* **최상급 뒤에서 동사를 가지고 최상급 환경을 만들 때 to 부정사를 쓴다.**
* 이 때 to 부정사는 그 앞에 있는 명사를 꾸미는 형용사의 역할을 한다.
* to win a gold medal은 '금메달을 딴'이라는 뜻으로 명사 person을 꾸민다.

(3) 관계절

예문 1 This is the best book that I have ever read.
이것은 내가 읽은 것 중에서 최고의 책이다.

해설
* 최상급 뒤에서 문장을 가지고 최상급 환경을 만들 때 관계절을 쓴다.
* 예문에서 관계절 that I have ever read는 선행사 the best book을 꾸민다.
* 최상급 뒤의 관계절에는 완료동사(have read)와 빈도부사 ever가 쓰인다.

예문 2 This is the largest painting ever painted.
이것은 지금까지 그려진 것 중에서 가장 큰 그림이다.

해설
* 최상급 뒤의 관계절이 수동태일 때 이 관계절을 과거분사로 줄일 수 있다.
* **예문에서 과거분사 painted은 관계절(that has been painted)을 줄인 것이다.**
* 단, 주절과 관계절의 주어가 같을 때만 이렇게 할 수 있다.

예문 3 This is the largest painting ever/yet.
이것은 지금까지 것들 중에서 가장 큰 그림이다.

해설
* 최상급 뒤의 ever+과거분사를 부사 ever나 yet으로 줄일 수도 있다.
* 예문의 부사 ever/yet은 ever painted을 대신한다.

3 최상급 앞에 the를 쓰지 않는 경우

(1) 한 인물에 대한 자체 비교일 때

예문) She works hardest when she's doing something for her family. 그녀는 자기 가족을 위하여 무엇인가 할 때 가장 열심히 일한다.

해설)
* 한 인물에 대한 자체 비교일 때에는 최상급 앞에 the를 쓰지 않는다.
* 예문은 한 사람에 대한 이야기다. 그래서 hardest 앞에 the가 없다.
* **이 규칙은 진짜 최상급과 가짜 최상급을 구별할 수 있게 해 준다.**
* the hardest 뒤에는 최상급 환경이 오고, hardest 뒤에는 오지 않는다.

(2) 최상급이 '매우~'의 뜻일 때

예문) This dictionary is best. 이 사전은 매우 좋다.

해설)
* 진짜 최상급이 아니라 '매우~'의 뜻일 때 최상급 앞에 the가 없다.
* 예문에서 best 앞에 the가 없으므로 best는 very good과 같은 뜻이다.

4 최상급을 강조하는 부사

예문 1) This bike is by far the best in the store.
이 자전거는 이 가게에서 압도적으로 최고다.

해설)
* 최상급을 강조하는 부사로 가장 많이 쓰는 것은 by far다.
* **by far는 '압도적으로/단연코' 라는 뜻이다.**

예문 2) He is easily the fastest runner in the school.
그는 확실히 그 학교에서 가장 빠른 선수다.

해설)
* 부사 easily도 최상급을 강조할 수 있다.
* 최상급을 강조하는 easily는 '확실히'라고 해석한다. '쉽게'가 아니다.

예문 3) You are the very best person I have ever met in my life.
너는 내가 지금까지 만나본 사람들 중에서 단연코 최고의 사람이다.

해설)
* 부사 very가 최상급 형용사 the best를 강조할 수 있다.
* 단, 이 때 very는 정관사 the 뒤에 놓는다.
  the very best person '단연코 최고의 사람'

Notes

▶ 맺음말

▼ **주로 성질형용사와 방법부사를 비교급과 최상급으로 만들 수 있다.** 그 외에도 일부 수량형용사, 시간부사, 빈도부사도 비교급과 최상급으로 만들 수 있다. 비교급에는 우위/열위비교와 등위비교가 있다. 전자는 1음절 단어는 원급 끝에 ~er를 붙이고, 2음절 이상 단어는 원칙적으로 원급 앞에 more나 less를 붙여서 만든다. 후자는 as+원급+as이다. 단, 부정형 등위비교급은 not so~as도 가능하다.

▼ **우위/열위 비교급에는 불규칙 형태도 있다.** 즉, better, worse, more, less, elder, farther, further 등이다. **less는 little의 비교급이고 lesser는 smaller라는 뜻의 옛날 식 단어다.** 현대영어에서 lesser는 주로 3가지 표현에만 쓴다. 예를 들면, lesser nations('약소국들')이라고 한다. superior 등 ~ior로 끝나는 4가지 형용사 뒤의 전치사 to는 than 대신에 쓴 것으로 '~보다' 라는 뜻이다.

▼ **'the+비교급~ the+비교급' 구문은 양쪽이 주로 정비례함을 나타낼 때 쓴다.** 앞쪽 the에는 특별한 뜻이 없지만, 뒤쪽 the는 '그 만큼' 이라는 뜻의 부사다. 비교급을 강조할 때 far, much, a lot을 쓴다. 비교급 앞에 쓰인 이 부사들은 모두 '훨씬' 이라는 뜻이다. than 뒤에서는 명사절 접속사 what을 생략할 수 있고, 생략하는 것이 일반적이다.

▼ **자체 비교할 때는 1음절 단어라도 원급 앞에 more를 붙여서 비교급을 만든다.** 진짜 비교급과 구별하기 쉽게 하기 위해서다. more than triple은 '3배 이상 증가하다' 라는 뜻이다.

▼ **등위비교급은 원급 앞 뒤에 as를 붙여서 만든다.** 즉, as+원급+as는 등위비교급이다. 이 때 뒤쪽 as에는 특별한 뜻이 없지만 앞쪽 as는 '그 만큼' 이라는 뜻의 부사다. **부정형 등위비교급은 완곡하기 때문에 특히 회화에서 열위비교급보다 더 많이 쓴다.** 부정형 등위비교급은 no as/so+원급+as의 형태를 갖는다. three times as strong as는 three times stronger than과 뜻이 같다. 등위비교급 앞에 just를 놓을 수 있다. 이 때 just는 exactly와 뜻이 같다.

▼ **최상급은 원급 끝에 -est를 붙여서 만든다.** 단, 2음절 이상 단어들은 원칙적으로 원급 앞에 the most('가장')나 the least('가장 덜')를 붙여서 만든다. **최상급 뒤에는 다음 3가지 중 하나가 있어야 한다.**

첫째, 명사를 가지고 최상급 환경을 만들 때에는 in/of+명사를 쓴다. 둘째, 동사를 가지고 최상급 환경을 만들 때에는 to 부정사를 쓴다. 셋째, 주어+동사를 가지고 최상급 환경을 만들 때에는 관계절을 쓴다.

✔ 최상급 앞에 the를 쓰지 않는 2가지 경우가 있다. 첫째, 주로 한 사람에 대한 자체 비교 평가를 할 때에는 최상급 앞에 the가 없다. 둘째, 진짜 최상급이 아니라 '매우'의 뜻일 때는 최상급 앞에 the가 없다. **최상급을 강조할 때는 주로 by far를 쓴다. '단연코' 또는 '압도적으로'라는 뜻이다. 문맥에 따라 easily 를 쓸 수도 있다. 누구나 쉽게 그렇게 판단할 수 있는 상황이라는 뜻이다.** 최상급 형용사 the best에는 very를 놓아서 강조할 수 있다. 즉, the very best는 the best를 강조하는 것이다.

✔ 비교급과 최상급은 형용사/부사와 관련된 것이기 때문에 이 책에서는 형용사와 부사 사이에서 다루었다. 형용사 중에 가장 많은 개수를 가지고 있는 것은 성질형용사다. 이 성질형용사들은 대부분 비교급과 최상급으로 만들 수 있다. **부사 중에 가장 많은 개수를 가지고 있는 것은 방법부사다.** 방법 부사도 대부분 비교급과 최상급으로 만들 수 있다. 이 두가지 종류의 형용사와 부사 외에 비교급과 최상급을 만들 수 있는 것은 극히 일부 수량형용사/부사, 시간부사, 빈도부사 정도다.

✔ 비교급과 최상급에서 가장 기본적인 것은 형태다. 단어의 형태를 보고 비교급/최상급을 인식하는 것이 최우선이다. **가장 까다로운 것은 가장 쉽다고 생각하는 우위/열위 비교급이다.** 예를 들면 hirer는 비교급 형용사가 아니라 명사다. 동사 hire에 명사 어미 '~er'을 붙인 것이기 때문이다. 즉, 형용사/부사에 ~er을 붙이면 비교급 형용사/부사가 되지만 동사에 '~er'을 붙이면 명사가 된다.

✔ 그 다음 단계로 간단한 등위비교급 문장은 쉽게 만들어 낼 수 있어야 한다. "It's as good as you think." 또는 "It's not as good as you think." 정도는 자신있게 만들어 낼 수 있어야 한다. **원어민은 등위비교급 as~as의 as를 반모음으로 빠르게 발음하기 때문에** 자신이 등위비교급을 만들어 낼 수 있는 실력이 있어야 지금 원어민이 등위비교급을 사용하고 있다는 것을 들어서 알 수 있다.

Chapter 4

부사, 전치사, 접속사

Section 12_ **부사**

Section 13_ **전치사**

Section 14_ **등위접속사**

Section 15_ **부사절 접속사**

Section 16_ **명사절 접속사**

Section 17_ **관계절**

Section 12 부사 (Adverbs)

Notes

부사?
① 부사는 주로 동사/형용사/부사를 수식한다.
② 방법부사부터 관계부사까지 11가지 종류가 있다.

핵심강의

☐ 부사는 문장 안에서 수식어로서 동사나 형용사 또는 다른 부사를 수식한다. **부사에는 11가지 종류가 있다.** 그 중 관계부사는 관계대명사와 함께 관계절 section에서 다룬다.

☐ 가장 많은 개수를 가지고 있는 것은 방법부사다. **방법부사는 주로 성질형용사 +~ly다. 예외적으로 방법부사 fast, hard, high, together는 ~ly로 끝나지 않는다.** 방법부사는 '방식'을 나타낸다. 방법부사는 문장 끝에 놓는다. 단, 동사+전치사로 구성된 구동사의 경우에는 동사와 전치사 사이에 놓을 수도 있다.

☐ 방법부사를 제외한 나머지 부사들은 단어 하나하나를 다 알아야 한다. 일부 부사는 전치사나 종속접속사로도 쓴다. 부사는 독자적으로, 전치사는 주로 명사 앞에, 종속접속사는 절 앞에 쓴다.

☐ **장소부사에는 16개가 있다.** 장소부사 up, down, above, behind, below는 장소 전치사로도 쓴다. north, south, east, west와 left, right는 장소부사다. 모든 장소부사는 위치와 방향을 나타낸다. 예를 들면, downstairs는 be 동사 뒤에서는 '아래층에'라는 위치를 나타내고, 일반동사 뒤에서는 '아래층으로'라는 방향을 나타낸다. overseas/abroad도 장소부사다. 이 단어들은 명사가 아니다.

☐ **시간부사에는 23개가 있다.** afterward('그 후에')는 시간부사, after는 전치사/접속사다. late은 형용사/부사다. 시간부사 once는 단순과거 동사 앞에 쓴다. once는 빈도부사와 시간접속사로도 쓴다. since는 부사/전치사/접속사로 쓴다. 시간부사 then은 문장 끝에 놓고, 접속부사 then은 문장 앞에, 접속사 then은 두 절 사이에 놓는다. first/last도 형용사/부사다. long도 마찬가지다. before는 부사/전치사/접속사로 쓴다. 시간부사 still, already, just는 주어와 동사 사이에 놓는다. 부정문 대신에 시간부사 yet을 조동사 be to나 have to 사이에 놓아서 부정문과 같은 똑같은 message를 긍정적으로 전달할 수 있다.

☐ **빈도부사는 확정과 불확정으로 나눈다. 확정빈도부사는 문장 끝에 놓고 불확정빈도부사는 문장 중간에 놓는다.** once, twice, three times 등은 확정빈도부사,

always, usually, often, never 등은 불확정빈도부사다. every other day는 '이틀에 한번씩' 이라는 확정빈도부사이고 hardly (ever), rarely, seldom, scarcely는 '거의 아니' 라는 뜻의 불확정빈도부사다.

☐ **정도부사는 주로 '조금' 또는 '많이' 라는 뜻을 나타낸다.** 정도부사는 우리말처럼 수식하는 단어 앞에 놓는다. a little, a lot, too, almost, altogether, just, enough 등이 정도부사다. all but과 just about도 '거의' 이므로 정도부사다. fairly 보다 강한 정도부사는 quite이고, quite보다 강한 정도부사는 rather다. hardly, scarcely는 불확정빈도부사로도 쓰고 정도부사로도 쓴다. 두 가지 경우 모두 '거의 아니' 라는 뜻이다. barely는 '간신히' 라는 뜻의 정도부사다.

☐ **강조부사는 이미 강한 형용사/부사/동사의 뜻을 강화시키기 위해서 쓴다.** absolutely나 very등이 좋은 예다. 대부분의 강조부사는 자신과 어울리는 단어가 미리 정해져 있다. 예를 들면, badly는 동사 need와 어울리는 반면에 deeply는 동사 regret과 어울린다. 강조부사 highly는 방법부사 high와 뜻이 다르다. all도 강조부사다. by no means는 '결코 아니' 라는 뜻의 강조부사다.

☐ **초점부사는 독자의 관심을 집중시킬 목적으로 쓴다.** really, even, also, too, as well 등이 여기에 속한다. 부정문에는 too/as well 대신에 초점부사 either를 쓴다. only와 just는 '~뿐' 이라는 뜻의 초점부사다.

☐ **관점부사는 문장 맨 앞에 놓고 그 뒤에 comma를 찍는다.** comma는 관점부사가 문장전체를 수식한다는 표시다. briefly, frankly, hopefully, generally, clearly 등이 여기에 속한다. I'd say나 as far as I know도 의미상 관점부사로 분류한다.

☐ **접속부사는 접속사와 달리 앞 문장을 끊고 새로운 문장에서 사용한다.** 즉, 앞 문장과 의미상 연결시킬 뿐이지 중문을 만들지 못한다. however, furthermore, therefore, actually 등 많은 접속부사가 있다.

☐ **의문부사는 when, where, why, how다.** 이 단어들은 의문문 안에서 부사의 역할을 하기 때문에 의문부사라고 부른다.

Notes

1 방법부사 (Adverbs of Manner)

Key Point 방법부사?
① 방법부사는 행동방식을 나타낸다.
② 방법부사는 부사 중에서 가장 많은 개수를 자랑한다.

1 형태

예문 1 Time goes by so quickly. 시간은 그렇게도 빨리 지나간다.

해 설
* 방법부사는 주로 형용사+~ly로 만들어진다.
* quickly('빨리')는 방법부사다. 형용사 quick에 ~ly를 붙인 것이기 때문이다.

예문 2 They are now living separately. 그들은 지금 따로 살고 있다.

해 설
* separately는 방법부사다. 형용사 separate에 ~ly를 붙인 것이다.
* 형용사 separate은 '별도의'이고, 부사 separately는 '별도로'이다.
* **형용사는 명사를, 부사는 동사/형용사/부사를 꾸민다는 것을 잊지 말자.**

예문 3 The area relies exclusively on tourism.
그 지역은 전적으로 관광에 의존한다.

해 설
* exclusively는 방법부사다. 형용사 exclusive에 ~ly를 붙인 것이다.

예문 4 She works fast/hard. 그녀는 빠르게/열심히 일한다.

해 설
* **방법부사 fast('빨리')와 hard('열심히')는 ~ly로 끝나지 않는다.**
* fast와 hard는 형용사이기도 하다. 그러나 이처럼 방법부사이기도 하다.

예문 5 She can jump high. 그녀는 높이 점프할 수 있다.

해 설
* 방법부사 high('높이')도 ~ly로 끝나지 않는다.
* 물론 high는 형용사이기도 하다: high walls '높은 벽들'

예문 6 Let's have dinner together sometime next week.
다음 주 언젠가 식사를 같이 하자.

해 설
* 방법부사 together('같이')도 ~ly로 끝나지 않는다.

2 역할

예문 1 She talks slowly. 그녀는 천천히 말한다.

해설
* 방법부사는 주로 그 앞에 있는 동사를 수식한다.
* **예문에서 방법부사 slowly는 그 앞에 있는 동사 talks를 수식한다.**
* 형용사는 동사를 수식하지 못한다: She talks slow. (✗)

예문 2 Drive slow. 천천히 운전하라.

해설
* 동사 drive/go/run/speak/burn 뒤에 slowly 대신에 slow를 쓰는 것은 구어체다.
* 표준영어에서는 slowly를 써야 한다: Drive slowly.

예문 3 It's a beautifully designed house. 그것은 아름답게 설계된 집이다.

해설
* 방법부사는 형용사/부사도 수식한다.
* 예문에서 beautifully는 과거분사 형용사 designed('디자인 된')를 수식한다.
  a beautifully designed house '예쁘게 설계된 집'
* 형용사(beautiful)는 형용사(designed)를 수식하지 못한다.
  a beautiful designed house (✗) '예쁜 설계된 집(?)'

3 위치

(1) 동사 뒤에

예문 They worked hard. 그들은 열심히 일했다.

해설 * 방법부사가 동사를 수식할 때는 동사 뒤에 놓는다.

(2) 형용사/부사 앞에

예문 It is a beautifully designed house. 그것은 예쁘게 설계된 집이다.

해설 * 방법부사가 형용사/부사를 꾸밀 때에는 형용사/부사 앞에 놓는다.

Notes

부사와 전치사?
① 부사는 단독으로 쓴다. 즉, 그 뒤에 아무것도 없다: Go up.
② 전치사는 그 뒤에 명사 등이 있다: Go up the street.

2 장소부사 (Adverbs of Place)

Key Point 장소부사?
① 장소부사는 위치/방향을 나타낸다.
② be 동사 뒤에서는 위치, 다른 동사 뒤에서는 방향을 나타낸다.
③ 위치를 나타내면 '~에', 방향을 나타내면 '~로'라고 해석한다.
④ 예를 들면, ashore는 '해변에'와 '해변으로'라는 뜻을 갖고 있다.

1 up/down

예문 Go up/down. 위로/아래로 가라.

해설
* up/down은 장소부사다. 예문에서 각각 '위로'와 '아래로'라는 뜻이다.
* up/down은 비슷한 뜻의 장소전치사이기도 하다.
  Go up/down the street. "그 도로의 위/아래 쪽으로 가라."

2 ahead

예문 Go ahead. 앞으로 가라. / 계획대로 추진하라.
There's a gas station ahead of us. 우리 앞에 주유소가 있다.

해설
* ahead는 일반동사(go) 뒤에서는 '앞으로', be 동사 뒤에서는 '앞에'라는 뜻이다.
* '~의 앞에'라고 할 때 부사 ahead 뒤에 전치사 of를 쓴다.
  ahead of us '우리 앞에'

3 away

예문 I am going away for a few days. 나는 며칠 동안 멀리 가 있을 것이다.
He is away in the country. 그는 멀리 시골에 가 있다.

해설
* away는 일반동사 뒤에서 '먼 곳으로', be 동사 뒤에서 '멀리에'라는 뜻이다.

4 far

예문 How far did you walk? 너는 얼마나 멀리 걸었나?

해설
* far는 '멀리(로)'라는 뜻이다. 부사 away와 비슷하다.
* 단, far는 주로 의문문/부정문에, away는 긍정문에 쓴다.
* 형용사 far가 있다. '먼'이라는 뜻이다.
  Is it far from here? "그것은 여기서 머냐?"

5 forward/backward

예문 Go forward/backward. 앞으로/뒤로 가라.

해설
* forward는 '앞으로', backward는 '뒤로'라는 뜻이다.
* **동사 forward가 있다. '전송하다' 라는 뜻이다.**
  forward letters to a new address '편지들을 새 주소로 전송하다'

6 ashore

예문 They are now ashore. 그들은 이제 해변에 상륙했다.
They went ashore when the ship reached the port.
배가 항구에 닿자 그들은 상륙했다.

해설
* ashore는 '해변에' 또는 '해변으로'라는 뜻이다.
* shore('해변')는 명사다.

7 anywhere, everywhere, somewhere, nowhere

예문 An accident can happen anywhere.
사고는 어디에서도 발생할 수 있다.
He carries his camera everywhere.
그는 카메라를 모든 곳에 갖고 다닌다.
I have seen her somewhere before.
나는 전에 어디에선가 그를 본 적이 있다.
We went nowhere on the weekend.
우리는 주말에 아무데도 가지 않았다.

해설
* anywhere는 '어디에서도'이고, everywhere는 '모든 곳에'이다.
* somewhere는 '어디에선가'이고, nowhere는 '아무데도 아니'이다.

8 above

예문 Look at the clouds above. 위에 있는 저 구름을 보라.

해설
* above는 '위에'라는 뜻이다.
* above는 전치사이기도 하다: above the fireplace '그 벽난로 위에'
* above 뒤에 명사/대명사가 없으면 부사, 명사/대명사가 있으면 전치사다.

Notes

Notes

9 behind

예문 The victim left a large family behind.
그 희생자는 대 식구를 뒤에 남겼다.

해설
* 장소부사 behind는 '뒤에'라는 뜻이다.
* behind는 전치사이기도 하다: behind that building '저 건물 뒤에'

10 below

예문 Refer to the names listed below. 아래에 나열된 이름들을 참고하라.

해설
* below는 '아래에'라는 뜻이다.
* below는 장소전치사이기도 하다: below the line '그 줄 아래에'

11 north/south/east/west

예문 1 We were driving south. 우리는 남쪽으로 자동차를 몰고 가고 있었다.

해설
* north, south, east, west는 장소부사다. 위치와 방향 둘 다를 나타낸다.
* **예문에서 driving to south가 아니라 driving south다.**
* 부사(south) 앞에 전치사(to)를 놓을 수 없기 때문이다.
* 예문에서 south 자체가 '남쪽으로'라는 뜻이다.

예문 2 The shop is west of the station. 그 가게는 그 역의 서쪽에 있다.

해설
* be 동사 뒤에 있는 장소부사 west는 '서쪽에'라는 뜻이다.
* 예문에서 west of the station은 '그 역의 서쪽에'라는 뜻이다.
* **in the west of the station은 다르다. '기차역 안에서 서쪽부분에' 라는 뜻이다.**
  The office is <u>in the west of</u> the station.
  "그 사무실은 그 역의 서쪽부분에 있다."
* 영어에서는 north, south, east, west가 명사이기도 하지만 장소부사이기도 하다.
* 우리말에서는 이에 해당하는 단어들을 명사로만 쓰기 때문에 혼동하기 쉽다.

예문 3 The shop is to the west of the station. 그 가게는 그 역의 서쪽에 있다.

해설
* be west of the station 대신에 be to the west of the station이라고 할 수 있다.
* **이 때 전치사 to는 방향이 아니라 위치를 나타낸다.**
* 즉, 예문에서 to the west of the station은 '그 역의 서쪽 방향에'라는 뜻이다.

예문 4 San Francisco is (to the) north of L/A.
샌프란시스코는 L/A의 북쪽에 있다.

해설
* 예문에서 (to the) north of L/A는 'L/A의 북쪽에'라는 뜻이다.

12 right/left

예문: Turn right/left. 우회전/좌회전 하라.

해설:
* 예문에서 right와 left는 각각 '오른쪽으로'와 '왼쪽으로'라는 뜻의 장소부사다.
* **따라서 부사 right/left 앞에 전치사 to를 놓을 수 없다: Turn to right/left. (✗)**
* 명사 right와 left는 '~의 오른쪽에/왼쪽에'라고 할 때 쓴다.
  Look at the building on your right/left. "당신 오른/왼쪽에 있는 건물을 보라."
* 형용사 right/left는 다음과 같이 쓴다: Make a right/left turn. "우/좌회전 하라."

13 downstairs/upstairs

예문: He went downstairs/upstairs. 그는 아래층/위층으로 갔다.

해설:
* downstairs와 upstairs도 장소부사다. 이 단어들은 명사가 아니다.
  He went to downstairs/upstairs. (✗)
* downstairs('아래층에/으로')와 down the stairs('그 계단 아래로')는 뜻이 다르다.
* upstairs('위층에/으로')와 up the stairs('그 계단 위로')도 다르다.
  He went up the stairs. "그는 계단 위쪽으로 갔다."

14 overseas/abroad

예문: They moved overseas/abroad. 그들은 해외로 이주했다.
They want to study overseas. 그들은 해외에서 공부하기를 원한다.

해설:
* overseas/abroad는 '해외로' 또는 '해외에서'라는 뜻의 장소부사다.
* **overseas/abroad는 '해외'라는 뜻의 명사가 아니다.**
  They moved to overseas. (✗)   They want to study in overseas. (✗)
* 미국식 영어에서는 overseas를, 영국식 영어에서는 abroad를 많이 쓴다.

15 home

예문 1: I want to go home. 나는 집에 가고 싶다.

해설:
* home은 '집으로'라는 뜻의 장소부사다.
* 따라서 home 앞에 전치사 to를 놓지 못한다: I want to go to home. (✗)
* 단, '집에'라고 할 때는 at home이라고 한다. 이 때 home은 명사다.
  He is at home. "그는 집에 있다." I'll see you at home. "집에서 만납시다."
* home은 '집에'라는 뜻의 장소부사가 아니다.

예문 2: Is anybody home? 집에 누가 계세요?

해설:
* home을 '집에'라는 뜻의 장소부사로 쓰는 것은 구어체다.
* 표준영어에서는 at home이라고 한다: Is anybody at home? "집에 누가 계세요?"

Notes

16 next door

예문 She lives next door to us. 그녀는 우리 옆집에 산다.

해설 * next door는 '옆집에'라는 뜻의 부사다.
* next door to us는 '우리 옆집에'라는 뜻이다.

3 시간부사 (Adverbs of Time)

1 afterward, thereafter

예문 1 Afterward(s), she studied law. 그 후에 그녀는 법을 공부했다.

해설 * afterward는 '그 후에'라는 뜻이다.
* afterward 끝에 s를 붙인 afterwards는 영국식에서 많이 쓴다.
* afterward(s)는 부사이고 after는 전치사/접속사다.
  after the war (전치사 after)   after the war ended (접속사 after)

예문 2 tomorrow and thereafter 내일과 그 이후에
She retired in 1993 and died shortly thereafter.
그녀는 1993년에 은퇴해서 그 직후에 죽었다.

해설 * thereafter도 '그 후에'라는 뜻의 시간부사다.
* **shortly thereafter는 '그 직후에' 이다.**

2 eventually, ultimately, finally, at last

예문 He eventually/ultimately agreed to resign.
그는 결국 사직하는 데에 동의했다.
The rain finally stopped. 마침내 비가 그쳤다.
Free at last! 마침내 해방이다!

해설 * eventually, ultimately, finally, at last는 '결국/궁극적으로/마침내'라는 뜻이다.

3 after all

예문 I'm sorry. I cant' come after all. 미안하다. 결국 못 가겠다.
After all, he was a Korean. 결국 그는 한국 사람이었다.

해설
* after all도 '결국'이다. 그러나 after all은 eventually 등과 뜻이 다르다.
* 첫째 예문에서 after all은 '(모든 노력에도 불구하고) 결국'이라는 뜻이다.
* 둘째 예문에서 after all은 '(앞에서 무엇이라고 했든지 간에) 결국'이다.
* 위 2)의 eventually 등은 '(시간이 흘러서) 결국'이라는 뜻이다.

4 immediately, at once, right away, right

예문 Do it immediately/at once/right away. 즉시 그것을 하라.
We will be right back. 우리는 곧 돌아오겠다.

해설
* immediately, at once, right away, right은 '즉시'라는 뜻이다.
* 시간부사 right은 주로 "We will be right back"이라는 문장에서 쓴다.

5 late

예문 We both arrived late. 우리는 둘 다 늦게 도착했다.

해설
* late은 '늦게'라는 뜻이다.
* late은 형용사이기도 하다: a late marriage '만혼'

6 lately, recently

예문 Have you seen her lately? 너는 최근에 그녀를 보았니?

해설
* lately와 recently는 '최근에'라는 뜻이다.
* 부사 late은 '늦게'이고, 부사 lately는 '최근에'라는 뜻이다.
* **형용사 late은 '늦은'이지만, 부사 lately는 '늦게'가 아니라 '최근에' 이다.**

7 nowadays, these days

예문 Nowadays we are used to e-mail. 요즘 우리는 이메일에 익숙해져 있다.

해설 * nowadays와 these days는 '요즘'이라는 뜻이다.

8 now, presently, currently, at present

예문 Your proposal is currently being reviewed.

해설 당신의 제안이 현재 검토되고 있다
* now, presently, currently, at present는 '지금/현재'라는 뜻이다.
* **currently는 '최근에'가 아니라 '지금/현재' 이다.**

Notes

> Notes

9 once

예문 They once lived in Canada. 그들은 한때 캐나다에서 살았다.

해설
* 시간부사 once는 '한때/전에'라는 뜻이다. 단순과거(lived) 앞에 쓴다.
* 빈도부사 once('한번')는 시간표현 앞에 쓴다: once a week '일주일에 한번'
* 시간접속사 once는 '일단 ~하면'이라는 뜻으로 두 절을 접속할 때 쓴다.
  <u>Once</u> you meet him, you will like him.
  "일단 네가 그를 만나면 그를 좋아하게 될 것이다."

10 one day, some day

예문 I met him one day. 나는 언젠가 그를 만났다.
One day/Some day you will be grateful for my advice.
언젠가 너는 내 충고를 고마워 할 것이다.

해설
* one day와 some day는 둘 다 '언젠가'라는 뜻이다.
* **단, one day는 과거나 미래에 대해서, some day는 미래에 대해서만 쓴다.**
* 즉, 첫 번째 예문에는 some day를 쓸 수 없다.

11 the other day

예문 I met him the other day. 나는 일전에 그를 만났다.

해설
* the other day는 '일전에/며칠 전에'라는 뜻이다.

12 (ever) since

예문 I haven't met him (ever) since. 나는 그 이래로 그를 만난 적이 없다.

해설
* 시간부사 since는 '그 이래로'라는 뜻이다.
* ever since는 '그 이래로 계속해서'라는 뜻이다.
* (ever) since는 전치사/접속사로도 쓴다.
  since 2002 (전치사 since)   since I met him in 2002 (접속사 since)

13 soon

예문 We will be there soon. 우리는 곧 거기에 도착할 것이다.

해설
* soon은 '곧'이라는 뜻이다.
* 단, 다음 구절에서는 '빨리'라는 뜻이다: as soon as possible '가능한 한 빨리'

14 then

예문 How old were you then? 그때 너는 몇 살이었나?

해설
* 시간부사 then은 '그 때에'라는 뜻이다. 주로 문장 끝에 놓는다.
* 접속부사 then은 '그렇다면'이라는 뜻이다. 문장의 맨 앞 또는 끝에 놓는다.
  Then we will have to walk. "그렇다면 우리는 걸어가야 할 것이다."
* 두 단문을 접속하는 등위 접속사 (and) then은 '그 다음에'라는 뜻이다.
  He washed the car, (and) then polished it. "그는 세차하고 나서 광택을 냈다."

15 first

예문 I first saw her in 2002. 나는 그를 2002년에 처음 보았다.

해설
* 부사 first는 '처음(에)'라는 뜻이다.
* 형용사 first는 '첫 번째의'라는 뜻이다: the First Family '대통령/주지사 가족'
* **부사 first/firstly는 연설문에서 나열할 때 '첫째(로)'라는 뜻이다.**

16 last

예문 When did you last see him? 당신은 언제 그를 마지막으로 보았나?

해설
* 부사 last는 '마지막으로'라는 뜻이다.
* 형용사 last는 '마지막의'라는 뜻이다: the last emperor '마지막 황제'
* 부사 last/lastly는 연설문에서 나열할 때 '마지막으로'라는 뜻이다.

17 so far, thus far

예문 So far, so good. 지금까지는 좋다.
So far, I've had no reply to my request.
나는 지금까지 내 요청에 대한 답을 못 받았다.

해설 * so far와 thus far는 '지금까지'라는 뜻이다.

18 long

예문 1 Have you been waiting long? 오래 기다렸습니까?
This won't take long. 이것은 오래 걸리지 않을 것이다.

해설
* 부사 long은 '오랫동안'이라는 뜻이다. 부사 long은 의문문과 부정문에 쓴다.
* 형용사 long은 '긴/오래'라는 뜻이다: a long finger '중지/가운데 손가락'

Notes

> **Notes**

예문 2 **The quarrel continued for a long time.**
그 말다툼은 오랫동안 계속되었다.

해설 * 긍정문에는 '오랫동안'이라는 뜻으로 long 대신에 for a long time을 쓴다.

19 before

예문 1 **Have you been here before?** 당신은 전에 이곳에 와 본 적이 있나?

해설 * before는 '전에'라는 뜻의 시간부사다.
* before는 시간 전치사/접속사이기도 하다.
  before the hurricane (전치사 before)
  before the hurricane hit the coast (접속사 before)

예문 2 **I had been in New York (three years) before.**
나는 (3년) 전에 뉴욕에 가 본적이 있었다.

해설 * 과거완료(had been)와 같이 쓴 시간부사 before는 '그 전에'라는 뜻이다.
* three years before는 '그 3년 전에'라는 뜻으로 과거완료와 같이 쓴다.
* three years ago는 '(지금부터) 3년 전에'라는 뜻으로 단순과거와 같이 쓴다.

20 ago

예문 **She left two hours ago.** 그녀는 두 시간 전에 떠났다.

해설 * 시간부사 ago는 '(지금부터) ~전에'라는 뜻이다.
* ago는 단독으로 쓰지 않고 시간표현과 같이 쓴다: two hours ago
* **ago는 시간표현 뒤에 놓는다. ago는 동사가 단순과거일 때만 쓴다.**

21 still

예문 1 **Mr. Kim is still in hospital.** Mr. Kim은 아직도 입원 중이다.

해설 * 시간부사 still은 '아직도'라는 뜻이다. still은 문장 중간에 놓는다.

예문 2 **I still have not heard from her.** 나는 아직도 그녀로부터 소식을 못 들었다.

해설 * 부정문에서 still ~not은 놀라움/분노를 나타낸다.
* 부정문에 still을 쓸 때에는 still을 모든 동사 앞에 놓는다.
* 그래서 예문에서 still을 조동사(have) 앞에 놓았다.
* still ~not과 달리 not ~yet은 감정 없이 사실을 전달할 뿐이다.
  I have not heard from her yet. "나는 아직 그녀로부터 소식을 못 들었다."
* **한참 소식을 못 들었으면 still ~not을, 금방일 때는 not ~yet을 쓴다.**

22 already

예문 1 I have <u>already</u> seen the report. 나는 이미 그 보고서를 보았다.

해설
* already는 '이미'라는 뜻이다. already는 문장 중간에 놓는다.
* **문장 중간이란 조동사가 있을 경우 조동사와 본동사 사이를 말한다.**
* 예문에서 already를 조동사 have와 본동사 seen의 중간에 놓았다.

예문 2 I <u>already</u> have seen the report. 나는 벌써 그 보고서를 보았다.
I have seen the report <u>already</u>. 나는 벌써 그 보고서를 보았다.

해설
* **그러나 already를 강조할 때는 조동사 앞이나 또는 문장 끝에 놓는다.**
* already를 첫 예문에서 조동사 앞에, 둘째 예문에서 문장 끝에 놓았다.
* already를 강조하기 위해서다.

예문 3 Have you seen the report <u>already</u>? 너는 그 보고서를 벌써 보았니?

해설
* 놀라움을 나타낼 때는 의문문에 already를 쓸 수 있다.
* 이 때는 already를 문장 끝에 놓는다.
* **놀라움을 나타내지 않는 의문문에는 yet을 쓴다.**
  Have you seen the report yet? "너는 그 보고서를 보았니?"

예문 4 I already <u>saw</u> it. 나는 이미 그것을 보았다.

해설
* **미국식에서는 already를 현재완료 대신에 단순과거(saw)와 같이 쓸 수 있다.**
  I already <u>saw</u> it. (미국식) = I <u>have</u> already <u>seen</u> it. (영국식)
* 영국식에서는 현재 그 동작을 완료했다는 의미에서 현재완료와 같이 쓴다.

23 just

예문 1 I have just finished reading the paper. 나는 방금 그 신문을 다 읽었다.

해설
* 시간부사 just는 '방금'이라는 뜻이다. just를 문장 중간에 놓는다.
* 미국식에서는 이런 경우에 현재완료 대신에 단순과거를 쓸 수도 있다.
  I just <u>finished</u> reading the paper. (미국식)
  I <u>have</u> just <u>finished</u> reading the paper. (영국식)

예문 2 Wait. I am just coming. 기다려라. 내가 곧 가마.

해설
* 현재진행(am going)과 같이 쓴 just는 '금방'이라는 뜻이다.
* **즉, 이런 just는 미래의 시간을 가리킨다.**
* just와 같이 쓴 현재진행은 '확정미래(the arranged future)'를 나타낸다.
* '확정미래'는 Section 18 동사시제에서 배우게 된다.

Notes

특별한 yet/still?

❶ yet/still을 조동사 be to나 have to의 중간에 놓을 수 있다.
It is yet/still to be decided.
"그것은 아직 결정되지 않았다."
It has yet to be delivered.
"그것은 아직 배달되지 않았다."

❷ 예문들을 직역하면 '아직 ~될 예정이다/~되어야 한다'이다.

❸ 의역하면 '아직 ~되지 않았다'라는 뜻이다.

❹ 이 구문들은 많이 쓰이므로 대단히 중요하다.

❺ 부정적인 message를 긍정적으로 나타내는 멋진 표현이다.

24 yet

예문 1 I haven't met him yet. 나는 아직 그를 만나지 못했다.
I have not yet met him. 나는 아직 그를 만나지 못했다.

해설
* yet은 '아직'이라는 뜻이다.
* 부정문에서는 yet을 문장 끝에, 또는 not 바로 뒤에 놓을 수 있다.

예문 2 Have you seen the movie yet? 너는 그 영화를 보았니?
Haven't you seen the movie yet? 너는 아직도 그 영화를 못 보았니?

해설
* 긍정 의문문(Have you…)에 쓰인 yet은 '현재까지'라는 뜻이다.
* 이런 yet은 해석하지 않는 것이 좋다. 특별한 뜻이 들어있지 않기 때문이다.
* 단, 부정 의문문(Haven't you…)에 쓰인 yet은 '아직도'라고 해석한다.

25 as yet

예문 As yet, no one has thought of a solution.
현재까지는 아무도 해결책을 생각해내지 못했다.

해설
* as yet은 '(미래에는 어떻든) 현재까지는'이라는 뜻이다.
* as yet은 주로 부정문에 쓴다.

26 yesterday, today, tomorrow, tonight

예문 I have to finish this today/tomorrow.
나는 오늘/내일 이것을 마쳐야 한다.

I'd like to go out tonight. 나는 오늘 밤 외출하고 싶다.

해설
* yesterday, today, tomorrow, tonight도 시간부사다.
* **부사이므로 그 앞에 전치사를 놓지 않는다.**
* 단, 이 단어들은 다음 예문에서처럼 명사로도 쓸 수 있다.
Tomorrow is her 25th birthday. "내일은 그녀의 25번째 생일이다."

4 빈도부사 (Adverbs of Frequency)

> **Key Point** 빈도부사?
> ① 빈도부사는 빈도를 나타낸다. '빈도'란 빈번함의 정도다.
> ② 빈도부사에는 확정빈도부사와 불확정 빈도부사가 있다.
> ③ 확정빈도부사는 확실한 빈도를 나타내며 문장 끝에 놓는다.
> ④ 불확정빈도부사는 불확실한 빈도를 나타내며 문장 중간에 놓는다.

1 확정 빈도부사 (Adverbs of definite frequency)

(1) once, twice, three times, four times, five times

- 예문) **We visit him twice a month.** 우리는 한 달에 두 번씩 그들을 방문한다.
- 해설)
  * once는 '한번', twice는 '두 번'이다.
  * '세 번' 이상부터는 three times, four times 식으로 말한다.
  * '한번', '두 번'이라고 할 때 one time과 two times를 쓰는 것은 어색하다.

(2) hourly, daily, weekly, monthly, quarterly, yearly/annually

- 예문 1) **They hold the meeting monthly.** 그들은 그 회의를 매달 개최한다.
- 해설)
  * hourly 등 이 7개 단어들은 확정빈도부사다.
  * annually를 제외한 6개 단어들은 형용사로도 쓴다.
    a <u>monthly</u> meeting '월간 회의' (형용사 monthly)
  * 위 예문에서 monthly는 문장 끝에 왔으므로 확정빈도부사다.

- 예문 2) **They hold the meeting <u>on a monthly basis</u>.**
  그들은 월 단위로 그 회의를 개최한다.
- 해설)
  * 예문의 on a monthly basis는 확정빈도부사 monthly와 같은 뜻이다.
  * 부사 hourly, daily, weekly, quarterly, yearly도 on a ~ basis로 대체 가능하다.
  * **단, annually는 부사다. on a ~basis라고 할 때는 형용사 annual을 쓴다.**
    on an annual basis '연례적으로'

(3) every other day (=every second day)

- 예문) **I try to exercise every other day.**
  나는 이틀에 한번 꼴로 운동하려고 노력한다.
- 해설)
  * every other day는 '이틀에 한번씩'이다. 즉, every second day와 같다.
  * every other month는 '2개월 한번씩'이다.

> Notes

(4) every three days (= every third day)

> 예문: He comes to see us every three days.
> 그는 3일에 한번씩 우리를 보러 온다.

> 해설:
> * every three days는 '3일에 한번씩'이다. every third day와 뜻이 같다.
> * 단, 서수(third) 뒤에는 단수명사(day)를 놓는다는 점에 주의해야 한다.
>   every third <u>days</u> (✗)

(5) every few days

> 예문: Mom calls us every few days.
> 엄마는 우리들에게 3-4일에 한번씩 전화하신다.

> 해설:
> * every few days는 '3-4일마다 한번씩'이라는 뜻이다.
> * every a few days가 아니다. every 바로 뒤에 관사 a를 놓지 못한다.
> * 즉, 보통 '3-4의'라고 할 때는 a few이지만, every 뒤에는 a가 없다.

(6) on Mondays

> 예문: The museum is closed on Mondays. 그 박물관은 월요일마다 닫힌다.

> 해설:
> * on Mondays는 '월요일마다'라는 뜻이다.
> * every Monday는 on Mondays 보다 뜻이 더 강하다.

(7) on weekdays

> 예문: I'm busy on weekdays. 나는 평일에는 바쁘다.

> 해설:
> * on weekdays는 '평일마다'라는 뜻이다. every weekday와 같다.
> * on a weekday는 '어떤 한 평일에'라는 뜻이다.

(8) on weekends

> 예문: What do you do on weekends? 당신은 주말에 무엇을 합니까?

> 해설:
> * on weekends는 '주말마다'라는 뜻이다. every weekend와 같다.
> * on weekends 대신에 at weekends라고 하는 것은 영국식 영어다.
> * on a weekend는 '어떤 한 주말에'라는 뜻이다.

❓ on the weekend?

① on the weekend는 '지난 주말에' 또는 '이번 주말에'이다.
What did you do <u>on the weekend</u>?
"너는 지난 주말에 무엇을 했니?"
What're you going to do <u>on the weekend</u>?
"너는 이번 주말에 무엇을 할거니?"

② 동사가 과거이면 지난 주말, 미래이면 이번 주말이 된다.

2 불확정 빈도부사 (Adverbs of indefinite frequency)

> **Key Point** 불확정 빈도부사?
> ① 불확정 빈도부사는 불확실한 빈도를 나타낸다.
> ② 불확정 빈도부사는 문장의 중간에 놓는다.

(1) 종류

① always

예문   She always arrives on time. 그녀는 항상 정각에 도착한다.

해설   * always는 '항상'이라는 뜻이다.

② usually, generally, normally, regularly, ordinarily

예문   I usually go to school by bus. 나는 보통 버스 편으로 학교에 간다.

해설   * usually 등 5개의 이 빈도부사들은 '보통/통상적으로'라는 뜻이다.

③ frequently, often, again and again, every so often, time and (time) again

예문   They frequently have dinner together. 그들은 자주 식사를 같이 한다.

해설   * frequently 등 5개의 이 부사들은 '자주'라는 뜻이다.

④ sometimes, occasionally, at times, from time to time, (every) now and then, every once in a while

예문   People sometimes treat new technology with suspicion.
사람들은 가끔 의혹을 갖고 새 기술을 대한다.

해설   * sometimes 등 6개의 이 부사들은 '가끔'이라는 뜻이다.

⑤ hardly ever, hardly, rarely, seldom, scarcely

예문   They hardly criticized each other. 그들은 거의 서로를 비난하지 않았다.

해설   * hardly ever 등 5개의 이 부사들은 '거의 ~아니'라는 뜻이다.
* **이 부사들은 긍정문에 쓴다. 이 부사들을 부정문에 쓸 수 없다.**
  They hardly did not criticize each other. (✗)
  They hardly criticized each other. (O)
* 이 부사들이 이미 '거의 ~아니'라는 뜻을 내포하고 있기 때문이다.

⑥ never, not ever

예문   I will never forget this. 나는 결코 이 일을 잊지 않겠다.

해설   * never와 not ever는 '결코 ~아니'라는 뜻이다.
  I will not forget this ever. "나는 결코 이 일을 잊지 않겠다."

⑦ ever

예문 1   Have you ever been here before? 당신은 전에 여기에 와본 적이 있나?

해설   * ever는 '한번이라도'라는 뜻이다.

Notes

예문 2) **You're looking prettier than ever.**
너는 전에 어떤 때보다도 더 예뻐 보인다.

해 설) * than ever는 '전에 어떤 때보다도'라는 뜻이다.
* 예문은 형식상으로는 비교급 문장이지만 뜻은 최상급이다.

(2) 위치

> **Key Point 위치**
> ① 불확정 빈도부사는 문장 중간(주어와 동사 사이)에 놓는다.
> ② 문장 중간이란 구체적으로는 다음 4가지 경우를 말한다.
>   a. 주어와 동사 사이에
>   b. be 동사의 경우에는 be 동사 뒤에
>   c. 조동사와 본동사가 있을 때는 그 중간에
>   d. 조동사가 둘 이상이면 첫 번째 조동사 뒤에
> ③ be 동사와 조동사 뒤에 놓는 이유는 contraction 때문이다.
> ④ contraction은 be 동사와 일부 조동사를 줄여서 주어와 붙여 읽는 것이다..
>   I've never been here before. (have를 've로 줄여서 주어와 붙여 읽는다.)

① 주어와 동사 사이에

예문) **He always arrives on time.** 그는 항상 정시에 도착한다.

해 설) * 불확정 빈도부사는 주어와 동사 사이에 놓는다.
* 예문에서 always를 주어 He와 동사 arrives 사이에 놓았다.

② be 동사의 경우에는 be 동사 뒤에

예문) **He is never good at anything.** 그는 결코 아무것도 잘 하지 못한다.

해 설) * 불확정 빈도부사는 be 동사(is) 뒤에 놓는다.
* be 동사는 주로 주어와 붙여서 읽기 때문이다.
* 즉, 예문의 He is를 He's라고 읽기 때문에 never를 is 뒤에 놓는다.

③ 조동사와 본동사가 있을 때는 그 중간에

예문) **I will always be a Spiderman.** 나는 항상 스파이더맨일 것이다.

해 설) * 조동사와 본동사가 있을 때는 불확정 빈도부사를 그 중간에 놓는다.
* 조동사도 주로 주어와 붙여서 읽기 때문이다.
* 예문의 I will을 I'll로 읽는다.
* 따라서 예문에서 always를 will 앞에 놓을 수 없어서 뒤에 놓는다.

④ 조동사가 둘 이상이면 첫 번째 조동사 뒤에

예문) **He has never been given an award.**
그에게 상이 주어져본 적이 한번도 없다.

해설
* 조동사가 둘 이상이면 첫 번째 조동사 뒤에 불확정빈도부사를 놓는다.
* 예문에서 불확정빈도부사 never를 첫 번째 조동사(has) 뒤에 놓았다.
* 다음 예문은 never를 두 번째 조동사 뒤에 놓았기 때문에 틀렸다.
   He has been <u>never</u> given an award. (✗)

(3) 위치 규칙의 예외

① usually 등 7개 불확정 빈도부사는 문장 앞에 놓을 수 있다.

예문 Usually I get up early. 보통 나는 일찍 일어난다.

해설
* 다음 7개 불확정 빈도부사는 문장의 맨 앞에 놓을 수도 있다:
   usually, generally, normally, ordinarily, frequently, sometimes, occasionally
* 주로 문장 끝에 있는 다른 단어를 강조하기 위해서 그렇게 한다.
* 예문에서는 early를 강조하기 위해서 usually를 문장 앞에 놓았다.

② to로 끝나는 3가지 조동사의 경우에는 조동사 앞에 놓는다.

예문 She always used to hurry in the morning.
그녀는 늘 아침에 서두르곤 했다.
She always has to/ought to hurry in the morning.
그녀는 항상 아침에 서둘러야 한다.

해설
* to로 끝나는 3가지 조동사(used to, have to, ought to) 앞에 놓는다.
* 예문에서 always를 조동사 used to/has to/ought to 앞에 놓았다.
   She <u>used to always hurry</u> in the morning. (✗)
* 이 조동사들의 to 바로 뒤에는 원형동사를 놓아야 하기 때문이다.

③ short answer에서는 be 동사나 조동사 앞에 놓는다.

예문 Yes, she always is. 네, 그는 항상 그렇습니다.
Yes, she always has been. 네, 그는 항상 그래왔습니다.

해설
* short answer에서는 빈도부사(always)를 be 동사나 조동사 앞에 놓는다.
* short answer에서는 be 동사나 조동사를 줄여서 읽지 않기 때문이다.
* 즉, short answer에서는 마지막 be 동사나 조동사를 강하게 읽는다.
* 이 be 동사나 조동사가 술부(동사가 들어있는 부분)를 대표하기 때문이다.

Notes

short answer
❶ "Yes, she is." 또는 "Yes, she has been."은 short answer다.
❷ 정중하게 대답할 때 short answer를 쓴다.
❸ "Yes/No."만으로 대답하는 것은 친구들 사이에서만 가능하다.
❹ short answer는 경어에, "Yes/No"만은 반말에 해당한다.

5 정도부사 (Adverbs of degree)

> **Key Point** 정도부사
> ① 정도부사는 '조금', '많이' 등의 정도를 나타낸다.
> ② 정도부사는 수식하고자 하는 단어 앞에 놓는다.
> ③ 정도부사의 위치는 우리말 정도부사의 위치와 같다.

1 a little, a bit, a little bit, somewhat, kind of

예문
It's a little expensive. 그것은 약간 비싸다.
He's a bit tired. 그는 약간 피곤하다.
You're a little bit fat. 너는 약간 뚱뚱하다.
The situation has changed somewhat. 그 상황이 다소 바뀌었다.
He is kind of strange. 그녀는 약간 이상하다.

해설
* a little, a bit, a little bit, somewhat, kind of는 '약간'이라는 정도부사다.
* kind of 뒤에 형용사가 오면 kind of는 '약간'이라는 구어체 부사다.
  kind of strange '약간 이상한'
* kind of 뒤에 명사가 오면 kind는 '종류'라는 뜻의 명사다.
  What <u>kind of person</u> is she? "그녀는 어떤 종류의 사람이냐?"

2 a lot, a great deal, much

예문
I like her a lot. 나는 그녀를 많이 좋아한다.
His letter annoyed me a great deal. 그의 편지가 나를 많이 언짢게 했다.
I don't travel much these days. 나는 요즈음 여행을 많이 하지 않는다.

해설
* a lot, a great deal, much는 '많이'라는 뜻의 부사다.
* a lot이나 a great deal은 긍정문에, much는 주로 부정문/의문문에 쓴다.

> **심층해설** a lot / a great deal / much
> ① a lot은 부사 외에 대명사이기도 하다.
>   I saw <u>a lot</u> there. (대명사 a lot)
> ② a great deal도 부사 외에 대명사이기도 하다.
>   It means <u>a great deal</u> to me. (대명사 a great deal)
> ③ much는 부사 외에 형용사/대명사이기도 하다.
>   <u>much</u> time (형용사 much)
>   I don't eat <u>much</u> for breakfast. (대명사 much)

Notes

a little?
① 형용사 a little: <u>a little</u> information '약간의 정보'
② 대명사 a little: <u>a little</u> of the book '그 책의 일부분'
③ 부사 a little: <u>a little</u> expensive '약간 비싼'

3 too

예문 The runway's too short for planes to land.
그 활주로는 비행기들이 착륙하기에는 너무 짧다.

해설
* too는 '너무나'라는 뜻의 부사다. 예문에서 too는 형용사 short를 수식한다.
* 정도부사 too 뒤에는 주로 보완 설명하는 to 부정사구가 온다.
  He's too short <u>to reach the top shelf</u>.
  "그는 맨 위 선반까지 닿기에는 키가 너무 작다."
* 단, 문장의 주어와 to 부정사구의 주어가 다를 때에는 for sb/sth이 온다.
* 따라서 예문에서 for planes는 to land의 의미상의 주어다.
* for sb/sth이 to 부정사구의 의미상의 주어일 때는 '~가/이'라고 해석한다.
* 따라서 예문에서 for planes는 '비행기들이'라는 뜻이다.

4 almost, nearly, all but, just about

예문 1 We're almost/nearly ready. 우리는 거의 준비가 되었다.

해설
* almost/nearly는 '거의'라는 뜻의 부사다.
* 미국식에서는 almost를, 영국식에서는 nearly를 많이 쓴다.

예문 2 These batteries are all but dead. 이 건전지들은 거의 수명이 다했다.
We've met just about everybody. 우리는 거의 모두를 만났다.

해설
* all but과 just about도 '거의'라는 뜻이다.
* all but에서 but은 전치사로 '~을 제외하고'라는 뜻이다.
* **all but은 '~을 제외하고 모두' 이기 때문에 결국 '거의'라는 뜻이 된다.**
* just about에서 about은 '대충'이라는 부사, just는 부사 about을 강조한다.

5 altogether

예문 We lost the TV picture altogether. 우리는 TV 영상을 완전히 잃어버렸다.

해설
* altogether는 '완전히'라는 뜻의 정도부사다.
* together는 '같이' 라는 뜻의 방법부사다: Let's have dinner together.

6 just, right

예문 This is just what I mean. 이것이 정확히 내가 의미하는 바다.
It hit him right on the nose. 그것은 정확히 그의 코를 때렸다.

해설
* just와 right는 '정확히'라는 뜻의 정도부사다.
* 정도부사 just는 명사절 앞에 놓는다.
* 정도부사 just는 등위비교급도 수식한다: He is <u>just as tall as</u> his father now.

Notes

It hit his nose(✗)?

❶ "It hit his nose."는 Konglish다.
❷ 그의 코가 그의 몸에서 떨어져 있었다는 암시이기 때문이다.
❸ 누구를 때렸는지를 먼저 말하고 그 다음에 때린 부분을 말한다.
  It hit <u>him on the nose</u>. (O)
  "그것이 그의 코를 때렸다."
❹ nose/head/shoulder/back 앞에는 전치사 on을 쓴다.
❺ face/stomach 앞에 전치사 in을 쓴다.
  It hit <u>him in the face/stomach</u>.
  "그것이 그의 얼굴/배를 때렸다."

Notes

7 enough

예문 She's old enough to do what she wants.
그녀는 자기가 원하는 것을 할만큼 충분히 나이가 들었다.

해설
* 부사 enough는 '충분히'라는 뜻이다.
* 부사 enough는 형용사/부사 뒤에 놓는다: old enough '충분히 나이든'
* 형용사 enough('충분한')는 명사 앞에 놓는다: enough support '충분한 지원'
* **대명사 enough도 있다.**
  Enough is enough (=We've had enough.) "더 이상 못 참겠다."

심층해설 | big enough chairs & enough big chairs

① big enough chairs는 '충분히 큰 의자들'이다.
② 이 때 enough는 형용사 big을 수식하는 부사다.
③ enough big chairs는 '충분한 수의 큰 의자들'이다.
④ 이 때 enough는 명사 chairs를 수식하는 형용사다.

8 fairly

예문 It's fairly good. 그것은 썩 좋다.

해설
* 정도부사 fairly는 '썩/제법'이라는 뜻이다.
* 방법부사 fairly는 '공평하게'이다. 방법부사 fairly는 문장 끝에 놓는다.
  Treat a person fairly. "사람을 공평하게 대접하라."

9 quite

예문 1 It's quite good. 그것은 상당히 좋다

해설
* quite은 '상당히'라는 뜻의 정도부사다.
* quite은 fairly 보다 한 단계 더 강한 뜻을 나타낸다.

예문 2 There were quite a few people there.
그곳에는 상당히 많은 사람들이 있었다.

Mother left me quite a little fortune.
엄마는 상당히 많은 재산을 나에게 남겼다.

해설
* quite a few와 quite a little은 '상당히 많은'이라는 뜻이다.
* a few와 a little은 '적은'이지만 quite과 함께 쓰면 '상당히 많은'이 된다.

예문 3 She's quite an expert. 그녀는 대단한 전문가다.

해설
* quite은 명사 바로 앞에 놓을 수도 있다.
* 이 때 quite은 '대단한'이라는 뜻이다.

예문 4 I'm not quite ready. 나는 완전히 준비가 된 것은 아니다.

해 설
- 부정문에 쓰인 quite은 '완전히'라는 뜻이다.
- 즉, not quite은 '완전히 그런 것은 아니'라는 뜻의 부분부정이 된다.

10 rather

예 문 It was rather good. I was surprised. 그것은 대단히 좋았다. 나는 놀랐다.
It was rather a disappointment. 그것은 대단히 실망스러운 일이었다.

해 설
- rather는 '대단히'라는 뜻의 부사다. 주로 기대 이상이었을 때 쓴다.
- rather도 quite처럼 명사(a disappointment) 바로 앞에 놓을 수 있다.

11 hardly, scarcely

예문 1 It hardly matters. 그것은 거의 중요하지 않다.

해 설
- 정도부사 hardly는 '거의 ~아니'라는 뜻이다. 빈도부사일 때와 뜻이 같다.
- **예문에서 hardly는 그것이 어느 정도로 중요한지를 나타내는 정도부사다.**
- 예문에서 hardly는 빈도부사가 아니다.

예문 2 He has hardly any money. 그는 거의 돈을 가지고 있지 않다.
I had hardly any sleep last night. 나는 어젯밤에 거의 잠을 못 잤다.

해 설
- 명사 앞에는 hardly any를 쓴다.
- hardly any는 형용사 little처럼 '거의 없는'이라는 뜻이다.
  He has hardly any money = He has little money.

예문 3 He can scarcely read. 그는 거의 글을 읽지 못한다.

해 설
- scarcely도 hardly와 마찬가지로 '거의 ~아니'라는 뜻의 정도부사다.
- scarcely도 hardly처럼 '거의 ~아니'라는 뜻의 빈도부사로도 쓴다.
  I scarcely see him now. "나는 이제는 거의 그를 만나지 않는다."

12 barely

예 문 He barely passed the exam. 그는 간신히 그 시험을 통과했다.

해 설
- barely는 '간신히'라는 뜻이다.
- barely는 뜻이 긍정이고, hardly/scarcely는 뜻이 부정이다.

Notes

or rather?

❶ or rather는 '그게 아니라'라는 뜻이다.

❷ 회화에서 자신의 말 실수를 즉시 정정할 때 쓴다.
She has gone to Poland, or rather, Holland.
"그녀는 폴란드, 그게 아니라, 홀란드로 갔다."

❸ Holland를 Poland라고 실수해서 or rather를 썼다.

> Notes

13 just

예문 The ball just missed him. 그 볼이 아슬아슬하게 그를 비껴갔다.

해설
* 동사 miss 앞에 쓰인 정도부사 just는 '아슬아슬하게'라는 뜻이다.
* '정확히'라는 뜻의 정도부사 just는 명사절이나 등위비교급 앞에 쓴다.

14 at least

예문 You'll have to pay at least $1,000. 당신은 최소한 1,000불을 지불해야 한다.

해설
* at least는 '최소한'이라는 뜻의 부사다.
* at (the) latest는 '늦어도'라는 뜻의 시간부사다.

6 강조부사 (Emphasizing adverbs)

> **Key Point** 강조부사?
> ① 강조부사는 그 다음 단어의 뜻을 강화한다.
> ② 강조부사는 특히 등급을 매길 수 없는 형용사/부사 앞에 쓴다.
> ③ 등급을 매길 수 없는 형용사/부사 앞에 정도부사를 쓰지 못한다.
>   It's fairly/quite/rather impossible. (×)
> ④ fairly/quite/rather는 정도부사이고, impossible은 등급을 매길 수 없다.
> ⑤ absolutely는 강조부사이므로 impossible을 수식할 수 있다.
>   It's absolutely impossible. (○)

1 absolutely, just

예문 It is absolutely/just impossible. 그것은 절대적으로 불가능하다.

해설
* absolutely/just는 '절대적으로/도저히'라는 뜻이다.
* 예문에서 absolutely/just는 형용사 impossible을 강조한다.
* 강조부사 just는 특히 영국식에서 많이 쓴다.

2 very, pretty, really

예문 It's very/pretty/really expensive. 그것은 매우 비싸다.

해설
* very와 pretty는 '매우'이고, really는 '정말로'라는 뜻의 강조부사다.
* 형용사 pretty는 '예쁜'이라는 뜻이다: a pretty woman '예쁜 여성'

3 utterly

예문 It's utterly important. 그것은 매우 중요하다.

해설 * utterly도 '매우'라는 뜻의 부사다. 주로 영국식에서 쓴다.

4 awfully, terribly

예문 I am awfully/terribly sorry. 정말로 미안하다.

해설 * awfully/terribly는 '매우/정말로/끔찍하게'라는 뜻이다.

5 extremely

예문 It's extremely important. 그것은 극도로 중요하다.

해설 * extremely는 '극도로'라는 뜻이다.

6 badly

예문 We badly need a new car. 우리는 새로운 차를 몹시 필요로 한다.

해설 * badly는 '몹시'라는 뜻이다. 주로 동사 want/need를 강조한다.
* 방법부사 badly가 있다. '형편 없이'라는 뜻이다. 동사 뒤에 온다.
  He behaved badly. "그는 형편없이 행동했다."
* 정도부사 badly는 '심하게'라는 뜻이다. 주로 injured 앞에 온다.
  He was badly injured. "그는 심하게 다쳤다."

7 completely

예문 I'm completely exhausted. 나는 완전히 기진맥진해 있다.

해설 * completely는 '완전히'라는 뜻이다.

8 deeply

예문 We deeply regret that. 우리는 그것을 깊이 후회한다.

해설 * deeply는 '깊이'라는 뜻이다. 동사 regret과 잘 어울린다.

Notes

> Notes

9 simply

예문 I simply can't betray him. 나는 도저히 그를 배반하지 못하겠다.

해설
* can't 앞에 쓰인 simply는 '도저히'라는 뜻이다.
* 방법부사 simply는 '간단하게'라는 뜻이다. 동사 뒤에 놓는다.
  Explain it as simply as possible. "그것을 최대한 간단하게 설명하라."

10 entirely, totally, thoroughly

예문 We're entirely/totally/thoroughly satisfied.
우리는 완전히 만족한다.

해설
* entirely/totally/thoroughly는 '완전히'라는 뜻으로, satisfied과 잘 어울린다.

11 greatly

예문 We greatly admire him. 우리는 그를 대단히 흠모한다.
Your help was greatly appreciated. 도와주셔서 정말 고마웠습니다.

해설
* greatly는 '크게/대단히'라는 뜻이다. 동사 admire/appreciate과 잘 어울린다.

12 highly

예문 highly profitable/successful/critical/addictive
매우 수익성이 좋은/성공적인/비판적인/중독성이 있는

해설
* highly는 '매우'라는 뜻이다. very와 뜻이 비슷하다.
* 단, highly는 동사 speak과 think 뒤에서는 '높이'라는 뜻이다.
  We speak/think highly of him. "우리는 그를 높이 평가한다."
* 방법부사 high는 '(공간적으로) 높이'라는 뜻이다. 동사 뒤에 놓는다.
  He can jump high. "그는 높이 점프할 수 있다."
* 단, 부사 high는 동사 rank('평가하다') 뒤에서는 '높이'라는 뜻이다.
  We rank his abilities very high. "우리는 그의 능력을 높이 평가한다."

13 indeed

예문 Thank you very much indeed. 정말로 대단히 고맙다.
I enjoyed it very much indeed. 나는 그것을 정말로 매우 많이 즐겼다.
It's very cold indeed. 날씨가 정말로 매우 춥다.

해설
* indeed은 '정말로'라는 뜻의 부사다. 주로 영국식에서 많이 쓴다.

* indeed은 주로 강조부사 very가 들어있는 구절을 강조할 때 쓴다.
* 예문에서 indeed은 각각 very much와 very cold를 강조한다.

14 at all

예문 1 It's not important at all. 그것은 전혀 중요하지 않다.

해설
* at all은 '전혀'라는 뜻의 부사다. at all은 부사 not을 강조한다.
* "Not at all."은 short answer로 많이 쓴다. "전혀 그렇지 않다."라는 뜻이다.

예문 2 Was it good at all? 그것이 조금이라도 좋았니?

해설
* 의문문에 쓰인 at all은 '조금이라도'라는 뜻이다.
* 부정적인 생각을 가지고 물어볼 때 이 at all을 쓴다.
* 이런 at all은 부사 any('조금이라도')와 같은 뜻이다.
  Was it any good? "그것이 조금이라도 좋았니?"

15 particularly, especially

예문 It's particularly/especially important. 그것은 특별히 중요하다.

해설
* particularly와 especially는 '특별히'라는 뜻이다.
* specially는 '특별한 방식으로'라는 뜻의 방법부사다.
  the specially trained team '그 특별하게 훈련된 팀'

16 perfectly

예문 She's perfectly innocent. 그녀는 완벽하게 결백하다.

해설
* perfectly는 '완벽하게'라는 뜻이다.

17 sharply

예문 It's sharply different from this. 그것은 이것과 극명하게 다르다.
The price rose sharply. 그 가격이 급등했다.
She sharply criticized cigarette advertising.
그녀는 담배광고를 신랄하게 비난했다.

해설
* sharply는 기본적으로 '날카롭게'라는 뜻이다.
* sharply는 문맥에 따라 '극명하게,' '큰 폭으로,' '신랄하게'라고 해석한다.

Notes

부사 whatsoever와 whatever?

부정문에서 명사 뒤에 있는 whatsoever/whatever는 '전혀'라는 뜻이다.
There will be no negotiations whatever/whatsoever.
"전혀 어떠한 협상도 없을 것이다."

Notes

18 strikingly

예문 They are strikingly similar. 그(것)들은 놀랄 정도로 비슷하다.

해설 ＊ strikingly는 '놀랄 정도로'라는 뜻이다.

19 all

예문 It's all because of you. 그것은 전적으로 너 때문이다.
He was all covered with mud. 그는 완전히 진흙으로 덮여 있었다.

해설
＊ 부사 all은 '전적으로' 또는 '완전히'라는 뜻이다.
＊ 부사 all은 전치사구(because of you)나 동사(was covered)를 수식한다.
＊ 예문에서 all은 형용사가 아니다. 명사를 수식하고 있지 않기 때문이다.

20 by no means

예문 He was by no means the first person to develop the washing machine.
그는 결코 세탁기를 처음 개발한 사람이 아니었다.

해설 ＊ by no means는 '결코 아니'라는 뜻이다. not ~at all과 같다. 문어체 단어다.

7 초점부사 (Focusing adverbs)

Key Point 초점부사?
초점부사는 그 다음 단어에 독자의 관심을 집중시키기 위해서 쓴다.

1 really

예문 They don't really know the difference.
그들이 정말로 그 차이점을 아는 것은 아니다.

해설
＊ 초점부사 really는 '정말로'라는 뜻이다. '진실로'와 비슷한 뜻이다.
＊ **예문은 그들이 차이점을 약간은 알지만 제대로 아는 것은 아니라는 뜻이다.**
＊ 강조부사 really도 '정말로'다. '매우'와 비슷한 뜻이다.
　It's really expensive. "그것은 정말로 비싸다."
＊ 다행히 really는 강조부사이든 초점부사이든 '정말로'라고 해석하면 된다.

2 even

예문 1 Even I did not see him on Monday.
나조차 월요일에 그를 만나지 못했다.

해설
* even은 '심지어 ~도' 또는 '~조차'라는 뜻이다.
* even은 바로 그 뒤에 있는 단어를 수식한다. 예문에서 even은 I를 수식한다.

예문 2 I did not even see him on Monday.
나는 월요일에 그를 만나지도 않았다.

해설
* 예문에서 even은 동사 see를 수식한다.

예문 3 He even speaks Portuguese. 그는 심지어 포르투갈어도 한다.

해설
* 구어체에서는 even을 동사 앞에 놓고 even이 수식하는 단어를 세게 읽는다.
* **예문에서 even은 Portuguese를 수식하지 speaks를 수식하는 것이 아니다.**
* **'말하기조차 하다'라는 말은 없기 때문이다. '포르투갈어조차'라는 뜻이다.**
* 문어체에서는 even을 Portuguese 바로 앞에 놓는다.
  He even speaks Portuguese.(구어체) = He speaks even Portuguese.(문어체)

3 also

예문 She is also a mother. 그녀는 엄마이기도 하다.
I've also met her parents. 나는 그녀의 부모님도 만났다.

해설
* also는 '~도'라는 뜻이다. also는 문장 중간에 놓는다.
* 그래서 첫 예문에서 be 동사 뒤에, 둘째 예문에서 조동사 뒤에 놓았다.

4 too

예문 I like it, too. 나도 그것을 좋아한다.

해설
* too도 '~도'라는 뜻이다. 단, too는 문장 끝에 놓고 그 앞에 comma를 찍는다.
* too 앞에 comma를 찍는 이유는 정도부사 too와 구별하기 위해서다.
* **초점부사 too 앞에 comma를 찍지 않는 것은 informal English다: I like it too.**

5 as well

예문 He liked it as well. 그도 그것을 좋아했다.

해설
* as well도 '~도'라는 뜻이다. **as well도 too처럼 문장 끝에 놓는다.**
* 단, as well 앞에는 comma를 찍지 않는다.
* as well의 뜻이 하나이기 때문에 혼동할 염려가 없어서다.

Notes

초점부사 too를 문장 중간에?

❶ 오역을 막기 위해서 too를 문장 중간에 놓을 수 있다.
I, too, have experienced despair. "나도 절망을 경험한 적이 있다."

❷ too를 문장 끝에 놓으면 문장의 뜻이 달라진다.
I have experienced despair, too. "나는 절망도 경험한 적이 있다."

❸ 첫째 예문에서는 '나도~'이고 둘째 예문에서는 '~절망도'이다.

> Notes

6 either, neither

예문 1 She did not like it, either. 그녀도 그것을 좋아하지 않았다.

해 설
* 부사 either는 '~도'라는 뜻이다. 단, 부사 either는 부정문에만 쓴다.
* **부정문에 too를 쓸 수 없다. 그 대신에 부사 either를 쓰는 것이다.**
  She did not like it, too. (✗)　　She did not like it, either. (○)

예문 2 Neither did she like it. 그녀도 그것을 좋아하지 않았다.

해 설
* not ~either 대신에 부사 neither를 쓸 수 있다.
* 단, neither는 문장 앞에 놓고 그 뒤에 어순을 도치한다: Neither <u>did she like</u> it.
* neither가 부정사(negatives)이기 때문에 neither로 시작하면 어순을 도치한다.
* 그래서 neither 뒤에 did she like it이 되었다.

7 only

예문 1 He had only one sister. 그는 누이가 한 명만 있었다.

해 설
* only는 '~뿐/~만'이라는 뜻이다.
* only는 수식하는 단어 앞에 놓는다. 그래서 예문에서 only one ~이라고 했다.

예문 2 He only had one sister. 그는 누이가 한 명만 있었다.

해 설
* 단, 구어체에서는 only를 동사(had) 앞에 놓고 수식하는 단어를 세게 읽는다.
* 구어체에서는 소리를 낼 수 있기 때문에 이런 방식이 가능하다.
* **예문에서 only는 had가 아니라 수사 one를 수식한다.**
* had를 수식하면 '~을 가지고만 있었다' 이고, one를 수식하면 '~ 한 명만' 이다.

예문 3 He had one sister <u>only</u>. 그는 누이가 한 명만 있었다.

해 설
* 예문은 옛날식이다. 옛날에는 only를 예문처럼 수식하는 단어 뒤에 놓았다.

예문 4 I saw her only yesterday. 나는 그녀를 불과 어제 보았다.

해 설
* only 뒤에 시간표현이 오면 only는 '불과'라는 뜻이다.
* 예문에서 only yesterday는 '불과 어제'이지 '어제만'이 아니다.

8 just

예 문 I'll buy just one. 나는 하나만 사겠다.

해 설
* 초점부사 just는 초점부사 only와 같다.
* 문어체에서는 just를 수식하는 단어 바로 앞에 놓는다: I'll buy <u>just one</u>.
* **구어체에서는 just를 동사 앞에 놓고 just가 수식하는 단어를 세게 읽는다.**
  I'll just buy ONE. (구어체)

9 merely, simply

예문 It is merely a question of time. 그것은 단지 시간 문제일 뿐이다.
It's simply a cold. 그것은 단지 감기일 뿐이다.

해설 * merely/simply는 '단지~일 뿐'이라는 뜻이다. only/just와 비슷하다.
* 단, 숫자 앞에는 merely/simply 대신에 only/just를 쓴다.

10 mainly, mostly, largely, chiefly

예문 Somalia is mainly/mostly desert. 소말리아는 대부분 사막이다.
It was largely because of the rain. 그것은 주로 그 비 때문이었다.
The plan depends chiefly on his willingness to cooperate.
그 계획은 주로 그의 협조의사에 달렸다.

해설 * mainly, mostly, largely, chiefly는 '주로'라는 뜻이다.

8 관점부사 (Comment Adverbs)

Key Point 관점부사?
① 관점부사는 speaker의 관점을 한 마디로 요약한 것이다.
② 관점부사는 주로 문장 앞에 놓고 그 뒤에 comma를 찍는다.
③ 일부 관점부사는 문장 중간에 놓을 수 있다.

1 Briefly, In short, In conclusion, To sum up

예문 1 Briefly, this has been rather a disappointing day.
요컨대, 오늘은 대단히 실망스러운 하루였다.

해설 * briefly와 in short은 '(지루할 테니) 줄여서 말하자면'이라는 뜻이다.

예문 2 In conclusion, we have decided not to buy it.
결론적으로 우리는 그것을 사지 않기로 결정했다.

해설 * in conclusion은 '결론적으로'라는 뜻이다.

Notes

예문 3 To sum up, he is a lucky fellow. 요약하자면 그는 행운아다.

해설
* to sum up은 '요약하자면'이라는 뜻이다.
* to sump up은 원래 조건을 나타내는 to 부정사구다.
* 의미상 관점부사로 분류할 뿐이다.

2 Frankly, Honestly, To be honest (with you)

예문 Frankly, I am not satisfied with your work.
솔직히 나는 너의 일에 만족하지 못한다.

해설
* Frankly, Honestly, To be honest (with you)는 '솔직히 말하자면'이라는 뜻이다.
* to be honest는 조건을 나타내는 to 부정사구다. 편의상 관점부사로 분류한다.

3 Hopefully

예문 Hopefully, inflation will soon be under control.
희망사항이지만 인플레이션이 곧 통제될 것이다.

해설
* Hopefully는 '희망사항이지만'이라는 뜻이다.

4 Generally (speaking), In general, Broadly speaking, By and large, On the whole, On balance

예문 1 Generally (speaking), books are pretty expensive in the U.S.
일반적으로 미국에서 책은 대단히 비싸다.

해설
* Generally, In general, Broadly speaking, By and large는 '일반적으로'라는 뜻이다.
* Generally/Broadly speaking은 분사구이지만 편의상 관점부사로 분류한다.

예문 2 On the whole, Koreans are diligent. 대체로 한국인은 부지런하다.

해설 * on the whole은 '대체로'라는 뜻이다.

예문 3 On balance, the new product is doing well.
모든 것을 고려하여 보면, 그 신제품은 잘 팔리고 있다.

해설 * on balance는 '모든 것을 고려하여 보면' 또는 '전반적으로'라는 뜻이다.

5 Perhaps, Maybe, Probably

예문 Perhaps, the package will arrive today.
아마 그 소포가 오늘 도착할 것이다.

Maybe I am right and maybe I am wrong.
내가 옳을지도 모르고 틀릴지도 모른다.

It will probably rain this evening. 아마도 오늘 저녁 비가 올 것이다.

해설
* perhaps, maybe, probably는 '아마도'라는 뜻이다.
* perhaps와 maybe는 주로 문장 앞에, probably는 문장 중간에 놓는다.

6 Clearly, Definitely, Certainly, Obviously, By all means, No doubt, by all means

예문
Clearly, there is something wrong with it.
분명히 그것은 무엇인가 잘못 되었다.

She is definitely older than him. 그녀는 분명히 그보다 연상이다.

I certainly feel better today. 나는 확실히 오늘 기분이 더 좋다.

Obviously, he is guilty. 명백히 그는 유죄다.

No doubt they loved the show. 분명히 그들은 그 공연을 대단히 좋아했다.

By all means. 물론.

해설
* 이 부사들은 모두 '분명히'라는 뜻이다.
* 관점부사 clearly 외에 방법부사 clearly가 있다. 방법부사는 문장 끝에 놓는다.
  Express your ideas clearly. "당신의 생각들을 명확하게 표현하라."
* 관점부사 definitely/certainly는 문장 앞에 또는 문장 중간에 놓을 수 있다.
* by all means는 of course와 같은 뜻이다. short answer로도 많이 쓴다.

7 Regrettably

예문
Regrettably, the experiment ended in failure.
유감스럽게도 그 실험은 실패로 끝났다.

해설
* regrettably는 '유감스럽게도'라는 뜻이다.

8 Not surprisingly

예문
Not surprisingly, we missed the train.
당연히 우리는 그 기차를 놓쳤다.

해설
* not surprisingly는 '당연히'라는 뜻이다.

Notes

접속사와 접속부사?

① 접속사는 두 절을 접속한다. 즉, 중문을 만든다.
  I joined them, <u>but</u> I did not like it. (O)

② 접속부사는 두 절을 접속하지 못한다.
  I joined them, <u>however</u>, I did not like it. (X)

③ 접속부사는 앞 문장을 끊고 두 번째 문장에 쓴다.
  I joined them. <u>However</u>, I didn't like it. (O)

9 In my opinion, In my view, I'd say, As far as I know

예문 In my opinion, war is always wrong.
내 의견으로는 전쟁은 항상 잘못된 것이다.

I'd say he is right. 내 의견으로는 그가 옳다.

As far as I know, he is a successful businessman.
내가 아는 한 그는 성공한 사업가다.

해설
* in my opinion, in my view, I'd say는 '내 의견으로는'이라는 뜻이다.
* As far as I know는 '내가 아는 한'이다.

10 Needless to say, It goes without saying that~

예문 Needless to say, he kept his promise.
말할 필요도 없이 그는 약속을 지켰다.

It goes without saying that I will help you.
당연히 내가 너를 돕겠다.

해설
* needless to say는 '말할 필요도 없이'라는 뜻이다.
* It goes without saying that도 같은 뜻이다.
* 원래 둘째 예문의 문장구조는 It은 가주어, that 절은 명사절로 진주어다.

9 접속부사 (Connecting Adverbs)

Key Point 접속부사

① 접속부사는 두 문장을 의미상 접속한다.
② 접속부사는 주로 연결하고 싶은 둘째 문장의 맨 앞에 놓는다.
③ 접속부사는 접속사와 달리 문장을 물리적으로 접속하지 못한다.
④ 접속부사는 의미상 앞 문장과 연결할 뿐이다.

1 however, though, still, even so, all the same, nevertheless, nonetheless

예문 I, however, did not like it. 그러나 나는 그것을 좋아하지 않았다.
I did not like it, though. 그러나 나는 그것을 좋아하지 않았다.
Still/Even so/All the same, I like it. 그러나 나는 그것을 좋아한다.
Nevertheless/Nonetheless, I went. 그러나 나는 갔다.

해설
- however, though, still, even so, all the same, nevertheless는 '그러나'다.
- nonetheless도 '그러나'다. none the less는 문장 끝에 놓을 수 있다.
  We should buy it none the less. "그러나 우리는 그것을 사야 한다."
- **however는 주로 문장 중간에 놓는다. 그 앞뒤에는 comma를 찍는다.**
- though는 주로 문장 끝에 놓는다. though 앞에 comma를 찍는다.
- Still, Even so, All the same은 문장 맨 앞에 놓는다.
- 문장 앞에 있는 still은 '그러나'이고, 문장 중간에 있는 still은 '아직도'이다.

2 anyway, anyhow, at any rate

예문
Anyway, I'll be there before noon.
하여튼 나는 거기에 정오 전에 도착하마.

해설
- anyway, anyhow, at any rate는 '하여튼'이라는 뜻이다.

3 by the way, incidentally

예문
By the way, have you received my e-mail?
한편, 너는 내 이메일을 받았니?

It's mainly used by the children, incidentally.
한편 그것은 주로 그 어린이들에 의해서 사용된다.

해설
- by the way와 incidentally는 '한편'이라는 뜻이다. 화제를 바꿀 때 사용한다.
- by the way는 문장 앞에 놓고, incidentally는 문장 앞 또는 문장 끝에 놓는다.
- incidentally는 주로 영국식 영어에서 쓴다.

4 moreover, furthermore, besides, in addition, what's more

예문
Besides, I promised her we would come.
더구나 나는 그녀에게 우리가 가겠다고 약속했다.

해설
- moreover, furthermore, besides, in addition, what's more는 '더구나'라는 뜻이다.
- besides는 전치사이기도 하다: Besides that, I promised her we would come.
- **in addition은 부사이고, in addition to는 전치사다.**
  In addition, I promised her we would come. (부사 in addition)
  In addition to that, I promised her we would come. (전치사 in addition to)

Notes

5 therefore, consequently, subsequently, as a consequence, as a result

예문 Therefore, we would like to cancel the order.
따라서 우리는 그 주문을 취소하고 싶다.

해설
* therefore, consequently, subsequently, as a consequence, as a result는 '따라서'다.
* 이 접속부사들은 부사이므로 접속사처럼 쓸 수 없다. 두 번째 문장에 쓴다.
  You have not shipped it, therefore we would like to cancel the order. (×)
  You have not shipped it. Therefore, we would like to cancel the order. (○)

심층해설 **as a result와 as a result of?**
① as a result('그 결과로'/'따라서')는 부사다. 독자적으로 쓴다.
  As a result, we would like to cancel the order.
② as a result of('~의 결과로')는 전치사다. 그 뒤에 명사 등이 온다.
  As a result of the decision, we would like to cancel the order.

6 then

예문 Then we're going to have to walk.
그렇다면 우리는 걸어가야 할 것이다.

해설
* then은 '그렇다면'이라는 뜻이다.
* 다음 예문처럼 if 절 뒤의 주절에 then을 쓰는 것은 구어체에서만 가능하다.
  If you are ill, then you don't have to go with me.
  "만일 당신이 아프다면, 그렇다면 나와 같이 가지 않아도 된다."
* if 절 뒤에 then을 쓰는 것은 불필요하기 때문에 문어체에서는 틀린다고 본다.
* 시간부사 then('그 때에')은 주로 문장 끝에 놓는다.
  How old were you then? "너는 그때 몇 살이었나?"

7 meanwhile, in the meantime, on the other hand

예문 Meanwhile, Susan took a leave of absence from her job.
한편 수잔은 직장에서 휴직을 얻었다.

해설
* meanwhile, in the meantime, on the other hand는 '(다른) 한편'이라는 뜻이다.
* in the meanwhile이 아니라 meanwhile이다.
* meantime이 아니라 in the meantime이다.

8 on the contrary, conversely

예문 I'm not ill. On the contrary, I'm very healthy.
나는 아프지 않다. 그 반대로 나는 매우 건강하다.

해설
* on the contrary와 conversely는 '그와 반대로'라는 뜻이다.
* contrary to는 '~과 반대로'라는 뜻으로 to 뒤에 명사 등이 온다.
  contrary to popular belief '항간의 믿음과는 반대로'

9 in fact, as a matter of fact, actually

예문 In fact, I can't drive. 사실은 나는 운전할 줄 모른다.

해설
* in fact, as a matter of fact, actually는 '사실은'이라는 뜻이다.
* actually는 회화에서 많이 쓴다.

10 to start/begin with, firstly, first

예문 To start with, I must thank you for your advice.
우선 나는 당신의 충고에 감사를 드려야겠다.

해설 * to start/begin with는 '우선'이라는 뜻이고, firstly와 first는 '첫째'라는 뜻이다.

11 in other words, that is (to say), i.e.

예문 In other words, she will not marry him.
다른 말로 하면, 그녀는 그와 결혼하지 않을 것이다.

They left for Paris two weeks ago, that is (to say) on the tenth of May.
그들은 2주 전 즉, 5월 10일에 파리로 떠났다.

해설
* in other words는 '다른 말로 하면'이다.
* that is (to say)는 '즉'이라는 뜻이다.
* **문어체에서는 i.e.도 쓴다. 라틴어 id est(영어로 that is)의 약어로 '즉'이다.**
  hot drinks, i.e. tea and coffee '더운 음료, 즉, 차와 커피'

12 otherwise

예문 Otherwise I might have helped. 안 그랬으면 내가 도왔을지 모르는데.

해설
* 접속부사 otherwise는 '안 그랬으면'이라는 뜻이다.
* 방법부사 otherwise는 '다르게'라는 뜻이다. 문장 중간 또는 끝에 놓는다.
  Never open the back unless otherwise instructed.
  "다르게 지시 받지 않으면 결코 뒤를 열지 마라."

Notes

Notes

10 의문부사

> **Key Point** 의문부사?
> ① 의문부사는 WH-question을 이끈다.
> ② 의문부사는 의문문 안에서 부사의 역할을 한다.

1 when

- 예문: When does the patent expire? 그 특허권은 언제 기간 만료되나?
- 해설: * 의문부사 when은 '언제'라는 뜻이다.

2 where

- 예문: Where are your belongings? 당신의 소지품은 어디에 있습니까?
- 해설: * 의문부사 where는 '어디에'라는 뜻이다.

3 why

- 예문: Why did you do that? 왜 당신은 그 일을 했나?
- 해설: * 이유부사 why는 '왜'라는 뜻이다.

4 how

- 예문: How did you do that? 너는 그걸 어떻게 해 내었니?
- 해설: * 의문부사 how는 '어떻게'라는 뜻이다.
  * 단, 의문부사 how는 long/much/far 앞에서는 '얼마나'이다.

11 관계부사

> **Key Point** 관계부사?
> ① 관계부사는 관계절을 이끌면서 관계절 안에서 부사의 역할을 한다.
> ② when, where, why, how가 관계부사다.
> ③ 관계부사는 관계대명사와 함께 관계절 section에서 다룬다.

심층해설 | 부사를 잘 알아야 하는 이유?

부사 중에 가장 많은 수를 자랑하는 것이 방법부사. 주로 ~ly로 끝난다. 그리고 주로 문장 끝에 놓고 '방식'을 나타낸다. 문제는 다른 부사들이다. 다른 부사들은 단어 하나하나를 다 알아야 한다. **뜻은 물론이고 소속도 알아야 한다. 즉, 장소부사인지 강조부사인지 등을 알아야 한다. 그래야 정말로 부사를 안다고 할 수 있다.**

부사를 잘 알아야 하는 이유는 전치사와 접속사 때문이다. 전치사와 접속사는 예외 없이 모든 단어들을 다 알아야 한다. 기능어에 속한 전치사/접속사는 개수가 많지 않다. 따라서 다 알아야 하고 다 알 수 있다.

부사는 전치사나 접속사와 밀접한 관계를 가지고 있기 때문에 부사부터 제대로 장악해야 이 두 품사도 확실하게 알 수 있다. 명사와 동사에 못지않게 중요한 것이 접속사다. 접속사를 잘 알려면 부사와 전치사를 잘 알아야 한다. **따라서 접속사 공부는 부사에서 시작된다고 보아야 한다.**

▶ 맺음말

✔ **부사를 잘 알아야 전치사와 접속사도 잘 알 수 있다.** 방법부사를 제외한 모든 부사들의 뜻과 사용법을 알아야 한다. 예를 들면, still은 '아직도'라는 뜻의 시간부사로 문장중간에 놓고, not ~yet은 평범한 문장에 쓰지만 still ~not은 놀라움/분노를 나타낼 때 쓰고, 문장 앞에 쓴 still은 시간부사가 아니라 접속부사로 '그러나'이다.

✔ **부사 중 90% 이상은 방법부사다.** 그러나 역설적으로 방법부사는 중요하지 않다. 형태가 거의 ~ly로 통일되어 있고 압도적으로 문장 끝에 놓기 때문이다. 방법부사는 주로 동사 뒤에서 동사를 수식한다.

✔ **장소부사**는 장소전치사와 다르다. 장소부사는 독자적으로 장소를 나타내고, 장소전치사는 그 뒤에 오는 명사와 함께 장소를 나타낸다. 모든 장소부사는 위치나 방향 두 가지를 나타낸다. **시간부사** 중에는 late, currently, once, since, last, long, still, already, just, yet이 특히 중요하다.

✔ **빈도부사**에서는 불확정빈도부사를 문장 중간에 놓는다는 점이 특이하다. 예를 들면, always, usually, often, hardly는 불확정빈도부사로 문장중간에 놓는다. 그리고 **hardly, rarely, seldom, scarcely는** 긍정문에만 쓴다. 이 단어들 자체의 뜻이 '거의 아니'이기 때문이다.

✔ **정도부사** a little은 형용사/대명사/부사이고, a lot과 a great deal은 대명사/부사이고, much는 형용사/대명사/부사다. enough는 형용사/부사. too는 정도부사와 초점부사로 쓴다. just는 시간부사, 정도부사, 강조부사, 초점부사로 쓴다. 정도부사 quite과 rather는 예외적으로 바로 명사 앞에 놓을 수도 있다.

✔ **강조부사**는 등급을 매길 수 없는 형용사 등 이미 뜻이 강한 형용사/부사/동사를 강조할 때 쓴다. **초점 부사**로는 really, even, also, too, as well, either, neither, only, just, merely, simply, mainly, largely 등이 있다. **관점부사**는 speaker의 관점을 요약한 단어로 briefly 등이 있다. 관점부사에는 순수 부사 외에 전치사구, to 부정사구, 분사구를 의미상 관점부사로 분류한 것들도 있다.

✔ **접속부사는** 의미상 앞 문장과 연결한다. however, moreover, therefore, to start with 등이 여기에 속한다. 물리적으로 앞 문장과 연결해서 중문을 만드는 등위접속사 and, but, or 등과 다르다. **의문부사**는 when, where, why, how 등 4개가 있다. 관계부사는 Section 17 관계절에서 다룬다.

Section 13 전치사 (Prepositions)

Notes

전치사?

1. 전치사는 명사(절)/대명사/동명사 앞에 놓는다.
2. 전치사의 역할은 대단히 다양하다.
3. 전치사 규칙들을 다음 4가지 부문으로 나누어 다룬다.
   a. 개별전치사   b. 집단전치사
   c. 구동사   d. 기타

핵심강의

☐ 전치사는 대단히 다양한 역할을 한다. 이 교재에서는 전치사 규칙들을 다음 4개 부문으로 나눈다: (1) 개별 전치사 (2) 집단 전치사 (3) 구동사 (4) 기타

☐ 개별전치사는 시간/장소/기타로 나눈다. **시간전치사는 10가지, 장소 전치사는 31가지로 나눈다. 양쪽으로 쓰는 전치사들도 꽤 있다.** 예를 들면, at, on, in은 시간/장소 전치사다. 기타 개별 전치사 부문에서는 시간/장소 이외의 뜻을 나타낼 때 쓰는 개별 전치사들의 용법들을 다룬다.

☐ 전치사 공부의 두 번째 부분은 집단 전치사 용법이다. **명사+전치사에서 11개, 형용사+전치사에서 19개, 동사+목적어+전치사에서 19개를 알고 있어야 한다.** 즉, demand라는 명사 뒤에는 of가 아니라 for를 쓴다. 예를 들면, the demand for oil('석유의 수요')이다. demand for라고 두 단어를 붙여서 집단적으로 외우지 않으면 우리말 식으로 demand of('~의 수요')라고 잘 못 말하기 쉽다.

☐ 전치사 공부의 세 번째 부분은 구동사(phrasal verbs)다. 구동사에는 3가지 종류 즉, 동사+전치사, 동사+부사, 동사+부사+전치사가 있다. **구동사는 별도 사전이 있을 정도로 많다.** 이 교재에서는 다음과 같은 필수 구동사 98개를 정리한다: **동사+전치사(44개), 동사+부사(35개), 동사+부사+전치사(19개)**

☐ 전치사 공부의 네 번째 부분은 기타 전치사 규칙이다. **앞부분에서 다루지 못한 중요한 전치사 규칙 11가지를 다룬다.** 예를 들면, 명사 뒤에 about을 놓는 경우와 on을 놓는 경우를 구별한다. 전치사 except와 except for의 차이점을 배운다. but은 접속사이기도 하지만 전치사이기도 하다. 동사 discuss, enter, approach 뒤에 전치사를 놓을 수 없는 이유를 배운다. 전치사를 생략할 수 있는 5가지 경우를 배운다. 두 단어 이상으로 구성된 전치사들도 배운다.

☐ 우리말에는 전치사가 없다. 따라서 영어의 전치사 규칙들을 처음부터 새롭게 정리한다고 생각하고 접근하는 것이 좋다.

1 개별전치사

> **Key Point** 개별 전치사
>
> 개별전치사는 다음 3가지 종류로 나눈다: 시간, 장소, 기타

1 시간 전치사

(1) at/on/in

> **Key Point** at/on/in에 대한 기본정리?
>
> ① 시간 앞에 at을 쓴다: at 10 o'clock '10시에'
> ② 하루 앞에 on을 쓴다: on Sunday '일요일에'
> ③ 한 달 이상에 in을 쓴다: in October '10월에'

① 시간 앞에 at

예시 at 8 o'clock 8시에   at 8:20 8시 20분에
at noon / at midnight 정오에/자정에   at lunch time 점심시간에
at dawn / at dusk 새벽에/석양에   at that time/moment 그 때/순간에

해설
* 시간 앞에 at을 쓴다.
  at 8:20(at eight twenty 또는 at twenty past eight) '8시 20분에'
* noon과 midnight도 시간이므로 그 앞에 at을 쓴다.
* lunch time, dawn, dusk도 시간이므로 그 앞에 at을 쓴다.
* time/moment도 시간이므로 그 앞에 at을 쓴다: at that time/moment

② 하루(요일/날짜) 앞에 on

예시 on Sunday 일요일에   on March 20, 2011 2011년 3월 20일에

해설
* 하루(요일/날짜) 앞에 on을 쓴다.
* March 20, 2011은 **날짜에 초점이 있으므로 in이 아니라 on을 쓴다.**
  in March 20, 2011(×)   on March 20, 2011(○)

③ 한 달 이상 앞에 in

예시 in October 10월에   in the second quarter 2분기에
in the winter 겨울에   in 2007 2007년에
in the 21st century 21세기에

해설
* 한 달 또는 그 이상 앞에는 in을 쓴다.

Notes

? at 8 o'clock이 '8시에'라고?

① 영어에는 전치사가 있다:
   at eight o'clock
② 우리말에는 조사가 있다: 8시에
③ 전치사는 그 뒤에 어떤 단어가 나올지 예고하므로 중요하다.
④ 조사는 핵심단어 뒤에 오기 때문에 중요하지 않다.
⑤ **따라서 전치사는 다양하고 조사는 단순할 수 밖에 없다.**
⑥ 우리말에서는 '~에' 하나로 나타낼 것을 영어에서는 다양한 전치사로 나타낸다.

Notes

④ in the morning과 at night

예시 **in the morning, in the afternoon, in the evening**
오전/오후/저녁에

at night 밤에

해설
* morning/afternoon/evening에는 in을 쓰고 night에는 at을 쓴다.
* **전에 night의 활동시간이 짧았기 때문에 night 앞에 at을 썼다.**
* in the night은 '지난 밤에'라는 뜻이다. 즉, last night과 같다.
* at night은 '(특정되지 않은) 밤에'라는 뜻이다.
* in the morning/afternoon/evening은 특정되지 않아도 the를 붙인다.

⑤ on Monday morning

예시 **on Monday morning** 월요일 오전에 **on Monday night** 월요일 밤에
on a cold afternoon 어느 추운 오후에

해설
* morning/afternoon/evening/night이 요일/형용사로 수식되면 on을 쓴다.
  in Monday morning (X)   on Monday morning (O)
* 이런 on을 생략하는 것은 구어체다.
  We will meet again Monday night. "우리는 월요일 밤에 재회할 것이다."

⑥ at the beginning과 in the beginning

예시 **at the beginning of October/the month/year/show/speech**
10월 초에/월초에/연초에/쇼의 초입 부에/연설의 시작부분에

해설
* at the beginning of는 '~의 초에'라는 뜻이다. 그 뒤에 명사 등이 온다.
  in the beginning of October (X)   at the beginning of October (O)
* in the beginning은 '맨 처음에'라는 뜻의 부사다. initially와 같다.
  In the beginning, everything looked fine. 처음에는 모든 것이 괜찮아 보였다.

⑦ 주말에 on

예시 **on a weekend** 어느 주말에 **on weekends** 주말마다
on the weekend 지난/이번 주말에

해설
* weekend 앞에는 on을 쓴다.
* 단, 영국식에서는 at을 쓴다: at weekends, at a weekend, at the weekend
* on the weekend는 동사에 따라 '지난 주말에' 또는 '이번 주말에'다.
  What did you do on the weekend? "지난 주말에 무엇을 했니?"
  What are you going to do on the weekend? "이번 주말에 무엇을 할거니?"

---

at the end of와 in the end?

❶ at the end of는 '~의 끝에'라는 뜻이다.
at the end of the year '연말에'

❷ in the end는 '결국'이라는 뜻이다.
In the end, we had to run to the theater. "결국 우리는 그 극장까지 뛰어야 했다."

⑧ 이틀 이상 계속되는 축일에 at

예시   at Easter 부활절 휴가철에   at Thanksgiving 추수감사절 휴가철에
at Christmas 크리스마스 휴가철에

해설
* 이틀 이상 계속되는 축일에 at을 쓴다: at Easter '부활절 휴가철에'
* 축일 당일에는 on을 쓴다. on Easter Sunday '부활절 일요일에'
  on Thanksgiving (Day) '추수감사절에'
  on Christmas (Day) '크리스마스 날에'

⑨ '지금부터 ~후에'라는 뜻의 in

예문   The train leaves in five minutes. 그 기차는 지금부터 5분 후에 떠난다.
We will come back in three weeks' time.
우리는 3주 후에 돌아오겠다.

해설
* in은 '(지금부터) ~후에'라는 뜻이다. 이런 in은 '~from now'와 같다.
  in five minutes = five minutes from now
* in 대신 in ~ 's time을 쓸 수 있다: in three weeks = in three weeks' time
* after는 '지금부터 ~후에'가 아니라 '(과거/미래부터) ~후에'이다.
  The train leaves after five minutes. (✗)
* after five minutes는 '(과거/미래부터) 5분 후에'라는 뜻이다.
  The train left after five minutes. "그 기차는 5분 후에 떠났다."
* '지금부터 ~후에는 in이다. in five minutes가 '지금부터 5분 후에'이다.
  The train leaves in five minutes. (○)
  The train leaves five minutes later. (✗)

⑩ within 대신에 쓴 in

예문   The task was done in 10 minutes. 그 일은 10분 이내에 마쳐졌다.

해설
* within은 '~이내에'라는 뜻이다. within 대신 in을 쓸 수 있다.
* 예문에서 in 10 minutes는 within 10 minutes라는 뜻이다.

⑪ for 대신에 쓴 in

예문   I haven't seen her in years. 나는 여러 해 동안 그녀를 못 보았다.
It was the worst storm in years.
그것은 수년 동안 있었던 것 중에서 최악의 폭풍이었다.

해설
* 미국식에서 부정문과 최상급 뒤에서 for 대신에 in을 쓸 수 있다.
* 위 두 예문에서 in years는 for years처럼 '수년 동안'이라는 뜻이다.

Notes

🔍 **five minutes later?**

❶ five minutes later는 '지금부터 5분 후에'가 아니라 '그 5분 후에' 또는 '5분 늦게'이다.
The train left five minutes later.
"그 기차는 5분 후에/늦게 떠났다."

❷ '지금부터 5분 후에는 in five minutes이다.
The train leaves in five minutes.

❸ 단, later 앞에 시간표현이 없으면 '(지금부터) 나중에'라는 뜻이다.
See you later. "나중에 만나자."

> Notes

⑫ 요일/월 등 시간표현 앞에 전치사를 쓰지 않는 경우

예문 See you next Monday/week/month/year. 다음 월요일 등에 만나자.
I saw him last May/week/month/year.
나는 그를 지난 5월 등에 만났다.

해설 * 요일/week/month/year에 next/last가 있으면 전치사를 놓지 못한다.
See you <u>on next Monday</u>. (×)   I saw him <u>in last May</u>. (×)

⑬ on time과 in time

예문 The meeting began on time. 그 회의는 정각에 시작했다.
They brought him to the hospital in time.
그들은 그를 늦지 않게 병원으로 데려왔다.

해설 * on time은 '정각에'이고, in time은 '제 때에/늦지 않게'라는 뜻이다.
* in time은 그 뒤에 for+명사 또는 to 부정사를 놓는 경우가 많다.
Come back <u>in time for dinner</u>.
"저녁시간에 늦지 않게 돌아오라."
Come back <u>in time to go to the station</u>.
"역에 가는 데에 늦지 않게 돌아오라."
* 원래 on 보다 in이 시간 여유가 있으므로 in time은 '늦지 않게' 다.

(2) within

예문 The balance will be paid within one week.
잔액은 1주일 이내로 지급될 것이다.

해설 * within은 '이내에'라는 뜻이다.
* within은 같은 뜻의 장소 전치사로도 쓴다.
corruption <u>within</u> the government '정부 내의 부패'

(3) from A to B

예문 We lived in Canada from 1997 to/until/through 1999.
우리는 1997년부터 1999년까지 캐나다에서 살았다.

해설 * from A to B는 '~부터 ~까지'라는 뜻이다.
* 뒤쪽 to 대신에 until/through를 쓸 수 있다.
from 1997 until/through 1999 '1997년부터 1999년까지'
* from A to B 대신에 between A and B를 쓸 수도 있다.
We lived in Canada between 1997 and 1999.
"우리는 1997년부터 1999년 사이에 캐나다에서 살았다."
* from 뒤에는 to/until/through이고, between 뒤에는 and다.

(4) through

예문 The exhibition is open through August.
전시회는 8월말까지 개최된다.

해설
* 앞에 from이 없는 시간 전치사 through는 '~의 끝까지'라는 뜻이다.
  through August = until the end of August '8월말까지'
* 장소전치사 through는 '~을 통하여'라는 뜻이다: through the window

(5) by, until, up to

예문 I'll finish it by Friday. 나는 늦어도 금요일까지는 그것을 마치겠다.
I worked until midnight yesterday. 나는 어제 자정까지 일했다.
I will be working here up to next October.
난 여기서 내년 10월까지 계속 근무할 것이다.

해설
* by는 '늦어도 ~까지는'이고, until과 up to는 '꼬박 ~까지'다.
* 회사에서 by를 많이 쓴다. '~까지 ~을 하라'는 것은 '늦어도~'라는 뜻이다.
* not ~until의 진짜 뜻은 '~에야'라는 뜻이다. 그 시간이 늦다는 암시다.
  She won't be back until Monday. "그녀는 월요일에야 돌아온다."
* not ~until을 글자 그대로 '~까지 ~아니'라고 보면 오역하기 쉽다.
  She won't be back until Monday.
  "그녀는 월요일까지 돌아오지 않을 것이다." (✗)
* 전치사 up to는 until과 같은 뜻이지만 부정문에는 쓰지 못한다.

> **심층해설 부사 up to?**
> 부사 up to가 있다. a maximum of('최대')와 뜻이 같다.
> The van can hold up to 8 people. "그 밴에는 최대 8명이 들어간다."
> = The van can hold a maximum of 8 people.

(6) since와 from

예문 1 He has been in the hospital since Monday.
그는 월요일 이래로 병원에 입원해왔다.

From his earliest childhood, he loved music.
그는 아주 이른 유년시절부터 음악을 사랑했다.

해설
* since는 '~이래로'이고, from은 '~부터'이다.
* since는 완료시제(has been)와 쓰고, from은 단순시제(loved)와 같이 쓴다.
* **since는 의미상 두 시점을 연결하기 때문에 동사가 완료시제라야 한다.**
  He is in the hospital since Monday. (✗) (동사가 단순현재이기 때문에 틀림)

Notes

Notes

예문 2 **He had been in the hospital since 2007.**
그는 2007년 이래로 병원에 입원해 있었다.

해설
* since 앞의 동사가 과거완료(had been)이면 과거까지 그랬다는 뜻이다.
* 예문은 그가 2007년부터 과거시점까지 그 병원에 있었다는 뜻이다.

심층해설 since 다음에 과거시점?
① 전치사 since 다음에는 과거시점이 표시되어야 한다.
  He has been in the hospital since three months. (×)
  He has been in the hospital since three months ago. (○)
② three months는 과거시점이 아니다.
③ three months ago라야 과거시점이 된다.

(7) during과 while

예문 **He worked hard during the vacation.** 그는 그 방학 동안 열심히 일했다.
I met him while I was walking down the street.
나는 그 길을 내려가다가 그를 만났다.

해설
* during('동안에')은 전치사이고, while('~가 ~하는 동안에')은 접속사다.
* **즉, during 다음에는 단어, while 다음에는 절이 온다.**
* 예문에서 during 뒤에 명사(the vacation), while 뒤에 주어+동사가 왔다.

(8) for와 during

예문 **We were together for two weeks during the vacation.**
우리는 그 방학 중에 2주 동안 같이 있었다.

해설
* for('동안') 뒤에는 기간, during('동안에') 뒤에는 event가 온다.
* 예문에서 for 뒤에 two weeks가 오고, during 뒤에 the vacation이 왔다.
  We were together during two weeks. (×)

(9) over

예문 **We will review it over the next few days.**
우리는 다음 3-4일에 걸쳐서 그것을 검토하겠다.

해설
* 시간 전치사 over는 '(기간에) 걸쳐서'라는 뜻이다. for와 뜻이 비슷하다.
* 장소 전치사 over는 '위에/위로'라는 뜻이다: over the river '그 강 위에'
* 기타 전치사 over는 '~에 관한'이라는 뜻이다.
  a dispute over the pay raise '그 임금인상에 관한 분쟁'
* 부사 over는 more than처럼 '~이상'이라는 뜻이다.
  over 200 people = more than 200 people '2백 명 이상'

(10) after, following

예문 See you after work. 퇴근 후에 만나자.

He was on sick leave following a heart attack.
그는 심장마비 후에 병가 중이었다.

해설
* after와 following은 '~후에'라는 뜻의 시간 전치사다.
* after는 접속사이기도 하다: after the war ended '그 전쟁이 끝난 후에'
* following은 '그 다음의'라는 뜻의 형용사이기도 하다.
   The <u>following</u> day was sunny. "그 다음날은 맑았다."
* the following은 '다음 것들/사람들'이라는 뜻의 명사. 복수취급 한다.
   <u>The following</u> have received honorary degrees. "아래 분들이 명예학위를 받았다."

2 장소 전치사

Key Point 장소 전치사
장소를 나타낼 때 쓰는 전치사는 at, in, over 등 총 31개가 있다.

(1) at

Key Point at과 in
① 장소 전치사 at과 in 둘 다 우리말로는 '~에(서)'다.
② 일반적으로 at은 지점에, in은 구역에 쓴다.
③ 특히 다음 7가지 경우에 at을, 그 외 경우에는 in을 쓴다.

① 잠깐 머무는 장소

예문 1 We stopped at Los Angeles on the way to New York.
우리는 뉴욕으로 가는 길에 L/A에 잠깐 들렀다.

해설
* 잠깐 머무는 장소에 at을 쓴다: We stopped <u>at</u> Los Angeles…
* 따라서 동사 stop 뒤에는 at을 써야 한다.
* **잠깐 머무는 경우가 아니면 'L/A에' 라고 할 때 in을 쓴다.**
   We live <u>in</u> Los Angeles. "우리는 L/A에 산다."

예문 2 We changed trains at Daejon. 우리는 대전에서 기차를 갈아탔다.

해설
* 대전에 잠깐 머문 경우이기 때문에 at을 썼다.

예문 3 I saw her at the bus stop. 나는 그녀를 그 버스 정거장에서 보았다.
She's at the train station. 그녀는 기차역에 있다.
He's at the airport now. 그는 지금 공항에 있다.

> Notes

해설
* bus stop, train station, airport도 잠깐 머무는 장소이기 때문에 at을 쓴다.
* **단, train station이나 airport에서 근무한다고 할 때에는 in을 쓸 수 있다.**
* 또는 "The train is in the station"이라는 표현에서 in the station이라고 한다.

② 만나는 장소

예문 Let's meet at the club. 그 클럽에서 만나자.

해설
* 만나는 장소에도 at을 쓴다: Let's meet at the club.
* **그러나 그 장소에서 상당한 시간을 보내는 경우에는 in을 쓴다.**
  We had a great time in the club. "우리는 그 클럽에서 재미있게 놀았다."

③ 공적 행사

예문 What was decided at the meeting? 그 회의에서 무엇이 결정되었나?

해설
* 공적 행사 앞에는 at을 쓴다.
* 예문에서 meeting은 공적 행사이므로 그 앞에 at을 썼다.
* 단, 이슈들을 오랫동안 진지하게 논의하는 meeting이면 in을 쓸 수 있다.
  We will deal with the issues in this meeting.
  "우리는 그 문제들을 이 회의에서 (진지하게) 다루겠다."
* party, concert, lecture, match도 공적 행사이므로 at을 쓴다.
  I saw him at the party/concert/lecture/match.
  "나는 그를 그 파티/콘서트/강연회/경기에서 보았다."

④ 번지

예문 I live at 58 Main Street. 나는 메인가 58번지에 산다.

해설
* 번지 앞에 at을 쓴다.
* 도로이름 앞에는 on을 쓴다. 도로이름 앞에 in을 쓰는 것은 영국식이다.
  I live on Main Street. "나는 메인가에 산다."
  I came across an old school friend in Oxford Street this morning. (영국식)

⑤ 원래의 목적대로 이용하는 극장/가게/학교

예문 They are at the theater. 그들은 그 극장에서 공연을 보고 있다.
I bought some eggs at the supermarket.
나는 그 슈퍼에서 계란을 몇 개 샀다.
She studied at Harvard. 그녀는 하버드에서 공부했다.

해설
* theater, store, school을 원래의 목적대로 이용할 때는 그 앞에 at을 쓴다.
* 즉, be at the theater는 '극장에서 공연을 본다'는 뜻이다.
* **be in the theater는 다른 목적으로 극장에 있다는 뜻이다.**
* 물건을 산다고 할 때 supermarket, store, department store 앞에 at을 쓴다.
* '~에서 공부하다/학위를 받다' 라고 할 때 학교이름 앞에 at을 쓴다.
  He's at Oxford. "그는 옥스퍼드 대학에서 수학 중이다."
* "He's in Oxford"는 "그는 옥스퍼드 시에서 살고 있다"라는 뜻이다.

⑥ home, work, doctor's office, dentist's office

예문 He's not at home. 그는 집에 없다.
He is still at work. 그는 아직도 직장에 있다.
I've just seen her at the doctor's/dentist's.
나는 방금 그녀를 그 병원/치과에서 보았다.

해설
* home, work, doctor's, dentist's 앞에 at을 쓴다.
  I've just seen her in the doctor's. (✗)
* 이런 경우 home과 work 앞에 소유격 형용사를 놓지 않는다.
  He's not at his home. (✗)   He's still at his work. (✗)
* at home과 at work 자체가 '자신의 집에/직장에'라는 뜻이기 때문이다.

⑦ 지점 (地点)

예문 Somebody is standing at the door. 누군가 문가에 서있다.
I stopped at the traffic light. 나는 그 신호등에서 멈추었다.

해설
* door, traffic light 등 지점 앞에 at을 놓는다.
* in을 쓰면 이런 물건 안에 들어가 있다는 nonsense가 된다.

(2) in

예문 We live in Los Angeles. 우리는 로스앤젤레스에 산다.
We had a great time in the park. 우리는 그 공원에서 멋진 시간을 보냈다.
I pointed it out in the report. 나는 그 보고서에서 그것을 지적했다.

해설
* 우리말에서 '~에(서)'라는 뜻일 때 위 (1)의 7가지 경우 외에는 in을 쓴다.
* 예를 들면, '그 공원에서'는 in the park이다. park이 위 (1)에 없기 때문이다.

(3) over

예문 There are many bridges over the river.
그 강 위에 많은 다리들이 있다.

해설
* 장소 전치사 over는 '(입체) 위에/위로'라는 뜻이다.
* 시간 전치사 over는 '~에 걸쳐'라는 뜻이다: <u>over</u> a period of two years
* 부사 over는 '~이상'이라는 뜻이다. more than 또는 upward(s) of와 같다.
  Over/More than/Upwards of 200 people came to the meeting.
  "2백 명 이상의 사람들이 그 회의에 왔다."

(4) under

예문 Under the table was a huge dog. 그 식탁 밑에 큰 개가 있었다.

해설
* under는 '(입체) 밑에'라는 뜻이다.
* under는 '미만'이라는 뜻도 갖고 있다: He's under 18. "그는 18세 미만이다."

> Notes

(5) above

> 예시
> above the picture on the wall 그 벽의 그림 위쪽에
> 1950 meters above sea level 해발 1950 미터
> three degrees above freezing 영상 3도

> 해설
> * above는 '(평면) 위에'라는 뜻이다.
> * 위의 예에서 보듯이 sea level과 freezing 앞에도 above를 쓴다.
>   1950 meters above sea level, three degrees above freezing
> * 섭씨의 경우 above freezing 대신에 above zero라고 할 수도 있다.

(6) below

> 예시
> below the picture on the wall 그 벽의 그림 아래쪽에
> three degrees below freezing 영하 3도

> 해설
> * below는 '(평면) 아래에'라는 뜻이다.
> * below freezing은 '영하'라는 뜻이다. 섭씨이면 below zero라고 할 수 있다.

(7) on

> 예시
> on the desk 그 책상 위에

> 해설
> * on은 '(밀착되어 있으면서) 위에'라는 뜻이다.
> * floor에도 on을 쓴다: on the floor '바닥에', on the 2nd floor '2층에'

(8) beneath, underneath

> 예시
> beneath/underneath the carpet 그 양탄자 밑에

> 예문
> He wears a sweater beneath/underneath his coat.
> 그는 외투 밑에 스웨터를 입는다.

> 해설
> * beneath/underneath는 '(밀착되어) 밑에' 또는 '(안 보이게) 밑에'이다.
> * beneath/underneath는 문어체 단어다. 회화에서는 below/under를 쓴다.

(9) onto

> 예문
> He jumped onto the stage. 그는 무대 위로 뛰어올라갔다.

> 해설
> * onto는 '(밑에서) 위로'라는 뜻이다.

(10) across

> 예시 1
> the building across the river 그 강 건너에 있는 건물
> They swam across the river. 그들은 그 강 건너로 수영했다.

> 해설
> * across는 '건너편에/건너편으로'라는 뜻의 전치사다.

* cross는 '건너다'라는 동사다.
   They will soon <u>cross</u> the river. "그들은 곧 그 강을 건널 것이다."

예시 2 **(all) across the country** 전국적으로

해설
* (all) across, all over, throughout은 '~의 전체에 걸쳐서'라는 뜻이다.
   (all) across the country = all over the country = throughout the country
* **이 3가지는 대단히 많이 쓰이는 표현이므로 확실히 알고 있어야 한다.**
* across the country는 맞지만 over the country는 틀린다. all over the country다.

(11) across from

예문 **There is an Italian restaurant across from the theater.**
그 극장 맞은 편에 이태리 식당이 있다.

해설
* across from은 '~의 맞은 편에'라는 뜻이다.
* **across from은 across the street from을 줄인 것이다.**
* 영국식에서는 across from 대신에 opposite을 전치사로 쓸 수 있다.
   <u>opposite</u> the theatre '그 극장 맞은 편에'
* opposite은 미국/영국 공히 '반대편의'라는 뜻의 형용사이기도 하다.
   in the <u>opposite</u> direction '반대방향으로'

(12) beside, by, alongside

예시 **beside the window = by the window** 창문 옆에
a taxi alongside the truck 그 트럭 옆에 있는 택시

해설 * beside, by, alongside는 '~의 옆에'라는 뜻이다.

(13) near, close to

예문 **They sat near a window. = They sat close to a window.**
그들은 창문 가까이에 앉았다.

해설
* near와 close to는 '~의 가까이에'라는 뜻의 전치사다.
* near 자체가 전치사다. 그 뒤에 to를 놓지 않는다: near to a window. (✗)
* near는 형용사이기도 하다: in the near future '가까운 장래에'
* close는 '가까운'이라는 뜻의 형용사다: a close friend of mine '내 가까운 친구'

(14) next to

예시 **She is standing next to her husband.** 그녀는 남편 바로 옆에 서 있다.

해설
* next to는 '~의 바로 옆에'라는 뜻의 전치사다.
* next는 형용사다: the next flight '다음 항공편'

Notes

be 동사 뒤에 있는 close to

❶ be 동사 뒤에 있는 close to는 '형용사 close('가까운')+전치사 to'다.
It's close to the school.
"그것은 학교와 가깝다."

❷ 일반동사 뒤에 있는 close to는 전치사다: They sat close to a window.

Notes

(15) between

예시   between China and Japan 중국과 일본 사이에

해설
* between은 '(둘) 사이에'라는 뜻이다.
* 국경선 등 정확한 위치를 나타낼 때에는 셋 이상이라도 between을 쓴다.
    Luxembourg lies between Belgium, Germany and France.
    "룩셈부르크는 벨기에, 독일, 프랑스 사이에 놓여있다."
* 국경이 아니라도 셋 이상을 둘씩 묶어서 생각할 때도 between을 쓴다.
    It's a race between McCain, Romney and Huckabee.
    "그것은 맥케인, 롬니, 허커비 사이의 경쟁이다."
* among은 '셋 이상 중 어딘가에'라는 막연한 뜻이기 때문이다.

(16) among, amongst, amid, amidst

예문 1   She is popular among the students.
그녀는 그 학생들 사이에서 인기가 좋다.
She was standing amongst a crowd of children.
그녀는 많은 어린이들 사이에 서 있었다.

해설
* among과 amongst는 '(셋 이상) 사이에'라는 뜻이다.
* amongst는 문어체 단어다.

예문 2   Tokyo is among the largest cities in the world.
도쿄는 세계에서 가장 큰 도시 중 하나다.

해설
* 예문처럼 among을 one of('~중의 하나') 대신에 쓰기도 한다.
    Tokyo is among the largest cities… = Tokyo is one of the largest cities…

예시 3   amid/amidst the confusion 그 혼란의 와중에서

해설
* amid과 amidst도 '사이에'라는 뜻이다.
* 단, amid과 amidst는 주로 불가산명사 앞에 쓴다.
* 불가산명사와 같이 쓴 amid/amidst는 '~의 와중에서'라고 해석한다.

(17) beyond

예시   the tall building beyond the church 저 교회 너머에 있는 저 건물

해설
* beyond는 '~의 너머에'라는 뜻의 전치사다.
* beyond one's control은 '~의 통제범위를 벗어난'이라는 뜻이다.

> **beyond가 부사?**
> beyond는 시간 부사로도 쓴다. '그 이후'라는 뜻이다.
> We're planning for 2015 and beyond. "우리는 2015년과 그 이후를 계획하고 있다."

(18) in front of

예문   Let's meet in front of the building. 그 건물 앞에서 만나자.

해설
* in front of는 '~의 앞에(서)'라는 뜻이다.

* at the front of는 '~의 앞 부분에(서)'라는 뜻이다. in front of와 뜻이 다르다.
  Let's meet at the front of the building. "그 건물의 앞 부분에서 만나자."

(19) behind, in back of

예문 The restaurant is behind that building. 그 식당은 저 건물 뒤에 있다.

해설
* behind는 '~의 뒤에'라는 뜻이다.
* 영국식에서는 behind 대신에 in back of도 쓴다.
* **at the back of는 '~의 뒷부분에' 라는 뜻이다. in back of와 뜻이 다르다.**
  The restaurant is at the back of the building. "그 식당은 그 건물의 뒷부분에 있다."

(20) into

예문 He ran into the room. 그는 그 방안으로 뛰어들어갔다.

해설
* into는 '(밖에서) 안으로'라는 뜻이다.

(21) out of

예문 He ran out of the room. 그는 그 방 밖으로 뛰어나갔다.

해설
* out of는 '(안에서) 밖으로'라는 뜻이다.
* 미국식에서는 out of 대신에 out을 전치사로 쓰기도 한다.
  Look out (of) the window. "창 밖을 보라."

(22) off

예문 1 He fell off his bicycle. 그는 자전거에서 떨어졌다.
Keep off the grass. 잔디밭에 들어가지 마시오.

해설
* 전치사 off는 '~에서 벗어나'라는 뜻이다.
* from과 뜻이 다르다. 예문에서 off 대신에 from을 쓸 수 없다.

예문 2 The ship sank a few miles off the coast.
그 배는 그 해변에서 3-4 마일 떨어진 해상에서 침몰했다.

해설
* off +해안은 '~의 해상에서'라는 뜻이다.
  a few miles off the coast '그 해변에서 3-4 마일 떨어진 해상에서'
* **off +해안은 해안에서 떨어진 내륙지방을 의미하지 않는다는 점에 주의하라.**

(23) through

예시 through the window 그 창문을 통하여

해설
* 장소 전치사 through는 '~을 통하여'라는 뜻이다.

> **Notes**

(24) throughout

예시 throughout the country 그 나라 전역에 걸쳐서

해설
* throughout은 '~의 전체에 걸쳐서'라는 뜻이다. all over나 (all) across와 같다.
  throughout the country = all over/across the country '전국적으로'
* throughout은 같은 뜻의 시간 전치사로도 쓴다.
  throughout the month of June '6월 한달 내내'

(25) around

예시 around a table 식탁 주위에

해설
* around는 '~의 주위에'라는 뜻이다.
* 영국식에서는 around 대신에 round를 전치사로 쓰기도 한다.
  round a table '식탁 주위에'

around와 round
① 부사 around는 '대략'이라는 뜻이다: around $200 '약 200불'
② 형용사 round는 '둥근'이라는 뜻이다: a round table '둥근 식탁'

(26) along

예시 along the river/street 그 강/거리를 따라서

해설
* along은 '~을 따라서'라는 뜻의 전치사다. 주로 그 뒤에 강/거리가 나온다.

(27) past

예시 past the theater 그 극장을 지나서

해설
* past는 '~을 지나서'라는 뜻의 전치사다.
* past는 시간 전치사로도 쓴다: It's ten past eleven. "지금은 11시 10분이다."

past
① 명사 past는 '과거'라는 뜻이다: his past '그의 과거'
② 형용사 past는 '지난'이다. for the past five years '지난 5년 동안에'

(28) against

예문 He is standing against the railing. 그는 난간에 기대어 서 있다.

해설
* against 뒤에 장소가 나오면 against는 '~에 기대어'라는 뜻이다.
* against 뒤에 issue가 나오면 against는 '~에 반대하여'라는 뜻이다.
  a campaign against smoking '금연 캠페인'

(29) toward(s)

예시 toward(s) the palace 그 궁전을 향하여

해설
* toward는 '~을 향하여'라는 뜻의 장소 전치사다.
* toward는 '~을 위해서'일 수도 있다: toward the goal '그 목표를 위해서'
* toward는 미국식에서, towards는 영국식 영어에서 쓴다.
* 시간 전치사 toward(s)는 '~의 무렵에'라는 뜻이다.
  toward(s) the end of the month '월말 무렵에'

(30) atop, on top of

예시   the bird atop the flagpole 저 깃대 꼭대기에 있는 새

해설   * atop과 on top of는 '~의 꼭대기에'라는 뜻의 전치사다.
* on top of each other는 '차곡차곡' 이라는 뜻이다. 유용한 표현이다.
The boxes are stacked on top of each other. "그 상자들이 차곡차곡 쌓여있다."

(31) as far as, up to

예문   We walked as far as the edge of the forest.
우리는 그 숲의 끝까지 걸었다.

해설   * 장소 전치사 as far as와 up to는 '~까지'라는 뜻이다.
* 단, 장소 전치사 as far as와 up to는 먼 곳에 대해서만 쓴다.
* as far as 뒤에 절이 오면 as far as('~하는 한')는 조건 접속사다.
as far as I can see '내가 아는 한'

3 기타 전치사

Key Point 기타 전치사
기타 전치사는 시간/장소 이외의 뜻을 나타낼 때 쓰는 전치사다.

(1) 속도/온도/나이에 at

예문   I was driving at 70 kilometers an hour.
나는 시속 70 킬로미터로 운전하고 있었다.
Water boils at 100 degrees Celsius. 물은 섭씨 100도에서 끓는다.
She became a CEO at the age of thirty.
그녀는 30세에 대표이사가 되었다.

해설   * 속도/온도/나이에 at을 쓴다. 숫자 앞에 at을 쓴다고 생각하면 된다.
* at the age of thirty 대신에 at age thirty라고 할 수 있다.
* 그러나 'at age of thirty(×)'가 아니라는 점에 주의해야 한다.

(2) 교통수단에 by

예시   by car 자가용으로   by bus 버스로
by train 기차로   by plane/air 항공기로
by boat/sea 배로   by bicycle/bike 자전거로

Notes

on top of that

on top of that은 '그것 외에/게다가' 라는 뜻이다.
On top of that, his father is not well. "게다가 그의 부친이 편치 않다."

Notes

❓ 작가 앞에 부정관사

작가 앞에 바로 부정관사를 붙여도 '~의 작품'이라는 뜻이 된다.
a Rembrandt = a painting by Rembrandt '렘브란트의 그림'

❓ in/with 대신

in/with 대신에 관계절 또는 현재분사(wearing)를 쓸 수도 있다.
the girl (who is) wearing jeans '청바지를 입은 소녀'
the woman (who is) wearing sunglasses '선글라스를 낀 여성'

해설
* 교통수단은 'by+무관사 단수'로 나타낸다: by a taxi (×) by taxi (○)
* by sea('배편으로')는 by the sea('바닷가에서')와 뜻이 다르다.
* '도보로'는 on foot이다: We went there <u>on foot</u>. = We walked there.

(3) 작가 앞에 by

예시
a novel by Hemingway 헤밍웨이의 소설
a piece of music by Mozart 모차르트의 음악 한 곡
a painting by Rembrandt 렘브란트의 그림

해설
* 작가 앞에 by를 쓴다. 그리고 by 앞의 과거분사를 생략한다.
  a novel (written) by Hemingway
* 작가 앞에 of를 쓰면 작품의 대상이나 피사체가 되고 만다.
  a painting of Rembrandt '렘브란트를 그린 그림'

(4) 의복에 in, 안경 등에 with

예문
Look at the girl in jeans. 청바지를 입고 있는 저 소녀를 보라.
Look at the woman with sunglasses.
선글라스를 끼고 있는 저 여성을 보라.

해설
* '(옷을) 입은'이라는 뜻일 때 전치사 in을 쓴다: the girl in jeans
* 안경/선글라스/수염에는 with를 쓴다. '~을 가지고 있는'이라는 뜻이다.
  a man <u>with</u> glasses/sunglasses '안경/색안경을 끼고 있는 남자'
  a man <u>with</u> a beard '수염을 기르고 있는 남자'

(5) made of와 made from

예문
The chair is made of plastic. 그 의자는 플라스틱으로 만들어졌다.
Paper is made from wood. 종이는 목재에서 만들어진다.
Cheese is made from milk. 치즈는 우유에서 만들어진다.

해설
* 재료의 성격이 바뀌지 않으면 made of를, 바뀌면 made from을 쓴다.
* 플라스틱 의자는 plastic의 성격이 바뀌지 않으므로 made of plastic이다.
* 종이는 wood의 성격이 바뀌므로 made from wood이다.
* cheese도 milk의 성격이 바뀌므로 made from milk이다.

(6) at의 관용적 사용법

예시
at one's request/suggestion/recommendation
~의 요구/제안/권고에 의해서

해설
* '~의 요구/제안/추천에 의해서'라고 할 때 at을 쓴다.
* 이 at의 사용법은 시험에 자주 출제되고 많은 수험생이 틀리는 문제다.
* 이 at 대신에 according to 또는 in accordance with를 쓸 수 있다.

(7) on과 in의 관용적 사용법

① on TV, on the radio

예문 What's on TV? 텔레비전에서 무엇을 하고 있나?
What's on the radio? 라디오에서 무엇을 하고 있나?

해설
* on TV는 '텔레비전에서'이고 on the TV는 'TV 수상기 위에'라는 뜻이다.
  What's on TV? "텔레비전에서 무엇을 하고 있나?"
  What's that on the TV? "저 TV 수상기 위에 있는 것이 무엇이냐?"
* on the radio는 '라디오에서' 또는 '라디오 위에'다.
* **radio 앞에는 항상 정관사 the가 있어야 한다.**
  Don't put anything on the radio. "라디오 위에 아무 것도 놓지 마라."
* 관사 없이 쓴 radio는 '라디오 방송'이라는 뜻이다.
  Radio is more interesting than television. "라디오는 TV보다 재미있다."

② be on the phone

예문 She is still on the phone. 그녀는 아직도 통화 중이다.

해설
* be on the phone은 be talking on the phone을 줄인 것으로 '통화 중'이다.
* 주어가 사람일 때 be on the phone은 '그 전화기 위에 있다'가 아니다.

③ be/go on strike

예문 They are on strike. 그들은 파업 중이다.
They will go on strike on Monday. 그들은 월요일에 파업을 시작한다.

해설
* be on strike은 '파업 중'이고, go on strike은 '파업을 시작하다'이다.
* 이 때 strike을 무관사로 쓴다: They are on a strike. (✗)

④ be/go on a diet

예문 I'm on a diet. 나는 다이어트 중이다.
I'm going to go on a diet soon. 나는 곧 다이어트를 시작하겠다.

해설
* be on a diet는 '다이어트 중', go on a diet은 '다이어트를 시작하다'이다.
* 이 때 diet 앞에 부정관사를 쓴다.

⑤ be on the rise/increase, be on the decrease/decline

예문 Productivity is on the rise/increase. 생산성이 증가 중이다.
Productivity is on the decrease/decline. 생산성이 감소 중이다.

해설
* be on the rise/increase는 '증가 중'이라는 뜻이다.
* be on the decrease/decline는 '감소 중'이라는 뜻이다.

Notes

Notes

⑥ be on one's/the way, be en route to

예문) I am on my/the way to the airport. 나는 공항으로 가는 길이다.
I am on my way. 나는 가고 있는 중이다.

해설) * be on one's way to 또는 be on the way to는 '~로 가는 중'이라는 뜻이다.
* be en route to도 be on the way to와 같은 뜻이다.

⑦ be in the way

예문) Those boxes are in the way. 저 상자들이 길을 가로막고 있다.
You are in the way. 당신이 방해가 되고 있다.

해설) * be in the way는 '길을 가로막고 있는' 즉, '방해하는'이라는 뜻이다.
* get in the way는 '방해하다'이다: Don't get in the way. "방해하지 마라."

⑧ on arrival

예문 1) On arrival in New York, she was welcomed by the director. 뉴욕에 도착했을 때 그녀는 그 이사의 영접을 받았다.

해설) * on + arrival/arriving/departure/departing/leaving은 '도착/출발할 때'이다.
* on 대신에 upon을 쓸 수도 있다: upon leaving New York 'NY을 떠날 때'
* 구어체에서는 on/upon receiving('~을 수령할 때')도 쓴다.
  on/upon receiving the original receipt '영수증 원본을 받을 때'
* 이러한 전치사구들은 시간절을 간소화한 것이다.
* 예문에서 on arrival in NY은 when she arrived in NY을 간소화한 것이다.

예시 2) on her return to Pakistan 그녀의 파키스탄 귀국 시에

해설) * on one's return은 '~의 귀환 시에'라는 뜻이다. 시간절을 대신한다.

⑨ on purpose

예문) I didn't do it on purpose. 나는 그것을 고의로 하지 않았다.

해설) * on purpose는 '고의로'라는 뜻이다. intentionally/deliberately와 같다.

⑩ in cash, by credit card, by check

예문) I paid the bill in cash / by credit card / by check.
나는 그 대금을 현찰/카드/수표로 지불했다.

해설) * in cash는 '현찰로' 이다. by cash가 아니다.
* by credit card 또는 with a credit card는 '신용카드로'이다.
* **with a credit card에는 부정관사 a가 있어야 한다.**
* by check은 '수표로'이다.

⑪ go on a business trip

예문 I'm going on a business trip next week. 나는 다음 주에 출장 간다.

해설 * go on a trip은 '여행가다'이고 go on a business trip은 '출장 가다'이다.

2 집단 전치사

Key Point 집단 전치사?
① 집단으로 관리하지 않으면 틀리기 쉬운 전치사 규칙들이 있다.
② 다음 3가지 종류가 있다.
  a. 명사+전치사(11개)   b. 형용사+전치사(19개)
  c. 동사+목적어+전치사(19개)
③ 이 전치사 용법들은 우리말과 달라서 틀리기 쉽다.

1 명사 + 전치사

(1) reason for

예시 the reason for the delay 그 지연의 이유

해설
* 명사 reason 뒤에 전치사 for를 쓴다. 이 때 for는 '~에 대한'이라는 뜻이다.
* 우리말과 다르다. 우리말은 '~의'이지만 영어는 of가 아니라 for다.
  the reason of the delay (✗)   the reason for the delay (O)
* of 뒤에는 그 이유를 제시하는 주체가 나온다.
  the reason of the airlines for the delay '그 항공사의 그 지연의 이유'

(2) demand for

예시 the demand for oil 석유의 수요

해설
* 명사 demand 뒤에 전치사 for를 쓴다. for는 '~에 대한'이라는 뜻이다.
* 우리말과 다르다. 우리말은 '~의'이지만 영어는 of가 아니라 for다.
* demand of 뒤에는 수요의 주체가, demand for 뒤에는 수요의 대상이 온다.
  the demand of developing countries for oil '개도국의 석유수요'

(3) an increase/decrease in

예시 an increase in productivity 생산성의 증가

해설
* 명사 increase/decrease 뒤에는 in을 쓴다. in은 '~에 있어서의'라는 뜻이다.
* 우리말과 다르다. 우리말은 '~의'이지만 영어는 of가 아니라 in을 쓴다.

> Notes

a decrease <u>of</u> productivity (✗)　a decrease <u>in</u> productivity (○) '생산성의 감소'
* increase/decrease 뒤에 of를 쓰는 경우는 증가 폭과 감소 폭을 제시할 때다.
  an increase <u>of</u> 2.5% '2.5%의 증가'

(4) the damage to

예시　the damage to my car. 내 차의 파손
　　　the damage to the equipment 그 장비의 파손

해설
* 명사 damage 뒤에는 to를 쓴다. 이 때 to는 '~에 대한'이라는 뜻이다.
* 우리 말과 다르다. 우리말은 '~의'이지만 영어는 of가 아니라 to를 쓴다.
* damage of는 피해자가 아니라 가해자를 언급할 때 쓴다.
  the physical damage <u>of</u> the war '그 전쟁의 물리적 피해' (war가 가해자)

(5) an invitation to

예시　an invitation to the party 그 파티의 초대장

해설
* 명사 invitation 뒤에 to를 쓴다. to는 '~로 (오라는)'의 뜻이다.
* **우리말과 다르다. 우리말은 '~의'이지만 영어는 of가 아니라 to를 쓴다.**
* an invitation of the party는 없다. party가 초청하는 것이 아니기 때문이다.

(6) solution/key/answer to

예시 1　a solution to the problem 그 문제점의 해결방안
　　　　a key to the room 그 방의 열쇠

해설
* 명사 solution/key 뒤에 to를 쓴다. 이 때 to는 '~에 대한'이라는 뜻이다.
* 우리말과 다르다. 우리말은 '~의'이지만 영어는 of가 아니라 to를 쓴다.
  a solution <u>of</u> the problem (✗)　a key <u>of</u> the room (✗)

예시 2　an answer to the letter 그 편지의 답장

해설
* 명사 answer 뒤에도 to를 쓴다. to는 '~에 대한'이라는 뜻이다.
* 우리말과 다르다. 우리말은 '~의'이지만 영어는 of가 아니라 to를 쓴다.
* **동사 answer는 타동사다. 따라서 그 뒤에 to 없이 바로 목적어를 놓는다.**
  Why didn't you <u>answer the letter</u>? "왜 너는 답장 안 했니?"
  Why didn't you <u>answer the phone</u>? "왜 너는 전화를 안 받았니?"

(7) attitude toward/to

예시　his attitude toward/to his job 자신의 일에 대한 그의 태도

해설
* 명사 attitude 뒤에는 toward 또는 to를 쓴다. about이 아니다.

(8) advantage/disadvantage to/in

예문 There are many advantages to/in living alone.
혼자 사는 것에는 많은 장점이 있다.

해설
* 명사 advantage와 disadvantage 뒤에는 전치사 to 또는 in을 쓴다.
* 예문의 advantages to living에서 to는 전치사, living은 동명사다.

(9) difficulty with

예문 I'm having difficulty with my travel arrangements.
나는 내 여행준비에 어려움을 겪고 있다.

해설
* 명사 difficulty 뒤에는 with를 쓴다. with는 '~에 있어서'라는 뜻이다.
* **difficulty 뒤에 동사를 놓고 싶으면 (in) ~ing를 쓴다.**
  We had no difficulty (in) finding the house.
  "우리는 그 집을 찾는 데에 어려움을 겪지 않았다."
* problems, trouble, a hard time 뒤에도 with+명사 또는 (in) ~ing를 놓는다.

(10) way of

예문 There's no way of proving that he was stealing.
그가 훔치고 있었다는 것을 증명할 방법이 없다.

해설
* '~을 할 수 있는 방법'이라고 할 때 주로 명사 way 뒤에 of +~ing을 놓는다.
* 또는 명사 way 뒤에 to 부정사를 써도 된다.
  There's no way to prove that he was stealing.

(11) change to

예문 The government plans to make some important changes to the tax system.
정부는 세제상에 중요한 변화를 일으킬 것을 계획하고 있다.

해설
* 명사 change 뒤에 전치사 to를 쓰면 '~에 대한 변화'라는 뜻이 된다.
* 예문에서 changes to the tax system은 '그 세제에 대한 변화'이다.
* 그러나 '~의 변화'라는 말할 때에는 명사 change 뒤에 of를 쓴다.
  a change of government policy '정부정책의 변화'

2 형용사+전치사

(1) tired of와 tired from

예문 I am tired of the same food every day.
나는 매일 똑같은 음식이 지겹다.

Notes

Notes

I'm tired from walking all day. 나는 하루 종일 걸어서 피곤하다.

해설
* tired of는 '~이 지겨운'이고, tired from은 '~때문에 피곤한'이다.
* fed up with도 '~이 지겨운'이다: I'm fed up with the same food every day.

(2) independent of

예문 She is independent of her parents. 그녀는 자기 부모부터 독립했다.

해설
* independent of는 '~으로부터 독립된'이다. independent from이 아니다.
* 단, 명사 independence('독립') 뒤에는 from을 쓴다.
  her independence from her parents '그녀의 부모로부터의 독립'

(3) capable of

예문 She's capable of producing excellent work.
그녀는 훌륭한 작품을 만들어낼 수 있다.

해설
* capable of+~ing는 '~을 할 수 있는'이라는 뜻이다.
* 명사 capability('능력') 뒤에도 of ~ing를 쓴다: her capability of producing…
* 형용사 able('~할 수 있는') 뒤에는 to 부정사를 쓴다.
  He's able to speak four languages. "그는 네 가지 언어를 말할 수 있다."

> **명사 ability 뒤에는?**
> 명사 ability('능력') 뒤에도 to 부정사를 쓴다.
> his ability to speak four languages
> '그의 네 가지 언어를 말할 수 있는 능력'

(4) full of

예문 The letter is full of typographical mistakes.
그 편지는 타자 실수로 가득 차있다.

해설
* 형용사 full 뒤에는 전치사 of를 쓴다. '~으로 가득 찬'이라는 뜻이다.

(5) short of, shy of, low on

예문 I am short of money. 나는 돈이 부족하다.
They are shy of funds. 그들은 자금이 부족하다.
We are low on funds. 우리는 자금이 부족하다.

해설
* short of, shy of, low on은 '~이 부족한'이라는 뜻이다.

(6) satisfied/disappointed with

예문 I'm satisfied with the results. 나는 그 결과에 만족한다.
I'm disappointed with the results. 나는 그 결과에 실망했다.

해설
* 형용사 satisfied/disappointed 뒤에 with를 쓴다. about이 아니다.
* satisfied with는 '~에 대해서 만족한'이다.
* disappointed with는 '~에 대해서 실망한'이다.

(7) far from

예문 It's far from cost-effective. 그것은 전혀 비용효과적이 아니다.

해설
* far from+형용사는 '전혀 ~이 아니'라는 뜻이다.
* far from cost-effective는 '전혀 비용효과적이 아닌' 즉, '비싼' 이라는 뜻이다.

(8) responsible for, in charge of

예문 Who's responsible for personnel management here?
누가 여기에서 인사관리를 책임지고 있나?

Who's in charge of personnel management here?
누가 여기에서 인사관리를 책임지고 있나?

해설
* '~을 담당하는'은 responsible for 또는 in charge of다.
* '(잘못에 대해서) 책임이 있는'이라고 할 때는 responsible for만 쓴다.
  Who is <u>responsible for</u> the disaster? "누가 그 재난에 책임이 있는 거냐?"
* be in charge of에는 '(잘못에 대해) 책임이 있는' 이라는 뜻이 없기 때문이다.
* 명사 responsibility 뒤에도 for를 쓴다.
  his responsibility <u>for</u> the disaster '그 재난에 대한 그의 책임'

(9) famous for

예문 New York is famous for its skyscrapers. 뉴욕은 마천루로 유명하다.

해설
* 형용사 famous 뒤에 for를 쓴다.
* famous와 같은 뜻의 형용사 renowned와 well-known 뒤에도 for를 쓴다.
  New York is <u>renowned/well-known for</u> its skyscrapers.
* 명사 reputation ('명성') 뒤에도 for를 쓴다.
  a <u>reputation for</u> hospitality '친절하다는 평판'

(10) surprised at/by

예문 I was surprised at/by the news. 나는 그 뉴스에 놀랐다.

해설
* 형용사 surprised 뒤에 at 또는 by를 쓴다. about이 아니다.
* surprised와 비슷한 alarmed/amazed/astonished/shocked 뒤에도 at/by를 쓴다.

(11) impressed with/by

예문 I'm impressed with/by her English. 나는 그녀의 영어에 감명 받았다.

해설
* impressed ('감명을 받은') 뒤에 with 또는 by를 쓴다. about이 아니다.

(12) good at

예문 Are you good at math? 너는 수학을 잘 하니?

해설 ∗ be good at은 '~을 잘 하다'라는 뜻이다.

> **심층해설 왜 외워야 하나?**
> ① 우리말은 '~을 잘 하다'라고 한다. 즉, 부사+동사다.
> ② 영어에서는 be good at이라고 한다. 즉, 동사+형용사+전치사다.
> ③ be good at을 외우지 않으면 전치사 at을 생각해 낼 수 없다.

(13) interested in

예문 Are you interested in sports? 당신은 스포츠에 관심 있나요?

해설 ∗ 형용사 interested('관심이 있는') 뒤에 in을 쓴다.
∗ 명사 interest('관심') 뒤에도 in을 쓴다.
his interest <u>in</u> sports '스포츠에 대한 그의 관심'

(14) different from

예문 This is quite different from that. 이것은 저것과 상당히 다르다.

해설 ∗ 형용사 different 뒤에 from을 쓴다. with가 아니다.
∗ different 뒤에 to를 쓰는 것은 영국식 구어체다.
∗ different 뒤에 than을 쓰는 것은 미국식 구어체다.
∗ **단, different 뒤에 절이 올 때는 different from 또는 different than을 쓴다.**
The job is <u>different from</u> what I expected.=The job is <u>different than</u> I expected.
"그 일은 내가 예상했던 것과 다르다."

(15) similar to

예문 Your house looks similar to mine. 너의 집은 내 집과 비슷해 보인다.

해설 ∗ 형용사 similar 뒤에 전치사 to를 쓴다. with가 아니다.

(16) afraid of

예문 I'm afraid of snakes. 나는 뱀이 무섭다.

해설 ∗ 형용사 afraid 뒤에 of를 쓴다. be afraid of는 '~을 무서워하다'이다.
∗ be afraid to do는 '~하기를 두려워하다'이다. to 뒤에 원형동사가 온다.
Don't be <u>afraid to ask for</u> help. "도움을 요청하는 것을 두려워하지 마라."

I'm afraid + that절

I'm afraid + that절은 '말씀 드리기 죄송하지만…'이라는 뜻이다.
I'm afraid that he's out. "말씀 드리기 죄송하지만 그는 외출 중입니다."

(17) happy for와 happy about

예문 Congratulations. We're happy for you. 축하한다. 너 참 잘 됐다.
We're happy about the results. 우리는 그 결과에 대해서 행복하다.

해설
* 'happy for+사람'은 '~때문에 행복하다'라는 뜻이다.
* "We are happy for you."는 결국 "너 참 잘 됐다."라는 뜻이다.
* 'happy about+사물'은 '~에 대해서 기뻐하다'라는 뜻이다.

(18) sorry for와 sorry about

예문 We're sorry for her children. 우리는 그녀의 애들 때문에 가슴이 아프다.
We're sorry about that. 우리는 그것에 대해서 미안하다.

해설
* 'sorry for+사람'은 '~에 대해서 안타깝게 생각하다' 라는 뜻이다.
* 'sorry about+사물'은 '~에 대해서 미안하게 생각하다' 라는 뜻이다.

(19) aware of

예문 We must remain aware of the changes.
우리는 그 변화들을 계속 알고 있어야 한다.

해설
* 형용사 aware('아는') 뒤에 전치사 of를 쓴다.
* 결국 be aware of는 know와 뜻이 같다.
* remain aware of는 '~을 계속 알고 있다'라는 뜻이다.

3 동사 + 목적어 + 전치사

(1) spend/waste ~ on

예문 We spend a lot of money on R&D. 우리는 많은 돈을 연구개발에 쓴다.
Don't waste your energy on useless things.
쓸데없는 일에 너의 정력을 낭비하지 마라.

해설
* spend/waste+목적어 뒤에 전치사 on을 놓는다.

심층해설 왜 외워야 하나?

① 우리말은 '(돈/시간 등을) ~에 쓰다'라고 말한다.
② 영어에는 우리말 조사 '~에'에 해당하는 전치사가 많다.
③ spend/waste 뒤에 on이라는 것을 외우지 않으면 알 수 없다.

Notes

(2) admire/praise ~ for

예문 We admire/praise him for his courage.
우리는 그의 용기에 대해서 그를 흠모/칭찬한다.

해설
* 동사 admire/praise 뒤에 우선 사람/조직을 놓고 그 뒤에 전치사 for를 쓴다.
* 결국 admire/praise somebody for sth은 '~에 대해서 ~를 흠모/칭찬하다'이다.
* 이 때 전치사 about을 쓸 수 없다: admire somebody <u>about</u> something (✗)

(3) criticize/punish ~ for

예문 We criticize/punish the company for the accident.
우리는 그 사고에 대해서 그 회사를 비난/처벌한다.

해설
* criticize/punish 뒤에도 먼저 사람/조직을 놓고 그 뒤에 전치사 for를 쓴다.
* criticize/punish somebody for sth은 '~에 대해서 ~을 비난/처벌하다'이다.

(4) blame ~ for

예문 1 Don't blame her for the accident.
그 사고에 대해서 그녀를 책망하지 마라.

해설
* 동사 blame 뒤에도 우선 사람/조직을 놓고 그 뒤에 for를 놓는다.
* blame somebody for something은 '~에 대해서 ~을 책망하다'라는 뜻이다.

예문 2 Don't blame the accident on her. 그 사고를 그녀의 탓으로 돌리지 마라.

해설
* blame 뒤에 사건/상황을 먼저 놓고 그 뒤에 사람을 놓을 때는 on을 쓴다.
* 이 경우는 on 이하를 강조하는 것이므로 on 이하를 강하게 읽는다.

예문 3 You are not to blame for the accident. 그 사고는 네 탓이 아니다.

해설
* 자동사 blame은 '책망 받다'라는 뜻이다. 그 뒤에도 전치사 for를 쓴다.
* 예문에서 blame은 자동사다. blame 뒤에 목적어가 없기 때문이다.
* 예문에서 are not to는 금지를 나타낸다. 즉, '~해서는 안 된다'라는 뜻이다.

(5) compare ~ to/with

예문 1 Compare the prices to/with yours. 그 가격들을 네 가격과 비교하라.

해설
* 동사 compare ('비교하다') 뒤에는 전치사 to 또는 with를 쓴다.
* **compare가 '비유하다'라는 뜻일 때는 그 뒤에 전치사 to만 쓴다.**
  Life is often compared to a voyage. "인생은 흔히 항해에 비유된다."

예문 2 Compared to/with ours, theirs is a palace.
우리 것에 비하면 그들의 것은 궁전이다.

해설
* 'Compared to/with…'라는 표현이 있다. '~에 비하면'이라는 뜻이다.
* 이 때에도 compared 뒤에 to/with를 쓴다.

(6) replace ~ by/with

예문 We'll replace him by/with a more competent worker.
우리는 그를 더 유능한 직원으로 대체하겠다.

해설
* 동사 replace('대체하다/교체하다') 뒤에는 전치사 by나 with를 쓴다.
* **by와 with 둘 다 우열을 가릴 수 없을 정도로 많이 쓴다.**
* replace A by/with B는 'A를 B로 대체하다'라는 뜻이다.
* replace는 기계/장비/부품에 대해서도 많이 쓴다.

(7) keep somebody from ~ing

예문 The noise kept me from sleeping. 그 소음이 나를 잠들지 못하게 했다.

해설
* keep somebody from ~ing는 '~가 ~을 하지 못하도록 막다'라는 뜻이다.
* prevent, stop, prohibit 뒤에도 somebody from ~ing을 쓴다.
* 단, prohibit은 '막다'가 아니라 '금지시키다'라는 뜻이다.
* prevent는 '예방하다'라는 뜻도 가지고 있다.
* 다음 예문처럼 stop 뒤에 전치사 from을 생략하는 것은 구어체다.
  The noise stopped me sleeping. "그 소음이 나를 잠들지 못하게 했다."
* 표준영어에서는 from이 있어야 한다: The noise stopped me <u>from</u> sleeping.

(8) translate ~ into

예문 Translate this article into English. 이 기사를 영어로 번역하라.

해설 * 동사 translate 뒤에는 전치사 into를 쓴다.

(9) rob ~ of, deprive ~ of

예문 1 He robbed the bank of $2 million.
그는 그 은행에서 2백만 불을 강탈했다.

해설
* 동사 rob('강탈하다')은 rob somebody of something의 구조로 사용한다.
* rob the bank of $2 million은 '그 은행에서 2백만 불을 강탈하다'라는 뜻이다.

예문 2 They deprived the entrepreneur of his property.
그들은 그 기업가에게서 그의 재산을 빼앗았다.

해설
* deprive('빼앗다')도 같은 구조로 쓴다.
* 즉, deprive somebody of something('~에게서 ~을 빼앗다')이라고 한다.

(10) remind ~ of, remind ~ about

예문 1 She reminds me of my grandmother. 그녀는 나의 할머니를 연상시킨다.

해설
* remind A of B는 'A에게 B를 연상시키다'라는 뜻이다.
* **이 때 B는 주로 사람이다.**

Notes

예문 2 She reminded me about the meeting.

그녀는 내게 그 회의를 상기시켰다.

해설
* remind A about B는 '~에게 ~에 대해서 상기시키다'이다.
* 이 때 B는 주로 사물이다.

(11) congratulate ~ on

예문 Congratulate him on his promotion.

그에게 그의 진급에 대해서 축하해 주라.

해설
* 동사 congratulate은 congratulate somebody on something의 구조로 쓴다.
* 명사 congratulations('축하') 뒤에도 on을 쓴다.
  Congratulations on your promotion! "너의 진급을 축하한다."

(12) accuse ~ of

예문 She accused me of poisoning her dog.

그녀는 내가 자기 강아지를 독살했다고 고발했다.

해설
* accuse('고발/비난하다')는 accuse somebody of something의 구조로 쓴다.
* accuse somebody of something은 '~를 ~혐의에 대해서 고발/비난하다'이다.

(13) thank ~ for

예문 Thank you for your help. 너의 도움에 감사를 드린다.

해설 * 동사 thank는 thank somebody for something의 구조로 쓴다.

(14) mistake ~ for

예문 I often mistake her for her mother over the phone.

나는 전화할 때 자주 그녀를 그녀 엄마로 착각한다.

해설 * mistake A for B는 'A를 B로 착각하다'라는 뜻이다.

(15) inform ~ of

예문 1 We have informed him of our decision.

우리는 그에게 우리의 결정에 대해서 알렸다.

해설
* inform은 inform somebody of something의 구조로 쓴다.
* 이 때 전치사 of를 누락하면 안 된다: We have informed him our decision. (✗)
* inform은 수여동사가 아니라 완전 타동사이기 때문이다.

예문 2 Inform him that it has been accepted.
그에게 그것이 수락되었음을 알려라.

해 설
* 단, inform 뒤의 직접목적어가 명사절이면 전치사 of를 생략한다.
* 결국 예문에서 him은 간접목적어, that it has been accepted은 직접목적어다.

(16) contribute ~ to

예문 1 She has contributed lots of money to relieving the poor.
그녀는 가난한 사람들을 구제하는 데에 많은 돈을 기부해왔다.

해 설
* 타동사 contribute 뒤에 전치사 to를 쓴다.
* to relieving the poor에서 to는 전치사이고 relieving은 동명사다.

예문 2 The destruction of forests is contributing to the greenhouse effect.
숲의 파괴가 온실효과에 기여하고 있다.

해 설
* 자동사 contribute 뒤에도 전치사 to를 쓴다.

(17) concentrate/focus ~ on

예문 1 We will concentrate our efforts on solving the problem.
우리는 그 문제를 해결하는 데에 우리의 노력을 집중하겠다.

해 설
* 타동사 concentrate/focus('집중하다') 뒤에 전치사 on을 쓴다.

예문 2 We'll focus on solving the problem. 우리는 그 문제해결에 집중하겠다.

해 설
* 자동사 concentrate/focus 뒤에도 전치사 on을 쓴다.
* 명사 concentration/focus('집중') 뒤에도 전치사 on을 쓴다.
  our concentration/focus on the problem '그 문제점에 대한 우리의 집중'

(18) provide ~ with

예문 Cows provide us with milk. 소는 우리에게 우유를 제공해 준다.

해 설
* 동사 provide는 provide somebody with something의 구조로 쓴다.
* 동사 supply/furnish도 같은 구조로 쓴다.
* 동사 offer('제공/제안하다')는 수여동사이므로 제 4형식 문장에 쓴다.
  Did they offer you a job? "그들이 네게 일자리를 제안하더냐?"
* provide/supply/furnish는 수여동사가 아니다: Cows provide us milk. (✗)
* 이 동사들은 완전타동사이므로 제 3형식 문장에 쓴다.
  We will soon supply you with more food.
  "우리는 곧 네게 더 많은 식량을 제공하겠다."

> Notes

(19) assure ~ of

예문 I assure you of his innocence. 나는 네게 그의 결백을 보증한다.

해설
* assure('보증하다')는 assure somebody of something의 구조로 쓴다.
* assure somebody of something은 '~에게 ~에 대해서 보증하다'라는 뜻이다.
* 단, assure somebody 뒤에 명사절이 올 때는 of를 생략한다.
  I assure you that he is innocent. "난 네게 그가 결백하다는 것을 보증한다."

3 구동사 (Phrasal Verbs)

Key Point 구동사?
(1) 구동사는 두 개 이상의 단어, 즉 구(phrase)로 이루어진 동사다.
(2) 구동사에는 다음 3가지가 있다:
   a. 동사+전치사   b. 동사+부사   c. 동사+부사+전치사

1 동사+전치사로 이루어진 구동사

(1) apply for

예문 Apply for a passport. 여권을 신청하라.

해설
* apply for는 '~을 신청하다' 또는 '~에 지원하다'이다.
  Apply for the job. " 그 일자리에 지원하다."
* apply는 동사, for는 전치사인데 둘을 묶어서 하나의 구동사로 본다.
* **for가 없는 타동사 apply는 '적용하다' 또는 '바르다' 이다.**
  Apply the policy. "그 정책을 적용하라."
  Apply the ointment where it hurts. "아픈 곳에 그 연고를 바르라."

(2) be to

예문 I've been to London. 나는 런던에 가본 적이 있다.

해설
* 구동사 be to는 '~에 가 본적이 있다'라는 뜻이다.
* be to는 경험을 나타내기 위해서 현재완료나 과거완료 시제로 쓰인다.
* go to는 be to와 달리 '~로 가다' 이다.
* 현재완료 have/has gone to는 '~로 가버려서 (이제) 없다'라는 뜻이다.
  She has gone to London. "그녀는 런던으로 가버렸다."
  I've gone to London. (✗) "나는 런던으로 가버렸다(?)"
  I've been to London. (○) "나는 런던에 가본 적이 있다."

(3) care about

예문 I don't care about your opinion. 나는 당신의 의견에 관심이 없다.

해설 * care about은 '~에 대해서 관심을 갖다'라는 뜻이다.

(4) care for

예문 1 Would you care for some more coffee? 커피 더 드실래요?

해설 * care for는 '~을 좋아하다'라는 뜻이다. for 뒤에 명사가 온다.
* care to do는 '~하는 것을 좋아하다'라는 뜻이다. to 뒤에 원형동사가 온다.
 Would you care to have some more coffee? "커피 더 드실래요?"

예문 2 He is now caring for his sick mother.
그는 현재 아픈 엄마를 돌보고 있다.

해설 * care for는 '~을 돌보다'라는 뜻도 가지고 있다.
* 이런 care for는 take care of 또는 look after와 뜻이 같다.

(5) come across, run into, bump into

예문 I came across an old friend of mine on the subway this morning.
나는 오늘 아침 지하철에서 옛 친구를 우연히 만났다.

해설 * come across, run into, bump into는 '~을 우연히 만나다'라는 뜻이다.
* 단, run into 뒤에 사물이 나오면 '~에 부딪치다'라는 뜻이다.
 He ran into a tree. "그는 나무에 부딪쳤다."

(6) decide on

예문 Have you decided on the wedding date? 너는 결혼 날짜를 결정했나?

해설 * decide on+명사는 '~을 결정하다'이다.
* 즉, 명사 앞에는 decide가 아니라 decide on을 쓴다.
 Have you decided the wedding date? (X)
* 전치사 on 없이 쓰는 타동사 decide는 to 부정사나 명사절 앞에 쓴다.
 They decided to put off the wedding. "그들은 결혼식을 연기하기로 결정했다."
 We've decided that it will cost us too much.
 "우리는 그것이 우리에게 너무 많은 비용을 발생시킬 것이라고 결론 내렸다."
* decide는 decide+명사절에서는 conclude처럼 '결론 내리다'라는 뜻이다.

(7) live on

예문 He lives on the unemployment insurance.
그는 그 실업보험에 기대어 산다.

해설 * live on+수입은 '(변변치 않은 수입)~에 기대어 산다'라는 뜻이다.

Notes

(8) consist of

예문 1 A baseball team consists of eleven players.
야구 팀은 11명의 선수로 구성된다.

해설
* consist of는 '~로 구성되다'라는 뜻이다.
* **consist는 자동사다. 따라서 consist는 수동태로 만들 수 없다.**
  A baseball team <u>is consisted of</u> eleven players. (✗)
* is consisted은 수동태이므로 틀렸다.
* **우리말에서는 '구성되다' 이지만 영어에서 consist는 수동태로 만들 수 없다.**

심층해설 수동태로 쓸 수 있는 동사?

① **be composed of**는 '~으로 구성되다'라는 뜻이다. 수동태로 쓴다.
  A baseball team <u>is composed of</u> eleven players.
  "야구 팀은 11명의 선수로 구성된다."
② **be made up of**도 '~으로 구성되다'라는 뜻이다. 수동태로 쓴다.
  A baseball team <u>is made up of</u> eleven players.
  "야구 팀은 11명의 선수로 구성된다."
③ 결국 '구성되다'라는 뜻의 동사가 영어에는 3가지다:
  consist of는 능동, compose of와 make up of는 수동으로 쓴다.
④ 다음 예문에서 보듯이 comprise도 '구성되다'라는 뜻이다.

예문 2 The United States comprises 50 states.
미국은 50개 주로 구성되어있다.

해설
* comprise는 타동사로 그 자체가 '~으로 구성되어있다'라는 뜻이다.
* 따라서 comprise 뒤에 바로 목적어(50 states)를 놓는다.

(9) dispose of

예문 Who'll dispose of the waste? 누가 그 폐기물을 처분할 것이냐?

해설 * dispose of는 '~을 처분하다/버리다'이다. dispose는 '배열하다'이다.

(10) cope with

예문 We can cope with the difficult situation.
우리는 그 어려운 상황에 대처할 수 있다.

해설 * cope with는 '(상황 등에) 대처하다'라는 뜻이다.

(11) deal with

예문 deal with criminals/water pollution 범죄자들/수질오염을 다루다

해설
* deal with는 '(사람/사물을) 다루다'이다.
* '(문제를) 다루다'라는 뜻의 deal with 대신에 address를 쓸 수 있다.
  We will <u>address</u> the water pollution. "우리는 그 수질 오염(문제)을 다루겠다."

❓ 동사 address?

❶ address는 '(문제를) 다루다'이다.
  address the issue
  '그 이슈를 다루다'

❷ address는 '~에게 연설하다'이다.
  address the audience
  '그 청중에게 연설하다'

❸ address는 '~에 주소를 기재하다'이다.
  address an envelope
  '그 봉투에 주소를 기재하다'

(12) interfere in/with

예문 Don't interfere in/with another's life. 남의 인생에 간섭하지 마라.

해설
* interfere in/with는 '~에 간섭하다'이다.
* interfere은 자동사다. 그 뒤에 전치사 in/with가 있어야 한다.
  Don't <u>interfere another's life</u>. (×)

(13) look after

예문 Nurses look after people in hospital. 간호사들은 환자들을 돌본다.

해설
* look after는 '~을 돌보다'라는 뜻이다.

(14) participate in

예문 We will participate in the event. 우리는 그 행사에 참여할 것이다.

해설
* participate in은 '~에 참여하다'이다. take part in도 같은 뜻이다.
* participate은 타동사가 아니다: We will <u>participate the event</u>. (×)
* attend는 타동사다. 바로 그 뒤에 목적어가 온다: We will <u>attend the event</u>.

(15) refrain from

예문 Please refrain from smoking. 흡연을 삼가 해주세요.

해설
* refrain from ~ing은 '~하는 것을 삼가다'라는 뜻이다.

(16) suffer from

예문 He is suffering from hepatitis. 그는 간염을 앓고 있다.

해설
* 자동사 suffer 뒤에는 from이 온다. suffer from은 주로 '(병을) 앓다'이다.
* 타동사 suffer는 '(손실을) 입다'이다.
  We <u>suffered big losses</u> last year. "우리는 작년에 큰 손실을 입었다."

(17) result from과 result in

예문 The job loss resulted from the mistake.
그 실직은 그 실수에서 기인했다.
The mistake resulted in the job loss. 그 실수는 그 실직을 초래했다.

해설
* result from은 '~에서 기인하다'이다. **result from 뒤에는 원인이 온다.**
* result in은 '~을 초래하다'이다. **result in 뒤에는 결과가 온다.**
* result in은 lead to와 같다. The mistake <u>led to</u> the job loss.

> Notes

> **Notes**

(18) do/go without

예문 We'll do/go without a secretary. 우리는 비서 없이 견디겠다.

해설 ＊do/go without은 '~없이 견디다' 이다.

(19) refer to

예문 1 He referred to the rising unemployment.
그는 증가하는 실업을 언급했다.

해설 ＊refer to는 mention처럼 '언급하다'라는 뜻이다.

예문 2 For further details, refer to your notes.
추가적인 세부사항은 네 기록을 참고하라.

해설 ＊refer to는 '참고하다'라는 뜻도 가지고 있다.

예문 3 I'll be pleased to refer him to an appropriate agency.
나는 기꺼이 그를 적절한 기관에 소개 시켜주겠다.

해설 ＊refer A to B는 'A를 B에 소개 시키다'라는 뜻이다.

(20) depend on, hinge on, rely on, count on

예문 1 It depends on/upon the leadership. 그것은 리더십에 달렸다.

해설 ＊depend on/upon 뒤에 사물이 오면 '~에 달려있다'라는 뜻이다.
＊hinge on도 같은 뜻이다.
　Everything <u>hinges on</u> his decision. "모든 것은 그의 결정에 달렸다."

예문 2 He depended on his uncle for school expenses.
그는 학비를 위해 삼촌에게 의존했다.

해설 ＊depend on/upon 뒤에 사람이 오면 '…에게 의존하다'라는 뜻이다.
＊rely on, count on도 같은 뜻이다.
　Don't <u>rely on</u> him. "그에게 의존하지 마라."
　You can <u>count on</u> me. "너는 나를 믿어도 좋다."

(21) stand for

예문 What does OPEC stand for? OPEC은 무엇을 의미하니?

해설 ＊stand for는 '(약어가) ~을 의미하다'라는 뜻이다.

(22) stick to

예문 Stick to the principle. 그 원칙을 고수하라.

해설 * stick to는 '~을 고수하다'라는 뜻이다.

(23) succeed in

예문 He succeeded in solving the problem.
그는 그 문제를 해결하는 데에 성공했다.

해설
* succeed in은 '~에 성공하다'이다. in 뒤에 주로 동명사(solving)를 놓는다.
* fail('실패하다')은 그 뒤에 주로 to 부정사를 놓는다.
  He failed to conquer the mountain. "그는 그 산 정복에 실패했다."
* succeed in은 '~에 성공하다'이고 **succeed는 '계승하다' 라는 뜻이다.**
  When the king died, his eldest son succeeded. "왕이 죽자 그의 장자가 계승했다."

(24) take after

예문 The baby took after his mother. 그 아이는 자기 엄마를 닮았다.

해설 * take after는 '~을 닮다'이다.

(25) ask for

예문 He asked for money. 그는 돈을 요구했다.
He asked me for money. 그는 나에게 돈을 요구했다.

해설
* ask for는 '~을 (달라고) 요청하다'이다.
* ask somebody for something은 '~에게 ~을 달라고 요청하다'이다.
* ask는 '묻다'이다: Ask the price. "그 가격을 물어보라."

(26) belong to

예문 1 Does this belong to you? 이것이 당신 것이냐?

해설 * belong to 뒤에 사람이 오면 '(물건이) ~의 것이다'라는 뜻이다.

예문 2 He belongs to a revolutionary organization.
그는 혁명단체에 속해있다.

해설 * belong to 뒤에 조직이 오면 '(사람이) ~에 속해있다'라는 뜻이다.

(27) belong on과 belong in

예문 The book belongs on the top shelf. 그 책은 맨 위 선반에 놓는 것이다.
The tool belongs in the bottom drawer.
그 공구는 맨 아래 서랍에 놓는 것이다.

> Notes

해설
* belong on/in은 '(물건이 원래) ~에 놓이는 것이다'라는 뜻이다.
* shelf 앞에 on, drawer 앞에 in을 쓰므로 두 예문에 각각 on과 in을 썼다.

(28) be after

예문 Don't marry him: he's only after your money.
그녀와 결혼하지 마라. 그는 너의 돈만 추구할 뿐이다.

해설 * be after는 '~을 추구하다'라는 뜻이다.

(29) die of와 die from

예문 1 Many people died of influenza. 많은 사람이 독감 때문에 죽었다.
Many children are still dying of hunger.
많은 애들이 아직도 기아 때문에 죽는다.

해설 * die of는 '(질병/기아) ~때문에 죽다'라는 뜻이다.

예문 2 He died from his injuries. 그는 부상 때문에 죽었다.

해설 * die from은 '(질병/기아 이외의 원인) ~때문에 죽다'라는 뜻이다.

(30) get to

예문 What time did you get to the airport?
너는 몇 시에 그 공항에 도착했니?

해설
* get to는 '~에 도착하다'라는 뜻이다.
* arrive 뒤에는 at을 써야 할지, in을 써야 할지 고민해야 한다.
* 그러나 get 뒤에는 그런 고민을 할 필요가 없어서 get to가 편하다.

(31) insist on

예문 He insisted on paying for the meals.
그는 그 음식 값을 내겠다고 고집했다.

해설
* insist on은 '~을 고집하다'라는 뜻이다.
* insist 뒤에 전치사 on이 있어야 한다: He insisted paying the dress. (✗)
* 즉, 동명사 앞에는 자동사 insist를 써야 한다는 뜻이다.
* 단, 명사절 앞에는 on을 생략해서 타동사 insist를 쓴다.
  She insisted that he get back immediately. "그녀는 그가 즉시 돌아올 것을 고집했다."

(32) listen to

예문 Listen to this. 이것을 들어보라.

해설 * listen to는 '(의도적으로) ~에 귀 기울이다'라는 뜻이다.

* listen이 아니라 listen to다: Listen this. (×)
* hear는 의도하지 않았는데 들렸다는 뜻으로 listen to와 뜻이 다르다.
  Did you hear that? "너 그 소리를 들었니?"

(33) look at

예문 She's looking at her watch. 그녀는 자기 손목시계를 쳐다보고 있다.

해설
* look at은 '~을 바라보다'라는 뜻이다. 그 뒤에 명사/대명사가 온다.
* look은 '~처럼 보이다'라는 뜻의 불완전사동사다. 그 뒤에 형용사가 온다.
  It looks delicious. "그것은 맛있게 보인다."

(34) look for

예문 I'm looking for my car key. 나는 내 차 열쇠를 찾고 있다.

해설
* look for는 '(잃어버린 물건 등을) 찾다'라는 뜻이다.

(35) look into

예문 Look into/in the drawer. 그 서랍 안을 들여다보라.

해설
* look into는 '~의 안을 들여다보다'라는 뜻이다.
* look into 대신에 look in을 써도 된다.
* look into는 '~을 조사하다'라는 뜻도 갖고 있다.
  We will look into the problems. "우리는 그 문제점들을 조사하겠다."

(36) get on과 get in

예시 1 get on the bus/train/plane/ship/bike/motorcycle/horse
버스 등에 타다

해설
* get on은 '(대중교통수단 또는 bike, motorcycle, horse에) 타다'라는 뜻이다.
* get off는 이런 곳에서 '내리다'라는 뜻이다.
  Get off the bus. "버스에서 내려라."

예시 2 get in the car/taxi/boat 승용차 등에 타다

해설
* get in은 '(승용차/택시/보트에) 타다'라는 뜻이다.
* get out은 이런 교통수단에서 '내리다'라는 뜻이다.
  Get out the car. "(승용)차에서 내려라."

(37) operate on

예문 They operated on her yesterday afternoon.
그들은 어제 그녀를 수술했다.

Notes

구동사에 쓰인 at?

❶ 구동사에 쓰인 at은 항상 '~을 향하여'라는 뜻이다.
smile at '~을 향하여 미소 짓다'
point at '~을 가리키다'
wave at '~을 향하여 손을 흔들다'
shoot at '~을 향하여 쏘다'
frown at '~을 향하여 인상 쓰다'
throw at '~을 향하여 던지다'
shout at '~을 향하여 소리지르다'
laugh at '~을 조롱하다'

❷ laugh at은 '~을 향하여 깔깔대고 웃다' 이므로 '~을 조롱하다' 라는 뜻이 된다.

> **Notes**

해설
* operate on은 '~을 수술하다'라는 뜻이다.
* operate은 '(기계 등을) 조작하다'이다.
  Who <u>operated</u> the machine? "누가 그 기계를 조작했나?"

(38) trip over

예문 He tripped over the cat. 그는 고양이에 걸려 넘어졌다.

해설 * trip over는 '~에 걸려 넘어지다'라는 뜻이다.

(39) wait for

예문 I waited for her until six o'clock. 나는 6시까지 그녀를 기다렸다.

해설
* wait for는 '~을 기다리다'이다.
* await은 wait for와 같은 뜻의 타동사다. 즉, 바로 뒤에 목적어를 놓는다.
  We're <u>awaiting instructions</u>. "우리는 지시를 기다리고 있다."
* 단, 사람을 기다린다는 뜻일 때에는 await을 쓰지 않는다.

(40) work on

예문 I will work on the report tomorrow.
나는 그 보고서에 대해서 내일 작업하겠다.

해설
* work on+작업대상은 '~에 대해서 작업하다'이다. 대단히 많이 쓴다.
* work on은 구체적인 동사 대신에 쓸 수 있어서 편리하기 때문이다.
  I will <u>repair</u> the roof tomorrow. → I will <u>work on</u> the roof tomorrow.

(41) get at

예문 What are you getting at? 너는 무엇을 암시하고 있는 거니?

해설 * get at은 '~을 암시하다'라는 뜻이다. imply와 같은 뜻이다.

(42) agree with, agree to, agree on, agree about

① agree with

예문 I agree with you. 나는 당신의 의견에 동의한다.
I agree with your policy/opinion. 나는 당신의 정책/의견에 동의한다.

해설 * **agree with** 뒤에는 사람(you)/정책(policy)/의견(opinion)이 온다.

② agree to

예문 I agree to your suggestion. 나는 당신의 제안에 동의한다.

해설 * agree to 뒤에는 제안이 온다. 즉, agree to는 '(제안에) 동의하다'이다.

③ agree on

예문 They agreed on the date. 그들은 그 날짜에 대해서 합의에 이르렀다.

해설 * agree on 뒤에는 결정해야 할 사항이 온다.
* 즉, agree on은 '~에 대해서 결정하다'라는 뜻이다.

④ agree about

예문 We agreed about most things. 우리는 대부분의 일들에 대해서 합의했다.

해설 * agree about 뒤에는 논의할 주제들이 온다.
* 즉, agree about은 '~에 대해서 합의에 이르다'라는 뜻이다.

(43) know of

예문 1 Do you know of any good restaurant in that area?
너는 그 지역에서 좋은 식당 아는 데 있느냐?

해설 * know of는 주로 '(남에게 들어서) 알다'라는 뜻이다.

예문 2 Not that I know of. 내가 알기에는 그렇지 않다.

해설 * 예문은 구어체 문장으로 대단히 많이 쓴다.
* 상대방의 말을 받아서 내 생각으로는 그렇지 않다는 뜻이다.
* 예문은 "I don't know of that."의 어순을 도치한 것이다.

(44) check with

예문 Check with the personnel director for any last-minute changes.
막판 변경이 있을지 모르니까 인사담당 이사에게 확인하라.

해설 * check with somebody는 '~에게 문의/확인하다'라는 뜻이다.
* **check with somebody 뒤의 for something은 '혹시 ~이 있을지 모르니까'** 이다.
* 이 때 for something은 '~을 위하여'가 아니다. 이는 대단히 중요하다.
* 예문은 혹시 변경이 있을지 모르니까 그 이사에게 물어보라는 뜻이다.

2 동사 + 부사로 이루어진 구동사

Key Point 동사+부사 구동사의 특징?

(1) 동사+전치사 구동사의 목적어는 항상 전치사 뒤에 온다.
Look at the girl. "저 소녀를 보라." (the girl이 at 뒤에 왔다.)
Look at me. "나를 보라." (me가 전치사 뒤에 왔다.)

(2) 동사+부사 구동사는 목적어를 구동사의 중간에 놓을 수 있다.
He turned the light off. = He turned off the light.
"그가 그 전등을 껐다."
(구동사 turn off의 목적어 the light를 중간 또는 끝에 놓았다.)

(3) 동사+부사 구동사의 목적어가 대명사이면 중간에만 놓는다.
He turned it off. (○) "그가 그것을 껐다."
He turned off it. (×)
(구동사 turn off의 대명사 목적어를 구동사 중간에만 놓는다.)

(1) bring up

예문 1 Bring up your child properly. 당신 애를 제대로 키워라.

해설 * bring up은 '(아이를) 양육하다'라는 뜻이다.

예문 2 I will bring it up at the next meeting.
내가 그것을 다음 회의에서 제기하겠다.

해설 * bring up은 '(이슈를) 제기하다'라는 뜻이기도 하다.
* 구동사의 목적어가 대명사(it)이므로 구동사의 중간에 놓았다: bring it up

(2) take up

예문 1 When did you take up jogging? 너는 언제 조깅을 하기 시작했나?

해설 * take up은 '(취미활동을) 시작하다'라는 뜻이다.

예문 2 It'll take up too much space. 그것은 너무 많은 공간을 차지할 것이다.

해설 * take up은 '(공간을) 차지하다'라는 뜻이기도 하다.

(3) put off

예문 We've got to put off the meeting. 우리는 그 회의를 연기해야 한다.

해설 * put off는 postpone처럼 '연기하다'라는 뜻이다.

심층해설 | put off와 postpone는 진짜 똑같을까?

put off는 Anglo-Saxon 족이 원래 가지고 있던 토종단어다. 우리말과 비교하면 '미루다'라는 토종단어와 같다고 할 수 있다. postpone은 15세기 후반에 라틴어 postponere에서 빌려온 단어다. 우리말과 비교하면 '연기'라는 한자어를 가지고 만든 '연기하다'와 같다.

토종단어가 어울리는 환경에서는 토종단어를, 외래어가 어울리는 환경에서는 외래어를 쓰는 것이 정답이다. put off는 다른 구동사들과 마찬가지로 특히 회화에서 많이 쓴다. 구수한 토종냄새가 나기 때문이다. 우리말도 마찬가지지만, 영어도 요즘에는 토종단어를 쓰려는 움직임이 강하다. 구동사가 많이 쓰이는 이유다.

(4) call off

예문 Call off the meeting. 그 회의를 취소하라.

해설 * call off는 cancel처럼 '취소하다'라는 뜻이다.

(5) see off

예문 I will see you off at the airport. 내가 공항에서 너를 전송해주마.

해설 * see off는 '전송하다'라는 뜻이다.

(6) take off

예문 1 The plane took off on time. 그 비행기는 정각에 이륙했다.

해설 * 자동사 take off는 '이륙하다'이다. 반대어는 land('착륙하다')이다.

예문 2 Take the hat off. 그 모자를 벗어라.

해설 * 타동사 take off는 '(옷 등을) 벗다'이다. 반대어는 put on('착용하다')이다.

(7) chip in

예문 We will all chip in and buy a present.
우리 모두 갹출하여 선물을 살 것이다.

해설 * chip in은 '(여러 사람이) 돈을 갹출하다'라는 뜻이다.

(8) break down

예문 The car broke down. 그 차가 고장 났다.

해설 * break down은 '고장 나다'라는 뜻이다.

> Notes

(9) turn down

예문 1 Turn the radio down. 라디오 소리를 줄여라.

해설
* turn down은 '(라디오/TV/에어컨/히터의 세기를) 줄이다'이다.
* 반대어는 turn up이다.

예문 2 She turned down my proposal. 그녀는 내 제안을 거절했다.

해설
* turn down은 '거절하다'라는 뜻도 가지고 있다.
* 이런 turn down은 reject/decline과 같은 뜻이다.

(10) fill out

예문 Fill out the form. 양식의 빈칸을 채워라.

해설
* fill out은 '(빈칸을) 채우다'라는 뜻이다.
* 영국식 영어에서는 fill in을 쓴다: Fill in the form.

(11) let down

예문 I'll never let you down. 나는 결코 너를 실망시키지 않겠다.

해설
* let down은 disappoint처럼 '~을 실망시키다'라는 뜻이다.

(12) pass out

예문 I thought I was going to pass out. 나는 기절하는 줄로 알았다.

해설
* pass out은 '기절하다'라는 뜻이다.
* pass away와 다르다. pass away는 '돌아가시다'라는 뜻이다.

(13) point out

예문 Point out the advantages of the proposal.
그 제안의 장점들을 지적하라.

해설
* point out은 '~을 지적하다'라는 뜻이다.

(14) put out

예문 Put the cigarette out. 담뱃불을 꺼라.
Put the fire out. 그 불을 꺼라.

해설
* put out은 extinguish처럼 '(불을) 끄다'라는 뜻이다.

(15) run out

예문 Time is running out. 시간이 얼마 안 남았다.
Gas has run out. 가스/휘발유가 다 되었다.

해설
* run out은 '(시간/돈/가스 등이) 고갈되다'라는 뜻이다.
* 동사시제가 현재진행(is running out)이면 얼마 안 남았다는 뜻이다.
* 동사시제가 현재완료(has run out)이면 이미 고갈되었다는 뜻이다.

(16) figure out

예문 I can't figure it out. 나는 그것을 이해할 수 없다.

해설 * figure out은 주로 '~을 이해하다'라는 뜻이다.

(17) stand out

예문 He stands out in a crowd. 그는 군중 속에서 두드러져 보인다.

해설
* stand out은 '두드러져 보이다'라는 뜻이다.
* stand out에서 파생한 형용사 outstanding은 '뛰어난'이라는 뜻이다.

(18) get by

예문 We'll get by somehow. 우리는 어떻게 해서든지 꾸려나가겠다.

해설 * get by는 '(그럭저럭) 꾸려나가다'라는 뜻이다.

(19) stop by, drop by

예문 Can you stop by my office for a moment?
내 사무실에 잠깐 들를 수 있겠니?

해설
* stop by나 drop by는 '~에 잠깐 들르다'라는 뜻이다.
* **stop by나 drop by 뒤에 따로 장소 전치사를 쓸 필요 없다.**
Can you stop by at my office for a moment? (✗)

(20) have on, put on

예문 1 She had on orange pajamas. 그녀는 오렌지 색 잠옷을 입고 있었다.

해설
* have on은 '(옷을) 입고 있다'라는 뜻이다.
* have on은 wear와 같은 뜻이다: She was wearing orange pajamas.
* 단, have on은 주로 단순시제로 쓰고, wear는 진행형시제로 쓴다.

예문 2 She is putting on jeans. 그녀는 청바지를 입고 있는 중이다.

해설 * put on은 '(옷 등을) 착용하다'라는 뜻이다. 주로 진행형시제로 쓴다.

Notes

be dressed in은?

be dressed in은 '(정장을) 입다'라는 뜻이다
He was dressed in a dark suit.
"그는 짙은 색 정장을 입고 있었다."

Notes

* have on과 wear는 옷을 입은 상태, put on은 옷을 입는 동작을 나타낼 때 쓴다.
* 따라서 예문은 지금 청바지를 입고 있는 중이라는 뜻이다.
* put on과 wear의 구별은 listening 시험에 자주 출제된다.

(21) take on

예문 I can't take on any more responsibilities.
나는 더 이상 책임을 떠맡을 수 없다.

해설 * take on은 '(책임/일을) 떠맡다'라는 뜻이다.

(22) try on

예문 Try them on first. 먼저 신어/입어 보라.

해설 * try on은 '(옷/신발 등이 맞는지) 입어/신어 보다'라는 뜻이다.

(23) run over

예문 A cat was run over this morning. 오늘 아침 고양이가 차에 치었다.

해설 * run over는 '(차로) 치다'이다. 주로 수동태로 쓴다.

(24) take over

예문 We will take over the company soon.
우리는 곧 그 회사를 인수할 것이다.

해설 * take over는 '인수하다'라는 뜻이다.
* take over는 '(전임자의) 업무를 인수하다'라는 뜻으로도 쓴다.

(25) step up, beef up

예문 The firm will have to step up production.
그 회사는 생산을 강화해야 할 것이다.

해설 * step up과 beef up은 enhance처럼 '강화하다'라는 뜻이다.

(26) turn away

예문 We don't turn anybody away. 우리는 누구도 쫓아내지 않는다.

해설 * turn away는 '(찾아온 사람을) 쫓아내다'라는 뜻이다.
* anybody가 대명사이므로 turn away의 중간에 놓았다.

(27) go under

예문 The company finally went under. 그 회사는 결국 망했다.

해설 * go under는 '(배가) 침몰하다' 또는 '(기업이) 망하다'라는 뜻이다.

(28) wake up

예문 I woke up three times in the night. 나는 밤중에 세 번 잠을 깼다.

해설 * wake up은 자동사로는 '잠을 깨다'이고, 타동사로는 '잠을 깨우다'이다.

(29) call back

예문1 Ask him to call me back. 그에게 나한테 전화해달라고 하라.

해설 * call back은 '(부재중에 온 전화에 대하여) 전화하다'라는 뜻이다.

예문2 I'll call you back later. 나중에 다시 너에게 전화할게.

해설 * call back은 '(나중에) 다시 전화하다'라는 뜻이기도 하다.

(30) pick up

예문1 Pick up some milk from the store. 그 가게에서 우유를 좀 사다 달라.

해설 * pick up은 '(쇼핑하는 김에 남의 물건도) 사주다'라는 뜻이다.

예문2 I will pick you up at the airport. 내가 공항에서 너를 마중하마.

해설 * pick up은 '(차를 가지고 가서) 마중하다'라는 뜻이기도 하다.

(31) turn out

예문 The movie turned out to be boring. 그 영화는 지겨운 것임이 드러났다.

해설 * turn out은 '~임이 드러나다'라는 뜻이다.
* turn out은 불완전자동사다. 그 뒤에 있는 (to be) boring은 보어다.

(32) comply with

예문 She has complied with the rules. 그녀는 그 규칙들을 준수했다.

해설 * comply with는 '(규정 등을) 준수하다'이다. abide by와 같다.
* 명사 compliance('준수') 뒤에도 with를 쓴다.
  compliance with the law '그 법의 준수'
* 형용사 compliant('준수하는') 뒤에도 전치사 with를 쓴다.
  compliant with the law '그 법을 준수하는'

Notes

> Notes

(33) rule out

예문 We don't rule out the possibility of a tax increase.
우리는 세금인상의 가능성을 배제하지 않는다.

해설 * rule out은 '(가능성 등을) 배제하다'라는 뜻이다.

(34) end up

예문 We always end up arguing. 우리는 항상 결국 말다툼을 하게 된다.

해설 * end up은 '결국 ~하게 되다'라는 뜻이다.
* wind up도 end up과 같은 뜻이다: We always wind up arguing.

(35) wrap up

예문 Wrap it up, please. 그것을 포장해 주세요.

해설 * wrap up은 '~을 포장하다'라는 뜻이다.
* wrap up은 informal English에서는 '(계약 등을) 매듭짓다' 라는 뜻이다.
We have to wrap up this proposal today.
"우리는 오늘 이 제안서를 매듭지어야 한다."

3 동사 + 부사 + 전치사로 이루어진 구동사

(1) catch up with

예문 I had to run to catch up with him.
나는 그를 따라잡기 위해서 뛰어야 했다.

해설 * catch up with는 '(앞 사람/차 등을) 따라잡다'라는 뜻이다.

(2) keep up with

예문 Keep up with the others. 다른 사람들과 보조를 맞추라.

해설 * keep up with는 '(~와) 보조를 맞추다'라는 뜻이다.

(3) come up with

예시 come up with a solution 해결방안을 생각해내다

해설 * come up with는 '(해결 방안 등을) 생각해내다'라는 뜻이다.

(4) cut down on

예시 cut down on expenses 비용을 줄이다

해설 * cut down on은 '(비용 등을) 줄이다'라는 뜻이다.
* cut down은 '(나무를) 베어 넘어뜨리다'라는 뜻이다.

(5) do away with

예문 Medicines have not done away with disease.
약들이 질병들을 제거하지 못했다.

해설 * do away with는 '~을 제거하다'이다. get rid of 또는 eliminate과 같다.

(6) fall back on/upon

예문 Teachers fall back on/upon authority.
교사들은 권위에 의지한다.

해설 * fall back on/upon은 '(마지막으로) ~에 의지하다'라는 뜻이다.

(7) get along/on with

예문 Do you get along/on with your boss? 너는 네 상사와 잘 지내나?

해설 * get along with 또는 get on with는 '~와 잘 지내다'라는 뜻이다.

(8) go ahead/on with

예문 Go ahead with your plan. 당신의 계획대로 추진하라.

해설 * go ahead/on with는 '~을 (계획/예정대로) 추진하다'라는 뜻이다.

(9) live up to

예문 It did not live up to my expectations.
그것은 내 기대에 부응하지 못했다.

해설 * live up to는 '(~의 기대에) 부응하다'이다. 즉, meet과 같은 뜻이다.

(10) look/watch out for

예문 Look/Watch out for drunk drivers. 음주 운전자들을 조심하라.

해설 * look out for 또는 watch out for는 '~을 조심하다'이다.

Notes

> **Notes**

(11) look up to

> 예문 She looks up to her father. 그녀는 자기 아버지를 존경한다.

> 해설 * look up to는 '~을 존경하다'라는 뜻이다.

(12) make up for

> 예문 We'll make up for the losses. 우리는 그 손실들을 만회할 것이다.

> 해설 * make up for는 '(손실 등을) 만회하다'라는 뜻이다.

(13) put in for

> 예문 Why don't you put in for the job? 왜 너는 그 일자리에 지원하지 않니?

> 해설 * put in for는 '~에 지원하다'라는 뜻이다. apply for와 같은 뜻이다.

(14) put up with

> 예문 I can't put up with him. 나는 그를 견딜 수 없다.

> 해설 * put up with는 '~을 견디다'이다. tolerate과 같은 뜻이다.
> * 구어체에서는 같은 뜻으로 stand를 쓰기도 한다.

(15) run out of

> 예문 We've run out of gas. 우리는 휘발유가 떨어졌다.

> 해설 * run out of는 '~이 고갈되다'이다.
> * run out of는 주어가 사람일 때 쓴다: <u>We</u>'ve run out of gas.
> * run out은 주어가 사물일 때 쓴다: <u>Gas</u> has run out. "휘발유가 떨어졌다."

● look forward to receive 가 맞다?

❶ look forward를 동사로 보기 때문에 그렇게 착각한다.
❷ look forward는 '앞쪽으로 보다' 이지 '학수고대하다'가 아니다.
❸ '학수고대하다'는 look forward to다.
❹ look forward to receive가 아니라 look forward to receiving이다.

(16) look forward to

> 예문 We are looking forward to receiving your reply as soon as possible.
>
> 우리는 가능한 한 빨리 당신의 답장을 받기를 학수고대한다.

> 해설 * look forward to는 '~을 학수고대하다'라는 뜻이다.
> * 이 때 to는 전치사다. 따라서 그 뒤에 동명사나 명사를 놓는다.
> * to가 전치사이므로 그 뒤에 원형동사를 놓을 수 없다.
>   We are looking forward to <u>receive</u> your reply as soon as possible. (✗)

(17) be up to

예문 It's up to you. 그것은 네 책임이다.

해설
* be up to는 '~의 책임이다'이라는 뜻이다.
* 예문은 네 책임 하에 마음대로 해도 된다는 뜻이다.

(18) hold on to

예문 Hold on to your hats. 모자를 꼭 잡고 있어라.

해설
* hold on to는 '~을 꼭 붙잡고 있다'이다.
* 예문은 놀라운 뉴스를 말하기 전에 "놀라지 마라!"라는 뜻으로도 쓴다.

(19) sign up for

예문 How many students have signed up for this course?
얼마나 많은 학생들이 이 강좌에 등록했나?

해설
* sign up for는 '~에 신청하다/가입하다'라는 뜻이다.
* "Sign up now!"는 "지금 신청하라"는 뜻이다.

Notes

4 기타 전치사 규칙

> **Key Point** 기타 전치사
>
> 기타 전치사 규칙에서는 위에서 못 다룬 전치사 규칙들을 다룬다.

1 전치사 뒤에 to 부정사를 놓을 수 없다.

- 예문) I am thinking of <u>to buy</u> a new car. (✕)
  나는 새 차를 사는 것을 고려 중이다.
- 해설)
  * 전치사(of) 뒤에 to 부정사(to buy)를 놓을 수 없다.
  * 이 규칙은 전치사 to 때문에 생겼다.
  * 전치사 to 뒤에 to 부정사를 놓으면 to가 연속으로 두 번 나오기 때문이다.
    I am looking forward to <u>to receive</u> your reply as soon as possible. (✕)
  * 그래서 모든 전치사 뒤에는 to 부정사를 쓰지 못한다. 대신 동명사를 쓴다.
    I am thinking of <u>buying</u> a new car. (○)

> **Key Point** 전치사 뒤에 무엇을 놓을 수 있다?
>
> 전치사 뒤에 명사(절), 대명사, 동명사를 놓을 수 있다.

2 전치사 뒤에 절을 놓을 수 없다.

- 예시) during <u>I was visiting Paris</u> (✕)
  내가 파리를 방문하고 있는 중에
- 해설)
  * 전치사(during) 뒤에 절(I was visiting Paris)을 놓을 수 없다.
  * 전치사 뒤에는 단어를 놓는다: during my visit to Paris '나의 파리 방문 중에'
  * 절 앞에는 전치사가 아니라 접속사(while)를 쓴다: <u>while</u> I was visiting Paris

3 like('~처럼')은 전치사이고 as('~처럼')는 접속사다.

- 예문 1) You look like my sister. 너는 내 누이를 닮았다.
- 해설)
  * like은 전치사다. like 뒤에는 단어(my sister)를 놓는다.

- 예문 2) Do it as I told you. 내가 네게 말해준 것처럼 그것을 하라.
- 해설)
  * 양태접속사 as는 접속사다. as 뒤에 절(I told you)을 놓는다.

- 예문 3) On Friday, as on Tuesday, the meeting will be at 8:30.
  화요일에 그런 것처럼 금요일에도 그 회의가 8:30에 열릴 것이다.

Notes

like과 as가 같다?
1. like과 as는 우리말로는 둘 다 '~처럼'이라는 뜻이다.
2. 그러나 like은 전치사이고 as는 접속사다.
3. like 뒤에는 단어, as 뒤에는 절이 온다.

해설
* 전치사구(on Tuesday) 앞에는 접속사 as를 쓴다.
* as 뒤의 전치사구는 사실상 절을 줄인 것이기 때문이다.
* 예문에서 as on Tuesday는 as it is at 8:30 on Tuesday를 줄인 것이다.

심층해설 구어체에서는?

① 구어체에서는 위 모든 경우에 전치사 like을 쓸 수 있다.
② 즉, 단어/구/절 앞에 전치사 like을 쓸 수 있다.
 like my sister   like on Tuesday   like I told you

4 명사 뒤에 about ('~에 대한')을 쓰는 경우와 on ('~에 관한')을 쓰는 경우

(1) about을 쓰는 경우

예시 a talk/conversation/discussion about politics
정치에 대한 이야기/대화/토론

해설 * 명사 talk, conversation, discussion 뒤에는 about('~에 대한')을 쓴다.

(2) on을 쓰는 경우

예시 a book/report/lecture/paper/study/experiment on the disease
그 질병에 대한 책/보고서/강의/논문/연구/실험

해설
* talk, conversation, discussion 이외의 명사 뒤에는 on('~에 관한')을 쓴다.
* on은 on the subject of('~라는 주제에 대한')를 줄인 것이다.
* 즉, on은 about에 비해서 주제를 깊이 있게 다룬다는 뜻이다.
* 따라서 book, report, lecture 등 '진지한 것' 뒤에는 on을 쓴다.

5 except, except for, except that, with the exception of

(1) except

예문 1 Nobody came except John. John을 제외하고는 아무도 오지 않았다.

해설
* except는 '~을 제외하고'라는 뜻의 전치사다.
* 단, 그 앞에 all, every, no, any 또는 여기서 파생한 대명사가 있어야 한다.
* 예문에서 except 앞에 'no'가 들어있는 대명사 nobody가 있다.

예문 2 It's true except in India. 그것은 인도를 제외하고는 진실이다.
It's true except when he smiles.
그것은 그가 미소 지을 때를 제외하고는 진실이다.

Notes

a book 뒤에 about?
아동도서일 때에는 about을 쓴다. 주제를 가볍게 다루기 때문이다.
a children's book about Africa
'아프리카에 대한 아동도서'

tax/tariff 뒤에 on?
tax('세금')와 tariff('관세') 뒤에도 전치사 on을 쓴다는 것도 알아두자.
a tax on tobacco '담배 세'
a tariff on imported jewelry
'수입보석에 대한 관세'

> **Notes**

해설
* 전치사(in)나 접속사(when) 앞에는 except for를 쓰지 못하고 except를 쓴다.
  except for in India (✗)   except for when he smiles (✗)
* 전치사나 접속사 앞에 except for를 붙이는 것이 거추장스럽기 때문이다.

(2) except for

예문
Except for John, nobody came. John을 제외하고는 아무도 오지 않았다.
The room was empty except for a piano.
피아노 한 대를 제외하고는 그 방은 비어있었다.

해설
* 전치사 except for는 except와 뜻이 같다.
* 단, except for는 그 앞에 all, every, no, any가 없어도 쓸 수 있다.
* 따라서 첫 예문에서 문장의 맨 앞에 당연히 except for를 쓴다.
* 둘째 예문에서 all, every, no, any가 없어서 except for를 썼다.

(3) except that

예문
It is perfect except that it is too long.
그것은 너무 길다는 것만 제외하면 완벽하다.

해설
* except that은 절 앞에 쓴다: except that it is too long
* 예문에서 'it is..'처럼 주어+동사가 있기 때문에 except that을 썼다.
* except that 대신에 except the fact that도 쓸 수 있다.
  It's perfect except the fact that it is too long.
  "그것은 너무 길다는 사실만 제외하면 완벽하다."

(4) with the exception of

예문
Everything is fine with the exception of one item.
한 가지 항목만 제외하고는 모두 좋다.

해설
* with the exception of는 except (for)와 같다. '~을 예외로 하고'라는 뜻이다.
* with the exception of는 그 앞에 all, every, no, any가 없어도 쓸 수 있다.
* 다음 예문도 맞다: Everything is fine except (for) one item. (O)

6 전치사 barring

예문
Barring accidents, I will be there tomorrow.
사고만 없다면 나는 내일 거기에 도착할 것이다.

해설
* 전치사 barring은 '(앞으로) ~만 없다면'이라는 뜻이다.
* 원래 barring은 현재분사인데 현대영어에서는 전치사로 분류한다.
* 전치사 barring은 미래의 일에 대해서만 쓴다.
* '(앞으로) ~만 없다면'이라는 표현을 많이 쓰기 때문에 이 전치사가 생겼다.

7 전치사 but

예문 1 He eats nothing but hamburgers.
그는 햄버거를 제외하고는 아무것도 안 먹는다.

해설
* all, every, no, any 뒤에 있는 but은 전치사다.
* 전치사 but은 '~을 제외하고'라는 뜻이다. 즉, except (for)와 같다.
* **단, nothing, everyone 바로 뒤에 놓을 때에는 but을 선호한다.**

예문 2 He's anything but a hero. 그는 결코 영웅이 아니다.
The problem is anything but easy. 그 문제는 결코 쉽지 않다.

해설
* anything but에서 but은 '제외하고'라는 뜻의 전치사다.
* 따라서 anything but은 '~을 제외하고 어떠한 것이라도'라는 뜻이다.
* 의역하면 anything but은 '결코 아니'라는 뜻이다. not ~at all과 뜻이 같다.
  He's anything but a hero. = He's not a hero at all.

예문 3 I can't help but like her. 나는 그녀를 좋아할 수 밖에 없다.

해설
* can't help but+원형동사는 '~할 수 밖에 없다'라는 뜻이다.
* 이 때 but은 '~을 제외하고'라는 뜻의 전치사다.
* 전치사 but 뒤에는 동명사나 to 부정사가 아니라 원형동사(like)를 쓴다.
* can't help but +원형동사는 미국식 구어체다.
* **영국식 영어 또는 문어체에서는 can't help ~ing를 더 많이 쓴다.**

예문 4 I can't help liking her. 나는 그녀를 좋아할 수 밖에 없다.

해설
* 영국식 영어 또는 문어체에서는 can't help ~ing를 많이 쓴다.
* **이 때 help는 '~을 억누르다' 라는 뜻이다. '돕다' 라는 뜻이 아니다.**
* '~하는 것을 억누를 수 없다'는 결국 '~할 수 밖에 없다'라는 뜻이다.
* 예문에서 liking her는 can't help의 목적어의 역할을 하는 동명사구다.
* 결국 can't help ~ing는 cannot help but +원형동사와 뜻이 같다.

Notes

nothing but이 only?
1. nothing but은 결국 only와 뜻이 같다.
2. '~을 제외하고 아무것도 아니'는 결국 '~뿐'이기 때문이다.
3. 왼쪽 예문은 그는 결국 햄버거만 먹는다는 뜻이다.

8 discuss/enter/approach는 영어에서 타동사

(1) discuss

예문 Let's discuss it now. 그것을 지금 논의하자.

해설
* discuss는 타동사다. 따라서 그 뒤에 바로 목적어(it)가 온다.
* discuss는 자동사가 아니다. 그 뒤에 전치사를 놓을 수 없다.
  Let's discuss about it now. (✗)
* 우리말에서는 '논의하다'가 자동사다. 즉, '~에 대해서 논의하다'라고 한다.
* 그러나 영어에서는 타동사이므로 그 뒤에 바로 목적어를 놓아야 한다.
* 단, 명사 discussion 뒤에는 전치사 about을 쓴다.
  our discussion about it '그것에 대한 우리의 논의'

> **Notes**

(2) enter

예문 The train is now entering a tunnel. 기차가 이제 굴 속으로 들어간다.

해설
* enter도 타동사다. 그 뒤에 바로 목적어(a tunnel)를 놓는다.
* 타동사 enter 뒤에 전치사를 놓을 수 없다: enter into a tunnel (×)
* enter를 자동사로 쓰는 경우는 '(계약을) 체결하다'라는 뜻일 때 뿐이다.
  enter into an agreement '계약을 체결하다'

(3) approach

예문 She approached him. 그녀가 그에게 접근했다.

해설
* approach는 타동사다. 그 뒤에 바로 목적어(him)를 놓는다.
* 타동사 approach 뒤에 전치사를 놓을 수 없다: She approached to him. (×)
* 단, 명사 approach 뒤에는 전치사 to를 놓는다.
  his approach to the issue '그 이슈에 대한 그의 접근'

9 전치사가 문장 끝에 오는 4가지 경우

> **Key Point** 전치사가 문장 끝에 오는 경우?
> ① WH-Question ② 관계절 ③ 명사절 ④ 수동태 구동사

(1) WH-Question

예문 Whom is the present for? 그 선물은 누구를 위한 것이냐?

해설
* 의문대명사(whom) 앞에 있어야 할 전치사(for)를 의문문의 끝에 놓는다.
* 예문에서 whom 앞에 있어야 할 전치사 for를 문장 끝에 놓았다.
* 현대영어에서 전치사를 의문대명사 바로 앞에 놓는 것은 지나친 문어체다.
  For whom is the present? "그 선물은 누구를 위한 것이냐?"

(2) 관계절

예문 This is the house which I told you about.
이것이 내가 네게 이야기했던 집이다.

해설
* 관계대명사(which) 앞의 전치사(about)를 관계절의 끝에 놓을 수 있다.
* 단, 문어체에서는 전치사를 관계대명사 앞에 얼마든지 놓을 수 있다.
  This is the house about which I told you.

> **② Whom 대신에 Who?**
> 미국식에서는 목적격 whom 대신에 who를 더 많이 쓴다.
> Whom is the present for?
> = Who is the present for?

(3) 명사절

예문 This is what I wanted to talk about. 이것이 내가 말하고 싶었던 것이다.

해설
* 명사절 안의 동사가 자동사일 때 전치사가 문장 끝에 올 수 있다.
* 예문에서 자동사 talk 뒤의 전치사 about을 생략할 수 없다.
  This is what I wanted to talk. (×)
* talk about something이지 talk something이 아니기 때문이다.

(4) 수동태 구동사

예문 The victims were not referred to. 그 희생자들은 언급되지 않았다.

해설
* 동사+전치사 구동사가 수동태가 되면 전치사가 문장 끝에 온다.
* 예문에서 refer to가 수동태가 되었기 때문에 전치사 to가 문장 끝에 왔다.
* 이런 경우 전치사 to를 생략할 수 없다. The victims were not referred. (×)
* refer to라야 '언급하다' 라는 뜻이기 때문이다. refer는 '언급하다' 가 아니다.
* 예문을 능동태로 만들면 다음과 같다.
  He did not refer to the victims. "그는 그 희생자들을 언급하지 않았다."

10 전치사를 생략할 수도 있는 경우

> **Key Point** 전치사를 생략할 수도 있는 경우?
> 전치사 뒤에 명사절이 오면 다음과 같은 전치사를 생략할 수 있다.
> ① 동사 depend 뒤의 on/upon
> ② 형용사 sure 뒤의 of와 형용사 optimistic 뒤의 about
> ③ 명사 idea/question 뒤의 of

(1) 동사 depend 뒤에서

예문 It depends how hard you work.

그것은 네가 얼마나 열심히 일/공부 하느냐에 달렸다.

해설
* 명사절 앞에서는 동사 depend 뒤의 전치사 on/upon을 생략할 수 있다.
  It depends how hard you work = It depends on how hard you work.

(2) 형용사 sure/optimistic 뒤에서

예문 Are you sure (of) that she will come back?

당신은 그녀가 돌아올 것이라고 확신하나?

He is optimistic (about) that the company will continue to prosper.

그는 그 회사가 계속 번창할 것이라고 낙관하고 있다.

Notes

해설
- 명사절 앞에서 be sure of('~에 대해서 확신하다')의 of를 생략할 수 있다.
- 명사절 앞에서 be optimistic about의 about을 생략할 수 있다.
- optimistic은 '낙관적인'이라는 뜻이다.

(3) 명사 idea와 question 뒤에서

예문
I have no idea (of) who will replace him.
나는 누가 그를 대체할 것인지 모르겠다.

The question (about) whether he should apologize will be discussed.
그가 사과해야 하느냐라는 의문점이 논의될 것이다.

해설
- 명사 idea 뒤의 전치사 of를 생략할 수 있다. of 뒤에 명사절이 올 때다.
- 첫째 예문에서 I have no idea 뒤의 전치사 of를 생략할 수 있다.
- 명사 question 뒤의 전치사 about을 생략할 수 있다. about+명사절일 때다.
- 둘째 예문에서 The question 뒤의 전치사 about을 생략할 수 있다.

11 두 단어 이상으로 구성된 전치사

Key Point 두 단어 이상으로 구성된 전치사라니?
① 부사는 독자적으로 쓴다.
② 전치사는 명사/대명사/동명사 앞에 쓴다.
③ 접속사는 절 앞에 쓴다.
④ 다음 표현들은 전치사이므로 그 뒤에 단어가 온다는 뜻이다.

(1) according to, in accordance with

예시 according to the report 그 보고서에 따르면

해설
- according to와 in accordance with는 '~에 따르면'이다.
- according 뒤에는 to를, in accordance 뒤에는 with를 쓴다는 점에 주의하라.

(2) aside from

예문 Aside from the violin, he plays the piano and the flute.
그는 바이올린 외에 피아노와 플루트도 연주한다.

해설
- aside from은 '~외에'라는 뜻이다.
- 즉, aside from은 besides나 in addition to와 같은 뜻이다.

---

accordingly

accordingly는 부사다. '그에 따라서'라는 뜻이다.
We will act accordingly.
"우리는 그에 따라서 행동할 것이다."

(3) apart from

예문 I like all musical instruments apart from the violin.
나는 바이올린을 제외하고는 모든 악기를 좋아한다.

해설
* apart from은 '~을 제외하고'라는 뜻이다.
* 즉, apart from은 except (for) 또는 전치사 but과 같은 뜻이다.
* apart from을 '~외에'라는 뜻으로 쓰는 사람도 일부 있다.
   Who else was there apart from your parents?
   "거기에 너의 부모님 외에 또 누가 있었나?"

(4) for the sake of

예시 for the sake of our country 우리나라를 위하여

해설 * for the sake of는 for와 마찬가지로 '~을 위하여'라는 뜻이다.

(5) as for, as to, with reference to, with respect to, in regard to, in reference to

예시 1 as for that man 저 남자에 대해서 / 저 남자로 말하자면
as to the identity of the thief 그 도둑의 신원에 대하여

해설
* as for와 as to는 '~에 대해서/관해서'라는 뜻이다.
* 문장의 맨 앞에는 as for 또는 as to를, 문장의 중간에는 주로 as to를 쓴다.
* as for와 as to는 about, concerning, regarding과 같은 뜻이다.

예시 2 with reference to your job application 당신의 구직신청에 관해서

해설
* with reference/respect to 또는 in reference/regard to는 '~에 관해서'이다.
* 이것들은 business writing에서 많이 쓴다.

(6) rather than

예문 We ought to invest in machinery rather than buildings.
우리는 건물보다는 기계에 투자해야 한다.

해설
* rather than은 '~보다는'라는 뜻의 전치사다.
* 즉, rather than buildings는 '건물보다는'이라는 뜻이다.

(7) instead of

예문 I'll have coffee instead of tea. 나는 차 대신에 커피를 마시겠다.

해설
* instead of는 '~의 대신에'라는 뜻의 전치사다.
* instead는 '그 대신에'라는 뜻의 부사다.
   I will have some coffee instead. "나는 그 대신에 커피를 마시겠다."

Notes

Notes

(8) prior to

예시 prior to the war 그 전쟁 전에

해설
* prior to는 '전에'라는 뜻의 전치사다.
* before('전에')는 부사/전치사/접속사이고, prior to는 전치사다.
* prior는 '이전의'라는 뜻의 형용사다: prior arrangements '선약들'

(9) regardless of, irrespective of

예시 1 regardless of age 나이에 상관없이

해설
* regardless of는 '~에 상관없이'라는 뜻이다.
* regardless of 뒤에는 age처럼 유리/불리를 따질 수 없는 것이 온다.
* despite과 in spite of는 '~에도 불구하고'이다. 그 뒤에 불리한 것이 온다. despite the rain '그 비에도 불구하고'

예시 2 irrespective of race 인종에 상관없이

해설
* irrespective of도 regardless of와 마찬가지로 '~에 상관없이'라는 뜻이다.

(10) thanks to

예문 Thanks to your help, I was able to finish it on time.
당신 도움 덕분에 나는 그것을 제 때 마칠 수 있었다.

해설
* thanks to는 '~의 덕택에'라는 뜻의 전치사다.

(11) such as, including, for example/instance, like

예시 1 fatty foods such as bacon and hamburgers
베이컨과 햄버거와 같은 지방식품

해설
* such as는 '~와 같은'이라는 뜻이다.
  such as bacon and hamburgers '베이컨과 햄버거와 같은'

예시 2 fatty foods including bacon and hamburgers
베이컨과 햄버거를 포함한 지방식품

fatty foods, for example/instance bacon and hamburgers
지방식품, 예를 들면, 베이컨과 햄버거

해설
* including은 '~을 포함하여'라는 뜻이다.
* for example과 for instance는 '예를 들면'이다.

예시 3 fatty foods like bacon and hamburgers
베이컨과 햄버거와 같은 지방식품

해설
* 구어체에서는 전치사 like('~처럼/~와 같은')도 많이 쓴다.

> **심층해설** such as, including, for example/instance, like
>
> 모두 예를 들 때 쓴다. 따라서 이 단어/구들 모두 '예를 들면'이라고 해석해도 좋다.

(12) other than

예시 1 a planet other than the earth 지구가 아닌 다른 행성

해 설 * other than은 '~이 아닌 다른'이라는 뜻이다.

예문 2 It was none other than the president himself.
그것은 다름아닌 대통령 자신이었다.

해 설 * none other than은 '다름아닌'이라는 뜻이다.

(13) as well as

예 문 He grows flowers as well as vegetables.
그는 채소는 물론 꽃들을 재배한다.

해 설 * as well as는 '~은 물론이고'라는 뜻의 전치사다.
* not to mention과 let alone도 as well as와 같은 뜻이다.
He speaks French, let alone English. "그는 영어는 물론 불어도 할 줄 안다."

(14) along with, together with

예 문 Tobacco is taxed in most countries, along with alcohol.
담배는 술과 함께 대부분의 나라에서 과세된다.

해 설 * along with와 together with는 '~와 함께'라는 뜻이다.

(15) on the heels of

예 시 on the heels of the windstorm 태풍이 분 직후에

해 설 * on the heels of는 '~의 발뒤꿈치에 바짝 붙어서' 즉, '~후 즉시'라는 뜻이다.

(16) in the wake of, in the aftermath of

예 시 in the wake of the earthquake 그 지진 후에
in the aftermath of the earthquake 그 지진 후에

해 설 * in the wake of와 in the aftermath of는 '(안 좋은 일) 후에'라는 뜻이다.
* 이 전치사 뒤에는 earthquake, flood, fire, explosion 등 안 좋은 일이 온다.

> **Notes**

(17) in honor of

예문 We had a reception in honor of Mr. Burnanke.
우리는 버냉키 씨를 위하여 리셉션 파티를 열었다.

해설 ＊ in honor of는 '~에게 경의를 표하여' 즉, '~을 위하여'라는 뜻이다.

(18) on behalf of

예문 On behalf of the staff, welcome aboard.
직원들을 대표해서 입사를 환영합니다.

해설 ＊ on behalf of는 '~을 대표하여'라는 뜻이다.

(19) in observance of

예시 in observance of the national holiday 그 국경일을 경축하기 위하여

해설 ＊ in observance of는 '~을 준수하여' 즉, '~을 경축하기 위하여'라는 뜻이다.

▶ 맺음말

✓ 이 교재에서는 전치사를 4개 부분으로 나누어서 접근했다. 전치사는 그만큼 다루어야 하는 분량이 많다. 우리말에는 조사가 있다. 조사는 key-word 뒤에 나오기 때문에 단순하다. 영어의 전치사는 key-word 앞에 오기 때문에 다양하게 발달했다. 전치사는 예고의 기능을 한다. 예를 들면, 시간을 나타낼 때 at을 쓰면 시각, on을 쓰면 날짜/요일이 나온다는 것을 미리 알 수 있다. 우리말은 두 가지 경우 모두 '~에'라는 조사를 붙인다. 조사는 명사 뒤에 오기 때문에 구태여 조사를 복잡하게 만들 이유가 없다.

✓ 전치사 공부의 기초는 시간/장소 전치사를 아는 것이다. **전치사는 개수가 많지 않다. 많은 전치사가 multi-function을 하기 때문에 까다로울 뿐이다.** 시간 전치사 중에서 가장 까다로운 것이 at/on/in('~에')이다. 이 전치사들의 용법 13가지를 알고 있어야 한다. **장소 전치사는 시간 전치사 보다 더 많다. 그만큼 장소표현을 많이 사용한다는 뜻이다.** 기타 개별전치사에서는 특히 숙어적인 on의 사용법에 주의해야 한다. 예를 들면, on arrival은 '도착할 때'다.

✓ **집단전치사 용법은 한국인이 가장 많이 틀리는 부분이다.** 예를 들면, 형용사 satisfied 뒤에 about이 아니라 with를 쓴다. 우리말에서는 '~에 대해서 만족한'이지만 영어에서는 satisfied 뒤에 about을 쓸 수 없기 때문에 조심해야 한다. 집단전치사 용법은 3부분으로 나눈다. 즉, 명사+전치사, 형용사+전치사, 동사+목적어+전치사로 나누어서 철저하게 관리해야 한다.

✓ **구동사에는 3가지 종류가 있다.** 즉, 동사+전치사, 동사+부사, 동사+부사+전치사다. **특히 동사+전치사와 동사+부사를 구별할 수 있어야 한다.** 예를 들면, '끄다'라는 뜻인 turn off가 둘 중 어느 쪽인지 알아야 한다. 왜냐하면 동사+전치사이면 전치사의 목적어를 전치사 뒤에 놓아야 하지만, 동사+부사라면 구동사의 목적어를 동사와 부사 사이에 놓을 수 있기 때문이다. **look forward to는 동사+부사+전치사다. 즉, 여기서 to는 to 부정사의 to가 아니라 전치사 to이기 때문이다. 따라서 그 뒤에 원형동사를 놓을 수 없다.**

✓ 전치사의 네 번째 부분은 기타 전치사 규칙으로 위에서 다루지 못한 전치사 규칙들을 다루었다. 예를 들면, 전치사 뒤에는 to 부정사 대신에 동명사를 써야하고 전치사 뒤에는 절을 놓을 수 없다는 등의 규칙들을 다루었다. except, barring, thanks to, as well as, along with 등이 전치사라는 것도 배웠다.

Section 14 등위접속사 (Coordinating Conjunctions)

Notes

 등위접속사?

❶ 등위접속사는 단어/구/절을 대등하게 접속한다.

❷ 다음 5가지로 나눈다: 추가/순서, 대비, 선택, 결과, 원인

❸ 등위접속사가 두 절을 접속하면 전체는 중문이 된다.

핵심강의

☐ **등위접속사는 단어/구/절을 대등하게 접속한다. and/but/or 등 14개가 있다. 등위접속사는 5가지로 분류한다.** 즉, 추가/순서, 대비, 대안, 결과, 원인이다.

☐ **추가/순서를 나타내는 접속사로는 and, not only ~but also~, both ~and~, plus, and then 등이 있다.** not only ~ but also~에서 not only 대신에 not just를 쓸 수 있고, but also 대신에 but ~too 또는 but ~as well을 쓸 수 있다.

☐ **대비를 나타내는 등위접속사로는 but과 and yet이 있다.** and yet에서 and를 생략할 수 있다. yet은 접속부사로 쓸 수도 있다. 그래서 신문/잡지에서 많이 쓴다. 접속사/접속부사 yet은 문장 앞에 쓰고, 시간부사 yet은 문장 끝/중간에 놓는다.

☐ **대안을 나타내는 접속사로는 or, either ~or~, neither ~nor~, nor가 있다.** either ~or~는 or에 비해서 좀 더 공식적인 표현이다. either 뒤에는 or가, neither 뒤에는 nor가 온다. 여기에는 예외가 없다. 등위접속사 nor는 부정문 뒤에만 쓴다. nor는 '또는 ~도 아니' 라는 뜻이다. nor는 부정사이므로 그 뒤에 어순을 도치한다. 즉, nor 뒤에는 동사+주어의 순서로 놓는다. 그리고 nor는 접속사 외에 접속부사로도 쓴다.

☐ **결과를 나타내는 등위접속사로는 and so와 and thus가 있다.** and를 생략해서 so나 thus를 등위접속사로 쓸 수도 있다. thus는 접속부사로도 쓸 수 있다.

☐ **원인을 나타내는 등위 접속사는 for다.** '그 원인은 ~이다' 라는 뜻이다. for 뒤에 절이 오면 for는 등위접속사이고, for 뒤에 단어가 오면 for는 전치사다.

☐ **등위접속사가 두 절을 접속하면 중문이 된다.** 중문에 들어있는 두 절을 각각 등위절/등위절, 독립절/독립절이라고 부른다. 두 절이 상호 독립적이다. 따라서 두 절이 대등하게 접속되기 때문에 각 절을 독립적으로 볼 수 있다.

☐ **등위접속사는 다른 품사로 사용되는 경우도 많다.** both A and B 에서 both는 형용사/대명사, and then에서 then은 시간부사와 접속부사, but은 전치사, and yet에서 yet은 시간부사와 접속부사, either A or B에서 either나 neither A nor B에서 neither는 형용사/대명사이기도 하다.

1 추가와 순서 (Addition & Sequence)

> Notes

1 and

예문 You can and should go there. 나는 거기에 갈 수 있고 그리고 가야 한다.

해설
* and는 '그리고'이다. 따라서 and는 정보를 추가할 때 쓴다.
* 예문은 "You can go there"와 "You should go there"를 합친 것이다.
* 단어/구를 접속하는 and는 '~와/과'라고 해석한다: You and I '너와 나'

2 not only A but also B

예문 He's not only arrogant but also selfish.
그는 오만할 뿐만 아니라 이기적이기도 하다.

해설
* not only A but also B는 'A는 물론이고 B도'라는 뜻이다.
* not only 대신에 not just를 쓸 수 있다. only와 just의 뜻이 같기 때문이다.
* but also 대신에 but ~too 또는 but ~as well도 쓸 수 있다.
* too/as well은 also와 뜻이 같기 때문이다. 위치가 다를 뿐이다.
  He's not just arrogant but selfish too/as well.
* **즉, also는 문장 중간에 놓고, too나 as well은 문장 끝에 놓는다.**
* not only A and also B가 아니다. not only A but also B다.
  He's not only arrogant and also selfish. (✕)

3 both A and B

예문 She speaks both English and Chinese.
그는 영어와 중국어 둘 다를 한다.

해설
* both A and B는 'A와 B 둘 다'라는 뜻이다.
* both English and Chinese는 '영어와 중국어 둘 다'이다.
* both 뒤에는 and가 온다고 외워야 한다. 'A와 B'이므로 and가 필요하다.

4 plus

예문 A bicycle is cheaper than a car, plus it does not pollute the air. 자전거는 승용차보다 싸고 대기를 오염시키지도 않는다.

해설
* 구어체에서 두 절을 접속하는 and 대신에 plus를 쓸 수 있다.
* 예문에서 plus는 and 대신에 두 절을 연결하여 중문을 만들었다.
* 접속사 plus는 '그리고'이고, 덧셈할 때 쓰는 plus는 '더하기'라는 뜻이다.
  Two plus two equals four. "2 더하기 2는 4다."

Notes

5 (and) then

예문 We had a break and then went back to work.
우리는 휴식을 취한 다음에 다시 작업을 시작했다.

해설
* 등위접속사 and then은 '그 다음에'라는 뜻이다. 순서를 나타낸다.
* and then의 and를 생략할 수 있다: We had a break, <u>then</u> went back to work.
* 즉, 두 단문 사이에 있는 then은 등위접속사다.
* 시간부사 then('그 때에')은 문장 끝에 온다.
  How old were you <u>then</u>? "그때 너는 몇 살이었니?"
* 접속부사 then('그렇다면')은 문장 앞에 온다.
  <u>Then</u> we're going to have to walk. "그렇다면 우리는 걸어가야 할 것이다."

2 대비 (Contrast)

1 but

예문 I rang the bell but there was no answer.
내가 초인종을 울렸지만 응답이 없었다.

해설
* but은 '그러나'라는 뜻이다. but은 두 단어/구/절을 대비시킨다.
* 예문에서 but은 두 절을 대비시키고 있다.

2 (and) yet

예문 It's good, and yet it could be improved.
그것은 좋다. 그러나 개선될 수 있다.

해설
* and yet도 '그러나'라는 뜻의 접속사다.
* 예문에서 and yet은 두 절을 접속하고 있다.
* and yet의 and를 생략할 수 있다: It's good, yet it could be improved.

접속부사 yet?

❶ yet을 접속부사로도 쓸 수 있다. 뜻은 접속사 yet과 같다.
It's good, <u>yet</u> it could be improved. (접속사 yet)
It's good. <u>Yet</u> it could be improved. (접속부사 yet)

❷ 앞 문장을 마침표로 끊고 나서 사용한 yet은 접속부사다.

❸ yet은 접속사/접속부사로 쓸 수 있어서 신문/잡지에 많이 쓴다.

yet another?

yet another는 '또 다른'이라는 뜻의 형용사다.
yet another example of his negligence '그의 또 다른 게으름의 예'

3 대안 (Alternative)

1 or

예문 1 Rain or shine, we'll go. 비가 오든 또는 해가 나든 우리는 갈 것이다.

해설
* or는 '또는'이라는 뜻이다.
* rain or shine은 양보절 whether it rains or shines을 줄인 것이다.

예문 2 Run or (else) you will be late. 뛰어라. 그러지 않으면 너는 늦을 것이다.

해설
* 명령문 뒤의 or (또는 or else)는 '그렇지 않으면'이라는 뜻이다.
* or나 or else 대신에 otherwise를 쓸 수도 있다: Run, <u>otherwise</u> you will be late.
* 의무를 나타내는 직설법 문장 뒤의 or, or else, otherwise도 같은 뜻이다.
  You will have to run, <u>or</u> you will be late.
  "너는 뛰어야 한다. 그러지 않으면 너는 늦을 것이다."

2 either A or B

예문 You can either write or call. 너는 편지를 쓰거나 또는 전화를 할 수 있다.

해설
* either A or B는 'A 또는 B 둘 중 어느 쪽이라도'라는 뜻이다.
* **either A or B는 or 보다 공식적인 표현에 쓴다. 둘의 기본적인 뜻은 같다.**
  You can <u>either</u> write <u>or</u> call. = You can write <u>or</u> call.

3 neither A nor B

예문 Neither Mary nor Susan could come. 메리도 수잔도 올 수 없었다.

해설
* neither A nor B는 'A도 아니고 B도 아니'라는 뜻이다.
* neither 뒤에는 or가 올 수 없다. neither 뒤에는 항상 nor가 온다.

4 nor

예문 I don't know, nor do I care. 나는 알지도 못하고 관심도 없다.

해설
* 접속사 nor는 '또한 ~도 아니'라는 뜻이다.
* 예문에서 nor가 중문 안에서 두 단문을 연결하고 있으므로 접속사다.
* 단, nor는 부정문(I don't know) 뒤에 사용한다.
* nor가 부정사(negatives)이므로 nor 뒤에는 어순을 도치한다.
* 즉, nor 뒤에는 동사+주어의 순서로 놓는다.
  I don't know, nor <u>I care</u>. (✗)   I don't know, nor <u>do I care</u>. (○)

Notes

Notes

* nor를 접속부사로 쓸 수도 있다. 뜻은 접속사일 때와 같다.
  I don't know. <u>Nor</u> do I care. (접속부사 nor)
* 어순의 도치는 '어순의 도치' section에서 자세히 다룬다.

4 결과 (Result)

1 and so

예문 It has rained for many days, (and) so the ground is very wet.
여러 날 동안 비가 왔다. 그래서 땅이 매우 젖었다.

해설
* and so는 '따라서'라는 뜻의 결과 등위접속사다.
* 예문에서 and so 앞의 단문은 원인을, and so 뒤의 단문은 결과를 나타낸다.
* and so에서 and를 생략할 수 있다.
  It has rained for many days, <u>so</u> the ground is very wet.

2 and thus

예문 It has rained for many days, (and) thus the ground is very wet.
여러 날 동안 비가 왔다. 그래서 땅이 매우 젖었다.

해설
* and thus도 '따라서'라는 뜻의 접속사다. 단, and thus는 문어체 단어다.
* and thus에서도 and를 생략할 수 있다.
  It has rained for many days, <u>thus</u> the ground is very wet.
* thus는 접속부사로 쓸 수도 있다. 뜻은 접속사일 때와 같다.
  It has rained for many days. <u>Thus</u> the ground is very wet. (접속부사 thus)

5 원인 (Cause)

접속사 for와 because의 차이?

❶ 등위접속사 for는 두 절 사이에만 놓을 수 있다.
We rarely eat out, <u>for</u> we can't afford it.

❷ 종속접속사 because는 문장의 중간은 물론 앞에 놓을 수도 있다.
We rarely eat out <u>because</u> we can't afford it. (문장 중간)
<u>Because</u> we can't afford it, we rarely eat out. (문장 앞)

❸ for는 등위접속사이므로 두 절을 대등하게 접속한다.

❹ because는 종속접속사이므로 주절에 종속된 종속절을 이끈다.

1 for

예문 We rarely eat out, for we can't afford it.
우리는 거의 외식하지 않는다. 그 까닭은 우리가 부담할 수 없기 때문이다.

해설
* 등위접속사 for는 '그 까닭은'이라는 뜻이다. 단, 문어체 단어다.
* 접속사 for 앞에는 comma를 찍거나 또는 다음 예문처럼 colon을 놓는다.
  We rarely eat out: <u>for</u> we can't afford it.
* 접속사 for는 두 절을 연결한다. 즉, for 뒤에 절이 오면 for는 접속사다.
* for 뒤에 단어가 오면 for는 전치사다.
  She's tall <u>for her age</u>. "그녀는 나이에 비해서 키가 크다."
* 바로 위 예문의 전치사 for는 '위하여'가 아니라 '~치고는'이라는 뜻이다.

맺음말

✓ 등위접속사는 양쪽을 대등하게 접속한다. 등위접속사가 두 절을 접속할 때 전체문장은 중문이 된다. 이 때 양쪽 절을 각각 등위절 또는 독립절이라고 부른다. 중요한 등위접속사로는 not only ~ but also~, both ~and ~, and yet, either ~or~, neither ~nor~, and so, for가 있다.

✓ not only ~but also~는 뒤쪽 단어/구/절을 강조할 때 쓴다. 따라서 'A만이 아니라 B도'라고 해석할 수도 있고, 'A는 물론이고 B도'라고 해석해도 된다. also 대신에 같은 뜻의 too나 as well을 쓸 수 있다. 즉, but also 대신에 but ~too나 but ~as well을 쓸 수 있다. not only ~and also가 아니다. not only 뒤에서 but also 대신에 but만 쓰는 것은 구어체다. **표준영어에서는 틀린 것으로 간주한다. 왜냐하면, but은 '대비'할 때 쓰고, but also는 '추가'할 때 쓰는 것이기 때문이다.**

✓ both 뒤에는 and가 온다. 'A와 B 둘 다'라는 뜻이기 때문이다. 반면에 and 앞에는 either/neither가 아니라 both를 놓는다. either 뒤에는 or, neither 뒤에는 nor를 놓기 때문이다.

✓ but과 같은 뜻의 대비 접속사가 (and) yet이다. **Yet은 접속부사로도 쓸 수 있기 때문에 편리하다.** '아직'이라는 뜻의 시간부사 yet과 달리 접속사 yet은 항상 문장 앞에 온다.

✓ either 뒤에는 or가 온다. 'A 또는 B 둘 중 어느 쪽이라도'라는 뜻이기 때문이다. either 뒤에 nor를 놓을 수 없다. 반면에 neither 뒤에는 or가 아니라 nor를 놓는다. neither ~ nor~의 뜻은 'A도 아니고 B도 아니'이다.

✓ and so와 and thus는 결과를 나타낸다. '따라서'라는 뜻이다. and를 생략할 수도 있다.

✓ for는 두 절 사이에 있으면 등위접속사로 원인을 나타낸다. 문어체 단어다. **주로 갑자기 생각난 것 (afterthought)을 보탤 때 쓴다. 따라서 그 앞에 comma를 찍는다. 생각하느라고 pause가 생긴다.** for가 전치사일 때에는 절 앞에 쓰지 않으므로 for가 전치사인지, 접속사인지 쉽게 구별할 수 있다. 즉, 전치사 for 뒤에는 단어가, 접속사 for 뒤에는 절이 온다.

Section 15 부사절 접속사 (Adverb Clause Conjunctions)

Notes

부사절?
1. 부사절은 전체문장에서 부사의 역할을 한다.
2. 부사절에는 7가지가 있다: 시간/조건/목적/이유/결과/양보/양태
3. 부사절 접속사로는 56개가 있다.
4. 이 접속사들은 개별적인 뜻을 정확히 말할 수 있을 정도로 확실하게 알아야 한다.

핵심강의

☐ 부사절 접속사는 부사절을 이끈다. 부사절에는 7가지가 있다. 즉, 시간, 조건, 이유, 목적, 결과, 양보, 양태절이다. **부사절 접속사는 총 56개다.**

☐ **시간접속사는 24개다.** 특별히 중요한 접속사로는 once, now that, by the time, no sooner ~than, hardly/scarcely ~when/before 등이 있다.

☐ **조건접속사는 8가지 종류로 나눈다.** if는 가장 대표적인 접속사다. should를 if 대신에 쓸 수 있다. provided/providing (that)은 주절을 기정사실화 한다. only if는 if 절 앞에 only를 붙인 것으로 on condition that과 같은 뜻이다. unless는 if ~not과 비슷하다. as long as, as far as, so long as도 주절을 기정 사실화한다. even if는 '비록 ~할 경우에라도' 라는 뜻이다.

☐ **이유접속사에는 5가지가 있다.** because는 중요한 이유에 쓰고, since/as는 부수적인 이유에 쓴다. in case는 '(앞으로) ~할지 모르니까' 라는 뜻이다. in that은 in the sense that을 줄인 것으로 '~라는 의미에서' 라는 뜻이다. 구어체에서 쓰는 It's not that S+V에서 that은 because처럼 이유접속사의 역할을 한다.

☐ **목적접속사로는 so that과 in order that이 있다.** lest는 so that ~not에 해당 한다. **결과접속사로는 such/so 뒤에 있는 that이 있다.** 명사 앞에 such, 형용사/부사 앞에 so를 쓴다. so that을 결과접속사로 쓸 수도 있다.

☐ **양보접속사는 6가지 종류로 나눈다.** 우선 although, though, even though, while, whereas, whilst를 많이 쓴다. 형용사나 부사를 문장 앞에 놓고 그 뒤에 though나 as를 놓아도 양보절이 된다. albeit은 although be it을 줄인 것이다. no matter 뒤에 why를 제외한 의문사들을 놓거나, 이 의문사 끝에 ever를 붙여서 양보접속사로 쓸 수 있다. whether ~ or ~도 양보절을 이끈다.

☐ **양태 접속사로는 as, the way, as if/as though가 있다.** 가정법 앞에는 as though를 쓸 수 없고 as if만 쓴다.

1 시간절 (Time)

> **Key Point** 시간절
> ① 시간절은 시간을 나타낸다.
> ② 시간절 접속사는 다음 12가지 종류로 나눈다.

1 when

예문 When you called, I was taking a shower.
네가 전화했을 때 나는 샤워 중이었다.

해설
* when은 '~할 때에'라는 뜻으로 시점을 나타낸다.
* when you called는 시간절이다.

2 since

예문 I've loved you since I met you.
나는 너를 만난 이래로 계속 너를 사랑해왔다.

I had loved you since I met you.
나는 너를 만난 이래로 계속 너를 사랑했었다.

해설
* since는 '~이래로'라는 뜻이다.
* since 절에는 항상 단순과거(met)를 쓴다. 과거시점을 나타내기 위해서다.
* 주절에는 현재완료 또는 과거완료 동사를 쓴다.
* **현재완료를 쓰면 현재까지, 과거완료를 쓰면 과거까지 그랬다는 뜻이다.**
* since 앞에 ever를 붙일 수 있다. 이 때 ever는 '계속해서'라는 뜻이다.
  I've loved you <u>ever since</u> I met you.
  "나는 당신을 만난 이래로 계속해서 당신을 사랑해왔다."
* since는 부사와 전치사로도 쓴다.
  I have not met him <u>since</u>. (부사 since)
  I have not met him <u>since</u> the accident. (전치사 since)

3 while, as

예문 1 I fell asleep while I was watching TV. 나는 TV를 보다가 잠들었다.

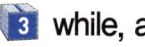

해설
* while/as는 '~하는 동안에'라는 뜻이다.
* while/as가 이끄는 시간절은 주절과 동시에 벌어진 일을 나타낸다.
* 따라서 while/as 절에는 주로 진행형(was walking) 동사를 쓴다.
* **while/as 시간절을 흔히 동시 시간절이라고 부른다.**
* 이 절은 전체 복문 안에서 background information('배경정보')을 제공한다.

Notes

부사절과 주절 사이에 comma?

❶ 부사절+주절이면 두 절 사이에 comma를 찍는다.
When you called, I was taking a shower.

❷ 주절+부사절이면 두 절 사이에 comma를 찍지 않는다.
I've loved you since I met you.

❸ 부사절+주절에서 comma는 주절이 끝났다는 표시다.

❹ 주절+부사절에서는 접속사가 그런 역할을 충분히 한다.

Notes

예문 2) Many children are dying of hunger <u>even as we talk</u>.
심지어 우리가 이야기를 하는 동안에도 많은 어린이들이 기아로 죽고 있다.

해설
* 'even as 주어+동사'는 시간절로 '심지어 ~하는 동안에도'라는 뜻이다.
* even as는 동시 시간접속사 as 앞에 초점부사 even을 보탠 것이다.
* 예문에서 even as we talk은 '심지어 우리가 얘기를 하는 동안에도'이다.
* 접속사 as는 3가지 부사절을 이끈다. 그러나 even as~는 항상 시간절이다.

4 before

예문) Do it before you forget it. 잊기 전에 그것을 하라.

해설
* before는 '~전에'라는 뜻의 접속사다.
* before는 부사/전치사이기도 하다.
  Have you been here <u>before</u>? (부사 before)   <u>before</u> the war (전치사 before)

5 after

예문) He bought the house after he was promoted.
그는 진급된 후에 그 집을 샀다.

해설
* after는 '~후에'라는 뜻의 접속사다.
* after는 전치사이기도 하다: after the promotion (전치사 after)

6 until/till

예문) Let's wait until the rain stops. 비가 그칠 때까지 기다리자.

해설
* until/till은 '~까지'라는 뜻의 접속사다.
* until/till은 전치사이기도 하다: until/till 8 o'clock '8시까지'
* till은 informal English에서만 쓴다.

7 whenever, every time, each time

예문) The roof leaks whenever it rains. 비가 올 때마다 지붕이 샌다.

해설
* whenever는 '~할 때마다'라는 뜻의 접속사다.
* whenever 대신에 every time 또는 each time을 접속사로 쓸 수 있다.
  The roof leaks <u>every/each time</u> it rains.

8 the first/last time, (the) next time

예시 1 the first/last time I saw her 내가 그녀를 처음으로/마지막으로 보았을 때

해설
* the first/last time은 '처음으로/마지막으로 ~했을 때'라는 뜻이다.
* the second/third time 등도 접속사로 쓸 수 있다
  the second time I saw her '내가 그녀를 만난 두 번째에'

예문 2 (The) Next time you travel, stay at a CNN partner hotel.
다음에 여행할 때에는 CNN 제휴 호텔에 머무르세요.

해설
* (the) next time은 '~한 다음 번에'라는 뜻의 접속사다.
* 예문에서 (the) next time은 두 단문을 접속하고 있으므로 접속사다.
* 주로 과거의 이야기에는 the next time, 미래의 이야기에는 next time을 쓴다.
* 부사 next time도 있다: I'll try harder next time. "다음에 더 열심히 하마."

9 once

예문 Once we get the approval, we will let you know immediately. 일단 우리가 그 승인을 받으면 즉시 당신에게 통보하겠다.

해설
* 접속사 once는 '일단 ~하면'이라는 뜻이다.
* 접속사 once는 if('~한다면')와 as soon as('~하자마자')를 결합한 접속사다.
* **그래서 once는 시간 접속사이지만 뜻은 조건 접속사처럼 들린다.**
* '일단 ~하면'에서 '일단'은 시간을 나타내고 '~하면'은 조건을 나타낸다.
* **once는 시험에 자주 출제된다. 대부분 once를 부사로만 알고 있기 때문이다.**

심층해설 once가 세가지?

① 시간부사 once('한때'): We once lived in Canada. "우리는 한때 캐나다에서 살았다."
② 빈도부사 once('한 번'): once a week '일주일에 한 번'
③ 시간접속사 once('일단 ~하면'): Once we get the approval, we will let you know.

10 now that

예문 Now that he is married, he has become much more responsible.
이제 그가 결혼했으므로 훨씬 더 책임감이 있게 되었다.

해설
* now that은 '이제 ~하므로'라는 뜻의 접속사다.
* 예문에서 now that은 두 절을 접속하고 있다.
* now that은 시간과 이유의 뜻을 결합한 접속사다.
* 그래서 시간 접속사이지만 이유 접속사처럼 들린다.
* now는 부사다. now를 접속사 now that 대신에 쓰는 것은 구어체다.
  Now he is married, he has become much more responsible. (구어체)

Notes

Notes

by the time 절에 왜 단순현재?

❶ 모든 시간절에 미래동사를 쓰지 못하기 때문이다.
I will have finished the report by the time you <u>will come back</u>⋯ (✗)

❷ 시간절에는 미래동사 대신에 단순현재를 쓴다.
I will have finished the report by the time you <u>come back</u>⋯ (○)

❸ 부사절과 명사절을 구별하기 위해 이런 규칙이 생겼다.

❹ 자세한 설명과 예문은 명사절에서 제시한다.

11 by the time

예문 1 I will have finished the report by the time you come back from your trip.

나는 늦어도 네가 여행에서 돌아올 때 까지는 그 보고서를 마쳐있을 것이다.

해설
* by the time은 '늦어도 ~할 때까지는'이라는 뜻이다.
* by('늦어도 ~까지는')는 시간 전치사이고 by the time은 시간 접속사다.
* 미래를 이야기할 때는 주절에 미래완료, 시간절에 단순현재를 쓴다.
* 예문의 will have finished는 미래완료, come back은 단순현재다.

예문 2 By the time the letter reached me, she had already left Korea.

그 편지가 내게 닿았을 때에는 그녀는 이미 한국을 떠난 후였다.

해설
* 과거를 이야기할 때는 주절에 과거완료, 시간절에 단순과거를 쓴다.
* 예문에서 주절에 과거완료 had left, 시간절에 단순과거 reached를 썼다.

12 as soon as, the moment, no sooner ~than, hardly/scarcely ~when/before

(1) as soon as

예문 1 We will send them to you as soon as we <u>get</u> the tickets.

우리가 그 티켓들을 구입하자마자 네게 보내겠다.

해설
* as soon as는 '~하자마자'라는 뜻의 시간 접속사다.
* 시간절에 미래동사를 쓰지 못하므로 as soon as 절에 단순현재 get을 썼다.
* **즉, 문장전체의 뜻은 미래다. 그러나 시간절에는 미래동사를 쓰지 못한다.**
* **영어를 사용하는 입장에서는 부담이 아니라 혜택이라고 생각할 수 있다.**
* **미래시제 보다 현재시제가 만들기 쉽기 때문이다.**

예문 2 I will contact you as soon as I <u>have finished</u> reading the reports.

나는 그 보고서들을 다 읽자마자 당신에게 연락하겠다.

해설
* '완료'를 강조하고 싶으면 시간절에 현재완료(have finished)를 쓸 수 있다.
* 예문은 미래의 이야기지만 시간절에는 미래동사를 쓰지 못한다.
  I will contact you as soon as I <u>will finish</u> reading the reports. (✗)
* 단순현재(finish) 또는 완료를 강조할 때는 현재완료(have finished)를 쓴다.

(2) the moment, the instant, the second, the minute

예문 The moment Steve saw her, he fell in love with her.

Steve는 그녀를 본 순간에 그녀와 사랑에 빠졌다.

해설
* the moment는 '~한 순간에'라는 뜻이다. 예문에서 두 단문을 접속한다.

* 시간 접속사 the moment는 at the moment를 줄인 것이다.
* 그리고 원래 moment 뒤에 있던 시간 관계부사 when이 생략되었다.
* the instant, the second, the minute도 같은 뜻의 접속사로 쓸 수 있다.
* 이 접속사들은 as soon as 보다 더 순식간에 일어난 일을 나타낼 때 쓴다.

(3) no sooner A than B

예문 No sooner had we reached the lake than it began to rain.

우리가 그 호수에 닿자마자 비가 내리기 시작했다.

해설
* no sooner A than B는 'A하자마자 B했다'라는 뜻이다.
* no sooner 뒤에 과거완료(had reached), than 뒤에 단순과거(began)를 쓴다.
* 원래 비교구문이다: 비교급 부사 sooner 뒤에 than이 있기 때문이다.
* 전체문장의 문장구조를 살펴보라. 두 문장을 비교하고 있다.
* 직역하면 "비가 오기 전 보다 더 빨리 호수에 도착하지 못했다"이다.
* 의역하면 "우리가 호수에 도착하자마자 비가 내리기 시작했다"이다.

동사시제가 hint?
❶ 앞쪽은 과거완료(had reached), 뒤쪽은 단순과거(began)다.
❷ 과거완료는 단순과거보다 한단계 먼저 발생한 일을 나타낸다.
❸ 직역하면 어느 쪽이 먼저 발생했는지 알 수 없다.
❹ 의역하면 결국 우리가 먼저 도착했다는 뜻이다.
❺ 어떠한 경우에도 과거완료가 단순과거보다 앞서기 때문이다.

(4) scarcely/hardly ~ when/before ~

예문 Scarcely/Hardly had we reached the lake when it began to rain.

우리가 그 호수에 도착하자마자 비가 오기 시작했다.

해설
* scarcely A when B도 'A 하자마자 B 했다'라는 뜻이다.
* scarcely 대신에 hardly를, when 대신에 before를 쓸 수 있다.
* when/before가 이끄는 시간절 앞에 정도부사 scarcely/hardly가 왔다.
* 직역하면 "우리는 비가 내리기 시작했을 때 호수에 거의 도착 못했다"이다.
* 의역하면 "호수에 도착하자마자 비가 내리기 시작했다"이다.
* 과거완료가 단순과거보다 먼저 발생한 일을 나타내기 때문이다.
* 부정사로 문장을 시작하기 때문에 어순을 도치한다.

심층해설 어순의 도치?

① 부정사(scarcely/hardly)로 문장을 시작하면 어순을 도치한다.
Scarcely/Hardly had we reached the lake when it began to rain.
(scarcely/hardly는 '거의 ~아니'라는 뜻이기 때문에 부정사)

② 부정사(scarcely/hardly)를 정상위치에 놓으면 도치하지 않는다.
We had scarcely/hardly reached the lake when it began to rain.
(문장 맨 앞에 부정사가 오지 않으면 어순을 도치하지 않음)

Notes

if 조건절에 will을 쓸 수 있는 경우?

❶ if 절이 '조건'이 아니라 '정중한 요청'을 나타낼 때다.
　If you will excuse me. "실례합니다."
　If you will come this way, please. "이쪽으로 오십시오."

❷ 이 때 will은 단순미래 조동사가 아니다.

❸ 이 will은 '~할 의향이 있다면' 이라는 뜻의 조동사다.

❹ 즉, 이 will은 be willing to('~할 의향이 있다면)와 뜻이 같다.

❺ 이런 if 절은 주로 주절이 따로 없다.

② 조건절 (Condition)

Key Point 조건절?
조건절은 '~이면/하면'이라는 뜻을 나타낸다. 8가지로 나눈다.

1 if

예문 If you do it, you will be punished. 네가 그것을 하면 처벌 받을 것이다.

해설
* if는 '~한다면/~이라면'이라는 뜻으로 대표적인 조건접속사다.
* **모든 조건절에는 미래동사를 쓰지 못한다. 미래 대신 단순현재를 쓴다.**
　If you will do it, you will be punished. (X)
　If you do it, you will be punished. (O)
* 앞에서 모든 시간절에도 미래동사를 쓰지 못한다고 배웠다.

심층해설 ❶ 왜 시간절과 조건절에 미래동사를 쓰지 못하도록 했나?

① 명사절과 부사절을 구별하기 위해서다.
② 접속사 when과 if는 명사절과 부사절 양쪽에 쓰인다.
③ when/if 절이 명사절일 때는 미래동사를 쓴다.
　Ask him when he will come back.
　"그가 언제 돌아올 것인지를 물어보라."
　Ask him if he will come back.
　"그에게 돌아올 것인지를 물어보라."
④ when/if 절이 부사절일 때는 미래동사를 쓰지 못한다.
　Ask him when he comes back.
　"그가 돌아올 때 그에게 물어보라."
　Ask him if he comes back.
　"그가 돌아오면 그에게 물어보라."
⑤ when은 명사절에서는 '언제', 시간절에서는 '~할 때'이다.
⑥ if는 명사절에서는 '~인지', 조건절에서는 '~이면'이다.

심층해설 ❷ 이상한 if?

① if를 '~한다면/~이면'으로 해석해서 너무 어색한 경우가 있다.
　I will finish this report tonight if it kills me.
　"그것이 나를 죽인다면 나는 이 보고서를 오늘 밤 마치겠다(?)"
② 이런 if는 even if 대신에 쓴 것이다. 즉, '비록 ~이라도'이다.
　I will finish this report tonight if it kills me.
　"나는 죽는 한이 있더라도 이 보고서를 오늘밤에 마치겠다."
③ 다음 예문처럼 if를 even though 대신에 쓰는 경우도 있다.
　Usually, if not always, I get up at 5 o'clock.
　"늘 그런 것은 아니지만 나는 보통 5시에 일어난다."
④ even if는 조건접속사이고 even though는 양보접속사다.
⑤ 독자가 혼동할 염려가 없을 때에만 이 두 접속사 대신에 if를 쓸 수 있다.

2 should

예문 Should he call again, tell him that I am out.
그가 다시 전화하면 그에게 내가 외출했다고 말하라.

해설
* if 대신에 should를 조건 접속사로 쓸 수 있다.
* 단, should 뒤에는 원형동사를 놓는다.
* 원래 should는 조동사로 그 뒤에 원형동사를 놓기 때문이다.
  Should he calls again, tell him that I am out. (✕)
  Should he call again, tell him that I am out. (○)
* 예를 들면, should he call again은 if he should call again를 줄인 것이다.
  If he should call again, tell him… → Should he call again, tell him …
* if 절 안에 쓰인 조동사 should는 '혹시라도'라는 뜻이다.
* **결국 if 절에 조동사 should를 쓰면 공손하게 들린다.**
* 그래서 특히 부탁할 때 if 절에 should를 쓰거나, should를 접속사로 쓴다.

3 provided (that), providing (that)

예문 We will win the race provided (that) we prepare for it.
우리가 준비한다면 우리는 그 시합에서 승리할 것이다.

해설
* provided, providing, provided that, providing that도 조건 접속사다.
* 이 접속사들은 원래 '~라는 조건으로'라는 뜻이다. 즉, 전제조건을 나타낸다.
* 이 조건 접속사들은 if에 비해서 주절을 기정사실화하는 효과가 있다.
* provided (that)은 providing (that)에 비해서 문어체에서 많이 쓴다.

4 assuming (that)

예문 Assuming that it rains tomorrow, what should we do?
혹시 내일 비가 오면 우리는 어떻게 해야 하지?

해설
* assuming (that)은 '~라는 것을 가정한다면'이라는 뜻으로 결국 if와 같다.
* 원래 assuming은 현재분사다. assuming that it rains tomorrow는 분사구문이다.
* 현대영어에서는 편의상 assuming (that)을 조건접속사로 본다.
* 즉, 예문의 assuming (that) it rains tomorrow는 조건절이다.

5 only if, on condition that

예문 You will pass the exam only if you work hard.
너는 열심히 공부할 경우에만 그 시험에 합격할 것이다.

해설
* only if는 '~할 경우에만'이라는 뜻이다. if 앞에 only를 보탠 것이다.
* only if 대신에 on (the) condition that을 쓸 수도 있다.

> Notes

6 unless

예문 We'll go out unless you're too tired.
네가 너무 피곤하지 않다면 우리는 외출할거다.

해설
* unless는 '~하지 않는다면'이라는 뜻이다.
* unless 자체에 부정의 뜻이 있기 때문에 그 뒤에 부정형 동사를 쓸 수 없다.
  We'll go out unless you are not too tired. (✕)
* unless는 주절을 기정사실화 할 수 있을 때만 쓴다.
* 따라서 unless 절은 주로 주절 뒤에 오고, 해석도 주절을 먼저 해석한다.
* 즉, 예문의 진짜 뜻은 다음과 같다.
  "우리는 외출할거다. 단, 네가 너무 피곤하다면 예외겠지만."
* **주절을 기정사실화할 수 없을 때에는 unless를 쓰지 않는다.**
  She will be upset unless I call her now. (✕)
  "내가 지금 전화하지 않으면 그녀는 불쾌해 할 것이다."
* 바로 위 예문의 주절(She will be upset)은 기정사실화 할 수 없는 내용이다.
* "그녀가 화를 낼 것이다"를 기정사실화 할 수 없기 때문이다.
* 이런 경우에는 unless 대신에 if ~not을 쓴다.
  If I don't call her now, she will be upset. (O)

7 as long as, as far as, so long as

예문 You can take my car as long as you drive carefully.
네가 조심해서 운전하는 한 너는 내 차를 빌려가도 좋다.

해설
* as long as, as far as, so long as는 '~하는 한'이라는 뜻의 조건접속사다.
* 이 접속사들도 주절을 기정사실화 할 수 있을 때에 쓴다.

8 even if

예문 Even if he attends the meeting, he will not participate in the discussion.
비록 그가 그 회의에 참석한다 할지라도 그 논의에 참여하지는 않을 것이다.

해설
* even if는 '비록 ~할 경우에라도'라는 뜻이다.
* **even if는 대단히 가능성이 희박한 미래의 일에 대해서만 쓴다.**
* even if는 조건 접속사이므로 even if 절에는 미래동사를 쓸 수 없다.
* 그래서 예문에서 even if 절 안에 단순현재 attends를 썼다.

3 이유절 (Cause)

> **Key Point 이유절?**
> ① 이유절은 '~때문에'라는 뜻을 나타낸다.
> ② because 등 5가지 종류의 이유절 접속사들이 있다.

1 because

예문 I bought it because I liked it. 내가 그것을 좋아했기 때문에 그것을 샀다.

해설 * because는 가장 대표적인 이유 접속사다. '~때문에'라는 뜻이다.

2 as, since

예문 As/Since it's raining again, we'll have to stay at home.
다시 비가 오고 있으므로 우리는 집에 머물러있어야 하겠다.

해설
* as/since도 '~때문에'라는 뜻의 접속사다.
* **단, as/since 절은 상대방이 이미 알고 있는 부수적인 이유를 담는다.**
* 예문에서 다시 비가 오고있다는 것은 상대방도 안다. 그래서 as/since를 썼다.
* 상대방이 모르는 중요한 이유에는 because를 쓴다.

심층해설❶ as가 복잡하다?

① 전치사 as는 '~로(서)'라는 뜻이다.
Treat me <u>as a friend</u>. "나를 친구로 대접하라."
② 시간접속사 as는 '~하는 동안에'라는 뜻이다. while과 같다.
I fell asleep <u>as I was reading</u>. "나는 읽다가 잠이 들었다."
③ 이유접속사 as는 '~때문에'라는 뜻이다. since와 같다.
<u>As it is raining again</u>, we will have to cancel the picnic.
"다시 비가 오니까 우리는 피크닉을 취소해야 하겠다."
④ 양태접속사 as는 '~처럼'이라는 뜻이다. 방식을 나타낸다.
Why don't you do it <u>as I told you</u>? "왜 너는 그것을 내가 네게 말해준 것처럼 하지 않니?"

심층해설❷ since도 복잡하다?

① 시간부사 since는 '그 이래로'라는 뜻이다.
I haven't seen him <u>since</u>. "나는 그 이래로 그를 본 적이 없다."
② 시간전치사 since는 '~이래로'라는 뜻이다.
I haven't seen him <u>since Monday</u>. "나는 월요일 이래로 그를 본 적이 없다."
③ 시간접속사 since는 '~가 ~한 이래로'라는 뜻이다.
I have loved you <u>since I met you</u>. "나는 당신을 만난 이래로 당신을 사랑해왔다."
④ 이유접속사 since는 '~때문에'라는 뜻이다. as와 같다.
<u>Since it's raining again</u>, we will have to cancel the picnic.
"다시 비가 오니까 우리는 피크닉을 취소해야 하겠다."

Notes

❓ because of?

❶ because of는 '~때문에'라는 뜻의 전치사다. 단어 앞에 쓴다.
because of the delay
'그 지연 때문에'

❷ due to, owing to, on account of도 같은 뜻의 전치사다.
due to strict government regulations '엄격한 정부규제 때문에'

❸ 전치사 뒤에는 주어+동사를 놓지 못한다.
<u>because of</u> I liked it. (×)

❹ 주어+동사 앞에는 접속사를 놓는다.
<u>because</u> I liked it. (○)

Notes

in case of는 조건 전치사?

① in case of는 '~의 경우에'라는 뜻의 조건 전치사다.
In case of fire, break glass.
"화재의 경우에는 유리를 깨라."

② in the event of도 in case of와 같은 뜻의 조건 전치사다.
In the event of fire, break glass.
"화재의 경우에는 유리를 깨라."

in the case of 와 in case of의 차이점?

① in the case of Japan은 '일본의 경우에는'이라는 뜻이다.

② in case of fire는 '화재의 경우에는'이라는 뜻이다.

③ 즉, 우리말로는 구별이 안 되지만 영어에서는 다르다.

④ '앞으로 ~할 경우에'는 in case of 이지 in the case of가 아니다.

in the event that?

in the event that은 '~할 경우에'라는 뜻으로 if처럼 조건 접속사다.
In the event that I cannot come back by five, you can leave the office.
"내가 5시까지 돌아오지 못하는 경우에 너는 퇴근해도 좋다."

in terms of와 in that?

① in terms of는 '~의 측면에서'라는 뜻의 전치사다. 단어 앞에 쓴다.
in terms of economic development '경제발전의 측면에서'

② in that은 '~ 라는 점에서 라는 뜻의 이유접속사다. 절 앞에 쓴다.

---

3 in case

예문 Take an umbrella in case it rains. 비가 올지 모르니까 우산을 갖고 가라.

해설
* in case는 '~할지 모르니까' 또는 '~하는 경우에 대비해서'라는 뜻의 접속사다.
* in case 앞에 just를 붙일 수 있다. just in case는 '혹시 ~일지 모르니까'이다.
* in case 절에는 미래의 이야기가 담긴다. 그러나 단순현재(rains)를 쓴다.
  in case it rains (O)   in case it will rain (X)
* **옛날에 모든 부사절에 단순현재를 썼던 전통에 따라 현재 동사를 쓴다.**
* in case를 '~할 경우에'라는 뜻의 조건 접속사로 쓰는 것은 잘못된 관행이다.
* in case는 이유접속사이지 조건접속사가 아니다.

4 in that

예문 I'm in a bind in that I have to make the decision right now.
나는 그 결정을 당장 해야 한다는 점에서 곤경에 처해있다.

해설
* in that은 '~라는 점에서'라는 뜻의 이유 접속사다.
* 즉, in that은 in the sense that을 줄인 것이다.
* in that은 because/as/since에 비해서 격식을 갖춘 writing에서 쓴다.

5 (It's not) that

예문 It's not that I hated him. 그것은 내가 그를 미워했기 때문이 아니다.

해설
* It's not 뒤에 나오는 that 절은 이유절이다. 이 구문은 회화에서 많이 쓴다.
* 회화에서 that 대신에 because를 쓰기도 한다.
  It's not because I hated him. "그것은 내가 그를 미워했기 때문이 아니다."
* **문어체에서는 다음과 같이 the reason를 주어로 한 문장을 선호한다.**
  The reason is not that I hated him. "그 이유는 내가 그를 미워했다는 것이 아니다."

4 목적절 (Purpose)

> **Key Point** 목적절?
>
> 목적절은 '~가 ~할 수 있도록'이라는 뜻이다. so that 등이 이끈다.

1 so that, in order that

예문 I stopped so that you could catch up.

나는 당신이 따라잡을 수 있도록 멈추었다.

해설
* so that과 in order that은 '~할 수 있도록'이라는 뜻의 목적절 접속사다.
* in order that 보다 so that을 더 많이 쓴다.
* 구어체에서는 so that의 that을 생략할 수 있다.
  I stopped so you could catch up.
* so that의 that을 생략한 경우에 so 앞에 comma를 찍기도 한다.
  I stopped, so you could catch up. = I stopped so you could catch up.

2 lest

예문 Be careful lest you fall from the tree.

나무에서 떨어지지 않게 조심하라.

해설
* lest는 '~하지 않도록'이라는 뜻의 목적절 접속사다.
* **lest에 이미 부정의 뜻이 담겨있으므로 그 뒤에 항상 긍정 동사가 온다.**
* lest는 문어체에서 많이 쓴다. 보통은 다음 예문처럼 so that ~not을 쓴다.
  Be careful so that you wouldn't fall. "나무에서 떨어지지 않게 조심하라."
* 미국식에서는 lest 절에 원형동사를 쓴다.
  Be careful lest you fall from the tree.
* 영국식에서는 lest 절에 should+원형을 쓴다.
  Be careful lest you should fall from the tree.

Notes

in order to와 in order that?

❶ in order to 뒤에는 원형동사가 온다. '~하기 위하여'이다.
in order to know more about him '그에 대해 더 많이 알기 위해'

❷ in order that 뒤에는 절이 온다. 목적절을 이끈다.
in order that you could catch up '네가 따라잡을 수 있도록'

❸ so as to는 in order to와 같다. 그 뒤에 원형동사가 온다.
so as to know more about him '그에 대해 더 많이 알기 위해서'

5 결과절 (Result)

> **Key Point** 결과절?
> ① 결과절은 '그 결과로~'라는 뜻을 나타낸다.
> ② such/so 뒤의 that이 대표적인 결과절 접속사다.
> ③ so that도 결과절 접속사로 쓸 수 있다.

1 (such+형용사+명사+) that

예문 It was such a cold day that we couldn't go out.
그날은 그렇게 추운 날이어서 그 결과로 우리는 외출할 수 없었다.

해설
* such+형용사+명사 뒤의 that 절(that we couldn't go out)은 결과절이다.
* 결과절을 이끄는 접속사 that은 물론 '그 결과로'라는 뜻이다.
* 구어체에서는 that을 생략할 수 있다: It was such a cold day <u>we couldn't go out</u>.
* such 뒤에 결과절이 온다는 것을 알고 있기 때문에 that을 생략해도 좋다.

심층해설 왜 틀렸지?
① that 절이 결과절이 되려면 주절에 such/so가 있어야 한다.
It was a very cold day that we couldn't go out. (×)
It was such a cold day that we couldn't go out. (○)
② 예문에서 very 뒤의 that절은 결과절이 될 수 없다.

2 (so + 형용사/부사 +) that

예문 It was so cold that we couldn't go out.
그날은 그렇게도 추워서 우리는 외출할 수 없었다.

해설
* so+형용사/부사 뒤의 that 절은 결과절이다. 예문에서 cold는 형용사다.
* 결과 접속사 that은 물론 '그 결과로'라는 뜻이다.
* 구어체에서는 that을 생략할 수 있다: It was so cold <u>we couldn't go out</u>.
* so 뒤에 결과절이 온다는 것을 알고 있기 때문에 that을 생략해도 좋다.

심층해설 ❶ such와 so의 차이점?
① such는 '그러한'이라는 뜻의 형용사다. 명사를 꾸민다.
② so는 '그렇게도'라는 뜻의 부사다. 형용사/부사를 꾸민다.
③ 우리말에서는 흔히 둘 다 '그렇게도'라는 부사로 해석한다.
④ 그러나 영어에서는 such와 so의 품사가 다르다.
⑤ 그래서 명사 앞에 such를, 형용사/부사 앞에 so를 쓴다.

Notes

명사 앞에 so를 써야 하는 경우?
❶ 형용사+명사 앞에 such가 아니라 so를 써야 하는 경우가 있다.
❷ 형용사가 many/much/few/little 일 때다.
❸ 부사 so가 이 형용사들을 강조한다.
There were <u>so many people</u> in the room I could hardly breathe.
"그 방에 그렇게 많은 사람들이 있어서 나는 거의 숨을 쉴 수 없었다."
There were <u>such many people</u> in the room I could hardly… (×)

There was <u>so much traffic</u> on the road we were late for…
"그 도로에 그렇게 많은 차들이 있어서 우리는 ~에 늦었다."
There was <u>such much traffic</u> on the road we were late for… (×)

> **심층해설 ❷ 명사 앞에 부정관사가 있으면 so를 쓸 수 있다?**
>
> ① 예를 들면, such a cold day 대신에 so cold a day라고 할 수 있다.
>   It was <u>such a cold day</u> that we… ≒ It was <u>so cold a day</u> that we…
>   "그날은 그렇게 추운 날이어서 그 결과로 우리는…"
> ② 즉, such+a+형용사+명사를 so+형용사+a+명사로 바꿀 수 있다.
> ③ 단, 명사 앞에 부정관사가 쓰였을 때만 이렇게 할 수 있다.
> ④ so는 형용사를 수식하기 때문에 so 뒤에 형용사부터 놓는다.
>   It was <u>so cold a day</u> that we couldn't go out. (O)
>   It was <u>so a cold day</u> that we couldn't go out. (X)

3 so that

예문 He checked carefully, so that the mistakes were caught.
그가 조심스럽게 점검했고 그 결과로 그 실수들이 포착되었다.

해설
* so that은 '그 결과로'라는 뜻의 결과 접속사다.
* **단, 이 결과 접속사는 많이 쓰지 않는다. 더 나은 대안이 있기 때문이다.**
* 예를 들면, 위 예문을 다음과 같이 바꿀 수 있다.
  He checked <u>so carefully (that)</u> the mistakes were caught.
  "그가 그렇게도 조심스럽게 점검해서 그 결과로 그 실수들이 포착되었다."
* 즉, ~ carefully so that S+V 대신에 ~ so carefully (that) S+V을 쓸 수 있다.

Notes

❓ **so that 절이 목적절? 결과절?**
① so that 절에 조동사 can/could/may/might가 있으면 목적절이다.
② so that 절이 미래의 이야기이면 주로 목적절이다.
③ so that 절 앞에 comma가 있으면 so that 절은 주로 결과절이다.

6 양보절 (Concession)

> **Key Point 양보절?**
> ① 양보절은 '비록 ~이지만'이라는 뜻이다.
> ② although 등 매우 다양한 양보 접속사들이 있다.
> ③ 양보절은 주절과 양보절을 대비시킬 때 쓴다.
> ④ 따라서 등위접속사 but 못지않게 양보절을 많이 쓰게 된다.

1 although, though, even though, while, whereas, whilst

예문 1 Although the bicycle was expensive, she decided to buy it.
비록 그 자전거가 비쌌지만 그녀는 그것을 사기로 결정했다.

해설
* although, though, even though는 '비록 ~이지만'이라는 뜻의 양보 접속사다.
* 예문에서 Although the bicycle was expensive는 양보절이다.
* 예문은 등위접속사 but을 사용한 다음 예문과 같은 뜻이다.
  The bicycle was expensive, <u>but</u> she decided to buy it.

❓ **despite과 in spite of ?**
① despite과 in spite of는 '~에도 불구하고'라는 뜻의 전치사다.
② 이 전치사들도 양보의 뜻을 전달한다.
③ 전치사이므로 그 뒤에 단어가 온다: despite <u>the delay</u>
④ 전치사이므로 그 뒤에 절이 올 수 없다: despite <u>he was late</u> (X)
⑤ in spite of는 회화에, despite은 writing에 많이 쓴다.

Notes

notwithstanding?

① notwithstanding도 '~에도 불구하고'라는 뜻의 전치사다.

② 단, notwithstanding은 명사 뒤에도 놓을 수 있다.
notwithstanding the high price
'그 높은 가격에도 불구하고'
the high price notwithstanding
'그 높은 가격에도 불구하고'

예문 2 **While they don't agree, they continue to be friends.**
그들은 의견이 다르기는 하지만 계속해서 친구로 지낸다.

해설
* while, whereas, whilst는 '~하는 반면에'라는 뜻의 양보 접속사다.
* 이 접속사들도 양쪽을 대비시키므로 '~하지만'이라고 해석해도 좋다.
* 예문에서 while they don't agree는 양보절이다.
* 시간접속사 while은 '~하는 동안에'라는 뜻이다. 주로 진행형동사가 쓰인다.
  I fell asleep while I <u>was reading</u>. "나는 독서하다가 잠들었다."
* 예문처럼 while 절의 동사가 진행형이 아니면 양보절일 가능성이 많다.

심층해설 양보 접속사들의 차이?

① although는 가장 많이 쓰는 무난한 양보 접속사다.
② though는 구어체에서 많이 쓴다.
③ even though는 although 보다 더 강한 느낌을 준다.
④ while은 '~…하는 반면에'라는 뜻이다.
⑤ whereas는 while과 같은 뜻이지만 문어체에서 많이 쓴다.
⑥ whilst는 while의 문어체 단어다. 문어체에서만 쓴다.

---

2 형용사/부사 + as/though

예문 1 **Cold as/though it was, we went out.**
비록 그날 추웠지만 우리는 외출했다.

해설
* 예문은 형용사/부사를 강조할 때 쓰는 시적인 양보절이다.
* 형용사/부사를 문장 앞에 놓고 그 뒤에 as/though+주어+동사를 놓는다.
* 예문의 Cold as/though it was는 Though it was cold와 같은 뜻의 양보절이다.
* **즉, 형용사/부사를 앞세우면 as와 though를 양보접속사로 쓸 수 있다.**
* 예문은 형용사 cold를 강조한다.

예문 2 **As cold as it was, we went out.** 비록 그날 추웠지만 우리는 외출했다.

해설
* 미국식에서는 예문처럼 Cold as it was 대신에 As cold as it was라고 할 수 있다.
* 즉, 미국식에서는 등위비교급(as cold as)을 이용해서 양보절을 만들 수 있다.
* 예문의 As cold as it was는 양보절이다. Although it was cold와 같다.

예문 3 **Bravely as/though they fought, they had no chance of winning.**
비록 그들은 용감하게 싸웠지만 승리할 가능성은 없었다.

해설
* Bravely as/though they fought도 양보절이다. 부사 bravely를 강조한다.
* 미국식에서는 As bravely as they fought라고 할 수 있다.
* 예문의 양보절은 although they fought bravely와 같다.

예문 4 Much as I respect your point of view, I don't agree with your conclusion.
나는 당신의 견해를 많이 존중하지만 당신의 결론에 동의할 수 없다.

해설
* Much as I respect your point of view는 부사 much를 강조하는 양보절이다.
* 미국식에서는 As much as I respect your point of view라고 할 수 있다.
* 예문의 양보절은 although I respect your point of view (very) much와 같다.

3 albeit

예문 1 Lead affects the brain albeit in different ways.
다른 방식이긴 하지만 납도 두뇌에 영향을 미친다.

해설
* albeit은 독특한 양보접속사다.
* albeit는 although be it에서 al-be-it을 딴 것으로 '비록 그것이 ~이지만'이다.
* **즉, albeit는 양보접속사+동사+주어를 압축한 것이다.**
* 그래서 예문에서 albeit 뒤에 전치사구(in different ways)가 왔다.
* albeit에 이미 주어(it)와 동사(be)가 들어있기 때문이다.
* 즉, albeit in different ways는 although it is in different ways와 같다.
* 'although it is/was~'를 많이 쓰기 때문에 아예 albeit라는 축약어를 개발했다.

예문 2 His first acting role, albeit small, was a great success.
그의 첫 배역은 작았지만 대단한 성공작이었다.

해설
* albeit small은 although it was small과 같다. '비록 그것이 작았지만'이다.
* albeit에 주어 it과 be 동사가 들어있기 때문에 그 뒤에 형용사(small)가 왔다.

4 no matter + what/who/which/when/where/how

예문 1 No matter what you say, I won't believe you.
네가 뭐라고 하든지 간에 나는 너를 믿지 않겠다.

해설
* no matter+의문사는 '~이든지 간에'라는 뜻의 양보접속사다.
* no matter 뒤에 why를 제외한 의문사들을 놓아서 양보접속사로 쓸 수 있다.
* 여기에 쓰인 matter는 '중요하다'라는 뜻의 동사다.
* no matter what you say는 '네가 무엇이라고 하든지 중요하지 않다'라는 뜻이다.

예문 2 No matter where you go, I will follow you.
당신이 어디를 가든지 간에 나는 당신을 따라가겠다.

해설
* no matter where you go는 '당신이 어디를 가든지 간에'라는 뜻의 양보절이다.

Notes

whatever와 what ever?

❶ whatever는 양보 접속사다.
Whatever you say, I won't believe you. "당신이 무엇이라고 하든지 간에 나는 당신을 믿지 않겠다."

❷ what ever는 의문대명사 what + 감탄사 ever('도대체')다.
What ever are you doing here? "도대체 여기서 무엇을 하고 있니?"

❸ whatever와 what ever는 다르다.

❹ 단, 구어체에서 what ever를 whatever 대신에 접속사로 쓴다.
What ever you say, I won't believe you. (구어체)
Whatever you say, I won't believe you. (표준영어)

(예문 3) **I'll love you no matter what.** 무슨 일이 있더라도 나는 당신을 사랑하겠다.

(해설)
* 회화에서 no matter what 뒤의 주어+동사를 생략해서 여운을 남길 수 있다.
* 예문의 no matter what 뒤에는 you say/do 또는 happens to you등이 생략되었다.
  I'll love you no matter what (happens to you) / no matter what (you say/do).

5 whatever, whoever, whichever, whenever, wherever, however

(예문) **Whatever you say, I won't believe you.**
당신이 뭐라고 하든지 간에 나는 당신을 믿지 않겠다.
Wherever you go, I will follow you.
당신이 어디를 가든지 간에 나는 당신을 따라가겠다.

(해설)
* why/whose 이외의 의문사 끝에 ~ever를 붙여서 양보 접속사로 쓸 수 있다.
* 예문의 whatever는 no matter what과 같고, wherever는 no matter where와 같다.
* 즉, 예문의 whatever you say와 wherever you go는 양보절이다.

6 whether A or B

(예문 1) **Whether we go by bus or train, it'll take at least six hours.**
우리가 버스로 가든 기차로 가든 그것은 최소한 6시간 걸릴 것이다.

(해설)
* whether A or B는 'A을 하든 또는 B를 하든'이라는 뜻의 양보절이다.
* 예문에서 Whether we go by bus or train은 양보절이다.
* 양보절을 이끄는 whether 뒤에는 반드시 (A 뒤에) or B가 있어야 한다.
* 명사절을 이끄는 whether('~인지') 뒤에는 or 이하가 없을 수도 있다.
* 그리고 whether 명사절은 전체문장에서 주어/보어/목적어의 역할을 한다.
* 예문에서 whether절은 주어/보어/목적어가 아니므로 명사절이 아니다.
* **즉, 완전한 문장의 앞 또는 뒤에 나온 whether절은 명사절이 아니다.**
* 예문에서 it will take at least six hours는 주어+동사+목적어를 갖추어 완전하다.

(예문 2) **You've got to go to school whether you like it or not.**
너는 좋아하든 또는 좋아하지 않든 학교에 가야 한다.

(해설)
* 예문에서 whether you like it or not은 양보절이다.
* whether 절을 제외한 부분이 완전한 문장이기 때문이다.
* 양보절 whether you like it or not은 like it or not으로 줄일 수 있다.
  Like it or not, you've got to go to school.
  "너는 좋아하든 좋아하지 않든 학교에 가야 한다."

7 양태절 (Manner)

> **Key Point** 양태절?
> ① 양태절은 주로 '~한 것처럼'이라는 뜻이다.
> ② 양태절은 방식을 나타낸다.
> ③ '양태'란 manner를 번역한 말로 '모양+형태'의 합성어다.
> ④ 양태 접속사로는 as, the way, as if, as though가 있다.

1 as

예문 Why don't you do it as I told you?
왜 너는 내가 너에게 말해준 것처럼 그 일을 하지 않니?

As you can see, it's raining now.
네가 보고 있는 것처럼 지금 비가 오고 있다.

해설
* as는 '~처럼'이라는 뜻이다. as I told you는 '내가 네게 말한 것처럼'이다.
* as you can see는 '네가 보는/확인하는 것처럼'이다.
* **회화에서는 전치사 like을 양태접속사로 쓰기도 한다.**
  Like you can see, it's raining now. (회화체)
* Writing에서는 전치사 like 뒤에 절을 놓을 수 없다.

2 the way

예문 Do it the way I do it. 너는 그 일을 내가 하는 방식으로 하라.

해설
* the way는 '~하는 방식으로'라는 뜻의 양태 접속사다.
* 즉, 예문의 the way I do it은 '내가 그것을 하는 방식으로'라는 뜻이다.
* the way I do it 대신에 in the way that I do it이라고 할 수 있다.
* in the way that I do it에서 the way는 선행사, that I do it은 관계절이다.
* in the way that을 줄여서 the way라고 하고, 이 때 the way는 부사절 접속사다.
* 접속사 the way와 명사 the way를 구별할 수 있어야 한다.
  Could you tell me the way to the airport, please? (명사 the way)
  "공항으로 가는 길을 말해줄 수 있겠습니까?"

> Notes

3 as if, as though

예문 1 It appears as if /as though he has lost interest in his job.

그는 마치 자기 일에 흥미를 잃어버린 것처럼 보인다.

해설
* as if와 as though는 '마치 ~처럼'이라는 뜻의 양태접속사다.
* as if he has lost interest in her job는 '마치 그가 흥미를 잃어버린 것처럼'이다.
* **우리말에서도 확신하지 못할 때 '~인 것 같다'라는 표현을 많이 쓴다.**
* as if와 as though도 그런 표현을 할 때 사용하는 접속사다.

예문 2 He speaks as if he knew everything.

그는 마치 모든 것을 아는 것처럼 말한다.

해설
* 양태접속사 as if와 as though 사이에 차이점이 있다.
* 양태절의 내용이 사실이 아니면 as though를 쓰지 못한다.
* 그래서 예문에 as though를 쓰지 못하고 as if만 썼다.

예문 3 It was as if the world had come to an end.

마치 세상이 끝난듯했다.

해설
* 예문에서 the world had come to an end는 사실이 아니다.
* 아직은 세상이 끝난 것이 아니기 때문이다.
* 따라서 예문에는 as though를 쓰지 못하고 as if만 썼다.

심층해설 | It looks like S+V?

① 구어체에서는 as if/as though 대신에 like을 접속사로 쓴다.
  It looks <u>as if/as though</u> he has lost interest in his job.
  = It looks <u>like</u> he has lost interest in his job.
  "그가 자신의 일에 흥미를 잃어버린 것처럼 보인다."

② 문어체에서는 It seems /appears that S+V도 같은 뜻으로 쓴다.
  <u>It seems/appears that</u> he has lost interest in his job.
  = It looks as if/as though he has lost interest in his job.

▶ 맺음말

✔ **종속접속사 80개 중에 부사절접속사가 56개다.** 부사절에는 7가지 종류가 있다. 2가지 이상의 부사절에 쓰이는 접속사들을 잘 정리하는 것이 중요하다. since는 시간/이유 접속사, while은 시간/양보 접속사, as는 시간/이유/양태 접속사, so that은 목적/결과 접속사로 쓴다.

✔ **시간접속사 once는 '일단 ~하면' 이라는 뜻이다.** if와 as soon as를 결합한 접속사이므로 뜻이 조건접속사처럼 들린다. now that은 '이제 ~하므로' 라는 뜻이다. by the time은 '늦어도 ~까지는' 이라는 뜻이다. '~하자마자 ~했다' 라는 뜻을 나타낼 때 No sooner 뒤에 than을 놓는다. 비교급 sooner 뒤에 than이 있어야 하기 때문이다. 그리고 Hardly/Scarcely 뒤에는 when/before를 놓는다. hardly/scarcely 뒤에 than을 놓을 수 없기 때문이다.

✔ **오역의 염려가 전혀 없으면 조건접속사 even if나 even though 대신에 if를 쓸 수도 있다.** 그리고 should는 원래 접속사가 아니라 조동사다. 따라서 should를 if처럼 쓸 때에는 그 뒤에 항상 원형동사를 놓는다. 두 절을 접속하는 provided/providing (that)은 조건접속사다. even if는 가상의 일을 담는 조건접속사이고 even though는 사실을 담는 양보접속사다.

✔ **이유접속사 since/as는 부수적인 이유를 담는다. in case는 조건접속사가 아니라 이유접속사다.** in case of는 in the event of처럼 조건전치사다. in that은 '~라는 의미에서' 라는 뜻의 이유접속사다.

✔ **목적접속사는 so that이나 in order that이다.** lest는 '~하지 않도록 하기 위하여' 라는 뜻의 접속사다. **결과 접속사는 such/so 뒤의 that이다.** 이 that은 생략하기도 한다. so that을 결과 접속사로도 쓴다.

✔ **양보접속사는 although, though, even though다.** 접속사 while, whereas, whilst는 '~하는 반면에' 라는 뜻이다. 미국식에서는 등위비교급 형태로 양보절을 만들기도 한다. 예를 들면, as much as I respect your point of view는 much as I respect your point of view와 같은 양보절이다. albeit는 although와 it is를 합친 것이다. 즉, '비록 그것은 ~이지만' 이다. no matter+의문사는 양보접속사다. whether도 양보접속사로 쓸 수 있다. 단, whether ~or ~일 때만 양보접속사다. 그렇지 않으면 명사절접속사다. **양태 접속사로는 as, the way, as if, as though가 있다.**

Section 16 명사절 접속사 (Noun Clause Conjunctions)

Notes

❓ 명사절?

❶ 명사절은 복문 안에서 주어/보어/목적어의 역할을 한다.

❷ 명사절 접속사로는 that, who, whoever, if/whether 등이 있다.

핵심강의

☐ 명사절 접속사로는 that, who 등 9개 의문사, whoever/whatever/whichever, if/whether 등 총 15개가 있다. that('~라는 것')은 명사절 안에서 특별한 역할을 하지 않기 때문에 그 뒤에 완전한 문장이 온다. who 등 의문사는 의문문에서의 뜻과 명사절에서의 뜻이 같다. 예를 들면, who는 의문문에서는 물론 명사절에서도 '누가' 라는 뜻이다.

☐ whoever는 anyone who와 같다. 즉, '~한 누구라도' 라는 뜻이다. whatever는 anything that('~한 무엇이라도')이라는 뜻이다. whichever는 '~한 어느 쪽이라도' 라는 뜻이다.

☐ if와 whether는 '~인지' 라는 뜻이다. 단, if절은 주어나 보어의 역할을 할 수 없고, 전치사 다음에도 놓을 수 없다. 타동사 뒤에서 목적어의 역할을 할 뿐이다. 명사절 끝에 or not를 붙일 때에도 if보다 whether를 더 많이 쓴다. whether는 바로 뒤에 or not을 놓아서 'whether or not S+V' 라고 할 수 있다.

☐ that 절이 목적어일 때는 that을 생략할 수 있다. that 절 앞에 있는 타동사가 명사절이 나온다는 충분한 표시이기 때문이다.

☐ **명사절에 원형동사를 써야 하는 경우가 있다. 단, 영국식에서는 원형동사보다 should+원형동사를 많이 쓴다.** 명사절 앞의 동사가 '제안하다', '요구하다', '권고하다' 라는 동사이거나 '중요한' 이라는 뜻의 형용사일 때다.

☐ '제안하다' 라는 동사에는 suggest, propose, move가 있고, '요구하다' 라는 동사는 ask, request, require, demand, order, insist, rule이 있고, '권고하다' 라는 동사에는 recommend, advise, urge가 있다. '중요한' 이라는 뜻의 형용사에는 important, critical, crucial, essential, vital과 necessary('필요한')와 urgent('시급한') 가 있다.

☐ 이러한 동사와 형용사에서 파생한 명사와 함께 쓴 명사절에서도 원형동사를 쓴다. 명사절에 원형동사를 쓰는 이유는 명사절의 내용이 가정법이기 때문이다. 즉, 그렇게 되었으면 좋겠다는 희망사항일 뿐이다.

1 명사절 접속사

1 that

(1) 주절을 이끄는 that

예문 That he is a genius is unbelievable.

해설 그가 천재라는 것은 믿을 수 없다.

* 명사절 접속사 that은 '~라는 것'이라는 뜻이다.
* 예문에서 명사절 That he is a genius가 전체 문장의 주어다.
* 회화에서는 이처럼 that 명사절이 주어일 때 주로 가주어 it을 앞세운다.
  <u>It</u>'s unbelievable that he is a genius. "그가 천재라는 것은 믿을 수 없다."
  = That he is a genius is unbelievable. (문어체)

(2) 보어절을 이끄는 that

예문 The main thing is that you are happy.

중요한 건 네가 행복하다는 것이다.

해설
* 예문에서 명사절 that you are happy가 보어다.
* that 명사절이 불완전 자동사 is 뒤에 있기 때문이다.

(3) 목적절을 이끄는 that

예문 She said that she had seen nothing.

그녀는 아무것도 못 보았다고 말했다.

해설
* 예문에서 명사절 that she had seen nothing이 목적어다.
* that 절이 타동사(said) 뒤에 있기 때문이다.
* 목적절을 이끄는 명사절 접속사 that은 생략할 수 있다.
  She said (that) she had seen nothing.
* 타동사가 명사절이 나온다는 표시이기 때문에 that이 없어도 된다.
* **that은 명사절 안에서 특별한 역할을 하는 것도 아니다. 생략해도 된다.**
* 예문에서 'She said'라고 하면 이미 said 뒤에 명사절이 온다는 것을 안다.
* 따라서 접속사 that 없이 주어+동사+목적어(she had seen nothing)만 놓아도 된다.

심층해설 접속사 that 다음에 완전한 문장?

① 명사절 접속사 that 뒤에는 완전한 문장이 온다.
② that은 명사절 안에서 주어/보어/목적어가 아니다.
③ 접속사 that은 명사절이 시작된다는 신호에 불과하다.
   She said <u>that she had seen</u>. (X) (had seen의 목적어가 없음)
   She said <u>that she had seen nothing</u>. (O) (had seen의 목적어가 있음)

2 의문사

(1) who

예문 Do you know who won the race?

너는 그 시합에서 누가 승리했는지 아니?

해설
* 명사절 접속사 who는 '누가'라는 뜻이다.
* who는 명사절(who won the race) 안에서 주어의 역할을 한다.
* who인지, whom인지는 철저하게 명사절 안에서만 따져야 한다.
* 예문에서 동사 won의 주어가 있어야 하므로 whom이 아니라 who다.

(2) whose

예문 1 Do you know whose coat this is? 너는 이것이 누구의 외투인지 아느냐?

해설
* 명사절 접속사 whose는 '누구의'라는 뜻이다.
* 예문에서 whose는 명사 coat를 수식하는 형용사의 역할을 한다.
* 즉, whose coat는 예문에서 '누구의 외투'라는 뜻이다.
* 명사절에서 this가 주어이고 whose coat는 보어다.

예문 2 Do you know whose is the red car?

너는 그 빨간 차가 누구 것인지 아느냐?

해설
* whose는 그 뒤에 명사가 없을 때는 '누구의 것'이라는 뜻이다.
* 예문에서 whose는 명사절 안에서 보어이고 the red car가 주어다.
* whose is the red car는 '그 빨간 차가 누구의 것'이라는 뜻이다.

(3) whom

예문 I wonder whom they have elected.

나는 그들이 누구를 선출했는지 궁금하다.

해설
* 예문에서 wonder는 타동사이고, whom they have elected은 목적어다.
* whom은 명사절 안에서 '누구를'이라는 뜻이다.
* **미국식 구어체에서는 whom대신에 who를 쓸 수 있다.**
  I wonder who they have elected. = I wonder whom they have elected.
* whom 대신에 who를 써도 who가 주어인지 목적어인지 쉽게 알 수 있다.
* 명사절의 주어는 they이고, who/whom은 타동사 elect의 목적어다.

(4) what

예문 1 Tell me what has happened. 무슨 일이 일어났는지 내게 말해달라.

해설
* 명사절 접속사 what은 '무엇이/을'이라는 뜻이다.
* 예문에서 what은 명사절의 주어, has happened는 명사절의 동사다.
* 따라서 예문에서 what은 '무엇이'다.

예문 2 **Tell me what we should do next.**
우리가 이제 무엇을 해야 하는지 말해달라.

해설
* 명사절 접속사 what은 명사절 안에서 '무엇을'이라는 뜻도 된다.
* 예문에서 what은 명사절의 목적어, we는 명사절의 주어다.
* 따라서 예문에서 what은 '무엇을'이다.

예문 3 **Do you understand what I am saying?** 내가 말하는 것을 이해하나?

해설
* what은 '~하는 것'이라는 뜻도 된다.
* **그러나 that과 달리 what은 명사절 안에서 주어/보어/목적어다.**
* 예문에서 what은 명사절 안에서 목적어다.
* 그래서 what은 명사절 안에서 아무 역할도 하지 않는 that과 다르다.
  I didn't know (that) he was a professor. "나는 그 분이 교수님인지 몰랐다."

(5) which

예문 1 **Tell us which car is yours.** 어느 차가 네 차인지 우리에게 말하라.

해설
* 명사(car) 앞에 쓰인 명사절 접속사 which는 '어느'라는 뜻의 형용사다.

예문 2 **Tell us which is your car.** 어느 것이 너의 차인지 우리에게 말하라.

해설
* 명사 앞에 쓰지 않은 명사절 접속사 which는 '어느 것'이라는 뜻이다.
* **예문에서 명사절의 주어는 which이고, your car는 명사절의 보어다.**
* 따라서 예문에서 which는 '어느 것'이라는 뜻이다.

(6) where

예문 **Where we meet does not matter.**
우리가 어디에서 만나느냐는 중요하지 않다.

해설
* 명사절 접속사 where는 '어디에(서)'라는 뜻이다.

(7) when

예문 **Ask him when he will return.** 그에게 언제 돌아올 것인지 물어보라.

해설
* 명사절 접속사 when은 '언제'라는 뜻이다.

(8) why

예문 **She asked why I was late.** 그녀는 왜 내가 늦었는지 물었다.

해설
* 명사절 접속사 why는 '왜'라는 뜻이다.

Notes

who와 whoever?

❶ who는 '누가'이고, whoever는 '~한 누구라도'라는 뜻이다.
Who gets home first starts cooking. (×)
"누가 집에 먼저 도착하느냐가 요리를 시작한다(?)."
Whoever gets home first starts cooking. (○)
"집에 먼저 도착하는 누구라도 요리하기 시작한다."

❷ who는 '~한 사람'이 아니다. who는 '누가/누구를'이다.
Who you will invite to the party is your business.
"네가 누구를 그 파티에 초대하느냐는 네 일이다."

which와 whichever?

which는 '어느 (것)'이고, whichever는 '~한 어느 것이라도'이다.
Choose which you want. (×)
"어느 것을 원하는지를 골라라(?)"
Tell me which you want. (○)
"어느 것을 원하는지를 내게 말하라."
Choose whichever you want. (○)
"네가 원하는 어느 것이라도 골라라."

---

(9) how

예문 She asked how I was going to do it.
그녀는 내가 어떻게 그것을 할 것인지를 물었다.

해설 * 명사절 접속사 how는 '어떻게'라는 뜻이다.

3 whoever, whichever, whatever

(1) whoever

예문 Whoever gets home first starts cooking.
집에 먼저 도착하는 누구라도 요리하기 시작한다.

해설
* 명사절 접속사 whoever는 '~한 누구라도'라는 뜻이다.
* 즉, whoever는 '선행사 anybody+관계대명사 who'와 같은 뜻이다.
* 예문의 whoever gets home first는 anybody who gets home first와 같다.
* whoever와 who는 뜻이 다르다. who는 '누가'이다.

(2) whatever

예문 Prisoners have to eat whatever they are given.
죄수들은 자신들에게 주어지는 아무것이라도 먹어야 한다.

해설
* 명사절 접속사 whatever는 '~한 아무 것이라도'라는 뜻이다.
* 즉, whatever는 '선행사 anything + 관계대명사 that'과 같다.
* 예문에서 whatever they are given은 anything that they are given과 같다.
* whatever 대신에 what을 쓸 수 있다. 단, whatever는 what보다 뜻이 강하다.
* 즉, whatever they are given은 what they are given보다 강한 뜻을 나타낸다.
  Prisoners have to eat what they are given.
  "죄수들은 자신들에게 주어지는 것을 먹어야 한다."
  Prisoners have to eat whatever they are given.
  "죄수들은 자신들에게 주어지는 아무것이라도 먹어야 한다."

(3) whichever

예문 Choose whichever you want.
네가 원하는 어느 것이라도 골라라.

해설
* 명사절 접속사 whichever는 '~한 어느 것이라도'라는 뜻이다.
* whichever는 주로 둘 중 하나를 가리킬 때 쓴다.
* whichever는 which와 뜻이 다르다. 상호 교환해서 사용할 수 없다.

4 if와 whether

(1) if

예문 Ask him if he likes it. 그에게 그것을 좋아하는지 물어보라.

해설
* 명사절 접속사 if는 '~인지'이다.
* 조건접속사 if는 '~라면'이다. if 조건절은 전체문장 안에서 부사다.
* if 명사절 끝에 or not을 놓을 수 있다: Ask him <u>if he likes it or not</u>. (○).
* 그러나 or not이 있을 때에는 if 보다 whether를 더 많이 쓴다.
  Ask him <u>whether he likes it or not</u>.
* 명사절 접속사 if를 사용하지 못하는 경우가 많다.

(2) whether

예문 Ask him whether he likes it. 그에게 그것을 좋아하는지 물어보라.

해설
* 명사절 접속사 whether도 if처럼 '~인지'라는 뜻이다.
* whether 절의 끝에 or not을 붙일 수 있다: Ask him whether he likes it or not
* whether 절에 or not을 붙일 때 whether 바로 뒤에 or not을 놓을 수도 있다.
  Ask him whether <u>or not</u> he likes it.

Notes

if절을 사용하지 못하는 경우?

❶ if절은 주어나 보어 또는 전치사의 목적어가 될 수 없다.
<u>If she is married</u> does not matter. (✕) (주어)
The question is <u>if she is married</u>. (✕) (보어)
We had a discussion about <u>if he should resign</u>. (✕) (전치사의 목적어)

❷ if절은 타동사의 목적어로만 쓴다.

2 생략할 수 있는 명사절 접속사 that

예문 She said (that) she had seen nothing.
그녀는 아무것도 못 보았다고 말했다.

해설
* that 절이 전체 문장에서 목적어일 때 명사절 접속사 that을 생략할 수 있다.
* that 절 앞에 있는 타동사가 명사절이 나온다는 충분한 표시이기 때문이다.
* 예문에서 타동사 said 뒤에 있는 that she had seen nothing은 목적어다.
* 따라서 예문에서 명사절 접속사 that을 생략할 수 있다.
  She said <u>she had seen nothing</u>.
* **그러나 that 절이 주절이나 보어절이면 that을 생략할 수 없다.**
  <u>That he is a genius</u> is unbelievable. (that절이 주어)
  The main thing is <u>that you're happy</u>. (that절이 보어)
* that절이 보어냐, 목적어냐는 동사가 불완전자동사냐, 타동사냐에 달려있다.
* say는 타동사이고, be 동사는 불완전자동사다.
* 그래서 is 뒤의 명사절 that you're happy에서 that을 생략할 수 없다.

Notes

3 명사절에 원형동사를 쓰는 경우

> **Key Point** 명사절에 원형동사?
> ① 다음 일부 명사절 안에서 미국식에서는 원형동사를 쓴다.
> ② 단, 영국식에서는 원형동사 대신에 should+원형동사를 많이 쓴다.

1 일부 동사/형용사 뒤의 명사절 안에서 원형동사를 쓰는 경우

> **심층해설** 어떤 동사/형용사 뒤의 명사절 안에 원형동사?
> ① '제안하다/요구하다/권고하다'라는 동사 뒤에 있는 that 절
> ② '중요한'이라는 형용사 뒤에 있는 that 절

(1) '제안하다'라는 동사 뒤의 명사절

'제안하다'라는 동사?
suggest/propose (제안하다),
move (발의하다)

예문 1 The doctor suggested that she stop smoking.
그 의사는 그녀가 금연할 것을 제안했다.

해설
* '제안하다'라는 뜻의 타동사 뒤의 명사절 안에 원형동사를 쓴다.
* 예문에서 suggested 뒤의 명사절 안에 원형동사 stop을 썼다.

예문 2 I move that we adjourn. 나는 우리가 폐회할 것을 발의한다.

해설
* 예문에서 동사 move가 '발의하다'이므로 명사절 안에 원형동사를 썼다.
* 동사 move 뒤에 명사절이 오면 move는 '발의하다'라는 뜻이다.
* 이 동사 move는 회의에서 사용하는 동사다.

> **심층해설 ①** suggest 뒤의 명사절에 일반동사를 쓰면?
> ① suggest 뒤의 명사절에 일반동사를 쓰면 '제안하다'가 아니다.
> ② 이런 suggest는 '암시하다'라는 뜻이다.
>   Are you suggesting that I am a liar? "너는 내가 거짓말쟁이라고 암시하는 거니?"
> ③ 동사 am은 원형동사가 아니라 직설법 단순현재다.

> **심층해설 ②** 왜 원형동사?
> ① 영어에서는 이런 경우 명사절의 내용을 가정법으로 본다.
> ② 그렇게 되었으면 얼마나 좋겠느냐는 바람일 뿐이다.
> ③ 따라서 가정의 표시로 직설법 동사 대신에 원형동사를 쓴다.
> ④ 우리말에서는 이런 경우 원형동사 대신에 일반동사를 쓴다.
> ⑤ 이 규칙은 우리말과 다르기 때문에 잘 이해해야 한다.

(2) '요구하다'라는 동사 뒤의 명사절

예문 1 They are demanding that he apologize for the comment.
그들은 그가 그 언급에 대해서 사과하기를 강력히 요구하고 있다.

해설
* 예문에서 동사 demand 뒤의 명사절에 원형동사 apologize를 썼다.
* **대부분의 한국인들이 다음과 같이 writing한다. 틀렸다.**
  They are demanding that he will apologize for the comment. (✗)
* 우리말에서는 이런 경우 명사절을 직설법 미래로 생각한다.
* 영어에서는 요구하는 현 시점에서 '그가 사과하는' 것은 가정일 뿐이다.

예문 2 I insist that you take an immediate action.
나는 당신이 즉각적인 조치를 취할 것을 끈질기게 요구한다.

해설
* 예문에서 동사 insist 뒤의 명사절에 원형동사 take를 썼다.
* 원형동사를 쓴다는 것은 주어가 무엇이든 신경 쓰지 않아도 된다는 뜻이다.
* 원형동사를 쓴다는 것은 주절의 동사시제가 무엇이든 상관없다는 뜻이다.

심층해설 insist 뒤의 명사절에 일반동사가 쓰이면?
① insist가 '~을 계속 요구하다'라는 뜻일 때는 원형동사를 쓴다.
   I insist that you take an immediate action. (원형동사 take)
② insist가 '~이라고 주장하다'라는 뜻일 때는 일반동사를 쓴다.
   She insists that he is innocent. (일반동사 is) "그녀는 그가 무죄라고 끈질기게 주장한다."
③ 즉, (2)의 경우에는 '~라는 사실을 주장하다'라는 뜻이다.

(3) '권고하다'라는 동사 뒤의 명사절

예문 I recommend that you reduce your expenditure.
나는 네가 지출을 줄일 것을 권고한다.

해설
* 예문에서 동사 recommend 뒤의 명사절에 원형동사 reduce를 썼다.

심층해설 특혜?
① 원형동사를 쓰는 것은 부담이 아니라 특혜다.
② **직설법 동사시제보다 원형동사 형태가 단순하기 때문이다.**
③ 예를 들면, reduce의 원형은 reduce와 be reduced 두 개다.
④ reduce는 능동태 원형, be reduced는 수동태 원형이다.

(4) '중요한'이라는 뜻의 형용사 뒤의 명사절

예문 1 It's important that we plan everything carefully.
우리가 모든 것을 조심스럽게 계획하는 것이 중요하다.

해설
* 예문에서 형용사 important 뒤의 명사절에 원형동사 plan을 썼다.
* 영어는 '~하는 것이 중요하다'에서 '~하는 것'을 가정법으로 생각한다.

Notes

'요구하다'라는 동사?
ask, request, require (요구하다), demand (강력히 요구하다)
insist (끈질기게 요구하다),
order (명령하다), rule (판결하다)

'권고하다'라는 동사?
advise, recommend (권고하다),
urge (촉구하다)

will reduce가 맞는 것 같다?
① 우리말 식으로 생각하기 때문이다:
   ~ that you will reduce…(✗)
② 우리말에서는 이런 경우에 직설법 미래(will reduce)를 쓴다.
③ 영어에서는 이것이 아직 현실이 아니므로 가정법으로 본다.

'중요한'이라는 뜻의 형용사?
important (중요한), critical, crucial, essential, vital (매우 중요한)
necessary (필요한), urgent (시급한)

> Notes

예문 2 It's essential that the meeting start at eight.

그 회의가 8시에 시작하는 것이 긴요하다.

해 설
* 예문에서 형용사 essential('긴요한') 뒤의 명사절에 원형동사 start를 썼다.
  It's essential that the meeting will start at eight. (✗)
  It's essential that the meeting starts at eight. (✗)
* will start는 직설법 단순미래, starts는 직설법 단순현재다.

2 위 1 에서 파생한 명사와 함께 쓴 명사절에서도 원형동사를 쓴다.

Key Point 위 1 에서 파생한 명사들?
동사 '제안/요구/권고하다'와 형용사 '중요한'에서 파생한 명사들이다.

예문 1 We discussed his proposal that we donate $1 million to UNICEF.

우리는 UNICEF에 백만 불을 기부하자는 그의 제안을 논의했다.

해 설
* proposal은 동사 propose('제안하다')에서 파생한 명사다.
* **따라서 proposal과 동격관계에 있는 that 절에 원형동사 donate를 쓴다.**
  We discussed his proposal that we will/would donate $1 million to UNICEF. (✗)
* will donate은 단순미래, would donate은 시제 일치된 단순미래이므로 틀렸다.
* 원형동사 donate을 써야 한다.

예문 2 His request is that he be given a pay raise.

그의 요구는 자기에게 급여인상이 주어지는 것이다.

해 설
* 예문에서 명사절에 수동태 원형동사 be given를 썼다.
* 예문의 주어가 명사 request이기 때문이다. request는 동사와 명사가 같다.
* 예문에서 명사절은 주어 his request를 보완하는 주격보어의 역할을 한다.
  His request is that he will be given a pay raise. (✗)
* will be given은 직설법 수동태 단순미래다. 원형동사가 아니다.

3 부정형 원형동사는 not+원형이다.

예문 We asked that he not leave school.

우리는 그가 학교를 중퇴하지 말기를 요청했다.

해 설
* 능동태 부정형 원형동사는 not+원형동사다.
* 예문의 not leave는 leave의 능동태 부정형 원형동사다.
* do not leave는 원형동사가 아니라 능동태 복수 단순현재다.
  We asked that he do not leave school. (✗)
* would not leave도 원형동사가 아니다. 미래 will leave를 시제 일치시킨 것이다.
  We asked that he would not leave school. (✗)

▶ 맺음말

✓ 명사절은 전체문장에서 주어/보어/목적어의 역할을 한다. 명사절 접속사 중에서 가장 주의를 요하는 접속사는 that이다. 명사절 접속사 what과 혼동하는 사람이 많기 때문이다. **that은 명사절 안에서 어떠한 역할도 하지 않지만 what은 명사절 안에서 주어/보어/목적어다. that은 이제 명사절이 나온다는 신호에 불과하다.** 따라서 that 절이 복문 안에서 목적어이면 that을 생략할 수도 있다. that 절 앞에 있는 타동사가 충분히 이제 명사절이 나온다는 표시다. what을 생략할 수 있는 경우는 없다.

✓ 9가지 의문사들도 명사절을 이끈다. 미국식에서는 주로 whom 대신에 who를 쓴다. 그리고 whose는 '누구의' 또는 '누구의 것' 이라는 뜻이고, which는 '어느' 또는 '어느 것' 이라는 뜻이다.

✓ whoever는 who와 다르다. 전자는 '~한 누구라도' 이고 후자는 '누가' 이기 때문이다. whatever와 what은 뜻이 비슷하다. 전자는 '~한 무엇이라도' 이고 후자는 '~한 것' 이기 때문이다. 따라서 이 두 가지 접속사는 상호 교환해서 쓸 수 있다. whichever와 which는 뜻이 다르다. 전자는 '~한 어느 것이라도' 라는 뜻이고 후자는 '어느 (것)' 라는 뜻이기 때문이다.

✓ if와 whether는 '~인지/한지' 라는 뜻이다. 명사절 끝에 or not을 붙일 때에는 주로 whether를 쓴다. whether를 쓸 때에는 or not을 whether 바로 뒤에 붙여서 whether or not이라고 할 수도 있다.

✓ **명사절에서 가장 중요한 것은 명사절 안에 원형동사를 쓰는 경우다.** 우리말과 달리 3가지 뜻의 동사와 1가지 뜻의 형용사 뒤에 나오는 명사절 안에서는 원형동사를 쓴다. 우리말에서는 이런 경우에 직설법으로 생각해서 단순미래를 쓴다. 영어에서는 이런 명사절의 내용을 가정법이라고 생각한다. 따라서 어떠한 직설법 시제도 사용할 수 없기 때문에 원형동사를 쓴다. 부정형 원형동사는 not+원형동사다.

✓ 명사절 앞의 단어가 '제안하다', '요구하다', '권고하다' 라는 동사이거나 또는 '중요한/필요한' 이라는 형용사일 때 명사절에 원형동사를 쓴다. 이런 경우 전체문장의 뜻이 명령문과 거의 같다. 따라서 명령문에 원형동사를 쓰는 것처럼 이런 명사절에도 원형동사를 쓴다. 단, 영국식에서는 should+원형동사를 쓴다. **특히 주어가 3인칭 단수일 때 원형동사는 복수 단수현재처럼 보여서 주어와 동사의 일치 규칙을 어긴 것처럼 보이기 때문에 should를 보탠다. 따라서 이 should에는 아무 뜻도 없다.** 그래서 should 대신 have to나 must 등 의무를 나타내는 조동사를 써서는 안된다.

Section 17 관계절 (Relative Clauses)

Notes

관계절?

① 관계절은 관계대명사나 관계부사가 이끄는 종속절이다.
② 관계절은 그 앞의 선행사를 수식하는 형용사의 역할을 한다.
③ 관계절은 종속절이므로 주절 따로, 종속절 따로 해석한다.

핵심강의

☐ **관계절은 선행사를 꾸미는 형용사 역할을 한다.** 그래서 관계절을 형용사절이라고도 부른다. 관계절은 관계대명사나 관계부사가 이끈다. 관계대명사는 관계절 안에서 선행사를 대신해서 주어나 목적어의 역할을 하고, 관계부사는 관계절 안에서 부사의 역할을 한다.

☐ 관계절에는 3가지 유형이 있다. 즉, 한정형, 부가형, 계속형이다. **부가형과 계속형의 경우에는 that을 관계 대명사/부사로 사용할 수 없다.** 한정형은 선행사와 관계절 사이에 comma가 없고, 부가형과 계속형은 선행사와 관계절 사이에 comma가 있다. 한정형 관계절은 선행사의 범위를 한정하므로 생략할 수 없다. 부가형은 부수적이므로 생략할 수 있고, 계속형은 중문이나 두 단문으로 대체할 수 있다.

☐ **관계대명사는 크게 사람을 받는 who와 사물을 받는 which로 나뉜다.** 즉, who는 선행사가 사람일 때, which는 선행사가 사물일 때 사용한다. 한정형 관계절이면 who/which 대신에 that을 관계대명사로 쓸 수도 있다.

☐ 선행사가 사람이고 관계대명사가 관계절 안에서 목적어일 때는 whom을 쓰지만, 미국식에서는 주로 whom 대신에 who를 쓴다. **관계대명사가 관계절 안에서 소유격일 때는 whose를 쓴다.** 단, 선행사가 사물일 때에는 of which를 쓸 수도 있다. 그러나 whose가 사용하기 편하다.

☐ 목적격 관계대명사는 생략할 수 있다. **관계대명사 which를 사용하지 못하는 경우도 있다. 선행사를 강하게 읽어야 하는 상황에서 그렇다. 이런 때에는 그 뒤에 which가 아니라 반모음인 that을 관계대명사로 놓는다.** 관계대명사 앞에 전치사를 붙여야 하는 경우에 구어체에서는 전치사를 관계절의 끝에 놓은 것이 일반적이다. 관계대명사 which는 주절 전체를 받을 수도 있다. 이런 which는 '그 사실은'이라는 뜻이다.

☐ **관계부사는 when, where, why, that이다.** 각각 시간, 장소, 이유, 방법 관계부사라고 한다. when의 선행사는 시간, where의 선행사는 장소, why의 선행사는 the reason, that의 선행사는 the way다.

1 관계절의 유형

> **Key Point** 관계절의 유형?
> ① 관계절에는 한정형, 부가형, 계속형이라는 3가지 유형이 있다.
> ② 관계대명사/관계부사가 이끄는 모든 관계절에 이 유형이 있다.
> ③ 따라서 관계대명사/관계부사를 공부하기 전에 관계절의 유형을 먼저 다룬다.

1 한정형 관계절 (Identifying Clauses)

예문 The desk which/that you ordered yesterday is currently out of stock. 당신이 어제 주문한 책상이 현재 재고가 없다.

해설
* 선행사(The desk)와 관계절 사이에 comma가 없으면 한정형 관계절이다.
* **한정형 관계절(which/that you ordered)은 선행사의 범위를 '한정' 한다.**
* 따라서 한정형 관계절은 생략할 수 없다.
  The desk is currently out of stock . (✗) "그 책상이 현재 재고가 없다(?)"
* 즉, 예문에서 관계절이 없으면 어떤 책상을 말하는지 알 수 없다.

선행사?
❶ 선행사는 관계절 앞에서 관계절의 수식을 받는 단어다.
❷ 주로 명사이지만 일부 대명사도 선행사가 될 수 있다.
❸ 선행이란 '(관계절의) 앞에 간다'라는 뜻이다.

심층해설❶ 우리말에 선행사나 관계절이라는 개념이 없다?

① 우리말에는 선행사나 관계절이 필요 없다.
② **우리말에서는 수식어가 항상 명사/대명사 앞에 오기 때문이다.**
③ 우리말에서는 '당신이 어제 주문한 책상'이라고 한다.
④ 즉, 우리말에서는 '주문하다'의 형용사 형태 '주문한'이면 충분하다.
⑤ 그 다음에 '당신이 주문한'을 '책상' 앞에 놓으면 된다.
⑥ '당신이 주문한 책상'에는 선행사도 없고 관계절도 없다.
⑦ 우리말에서는 수식을 받는 단어가 '선행'하는 것이 아니라 '후행'한다.
⑧ 반면에 영어에서는 <u>the desk that you ordered yesterday</u>라고 한다.
⑨ 즉, the desk를 먼저 놓고 그 뒤에 관계절을 놓는다.
⑩ the desk는 선행사, that you ordered yesterday는 관계절이다.
⑪ 그리고 관계절을 이끄는 that을 관계대명사라고 한다.

심층해설❷ 왜 영어는 우리말처럼 못하나?

① 영어는 핵심단어(desk)를 먼저 놓고 설명은 그 뒤에 한다.
② 핵심단어를 제시하지 않고 설명부터 하는 것을 참지 못한다.
③ '당신이 어제 구입한'이라는 설명부터 나오는 구조가 싫다는 것이다.
④ **따라서 영어에서는 그 대가를 혹독하게 지불해야 한다.**
⑤ 핵심단어인 the desk를 먼저 놓고 이를 관계대명사 that으로 받는다.
⑥ 즉, 영어는 '책상 그것을 당신이 어제 구입했다'라는 식으로 말한다.

Notes

한정형과 부가형의 실질적인 차이?

❶ 다음 관계절은 한정형이다.
내 누이가 여럿 있다는 뜻이다.
My sister who lives in Canada has two sons.
"캐나다에서 사는 누이가 아들이 둘이다."

❷ 다음 관계절은 부가형이다.
내 누이가 하나 있다는 뜻이다.
My sister, who lives in France, has two sons.
"내 누이는 프랑스에서 사는데 아들이 둘이다."

2 부가형 관계절 (Non-identifying Clauses)

예문 My sister, who lives in Canada, has two sons.
내 누이는 캐나다에서 사는데 아들이 둘이다.

해설
* 부가형 관계절은 선행사와 관계절 사이에 comma가 있다.
* 부가형 관계절은 이미 특정된 선행사에 대한 '부수적인 정보'를 담는다.
* 부가형 관계절은 생략할 수 있다: My sister has two sons. (O)

3 계속형 관계절 (Connective Clauses)

예문 I poured him a glass of wine, which he drank at once.
나는 그에게 포도주 한잔을 따라주었고 그는 그것을 단숨에 마셔버렸다.

해설
* 계속형 관계절은 주절이 끝난 다음에 온다.
* 주절과 관계절 사이에 comma가 있다.
* 이 때 comma는 주절을 먼저 해석하라는 표시다.
* 계속형 관계절은 주절 뒤에 발생한 일을 묘사하기 때문이다.
* **즉, 주절과 계속형 관계절 사이에는 시간의 선후관계가 성립된다.**
* 예문은 내가 먼저 포도주를 따르고, 그 후에 그가 그것을 마셨다는 뜻이다.
* 계속형 관계절도 생략할 수 있다.

2 관계대명사 (Relative Pronouns)

관계대명사의 두 가지 역할?

❶ 관계대명사는 접속사처럼 주절과 관계절을 '관계' 맺어준다.

❷ 관계대명사는 대명사처럼 관계절 안에서 선행사를 '대신'한다.

Key Point 관계대명사?

① 관계대명사는 관계절 안에서 주어나 목적어의 역할을 한다.
② 관계대명사가 보어의 역할을 하는 경우는 드물다.
③ 선행사가 사람이냐, 사물이냐에 따라서 관계대명사가 달라진다.
④ 선행사가 사람인 경우에는 원래 목적격 관계대명사와 주격 관계대명사가 구별된다.

1 선행사가 사람일 때

(1) 주격 관계대명사 who/that

예문 Do you remember the manager who/that brought us this report yesterday?
당신은 어제 우리에게 이 보고서를 가져왔던 부장을 기억하나?

해설
- 선행사가 사람일 때 주격 관계대명사는 who/that이다.
- 예문에서 선행사는 the manager이고 관계절은 who/that 이하다.
- 즉, 관계절 who/that brought us ~ yesterday가 the manager를 수식한다.
- 선행사가 사람이고 관계대명사가 주어이므로 who/that을 쓴다.
- 관계절 안에서 who/that이 주어이고 brought가 동사다.
- 관계대명사 바로 뒤에 동사가 있으면 관계대명사는 주어다.
- 선행사가 사람일 때 who와 that 중에서 who를 더 많이 쓴다.
- 선행사와 관계절 사이에 comma가 없으므로 이 관계절은 한정형이다.

(2) 목적격 관계대명사 whom/who/that

예문 1 That is the actress whom/who/that the newspapers criticized.

저 사람이 그 신문들이 비난했던 여배우다.

해설
- 선행사가 사람일 때 목적격 관계대명사는 whom/who/that이다.
- 예문에서 선행사는 the actress다. whom 이하가 한정형 관계절이다.
- **즉, 관계절 whom the newspapers criticized이 the actress를 꾸민다.**
- 관계절의 주어는 the newspapers이고 목적어는 whom/who/that이다.
- 목적격 관계대명사로 미국식 구어체에서는 whom 보다 who를 많이 쓴다.

심층해설 who/that이 주격 또는 목적격 관계대명사?

① 관계대명사 who와 that은 주격도 되고 목적격도 된다.
② who/that 뒤에 동사가 오면 who/that은 주격 관계대명사다.
~ who/that <u>brought</u> us this report yesterday (who/that 뒤에 동사)
③ who/that 뒤에 주어가 오면 who/that은 목적격 관계대명사다.
~ who/that <u>the newspapers</u> criticized (who/that 뒤에 주어)
④ 따라서 미국식에서는 whom 대신에 who를 사용하기도 한다.

예시 2 the employees both of whom won the prize

둘 다 그 상을 받은 직원들

해설
- 전치사 뒤에 목적격 관계대명사가 올 경우에는 목적격인 whom을 쓴다.
- 예문에서 전치사 of 뒤에 관계대명사 whom만 쓸 수 있다.
- **첫째, 전치사 뒤에는 주격 관계대명사 who를 쓸 수 없다.**
  the employees both of <u>who</u> won the prize (✕)
- 전치사 뒤에는 어떠한 주격 대명사도 쓸 수 없기 때문이다.
- **둘째, 전치사 뒤에는 that을 관계대명사로 쓸 수 없다.**
  the employees both of <u>that</u> won the prize (✕)
- 전치사 뒤에 있는 that은 지시대명사이기 때문이다.

Notes

❓ what은 어때?

① what은 관계대명사가 아니다.
what은 명사절 접속사다.
Tell me what you saw. "네가 무엇을 보았는지를 내게 말하라."

② 선행사가 있을 때는 what을 쓸 수 없다.
We are talking about the movie what was shown later. (✗)

③ 선행사가 있을 때는 관계대명사 which/that을 써야 한다.
We are talking about the movie which/that was shown later. (○)

❓ of which만 쓰는 경우?

① 관계대명사 앞에 대명사 each/both/some/all 등이 있을 때다.
the stories, each/both/some/all of which I have forgotten
'내가 각각/둘 다/일부/모두 잊어버린 이야기들'

② 이런 경우에는 whose를 쓸 수 없다.
the stories, whose some I have forgotten (✗)

2 선행사가 사물일 때

(1) 주격 관계대명사 which/that

예시 the movie which/that was shown later 나중에 상영된 영화

해설
* 선행사가 사물일 때 주격 관계대명사는 which/that이다.
* 예문에서 선행사는 the movie, 관계절은 which/that was shown later이다.
* 관계절 안에서 관계대명사 which/that이 주어다. 바로 뒤에 동사가 왔다.

(2) 목적격 관계대명사 which/that

예시 the movie which/that she saw last night 그녀가 어젯밤에 본 영화

해설
* 선행사가 사물일 때 목적격 관계대명사는 which/that이다.
* 즉, 선행사가 사물일 때는 주격/목적격 관계대명사의 구별이 없다.
* 예문에서 선행사는 the movie, 관계절은 which/that she saw last night이다.
* 관계절 안에서 she가 주어, 관계대명사 which/that은 목적어다.
* 관계대명사 바로 뒤에 주어 she가 왔기 때문에 관계대명사는 목적어다.
* 예문에서 관계절은 한정형이다.

3 소유격관계대명사

(1) 선행사가 사람일 때 whose

예시 the director whose assistant I met this morning
내가 오늘 아침에 보좌관을 만난 이사

해설
* 선행사가 사람일 때 소유격 관계대명사는 whose다.
* 소유격 관계대명사 whose의 뜻은 '그 사람의'이다.
* 즉, 예문에서 whose assistant는 '그 사람의 보좌관'이다.
* 소유격 관계대명사는 관계절 안에서 소유격 형용사의 역할을 한다.
* 소유격 관계대명사는 관계절 안에서 주어/목적어가 아니다.

(2) 선행사가 사물일 때 whose 또는 of which

예시 the company whose president I met this morning
내가 오늘 오전에 사장을 만난 회사

해설
* 선행사가 사물일 때도 소유격 관계대명사는 whose다.
* 즉, 예문에서 whose는 '그 회사의'라는 뜻의 소유격 관계대명사다.
* **단, 예문처럼 선행사가 사물일 때는 of which를 쓸 수도 있다.**
* 그러나 of which를 쓰는 것은 whose에 비해 복잡하다.
  the company whose president I met this morning
  = the company, the president of which I met this morning
* the president of which가 whose president보다 복잡하다.

4 목적격 관계대명사의 생략

예시 the actress (whom/who/that) the newspapers criticized
그 신문들이 비난한 여배우

the movie (which/that) she saw last night 그녀가 어젯밤에 본 영화

해설
* 목적격 관계대명사는 생략할 수 있다. 단, 관계절이 한정형이라야 한다.
* 한정형에서는 목적격 관계대명사를 생략해도 의사전달에 지장이 없다.
  <u>the movie she saw</u> last night '그녀가 어젯밤에 본 영화'
* 관계절이 부가형/계속형일 때는 목적격 관계대명사를 생략할 수 없다.
  The actress, <u>the newspapers criticized</u>, committed suicide. (✕)
* 관계절이 부가형/계속형일 때는 목적격 관계대명사가 표시되어야 한다.
  The actress, <u>whom</u> the newspapers criticized, committed suicide.

5 관계대명사 that을 사용하지 못하는 경우

예문 The governor, that promises to cut taxes, will be reelected. (✕)
주지사가 세금 인하를 약속하고 있는데 재선될 것이다.

I poured him a glass of wine, that he drank at once. (✕)
내가 그에게 포도주 한 잔을 따라 주었고 그는 그것을 단숨에 마셨다.

해설
* 부가형 관계절과 계속형 관계절에는 that을 관계대명사로 사용할 수 없다.
* 첫째 예문의 that을 who로, 둘째 예문의 that을 which로 고쳐야 한다.
* 첫 예문의 관계절은 부가형이고, 둘째 예문의 관계절은 계속형이기 때문이다.

왜 that은 안 되나?
1. 관계대명사 that의 소리가 반모음([ðət])이기 때문이다.
2. 부가형/계속형 관계절은 쉬었다가 읽는다.
3. 쉬었다가 나오는 that의 소리가 너무 약해서 부적절하다.

6 관계대명사 which를 쓰지 못하고 that을 써야 하는 경우

(1) 최상급 뒤에서

예문 It is the best film that has ever been made about the Korean War.
그것은 한국전쟁에 대해서 만들어진 것 중에서 최고의 영화다.

해설
* **선행사에 최상급이 있을 때는 which를 관계대명사로 쓸 수 없다.**
* 이런 경우에는 that을 관계대명사로 써야 한다.
* 예문에서 the best는 최상급 형용사다. 그 뒤에 which를 쓸 수 없다.

심층해설 왜?
① **이것도 소리 때문이다. which는 정모음, that은 반모음이다.**
② 최상급 형용사로 수식된 선행사는 강하게 읽는다.
③ 그 다음에 나오는 관계대명사는 약하게 읽어야 한다.
④ 영어의 소리는 강약이 교차해야 하기 때문이다.
⑤ 따라서 최상급 뒤에는 반모음 소리를 가진 that이 적당하다.
⑥ that은 반모음, which는 정모음이다.

Notes

(2) 형용사 only 뒤에서

예문 It is the only thing that matters. 그것은 유일하게 중요한 일이다.

해설
* 선행사에 only가 있을 때도 only의 의미상 선행사를 강하게 읽어야 한다.
* 따라서 그 뒤에 which가 아니라 that을 관계대명사로 써야 한다.

(3) every, any, all 뒤에서

예문 I have done everything that can be done.
나는 조치될 수 있는 모든 일을 했다.

I have done anything that can be done.
나는 조치될 수 있는 어떠한 일도 했다.

All that you say is true. 네가 말하는 모든 것이 진실이다.

해설
* 선행사에 every, any, all이 있으면 which를 쓸 수 없다.
* **이 단어들도 의미상 강하게 읽어야 하는 것들이기 때문이다.**
  I have done everything/anything which can be done. (✗)
  All which you say is true. (✗)
* 이 선행사들 뒤에는 약한 반모음을 가진 that을 쓰는 것이 적절하다.

7 관계대명사에 전치사를 붙여야 하는 경우

(1) 문어체에서는 관계대명사 바로 앞에 전치사를 놓는다.

예문 1 This is the man to whom I gave the money.
이 사람이 내가 그 돈을 준 남자다.

해설
* 문어체에서는 관계대명사(whom) 바로 앞에 전치사(to)를 놓는다.
* 이런 경우에는 who/that을 관계대명사로 쓸 수 없다.
  This is the man to who/that I gave the money. (✗)
* 선행사가 사람(man)인 경우 목적격 관계대명사 whom만 쓴다.
  This is the man to whom I gave the money. (○)

예문 2 It is the plan about which we are talking.
그것이 우리가 얘기하고 있는 계획이다.

해설
* 문어체에서는 관계대명사(which) 바로 앞에 전치사(about)를 놓는다.
* 이런 경우에는 선행사가 사물일 때 that을 관계대명사로 쓸 수 없다.
  It is the plan about that we are talking. (✗)
* 전치사 바로 뒤에 나오는 that은 지시대명사이기 때문이다.
* 선행사가 사물(plan)인 경우 전치사 바로 뒤에 which만 쓸 수 있다.
  It is the plan about which we are talking. (○)

(2) 회화체에서는 관계절의 끝에 전치사를 놓는다.

예문 1   This is the man who/whom/that I gave the money to.
이 사람이 내가 그 돈을 준 남자다.

해 설
* 회화에서는 전치사(to)를 관계절의 끝에 놓는 것이 일반적이다.
* 이런 경우 선행사가 사람일 때 whom/who/that을 관계대명사로 쓴다.
* 또는 이런 경우에는 목적격 관계대명사이므로 생략할 수도 있다.
  This is the man I gave the money to. (O) (관계대명사의 생략)
* **따라서 선행사가 사람일 때 총 4가지 방법이 맞다.**
* **바로 이 점 때문에 회화에서는 관계대명사와 전치사를 떼어 놓는다.**
* **다양하게 말할 수 있기 때문이다.**

예문 2   Focus on the plan which/that we are talking about.
우리가 얘기하고 있는 계획에 집중하라.

해 설
* 회화에서는 전치사(about)를 관계절의 끝에 놓는 것이 일반적이다.
* 이런 경우 선행사가 사물일 때 which/that을 관계대명사로 쓸 수 있다.
* 또는 이런 경우에는 목적격 관계대명사이므로 생략할 수도 있다.
  Focus on the plan we are talking about. (O) (관계대명사의 생략)
* **따라서 선행사가 사물일 때 총 3가지 방법이 맞다.**
* **바로 이 점 때문에 회화에서는 관계대명사와 전치사를 떼어 놓는다.**
* **다양하게 말할 수 있기 때문이다.**

8 주절 전체를 받는 관계대명사 which

예문   He ignored her, which proved unwise.
그는 그녀를 무시했고 그것은 현명치 못한 일임이 드러났다.

해 설
* 관계대명사 which는 주절 전체를 받을 수도 있다.
* 이런 which는 '그 사실은' 또는 '그것은'이라는 뜻이다.
* 예문에서 관계대명사 which는 주절 전체를 받는다.
* 예문에서 which는 주절의 어느 한 단어를 대신하는 관계대명사가 아니다.
* 예문을 다음과 같이 중문 또는 두 단문으로 바꿀 수도 있다.
  He ignored her, and it proved unwise. (중문)
  He ignored her. It proved unwise. (두 개의 단문)

9 한정형 관계절의 선행사가 특정되지 않는 경우

예문 1   People who exercise regularly live longer.
규칙적으로 운동하는 사람들이 더 오래 산다.

해 설
* 한정형 관계절의 선행사는 보통 관계절에 의해서 특정된다.
* 따라서 한정형 관계절의 선행사에는 보통 the가 붙는다.

Notes

* 그러나 대단히 일반적인 이야기라면 선행사가 특정되지 않을 수 있다.
* **예문에서 선행사가 특정되지 않았다. 대단히 일반적인 이야기이기 때문이다.**
* 즉, 전세계적으로 운동하는 사람들에 대한 이야기이기 때문이다.
* 그래서 선행사에 정관사 the가 붙지 않았다.

예문 2 A candidate who promises to cut taxes wins elections in the U.S.

미국에서는 세금인하를 약속하는 후보가 선거에서 승리한다.

해설
* 예문에서 관계절이 한정형인데도 선행사(a candidate)가 특정되지 않았다.
* **예문이 모든 미국 선거에 적용되는 대단히 일반적인 이야기이기 때문이다.**

3 관계부사 (Relative Pronouns)

Key Point 관계부사?

① 관계부사는 관계절을 이끌면서 관계절 안에서 부사의 역할을 한다.
② 4가지 종류의 관계부사가 있다.
  a. 시간 관계부사 when   b. 장소 관계부사 where
  c. 이유 관계부사 why   d. 방법 관계부사 that

1 시간 관계부사 when

예문 1 I will never forget the day when I first met you.

나는 당신을 처음 만난 날을 결코 잊지 않겠다.

해설
* 예문에서 the day는 선행사, when I first met you는 관계절이다.
* **when은 관계절 안에서 시간부사의 역할을 한다. 그래서 시간 관계부사다.**
* 시간 관계부사 when은 원래 '그 때에'라는 뜻이다.
* 즉, 실제로 주절 다음에 관계절을 해석하면 관계부사 when은 '그 때에' 이다.
  "나는 결코 그 날을 잊지 않겠다. 그 때에 나는 처음으로 너를 만났지."

예문 2 I will never forget the day on which I first met you.

나는 당신을 처음 만난 날을 결코 잊지 않겠다.

해설
* 시간 관계부사 when 대신에 at/on/in which를 쓸 수 있다.
* 선행사에 따라서 which 앞에 어떤 전치사를 사용하느냐가 결정된다.
* 예문에서는 명사 day 앞에 전치사 on을 붙이므로 on which라고 한다.
* 예문에서 on which는 관계부사 when을 대신하는 전치사+관계대명사다.
* **혼동하지 마라. when은 관계부사이고, on which는 전치사+관계대명사다.**
* 즉, on which는 when의 대타이지 관계부사는 아니다.

심층해설 관계부사 when 대신에 that을 쓸 수 있는 경우?

① 선행사가 spring 등 사계절, time, day, month, year일 때다.
② 이런 경우에는 when 대신에 that을 시간관계부사로 쓸 수 있다.
   I will never forget the day that I first met you.
③ 또는 이런 경우에는 관계부사를 생략할 수도 있다.
   I will never forget the day I first met you.

2 장소 관계부사 where

예문 1 Do you remember the place where we had lunch?

너는 우리가 점심을 먹었던 장소를 기억하니?

해설
* 번역할 때는 우리말 식으로 관계절부터 해석한다.
* 그 외 모든 경우에는 주절을 먼저 해석하고, 관계절은 2차로 해석한다.
* 이럴 때에는 where의 뜻이 '그 장소에서'이다.
* 예문에서 the place는 선행사, where we had lunch는 관계절이다.
* **장소 관계부사 where는 관계절 안에서 장소부사의 역할을 한다.**

예문 2 Do you remember the place in which we had lunch?

너는 우리가 점심을 먹었던 장소를 기억하니?

해설
* 장소 관계부사 where 대신에 in/at/on which를 쓸 수 있다.
* 예문의 선행사 place 앞에 in을 쓰므로 where 대신에 in which를 썼다.

심층해설 where 대신에 that을 관계부사로 쓸 수 있는 경우?

① 선행사가 place, anywhere, everywhere, anywhere일 때다.
   Do you remember the place where/that we had lunch?
② 이런 경우에는 관계부사를 아예 생략할 수도 있다.
   Do you remember the place we had lunch?

3 이유 관계부사 why

예문 1 The reason why I came back was to be with my family.

내가 돌아온 이유는 내 가족들과 같이 있기 위해서였다.

해설
* 이유 관계부사 why는 '그 이유 때문에'라는 뜻이다.
* 명사절 접속사 why는 '왜'이지만 관계부사 why는 '그 이유 때문에'다.
* 예문에서 the reason은 선행사, why I came back은 관계절이다.
* **why는 관계절 안에서 부사의 역할을 한다. 그래서 관계부사라고 한다.**
* why가 '그 이유 때문에'라는 점을 이해해야 다음 문장을 이해할 수 있다.

예문 2 The reason for which I came back was to be with my family.

내가 돌아온 이유는 내 가족들과 같이 있기 위해서였다.

Notes

❓ **관계부사 앞의 선행사를 생략한다?**

❶ 선행사가 왼쪽 box안의 단어일 때는 선행사를 생략할 수도 있다.
Sunday is (the day) when we are not so busy.
"일요일은 우리가 그렇게 바쁘지 않은 날이다."
July is (the month) when we are extremely busy.
"7월은 우리가 대단히 바쁜 때다."

❷ 단, 주어가 선행사와 같은 계열의 명사라야 한다.

❸ Sunday와 the day, July와 the month는 같은 계열의 단어다.

❓ **that이 관계대명사? 관계부사?**

❶ that이 관계절 안에서 주어/목적어이면 관계대명사다.

❷ that이 관계절 안에서 주어/목적어가 아니면 관계부사다.

❓ **where 앞의 선행사를 생략할 수 있는 경우가 있다?**

❶ where 앞의 선행사가 place일 때는 선행사를 생략할 수도 있다.
That's (the place) where she stayed overnight.
"그것이 그녀가 하룻밤 머물렀던 곳이다."

❷ 단, 주어가 place와 동격관계가 성립되는 명사/대명사라야 한다.

❸ 예문에서 the place는 주어 that과 동격 관계에 있다.

❓ **why 대신에 that을 쓴다?**

이유 관계부사 why 대신에 항상 that을 쓸 수 있다.
The reason why/that/for which I came back was to be with my family.

Notes

why를 생략할 수 있다?
이유 관계부사 why는 항상 생략할 수 있다.
The reason I came back was to be with my family.

해설
* 관계부사 why 대신에 항상 for which를 쓸 수 있다.
* '그 이유 때문에'는 for the reason이기 때문에 for which다.
* 이유관계부사는 why이고, for which는 이를 대신하는 전치사+관계대명사다.
* 예문에서 the reason은 선행사, for which I came back은 관계절이다.

4 방법 관계부사 that

예문 1) Have you ever watched the way that cats wash each other?
너는 고양이들이 서로를 씻어주는 방식을 본 적이 있나?

해설
* 방법 관계부사 that은 '그런 방식으로'라는 뜻이다.
* **방법 관계부사 that 앞에 있는 선행사는 항상 the way이다.**
* 예문에서 the way는 선행사, that cats wash each other는 관계절이다.
* 방법 관계부사 that은 관계절 안에서 부사의 역할을 한다.

예문 2) Have you ever watched the way in which cats wash each other?
너는 고양이들이 서로를 씻어주는 방식을 본 적이 있나?

해설
* 방법 관계부사 that 대신에 항상 in which를 쓸 수 있다.
* 명사 way 앞에 전치사 in을 쓰기 때문이다: in this way '이런 방식으로'
* that은 방법 관계부사이고, in which는 that을 대신하는 전치사+관계대명사다.

방법 관계부사 that을 생략할 수 있다?
① 방법 관계부사 that은 항상 생략할 수 있다.
Have you ever watched <u>the way cats wash each other</u>?
② the way 바로 뒤에 주어+동사가 오면 이 절은 관계절이다.

예문 3) Have you ever watched the way cats wash each other?
너는 고양이들이 서로를 씻어주는 방식을 본 적이 있니?

해설
* 방법 관계부사 that은 항상 생략할 수 있다.
* 선행사가 항상 the way이기 때문이다.
* 즉, the way 뒤에 주어+동사가 오면 이 주어+동사는 관계절이다.

심층해설 | how는 방법 관계부사가 아니다?

① how는 방법 관계부사가 아니라 명사절 접속사다.
Do you know <u>how cats wash each other</u>?
"너는 고양이가 어떻게 서로를 씻어주는지 아느냐?"
② how 앞에는 선행사 the way가 없다.
③ 방법 관계부사는 that이나 in which다. 또는 관계부사를 생략한다.
Do you know the way how cats wash each other? (×)
Do you know the way <u>(that/in which)</u> cats wash each other? (○)

▶ 맺음말

✓ 관계절에는 3가지 종류가 있다. 즉, 한정형, 부가형, 계속형이다. 부가형과 계속형 관계절에서는 that을 관계대명사나 관계부사로 사용하지 못한다.

✓ **사람과 사물의 구별이 중요하기 때문에 who와 which 두 가지 종류의 관계대명사가 있다.** 선행사가 사람일 때는 목적격 관계대명사로 whom을 쓸 수 있지만 미국식에서는 주로 who를 쓴다. who가 주격인지, 목적격인지를 금방 구별할 수 있기 때문이다. 소유격 관계대명사는 whose다.

✓ **관계대명사가 관계절에서 주어가 아닌 한 생략할 수 있다.** which를 사용하지 못하는 경우가 있다. 선행사에 최상급 형용사 등이 있을 때다. 이런 경우 선행사를 강하게 읽어야 하므로 관계대명사로 반모음 소리를 가진 that을 쓴다.

✓ 관계대명사에 전치사가 붙는 경우, **관계대명사와 전치사를 떼어 놓는 것이 일반적이다.** 이렇게 하면 whom 대신에 who/that을 쓰거나 아예 관계대명사를 생략할 수 있고, which 대신에 that을 쓰거나 아예 관계대명사를 생략할 수 있기 때문이다. **which는 주절 전체를 받을 수도 있다. 이런 which는 '그 사실은'이라는 뜻이다.** 보통 한정형 관계절의 선행사는 특정된다. 그러나 아주 일반적인 내용이면 한정형의 선행사도 특정되지 않을 수 있다.

✓ 관계부사에는 시간, 장소, 이유, 방법 관계부사가 있다. 시간관계부사 when은 '그 때에'라는 뜻이다. 장소관계부사 where는 '그 곳에서', 이유관계부사 why는 '그 이유 때문에', 방법관계부사 that은 '그런 방식으로'라는 뜻이다. 관계부사 대신에 전치사+관계대명사를 쓸 수 있다. **선행사 앞에 어떤 전치사를 놓느냐에 따라서 전치사의 선택이 달라진다.**

✓ when 앞의 선행사가 분명한 시간을 나타낼 때는 when 대신에 that을 관계부사로 쓰거나, 관계부사를 생략할 수 있다. where 앞의 선행사가 place나 somewhere 등일 때도 where 대신에 that을 쓰거나, 관계부사를 생략할 수 있다. why의 경우에는 항상 that으로 대신하거나 생략할 수 있다. 방법 관계부사 that도 항상 생략할 수 있다.

Chapter 5

동사 (Verbs)

Section 18_ **능동태 동사시제**

Section 19_ **수동태**

Section 20_ **조동사**

Section 21_ **상태동사**

Section 22_ **주어와 동사의 일치**

Section 23_ **시제 일치**

Section 24_ **사역동사**

Section 18 능동태 동사시제 (Tenses)

Notes

능동태 동사시제?

1. 3가지 종류의 시간이 각각 4가지 style의 시제를 가지고 있다.
2. 즉, 현재/과거/미래가 각각 단순/진행/완료/완료진행형 시제를 갖고 있다.
3. 따라서 능동태에 총 12가지 동사 시제가 존재한다.
4. 능동태 동사가 쓰인 능동태 문장의 주어는 동작의 주체다.

핵심강의

☐ 12가지 능동태 동사시제가 있다. 과거, 현재, 미래라는 3가지 시간이 각각 단순형, 진행형, 완료형, 완료진행형이라는 4가지 style의 시제를 가지고 있기 때문이다. 완료형과 완료진행형은 우리말이 없기 때문에 제대로 이해해야 한다.

☐ 단순현재는 주로 규칙/습관을 나타낸다. 단, 교통편, 축제, 전시회의 경우에는 계획된 미래를 나타낼 수 있다. 단순과거는 과거에 한번 발생한 일을 나타낸다. **단, 회화에서 공손하게 제안/요청/진술 할 때 단순현재 대신에 단순과거를 쓴다. 단순현재에 비해서 상대방을 심적으로 압박하지 않기 때문에 공손하게 들린다.**

☐ 단순미래는 조동사에 따라서 의미가 달라진다. **will은 가장 무난한 조동사이다. be going to는 좀 더 확실한 진술에 쓰고, be to는 공적 계획을 나타낼 때 쓴다.** 즉, be scheduled to와 같다. be about to는 '곧 ~할 것이다' 라는 뜻이고, be due to는 '~할 예정이다' 라는 뜻이다. shall은 1인칭에서는 '제안', 2인칭과 3인칭에서는 '약속' 또는 '협박'을 나타내고, 계약서에서는 '의무'를 나타낸다.

☐ 현재진행은 현재진행중인 동작 외에 확정미래를 나타낼 수도 있다. **과거진행은 과거에 진행된 동작을 나타내거나 정중하게 요청할 때 쓴다.** 미래진행도 미래에 계속될 동작 외에 공손하게 진술하거나 문의할 때 쓴다.

☐ **3가지 완료시제는 모두 두 시간대를 연결한다.** 현재완료는 과거와 현재를, 과거완료는 대과거와 과거를, 미래완료는 현재와 미래를 연결한다. 현재완료와 과거완료는 경험, 계속, 완료를 나타낸다. 한 문장 안에 ever, never, before가 있으면 경험을, for나 since가 있으면 계속을, 특별한 hint가 없으면 완료를 나타낸다. 미래완료는 계속을 나타낼 수도 있지만 주로 완료를 나타낸다.

☐ 3가지 완료진행시제도 모두 두 시간대를 연결한다. 단, **완료진행 시제는 목표 시간에도 동작이 계속되고 있을 때 사용한다.** 즉, 현재완료진행은 과거부터 현재까지 진행중인 동작, 과거완료진행은 대과거부터 과거까지 진행 중이었던 동작, 미래완료진행은 현재부터 미래까지 계속되고 있을 동작을 나타낸다.

1 단순현재

1 형태

(1) 복수동사

예문 They play tennis on Sundays. 그들은 일요일마다 테니스를 한다.

해설
* 복수 단순현재는 원형동사와 형태가 같다.
* 예문에서 play는 복수 단순현재다.
* 복수동사란 주어가 복수일 때 사용하는 동사다.

(2) 단수동사

예문 She plays tennis on Sundays. 그녀는 일요일마다 테니스를 한다.

해설
* 단수 단순현재는 원형동사의 끝에 원칙적으로 ~s를 붙인 것이다.
* 예문의 plays는 원형동사 play에 ~s를 붙인 것으로 단수동사다.
* 단수동사는 주어가 3인칭 단수일 때 쓰는 동사다.

2 역할

(1) 진리

예문 The earth goes around the sun. 지구는 태양 둘레를 돈다.
Water boils at 100 degrees Celsius. 물은 섭씨 100도에서 끓는다.

해설
* 단순현재는 진리를 나타낸다.
* 예문에서 goes와 boils는 진리를 나타낸다.

(2) 규칙/습관

예문 Do you drive? 당신은 운전하십니까?
He smokes. 그는 흡연한다.

해설
* 단순현재는 규칙/습관도 나타낸다.
* '규칙/습관'이란 늘 발생하는 일이라는 뜻이다.
* 예문의 do와 smokes는 늘 발생하는 일을 나타낸다.
* **단순현재는 현재진행중인 동작을 나타내지 않는다.**
* **현재 진행중인 동작은 현재진행으로 나타낸다.**
  Are you driving? "너는 지금 운전 중이니?"
  He is smoking. "그는 지금 흡연 중이다."

Notes

❓ 영어에는 단수동사와 복수동사?
① 영어에는 단수동사와 복수동사의 구별이 있다.
② 우리말에는 단수동사와 복수동사의 구별이 없다.
③ 예를 들면, '(테니스를) 한다'는 주어가 무엇이든 같다.
④ 영어에는 복수동사와 단수동사가 있다.
⑤ 복수동사는 주어가 복수일 때, 단수동사는 주어가 단수일 때 쓴다.
⑥ 물론 복수동사라는 명칭은 완전하지 않다.
⑦ 원래 주어가 3인칭 복수일 때 사용하는 동사라는 뜻이다.
⑧ 그러나 주어가 1인칭 단수(I)이거나 2인칭 단수(you)일 때도 쓴다.

❓ 3인칭?
① 1인칭(the first person)은 말하는 사람이다. 즉, I와 we다.
② 2인칭(the second person)은 말을 듣는 사람이다. 즉, you다.
③ 3인칭(the third person)은 이 세 단어 이외의 모든 단어/구/절이다.

❓ ~es를 붙여 단수동사를 만드는 경우?
① 동사가 ~o, ~s, ~x, ~ch, ~sh로 끝날 때는 ~s대신에 ~es를 붙인다.
do-does miss-misses mix-mixes catch-catches push-pushes
② 그래서 go의 단수동사는 goes이다.
③ 동사가 자음+y로 끝날 때는 ~y를 빼고 ~ies를 붙인다: cry-cries

❓ 명사의 복수 표시(~s)와 단수동사의 표시(~s)가 같다?
① 명사에 ~s를 붙이면 명사의 복수가 된다: plays '연극들'
② 동사에 ~s를 붙이면 단수동사가 된다: She plays tennis on…

Notes

특이한 단순현재 형태를 가진 be와 have?

❶ be 동사의 단순현재는 3가지다: am/are/is

❷ 주어가 3인칭 단수이면 is를 쓴다: He is famous.

❸ 주어가 3인칭 복수이면 복수동사 are를 쓴다: They are famous.

❹ 주어가 I일 때 am을, 주어가 you일 때는 are를 쓴다.

❺ have 동사의 단순현재는 has/have다.

❻ 주어가 3인칭 단수이면 단수동사 has를 쓴다: She has a car.

❼ 주어가 3인칭 복수이면 have를 쓴다: They have a car.

❽ 주어가 1인칭/2인칭일 때도 have를 쓴다: I/you have a car.

단순미래는 언제 쓰나?

단순미래(will depart)는 교통편 등이 schedule을 어겼을 때 쓴다.
The plane will depart five minutes late.
"그 항공기가 5분 늦게 출발할 것이다."

---

(3) 현재상태

예문
I like wine. 나는 포도주를 좋아한다.
I love you. 나는 당신을 사랑한다.

해설
* 상태동사의 경우에 단순현재는 현재상태를 나타낸다.
* 예문의 like와 love는 동작동사가 아니라 상태동사다.
* 이 동사들은 현재의 심적 상태를 나타낸다.
* **상태동사에 대해서는 Section 21에서 자세하게 다룬다.**
* 상태동사는 진행형 동사로 만들 수 없다.
  I am liking wine. (✗)   I am loving you. (✗)
* 따라서 상태동사는 단순현재로 현재상태를 나타낸다.

(4) 계획된 미래 (The scheduled future)

Key Point 계획된 미래?

① '계획된 미래'는 단순현재로 나타낸다.
② 단순현재 동사 뒤에 미래시간이 표시되면 '계획된 미래'다.
③ 단, 이는 교통편/축제/전시회 등의 schedule에 대해서만 쓴다.
④ 이런 schedule은 수개월 전에 작성되고 계획대로 이행된다.
⑤ 따라서 교통편의 운행이 계획대로 될 때는 단순현재를 쓴다.
⑥ 교통편의 운행이 계획을 벗어날 때만 단순미래 동사를 쓴다.

예문 1 His plane departs at 11:50. 그의 비행기는 11:50에 떠난다.

해설
* 예문에서 단순현재 departs는 '계획된 미래'를 나타낸다.
* 주어가 교통편이고 동사 뒤에 미래시간(at 11:50)이 표시되었기 때문이다.
* 즉, departs는 'schedule대로 (11:50에) 떠난다'라는 뜻이다.

예문 2 The train leaves in five minutes. 그 기차는 5분 후에 떠난다.

해설
* 예문의 leaves는 '계획된 미래'를 나타낸다.
* 즉, leaves는 'schedule에 따라 (지금부터 5분 후에) 떠날 것'이라는 뜻이다.

예문 3 The festival/exhibition begins/ends on Friday.
그 축제/전시회는 금요일에 시작한다/끝난다.

해설
* 축제/전시회가 schedule에 따라 진행될 때도 단순현재를 쓴다.
* 예문의 단순현재 begins/ends는 '계획된 미래'를 나타낸다.
* 동사 뒤에 on Friday라는 미래시간이 표시되어 있기 때문이다.

2 단순과거

1 형태

(1) be 동사

예문 I/He was happy then. 나/그는 그 때 행복했다.
They were happy then. 그들은 그 때 행복했다.

해설 * be 동사의 단순과거는 was와 were다.
* 주어가 1인칭이나 3인칭 단수일 때는 was, 그 외에는 were를 쓴다.

(2) have 동사

예문 He/They had a great time. 그는/그들은 멋진 시간을 가졌다.

해설 * have 동사의 단순과거는 had이다.

(3) do 동사

예문 Did he/they work hard? 그는/그들은 열심히 일했나?

해설 * do 동사의 단순과거는 did이다.

(4) 일반 동사

예문 He/They worked hard. 그는/그들은 열심히 일했다.

해설 * be, have, do 이외의 동사는 주로 원형동사의 끝에 ~ed를 붙인다.
* 예문의 동사 worked는 동사 work 뒤에 ~ed를 붙인 것이므로 단순과거다.
* 단순과거 형태에는 불규칙형태들도 있다.
* **약 112개의 중요한 불규칙동사들이 이 교재의 Appendix에 정리되어 있다.**
* **이 불규칙들은 꼭 알아야 하는 것들이기 때문에 모두 외워야 한다.**
* 동사 끝에 ~ed를 붙인다는 것은 발음할 때 자음소리 [t]나 [d]를 붙인다는 뜻이다.
* 동사가 무성음소리로 끝나면 ~ed를 [t], 유성음으로 끝나면 [d]로 발음한다.
* 단, 동사의 끝이 이미 [t]나 [d]로 끝나면 ~ed를 반모음인 [id]로 발음한다.
* 이에 반해 불규칙 동사들은 주로 중간 모음을 바꾼다.
* 불규칙 단순과거 형태를 외울 때 과거분사도 같이 외워야 한다.
* 과거분사는 완료시제를 만들 때와 수동태동사를 만들 때에 사용한다.
* 과거분사는 그 외에도 형용사로 쓰거나 분사구문을 만들 때도 쓴다.

Notes

Notes

> **심층해설** 불규칙 동사변화의 주요 pattern들?
>
> ① begin 등 90개 이상의 동사들은 중간 모음을 바꾼다.
>   e.g. begin - began - begun
> ② cost 등 12개 동사는 동사변화가 전혀 없다.
>   (cost, cut, fit, hit, hurt, let, put, quit, set, shut, read, wet)
>   e.g. cost - cost - cost
> ③ burn 등 7개 동사는 영국식에서만 불규칙이다.
>   (burn, dream, lean, learn, smell, spell, spill)
>   e.g. burn - burnt - burnt (영국: 동사 끝에 ~t를 붙임)
>   burn - burned - burned (미국: 규칙대로 ~ed를 붙임)

2 역할

(1) 과거에 한번 발생한 일

예문 I saw her yesterday. 나는 어제 그녀를 보았다.

해설
* 단순과거는 원칙적으로 과거에 한번 발생한 일을 나타낸다.
* 예문은 어제 한번 발생한 일을 나타낸다.
* 따라서 단순과거(saw) 뒤에는 보통 과거시점(yesterday)을 표시하게 된다.

(2) 정중한 요청

예문 1 Would you come this way, please? 이쪽으로 오시겠습니까?
Could you give me a ride? 나를 좀 태워줄 수 있겠습니까?

해설
* 정중하게 요청할 때 과거형 조동사(would/could)를 사용한다.
* 과거형 조동사를 쓰면 가정법처럼 들려서 공손해진다.
* 예문들은 현재형 조동사 will과 can을 사용한 것보다 공손하게 들린다.
  Will you come this way, please? → Would you come this way, please?
  Can you give me a ride? → Could you give me a ride?

예문 2 I wondered if you could give me a ride.
저를 좀 태워주실 수 있겠습니까?

해설
* 정중하게 요청할 때는 I wonder if~ 대신에 I wondered if~를 쓴다.
* 단순현재 wonder 보다 단순과거 wondered가 공손하게 들리기 때문이다.
* 예문은 "Could you give me a ride, please?"보다 더 공손한 표현이다.
* **Could you로 시작하는 질문은 친한 사람에게 던지는 casual request다.**
* **정중한 요청(polite request)은 예문처럼 I wondered if로 시작한다.**
* 정중한 요청의 또 다른 방법은 Would you mind ~ing을 쓰는 것이다.
  Would you mind giving me a ride? = I wondered if you could give me a ride.

(3) 공손한 진술

예문 I thought it was a bit too expensive.
그것은 조금 너무 비싼 것 같습니다.

왜 과거동사는 공손하게 들리는가?

① 단순현재 wonder는 '지금 궁금하다'는 뜻이다.
② 단순과거 wondered는 '과거에 궁금했다'는 뜻이다.
③ 따라서 단순과거는 상대방을 압박하지 않아서 공손하다.
④ 상대적으로, 단순현재는 상대방을 다그치는 느낌을 준다.
⑤ 우리말에서는 동사어미의 길이를 길게 해서 존경심을 나타낸다.
⑥ 영어에서는 동사시제를 조정해서 공손함을 나타낸다.

I wanted to talk about my vacation.
제 휴가에 대해서 얘기하고 싶습니다.

해설
* 자신의 의견을 공손하게 진술할 때도 단순현재 대신에 단순과거를 쓴다.
* 과거에만 그렇게 생각했다는 뜻이므로 상대방에게 부담을 주지 않는다.
* 회화에서 예문의 단순과거 thought/wanted은 공손함을 전달한다.
* 즉, 예문은 다음과 같이 단순현재를 쓴 문장들보다 공손하게 들린다.
  I think it is a bit too expensive   I want to talk about my vacation.

Notes

예의를 차리는 방법의 차이?

❶ 한국어: 동사어미를 길게 늘인다
(원한다 → 원합니다).

❷ 영어: 현재동사를 과거동사로 바꾼다(want → wanted).

3 단순미래

1 형태

예문 I will meet him at 4 o'clock this afternoon.
나는 오늘 오후 4시에 그를 만날 것이다.

해설
* 단순미래 동사는 조동사 + 원형동사로 만든다.
* 예문에서 will meet은 단순미래다. will이 단순미래 조동사이기 때문이다.
* will 외에 다양한 단순미래 조동사들이 있다.

2 단순미래 조동사들의 차이

(1) will

예문 I will meet him at 4 o'clock this afternoon.
나는 오늘 오후 4시에 그를 만날 것이다.

해설
* will은 가장 대표적인 단순미래 조동사로 '~일 것이다'라는 뜻이다.
* will은 특별한 뜻이 없는 평범한 단순미래 조동사다.

심층해설 상대방의 현재의무를 나타낼 때?

① 상대방의 현재의 의무를 나타낼 때 단순미래를 쓴다.
You will have to wait ten more minutes. "10분 더 기다려야 하겠습니다."
You will need to fill out this form. "이 서류를 작성하셔야 합니다."

② 이런 때 단순현재를 쓰면 우리말의 반말에 해당한다.
You have to wait ten more minutes. "10분 더 기다려야 한다." (단순현재)
You need to fill out this form. "이 서류를 작성해야 한다." (단순현재)

Distancing?

❶ distancing은 영어에서 예의를 차리는 기법이다.

❷ distancing은 원래 '(시간적으로) 거리 두기'라는 뜻이다.

❸ 크게 두 가지가 있다.

❹ 첫째, 정중한 요청/진술에는 현재 대신 과거동사를 쓴다.

❺ 둘째, 상대방의 현재의 의무는 단순미래로 나타낸다.

Notes

(2) be going to

① 주어가 1인칭일 때

예문 I'm going to love her day in and day out.
나는 그녀를 언제나 사랑하겠다.

We're going to get a new car soon. 우리는 곧 새 자동차를 살 것이다.

해설
* be going to는 will 보다 확실한 미래를 나타낸다.
* 주어가 1인칭일 때는 결국 '~하기로 결심했다'라는 뜻을 나타낸다.
* **상대적으로 will은 초기의 생각, 또는 즉흥적인 생각을 나타낼 때 쓴다.**

② 주어가 3인칭일 때

예문 Look at the sky. It is going to rain. 하늘을 보라. 곧 비가 올 것이다.

해설
* 주어가 3인칭일 때도 be going to는 will 보다 확실한 미래를 나타낸다.
* 말하는 사람이 그렇게 주장할만한 증거가 있을 때 쓴다.
* **예문에서 비가 올 것이 확실하기 때문에 be going to를 썼다.**
* 조동사 be going to의 going to를 gonna라고 읽을 수 있다.
* 그러나 공식적인 문서에 gonna라고 쓰지는 못한다.

③ 주어가 2인칭일 때

예문 You are going to finish it tonight. 너는 그것을 오늘밤에 마쳐야 한다.
You're not going to say it. 너는 그것을 말해서는 안 된다.

해설
* 주어가 2인칭일 때 be going to는 사실상 명령 또는 금지를 나타낸다.
* 첫째 예문처럼 긍정 동사일 때는 사실상 명령을 나타낸다.
* 둘째 예문처럼 부정형 동사일 때는 사실상 금지를 나타낸다.

(3) be to

예문 The President is to visit Beijing in January.
대통령이 1월에 중국을 방문할 계획이다.

해설
* 단순미래 조동사 be to는 be scheduled to('~하도록 계획되어있다')와 같다.
* 조동사 be to는 주로 공식적인 계획을 나타낼 때 쓴다.
* 예문에서 is to는 단순미래 조동사이고 visit은 본동사다.
* 예문은 대통령의 공식적인 계획을 나타낸다.
* **특히 신문과 잡지에서 이 조동사가 대단히 많이 쓰인다.**
* mass media에서는 국가원수 등의 공식적인 계획을 자주 언급하기 때문이다.

(4) be about to

예문 Don't go out. We are about to have lunch.
나가지 마라. 우리는 곧 점심을 먹을 것이다.

해설
* be about to는 'be going to··· very soon'에 해당한다.
* 즉, be about to는 '곧 ~할 것이다'라는 뜻이다.
* 예문에서 are about to는 단순미래 조동사, have는 본동사다.

(5) be due to

예문 Flight 201 is due to arrive from New York at 10:15.
201편 항공기가 10시15분에 뉴욕에서 도착할 예정이다.

해설
* be due to는 be supposed to처럼 '~할 예정이다'라는 뜻이다.
* 예문은 항공기의 도착시간을 알리는 공항의 공식 발표문이다.
* **이 조동사는 예문처럼 공식적인 발표에 많이 사용한다.**

심층해설: be due to와 be supposed to가 의무를 나타낸다?

① be due to와 be supposed to는 의무를 나타내기도 한다.
  The payment is due/supposed to be made by Friday.
  "그 지급은 금요일까지 이루어져야 한다."
② 의무를 나타낼 때는 원래 '~하도록 되어있다'라는 뜻이다.
③ 그러나 예문처럼 문맥에 따라 신축성 있게 해석하면 된다.
④ due의 경우 그 뒤의 to 부정사구를 생략할 수도 있다.
  The payment is due (to be made) by Friday.
  "그 지급은 금요일까지 이루어져야 한다."
  The book is due (to be returned) on Friday.
  "그 책은 금요일에 반납되어져야 한다."
  When is the report due (to be submitted)?
  "그 보고서는 언제 제출되어져야 하나?"
⑤ 즉, due 뒤의 to 부정사구가 뻔한 경우에 생략할 수 있다.

(6) shall

① 제안

예문 Shall I get you something to eat? 먹을 것을 갖다 드릴까요?
Shall we go for a walk? 우리 산보 갈까?

해설
* shall은 will과 다르다.
* shall은 주어가 1인칭일 때 의문문에서 정중한 제안을 나타낸다.
* Shall I~?는 "제가 ~해 드릴까요?"이고, Shall we~?는 "우리 ~할까?"이다.

Notes

be on the point/verge of ~ing의 뜻은?

❶ be on the point/verge of ~ing는 '~을 하기 직전이다'라는 뜻이다.
They are on the point/verge of starting the race.
"그들은 경주를 시작하기 직전이다."
❷ 이것은 be about to보다 더 금방 발생할 일을 나타낼 때 쓴다.

shall을 will 대신에?

영국식에서는 주어가 1인칭일 때 will 대신에 shall을 쓸 수 있다.
I shall/will start tomorrow.
"나는 내일 출발할 것이다."

Notes

② 약속/위협

<예문> You shall have all you wish for.
나는 네가 원하는 모든 것을 갖도록 해주마.
He shall regret this. 나는 그가 이 일을 후회하게 만들어 주겠다.

<해설>
* shall은 주어가 2인칭/3인칭이면 약속 또는 위협을 나타낸다.
* 이런 shall에는 말하는 사람의 의지가 들어있다.
* **문장의 뜻이 좋은 것이면 약속, 안 좋은 것이면 위협을 나타낸다.**
* 첫 예문에서 shall은 약속, 두 번째 예문에서 shall은 위협을 나타낸다.
* 단, 이런 조동사 shall의 사용은 구식이고 문어체다.

③ 의무

<예문> The buyer shall maintain the equipment according to the manual. 구매자는 매뉴얼에 따라서 그 장비를 유지관리 하여야 한다.

<해설>
* shall은 주어가 3인칭일 때 계약서나 manual에서 의무를 나타낸다.
* 즉, 이런 경우 shall은 의무조동사 should와 같다.
* 예문에서 shall은 의무를 나타낸다. '~해야 한다'라는 뜻이다.

4 현재진행

진행형의 기본형태?
❶ 6가지 능동태 진행형의 기본형태는 be+현재분사(~ing)다.
❷ 현재분사는 형태가 고정되어있다.
❸ 따라서 be의 변화를 통해서 6개 진행형 시제들을 만든다.

1 형태

<예문> I'm not crying. 나는 울고 있지 않다.
She is crying. 그녀가 울고 있다.
Are they crying? 그들이 울고 있니?

<해설>
* 현재진행은 be 동사의 현재(am/are/is)에 현재분사(~ing)를 보탠 것이다.
* am/is/are crying은 cry의 현재진행이다.
* 조동사 am/is/are가 be 동사의 단순현재이기 때문이다.

심층해설 현재분사와 동명사?
① 단순형 현재분사와 동명사는 둘 다 ~ing로 끝난다.
② 진행형 동사에 쓰인 ~ing는 현재분사다.
③ 현재분사는 형용사 또는 분사구를 이끄는 역할도 한다.
④ 주어/보어/목적어의 역할을 하는 ~ing는 동명사다.

2 역할

(1) 현재진행중인 동작

예문 Why are you crying? 너는 왜 울고 있니?

해설 ∗ 현재진행(are crying)은 현재 진행중인 동작을 나타낸다.

(2) 확정미래 (the arranged future)

예문 I'm seeing John tomorrow. 나는 내일 존을 만난다.
We are leaving on Monday. 우리는 월요일에 떠난다.

해설
∗ 현재진행은 확정미래(the arranged future)를 나타내기도 한다.
∗ **'확정미래' 란 모든 준비가 되어있는 가장 확실한 미래를 말한다.**
∗ 확정미래를 나타내는 현재진행 뒤에는 미래시점이 표시된다.
∗ 예문에서 tomorrow와 on Monday는 미래시점이다.
∗ 단, come/go는 미래시점이 없어도 확정미래를 나타낼 수 있다.
  Wait. I am coming. "기다려. 내가 곧 가마."
∗ 확정미래를 나타내는 현재진행은 회화에서 대단히 많이 쓴다.
∗ **이는 주로 사적인 계획을 나타낼 때 많이 쓰기 때문이다.**
∗ 현재진행은 will이나 be going to 보다 더 확실한 미래를 나타낸다.

5 과거진행

1 형태

예문 I/He was taking a shower. 나는/그는 샤워 중이었다.
They were taking a shower. 그들은 샤워 중이었다.

해설
∗ 과거진행은 be 동사의 과거(was/were)에 현재분사(~ing)를 보탠 것이다.
∗ 주어가 1인칭/3인칭 단수일 때는 was를 쓰고, 그 외에는 were를 쓴다.
∗ 즉, 예문의 was taking과 were taking은 과거진행이다.

2 역할

(1) 과거에 진행중인 동작

예문 When you called, I was taking a shower.
네가 전화했을 때 나는 샤워 중이었다.

Notes

> Notes

해설
* 과거진행(was taking)은 과거에 진행 중이던 동작을 나타낸다.
* 주로 단순과거가 쓰인 종속절(when you called)과 같이 쓴다.

(2) 정중한 요청

예문
I was hoping you could lend me some money.
돈 좀 빌려주십시오.

I was wondering if you could lend me some money.
돈 좀 빌려주십시오.

해설
* 상대방에게 정중하게 요청할 때도 과거진행을 쓴다.
* 'I was hoping…'은 'I am hoping…' 보다 정중하다.
* 'I was wondering…'은 'I am wondering…'보다 정중하다.
* 과거진행은 심지어 단순과거(I hoped/I wondered)보다 더 공손하게 들린다.
* 과거진행은 과거에 잠깐 그런 생각을 했을 뿐이라는 느낌을 주기 때문이다.

6 미래진행

1 형태

예문
I will be driving around the country next May.
나는 내년 5월에 그 나라 전국을 드라이브하고 있을 것이다.

해설
* 미래진행은 will be + ~ing다. will be는 be 동사의 단순미래다.

2 역할

(1) 미래에 계속되고 있을 동작

예문
I will be driving around the country next May.
나는 내년 5월에 그 나라 전국을 드라이브하고 있을 것이다.

해설
* 미래진행(will be driving)은 미래에 계속되고 있을 동작을 나타낸다.
* 예문에서 한달 동안 계속될 일이므로 미래진행(will be driving)을 썼다.
* 하루 정도 계속될 일이면 단순미래를 쓴다.
  I will drive around the island on Saturday.
  "나는 토요일에 그 섬 주위를 드라이브하겠다."

(2) 공손한 미래

① 공손한 진술

예문 I will be working on it tomorrow. 저는 그것을 내일 작업하겠습니다.

해설
* 미래진행은 자신의 계획을 공손하게 진술할 때도 쓴다.
* **미래진행은 단순미래에 비해 자신의 의지를 덜 내세운다.**
* 즉, 예문은 단순미래를 쓴 다음 문장보다 공손하게 들린다.
  I will work on it tomorrow. "나는 그것을 내일 작업하마."
* 이런 미래진행의 용법은 일상회화에서 대단히 많이 쓴다.

② 공손한 문의

예문 1 When will you be seeing him? 당신은 언제 그를 만나실 겁니까?

해설
* 미래진행은 상대방의 계획을 공손하게 물어볼 때도 쓴다.
* 예문은 "When will you see Mr. White?"보다 공손하다.
* "When will you see Mr. White?"은 추궁하는 것처럼 들릴 수 있다.

예문 2 Will you be going out this evening? 오늘 저녁 외출하실 겁니까?

해설
* **예문은 단순미래를 쓴 "Will you go out this evening?"보다 공손하다.**
* 예문에 단순미래 대신에 미래진행(will be going out)을 썼기 때문이다.
* 이런 경우 미래진행은 미래에 계속될 동작을 나타내지 않는다.

7 현재완료

1 형태

예문 He has read the report. 그는 그 보고서를 읽었다.
They have read the report. 그들은 그 보고서를 읽었다.

해설
* 현재완료는 has p.p. 또는 have p.p.다.
* 주어가 3인칭 단수일 때는 has p.p.를, 그 외에는 have p.p.를 쓴다.

> **심층해설 완료시제의 기본형태?**
> ① 3가지 완료시제의 기본형태는 have p.p.다.
> ② have의 변화를 통해서 현재완료/과거완료/미래완료를 나타낸다.
> ③ 현재완료는 have의 현재인 has/have에 p.p.를 보탠 것이다.
> ④ 과거완료는 had p.p.이고 미래완료는 will have p.p.이다.

Notes

ever/never/before와 같이 쓴 현재완료?

ever/never/before와 같이 쓴 현재완료는 경험을 나타낸다.

for/since와 같이 쓴 현재완료?

현재완료 뒤에 for/since가 나올 때 현재완료는 '계속'을 나타낸다.

왜 제목이 현재완료인가?

현재완료가 '완료'를 나타내는 경우가 가장 많기 때문이다.

2 역할

(1) 경험

예문 1 Have you <u>ever</u> seen a ghost? 너는 귀신을 본 적이 있니?
I've <u>never</u> seen an Indian movie. 나는 인도영화를 본 적이 없다.
We have met <u>before</u>. 우리는 전에 만난 적이 있다.

해설
* 현재완료는 과거부터 현재까지의 경험, 계속, 완료를 나타낸다.
* **부사 ever, never, before와 같이 쓴 현재완료는 경험을 나타낸다.**
* 즉, 이런 경우의 현재완료는 '~한 적이 있다'라는 뜻이다.

예문 2 I have been to London. 나는 런던에 가 본적이 있다.

해설
* be to의 현재완료 have/has been to는 항상 경험을 나타낸다.
* 즉, 이 경우에는 hint가 없어도 항상 '~에 가본 적이 있다'라는 뜻이다.

(2) 계속

예문 I have lived here for three years. 나는 이곳에서 3년 동안 살아왔다.
I have known him since 2002. 나는 그를 2002년 이래로 알아왔다.

해설
* for/since와 같이 쓴 현재완료는 계속을 나타낸다.
* 즉, 이런 현재완료는 과거부터 현재까지 계속된 동작/상태를 말한다.
* 현재완료에 비해서 단순과거는 과거에 있었던 일을 나타낸다.
  I <u>have lived</u> here for three years. (현재도 여기 살고 있음)
  I <u>lived</u> here for three years in the 1990s. (현재는 여기에 살지 않음)
* 단순과거 뒤에는 주로 과거시점(in the 1990s)이 표시된다.
* 단순과거는 현재와 전혀 연관이 없다.
* **현재까지 계속된 일에는 단순과거가 아니라 현재완료를 써야 한다.**
  I <u>lived</u> here for three years. (현재는 여기에 살고 있지 않음)
  I <u>have lived</u> here for three years. (현재도 여기 살고 있음)

(3) 완료

예문 I have typed the letter. 나는 그 편지를 타자했다.
Have you seen the film? 당신은 그 영화를 보았나?

해설
* 특별한 hint가 없으면 현재완료는 현재 완료된 일을 나타낸다.
* 즉, 과거에 일을 시작해서 현재 그 일을 완료했다는 뜻이다.
* **예문의 현재완료는 특별한 hint가 없으므로 완료를 나타낸다.**
* 당연히 현재완료는 과거시점이 표시될 때는 쓰지 못한다.
  I <u>have typed</u> the letter <u>two hours ago</u>. (✗)
* 과거시점이 표시될 때는 단순과거를 쓴다.
  I <u>typed</u> the letter <u>two hours ago</u>. (○)

심층해설 단순과거와 현재완료?

① 단순과거 뒤에는 원칙적으로 과거시점을 표시한다
② 현재완료 뒤에는 결코 과거시점을 표시할 수 없다.

8 과거완료

1 형태

예문 I realized that we had met before.
나는 우리가 그 전에 만난 적이 있었다는 걸 깨달았다.

해설 * 과거완료는 had+과거분사다. had는 have의 단순과거다.

2 역할

(1) 경험

예문 I realized that we had met before.
나는 우리가 그 전에 만난 적이 있었다는 걸 깨달았다.

해설 * 과거완료도 현재완료처럼 3가지 뜻을 나타낸다.
* 단, 과거완료는 과거까지의 경험, 계속, 완료를 나타낸다.
* 부사 ever/never/before와 같이 쓴 과거완료(had met)는 경험을 나타낸다.
* 예문에 before가 있기 때문에 had met은 과거까지 있었던 경험을 나타낸다.

(2) 계속

예문 He said that he had dated her for three years before they got married. 그는 결혼하기 전에 그녀와 3년 동안 계속 데이트했다고 말했다.

해설 * for/since와 같이 쓴 과거완료(had dated)는 계속을 나타낸다.
* 과거완료는 과거까지 계속된 일을 나타낸다.
* 예문에서 had dated her는 got married 이전에 3년 동안 계속된 일이다.
* 당연히 과거완료 동사를 쓰려면 한 문장 안에 단순과거가 있어야 한다.
* 예문에서 had dated은 단순과거(got married) 이전에 계속 되었던 일이다.

(3) 완료

예문 When I arrived at the airport, the plane had already departed.
내가 공항에 도착했을 때 비행기는 이미 떠난 후였다.

Notes

Notes

왜 제목이 과거완료인가?
① 과거완료가 '완료'를 나타내는 경우가 가장 많기 때문이다.
② 즉, 과거완료는 주로 과거보다 먼저 발생한 일을 나타낸다.

[해설]
* 특별한 hint가 없으면 과거완료(had left)는 완료를 나타낸다.
* 즉, 이런 과거완료는 과거시점에 이미 완료된 일을 나타낸다.
* 예문에서 had departed은 arrived보다 먼저 발생한 일을 나타낸다.

9 미래완료

1 형태

[예문] They will have finished the roof by Tuesday.
그들은 화요일까지는 그 지붕작업을 마쳐있을 것이다.

[해설]
* 미래완료는 will have p.p.다. will have는 have의 단순미래다.

2 역할

[예문 1] They will have finished the roof by Tuesday.
그들은 화요일까지는 그 지붕작업을 마쳐있을 것이다.

[해설]
* 미래완료는 미래의 특정 시점까지는 이미 완료되어있을 동작을 나타낸다.
* 예문에서 will have finished는 '이미 마쳐있을 것이다'라는 뜻이다.
* **미래완료 뒤에는 반드시 시간 전치사 by나 시간 접속사 by the time이 온다.**
* 전치사 by와 접속사 by the time은 둘 다 '늦어도 ~까지는'이라는 뜻이다.

[예문 2] He will have traveled for eight months by the end of the year.
그는 연말이 되면 8개월 동안 여행한 셈이 될 것이다.

[해설]
* 드물게 미래완료는 미래까지 계속될 일을 나타낼 수도 있다.
* 예문에서 will have traveled는 8개월 동안 계속될 동작을 나타낸다.

[심층해설] 단순미래와 미래완료?
① 단순미래는 미래에 발생할 동작/상태를 나타낸다.
They will finish the roof on/by Tuesday.
"그들은 그 지붕을 화요일에/까지 마칠 것이다."
② 미래완료는 미래에 완료되어있을 동작/상태를 나타낸다.
They will have finished the roof by Tuesday.
"그들은 그 지붕을 늦어도 화요일까지는 마쳐있을 것이다."
③ 미래완료를 쓰면 상대방을 훨씬 더 안심시킬 수 있다.
④ 그 전에 작업을 마칠 가능성도 많다는 뜻이기 때문이다.

10 현재완료진행

1 형태

예문 We have been discussing the matter for two hours.
우리는 그 문제를 2시간째 논의하고 있는 중이다.
It has been raining since Easter Sunday.
부활절 일요일 이래로 계속 비가 오고 있다.

해설
* 현재완료진행은 have/has been ~ing다.
* 현재완료진행은 be 동사의 현재완료(has/have been)에 ~ing을 보탠 것이다.
* 주어가 3인칭 단수일 때는 has been ~ing, 그 외에는 have been ~ing를 쓴다.

2 역할

예문 We have been discussing the matter for two hours.
우리는 그 문제를 2시간째 논의하고 있는 중이다.
It has been raining since Easter Sunday.
부활절 일요일 이래로 계속 비가 오고 있다.

해설
* 현재완료진행은 과거에 시작해서 현재까지 계속되고 있는 동작을 나타낸다.
* **즉, 현재완료진행은 현재완료와 현재진행이라는 두 시제를 합친 시제다.**
* 첫 예문은 아까부터 지금까지 그 문제를 논의 하고 있는 중이라는 뜻이다.
* 즉, 현재도 그 논의는 계속 중이다.
* 둘째 예문은 부활절 일요일부터 지금까지 비가 오고 있는 중이라는 뜻이다.
* 즉, 현재도 비가 오고 있는 중이다.
* 과거에 시작해서 현재도 계속되고 있는 동작은 이 시제로 나타낸다.
* 이 시제는 회화에서 많이 쓴다. 현재까지 계속되는 동작이 많기 때문이다.

Notes

❓ **현재완료진행과 현재완료?**

① 현재완료진행은 지금도 계속되고 있는 동작을 나타낸다.
It has been raining for 24 hours.
"24시간 동안 비가 오고 있는 중이다."
(지금도 비가 오고 있음)

② 현재완료는 지금은 멈춘 동작을 나타낸다.
It has rained for 24 hours.
"24시간 동안 비가 왔다."
(지금은 비가 오지 않음)

③ 현재도 계속되는 동작은 현재완료 진행으로 나타내기 때문이다.

❓ **현재진행과 현재완료진행?**

① 현재진행은 현재 진행중인 동작을 나타낸다. 과거는 모른다.
It is raining.
"지금 비가 오고 있는 중이다."

② 현재완료진행은 과거에 시작해서 현재 진행중인 동작을 나타낸다.
It has been raining for 24 hours.
"지금까지 24시간 동안 비가 오고 있는 중이다."

③ 따라서 다음 예문은 틀렸다. 시제가 현재완료진행이라야 한다.
It is raining for 24 hours. (×)

Notes

과거진행과 과거완료진행?

❶ 과거진행은 과거에 진행중인 동작을 나타낸다. 대과거는 모른다.
I didn't know that she <u>was sitting</u> there.
"나는 그녀가 거기 앉아있다는 것을 몰랐다."

❷ 과거완료진행은 대과거부터 과거까지 진행중인 일을 나타낸다.
I didn't know how long she <u>had been sitting</u> there.
"나는 그녀가 얼마나 오래 거기에 앉아있는 중이었는지 몰랐다."

11 과거완료진행

1 형태

예문 I didn't know how long she had been sitting there.
나는 그녀가 얼마나 오랫동안 거기 앉아있었는지 몰랐다.

해설 * 과거완료진행은 had been ~ing다. had been은 be 동사의 과거완료다.

2 역할

예문 I didn't know how long she had been sitting there.
나는 그녀가 얼마나 오랫동안 거기 앉아있었는지 몰랐다.

해설 * 과거완료진행은 대과거부터 과거까지 계속되고 있었던 동작을 나타낸다.
* **즉, 과거완료진행은 과거완료와 과거진행이라는 두 시제를 합친 시제다.**
* 예문의 had been sitting은 대과거부터 과거까지 계속되고 있던 동작을 나타낸다.

12 미래완료진행

1 형태

예문 She will have been traveling for 8 months by the end of the year. 그녀는 금년 말이면 8개월 동안 여행하는 셈이 될 것이다.

해설 * 미래완료진행은 will have been ~ing다.
* will have been은 be 동사의 미래완료다. will have + p.p.이기 때문이다.

2 역할

예문 She will have been traveling for 8 months by the end of the year. 그녀는 금년 말이면 8개월째 여행하고 있는 셈이 될 것이다.

해설 * 미래완료진행은 미래까지 그리고 미래에도 계속되고 있을 동작을 나타낸다.
* **즉, 미래완료진행은 미래완료와 미래진행이라는 두 시제를 합친 시제다.**
* 예문은 그녀가 내년 초에도 여행을 계속할 것이라는 뜻이다.
* 즉, 연말까지 8개월 여행을 하겠지만 내년 초에도 계속한다는 뜻이다.

미래완료와 미래완료진행?

❶ 미래완료는 미래시점에 완료되어 있을 동작/상태를 나타낸다.
She <u>will have traveled</u> for eight months by the end of the year.
"그녀는 연말이 되면 8개월 동안이나 여행한 셈이 된다."

❷ 미래완료진행은 미래시점에도 계속되고 있을 동작을 나타낸다.
She <u>will have been traveling</u> for eight months by the end of the year.
"그녀는 연말이 되면 8개월째 여행하고 있는 셈이 된다."

❸ 첫 번째 예문의 경우, 연말에 여행을 마무리한다는 뜻이다.

❹ 두 번째 예문의 경우, 최소한 내년 초에도 여행을 계속한다는 뜻이다.

▶ 맺음말

✔ 능동태 동사시제에는 12가지 종류가 있다. 과거, 현재, 미래가 각각 4가지 style의 시제를 가지고 있기 때문이다. 즉, 3가지 시간이 각각 단순형, 진행형, 완료형, 완료진행형을 가지고 있다.

✔ 단순현재는 원형동사와 형태가 같다. 단, 주어가 3인칭 단수일 때는 주로 원형동사의 끝에 ~s를 붙인다. be 동사의 단순현재는 am/are/is이고 have 동사의 단순현재는 have/has다. 단순과거는 원형 동사의 끝에 ~ed를 붙인다. 단, be 동사의 단순과거는 was와 were 두 가지다. 주어가 1인칭과 3인칭 단수이면 was, 그 외에는 were를 쓴다. 단순과거에는 **112개의 중요한 불규칙 동사가 있다. 이 중 90개 이상은 모음을 바꾸어서 만들고, 12개 동사들은 변화가 없다.** smell 등 7개 동사들은 미국식에서는 규칙, 영국식에서는 불규칙이다. 단순미래는 조동사+원형동사로 만든다.

✔ 모든 진행형 동사들은 be+현재분사(~ing)의 형태를 갖는다. be의 변화를 통해서 6가지 진행형 시제를 나타낸다. 현재진행은 am/are/is+~ing, 과거진행은 was/were+~ing, 미래진행은 will be+~ing다.

✔ 3가지 완료시제의 기본형태는 have+p.p.다. 조동사 have의 변화를 통해서 3가지 완료시제를 만든다. 따라서 현재완료는 have/has+p.p., 과거완료는 had+p.p., 미래완료는 will have+p.p.다.

✔ 3가지 완료진행시제의 기본형태는 have been+~ing다. be 동사의 변화를 통해서 3가지 완료진행 시제를 나타낸다. 현재완료진행은 have/has been+~ing, 과거완료진행은 had been+~ing, 미래완료진행은 will have been+~ing다.

✔ **우리말에 완료형과 완료진행형 시제가 없기 때문에 이 시제들을 우선 제대로 이해해야 한다.** 우리말에서는 단순/진행 시제에 부사를 보태어서 나타내는 idea들을 영어에서는 완료나 완료진행 시제로 나타낸다. 특히, 현재완료와 과거완료는 각각 3가지 뜻을 나타낸다.

✔ **12가지 시제 중에 7가지 시제는 multi-function을 한다.** 즉, 단순현재, 단순과거, 현재진행, 과거진행, 미래진행, 현재완료, 과거완료 시제는 2가지 이상의 뜻을 나타낸다. 이 multi-function들을 잘 정리해야 한다. 예를 들면, '단순현재는 진리, 규칙/습관, 현재상태, 계획된 미래를 나타내고 이 중 가장 많이 쓰는 대표기능이 규칙/습관' 이라는 식으로 이 7개 시제들의 복합기능들을 외우고 있어야 한다.

Section 19 수동태 (Passives)

Notes

수동태?
1. 수동태 문장의 주어는 동작의 주체가 아니라 동작의 대상이다.
2. 수동이란 '동작을 받는다'는 뜻이다.

핵심강의

☐ **수동태 문장의 주어는 동작의 주체가 아니라 대상이다.** 수동태 동사는 be+p.p.다. 조동사 be의 변화를 통해서 8가지 수동태 시제를 나타낸다. **회화에서 순간적인 동작을 나타낼 때는 be+p.p.대신에 get+p.p.를 수동태 동사로 쓸 수 있다.** get의 과거는 got이고 과거분사는 영국식은 got, 미국식은 gotten이다.

☐ **특별한 이유가 있을 때 수동태 문장을 만든다. 첫째, 동작의 주체를 언급할 필요가 없을 때다.** 이런 때에는 수동태 동사 뒤에 'by+동작의 주체'를 언급하지 않는다. **둘째, 동작의 주체를 숨기고 싶을 때다.** 이 때에도 'by+동작의 주체'를 언급하지 않는다. 전체 수동태 문장 중에 80%는 'by+동작의 주체'가 언급되지 않는다. 즉, 수동태 문장을 만드는 4가지 이유 중에서 이 두 가지 이유가 80%의 비중을 차지한다.

☐ **수동태 문장을 만드는 세 번째 이유는 동작의 주체를 극적으로 제시하고 싶어서다.** 능동태 문장에서는 동작의 주체를 문장 맨 앞에 놓기 때문에 극적으로 제시하지 못한다. 수동태 문장에서는 동작의 주체가 문장 끝에 오기 때문에 극적 효과를 거둘 수 있다. 즉, 수동태 문장에서 by 뒤에 있는 동작의 주체를 극적으로 읽는다. **넷째, 동작의 주체가 너무 길면 수동태 문장으로 만든다.** 능동태 문장에서 긴 주어가 문장의 맨 앞에 오면 주어와 동사가 균형을 이루지 못한다. 수동태 문장에서는 주어와 동사가 균형을 이룬다. 이런 수동태 문장에서는 by 뒤에 있는 동작의 주체를 극적으로 읽지 않는다.

☐ **타동사만 수동태로 만들 수 있다.** 능동태 문장에서 타동사 뒤에는 목적어가 있다. 이 목적어가 수동태 문장의 주어가 된다. 즉, 수동태 문장의 주어는 동작의 대상이다. 자동사 뒤에는 목적어가 올 수 없기 때문에 자동사는 수동태로 만들 수 없다. 자동사 뒤에는 수동태 문장의 주어가 될 수 있는 단어가 없기 때문이다.

☐ **수동태에는 8가지 시제가 있다.** 수동태에는 미래진행과 3가지 완료진행(현재완료진행, 과거완료진행, 미래완료진행)이 없다. 진행형시제로는 현재진행과 과거진행뿐이다.

1 형태

예문 1 We are paid monthly. 우리는 매달 지급 받는다.

해설
* 수동태 동사는 be + p.p.로 만든다.
* 예문의 are paid는 수동태 동사다. are paid는 are+과거분사이기 때문이다.

예문 2 We get paid monthly. 우리는 매달 지급된다.

해설
* 구어체에서는 be+p.p. 대신에 get p.p.를 수동태 동사로 쓰기도 한다.
* 예문의 get paid는 수동태 동사다.
* 특히 get p.p.는 회화에서 동작을 강조할 때 많이 쓴다.

Notes

수동태 동사의 기본형태?

① 수동태 동사의 기본형태는 be/get +p.p.다.

② 단, 대형작업의 미래계획에 대해서는 get을 쓰지 않는다.
The project will get completed in 2015. (×)
The project will be completed in 2015. (O)
"그 프로젝트가 2015년에 완공될 것이다."

③ 조동사 be/get의 변화를 통해서 8개 수동태 시제를 만든다.

---

2 수동태 문장을 만드는 이유

Key Point 이유?
① 다음 4가지 경우에만 수동태 문장을 만든다.
② 이 이외의 경우에는 능동태로 문장을 만들어야 한다.

1 동작의 주체를 언급할 필요가 없을 때

예문 We are paid monthly. 우리는 매달 지급된다.

해설
* 동작의 주체를 언급할 필요가 없을 때는 수동태 문장을 만든다.
* 예문에서 누가 지급하는지를 서로 안다면 능동태 문장을 만들 필요 없다.
  The company pays us monthly. → We are paid monthly.
* 이런 경우 당연히 수동태 동사 뒤에 by+동작의 주체를 언급하지 않는다.
  We are paid monthly by the company. (×) → We are paid monthly. (O)
* 즉, 수동태 동사 뒤에 무조건 by+동작의 주체가 언급되는 것이 아니다.
* 오히려 수동태 문장 중에서 80%는 'by+동작의 주체'가 없다.

2 동작의 주체를 숨기고 싶을 때

예문 Overtime rates are being reduced.
시간외 근무수당 단가가 인하될 것이다.

수동태 365

Notes

해설
* 나쁜 news이어서 동작의 주체를 숨기고 싶을 때도 수동태 문장을 만든다.
  The company is reducing overtime rates. → Overtime rates are being reduced.
* 이런 경우에도 수동태 동사 뒤에 by+동작의 주체를 언급하지 않는다.
  Overtime rates are being reduced by the company. (✕)
* 동작의 주체를 언급하고 싶으면 구태여 수동태 문장을 만들 필요 없다.

3 동작의 주체를 극적으로 제시하고 싶을 때

예문 The first World Cup was won by Uruguay.
첫 번째 월드컵을 차지한 것은 우루과이였다.

해설
* 동작의 주체를 극적으로 제시하고 싶을 때도 수동태 문장을 만든다.
* **수동태 문장에서는 동작의 주체가 문장 끝에 오기 때문에 강조할 수 있다.**
* **영어에서는 강조하고 싶은 극적인 요소를 문장 끝에 놓기 때문이다.**
* 예문은 문장 끝에 있는 Uruguay를 극적으로 제시하고 있다.
* 그렇게 작은 나라가 월드컵에서 승리했다는 것은 강조할 만하다.
* 이런 경우에는 by 뒤에 동작의 주체가 오고 이것을 극적으로 읽는다.
* 능동태 문장으로 만들면 동작의 주체가 문장 앞에 와서 강조할 수 없다.
  Uruguay won the first World Cup.
* 예문은 "첫 번째 월드컵을 우승한 나라는 바로 우루과이야"라는 뜻이다.

4 동작의 주체가 너무 길 때

예문 She was attacked by a man wearing a pair of sunglasses and long black boots.
그녀는 선글라스를 끼고 긴 검정 부츠를 신은 남자의 공격을 받았다.

해설
* 동작의 주체가 너무 길어도 수동태 문장을 만든다.
* 예문에서 동작의 주체(a man wearing…)가 너무 길어서 수동태로 만들었다.
* 이런 경우 능동태로 만들면 동사에 비해서 주어가 너무 길다.
  A man wearing a pair of sunglasses and long black boots attacked her. (✕)
* 주어가 너무 길고 동사가 짧으면 문장구조가 기형적이 되어서 좋지 않다.
* **문장의 주부와 술부가 균형을 맞추어야 좋은 문장이다.**
* 주부는 주어가 들어있는 부분이고, 술부는 동사가 들어있는 부분이다.
* 능동태 문장에서는 주부(a man wearing a pair of sunglasses and...)가 너무 길다.
* 수동태 문장에서는 주부(she)와 술부(was attacked)가 균형을 맞춘다.

3 자동사는 수동태로 만들 수 없다

1 자동사에는 수동의 뜻이 없기 때문이다.

예문 He arrived late last night. 그는 어젯밤에 늦게 도착했다.

해설
* arrive는 '도착하다'라는 뜻의 자동사다. 여기에는 수동의 뜻이 없다.
* 따라서 arrive를 수동태 동사로 만들 수 없다.
* **결국 예문은 수동태 문장으로 전환할 수 없다. 능동태로만 사용해야 한다.**

2 자동사 뒤에는 목적어가 없기 때문이다.

예문 He arrived late last night. 그는 어젯밤 늦게 도착했다.

해설
* 자동사 뒤에는 목적어가 없기 때문에 수동태가 될 수 없다고 생각해도 된다.
* 예문에 목적어가 없다. 동사가 자동사 arrived이기 때문이다.
* 능동태 문장에 목적어가 있어야 수동태 문장을 만들 수 있다.
* **능동태 문장의 목적어가 수동태 문장의 주어가 되기 때문이다.**
* 예문처럼 동사 뒤에 목적어가 없으면 수동태 문장을 만들 수 없다.
* 예문의 arrived 뒤에 있는 late과 last night은 부사로서 수식어다.
* 따라서 예문은 수동태 문장으로 전환할 수 없다.

> **타동사의 경우에는?**
> ① 타동사 뒤에는 목적어가 있다.
>   They built <u>the house</u> in 1997.
> ② 목적어가 수동태 문장의 주어가 된다.
>   <u>The house</u> was built in 1997.
> ③ 타동사가 들어 있는 문장은 수동태 문장으로 만들 수 있다.

4 수동태로 만들 수 없는 타동사

예문
It fits you well. 그것은 네게 잘 맞는다.
It suits you fine. 그것은 네게 잘 어울린다.
She has two cars. 그녀는 자동차 두 대를 가지고 있다.
He lacks common sense. 그는 상식을 가지고 있지 않다.

해설
* **타동사들 중에 fit, suit, have, lack은 수동태로 만들 수 없다.**
* 이 타동사들은 능동태 문장에만 쓴다.

| Notes |

5 수동태 시제

> **Key Point** 수동태 8가지 시제?
> ① 수동태에는 8가지 시제가 있다. 능동태에 비해 4가지가 없다.
> ② 수동태에는 미래진행과 3가지 완료진행형 시제가 없다.
> ③ 수동태에는 3가지 단순형과 2가지 진행형 그리고 3가지 완료형이 있다.

1 단순현재

예문 He is known to everybody in the country.
그는 그 나라의 모든 사람에게 알려져 있다.

They are allowed to visit Harry once a week.
그들은 1주일에 한번 Harry를 방문하도록 허용된다.

해설
* 수동태 단순현재는 am/are/is + p.p.다.
* 수동태 단순현재는 현재상태(is known)나 규칙/습관(are allowed)을 나타낸다.
* 첫 번째 예문에서 is known은 현재상태를 나타낸다.
* 두 번째 예문에서 are allowed는 규칙/습관을 나타낸다.

2 단순과거

예문 He got caught by the police. 그는 경찰에 의하여 체포되었다.
They were shown the antiques. 그들에게 그 골동품들이 보여졌다.

해설
* 수동태 단순과거는 was/were + p.p.다.
* 주어가 1인칭 단수와 3인칭 단수일 때는 was p.p.이고 그 외에는 were p.p.다.
* **단, was/were 대신에 get의 단순과거 got를 수동태 조동사로 쓸 수도 있다.**
* 첫 번째 예문의 got caught와 두 번째 예문의 were shown은 수동태 단순과거다.
* got과 were가 각각 get과 be의 단순과거이기 때문이다.
* 수동태 단순과거는 원칙적으로 과거에 한번 발생한 일을 나타낸다.

> **심층해설** 제 4형식 문장의 수동태는 2가지?
>
> ❶ 제 4형식 문장의 수동태는 2가지다.
>   We showed them the antiques. (능동태 문장) "우리는 그들에게 그 골동품들을 보여주었다."
> ❷ 제 4형식의 간접목적어를 주어로 할 수 있다.
>   They were shown the antiques. "그들에게 그 골동품들이 보여졌다."
> ❸ 동사 뒤에 있는 명사(the antiques)는 능동태 문장의 직접목적어다.
> ❹ 이런 수동태 문장에서는 동사 바로 뒤에 명사가 온다.
> ❺ 또는 제 4형식 문장의 직접목적어를 주어로 할 수 있다.
>   The antiques were shown to them. "그 골동품들이 그들에게 보여졌다."
> ❻ 이런 수동태 문장에는 동사 뒤에 전치사가 있다.

3 단순미래

예문 You will be told when the train will arrive there.
당신은 그 기차가 언제 거기에 도착할 것인지 얘기를 듣게 될 것이다.

해설
* 수동태 단순미래는 will be + p.p.다. will be는 be 동사의 단순미래다.
* 예문의 will be told는 tell의 수동태 단순미래다.
* 수동태 단순미래는 미래에 발생될 일을 나타낸다.

4 현재진행

예문 He is being interviewed now. 그는 지금 인터뷰 되고 있는 중이다.

해설
* 수동태 현재진행은 am/are/is being + p.p.다.
* 예문의 is being interviewed는 interview의 수동태 현재진행이다.
* is being이 be 동사의 현재진행이기 때문이다.
* is being에서 being은 be 동사의 현재분사다.
* 수동태 현재진행은 현재 진행되고 있는 동작을 나타낸다.

5 과거진행

예문 He was being watched. 그는 주시되고 있었다.

해설
* 수동태 과거진행은 was/were being + p.p.다.
* was being watched는 watch의 수동태 과거진행이다.
* was being이 be 동사의 과거진행이기 때문이다.
* 과거진행은 과거에 진행되고 있던 동작을 나타낸다.

6 현재완료

예문 The report has been completed. 그 보고서가 완성되었다.

해설
* 수동태 현재완료는 has/have been + p.p.다.
* has been completed은 complete의 수동태 현재완료다.
* has been이 be 동사의 현재완료이기 때문이다.
* been은 be 동사의 과거분사다.
* **수동태 현재완료는 주로 과거에 시작해서 현재는 완료된 동작을 나타낸다.**
* 예문은 그 보고서가 그 동안의 노력 끝에 완성되었다는 뜻이다.
* 예문처럼 과거시점이 표시되지 않았으면 단순과거를 쓰지 않는다.
    The report was completed. (✗)
* 예문에서 현재완료 대신에 단순현재를 쓰는 것은 졸렬하다.
    The report is completed. (현재 완성된 상태만 나타냄)
* 보고서는 상당기간에 걸친 노력 끝에 완성되는 것이므로 현재완료가 낫다.

Notes

> Notes

7 과거완료

예문 I knew why I had been chosen. 나는 왜 내가 선택되었는지 알고 있었다.

해설
* 수동태 과거완료는 had been + p.p.다.
* had been chosen은 choose의 수동태 과거완료다.
* had been이 be 동사의 과거완료이기 때문이다.
* **수동태 과거완료는 주로 단순과거보다 한 단계 먼저 발생한 일을 나타낸다.**
* 예문에서 had been chosen이 knew 보다 먼저 발생했다.

8 미래완료

예문 Everything will have been finished by tomorrow.
내일까지는 모든 일이 마쳐져 있을 것이다.

해설
* 수동태 미래완료는 will have been + p.p.다.
* will have been finished은 finish의 수동태 미래완료다.
* will have been이 be 동사의 미래완료이기 때문이다.
* **수동태 미래완료는 늦어도 미래의 시점까지는 완료되어있을 동작을 나타낸다.**
* 예문에서 단순미래(will be finished)를 쓰면 상대방을 덜 안심시킨다.
  Everything will be finished by tomorrow. "모든 것이 내일까지 완성될 것이다."
* **미래완료는 단순미래에 비해서 이미 완성되어있을 것임을 강조하기 때문이다.**

▶ 맺음말

✔ **수동태에서 가장 중요한 것은 수동태 8가지 시제다.** 수동태 동사는 be+p.p.다. be의 변화를 통해서 8가지 시제를 나타낸다. 따라서 be의 8가지 변화를 아는 것이 중요하다. be 대신에 get을 조동사로 쓸 수도 있다.

✔ **am/are/is + p.p.는 수동태 현재다.** am/are/is가 be 동사의 단순현재이기 때문이다. was/were + p.p.는 수동태 과거다. was/were가 be 동사의 단순과거이기 때문이다. will be + p.p.는 단순미래다. will be가 be 동사의 단순미래이기 때문이다.

✔ **am/are/is being + p.p.는 수동태 현재진행이다.** am/are/is being이 be 동사의 현재진행이기 때문이다. 예를 들면, is being은 be 동사의 수동태 현재진행이다. 현재진행은 'be 동사의 현재 + 본동사의 현재분사'인데 is being은 'is + be 동사의 현재분사'이기 때문이다. 즉, being은 be 동사의 현재분사다. was/were being + p.p.는 수동태 과거진행이다.

✔ **have/has been + p.p.는 수동태 현재완료다.** have/has been은 be 동사의 현재완료다. been이 be 동사의 과거분사이기 때문이다. had been + p.p.는 수동태 과거완료다. be 동사의 과거완료인 had been의 과거분사를 붙인 것이기 때문이다. will have been + p.p.는 수동태 미래완료다. will have been은 be 동사의 미래완료이기 때문이다.

✔ be 동사 대신에 get을 수동태 동사의 조동사로 쓸 수 있으므로 get의 변화를 아는 것도 중요하다. get의 단순과거는 got이고, 과거분사는 미국식에서는 gotten, 영국식에서는 got이다. **get을 수동태 동사의 조동사로 사용하지 못하는 경우가 있다. 대형사업의 미래계획을 말할 때다.** 이때에는 will get + p.p.를 사용하지 못한다. get+p.p.는 주로 순간적인 동작을 나타낼 때 쓰기 때문이다.

Section 20　조동사 (Modal Auxiliary Verbs)

Notes

조동사(modal verbs)?
1. 조동사는 본동사를 도와서 '추측', '의무', '금지' 등을 나타낸다.
2. 이 조동사들 뒤에는 원형동사를 놓는다.

핵심강의

☐ 이 section에서 다루는 조동사들은 modal (auxiliary) verbs('형태가 고정된 조동사')다. 즉, 주어에 상관 없이 고정된 형태를 사용하는 조동사들이다. **may, can, should, must**와 같은 것들이다. 이 조동사들 뒤에는 항상 원형동사를 놓는다.

☐ 조동사를 의미 별로 정리해야 한다. 한 조동사가 여러 가지 의미를 나타내는 경우가 많기 때문이다. **가장 중요한 조동사는 추측 조동사와 의무 조동사다.** 금지 조동사는 주로 의무 조동사를 부정형으로 만든 것들이기 때문에 매우 쉽다. 추측 조동사는 6단계, 의무 조동사는 7단계로 세분화 되어있다.

☐ **추측 조동사는 might, may, could, can, should/ought to, must다.** 이 순서대로 점점 강해진다. **의무 조동사는 should, ought to, had better, be to, need, have to, must다.** 이 순서대로 점점 강해진다. **금지 조동사는 shouldn't, oughtn't to, had better not, be not to, can't, mustn't다.** 이 순서대로 강해지고, 조동사마다 특징을 가지고 있다.

☐ **선호 조동사는 would rather다. 불필요 조동사는 don't have to 또는 needn't**(미국식은 don't need)**다. 과거습관 조동사는 would와 used to다.** 문장 안에 과거시점이 표시되었을 때는 would, 그러지 않으면 used to를 쓴다. 단, be, know와 같은 상태동사 앞에는 과거시점이 표시되어도 used to를 쓴다.

☐ **could는 과거에 여러 번 가능했던 일에, was/were able to는 한번 가능했던 일에 쓴다.** dare는 '감히 ~하다' 라는 뜻이다. dare는 need와 마찬가지로 영국식에서는 의문문과 부정문에서 조동사로, 그 외 경우에는 일반동사로 쓴다. 미국식에서는 need나 dare를 항상 일반동사로 쓴다.

☐ 기원문을 만들 때는 may를 쓴다. **조동사 might/may as well은 '~하는 것도 괜찮겠다' 이고 may well은 '~할 가능성이 많다' 라는 뜻이다.** won't는 현재의 끈질긴 거절을 나타내는 조동사일 수 있고, wouldn't는 과거의 끈질긴 거절을 나타내는 조동사일 수 있다.

1 추측

1 might

예문 "I might get a job soon." 나는 곧 취직할지도 몰라.
"Yes, pigs might fly." 그래. 돼지가 하늘을 날지도 모르지.

해설
* might는 가장 약한 추측을 나타낸다. '혹시 ~일지 모른다'라는 뜻이다.
* 첫 번째 예문에서 취직될 가능성이 적기 때문에 might get이라고 했다.
* **두 번째 예문에서 상대방이 취직할 가능성이 적어서 pig 얘기를 했다.**
* 두 번째 예문은 너무 여러번 속은 엄마/친구가 사용할 수 있는 격한 표현이다.

2 may

예문 She may know his address. 그녀가 그의 주소를 알지 모른다.
There may be a strike next week. 다음 주에 파업이 있을지도 몰라.

해설
* may는 might보다 강한 추측을 나타낸다. '~일지 모른다' 라는 뜻이다.
* 첫 번째 예문에서 may는 조동사, know는 본동사다.
* 두 번째 예문에서 may는 조동사, be가 본동사다.
* maybe('아마도')는 관점부사이고, may be는 '조동사 may + be동사'다.
  Maybe you're right. = You may be right. "아마도 네 생각이 옳을지 모른다."
* maybe는 한 단어이고 may be는 두 단어이다.
* maybe 보다 may be가 낫다. 가능성에 따라 might 또는 could도 쓸 수 있다.
  There might be a strike next week. There could be a strike next week.

3 could

예문 War could break out here any day.
이곳에서는 당장이라도 전쟁이 발발할 수 있다.
It could rain this afternoon. 오늘 오후에 비가 올 수 있다.

해설
* could는 might/may 보다 더 강한 추측을 나타낸다. '~일 수 있다' 라는 뜻이다.
* 예문에서 could는 조동사, break out과 rain이 각각 본동사다.

> Notes

4 can

예문 Chicago can be very cold in winter.
시카고는 겨울에 매우 추울 수 있다.
War can break out anywhere. 전쟁은 어디에서도 일어날 수 있다.

해설
* can은 '~일 수 있다'라는 추측의 조동사다.
* can은 주로 일반적 가능성이나 이론적 가능성을 나타낼 때 쓴다.
* 특정 가능성에 대해서는 might/may/could를 쓴다.
* 첫째 예문은 일반적 가능성, 둘째 예문은 이론적 가능성을 나타낸다.
* **즉, 시카고는 일반적으로 춥고, 전쟁은 어떤 곳에서도 가능하다.**
* 이런 경우에는 조동사 might, may, could는 적당하지 않다.

5 should, ought to

예문 Ann should be home by now. 앤은 지금쯤 집에 있을 것이다.
That ought to be enough. 그것은 충분할 것이다.

해설
* should/ought to는 '~일 것이다'라는 뜻으로 상당히 확실한 추측을 나타낸다.
* 주로 be 동사 앞에 쓰인 should/ought to는 추측을 나타낸다.
* be 동사 이외의 동사 앞에 쓴 should/ought to는 의무를 나타낸다.

6 must

예문 You must be Anna's sister. 너는 Anna의 자매임에 틀림 없다.
You must be joking. 너는 농담하고 있음에 틀림 없어.

해설
* must는 '~임에 틀림없다'라는 뜻의 가장 강한 추측을 나타낸다.
* must는 주로 be 동사 앞에서는 추측, 다른 동사 앞에서는 의무를 나타낸다.

2 의무

1 should

예문 People should drive more carefully.
사람들이 더 조심해서 운전해야 한다.

You should see a doctor regularly.
너는 정기적으로 병원에 가 보아야 한다.

해설
* should는 가장 약한 의무를 나타낸다.
* should는 주로 주관적인 생각을 나타내기 때문이다.
* **예문에서 should는 내 생각에는 그렇게 하는 것이 바람직스럽다는 뜻이다.**
* 즉, 사람들이 꼭 그렇게 해야 한다는 법 조항 등은 없다는 뜻이다.

2 ought to

예문 You ought to vote. 너는 투표해야 한다.

해설
* ought to는 공적인 의무를 나타낸다.
* 예문에서 투표는 국민의 공적인 의무이기 때문에 ought to를 썼다.
* 단, 미국식에서는 이런 경우에도 ought to 대신에 should를 쓰기도 한다.

3 had better

예문 You had better see a doctor. 너는 의사한테 가보는 것이 좋겠다.

해설
* had better는 '~하는 것이 좋겠다'라는 뜻의 의무 조동사다.
* 단, had better에는 그러지 않으면 큰 일 난다는 뜻이 함축되어있다.
* **had better는 하지 않아도 된다는 뜻이 아니다. 반드시 해야 한다는 뜻이다.**
* would better가 아니라 had better다. would better라는 것은 없다.
* had better를 'd better로 줄여서 읽기 때문에 would better라고 착각하기 쉽다.

4 be to

예문 1 You are to finish the report by 5:00.
너는 그 보고서를 5시까지 마쳐야 한다.

해설
* be to는 객관적인 의무를 나타낸다.
* be to는 be supposed to처럼 '~하도록 되어있다' 즉, '~해야 한다'라는 뜻이다.
* **be to를 쓰면 거의 명령처럼 들리기 때문에 주로 부모나 직장상사가 쓴다.**

Notes

You better see a doctor?
❶ had better 대신에 better를 조동사로 쓰는 것은 구어체다.
❷ writing에는 이렇게 할 수 없다.
❸ better는 조동사가 아니라 비교급 형용사/부사이기 때문이다.

Notes

예문 2   Rules are to be observed. 규칙들은 지켜져야 한다.

해 설
* be to는 뜻이 강하기 때문에 사물(rules)을 주어로 한 문장에서 많이 쓴다.
* 이런 경우 be to 뒤에 수동태 원형동사(be observed)가 온다.
* 예문은 사람을 주어로 한 "You are to observe rules."보다 완곡하다.

5 need

예문 1   Need I stay here? 내가 여기 머물 필요가 있나?

해 설
* need는 '(약속이 되어있어서) ~할 필요가 있다'라는 뜻이다.
* 영국식에서는 의문문/부정문에서는 need를 조동사로 쓴다.
* 즉, 영국식에서는 예문처럼 need 바로 뒤에 원형동사(stay)가 온다.

예문 2   Do I need to stay here? 내가 여기 머물 필요가 있나?

해 설
* 미국식에서는 need를 모든 경우에 일반동사처럼 쓴다.
* 즉, 미국식에서는 need 뒤에 원형동사가 아니라 to 부정사(to stay)가 온다.
* 이 때 to 부정사는 타동사 need의 목적어다.
* 예문은 need를 의문문에 쓰기 위해서 의문문 조동사 Do를 쓰기도 했다.
* 영국식에서는 의문문의 맨 앞에 바로 Need를 놓는다: Need I stay here?

6 have (got) to / has (got) to

❓ **You gotta get up early?**

have/has got to 대신에 got to나 이를 줄인 gotta를 조동사로 쓰는 것은 구어체다.

You gotta get up early.
(구어체)

You've got to get up early.
(표준영어)

예 문   I have (got) to check the engine oil in the car.

나는 차의 엔진오일을 점검해야 한다.

She has (got) to go now. 그녀는 이제 가야 한다.

해 설
* have/has to는 대단히 많이 쓰는 강한 의무조동사로 '~해야 한다'라는 뜻이다.
* 주어가 3인칭 단수일 때는 has to를, 그 외에는 have to를 쓴다.
* **회화에서 have to 대신에 have got to를, has to 대신에 has got to를 많이 쓴다.**
* 이런 경우에 got to를 gotta라고 읽을 수 있다.
    I've gotta check the engine oil in the car.

심층해설 ❶   have/has to의 시제변화?

① 단순현재는 have/has to다: We have to go now. She has to go now.
② 단순과거는 had to다: We had to borrow money.
③ 단순미래는 will have to다: We'll have to borrow money.
④ 현재완료는 have/has had to다: We have had to borrow money.
   (have/has had는 have 동사의 현재완료)

심층해설 ❷ You've got to be joking?

① "You've got to be joking."은 "You must be joking."과 같은 뜻이다.
② 즉, "네가 농담을 하고 있음에 틀림없어."라는 뜻이다.
③ 단, "You've got to be joking."은 미국식 구어체다.
④ 원래 have got to는 추측이 아니라 의무 조동사이기 때문이다.
⑤ 그러나 이 예문은 영국식에서도 많이 쓰이고 있다.

7 must

예문 If you must smoke, do it outside.
네가 꼭 담배를 피워야 한다면 밖에서 하라.

해설
* must는 가장 강한 의무를 나타내며 '반드시 ~해야 한다'라는 뜻이다.
* **미국식에서는 must가 너무 강하다고 생각해서 사용을 삼간다.**
* 영국식에서는 must를 강한 주관적 의무 조동사로 생각해서 활발하게 쓴다.
* 미국식에서는 단순하게 have/has to보다 강한 것이 must다.

3 불필요

1 don't/doesn't have to

예문 You don't have to go there. 너는 거기에 갈 필요 없다.
She doesn't have to go there. 그녀는 거기에 갈 필요 없다.

해설
* don't have to와 doesn't have to는 '~할 필요 없다'라는 뜻이다.
* didn't have to는 과거 조동사로 '~할 필요 없었다'라는 뜻이다.
  You didn't have to go there. "너는 거기에 갈 필요 없었다."

심층해설 왜 이 규칙이 특별한가?

① 대부분의 의무 조동사의 부정형은 금지를 나타낸다.
② 예를 들면, should는 의무를, shouldn't는 금지를 나타낸다.
③ have to만 긍정형은 의무를, 부정형은 불필요를 나타낸다.

> Notes

2 needn't

예문 You needn't go there. 너는 거기에 갈 필요 없다.

해설
* needn't는 '~할 필요 없다'라는 뜻이다. 단, 이는 영국식에서 쓴다.
* 영국식에서는 부정문/의문문에서 need를 조동사로 쓴다.
* 예문에서 need의 부정형이 needn't이고 그 뒤에 원형동사가 왔다.
* **미국식에서는 need를 일반동사로 쓴다. 즉, 그 뒤에 to 부정사를 놓는다.**
  You don't need to go there. "너는 거기에 갈 필요가 없다."
* 그리고 미국식에서는 need의 부정형이 don't need다.

4 금지

1 shouldn't

예문 You shouldn't go there. 너는 거기에 가서는 안 된다.

해설
* 금지를 나타내는 조동사는 주로 의무조동사의 부정형이다.
* should는 의무를 나타내기 때문에 shouldn't는 금지를 나타낸다.
* **should가 주관적 의무를 나타내듯이 shouldn't도 주관적 금지를 나타낸다.**
* 즉, shouldn't는 그렇게 하지 않는 것이 바람직하다는 뜻이다.

2 oughtn't to

예문 You oughtn't to do that. 너는 그것을 해서는 안 된다.

해설
* oughtn't to는 주로 영국식에서 공적인 금지를 나타낼 때 쓴다.
* **즉, 금지시키는 객관적인 근거가 있을 때 이 조동사를 쓴다.**
* ought not to라고 읽으면 oughtn't to라고 줄여서 읽는 것보다 강하게 들린다.

3 had better not

예문 You had better not do it. 너는 그것을 하지 않는 것이 좋을 것이다.

해설
* had better not은 '~하지 않는 것이 좋을 것이다'라는 뜻이다.
* **단, 그렇게 하면 큰일 난다는 뜻을 함축하고 있다.**
* 따라서 had better not은 상당히 강한 금지의 뜻을 나타낸다.

4 be not to

예문 1 You're not to talk during the exam. 시험 중에 말해서는 안 돼.

해설
* be not to는 거의 금지명령처럼 들린다. '~을 해서는 안 돼'라는 뜻이다.
* **be to가 거의 명령처럼 들리는 의무조동사이기 때문이다.**
* 특히 "You are not to…"는 명령할 수 있는 부모/교사/상사가 쓴다.

예문 2 This cover is not to be removed. 이 뚜껑은 제거되어서는 안 된다.

해설
* 각종 manual에서 사물을 주어로 한 문장에서는 부담 없이 be not to를 쓴다.
* 사물이 주어이기 때문에 be not to 뒤에 수동태 원형(be removed)을 놓는다.
* 예문은 you를 주어로 하고 be not to + 능동태 원형을 쓰는 것보다 완곡하다.
  You are not to remove this cover. "너는 이 뚜껑을 제거해서는 안 된다."

5 can't

예문 You can't ignore this. 너는 이것을 무시해서는 안 된다.

해설
* 주로 주어가 2인칭/3인칭일 때 can't는 대단히 강한 금지를 나타낸다.
* 예문에서 can't는 '~할 능력이 없다'는 뜻이 아니라 금지를 나타낸다.
* 주어가 1인칭이면 can't는 주로 '~할 능력이 없다'라는 뜻이다.
  We can't wait for Christmas. "빨리 크리스마스가 왔으면 좋겠다."
* 예문처럼 주어가 2인칭이면 can't는 mustn't 에 버금가는 금지를 나타낸다.
* can't는 have/has to의 부정형이 불필요를 나타내기 때문에 그 대타로 들어섰다.
* 즉, can't는 의무조동사 have/has to의 부정형 대신에 금지를 나타낸다.

6 mustn't

예문 You mustn't tell a lie. 너는 절대로 거짓말해서는 안 된다.

해설
* mustn't는 가장 강한 금지를 나타낸다. '절대 ~해서는 안 된다' 라는 뜻이다.
* 보통 must와 not을 떼어서 읽지 않는다. mustn't라고 줄여서 읽는다.
* 만약 두 단어를 떼어서 읽는다면 더욱 예외적으로 강하게 금지하는 경우다.

Notes

> Notes

5 선호

1 would rather

예문 I'd rather have a glass of beer. 나는 차라리 맥주 한잔을 했으면 좋겠다.

해설
* would rather는 '차라리 ~을 했으면 좋겠다'라는 뜻의 선호 조동사다.
* 주로 둘 중 어느 한쪽을 선호한다는 뜻을 나타낼 때 쓴다.
* 예문에서 would rather는 조동사, have는 본동사다.
* **예문은 예를 들면, 포도주와 맥주 중에서 차라리 맥주가 낫겠다는 뜻이다.**

2 would rather not

예문 We would rather not go out today.
우리는 오늘 외출하지 않았으면 좋겠다.

해설
* would rather not은 '차라리 ~을 하지 않았으면 좋겠다'라는 뜻이다.
* 예문에서 외출하는 것에 비해서 외출하지 않는 것이 좋겠다는 뜻이다.
* **would rather의 부정형은 would rather not이다. would not rather가 아니다.**
* **즉, 조동사 would rather 뒤에 부정형 원형동사 not+원형을 보탠다.**

3 would rather+절

예문 I'd rather you came tomorrow. 나는 당신이 내일 온다면 좋겠는데.
I'd rather you had not done that.
당신이 그 일을 하지 않았다면 좋았을 텐데.

해설
* would rather+절은 가정할 때 쓴다. 이 때 **would rather는 wish와 비슷하다.**
* 단, would rather는 둘 중 어느 한쪽을 선호한다는 뜻의 가정이다.
* 첫 예문처럼 would rather 뒤에 단순과거(came)가 오면 현재를 가정한다.
* **이 예문은 가정법을 이용해서 완곡하게 제안하고 있다.**
* 둘째 예문처럼 would rather 뒤에 과거완료(had done)가 오면 과거를 가정한다.
* 가정법에 대해서는 뒤에 Section 29에서 자세하게 배우게 된다.

6 과거의 습관

1 used to

예문 I used to smoke. 나는 전에 담배를 피우곤 했다.

해설
* 과거의 습관을 나타내는 조동사는 used to와 would다.
* would를 사용하는 특별한 경우가 아니면 항상 used to를 사용한다.
* 물론 과거의 습관을 나타내는 used to는 '~하곤 했었다'라는 뜻이다.
* used to는 조동사이므로 당연히 그 뒤에 원형동사(smoke)가 온다.
* 예문은 전에는 담배를 피웠지만 지금은 피우지 않는다는 뜻이다.

2 would

예문 When I worked on the farm, I would get up at 5 a.m.
그 농장에서 일할 때 나는 5시에 일어나곤 했다.

해설
* 한 문장 안에 과거시점이 표시되어 있을 때는 조동사 would를 쓴다.
* 예문에서 when I worked on the farm은 과거시점을 표시한다.
* 따라서 예문의 조동사 would는 '~하곤 했었다'라는 뜻이다.
* 이런 경우에는 used to를 쓰지 않는다.
* would가 편하기 때문이다. would는 대부분 'd로 줄여서 읽을 수 있다.

심층해설 · 상태동사 앞에는 항상 used to?

① 상태동사 앞에는 과거시점이 표시되어 있어도 항상 used to만 쓴다.
I would be a waiter in my twenties. (×)
I used to be a waiter in my twenties. (○)
② 예문에서 in my twenties는 과거시점이지만, be는 상태동사다.
③ 따라서 예문에 would가 아니라 used to를 조동사로 썼다.
④ would+상태동사는 현재가정에 많이 쓰기 때문이다.
I would be a waiter. "나라면 웨이터 일을 할 텐데." (현재가정)
⑤ 따라서 상태동사 be 앞에 쓰인 would는 항상 현재를 가정할 때 쓰는 조동사다.

Notes

? 과거시점이 있어야 would?

❶ 과거시점이 없는 would는 현재를 가정할 때는 쓰는 조동사다.
I would get up at 5.
"나라면 5시에 일어날 텐데."

❷ 예문에서 과거시점이 없으므로 would는 '과거습관'이 아니다.

Notes

한번 발생한 일에도 could를 쓸 수 있는 경우?

❶ 지각동사 앞에서: I <u>could see</u> him through the window.

❷ 종속절 안에서: I thought I <u>could cross</u> the border.

❸ 부정문에서: I <u>couldn't cross</u> the border.

be able to만 쓰는 경우?

❶ can의 단순미래나 현재완료는 없다.

❷ 이런 시제에는 be able to만 쓴다.
 a. 단순미래: We <u>will be able to</u> finish it by Monday.
   "우리는 그것을 월요일까지 마칠 수 있을 것이다."
 b. 현재완료: What have you <u>been able to</u> find out?
   "너는 무엇을 찾을 수 있었니?"

7 could와 was/were able to

1 could

예문 She could read when she was four.
그녀는 네 살 때에 글을 읽을 수 있었다.

해설 * can의 과거 could는 장기간에 걸쳐서 여러 번 할 수 있었던 일에 쓴다.
* 그녀가 네 살 때에 계속 책을 읽을 수 있었기 때문에 예문에 could를 썼다.

2 was/were able to

예문 I had a visa, so I was able to cross the border.
나는 비자를 가지고 있었다. 그래서 나는 그 국경을 넘을 수 있었다.

해설 * was/were able to는 과거에 한번 할 수 있었던 일에 쓴다.
* 예문에서 나는 한번 국경을 넘을 수 있었기 때문에 was able to를 썼다.

8 기타조동사

dare 뒤의 본동사 생략?

❶ 분노를 나타내는 다음 표현에서 dare 뒤의 본동사를 생략한다.
 How dare you! "어떻게 네가 감히!"
 You dare! "너 그랬다간 봐라!"
 Don't you dare!
 "너 감히 그렇게 하지마!"

❷ 이 표현들의 뜻을 알면 된다.

1 dare

예문 How dare you call me a liar? 네가 어떻게 감히 나를 거짓말쟁이로 부르나?

해설 * 동사 dare는 '감히 ~하다'라는 뜻이다.
* 영국식에서는 dare를 의문문/부정문에서 조동사로 쓴다.
* 미국식에서는 dare를 항상 일반동사로 쓴다.
* 즉, 미국식에서는 dare 뒤에 원형동사가 아니라 to 부정사를 놓는다.
 How do you <u>dare to call</u> me a liar?

2 기원문을 이끄는 May

예문 May God be with you! 하느님이 당신과 함께 하기를!
May he rest in peace! 그의 영혼이 편히 잠들기를!

해설
* 기원문을 만들 때 조동사 may를 쓴다.
  "May+주어+원형동사…!"는 기원문이다.
* 기원문은 "~가 ~하기를 기원한다!"라는 뜻이다.
* 첫째 예문에서 be와 둘째 예문에서 rest는 원형동사다.

3 might/may as well

예문　It's not very far, so we might/may as well walk.
그곳이 매우 멀지 않기 때문에 우리는 걸어가는 것도 괜찮겠다.

해설
* might/may as well은 '~하는 것도 괜찮겠다'라는 뜻이다.
* **즉, 이 조동사는 이 방법도 좋지만 대안도 좋다는 뜻이다.**
* might as well은 may as well보다 더 공손하게 들린다.
* might가 may 보다 더 약한 추측의 조동사이기 때문이다.
* might/may as well은 had better와 다르다. had better는 의무조동사다.

4 may/might well

예문　Hawaii may well be the most beautiful state in America.
하와이가 미국에서 가장 아름다운 주일 가능성이 많다.

해설
* may/might well은 '~할 가능성이 많다'라는 뜻이다.
* 추측의 조동사 may/might에 정도부사 well('많이')를 보태서 만든 것이다.
* **may well이 might well 보다 더 강한 가능성을 나타낸다.**
* may가 might 보다 더 강한 추측의 조동사이기 때문이다.

5 특별한 won't와 wouldn't

예문 1　The car won't start. 이 차가 영 시동이 안 걸리네.

해설
* 예문에서 조동사 won't는 단순미래 조동사가 아니다.
* 그렇게 보면 전체 문장의 뜻이 너무 어색해진다.
* 즉, "그 차가 시동 걸리지 않을 것이다"라는 뜻이 되어버린다.
* 예문은 핸들을 잡고 앉아서 시동을 걸어보려고 애쓰는 사람이 하는 얘기다.
* 따라서 예문에서 won't는 현재의 계속적인 거절을 나타낸다.
* 즉, 예문에서 won't는 '영 ~하려 하지 않는다'라는 뜻이다.
* 이런 won't에는 주어의 의지가 들어있다. won't를 강하게 읽는다.

예문 2　The car wouldn't start this morning.
오늘 아침에 차가 영 시동이 안 걸리더라.

해설
* 예문에서 조동사 wouldn't는 과거의 계속적인 거절을 나타낸다.
* 예문에서 wouldn't는 '영 ~하지 않으려 하더라'라는 뜻이다.

Notes

❓ 조동사 might/may as well은 어디서 왔나?

❶ might/may as well은 조동사 might/may에 as well를 합친 것이다.
　We might walk as well.
　→ We might as well walk.

❷ might/may는 추측의 조동사, as well은 '~도'라는 초점부사다.

❸ 이 두 가지를 합쳐서 조동사 might/may as well를 만들었다.

❓ 부사 well?

❶ 방법부사 well은 '잘'이라는 뜻이다. 동사를 꾸밀 때 동사 뒤에 온다.
　He performed well on Friday.
　"그는 금요일에 공연을 잘 했다."

❷ 정도부사 well은 '많이/다분히'라는 뜻이다. 본동사 앞에 온다.
　Hawaii may well be the most beautiful state in America.

Notes

* didn't는 단순한 과거의 사실을, wouldn't는 과거의 계속적인 거절을 나타낸다.
  The car <u>didn't start</u> this morning. "차가 오늘 아침 시동이 걸리지 않았다."
  The car <u>wouldn't start</u> this morning. "오늘 아침에 차가 영 시동이 안 걸리더라."
* 따라서 wouldn't start를 쓴 예문은 훌륭한 지각평계가 될 수 있다.
* 즉, 예문은 시동을 걸어보려고 노력하느라고 많이 시간이 흘렀다는 뜻이다.

6 강조 조동사 do/does/did

예문
I <u>do</u> agree. 나는 정말로 동감이다.
I <u>did</u> hate him. 나는 그를 정말로 미워했다.
He works well whenever he <u>does</u> work.
그는 일을 했다 하면 언제나 잘한다.

해설
* 문장을 강력하게 진술할 때 강조 조동사 do/does/did를 쓴다.
* 일반동사 앞에 이 강조 조동사를 놓고 이 조동사를 세게 읽는다.
* 시제와 인칭에 따라 do/does/did 중 하나를 선택하면 된다.
* 강조 조동사 do/does/did를 쓰면 '정말로' 라는 부사를 붙인 것과 같아진다.
* 첫 번째 예문은 "I agree."를 강조해서 말할 때 쓴다. do를 강하게 읽는다.
* 두 번째 예문은 "I hated him."을 강조해서 말할 때 쓴다. did를 강하게 읽는다.
* 세 번째 예문은 'he works'를 강조할 때 사용한다. does를 강하게 읽는다.

심층해설 | be/조동사가 있을 때 강조하려면?

① be/조동사가 있을 때 강조하려면 be나 조동사 자체를 세게 읽는다.
  He IS a lawyer. "그는 정말로 변호사다."
  He HAS been a spy. "그는 정말로 그 동안 간첩이었다."
② 반면에, be나 조동사를 강조하지 않을 때는 줄여서 읽어야 한다.
  He's a lawyer. "그는 변호사다." (is를 줄여서 읽음)
  He's been a spy. "그는 그 동안 스파이였다." (has를 줄여서 읽음)

▶ 맺음말

✓ 추측 조동사 중에서 가장 약한 것은 might다. might 보다 강한 추측 조동사는 may이고, may 보다 강한 추측 조동사는 could다. 추측할 때 주로 이 3가지 조동사 중에서 하나를 선택한다. can은 일반적/이론적 가능성을 나타낼 때 쓴다. should나 ought to는 '~일 것이다'라는 뜻이다. should나 ought to 뒤에 be 동사가 오면 추측, 다른 동사가 오면 주로 의무를 나타낸다. 가장 강한 추측 조동사는 must다. must도 be 동사 앞에서는 추측, 다른 동사 앞에서는 주로 의무를 나타낸다.

✓ 의무 조동사 중에서 가장 약한 것은 should다. 주관적인 생각을 나타낼 때 쓰기 때문이다. 공적 의무에는 ought to를 쓴다. 단, 미국식에서는 ought to 대신에 should를 쓰기도 한다. had better는 '~하는 것이 좋겠다'라는 뜻이다. 단, 그렇게 하지 않으면 큰일 난다는 뜻이다. had better 대신에 better를 의무 조동사로 쓰는 것은 구어체다. be to는 객관적 의무, need는 약속이 되어있는 의무, have to는 대단히 강한 의무, must는 가장 강한 의무를 나타낸다.

✓ 금지 조동사는 의무 조동사의 부정형을 사용하면 된다. 예를 들면, shouldn't는 의무조동사 should의 부정형이므로 금지를 나타낸다. 예외는 can't다. 의무 조동사 have to의 부정형 don't have to가 금지가 아니라 불필요를 나타내기 때문에 그 대신 cant'가 금지를 나타낸다.

✓ 선호 조동사는 would rather다. 이 조동사의 부정형은 would rather not이다. '차라리 ~을 안 했으면 좋겠다'라는 뜻이다. 불필요를 나타내는 조동사는 don't/doesn't have to다. 또는 영국식 영어에서 needn't, 미국식 영어에서 don't/doesn't need to도 불필요를 나타낸다.

✓ 과거습관 조동사는 used to와 would다. used to 보다 would가 발음하기 편하다. 'd로 줄여 읽을 수 있기 때문이다. 한 문장 안에 과거시점이 표시되면 편리한 would를 쓰고 그 외에는 used to를 쓴다.

✓ could와 was/were able to는 뜻은 같지만 사용환경이 다르다. might/may as well은 '~하는 것도 괜찮겠다'라는 뜻이다. 즉, 대안도 좋다는 뜻이다. 조동사 may well은 '~할 가능성이 많다'라는 뜻이다. won't는 will not을 줄인 것이지만 단순미래가 아니라 현재의 끈질긴 거절을 나타낼 수 있다. 이런 won't의 과거형은 wouldn't다. 즉, won't는 '영 ~하지 않으려 한다'이고, wouldn't는 '영 ~하지 않으려 하더라'라는 뜻이다.

Section 21 상태동사 (Stative Verbs)

Notes

상태동사?

① 상태동사는 고착된 상태를 나타낸다. 따라서 진행형으로 만들 수 없다.

② 대부분의 상태동사가 동작동사의 뜻도 가지고 있다.

③ 이 동사들이 동작동사로 쓰일 때는 진행형으로 만들 수 있다.

④ 이 section의 상태동사들의 두 가지 뜻을 상태/동작으로 나누어 챙기자.

핵심강의

☐ 대부분의 동사는 동작동사다. 상태동사는 극히 일부다. **상태동사는 진행형 동사로 만들 수 없다. 상태동사는 결과를 나타내기 때문이다.** '결과'를 유동적인 것으로 생각하고 진행형으로 나타내면 비논리적이 된다.

☐ 그러나 **대부분의 상태동사는 동작동사의 뜻도 가지고 있다.** 동작동사일 때는 뜻이 다르고 진행형으로 쓸 수 있다. 결국 소위 상태동사의 '상태'의 뜻과 '동작'의 뜻을 알고 있어야 한다. 상태동사들은 모두 기본적인 동사들이다. 따라서 상태동사의 두 가지 뜻을 모르면 쉬운 동사의 뜻을 모르는 결과가 된다.

☐ **지각동사들은 상태동사다. 즉, feel, see, smell, taste, hear, sound는 상태를 나타낸다.** 이 모두 비자발적인 행동을 나타낸다. 예를 들면, smell은 '(사물이) ~한 냄새가 나다'라는 뜻이다. 적극적인 동작을 나타내지 않는다. 그러나 지각동사들은 동작동사의 뜻도 가지고 있다. 예를 들면, 동작동사 smell은 '(사람이) 냄새를 맡다'라는 뜻으로 적극적인 행동을 나타낸다.

☐ **사고동사도 상태를 나타낸다.** think, believe, know, feel이 사고동사다. 이 동사들은 '~라고 생각하다/믿다' 등의 뜻을 나타낸다. 동작동사 think도 있다. 상태동사 think는 타동사로 명사절 앞에 쓰고, 동작동사 think는 자동사이므로 전치사 about/of 앞에 쓴다. 사고동사 feel은 think 보다 좀 더 겸손하게 자신의 생각이나 느낌을 전달할 때 쓴다.

☐ **감정동사도 상태동사다. admire, appreciate, mind, value가 감정동사다.** 이 동사들도 모두 동작동사일 수 있다. 단, 동작동사로 쓰면 상태동사일 때와 뜻이 달라진다. 소유동사들도 상태동사다. have, belong, lack, own 등이 소유동사다. '~을 가지고 있다/있지 않다'라는 뜻이다.

☐ **기타 상태동사로는 be, hold, contain, fit, suit이 있다.** 이 중에서 be, hold, contain은 동작동사로도 쓴다. 예를 들면, 동작동사 be는 '~한 행동을 하다'이다. 예를 들면, "You're being stupid"은 "너는 지금 어리석은 행동을 하고 있다"라는 뜻이지, "당신은 어리석다"라는 뜻이 아니다.

1 지각동사

1 feel

예문) I feel happy. 나는 행복감을 느낀다.
I am feeling the car seat. 나는 차의 시트를 만져보고 있다.

해설)
* 지각동사들은 상태동사다.
* 상태동사 feel은 '~한 느낌이 들다'이다. 뒤에 형용사 보어(happy)가 온다.
* 그러나 동작동사 feel도 있다. '~을 만지다'라는 뜻이다.
* 동작동사 feel 뒤에는 목적어(the car seat)가 온다.

2 see

예문) I saw something burning. 나는 무엇인가 계속 타는 것을 보게 되었다.
I'm seeing the doctor at ten o'clock.
나는 10시에 그 의사를 만날 것이다.

해설)
* 상태동사 see는 '(수동적으로) ~을 보게 되다'라는 뜻이다.
* 첫 예문에서 see는 상태동사다. 그 뒤에 목적어+현재분사가 왔다.
* 이 구문은 '~이 계속 ~하는 것을 목격하다'라는 뜻이다.
* 두 번째 예문에서 see는 동작동사로 '~를 만나다'이다.
* 둘째 예문의 see는 동작동사이므로 진행형(am seeing)으로 쓸 수 있다.

3 smell

예문) Those roses smell beautiful. 저 장미들은 냄새가 좋다.
Why are you smelling the milk? 왜 너는 그 우유 냄새를 맡고 있니?

해설)
* 상태동사 smell은 '~한 냄새가 나다'이다. 뒤에 형용사 보어(beautiful)가 온다.
* 동작동사 smell은 '~의 냄새를 맡다'이다. 그 뒤에 목적어(the milk)가 온다.
* 첫 번째 예문의 smell은 상태동사, 두 번째 예문의 smell은 동작동사다.
* 두 번째 예문에서 smell이 동작동사이므로 진행형으로 쓰였다.
* 상태동사 smell의 주어는 주로 사물, 동작동사 smell의 주어는 사람이다.

Notes

feel like ~ing?
① feel like ~ing는 '~을 하고 싶은 기분이다'라는 뜻이다.
② don't feel like ~ing는 '~을 하고 싶은 기분이 아니다'이다.
I don't feel like having anything.
"나는 아무 것도 먹고 싶지 않다."
③ feel이 나온 김에 알고 가야 하는 회화에서 많이 쓰는 표현이다.

see와 look at?
① see는 '(의도하지 않았는데) ~이 보이다'이다: Did you see it?
② see는 단순시제로 쓴다.
③ look at은 '(의도적으로) 바라보다'이다: Why are you looking at it?
④ look at은 진행형으로도 쓴다.

> Notes

4 taste

예문
The cake tastes too sweet. 그 케이크는 너무 단맛이 난다.
She was tasting the pudding. 그녀는 그 푸딩을 맛보고 있었다.

해설
* 상태동사 taste는 '~한 맛이 나다' 이다. 그 뒤에 형용사 보어(sweet)가 온다.
* 동작동사 taste는 '~의 맛을 보다' 이다. 그 뒤에 목적어(the pudding)가 온다.
* 동작동사 taste는 두 번째 예문처럼 진행형으로 만들 수 있다.

5 hear

예문
I heard somebody coming up. 나는 누군가 계속 올라오는 소리를 들었다.
The court is hearing evidence tomorrow.
법원이 내일 증언을 청취할 것이다.

해설
* 상태동사 hear는 '(의도하지 않았는데) ~이 들리다' 이다.
* hear somebody coming up은 '누군가가 계속 올라오는 소리를 듣게 되다'이다.
* 동작동사 hear는 '(증언을) 청취하다'이다. 그 뒤에 주로 '증언'이 온다.
* 동작동사 hear는 두 번째 예문처럼 진행형으로 쓸 수 있다.

6 sound

예문
Your idea sounds great. 당신의 아이디어는 멋지게 들린다.
The trumpets are sounding. 트럼펫 소리가 울리고 있다.

해설
* 상태동사 sound는 '~처럼 들리다'이다. 그 뒤에 **형용사 보어(great)가 온다.**
* 상태동사 sound 뒤에 명사를 놓을 때는 **전치사 like 뒤에 놓는다.**
  It <u>sounds like</u> a good idea. "그것은 좋은 생각인 것 같다."
  It sounds a good idea. (✗)
* 동작동사 sound는 '소리를 내다'이다. 완전자동사다. 그 뒤에 아무 것도 없다.
* **동작동사 sound는 두 번째 예문처럼 진행형으로 만들 수 있다.**

2 사고(思考) 동사

1 think

예문 I think war is always wrong. 나는 전쟁은 항상 잘못된 것이라고 생각한다.
What are you thinking about? 너는 무엇에 대해서 생각 중이니?

해설
* 상태동사 think는 '~을 ~라고 생각하다'이다. 그 뒤에 명사절이 온다.
* 이런 think는 상태동사이므로 진행형으로 만들지 않는다.
  I am thinking that war is always wrong. (✗)
* **수 많은 외국인들이 틀리는 규칙이다.**
* 현재 그런 생각이므로 'I am thinking~'이라고 엉터리로 말한다.
* 이 think는 상태동사이므로 단순현재로 쓴다: I think that war is always wrong.
* **단, 동작동사 think가 있다. '~에 대해서 생각 중'이라고 할 때 쓴다.**
* 동작동사 think 뒤에는 전치사가 온다.
  I'm thinking about you. "나는 너에 대해서 생각 중이다."
  She's thinking of going to Canada to study English.
  "그녀는 영어를 공부하기 위해서 캐나다로 가는 것을 생각 중이다."
* 당연히 동작동사 think는 진행형으로 만들 수 있다.

2 believe/know

예문 I believe/know you will pass the exam.
나는 네가 그 시험에 합격할 것이라고 믿는다/안다.

해설
* **believe/know는 상태동사다. 진행형으로 만들지 않는다.**
  I am believing/knowing you will pass the exam. (✗)
* 현재 믿거나 알고 있다 하더라도 현재진행이 아니라 단순현재로 말한다.
* **과거일 때도 과거진행이 아니라 단순과거로 말한다.**
  I believed/knew that you would pass the exam.
  "나는 네가 그 시험에 합격할 것이라고 믿었다/알았다."

3 feel

예문 I feel that she's making a mistake.
나는 그녀가 실수하고 있다는 느낌이 든다.

해설
* 사고동사 feel은 '~라는 느낌이 든다'라는 뜻이다. 그 뒤에 명사절이 온다.
* I feel that S+V은 I think that S+V보다 더 겸손하게 말할 때 쓴다.
* **즉, '~라고 생각하다' 보다 '~라는 느낌이 든다'가 더 공손하게 들린다.**
* feel 뒤에 형용사보어가 오면 feel은 지각동사다: It feels soft.

3 감정동사

1 admire

예문 We admire Admiral Lee Sun-Shin. 우리는 이순신 장군을 흠모한다.
They are admiring the scenery. 그들은 그 경치를 경탄하고 있다.

해설
* 상태동사 admire는 '(사람을) 흠모하다'이다. 그 뒤에 사람이 온다.
* 동작동사 admire는 '(경치를) 경탄하다'이다. 그 뒤에 주로 경치가 온다.
* 두 번째 예문에서 admire를 진행형으로 썼기 때문에 동작동사다.

2 appreciate

예문 I really appreciate your help. 나는 정말로 당신의 도움을 고맙게 생각한다.
China won't appreciate their currency.
중국은 자국통화를 평가 절상하려 하지 않는다.

해설
* 상태동사 appreciate은 '~을 고마워하다'이다.
* 동작동사 appreciate은 '(통화를) 평가절상 하다'이다.

3 mind

예문 1 Would you mind if I smoke? 내가 담배 피우면 싫어할 거니?
Would you mind opening the window, please?
창문 좀 열어주시겠어요?

해설
* 상태동사 mind는 '~을 싫어하다/꺼려하다'이다.
* **상태동사 mind 뒤에는 if 절이나 동명사가 온다.**
* 이런 질문에 대답할 때 주의해야 한다.
* 싫지 않으면 "No.", 싫으면 "Yes."라고 대답한다.
   Would you mind if I smoke? - No, not at all. "아니, 전혀 싫지 않다."
   Would you mind opening…? - No, not at all. "싫지 않다. 그렇게 해 주마."
* 질문이 '싫어하겠느냐'이기 때문이다.
* Would you mind if~는 나의 행동에 대해서 상대방의 양해를 구할 때 쓴다.
* Would you mind ~ing는 상대방의 action을 요청할 때 쓴다.

예문 2 Mind your own business. 네 자신의 일에 신경 써라.

해설
* 동작동사 mind는 '~에 신경 쓰다'이다. 그 뒤에 명사/대명사가 온다.

4 value

예문
We value loyalty. 우리는 의리를 귀중하게 여긴다.
Can anyone value their assets? 누구라도 그들의 자산을 평가할 수 있겠니?

해설
* 상태동사 value는 '~을 귀중하게 여기다'이다. 그 뒤에 덕목이 나온다.
* 동작동사 value는 '~을 평가하다'이다. 그 뒤에 자산 등이 나온다.
* 동작동사 value는 동사 evaluate과 같은 뜻이다.

4 소유동사

1 have

예문
She has three houses. 그녀는 집 세 채를 가지고 있다.
She is having some cake and coffee.
그녀는 케이크에 커피를 마시고 있다.

해설
* 상태동사 have는 '갖다'라는 뜻이다. 이 동사는 진행형으로 만들지 않는다.
* 동작동사 have는 '먹다/회의를 개최하다' 등이다. 그 뒤에 음식 등이 나온다.
* 동작동사 have는 진행형으로 만들 수 있다.
* 두 번째 예문의 is having은 현재진행이다. have가 동작동사로 쓰였기 때문이다.

2 belong

예문
Does this belong to you? 이것은 당신 것입니까?

해설
* 상태동사 belong은 '~의 것이다/~에 속하다'라는 뜻이다.
* 상태동사이므로 단순형으로 쓴다. 예문에서 단순현재로 쓰였다.

3 lack

예문
They lack commitment to the environmental protection.
그들은 환경보호에 대한 공약을 결핍하고 있다.

해설
* 상태동사 lack은 '~을 결핍하다'라는 뜻이다.
* 상태동사이므로 진행형으로 만들지 않는다. 예문에서 단순현재로 쓰였다.

Notes

4 own

예문 Who owns the beach? 누가 그 해변을 소유하고 있나?

해설 * 상태동사 own은 '~을 소유하다'라는 뜻이다. 예문에서 단순현재로 쓰였다.

5 기타

1 be

예문 You're stupid. 너는 어리석다.
You're being stupid. 너는 지금 어리석은 짓을 하고 있다.

해설
* 상태동사 be는 '~이다' 이다. 그 뒤에 명사/형용사 보어가 온다.
* 상태동사 be는 어떠한 경우에도 진행형으로 쓰지 않는다.
* 예문에서 상태동사는 단순현재로 쓰였다.
* **동작동사 be가 있다. '~한 행동을 하다' 라는 뜻이다. 그 뒤에 형용사만 온다.**
* 두 번째 예문의 are being은 현재진행이다. 따라서 이 be는 동작동사다.

2 hold

예문 The bottle holds two liters. 그 병에는 2리터가 들어간다.
Who is holding me back? 누가 나를 뒤로 잡아당기고 있니?

해설
* **상태동사 hold는 '~이 (용기에) 들어간다' 라는 뜻이다.**
* 상태동사 hold의 주어는 병과 같은 용기이고 동사 뒤에 용량이 언급된다.
* 첫 번째 예문의 hold는 상태동사다. 그래서 단순현재 시제로 쓰였다.
* **동작동사 hold는 '~를 붙잡다' 이다. 그 뒤에 사람/동물/물건 등이 온다.**
* 두 번째 예문에서 hold는 동작동사다. 그래서 현재진행 is holding이 쓰였다.

3 contain

예문 The drum contains 50 liters of diesel.
그 드럼에 디젤 50 리터가 들어간다.
I cannot contain my anger. 나는 내 분노를 억제하지 못하겠다.

해설
* 상태동사 contain도 '~이 (용기에) 들어간다' 이다. 그 뒤에 용량이 온다.
* 첫 번째 예문의 contain은 상태동사다. 그래서 단순현재 시제로 쓰였다.

* 동작동사 contain은 주로 '(감정 등을) 억제하다'이다.
* 두 번째 예문의 contain은 의미상 동작동사 contain이다.

4 fit, suit

예문 It fits you well. 그것은 네게 잘 맞는다.
It suits you well. 그것은 네게 잘 어울린다.

해설
* fit은 '(옷/신발의 크기가) 맞다'이고, suit은 '(색깔/디자인이) 어울리다'이다.
* 둘 다 상태동사다. 따라서 이 동사들은 진행형으로 쓰지 않는다.
* 두 개의 예문에서 모두 단순현재 시제로 쓰였다.
* 명사 suit은 '정장양복'이다.
* 형용사 fit은 '적합한/건강한'이다.

5 matter

예문 It does not matter. 그것은 중요하지 않다.

해설
* 상태동사 matter는 '중요하다'라는 뜻이다. 자동사다.
* 상태동사이므로 예문에서 단순현재로 쓰였다.
* 명사 matter는 '일/문제'이다.
  What's the matter with the car? "차에 무슨 문제 있나?"

Notes

▶ 맺음말

✔ **상태동사는 상태를 나타내기 때문에 진행형으로 만들 수 없다. 상태는 일단 고착된 결과다.** 이 규칙 때문에 상태동사들을 챙겨야 한다. 그러나 이에 못지않게 중요한 것은 상태동사들이 동작동사로 쓰이면 뜻이 달라진다는 점이다. 예를 들면, 상태동사 taste는 '(음식 등이) ~한 맛이 나다'이고 동작동사 taste는 '(사람이) ~을 맛보다'이다.

✔ **상태동사 think는 '~라고 생각하다', 동작동사 think는 '~에 대해서 생각하다'라는 뜻이다. 상태동사 admire는 '(사람을) 흠모하다', 동작동사 admire는 '(경치 등) ~에 감탄하다'라는 뜻이다. 상태동사 appreciate은 '고마워하다',** 동작동사 appreciate은 '(화폐가치를) 평가 절상하다'라는 뜻이다. mind는 상태동사일 때는 '~을 꺼려하다'이고, 동작동사일 때는 '~에 신경 쓰다'라는 뜻이다. **상태동사 value는 '~을 귀중하게 여기다',** 동작동사 value는 '~을 평가하다'라는 뜻이다.

✔ **상태동사 have는 '~을 가지고 있다',** 동작동사 have는 '~을 먹다' 또는 (회의 등을) 개최하다'라는 뜻이다. **상태동사 be는 '~이다',** 동작동사 be는 '~한 행동을 하다'라는 뜻이다. **상태동사 hold와 contain은 '(용기에) ~이 들어간다',** 동작동사 hold는 '~을 붙잡다'이고, 동작동사 contain은 '(분노 등) ~을 억제하다'이다.

✔ "Your idea sounds great"은 "네 생각이 멋있게 들린다"라는 뜻이다. 현재 그렇게 들리지만 sound 가 상태동사이므로 단순현재 sounds를 쓴다. 다음과 같이 진행형 시제로 쓸 수 없다: "Your idea is sounding great. (X)"

✔ **동사 mind의 뜻은 두 가지다. '~을 꺼려하다'와 '~에 신경 쓰다'이다.** 이 두 가지 뜻을 그냥 외우기 는 어렵다. 전자는 상태동사, 후자는 동작동사라고 이해하면 훨씬 외우기 쉽다. '~을 꺼려하다'는 굳어진 심적상태를 나타내기 때문에 상태동사, '~에 신경 쓰다'는 계속되는 일이므로 동작동사다.

Section 22 주어와 동사의 일치 (Subject-Verb Agreement)

Notes

주어와 동사의 일치 규칙을 정의하면?

"주어가 단수이면 동사도 단수, 주어가 복수이면 동사도 복수라야 한다."

핵심강의

☐ **6개 동사시제에는 단수동사와 복수동사의 구별이 있다.** 즉, 현재시제 4가지(단순현재, 현재진행, 현재완료, 현재완료진행)와 과거시제 2가지(단순과거와 과거진행)에는 그런 구별이 있다. 그러나 과거시제 2가지의 단수/복수 동사 구별은 쉽다. be 동사의 단순과거에만 단수동사(was)와 복수동사(were)의 구별이 있기 때문이다. be 동사의 단순과거는 was/were이고, 모든 동사의 과거진행은 was/were ~ing다.

☐ **문제는 현재시제다.** be 동사의 단순현재는 am/are/is, have는 have/has, do 동사는 do/does다. 다른 동사들은 복수동사는 원형동사를 그대로 쓰고, 단수동사는 원칙적으로 동사 끝에 ~s/es를 붙여서 만든다. 현재진행은 be 동사의 현재(am/are/is)에 현재분사(~ing)를 붙이고, 현재완료는 have 동사의 현재(have/has)에 해당동사의 과거분사를 붙이고, 현재완료진행은 be 동사의 현재완료(have/has been)에 현재분사(~ing)를 붙인다.

☐ **결국 단수동사와 복수동사의 구별은 주로 be 동사와 have 동사의 단수/복수 구별에서 생긴다. 예외는 단순현재 하나다. 단순현재는 be/have 외의 일반동사도 주로 동사 끝에 ~s를 붙여서 단수동사를 만들기 때문이다.** 즉, 단순현재시제는 주어가 3인칭 단수이면 주로 동사 끝에 ~s/~es를 붙여야 한다.

☐ 주어와 동사의 일치 규칙은 '**주어가 단수이면 동사도 단수, 주어가 복수이면 동사도 복수**'라는 규칙이다. 영어에서는 주어와 동사 사이에 전치사 구나 관계절 등이 끼어 있는 경우가 많기 때문에 이 규칙은 큰 도움이 된다. **동사를 보고 주어가 무엇인지 재확인할 수 있게 해 주기 때문이다.**

☐ 다음 page의 표를 통해서 우선 단수동사와 복수동사의 구별을 재점검한다. 그 다음에, **특별히 틀리기 쉬운 상황들을 '틀린 예문 고치기'를 통해서 철저하게 점검하자.**

> **Key Point** 단수동사와 복수동사의 구별이 있는 6가지 시제?

	BE	HAVE	WORK
단순현재	am/are/is	has/have	work/works
현재진행	am/are/is being	am/are/is having	am/are/is working
현재완료	has/have been	has/have had	has/have worked
현재완료진행	(없음)	has/have been having	has/have been working
단순과거	was/were	had (구별 없음)	worked(구별 없음)
과거진행	was/were being	was/were having	was/were working

1 주어와 동사 사이에 관계절이 있는 경우

예문 The firms he criticized in the report <u>has filed</u> a lawsuit against him. (✗)
그가 그 보고서에서 비판한 회사들이 그에 대해서 소송을 제기했다.

해설
* 주어와 동사 사이에 관계절이 있으면 동사는 주어에 일치시킨다.
* 예문에서 주어가 the firms이므로 동사도 복수 have filed라야 한다.
* 예문에 단수동사 has filed가 쓰였으므로 틀렸다.
* 주어인 the firms와 동사 has filed 사이에 관계절이 있기 때문에 틀리기 쉽다.
* **특히 예문처럼 목적격 관계대명사가 생략된 관계절일 때에 실수하기 쉽다.**
* 이런 경우 많은 사람들이 관계절의 끝 단어(the report)에 동사를 일치시킨다.
* 예문의 주어는 the report가 아니라 the firms다.

2 주어와 동사 사이에 과거분사가 있는 경우

예문 Most of those questioned about the issue refuses to answer. (✗) 그 이슈에 대해서 질문을 받은 대부분의 사람들은 대답하기를 거절한다.

해설
* 주어와 동사 사이에 과거분사가 있는 경우 주어는 동사에 일치시켜야 한다.
* 특히 과거분사가 규칙동사일 때에 조심해야 한다. 단순과거와 형태가 같기 때문이다.
* 즉, 예문에서 과거분사인 questioned를 단순과거로 착각하기 쉽다.
* **그러나 한 문장에 동사처럼 보이는 것이 두 개 있으면 뒤쪽 것이 동사다.**
* 앞쪽에 있는 동사처럼 보이는 것은 과거분사로 주어를 꾸미는 역할을 한다.
* 예문에서 주어는 복수(most of those)인데 동사는 단수이기 때문에 틀렸다.

Notes

* 즉, 예문의 동사는 복수동사 refuse라야 한다.
* 명사 뒤 과거분사 questioned는 수동태 관계절 who were questioned를 줄인 것이다.
* 이러한 과거분사의 용법에 대해서는 Section 28에서 배운다.

3 주의해야 하는 등위접속사

1 either A or B

예문 Either Mom or the boys is going to clean the room. (✗)
엄마 또는 아들들이 그 방을 청소할 것이다.

해설
* "either A or B가 주어일 때 동사는 B에 맞춘다"라는 것을 외워야 한다.
* 이론상 A도 동작의 주체일 수도 있기 때문이다.
* 그러나 문법에서 이런 경우 항상 동사를 B에만 맞추도록 정해 놓았다.
* 예문에서 주어가 either Mom or the boys다.
* 현재 the boys가 복수인데 단수동사 is going to clean을 썼기 때문에 틀렸다.
* or 뒤에 있는 the boys가 복수이므로 동사가 are going to clean이라야 한다.

2 neither A nor B

예문 Neither the managers nor the director are to attend the banquet. (✗) 그 부장들이나 그 이사 어느 쪽도 그 연회에 참석하지 않을 것이다.

해설
* neither A nor B가 주어일 때도 동사는 B에 맞춘다.
* 이 규칙도 미리 알아두지 않으면 실수하기 쉽다.
* 예문에서 the director가 단수이므로 동사도 단수(is to)라야 한다.
* **양쪽이 다 이런 동작을 하지 않을 것이므로 주어를 복수로 착각하기 쉽다.**
* 그러나 nor 뒤에 있는 단어를 주어로 생각한다.
* **그 단어가 복수이면 복수동사를, 단수이면 단수동사를 쓴다.**
  Neither the managers nor the director is to attend the banquet. (O)
* neither A nor B가 주어일 때 항상 복수동사를 쓴다는 주장은 엉터리다.

3 not only A but also B

예문 Not only the jewels but also the document are locked up in the safe.(✗) 그 보석들은 물론 그 문서도 그 금고 안에 잠겨 있다.

해설
* 이 규칙은 특별히 많은 사람들이 착각하고 있는 규칙이다.
* **not only A but also B가 주어일 때 동사는 B에 맞춘다.**
* 예문에서 the document가 단수이므로 동사도 is locked up이라야 한다.
* 'A는 물론이고 B도'이므로 동사가 복수라야 한다고 착각하기 쉽다.
* 그러나 이 표현의 핵심은 B에 있다. A는 당연한 것으로 치부해 버린다.
* 따라서 동사를 B에 맞추어야 한다.

4 주어 뒤에 as well as, along with, together with가 있을 때

1 as well as

예문 Jane as well as her brother like to go fishing on Sundays. (✗)
그녀의 오빠는 물론 제인도 일요일에 낚시 가기를 즐긴다.

해설
* as well as는 '~은 물론이고'라는 뜻의 전치사다.
* 주어가 A as well as B일 때 동사는 A에 맞춘다. 초점이 A에 있기 때문이다.
* B는 주어의 단수/복수에 전혀 영향을 미치지 않는다.
* 예문에서 주어는 Jane이다. **단수이므로 동사도 단수(likes)라야 한다.**
* 의미상 주어가 최소한 두 사람이라고 착각해서 복수동사로 받기 쉽다.

2 along with, together with

예문 Jane along/together with her brother go fishing every Sunday. (✗)
제인은 오빠와 함께 매주 일요일에 낚시 간다.

해설
* along with와 together with는 '~와 함께'라는 뜻이다.
* 주어 뒤에 이 전치사가 이끄는 구가 있을 때 착각하기 쉽다.
* A along/together with B가 주어일 때 동사는 A에만 맞춘다.
* **A에 초점이 있기 때문이다. B는 주어의 단수/복수에 영향을 미치지 않는다.**
* 예문에서 Jane이 주어이므로 동사도 **단수(goes)라야 한다.**

Notes

5 명사절

예문 What you're saying don't make sense. (✗)
당신이 주장하고 있는 것은 말이 안 된다.

해설
* 모든 명사절은 단수 취급한다. 명사절의 내용에 상관없이 단수 취급한다.
* 명사절 what you're saying이 주어이므로 단수동사(doesn't make)를 써야 한다.

6 관계대명사

예문 He does not know the women who is standing by the window. (✗)
그는 그 창가에 서있는 여성들을 모른다.

해설
* 관계대명사는 단수처럼 보여서 단수취급하기 쉽다.
* 그러나 관계대명사는 선행사에 의해서 단수/복수가 결정된다.
* **즉, 선행사가 단수이면 단수취급, 선행사가 복수이면 복수 취급한다.**
* 예문에서 선행사가 복수(women)이므로 복수동사(are standing)를 써야 한다.
* 특히 선행사가 women처럼 불규칙 복수일 때 조심해야 한다.
* 예문에서 who는 the women을 받는 관계대명사다. 복수 취급해야 한다.

7 주어로 착각하기 쉬운 형용사

1 a lot of

예문 A lot of social problems is caused by unemployment. (✗)
많은 사회문제들이 실업에 의하여 야기된다.

해설
* a lot of는 '많은'이라는 뜻의 형용사다.
* 예문의 주어는 a lot of 뒤에 있는 problems다.
* 예문의 주어를 lot으로 착각하면 단수동사로 받는 오류를 범하기 쉽다.
* 예문에서 주어는 복수(problems)이므로 복수동사(are caused)를 써야 한다.

2 lots of

예문 Lots of furniture were damaged in the flood. (✗)
많은 가구가 그 홍수로 파손되었다.

해설
* lots of도 a lot of처럼 형용사라고 배웠다.
* 따라서 예문의 주어는 lots가 아니라 furniture다.
* 따라서 복수동사(were damaged)를 단수동사(was damaged)로 고쳐야 한다.

3 a couple of

예문 A couple of my friends is going to open a travel agency. (✗)
내 친구들 중 2-3명이 여행사를 개업할 것이다.

해설
* a couple of도 '2-3명의/2-3개의'라는 뜻의 형용사다. 그 뒤에 복수가 온다.
* 예문의 주어는 couple이 아니라 friends다.
* 따라서 단수동사(is going to~)를 복수동사(are going to~)로 고쳐야 한다.

4 a majority of , the majority of

예문 1 A majority of Canadians supports the law. (✗)
과반수의 캐나다 사람들이 그 법을 지지한다.

해설
* a majority of도 '과반수의'라는 뜻의 형용사다. 그 뒤에 복수가 온다.
* 예문의 주어는 majority가 아니라 Canadians다.
* 따라서 단수동사(supports)를 복수동사(support)로 고쳐야 한다.
* **물론 a majority of를 형용사가 아니라고 하는 주장이 있다.**
* **그러나 외국인으로서는 이를 복수형용사라고 관리하는 것이 편하다.**
* 그러지 않으면 명사 majority가 단수처럼 보여서 단수동사로 받기 쉽다.

예문 2 The majority of people prefers TV to radio. (✗)
대부분의 사람들이 라디오보다 TV를 선호한다.

해설
* the majority of도 '대부분의'라는 뜻의 형용사다. 그 뒤에 복수가 온다.
* 예문의 주어는 people이다. 따라서 동사가 복수(prefer)라야 한다.

5 a number of

예문 A number of violent crimes has occurred. (✗)
그 동안 많은 강력범죄가 발생했다.

해설
* a number of도 '많은 수의'라는 뜻의 형용사다. 그 뒤에 항상 복수가 온다.
* 예문의 주어는 number가 아니라 crimes다.
* 따라서 단수동사(has occurred)를 복수동사(have occurred)로 고쳐야 한다.

Notes

? a majority of와 the majority of?
① a majority of는 '과반수의', the majority of는 '대부분의'이다.
② 둘의 뜻이 다르다.
③ '과반수'란 50%를 넘긴 수를, '대부분'은 70-80%를 뜻한다.

? a number of와 the number of가 다르다?
① A number of('많은 수의') 뒤에는 항상 복수동사를 쓴다.
A number of violent crimes have occurred.
② The number of('~의 수') 뒤에는 항상 단수동사를 쓴다.
The number of violent crimes has declined.
"강력범죄의 수가 줄어들었다."
③ The number of…('~의 수')에서 주어는 단수 the number다.

Notes

8 of 이하에 따라서 단수/복수가 결정되는 단어들

1 the rest/remainder

예문 1 The rest/remainder of the students doesn't like hamburgers. (✗)

그 학생들 중 나머지는 햄버거를 좋아하지 않는다.

해설
* the rest/remainder('나머지')는 of 이하에 의해서 단수/복수가 결정된다.
* **the rest/remainder of 이하가 단수이면 단수, of이하가 복수이면 복수 취급한다.**
* 예문에서 of 이하가 복수이므로 the rest/remainder를 복수 취급(don't like)한다.
* doesn't는 단수동사, don't는 복수동사다.

예문 2 The rest of the palace were a bit cold. (✗)

그 궁전의 나머지 부분은 약간 추웠다.

해설
* 예문에서 of 이하가 단수(the palace)이므로 the rest를 단수 취급(was)한다.
* were는 복수동사이고 was는 단수동사이다.

2 half, most, all

예문 1 Half/Most/All of my friends lives overseas. (✗)

내 친구들 중 절반이/대부분이/모두가 해외에서 산다.

해설
* half/most/all도 of 이하에 의해서 단수/복수가 결정된다.
* **of 이하가 단수이면 단수, of 이하가 복수이면 복수 취급한다.**
* 예문에서 of 이하가 복수(friends)이므로 복수동사(live)를 써야 한다.
  Half/Most/All of my friends <u>live</u> overseas. (○)

예문 2 Most of the information are incorrect. (✗)

그 정보의 대부분은 부정확하다.

해설
* 대명사 most는 항상 복수가 아니다.
* **of 이하가 예문처럼 단수이면 most를 단수 취급해야 한다.**
* 예문에서 most를 복수 취급했기 때문에 틀렸다.
* 예문의 동사를 단수(is)로 고쳐야 한다.

9 복수 주어를 단수 취급하는 경우

1 주어가 거리/기간/금액일 때

(1) 거리

예문 Forty miles are a long way to walk. (✕)

40 마일은 걷기에는 먼 길이다.

해설
- 주어가 복수 거리(forty miles)라도 항상 단수 취급한다.
- 주어 forty miles는 분명히 복수다. 그러나 단수 취급해야 한다.
- 따라서 예문의 동사 are를 is로 고쳐야 한다.
- 이는 대단히 중요한 규칙이다.
- **영어에 단수동사와 복수동사의 구별이 있기 때문에 이 규칙이 생겼다.**
- **즉, 주어가 복수라도 단수동사로 받아서 그 거리가 하나임을 나타낸다.**
- 원래 이런 forty miles는 the distance of forty miles이었던 것을 줄였다.
- 즉, "The distance of forty miles is~"에서 단수동사 is를 쓰는 것은 당연하다.
- 따라서 예문의 주어 forty miles의 진짜 뜻은 '40마일이라는 거리'이다.

(2) 기간

예문 Three weeks are a long time to wait for an answer. (✕)

3주는 답장 하나 기다리기에는 긴 시간이다.

해설
- 주어가 복수기간(three weeks)일 때도 항상 단수 취급한다.
- 예문에서 three weeks는 '3주들'이 아니라 '3주라는 기간'이다.
- 즉, three weeks는 the period of three weeks를 줄인 것이다.
- 따라서 three weeks를 단수 취급하는 것이 당연하다.
- **기간이 복수일 때 단수 취급하는 것은 실생활에서 자주 발생한다.**

(3) 금액

예문 Two hundred dollars are a lot to spend on a dress. (✕)

200달러는 드레스 한 벌에 쓰기에는 많다.

해설
- 주어가 복수금액(two hundred dollars)일 때도 항상 단수 취급한다.
- 예문에서 two hundred dollars는 '2백 불이라는 금액'이다.
- 즉, two hundred dollars는 the amount of two hundred dollars와 같다.
- 예문에서 two hundred dollars는 '2백 달러들'이 아니다.
- 따라서 이를 단수 취급하는 것은 당연하다. 그래서 단수동사 is로 받아야 한다.

2 두 개처럼 보이지만 하나인 물건

예문 1 This gin and tonic aren't strong. (✗)
이 진 토닉은 독하지 않다.

해설
* gin and tonic은 칵테일 이름이다. 하나의 물건이므로 단수 취급한다.
* 그래서 gin and tonic 앞에 단수 지시형용사를 붙였다.
* 따라서 동사도 단수(isn't)라야 한다.

예문 2 Fish and chips are very expensive these days. (✗)
요새 생선감자튀김이 매우 비싸다.

해설
* fish and chips는 요리 이름이다. 하나의 물건이다. 단수 취급한다.
* 예문에서 주어 fish and chips를 단수동사(is)로 받아야 한다.
* 영어에서 A and B가 하나의 물건이 아니면 A and B는 복수 취급한다.
* 심지어 A and B가 추상명사이거나 물질명사라도 복수 취급한다.
* 이런 중요한 규칙의 예외를 바로 위에서 살펴보았다.

▶ 맺음말

✓ 주어와 동사의 일치 규칙이 우리말에 없기 때문에 자신이 이 규칙을 어기면서도 자각하지 못할 때가 많다. 예를 들면, has played는 단수동사, have played는 복수동사다. 예를 들면, 단수주어 Tom 뒤에 복수동사 have played를 쓰는 오류를 범하면서도 태연하다. 우리에게 단수/복수동사의 차이가 절실하게 다가오지 않기 때문이다. has played는 한 사람이 했다는 뜻이고, have played은 두 사람 이상이 했다는 뜻이다.

✓ 주어와 동사의 일치 규칙에서 가장 중요한 것은 '주어가 3인칭 단수'라는 말이 무슨 뜻인지를 제대로 아는 일이다. 1인칭(the first person)은 speaker를 말한다. 2인칭(the second person)은 audience를 말한다. 3인칭(the third person)은 '제 3자'라는 뜻으로 이 자리에 있지 않은 사람 등을 말한다. 실제로는 **1인칭은 I와 We, 2인칭은 you(단수/복수), 그 외에는 모두 3인칭이다.**

✓ 단수동사(singular verbs)와 복수동사(plural verbs)라는 명칭은 완전하지 않다. 예를 들면, have played를 복수동사라고 하지만 그것은 주어가 3인칭일 때는 맞지만, 주어가 1인칭 또는 2인칭일 때는 아니다. 주어가 I나 단수 you일 때도 have played를 쓰기 때문이다. 그러나 3인칭 단어/구/절의 개수에 비해서 I/we와 you는 너무 소수이기 때문에 불완전하지만 단수동사와 복수동사라는 명칭을 그대로 쓴다.

✓ 특히 **등위접속사 either ~or~, neither ~nor~, not only ~but also~를 사용할 때 틀리지 않도록 조심해야 한다. 3가지 경우 모두 뒤쪽 단어에 의해서만 단수/복수 동사가 결정된다.** 주어에 전치사 as well as, along with, together with가 쓰일 때도 주어가 항상 복수라고 착각하기 쉽다. 사실은 이 전치사구가 이끄는 구는 주어의 단수/복수에 전혀 영향을 미치지 않는다. **명사절은 항상 단수 취급되고, 관계대명사는 선행사에 의해서 단수/복수가 결정된다.**

✓ 주어가 'A number of + 복수'일 때 동사는 항상 복수라야 한다. a number of는 형용사이고 그 뒤에 있는 복수가 주어이기 때문이다. the rest/remainder('나머지')는 of 이하에 의해서 단수인지 복수인지가 결정된다. 분명히 복수처럼 보이는 시간/거리/금액이 주어일 때 단수 취급한다. 이들을 하나로 묶어서 생각하기 때문이다.

Section 23 시제일치 (Tense Agreement)

Notes

핵심강의

□ **시제일치를 정확하게 정의할 수 있어야 한다. 이 규칙이 우리말에 없기 때문이다.** 시제일치 규칙은 주절의 동사가 과거이면 종속절의 동사도 과거라야 한다는 규칙이다. 간접화법에 이 규칙이 적용된다. 간접화법에서 주절의 동사가 과거일 때 종속절에 연사가 사용한 동사시제를 그대로 사용해서는 안 된다. **주절(He said 등)의 동사가 과거이기 때문에 종속절의 동사도 원래의 동사시제 보다 한 단계 뒤쪽 시제라야 한다. 단, 주절의 동사가 현재완료이면 이런 시제조정이 필요 없다.** 현재완료는 과거동사가 아니기 때문이다.

□ **세부적으로는 다음과 같이 원래의 시제를 조정한다**: 단순현재는 단순과거로, 현재진행은 과거진행으로, 현재완료는 과거완료로, 현재완료진행은 과거완료진행으로, 단순과거는 과거완료로, 과거진행은 과거완료진행으로 바꾼다. 단순미래나 미래진행은 조동사를 과거형 조동사로 바꾼다.

□ **신문/잡지 등 문어체에서는 직접화법을 선호한다.** 간접화법이 가지고 있는 약점 때문이다. 간접화법에서는 단순과거도 과거완료로, 현재완료도 과거완료로 바뀐다. 또, 현재완료진행도 과거완료진행으로, 과거진행도 과거완료진행으로 바뀌기 때문에 정확하지 않다. 반면에 **회화에서는 성대 모사하는 경우가 아닌 한, 간접화법을 이용해야 한다.**

□ **시제 일치 시키지 않는 4가지 경우가 있다.** 첫째, 종속절이 진리일 때, 둘째, 종속절의 내용이 이야기를 옮기는 현 시점에도 사실인 때, 셋째, 종속절이 가정법 문장일 때, 넷째, 조동사 had better, should/ought to, used to가 쓰인 때.

□ 종속절이 가정법일 때는 이론상 현재가정은 시제 일치 시킬 수 있다. 그러나 그렇게 하면 과거가정과 구별하기 어렵다. 따라서 **가정법 문장은 주로 시제 일치 시키지 않는다.** 과거 가정에서는 동사시제를 더 이상 조정할 방법이 없기 때문에 원래의 가정법 동사시제를 그대로 사용할 수 밖에 없다.

1 정의

Key Point 시제 일치를 간단히 정의하면?

주절의 동사가 과거시제이면 종속절의 동사도 과거시제라야 한다.

예문 1 He said that he was hungry. 그는 배고프다고 말했다.

해설
* 주절의 동사가 과거(said)이면 종속절의 동사도 같이 과거(was)라야 한다.
* 다음 문장은 시제일치 되지 않았기 때문에 틀렸다.
  He said that he is hungry. (×)
* said는 단순과거이고 is는 단순현재다.
* **바로 위에 있는 틀린 문장은 다음과 같이 들리기 때문에 틀렸다.**
  He said, "He is hungry." 그는 "그가 배고프다"라고 말했다.
* 이 틀린 문장은 그가 다른 사람이 배고파하고 있다고 말했다는 뜻이 된다.

예문 2 He said that he would come back. 그는 돌아오겠다고 말했다.

해설
* 주절의 동사가 과거(said)이면 종속절의 조동사도 과거형(would)이라야 한다.
* 다음 문장은 시제일치 되지 않았기 때문에 틀렸다.
  He said that he will come back. (×) 그는 "그가 배고프다"라고 말했다.
* 바로 위에 있는 틀린 문장은 다음과 같이 들리기 때문에 틀렸다.
  He said, "He will come back."
* 이 틀린 문장은 그가 다른 사람이 돌아온다고 말했다는 뜻이 된다.

심층해설 우리말에 시제일치 규칙이 없다?

① 우리말에서는 종속절의 동사는 항상 원래 시제 그대로 쓴다.
  "나는 배고프다." → 그는 배고프다고 말했다.
② 우리말은 문장 끝에 오는 주절의 동사로 한번 시간표시 한다.
  "나는 배고프다." → 그는 배고프다고 말했다.
③ 영어는 주절의 동사를 주절의 주어 바로 뒤에 놓는다.
  He said that he was hungry.
④ 따라서 영어는 시간표시를 주절과 종속절에서 두 번 한다.
  He said that he was hungry.
⑤ 영어는 주절의 동사를 문장 끝에 놓을 수 없기 때문이다.
  He that he is hungry said. (×)
  "그는 자기가 배고프다고 말했다."

Notes

🔑 **주절의 동사가 현재완료 이면?**

❶ 착각하지 마라. 현재완료는 과거 동사가 아니라 현재동사다.
❷ 따라서 주절의 동사가 현재완료일 때 원래 시제 그대로 쓴다.
  "Taxes will be raised." (그가 한 말)
  He has announced that taxes would be raised. (×)
  He has announced that taxes will be raised. (O)
  "그는 세금이 인상될 것이라고 발표했다."
❸ 주절의 동사가 현재완료일 때는 will을 would로 바꾸지 않는다.

2 시제일치의 세부 규칙

1 단순현재 → 단순과거

예문 "I don't smoke." → He said that he <u>didn't smoke</u>.

해설
* 시제일치 시킬 때 단순현재(don't smoke)는 단순과거(didn't smoke)로 바꾼다.
* 즉, 왼쪽에 있는 이야기를 간접화법으로 바꾸려면 시제 일치 시킨다.
* 주절이 과거(said)이므로 종속절에도 과거(didn't smoke) 동사를 쓴다.
  He said that he <u>doesn't</u> smoke. (×)

2 현재진행 → 과거진행

예문 "I am waiting for Ann." → He said that he <u>was waiting</u> for Ann.

해설
* 현재진행(am waiting)은 과거진행(was waiting)으로 바꾼다.
* 예문에서 am waiting을 was waiting으로 바꾸었다.
* 간접화법에서 주절의 동사가 단순과거(said)이기 때문이다.

3 현재완료 → 과거완료

예문 "I have finished it." → He said that he <u>had finished</u> it.

해설
* 현재완료(have finished)는 과거완료(had finished)로 바꾼다.
* 현재완료 보다 한 단계 뒤에 있는 동사시제가 과거완료이기 때문이다.

4 현재완료진행 → 과거완료진행

예문 "I have been waiting for Ann."
→ He said that he <u>had been waiting</u> for Ann.

해설
* 현재완료진행은 한 단계 뒤쪽 시제인 과거완료진행으로 바꾼다.
* 예문에서 have been waiting을 had been waiting으로 바꿨다.

5 단순과거 → 과거완료

예문 "I loved him." → She said that she <u>had loved</u> him.

해설
* 단순과거(loved)는 과거완료(had loved)로 바꾼다.
* 단순과거보다 한 단계 뒤에 있는 시제가 과거완료이기 때문이다.

6 과거진행 → 과거완료진행

예문 "I was waiting for Ann."
→ He said he <u>had been waiting</u> for Ann.

해설 * 과거진행(was waiting)은 과거완료진행(had been waiting)으로 바꾼다.

7 단순미래 → 과거형 조동사

예문 "I will be in Paris soon."
→ He said he <u>would</u> be in Paris soon.

해설 * 단순미래는 조동사(will)를 과거형 조동사(would)로 바꾼다.
* 조동사 will의 과거형은 would다.

심층해설 간접화법의 약점?

① 현재완료와 단순과거 둘 다 과거완료로 바꾼다.
② 현재완료진행과 과거진행 둘 다 과거완료진행으로 바꾼다.
③ 문맥을 보고 판단하는 수 밖에 없다.
④ 그래서 신문/잡지는 직접화법을 써서 정확히 전달한다.
  He said, "I <u>was waiting</u> for Ann."
  "그는 '나는 앤을 기다리고 있는 중이었다'라고 말했다."
  He said, "I <u>have been waiting</u> for Ann."
  "그는 '나는 앤을 기다려왔다'라고 말했다."

---

3 시제일치 시키지 않는 경우

1 종속절이 진리

예문 Copernicus concluded that the earth goes around the sun.
코페르니쿠스는 지구가 태양 둘레를 돈다고 결론 내렸다.

해설 * 종속절이 진리이면 시제일치 시키지 않는다.
* 즉, 예문에서 주절의 동사는 과거(concluded), 종속절의 동사는 현재(goes)다.
* 종속절 "The earth goes around the sun."이 진리이기 때문이다.
* 따라서 주절의 동사가 과거라도 진리는 항상 단순현재 동사를 써서 나타낸다.

Notes

심층해설 ❶ 이제 더 이상 진리가 아니다?

① 이제 더 이상 진리가 아니면 시제일치 시킨다.
People thought that the sun went around the earth.
"사람들이 태양이 지구둘레를 돈다고 생각했다."
② 예문에서 종속절이 이제 진리가 아니므로 시제 일치시켰다.

2 종속절이 현재에도 사실

예문 1 He told me that he is a millionaire. 그는 자기가 백만장자라고 말했다.

해설
* 미국식에서는 종속절이 현재에도 사실(fact)이면 시제일치 시키지 않는다.
* 예문에서 주절의 동사는 과거(said), 종속절의 동사는 단순현재(is)다.
* 그가 백만장자라고 말했고 현재도 그것이 사실일 때는 이렇게 한다.
* 단, 이는 영국식 영어에서는 인정하지 않는 규칙이다.

예문 2 He said that he will come back tonight.
그는 자기가 오늘 밤에 돌아오겠다고 말했다.

해설
* 주절의 동사는 과거(said), 종속절의 동사는 미래(will come back) 그대로다.
* 그가 그렇게 말했고 현재도 그가 그럴 예정이라면 이렇게 말한다.
* 미국식에서는 2가지 message를 이 한 문장으로 전달하고 말겠다는 것이다.
* 영국식으로 시제일치 시키면 현재도 그럴 예정인지 궁금해진다.
  He said that he would come back tonight. (영국식)

3 종속절이 가정법

예문 He said that if he were a millionaire, he would travel around the world. 그는 자기가 백만장자라면 세계일주를 할 텐데 라고 말했다.

해설
* 종속절이 가정법이면 시제 일치시키지 않는다.
* 예문에서 종속절이 가정법(if he were a millionaire, he would travel…)이다.
* 따라서 주절의 동사가 과거(said)라도 원래의 가정법 동사들을 그대로 썼다.
* 원래 그가 사용한 가정법 문장은 다음과 같다.
  If I were a millionaire, I'd travel around the world.

심층해설 ❶ 이론상 시제 일치가 가능하다?

① 현재를 가정하는 이야기는 시제 일치시킬 수도 있다.
② 그러나 실제로는 그렇게 하지 않는 것이 일반적이다.
③ 시제일치 시키면 현재가정인지, 과거가정인지 구별이 어려울 수 있다.
④ 과거를 가정하는 문장은 아예 시제일치 시킬 방법이 없다.

> **심층해설 ①** 시제일치 규칙은 부사절/관계절에도 적용된다?
>
> ① 시제 일치는 명사절, 부사절, 관계절 모두에 적용된다.
> He said that he was hungry. (명사절)
> "그는 배고프다고 말했다."
> He knew the place well because he lived there. (부사절)
> "그가 거기 살았기 때문에 그 장소를 잘 알았다."
> The man who was playing the piano was from Italy. (관계절)
> "피아노를 연주하는 남자는 이태리 출신이었다."
>
> ② 즉, 모든 종류의 복문에 이 규칙이 적용된다.

4 일부 조동사

(1) had better

예문 Tom said that the children had better go to bed early.
톰은 애들이 일찍 잠자리에 드는 것이 좋겠다고 말했다.

해설
* 조동사 had better, should, ought to, used to는 시제일치 시키지 않는다.
* 조동사 had better는 주절의 동사가 과거(said)라도 그대로 쓴다.
* had better의 color가 독특하기 때문에 다른 것으로 대체할 수 없다.

(2) should, ought to

예문 1 I knew that I should / ought to write to them.
나는 그들에게 편지를 써야 한다는 것을 알고 있었다.

해설
* 조동사 should/ought to도 주절의 동사가 과거(knew)라도 그대로 쓴다.
* 예문에서 should / ought to는 의무를 나타낸다.

예문 2 He said that he should be back in two weeks.
그는 2주일 내에 돌아오게 될 것이라고 말했다.

해설
* 조동사 should/ought to가 추측을 나타낼 때도 마찬가지다.
* 주절의 동사가 과거(said)라도 종속절에 이 조동사를 그대로 쓴다.
* 예문에서 이 조동사들은 추측을 나타낸다.

(3) used to

예문 He knew the place well because he used to live there.
그가 거기 살곤 했기 때문에 그 장소를 잘 알았다.

해설
* 조동사 used to도 주절의 동사가 과거(knew)라도 그대로 쓴다.
* 예문에서 주절의 동사가 과거(knew)라도 이유절에 used to를 썼다.

▶ 맺음말

✓ **시제 일치는 실제로 대단히 중요하다.** 예를 들면, "He said he was hungry"는 그가 배고팠다는 뜻이다. 그러나 He said, "He is hungry"라고 하면 다른 사람이 배고팠다는 뜻이다. 만일 시제 일치를 시키지 않고 "He said he is hungry"라고 말하면, 상대방은 "He said, 'He is hungry'"로 잘못 이해한다.

✓ 우리말에서는 주절의 동사를 복문 끝에 놓기 때문에 중간에 있는 종속절의 동사시제는 원래 시제를 그대로 쓴다. 즉, 문장 끝에서 한꺼번에 전체문장의 시간을 제시한다. **그러나 영어에서는 주절의 동사를 주어 바로 뒤에 놓아서 시간표시를 하기 때문에, 종속절에서 다시 한번 과거표시를 해야 한다. 즉, 영어에서는 과거표시를 두 번 한다.**

✓ "He said that he doesn't smoke"가 아니라 "He said that he didn't smoke"다. 우리 귀에는 두 문장이 비슷하게 들리지만 원어민의 귀에는 다르게 들린다. 즉, 전자는 "He said, 'He doesn't smoke'"라고 들리기 때문에 후자와 다른 뜻이 된다.

✓ 시제를 조정할 때 단순현재는 단순과거로, 현재진행은 과거진행으로 바꾼다는 것은 쉽다. 그러나 그 나머지 경우들을 정확히 알고 있어야 한다: **단순과거와 현재완료는 과거완료로 바꾼다. 과거진행과 현재완료진행은 과거완료진행으로 바꾼다. 단순미래는 조동사를 과거형으로 바꾼다.**

✓ 시제 일치를 시키지 않아도 되는 4가지 경우가 있다. 예를 들면, 조동사 should는 시제 일치 시키지 않아도 좋다. 즉, 주절의 동사가 현재이든 과거이든 쓸 수 있다.

✓ **영어를 우리말로 해석할 때도 시제 일치를 감안해야 한다.** 주절의 동사가 과거일 때는 종속절의 동사시제를 한 단계 앞으로 끌어 당겨서 해석해야 한다. 예를 들면, "He said that he was hungry"에서 was는 우리말로는 is로 번역되어야 한다. 즉, 영어를 우리말로 옮길 때에는 시제일치라는 마법에 걸린 종속절의 동사시제를 그 마법에서 풀어내야 한다. 따라서 예문은 "그는 배고팠다고 말했다"가 아니라 "그는 배고프다고 말했다"이다.

Section 24 사역동사 (Causatives)

Notes

사역동사?

① 사역동사는 주로 '시키다'라는 뜻을 나타낸다.

② 사역동사로는 have, get, let, make이 있다.

③ 이 4개 사역동사는 뜻이나 사용법이 조금씩 다르다.

핵심강의

☐ **사역동사에는 4개가 있다. 즉, have, get, let, make이다.** 사역동사는 주로 '~가 ~하도록 시키다' 라는 뜻이다. 사역이란 '(남에게) 일을 시키다' 라는 뜻이기 때문이다.

☐ 그러나 have와 get은 '시키다' 외에 '당하다' 라는 뜻도 가지고 있다. let은 '시키다' 가 아니라 '허용하다' 이다. make은 '시키다' 가 아니라 '강요하다' 이다.

☐ **보통 사역동사 뒤에는 원형동사를 쓰지만 get 뒤에는 to 부정사를 쓴다.** have와 get 뒤에는 원형동사 외에 과거분사와 현재분사도 놓을 수 있다. make은 목적어가 재귀대명사일 때에 한해서 그 뒤에 과거분사를 놓을 수 있다. **사역동사 뒤에 오는 과거분사는 뜻이 수동이고 현재분사는 뜻이 능동이다.** 현재분사는 원형동사에 비해서 동작의 계속을 강조한다.

☐ **가장 많이 쓰는 사역동사는 have다. have 뒤에 목적어가 있고 그 뒤에 원형동사나 과거분사 또는 현재분사가 오면 have는 사역동사다.** have는 보통 '시키다' 이지만, have+목적어+과거분사의 경우에 한해서 '당하다' 라는 뜻일 수 있다. 이 구별은 쉽다. have가 도저히 '시키다' 라고 해석될 수 없는 안 좋은 상황일 때는 '당하다' 라는 뜻이다.

☐ **두 번째로 많이 쓰는 사역동사는 get이다.** get은 특히 회화에서 많이 쓴다. get 뒤에 목적어가 있고 그 뒤에 to 부정사, 과거분사 또는 현재분사가 오면 get은 사역동사다. 사역동사 get은 '시키다' 라는 뜻 외에 get+목적어+과거분사일 때 '당하다' 라는 뜻일 수도 있다.

☐ let은 allow처럼 '허용하다' 라는 뜻의 사역동사다. 그 뒤에 목적어+원형동사가 온다. make은 force처럼 '강요하다' 라는 뜻의 사역동사다. make은 목적어가 재귀대명사일 때에 한해서 재귀대명사 뒤에 과거 분사를 놓을 수 있다. 그런 경우에는 '자신이 ~되도록 시키다' 라는 뜻이 된다.

1 have

1 have+목적어+원형동사

예문 The manager had everybody write a report.
그 부장은 모두에게 보고서를 작성하도록 시켰다.

해설
* have+목적어+원형동사에서 have는 '시키다'라는 뜻의 사역동사다.
* had everybody write은 '모든 사람이 ~을 쓰도록 시키다'라는 뜻이다.

2 have+목적어+과거분사

(1) 사역 (cause)

예문 I will have the report finished by Monday.
나는 그 보고서가 월요일까지 마쳐지도록 하겠다.

해설
* have+목적어+과거분사에서도 have는 '시키다'라는 뜻의 사역동사다.
* 단, 사역동사 뒤의 과거분사(finished)는 수동의 뜻을 갖는다.
* 예문에서 finished는 과거분사로 '마쳐진'이라는 뜻이다.
* 즉, have the report finished은 '그 보고서가 마쳐지도록 시키다'이다.

(2) 경험 (experience)

예문 The politician had eggs thrown at him.
그 정치가는 계란세례를 받았다.

해설
* have+목적어+과거분사에서 have가 '당하다'라는 뜻일 수도 있다.
* 해석을 해 보고 안 좋은 일이면 have를 '당하다'라고 해석하면 된다.
* 예문에서 계란세례 같은 일이 자신에게 발생하도록 시킬 사람은 없다.
* 따라서 예문에서 have eggs thrown은 '계란세례를 당하다'라는 뜻이다.
* 즉, 사역동사 have는 '시키다'와 '당하다'라는 두 가지 뜻을 나타낸다.

3 have+목적어+현재분사

예문 We'll soon have you walking.
우리는 곧 네가 계속 걸을 수 있도록 해주겠다.

해설
* have+목적어+현재분사에서도 have는 '시키다'라는 뜻의 사역동사다.
* 이 때 현재분사는 (능동의) 동작의 계속을 나타낸다.
* 즉, 예문에서 have you walking은 '네가 계속 걸을 수 있도록 만들어주다'이다.
* have 뒤의 원형동사는 단순한 동작을, 현재분사는 계속되는 동작을 나타낸다.

> Notes

2 get

1 get+목적어+to 부정사

예문 I can't get the car to start. 나는 이 차가 시동 걸리게 하지 못하겠다.

해설
* get+목적어+to 부정사에서 get은 사역동사다. 사역동사 get도 '시키다'이다.
* 다른 사역동사와 달리 **get 뒤에는 원형동사가 아니라 to 부정사를 놓는다.**
* 예문에서 get the car to start는 '차가 시동 걸리도록 시키다'라는 뜻이다.
* can't get은 can't have에 비해서 더 이상 어려워서 못하겠다는 뜻을 전달한다.

2 get+목적어+과거분사

(1) 사역(Cause)

예문 I must get this car serviced soon.

나는 이 차가 곧 수리되도록 시켜야겠다.

해설
* get+목적어+과거분사에서도 get은 '시키다'라는 뜻의 사역동사다.
* 사역동사 뒤의 과거분사(serviced)는 수동의 뜻을 갖는다.
* 예문에서 get this car serviced는 '이 차가 수리되도록 시키다'라는 뜻이다.
* 차는 수리되는 것이므로 예문에서 과거분사 serviced가 맞다.

(2) 경험(Experience)

예문 She got her purse stolen on the bus yesterday.

그녀는 어제 버스에서 지갑을 도난 당했다.

해설
* **get+목적어+과거분사에서 get이 '당하다' 라는 뜻일 수도 있다.**
* 예문에서 get은 '당하다'라는 뜻이다. 내용이 안 좋은 일이기 때문이다.
* got her purse stolen은 '자기 지갑이 도난 당하는 일을 당하다'라는 뜻이다.

3 get+목적어+현재분사

예문 Don't get him talking about politics.

그에게 정치에 대해서 계속 이야기하도록 시키지 마라.

해설
* **get+목적어+현재분사에서도 get은 '시키다' 라는 뜻의 사역동사다.**
* 이 때 현재분사(talking)는 (능동의) 동작의 계속을 나타낸다.
* 즉, get him talking은 '그로 하여금 계속 말하도록 시키다'라는 뜻이다.

4 Get으로 시작하는 명령문

예문 Get your hair cut. 머리카락을 잘라라.

해설
* 명령문에 사역동사 get을 많이 쓴다.
* 예문에서 get은 사역동사이고, cut은 과거분사다.
* 동사 cut의 동사변화는 cut-cut-cut이다.
* "Cut your hair."라고 하지 않는다. 스스로 머리카락을 자르지 않기 때문이다.
* 단, 명사 a haircut을 써서 "Get a haircut."이라고 하면 예문과 같은 뜻이 된다.

3 let

1 let+목적어+원형동사

예문 We won't let that happen. 우리는 그런 일이 일어나지 않도록 하겠다.
I let him go. It's my responsibility.
내가 그를 놓아주었다. 그것은 내 책임이다.

해설
* 사역동사 let은 '허용하다' 라는 뜻이다.
* let 뒤에 목적어(that/him)+원형동사(happen/go)가 온다.
* 사역동사 let 뒤에 원형동사가 온다는 것을 다시 한번 기억하라.

2 let 뒤에 원형동사가 생략되는 경우

예문 She wouldn't let me in. 그녀는 나를 방안으로 들이려고 하지 않았다.

해설
* let 뒤에 원형동사가 없으면 동사 get이 생략되었다고 보면 된다.
* get in은 '(방 안으로) 들어가다'라는 뜻의 동사+부사로 구성된 구동사다.
* 예문은 "She wouldn't let me get in"에서 get을 생략한 것이다.
* 예문에서 wouldn't는 과거의 끈질긴 거절을 나타내는 조동사다.

3 let go of

예문 Please let go of my arm. 내 팔을 놓으세요.

해설
* let go of는 '(잡고 있는 것을) 놓다'라는 뜻이다.

Notes

let과 allow?

❶ let과 allow 둘 다 '허용하다'라는 뜻이다.

❷ 단, let 뒤에는 원형동사가 오고, allow 뒤에는 to 부정사가 온다.
We won't let him escape.
= We won't allow him to escape.

❸ let은 회화에서, allow는 writing에서 많이 쓴다.

Notes

사역동사 make이 수동태가 되면?

❶ 사역동사 make이 수동태가 되면 그 뒤에 to 부정사가 온다.
He was made to work twenty hours a day.
"그는 하루에 20시간 일하도록 강요 받았다."

❷ 수동태 사역동사 make 뒤에 원형 동사가 오지 않는다.

make과 force?

❶ make과 force 둘 다 '강요하다' 라는 뜻이다.

❷ make 뒤에는 원형동사, force 뒤에는 to 부정사가 온다.
We can't force anybody to work more than 8 hours a day.
"우리는 누구에게도 하루에 8시간 이상 일하도록 강요할 수 없다."

❸ make은 회화에서, force는 writing에서 많이 쓴다.

4 make

1 make + 목적어 + 원형동사

예 문 Who made her cry? 누가 그녀를 울게 만들었나?

해 설
* 사역동사 make은 '강요하다'라는 뜻이다.
* 사역동사 make 뒤에도 목적어(her)+원형동사(cry)가 온다.

2 make + 재귀대명사 + 과거분사

예 문 She had to shout to make herself heard.
그녀는 자기 말이 들리도록 만들기 위해서 소리를 질러야 했다.

해 설
* 사역동사 make 뒤에 재귀대명사(herself)+과거분사(heard)를 놓을 수 있다.
* 사역동사 뒤의 과거분사(heard)는 수동의 뜻을 갖는다.
* 즉, make herself heard는 '자기 말이 들리도록 만들다'라는 뜻이다.
* 예문은 그 장소가 시끄러워서 자기 말이 들리도록 소리를 질렀다는 뜻이다.

▶ 맺음말

✔ **사역동사는 특히 business 환경에서 많이 쓴다. 회사에서는 직원에게 일을 시키는 경우가 많기 때문이다.** 회사에서는 업무 중심으로 말하는 경우도 많다. 즉, 어떤 업무가 언제까지 마쳐지도록 조치한다라는 식으로 말하는 경우가 많다. 그래서 **사역동사 뒤에 원형동사만이 아니라 과거분사가 오는 경우도 많다.**

✔ "I had my computer stolen"에서 had는 사역동사, stolen은 과거분사다. 여기서 had는 '시키다'가 아니라 '당하다'이다. 예문은 "나는 컴퓨터를 도둑 맞았다"라는 뜻이다. 자신의 컴퓨터가 도난 당하도록 '시킬' 사람은 없기 때문이다.

✔ **사역동사 have/get 뒤에 현재분사(~ing)가 올 수 있다. 현재분사는 원형동사나 to 부정사에 비해서 동작의 계속을 강조한다.**

✔ 사역동사 let 뒤에 원형동사가 없으면 get이라는 동사가 생략된 것으로 보면 된다. 예를 들면, "She wouldn't let me in"은 "She wouldn't let me get in"과 같다. let go of는 '~을 놓아버리다'라는 뜻이다.

✔ **사역동사 make이 수동태가 되면 그 뒤에 원형동사 대신에 to 부정사를 놓는다.** 예를 들면, "He was made to work 20 hours a day"에서 was made는 사역동사 make의 수동태이고, 그 뒤에 있는 to work은 to 부정사다. 즉, 사역동사 make이 수동태가 되면 동사 force('강요하다')와 사용법이 같아진다. 동사 force도 수동태가 되면 be forced 뒤에 to 부정사가 오기 때문이다.

✔ **명령할 때는 have와 get 중에서 get을 많이 쓴다.** 예를 들면, "Get your hair cut"에서 동사 get은 사역동사, cut은 과거분사다. have는 주로 명령보다는 "Why don't you have~?"식으로 제안할 때 사용한다. 예를 들면 "Why don't you have him try?"라고 말한다.

✔ **let은 '허용하다'**이므로 "Let me/us know"는 명령보다 요청에 가깝다. "내가/우리가 알도록 허용해 달라"는 "알려주세요"라는 뜻이다. 물론, 아무리 고운 말이라도 퉁명스럽게 사용하면 퉁명스럽게 들리기 때문에 어떤 tone으로 사용하느냐가 중요하다.

Chapter 6

to 부정사, 동명사, 현재분사, 과거분사

Section 25_ **to 부정사**

Section 26_ **동명사**

Section 27_ **현재분사**

Section 28_ **과거분사**

Section 25

to 부정사 (Infinitives)

Notes

to부정사를 제대로 공부하려면?

1. 동명사와 비교해야 한다.
2. to부정사의 명사역할과 동명사의 역할이 겹치기 때문이다.
3. 단, to부정사에는 진행형이 있고, 동명사에는 진행형이 없다.
4. 또한, to부정사는 형용사와 부사 역할도 하지만 동명사는 그렇지 않다.

핵심강의

☐ to 부정사(infinitives)는 never와 같은 부정사(negatives)와 구별하기 위해서 주로 to 부정사라고 부른다. **to 부정사에는 6가지 형태가 있다.** 능동태에 4가지 (단순, 진행, 완료, 완료진행), 수동태에 2가지(단순, 완료)가 있다.

☐ 능동태 **단순형 to 부정사는** 원형동사 앞에 to를 붙인 것이다. **진행형 to 부정사는 to be ~ing**다. 이는 진행형 동사의 기본형인 be ~ing 앞에 to를 붙인 것이다. **완료형 to 부정사는 to have p.p.다.** 즉, 완료의 기본형 have p.p. 앞에 to를 붙인 것이다. **완료진행형 to 부정사는 to have been ~ing**다. 즉, 완료 진행의 기본형인 have been ~ing 앞에 to를 붙인 것이다. **수동태 단순형 to 부정사는 to be p.p.다.** 즉, 수동태 동사의 기본형 be +p.p. 앞에 to를 붙인 것이다. **수동태 완료형 to 부정사는 to have been p.p.다.** 즉, 수동태 완료의 기본형인 have been p.p. 앞에 to를 붙인 것이다.

☐ **to 부정사는 명사, 형용사, 부사의 역할을 한다.** to 부정사가 명사역할을 할 때에는 문장의 주어/보어/목적어가 된다. to 부정사가 주어일 때에는 아주 짧지 않으면 가주어 it을 앞세운다.

☐ **다음과 같은 경우에 to 부정사가 형용사역할을 한다.** 첫째, 최상급, 서수, only, next, last 뒤에 있는 to 부정사는 형용사다. 둘째, 수식되지 않은 명사 뒤의 to 부정사는 주로 의무 관계절을 대신한다. 셋째, 부정대명사 (something, anything 등) 뒤에 있는 to 부정사는 이 대명사를 수식하는 형용사다.

☐ **to 부정사가 부사역할을 할 때에는 목적, 이유, 결과, 조건을 나타낸다.** 목적을 나타낼 때에는 to 대신에 in order to나 so as to를 쓸 수 있다.

☐ **to 부정사를 20개 타동사 뒤에서 목적어로 쓸 수 있다.** 이런 경우 to 부정사 대신에 동명사(~ing)를 쓸 수 없다. **ask 등 19개 타동사 뒤에서 to 부정사를 간접목적어 뒤의 직접목적어로 쓸 수 있다.** 예를 들면, ask somebody to do는 '~에게 ~하도록 요청하다' 라는 뜻이다. 이 때 to부정사는 간접목적어 somebody 뒤에서 직접목적어의 역할을 한다.

1 형태

> **Key Point** to 부정사의 형태?
> ① to 부정사에는 능동태 4가지와 수동태 2가지 형태가 있다.
> ② 능동태에 단순형, 진행형, 완료형, 완료진행형이 있다.
> ③ 수동태에 단순형과 완료형이 있다.

1 능동태 to 부정사

(1) 단순형: 원형동사 앞에 to를 붙인 것(to paint)

(예문) They would like to paint the fence now.

(해설) * 능동태 단순형 to 부정사는 동사와 같은 시간대에 발생한 일을 나타낸다.

(2) 진행형: 원형 진행형 앞에 to를 붙인 것(to be painting)

(예문) They seem to be painting the fence for hours.

(해설) * 능동태 진행형 to 부정사는 동사와 같은 시간대에 계속된 일을 나타낸다.

(3) 완료형: 원형 완료형 앞에 to를 붙인 것(to have painted)

(예문) They seem to have painted the fence centuries ago.

(해설) * 능동태 완료형 to 부정사는 동사보다 먼저 발생한 일을 나타낸다.

(4) 완료진행형: 원형 완료진행형 앞에 to를 붙인 것(to have been painting)

(예문) They seem to have been painting the fence for months.

(해설) * 능동태 완료진행형 to 부정사는 동사보다 먼저 계속된 일을 나타낸다.

2 수동태 to 부정사

(1) 단순형: 수동태 원형동사 앞에 to를 붙인 것(to be painted)

(예문) The fence seems to be painted yellow.

(해설) * 수동태 단순형 동명사는 동사와 같은 시간대에 발생한 수동적인 동작을 나타낸다.

(2) 완료형: 수동태 원형 완료형 앞에 to를 붙인 것(to have been painted)

(예문) The fence seems to have been painted yellow.

(해설) * 수동태 완료형 동명사는 동사보다 먼저 발생한 수동적인 동작을 나타낸다.

Notes

예문의 우리말 해석?
① 왼쪽 예문들의 해석은 생략했다.
② 424쪽 to부정사의 보어역할 편을 참고하라.
③ to부정사의 여러 형태가 우리말로 어떻게 해석되는지 알 수 있다.

Notes

❓ to부정사의 명사역할?

❶ to부정사는 주어/보어/목적어가 될 수 있다.

❷ 단, 전치사의 목적어는 될 수 없다.

❸ 타동사의 목적어일 때 2가지 pattern이 있다.

❹ 첫째, 타동사 바로 뒤에서 목적어일 수 있다.

❺ 둘째, 타동사+간접목적어 뒤에서 직접목적어일 수 있다.

2 역할

1 명사역할

> **Key Point 명사역할?**
> ① to 부정사는 명사처럼 주어/보어/목적어의 역할을 한다.
> ② to 부정사가 명사역할을 하면 '~하는 것'이라는 뜻이다.

(1) 주어

예문 1 To compromise is advisable. 타협하는 것이 바람직하다.

해설
* 예문에서 To compromise는 주어다. 동사 앞에 있기 때문이다.
* 주어역할을 하는 to 부정사는 '~하는 것'이라고 해석한다.
* 예문에서 To compromise는 '타협하는 것'이라는 뜻이다.

예문 2 It's almost impossible to finish the report by Friday.
그 보고서를 금요일까지 마치는 것은 거의 불가능하다.

해설
* 예문에서 It은 가주어, to finish the report by Friday는 진주어다.
* to 부정사가 주어일 때는 아주 짧지 않으면 예문처럼 가주어를 쓴다.
* 진주어의 역할을 하는 to 부정사도 명사역할을 하므로 '~하는 것'이다.
* 예문에서 to finish는 '마치는 것'이라는 뜻이다.

(2) 보어

① 단순형 to 부정사

예문 His plan is to study overseas. 그의 계획은 해외에서 공부하는 것이다.

해설
* to 부정사가 보어역할을 할 때도 '~하는 것'이라는 뜻이다.
* 예문에서 to study는 보어다. 따라서 '공부하는 것'이라는 뜻이다.
* **단순형 to 부정사(to study)는 동사와 같은 시간대의 일을 나타낸다.**

② 진행형 to 부정사

예문 He seems to be following us.
그가 우리를 계속 따라오고 있는 것처럼 보인다.

해설
* 예문에서 to be following us는 보어다. seems 뒤에 왔기 때문이다.
* seem은 불완전자동사이므로 그 뒤에는 보어가 온다.
* 예문의 to be following은 능동태 진행형 to 부정사다.
* 따라서 to be following us는 '우리를 계속 따라오는 것'이라는 뜻이다.
* **진행형 to 부정사는 계속되는 동작을 나타낸다.**

③ 완료형 to 부정사

예문 He seems to have earned a lot of money in the 1990's.
그는 1990년대에 많은 돈을 벌었던 것처럼 보인다.

해설
* 예문에서 to have earned는 보어다. seems 뒤에 왔기 때문이다.
* 예문에서 to have earned는 '돈을 벌었던 것'이라는 뜻이다.
* 완료형 to 부정사는 동사보다 한 단계 먼저 발생한 일을 나타낸다.
* **즉, 완료형은 동사가 현재이면 과거를, 과거이면 대과거를 가리킨다.**
* 그래서 과거형이라고 부르지 못하고 완료형이라고 부른다.

④ 완료 진행형 to 부정사

예문 He seems to have been spying for North Korea in the 1980's.
그는 1980년대에 북한을 위해 계속 간첩행위를 했던 것처럼 보인다.

해설
* 예문에서 to have been spying은 보어다. seems 뒤에 왔기 때문이다.
* to have been spying은 '계속 스파이 행위를 했던 것'이다.
* **완료진행형 to 부정사는 동사보다 먼저 계속되었던 일을 나타낸다.**
* 동사가 현재이면 이 to 부정사는 과거에 계속된 동작을 나타낸다.
* 동사가 과거이면 이 to 부정사는 그 전에 계속된 동작을 나타낸다.

⑤ 수동태 단순형 to부정사

예문 The house seems to be deserted. 그 집은 버려진 것처럼 보인다.

해설
* 예문에서 to be deserted은 보어다. seems 뒤에 왔기 때문이다.
* to be deserted은 '버려진 것'이라는 뜻이다.
* **수동태 단순형 to 부정사도 동사와 같은 시간대의 일을 나타낸다.**
* be deserted은 수동태 원형이므로 to be deserted은 수동태 to 부정사다.

⑥ 수동태 완료형 to 부정사

예문 The car seems to have been stolen. 그 차가 도난 당했던 것처럼 보인다.

해설
* 예문에서 to have been stolen은 보어다. seems 뒤에 왔기 때문이다.
* to have been stolen은 '도난 당했던 것'이라는 뜻이다.
* **완료형 to 부정사는 동사보다 한 단계 먼저 발생한 일을 나타낸다.**
* have been stolen은 수동태 완료형이다.
* 따라서 to have been stolen은 수동태 완료형 to 부정사다.
* 이 to 부정사는 동사가 현재이면 과거, 과거이면 대과거의 동작을 나타낸다.

Notes

(3) 목적어

예문 1 He declined to pay the bill. 그는 그 대금을 지불하는 것을 거절했다.

해설
* to 부정사는 목적어의 역할을 한다. 예문에서 to pay the bill은 목적어다.
* 이 to 부정사가 타동사 decline 뒤에 왔기 때문이다.
* 다음 box 안의 20개 타동사 뒤에는 to 부정사를 목적어로 쓸 수 있다.

 to 부정사를 목적어로 쓸 수 있는 동사?

① afford ('부담하다'): I can't afford to buy a new car.
② ask ('요청하다'): They asked to push the car.
③ care('좋아하다'): Would you care to have some more?
④ expect ('기대하다'): I expect to pass the exam.
⑤ decline('거절하다'): He declined to pay the bill.
⑥ fail ('실패하다'): He failed to pass the exam.
⑦ help ('도와주다'): He helped to push the car.
⑧ learn ('배우다'): When did you learn to swim?
⑨ need ('필요로 하다'): I need to help her.
⑩ plan ('계획하다'): She plans to study overseas.
⑪ wish ('소망하다'): She wishes to be alone.
⑫ want ('원하다'): I want to meet him.
⑬ tend ('경향이 있다'): It tends to rain a lot in June.
⑭ would like ('원하다'): I would like to see it.
⑮ would prefer ('선호하다'): We would prefer to read.
⑯ manage ('해내다'): They managed to find us.
⑰ mean ('의도하다'): I didn't mean to offend you.
⑱ bother ('성가시게 ~하다'): Don't bother to call me.
⑲ happen ('우연히 ~하다'): I just happened to see it.
⑳ come/get ('~하게 되다'): You will come to regret it.

예문 2 He declined paying the bill. (×)
그는 그 대금을 지불하는 것을 거절했다.

해설
* 위 box 안의 20개 동사 뒤에는 동명사(paying)를 목적어로 쓸 수 없다.
* **원어민들은 이 동사들 뒤에 있는 ~ing는 현재분사로 여기기 때문이다.**
* 따라서 예문은 타동사 decline 뒤에 목적어가 없는 문장이 되고 만다.
* 타동사 decline 뒤에는 동명사가 아니라 to 부정사를 목적어로 써야 한다.
  He declined to pay the bill. (O)
* box 안의 동사들 중 특히 (16)번부터 (20)까지의 동사들의 뜻에 주목하라.
* **이 동사들은 to 부정사 앞에서는 특별한 뜻을 나타내기 때문이다.**
* 예를 들면, come은 보통 '오다'이지만 to 부정사 앞에서는 '~하게 되다'이다.

(4) 간접목적어 뒤에서 직접목적어

예문 1 She asked me to meet the director.
그녀는 내게 그 이사를 만날 것을 요청했다.

해설
* to 부정사는 명사/대명사 간접목적어 뒤에서 직접목적어의 역할도 한다.
* 예문에서 to meet the director는 간접목적어 me 뒤에서 직접목적어다.
* 다음 장의 19개 동사 뒤에서 to 부정사가 이런 직접목적어의 역할을 한다.
* ask somebody to do는 '~에게 ~하도록 요구하다'라는 뜻이다.
* ask somebody ~ing가 아니다. 즉, 이런 경우 동명사가 아니라 to 부정사를 쓴다.

예문 2 I advised her to come back soon.
나는 그녀에게 곧 돌아올 것을 권고했다.

해설
* 예문에서 her는 간접목적어, to come back soon은 직접목적어다.
* 따라서 예문에서 to come back soon은 '곧 돌아오는 것'이라는 뜻이다.
* 동사 advise도 다음 box 안에 있으므로 이런 구문으로 쓸 수 있다.

예문 3 I suggested her to leave immediately. (✗)
나는 그녀에게 즉시 떠날 것을 제안했다.

해설
* suggest는 다음 box 안에 없기 때문에 이런 pattern으로 쓸 수 없다.
* 즉, suggest somebody to do의 구조로 쓸 수 없다.
* suggest 뒤에는 명사절을 쓴다. 그리고 명사절에 원형동사를 쓰면 된다.
  I suggested that she leave immediately.
  "나는 그녀가 즉시 떠날 것을 제안했다."

예문 4 Passengers are advised to book early.
승객들은 일찍 예약하도록 권유된다.

해설
* 이 box 안의 동사들은 예문처럼 수동태(are advised)로도 많이 쓴다.
* 이 동사들이 수동태가 되면 동사 바로 뒤에 to 부정사(to book)가 온다.
* 예문에서 are advised to book early는 '일찍 예약하도록 권유되다'이다.
* **이 동사들을 수동태로 쓰면 상대방에게 좀 더 공손하게 들린다.**
  We advise passengers to book early. (능동태 문장)
  "우리는 승객들에게 일찍 예약하도록 권유한다."
  Passengers are advised to book early. (수동태 문장)
  "승객들은 일찍 예약하도록 권유됩니다."
* 능동태 문장은 승객들에게 명령하는 것처럼 들린다.
* **그래서 이 동사들은 수동태 문장에 많이 쓰인다.**

Notes

심층해설 | **to 부정사를 간접목적어 뒤의 직접목적어로 쓰는 동사?**

① ask ('요청하다'): She asked me to meet the director.
② advise ('충고하다'): I advised her to come back soon.
③ cause ('야기시키다'): Floods cause food prices to rise.
④ help ('도와주다'): He helped us to push the car.
⑤ expect ('기대하다'): I expect him to pass the exam.
⑥ would like ('원하다'): I would like you to meet him.
⑦ would prefer ('선호하다'): I'd prefer you to do it now.
⑧ want ('원하다'): I want you to meet him.
⑨ need ('필요로 하다'): I need you to help her.
⑩ encourage ('격려하다'): I encouraged him to try again.
⑪ force ('강요하다'): We didn't force him to sign the paper.
⑫ enable ('가능케 하다'): It enabled us to win the race.
⑬ persuade ('설득하다'): I persuaded him to accept it.
⑭ permit ('허가하다'): Who would permit you to kill dogs?
⑮ allow ('허락하다'): Allow me to present my wife to you.
⑯ forbid ('금지하다'): We forbid them to smoke in the hall.
⑰ prefer ('선호하다'): She prefers them to be home early.
⑱ remind ('상기시키다'): She reminded me to attend it.
⑲ tell ('지시하다'): Tell him to wait.

예문 5 I encouraged him <u>trying</u> again. (✕)

나는 그에게 다시 시도하도록 격려했다.

해 설
* 동사 encourage는 위 box 안에 있다.
* 따라서 encourage 뒤에 목적어+to 부정사다.
* 예문에서 to 부정사 대신에 동명사 trying을 썼기 때문에 틀렸다.
  I encouraged him <u>to try</u> again. (O)
  "나는 그에게 다시 시도하도록 격려했다."

(5) to 부정사 대신에 원형동사를 쓸 수 있는 경우

① 동사 help 뒤에서

예 문 They helped (to) push the car.

그들은 그 차 미는 것을 도와주었다.

They helped us (to) push the car.

그들은 우리가 그 차 미는 것을 도왔다.

해 설
* 동사 help 뒤에서는 to 부정사의 to를 생략하고 원형동사를 쓸 수 있다.
* 따라서 예문에서 to push 대신에 push라고 할 수 있다.
* 동사 help를 많이 쓰기 때문에 help에게 이런 특혜를 주었다.

② what이 이끄는 명사절 뒤의 보어가 to 부정사인 경우

예문) What she does is (to) try to protect the forests.
그녀가 하는 일은 그 숲을 보호하는 것이다.

해설)
* what 명사절이 주어이고 to 부정사가 보어이면 to를 생략할 수 있다.
* 즉, 예문에서 보어 to try to protect the forests의 to를 생략할 수 있다.
* 단, what 명사절 안에 쓰인 동사가 do/does/did 등 do 동사라야 한다.
* 이는 문장구조에 있어서 대단히 중요한 규칙이다.
* be 동사(is) 바로 뒤에 원형동사(try)가 오게 되기 때문이다.

③ 대명사 all 뒤에서 보어가 to 부정사인 경우

예문) All you do is just (to) watch TV.
네가 하는 일은 TV를 보는 것 뿐이다.

해설)
* 예문의 주어는 대명사 all이고 보어는 to 부정사다.
* 이런 경우 to 부정사의 to를 생략할 수 있다.
* 그래서 예문에서 to watch TV의 to를 생략해서 watch TV라고 할 수 있다.
* 단, 주어 all 뒤에 do 동사가 들어있는 관계절(you do)이 있어야 한다.
* 예문의 you do는 관계절 that you do에서 관계대명사가 생략된 것이다.

2 형용사 역할

심층해설 to 부정사의 형용사 역할?
① to 부정사는 다음 일부 경우에 형용사의 역할을 한다.
② to 부정사가 형용사 역할을 하면 '~하는'이라는 뜻이다.

(1) 최상급, 서수, only, next, last 뒤에서

① 최상급

예문) He is the youngest athlete to win an Olympic gold medal.
그는 올림픽 금메달을 딴 가장 나이 어린 선수다.

해설)
* 최상급(the youngest athlete) 뒤에 있는 to 부정사(to win)는 형용사다.
* 예문에서 to win an Olympic gold medal은 '올림픽 금메달을 딴'이다.
* 이 to 부정사구는 그 앞에 있는 명사 athlete를 수식한다.
* 명사 athlete 앞에 최상급 the youngest가 있기 때문이다.

Notes

웬 특혜?
① 이 구문은 문장의 동사를 강조할 때 자주 쓰는 구문이다.
She tries to protect the forests.
→ What she does is (to) try to…
② 자주 쓰는 구문이기 때문에 이런 특혜를 인정했다.

이건 또 웬 특혜?
① 이 구문도 문장의 동사를 강조할 때 자주 쓰는 구문이다.
You just watch TV.
→ All you do is just (to) watch TV.
② 자주 쓰는 구문이기 때문에 이런 특혜를 인정했다.

Notes

② 서수

예문 Be the first to know. 아는 첫 번째 사람이 되라. 〈CNN 광고문구〉

해설
* 서수(first) 뒤에 있는 to 부정사(to know)도 형용사다.
* 예문에서 the first to know는 '아는 첫 번째 사람'이라는 뜻이다.
* 즉, to know가 the first (person)를 수식한다.
* 예문의 to know 뒤에 what's happening around the world가 생략되었다.

③ only

예문 She is the only woman ever to have climbed Everest in winter. 그녀는 한번이라도 겨울에 에베레스트를 등반해 본 유일한 여성이다.

해설
* only 뒤에 있는 to 부정사(to have climbed)도 형용사다.
* 예문에서 to have climbed Everest…는 the only woman을 수식한다.
* 즉, 예문에서 to have climbed는 '등반했던'이라는 뜻이다.
* to have climbed는 완료형 to 부정사이므로 동사시제보다 앞선 동작을 나타낸다.

④ next/last

예문 The next to speak was Mr. Kim. 다음에 연설할 사람은 Mr. Kim이었다.
The last to speak was Mr. Lee. 마지막에 연설한 사람은 Mr. Lee이었다.

해설
* next/last 뒤에 있는 to 부정사(to speak)도 형용사다.
* 예문에서 to speak은 그 앞에 있는 the next/last (person)를 수식한다.
* 즉, to speak은 첫 예문에서 '연설할', 둘째 예문에서 '연설한'이다.

(2) 수식되지 않은 명사 뒤에서

예문 1 I have got letters to write. 나는 써야 할 편지들을 가지고 있다.

해설
* 수식되지 않은 명사 뒤에서도 to 부정사가 형용사의 역할을 한다.
* 단, 이런 경우에 to 부정사는 주로 의무를 나타낸다고 보는 것이 좋다.
* 예문에서 to write은 letters를 꾸미는 형용사로 '써야 할'이라는 뜻이다.

예문 2 The carpets to be cleaned are in the garage.
세탁되어야 할 양탄자들이 차고에 있다.

해설
* 명사 carpets 뒤에 있는 to be cleaned도 명사 the carpets를 수식한다.
* 따라서 예문에서 to be cleaned는 '세탁 되어야 할'이라는 뜻이다.
* to be cleaned는 수동태 단순형 to 부정사다.

(3) 부정(不定) 대명사 뒤에서

예문 1 Would you like something to drink? 당신은 마실 것을 원하세요?

해 설
* to 부정사는 something 등 부정대명사 뒤에서도 형용사의 역할을 한다.
* 예문에서 to drink는 그 앞에 있는 부정대명사 something을 수식한다.
* 따라서 something to drink은 '마실 것'이라는 뜻이다.

예문 2 Do you have anything to add? 당신은 추가할 얘기가 있나요?

해 설
* anything 뒤에 있는 to 부정사 to add는 anything을 수식한다.
* 따라서 anything to add은 '추가할 것'이라는 뜻이다.

3 부사 역할

Key Point 부사 역할
to 부정사는 목적/이유/결과/조건을 나타낸다.

(1) 목적

예문 He went to Canada to study English.
그는 영어를 공부하기 위하여 캐나다로 갔다.

해 설
* to 부정사는 '~하기 위하여'라는 뜻을 나타낸다.
* 예문에서 to study English는 '영어를 공부하기 위하여'라는 뜻이다.
* to study 대신에 in order to study 또는 so as to study를 쓸 수 있다.

(2) 이유

예문 I am glad to meet you again. 나는 당신을 다시 만나게 되어 반갑다.

해 설
* 감정 형용사 뒤에 있는 to 부정사는 이유를 나타낸다.
* 예문에서 glad 뒤에 있는 to meet은 '만나게 되어서'라는 뜻이다.

심층해설 감정 형용사 뒤에 that 절?
① 감정형용사 뒤에 있는 that 절도 이유를 나타낸다.
  I am glad that you could come.
  나는 네가 올 수 있어서 반갑다.
② 양쪽 주어가 같으면 to 부정사, 다르면 that절을 쓴다.
  I am glad to meet you again.
  I am glad that you could come.

> **Notes**

> **감정 형용사**
> glad 반가운 pleased 기쁜
> happy 행복한 sad 슬픈
> sorry 가슴 아픈/미안한
> disappointed 실망한
> surprised 놀란
> shocked 충격을 받은

Notes

(3) 결과

예문 She finally got to his place, only to discover that he was away. 그녀가 결국 그의 집에 도착했지만 그가 없다는 사실만 알게 되었다.

해설
* comma 뒤에 있는 only+to 부정사는 실망스러운 '결과'를 나타낸다.
* 예문에서 only to discover…는 '그러나 ~을 알게 되었을 뿐이다'이다.
* 이 comma는 앞 부분을 먼저 해석하라는 표시다.

(4) 조건

예문 To be honest, I'm not satisfied with your work. 솔직히 말씀 드리자면 나는 당신의 일 처리에 만족하지 못한다.

해설
* 문장 맨 앞에 있는 다음 세가지 to 부정사구는 '조건'을 나타낸다.
  To be honest (with you) '(당신에게) 솔직히 말하자면'
  To tell you the truth '당신에게 진실을 말하자면'
  To cut a long story short '긴 이야기를 짧게 줄이자면'
* 이 to 부정사구들을 의미상 관점부사로 분류하기도 한다.

▶ 맺음말

✓ 완료형 to 부정사는 동사보다 한 단계 먼저 발생한 일을 나타낸다. 즉, 동사가 현재이면 과거에 발생한 일, 동사가 과거이면 대과거에 발생한 일을 나타낸다. **완료진행형 to 부정사는 동사보다 한 단계 먼저 계속해서 발생했던 일을 나타낸다.** 즉, 동사가 현재이면 과거에 계속되었던 일, 동사가 과거이면 대과거에 계속해서 발생했던 일을 나타낸다.

✓ **6가지 종류의 to 부정사가 모두 사용되는 경우는 보어일 때다.** be 동사나 seem/appear/remain과 같은 불완전자동사 뒤에 나오는 to 부정사는 보어다. 타동사 뒤에 to 부정사를 목적어로 쓰느냐, 동명사를 목적어로 쓰느냐는 미리 외우지 않으면 해결할 수 없는 문제다. 동명사를 목적어로 쓰는 타동사를 챙기는 것이 쉽다. to 부정사를 목적어로 쓰는 동사는 20개, 동명사를 목적어로 쓰는 동사는 14개이기 때문이다. 그러나 to 부정사를 목적어로 쓰는 경우도 잘 익혀두면 빠르게 문장을 해석하는 데에 큰 도움이 된다. to 부정사의 역할이 3가지이기 때문이다.

✓ 예를 들면, 'encourage somebody to do'는 '~가 ~하도록 격려하다'라는 뜻이다. 이 때 somebody는 간접목적어, to 부정사는 직접목적어다. **간접목적어 뒤에서 직접목적어의 역할을 하는 것은 동명사가 아니라 to 부정사다.** 그리고 이렇게 쓰는 19개 동사를 챙겨야 한다. 특히 회사에서는 이 동사들을 수동태로 많이 쓴다. 예를 들면, "All marketing staff are encouraged to report to work on Saturday"에서 encourage는 수동태로 쓰였고 바로 그 뒤에 to 부정사가 왔다. are encouraged to do는 '~하도록 격려 된다'라는 뜻인데 사실은 그렇게 하도록 강력하게 권고한다는 의미다.

✓ to 부정사가 형용사 역할을 하는 경우는 많지 않다. 이런 경우를 철저하게 외우면, to 부정사에 대한 부담을 크게 줄일 수 있다. to 부정사가 형용사가 아니면, 명사/부사이기 때문이다. 예를 들면, **최상급 형용사가 붙어있는 명사 뒤에 있는 to 부정사는 형용사다.**

✓ **부사역할을 하는 to 부정사는 주로 목적을 나타낸다.** 그러나 감정형용사 뒤에 있는 to 부정사는 이유를 나타낸다. 절 뒤에 comma가 있고, 그 뒤에 only + to 부정사가 오면 to 부정사는 실망스러운 '결과'를 나타낸다. 문장 앞에 오는 To be honest, To tell you the truth, To cut a long story short은 조건을 나타낸다. 또는 이 phrase들을 의미상 관점부사로 분류할 수도 있다.

Section 26   동명사 (Gerunds)

> Notes

핵심강의

□ 동명사에는 4가지 종류(능동태 단순형과 완료형, 수동태 단순형과 완료형)가 있다. **능동태 단순형은 동사 끝에 ~ing를 붙인 것이고, 완료형은 having p.p.다. 수동태 단순형은 being p.p.이고 완료형은 having been p.p.다.**

□ 동명사는 명사처럼 주어/보어/목적어의 역할을 한다. **avoid 등 14개 타동사 뒤에서는 to 부정사를 목적어로 쓸 수 없고 동명사를 목적어로 써야 한다.**

□ 예를 들면, look forward to 뒤에 원형동사가 아니라 동명사를 놓는다. 이 때 to는 전치사이기 때문이다. object to와 be used to에서도 to는 전치사다. 그 뒤에 원형동사가 아니라 동명사를 놓는다.

□ 5개 동사(forget, regret, remember, try, stop) 뒤에는 동명사나 to 부정사를 놓을 수 있지만, **동명사와 to 부정사의 뜻이 달라진다.** 8개 동사(like, love, hate, begin, start, continue, propose) 뒤에는 동명사나 to 부정사를 아무 의미상의 차이 없이 쓸 수 있다.

□ 명사와 동명사는 다르다. **명사는 결과 동명사는 동작을 나타내기 때문이다. 또한 동명사는 '~하는 것'이기 때문에 바로 그 뒤에 목적어를 놓는다.** 예를 들면, developing a new product라고 한다. **developing of a new product가 아니다.** 단, 동명사와 명사 양쪽으로 쓰는 ~ing도 있다. opening, meeting, building, beginning, smoking 등이다. 이 단어들은 동명사일 때는 of가 없고, 명사일 때는 of가 있다. 명사일 때는 이 ~ing 앞에 the도 붙인다. 예를 들면, opening of a garden은 틀렸다. opening a garden 또는 the opening of a garden이다. **전자에서 opening은 동명사, 후자에서 opening은 명사다.**

□ **4가지 경우에 동명사를 진주어로 사용한다.** 그리고 주어가 동작의 대상일 때에는 for+동명사로 목적을 나타낸다. 동명사 앞에 소유격을 놓는 것이 원칙이지만, 회화에서는 명사인 경우 주로 목적격을 놓는다. **형용사 worth 뒤에 있는 동명사는 worth를 보완 설명한다.** worthwhile 뒤에 있는 to 부정사나 동명사는 진주어다. worthy 뒤에 있는 of+명사는 worthy를 보완 설명한다.

1 형태

> **Key Point** 동명사의 형태?
> ① 동명사에는 능동태/수동태에 단순형과 완료형이 있다.
> ② to 부정사에는 진행형이 있지만 동명사에는 없다.
> ③ 동명사 자체에 진행의 뜻이 들어있기 때문이다.

1 능동태 동명사

(1) 단순형: 원형동사의 끝에 ~ing를 붙인 것 (writing)

예문 I have just finished writing the report.
나는 방금 그 보고서 작성을 마쳤다.

해설 * 능동태 단순형 동명사(writing)는 동사와 같은 시간대에 발생한 동작을 뜻한다.
* 예문에서 writing은 '쓰는 것'이라는 뜻이다.

(2) 완료형: having+과거분사 (having written)

예문 He was accused of having written a false report.
그는 허위보고서를 작성한 것으로 고발되었다.

해설 * 능동태 완료형 동명사(having written)는 동사보다 먼저 발생한 동작을 나타낸다.
* 예문에서 having written은 '썼던 것'이라는 뜻이다.

2 수동태 동명사

(1) 단순형: being+과거분사 (being written)

예문 The actress does not mind being written about her scandals.
그 여배우는 자기 스캔들에 대해서 쓰여지는 것을 개의치 않는다.

해설 * 수동태 단순형 동명사(being written)는 동사와 같은 시간대에 발생한 동작을 뜻한다.
* 예문에서 being written은 '쓰여지는 것'이라는 뜻이다.

(2) 완료형: having been+과거분사 (having been written)

예문 He's not happy about having been written so much about his defeat.
그는 자신의 패배에 대해서 그렇게도 많이 쓰여졌던 것에 대해서 기분이 좋지 않다.

해설 * 수동태 완료형 동명사(having been written)는 동사보다 먼저 발생한 일을 나타낸다.
* 예문에서 having been written은 '쓰여졌던 것'이라는 뜻이다.

Notes

~ing가 동명사? 현재분사?
① '~하는 것'이면 동명사다.
② '~하는'이면 현재분사다.
③ ~ing가 분사구를 이끌 때도 현재분사다.

having p.p.가 동명사? 현재분사?
① 전치사 뒤에 있으면 완료형 동명사다.
② 분사구를 이끌고 있으면 완료형 현재분사다.

being p.p.가 동명사? 과거분사?
① '~되는 것'이면 수동태 단순형 동명사다.
② '~되고 있는'이면 진행형 과거분사다.
③ 분사구를 이끌고 있으면 진행형 과거분사다.

having been p.p.가 동명사? 과거분사?
① 전치사 뒤에 있으면 수동태 완료형 동명사다.
② 분사구를 이끌고 있으면 완료형 과거분사다.

> Notes

2 역할

1 주어

예문 Smoking cigarettes is bad for your health.
흡연은 당신의 건강에 나쁘다.

해설
* 동명사는 문장 안에서 주어역할을 한다.
* 예문에서 동명사 smoking('흡연')이 주어다.

> **심층해설 · 동명사 주어와 to 부정사 주어?**
>
> ① 동명사 주어는 일반적인 행동에 쓴다.
>   Smoking is bad for your health.
>   "흡연은 당신 건강에 나쁘다."
> ② to 부정사 주어는 구체적인 행동에 쓴다.
>   It is not allowed to smoke in the garden.
>   "그 정원에서 흡연하는 것은 허용되지 않는다."
> ③ to 부정사가 주어일 때는 바로 위 예문처럼 주로 가주어를 쓴다.

2 보어

예문 Her hobby is reading poetry. 그녀의 취미는 시를 읽는 것이다.

해설
* 동명사는 보어가 될 수 있다.
* 예문에서 동명사 reading('읽는 것')이 보어다.

3 목적어

(1) 전치사의 목적어

예문 He was indicted of having received bribes.
그는 뇌물수수에 대해서 기소 당했다.

해설
* 동명사는 전치사의 목적어가 될 수 있다.
* 예문에서 동명사 having received('받았던 것')가 전치사 of의 목적어다.
* to 부정사는 전치사의 목적어가 될 수 없다.
  He was indicted of <u>to have received</u> bribes. (✗)
* 전치사 to 때문이다. 전치사 to 뒤에 to 부정사를 놓으면 to가 연속으로 나온다.
  I am looking forward to <u>to receive</u> your reply as soon as possible. (✗)
  I am looking forward to <u>receiving</u> your reply as soon as possible. (○)

(2) 타동사의 목적어

예문 I am considering buying a new car.

나는 새 차 사는 것을 고려 중이다.

해설
* 동명사는 다음 box 안의 14개 타동사 뒤에서 목적어가 될 수 있다.
* 예문에서 타동사 consider 뒤에서 동명사 buying('사는 것')이 목적어다.
* 다음 box 안의 14개 동사 뒤에는 to 부정사를 목적어로 쓸 수 없다.
  I am considering to buy a new car. (✗)
* 이 14개 동사 뒤에 있는 to 부정사는 '~하기 위하여'라는 뜻이다.
* 이 14개 동사 뒤에 to 부정사를 쓰면 동사의 목적어로 생각해주지 않는다.
* 우리말에 없는 구별이다. 따라서 이 14개 동사들을 잘 알고 있어야 한다.

심층해설 동명사를 목적어로 쓰는 타동사?

① advise ('충고하다'): I wouldn't advise taking the car.
② allow ('허용하다'): We allow smoking in the garden.
③ avoid ('피하다'): He tried to avoid offending either side.
④ consider ('고려하다'): I'm considering buying a new car.
⑤ enjoy ('즐기다'): She enjoys playing tennis.
⑥ finish ('마치다'): I have finished writing the report.
⑦ mind ('꺼려하다'): Would you mind opening the window?
⑧ miss ('그리워하다'): I miss living in the mountains.
⑨ quit ('그만두다'): I quit smoking last year.
⑩ recommend ('권고하다'): She recommends meeting him.
⑪ stop ('멈추다'): Stop talking.
⑫ suggest ('제안하다'): I suggested taking them to the zoo.
⑬ forbid ('금지하다'): They forbid smoking in garden.
⑭ permit ('허가하다'): Who would permit killing dogs?

Notes

consider 뒤에 있는 to 부정사?

❶ consider 뒤에 있는 to 부정사는 '~하기 위하여'라는 뜻이다.
I am considering saving more money to buy a car.
"차 구입을 위해 더 많은 돈을 절약하는 것을 고려 중이다."

❷ 예문에서 saving은 목적어, to buy~는 '사기 위하여'이다.

| Notes |

3 to 다음에 동명사를 놓는 경우

1 look forward to

예문 I am looking forward to meeting her.

나는 그녀를 만나기를 학수고대하고 있다.

해설
* look forward to 뒤에 동명사 ~ing를 놓는다. to가 전치사이기 때문이다.
* 즉, 이 때 동명사 ~ing는 구동사 look forward to의 목적어다.
* look forward to의 to는 전치사. 따라서 그 뒤에 원형동사를 놓을 수 없다.
  I am looking forward to meet her. (✗)
* look forward는 '학수고대하다'가 아니라. **'앞으로 보다'** 이다.
* look forward to라야 **'학수고대하다'** 이다. 이는 세단어로 이루어진 구동사다.

2 object to

예문 Do you object to working on Sundays?

당신은 일요일에 근무하는 것을 반대하나?

해설
* object to 뒤에도 동명사 ~ing를 놓는다. to가 전치사이기 때문이다.
* 전치사 뒤에 원형동사를 놓을 수 없다.
* **object to는 동사+전치사로 이루어진 구동사다.**
* 그 뒤에 원형동사를 놓을 수 없다: Do you object to work on Sundays? (✗)
* 동사 oppose('반대하다') 뒤에는 바로 목적어가 온다. 타동사이기 때문이다.
* **object라는 동사는 없다. object to라야 동사가 된다.** 이 때 to는 전치사다.

3 be used to

예문 I am used to standing in line. 나는 줄 서는 일에 익숙해져 있다.

해설
* be used to('~에 익숙해져 있다') 뒤에도 동명사 ~ing를 놓는다.
* be used to의 to가 전치사이기 때문이다.
* be used to 뒤에 원형동사를 놓을 수 없다: I am used to stand in line. (✗)
* 전치사 바로 뒤에 원형동사를 놓는 오류를 범하게 되기 때문이다.
* get/become used to('~에 익숙해지다') 뒤에도 동명사를 놓는다.
  You will soon get/become used to standing in line.
* 이 때에도 to가 전치사이기 때문이다.
* 조동사 used to('~하곤 했었다') 뒤에는 원형동사를 놓는다.
  I used to stand in line. "나는 줄을 서곤 했었다."
* used to는 조동사이기 때문에 그 뒤에 원형동사를 놓는 것이 당연하다.

4 동명사와 to 부정사 둘 다 쓸 수 있는 경우

> **Key Point** 두 가지 경우?
> ① 동명사와 to 부정사의 뜻이 달라지는 경우
> ② 동명사와 to 부정사의 뜻이 같은 경우

1 동명사와 to 부정사의 뜻이 달라지는 경우

(1) forget

예문 I will never forget meeting her. 나는 그녀를 만났던 것을 잊지 않겠다.
I will never forget to meet her. 나는 그녀를 만날 것을 잊지 않겠다.

해설
* forget 뒤의 동명사는 동사보다 한 단계 먼저 발생한 일을 나타낸다.
* 따라서 예문에서 forget 뒤의 meeting은 '만났던 것'이라는 뜻이다.
* forget 뒤의 to부정사는 동사보다 후에 발생할 일을 나타낸다.
* 따라서 예문에서 forget 뒤의 to meet은 '만날 것'이라는 뜻이다.
* forget이라는 동사를 많이 쓰기 때문에 이런 편리한 규칙을 만들었다.

(2) regret

예문 I regret leaving school at 14.
나는 14살에 학교를 중퇴한 것이 후회 된다.
I regret to leave school at this stage.
나는 이 단계에서 중퇴할 것이 가슴 아프다.

해설
* regret 뒤의 동명사는 동사보다 한 단계 먼저 발생한 일을 나타낸다.
* 따라서 예문에서 regret 뒤의 leaving은 '떠났던 것'이라는 뜻이다.
* regret 뒤의 to 부정사는 동사보다 후에 발생할 일을 나타낸다.
* 따라서 예문에서 regret 뒤의 to leave는 '떠날 것'이라는 뜻이다.

(3) remember

예문 I remembered reading about it.
나는 그것에 대해서 읽었던 것을 기억해냈다.)
I remembered to read about it.
나는 그것에 대해 읽을 것을 기억해 냈다.

해설
* remember 뒤의 동명사는 동사보다 한 단계 먼저 발생한 일을 나타낸다.
* 따라서 예문에서 remember 뒤의 동명사 reading은 '읽었던 것'이다.
* remember 뒤의 to 부정사는 동사보다 후에 발생할 일을 나타낸다.
* 따라서 예문에서 remember 뒤의 to read는 '읽을 것'이라는 뜻이다.

> Notes

(4) try

예문
They tried living in Arizona.
그들은 애리조나에서 시험 삼아 살아보았다.
They tried to live in Arizona.
그들은 애리조나에서 살아보려고 시도했다.

해설
* try+동명사는 '시험 삼아 해보다'라는 뜻이다.
* try+to 부정사는 '~을 하려고 시도하다'라는 뜻이다.
* 첫 예문에서 그들은 애리조나에서 살았고, 둘째 예문에서는 살지 않았다.
* 일반적으로 try의 목적어는 to 부정사다. '~하려고 시도하다'라는 뜻이다.
* 단, '시험 삼아 ~해보다'라는 뜻일 때에는 try ~ing다.

(5) stop

예문
I stopped talking. 나는 얘기하는 것을 멈추었다.
I stopped to get gas. 나는 휘발유를 사기 위하여 멈추었다.

해설
* stop+동명사는 '~하는 것을 멈추다'라는 뜻이다. ~ing가 목적어다.
* stop은 동명사를 목적어로 써야 하는 14개 동사들 중 하나다.
* 따라서 stop+to 부정사는 '~하는 것을 멈추다'라는 뜻이 아니다.
* **stop+to 부정사는 '~하기 위하여 (차를/걷기를) 멈추다'라는 뜻이다.**
* 즉, stop 뒤의 동명사 목적어 walking/driving을 생략한 경우다.
* 둘째 예문에서 to get gas('휘발유를 사기 위해')는 stop의 목적어가 아니다.
* to 부정사는 동사 stop의 목적어가 될 수 없기 때문이다.
* 따라서 stop 뒤의 to 부정사는 해석을 한 다음에 맞는지를 판단해야 한다.

(6) go on

예문
He went on talking for hours.
그는 여러 시간 동안 계속 이야기했다.
He went on to say that he will never return.
그는 이어서 결코 돌아오지 않겠다고 말했다.

해설
* **go on ~ing는 '~을 계속하다'라는 뜻이다. 즉, keep on ~ing와 같다.**
* go on talking은 '계속 이야기하다'이다.
* go on to do도 있다. 뜻이 다르다. '이어서 ~하다'라는 뜻이다.
* 따라서 두 번째 예문의 went on to say는 '이어서 ~라고 말했다'이다.
* 즉, A라는 얘기를 한 다음에 이어서 B라는 얘기를 했다는 뜻이다.
* 이는 신문/잡지 기사에서 많이 쓰는 표현이다.

2 동명사와 to 부정사의 뜻이 같은 경우

(1) like, love, hate

예문) I like/love/hate reading/to read mystery novels.
나는 추리소설 읽는 것을 좋아한다/싫어한다.

해설) * 동사 like/love/hate 뒤에는 동명사 또는 to 부정사를 목적어로 쓸 수 있다.
* 이 때 동명사와 to 부정사 사이에는 아무런 의미상의 차이도 없다.

(2) begin, start

예문) She began weeping/to weep. 그녀는 울기 시작했다.

해설) * begin/start 뒤에도 동명사 또는 to 부정사를 목적어로 쓸 수 있다.
* 단, begin/start 자체가 진행형일 때는 주로 to 부정사를 목적어로 쓴다.
Look. It's beginning to snow. "보라. 눈이 오기 시작하고 있다."
* 동명사를 쓰면 ~ing가 연속으로 나오게 되기 때문이다. 소리가 좋지 않다.
It's beginning snowing. (✕)

(3) prefer

예문) I prefer getting/to get up early in the morning.
나는 아침에 일찍 일어나는 것을 선호한다.

해설) * 동사 prefer 뒤에도 동명사 또는 to 부정사를 목적어로 쓸 수 있다.
* prefer는 '(늘) 선호하다'이다. would prefer는 '(지금) 선호하다'이다.
* would prefer 뒤에는 to 부정사만 쓴다.
I'd prefer to get up early tomorrow morning. "내일 아침 일찍 일어났으면 한다."

(4) continue

예문) We will continue helping/to help them.
우리는 계속해서 그들을 돕겠다.

해설) * 동사 continue 뒤에도 동명사 또는 to 부정사를 목적어로 쓸 수 있다.
* 단, continue 뒤에 to 부정사를 목적어로 쓰는 것이 일반적이다.

(5) propose

예문) They proposed taking/to take a rest.
그들은 휴식을 취할 것을 제안했다.

해설) * 동사 propose 뒤에도 동명사 또는 to 부정사를 목적어로 쓸 수 있다.
* 같은 뜻의 suggest 뒤에는 to 부정사를 목적어로 쓸 수 없다. 동명사를 쓴다.

Notes

would like 뒤에는?

❶ would like 뒤에는 동명사를 쓸 수 없다. to 부정사를 쓴다.
I would like to read a mystery novel.
"나는 추리소설을 읽고 싶다."

❷ would love/hate/prefer 뒤에도 to 부정사를 목적어로 쓴다.

❸ 이 조동사들은 '(지금) 원한다' / '(지금) 원하지 않는다'이다.

| Notes |

5 명사와 동명사

1 명사와 동명사는 뜻이 다르다.

예시 the rapid economic development of the country
그 나라의 급속한 경제발전
developing a new product 신제품을 개발하기

해설
* 명사는 결과에 초점을 맞추고, 동명사는 동작에 초점을 맞춘다.
* 예를 들면, development는 '발전'이고 동명사 developing은 '발전시키기'이다.
* 따라서 명사를 써야 할 곳에 동명사를 쓸 수 없다. 뜻이 다르기 때문이다.
  the rapid economic <u>developing</u> of the country (✗)
  the rapid economic <u>development</u> of the country (○)
* '급속한 경제발전'이기 때문에 '발전'이라는 뜻의 명사 development가 맞다.
* 정관사 뒤에는 명사(development)를 쓴다고 생각해도 결과는 같다.

2 동명사 뒤에는 of를 쓰지 못한다.

예시 developing of a new product (✗)

해설
* 동명사 뒤에는 of를 쓰지 못한다.
  developing of a new product (✗)   developing a new product (○)
* '신제품의 개발하기'가 아니라 '신제품을 개발하는 것'이기 때문이다.
* 즉, 명사 뒤에는 of를 놓지만, 동명사 뒤에는 of를 놓지 못한다.

3 ~ing로 끝나는 단어들 중 동명사와 명사 양쪽으로 쓰는 경우

예시 1 opening a garden 정원을 개방하기
the opening of a garden 정원의 개방

해설
* ~ing로 끝나는 단어들 중 동명사/명사 양쪽으로 쓰는 단어들이 있다.
* 이런 단어들은 동명사일 때와 명사일 때 사용법이 다르다.
* **동명사로 쓸 때에는 of 없이 바로 뒤에 목적어를 놓는다.**
  opening a garden '정원을 개방하기' (동명사 opening)
* **명사로 쓸 때에는 뒤에 of를 쓰고 ~ing 앞에 the를 붙인다.**
  the opening of a garden '정원의 개방' (명사 opening)
* 명사가 전치사구에 의해서 특정되면 the를 붙이기 때문이다.
* opening은 '일자리'라는 뜻의 명사이기도 하다: a job opening '(빈) 일자리'

심층해설 — the smoking of cigarettes?

① meeting, building, beginning, smoking도 동명사 또는 명사다.
② 사용법을 보고 명사/동명사를 구별한다.

meeting a stranger '낯선 사람을 만나기' (동명사 meeting)
the staff meeting '그 직원회의' (명사 meeting)

building a bridge '다리를 건설하기' (동명사 building)
the tall building '그 높은 건물' (명사 building)

beginning a year '1년을 시작하기' (동명사 beginning)
at the beginning of a year '연초에' (명사 beginning)

smoking cigarettes '흡연하기' (동명사 smoking)
the smoking of cigarettes '흡연' (명사 smoking)

예시 2 funding a project 프로젝트에 자금을 제공하는 것

proposals for funding 자금제공을 위한 제안들

해설
* funding도 동명사 또는 명사다.
* funding a project에서 funding('자금을 제공하는 것')은 동명사다.
* proposals for funding에서 funding('자금제공')은 명사다.
* funding이 전치사(for) 뒤에 홀로 서 있으면 명사다.
* 명사 fund는 '펀드', 복수명사 funds는 '자금', funding은 '자금제공'이다.

예시 3 extensive advertising 대대적인 광고

해설
* advertising도 동명사 또는 명사다.
* 동명사 advertising은 '광고하기'이고, 명사 advertising은 '광고'다.
* 명사 advertisement(s)는 '광고물'이다. 줄여서 ad(s)라고 한다.
* advertisement는 '광고'라는 추상명사가 아니다. advertising이 그런 뜻이다.

예시 4 data processing 데이터 처리

해설
* processing도 동명사 또는 명사다.
* 동명사 processing은 '처리하기'이고, 명사 processing은 '처리'다.
* 명사 process는 '절차/공정', 명사 processing은 '처리'다. 뜻이 다르다.

> Notes

6 동명사를 진주어로 사용하는 경우

1 It's no use/good 뒤에서

예문 It's no use/good expecting him to show up.

그가 약속장소에 나타나리라고 기대하는 것은 소용없는 일이다.

해설
* It's no use/good('그것은 소용 없다') 뒤에서는 동명사를 진주어로 쓴다.
* 예문에서 it은 가주어, expecting him to show up은 진주어다.
* 이런 경우에는 to 부정사를 진주어로 쓸 수 없다.
  It's no use <u>to expect</u> him to show up. (✗)

2 It's worth 뒤에서

예문 It's worth visiting New York.

뉴욕을 방문하는 일은 가치 있다.

해설
* It's worth('그것은 가치 있다') 뒤에서도 동명사를 진주어로 쓴다.
* 예문에서 it은 가주어, visiting New York은 진주어다.

3 It's worthwhile 뒤에서

예문 It's worthwhile comparing the two.

그 둘을 비교하는 것은 가치 있다.

해설
* It's worthwhile('그것은 가치 있다') 뒤에서도 동명사를 진주어로 쓴다.
* 예문에서 it은 가주어, comparing the two는 진주어다.
* 단, It's worthwhile 뒤에서는 to 부정사를 진주어로 쓰는 경우가 더 많다.
  It's worthwhile <u>to compare the two</u>. (○)

7 for+동명사로 목적을 나타내는 경우

예문 Is that cake for eating? 저 케이크는 먹기 위한 것이냐?

해설
* 주어가 동작의 대상일 때는 for+동명사로 목적을 나타낸다.
* 예문에서 that cake은 동작의 대상이므로 to eat 대신에 for eating이라고 했다.
  Is that cake to eat? (X)   Is that cake for eating? (O)
* 주어가 동작의 주체일 때는 to 부정사로 목적을 나타낸다.
  We don't live to eat. "우리는 먹기 위해서 사는 것은 아니다."

8 동명사 앞에 소유격/목적격

예문 1 I was angry at Tom's trying to lie to me.
I was angry at Tom trying to lie to me.
나는 거짓말하려는 톰의 시도에 대해서 화가 났다.

해설
* 동명사 앞에 소유격을 놓아도 되고 목적격을 놓아도 된다.
* 예문에서 동명사 trying 앞에 Tom's를 놓을 수도 있고 Tom을 놓을 수도 있다.
* 단, 문어체에서는 소유격을 선호한다. 소유격이 더 논리적이기 때문이다.
* 회화에서 목적격을 쓰는 것은 간소하기 때문이다.
* 목적격 뒤의 ~ing를 현재분사로 보는 것은 졸렬하다. 원래 뜻이 그렇지 않다.
* 예문에서 '~하려고 시도하는 Tom'이 아니라 'Tom의 ~하려는 시도'에 화가 났다.

예문 2 I dislike people's/people telling me what to do.
나는 사람들이 내게 무엇을 해야 하는 지를 지시하는 것이 싫다.

해설
* 실제로는 명사를 동명사 앞에 놓을 때는 주로 목적격을 쓴다.
* 위 두 예문에서 목적격 Tom과 people을 쓰는 것이 일반적이다.

예문 3 I don't mind your going without me.
나는 네가 나 없이 가는 것을 개의치 않는다.

해설
* 동명사 앞에 인칭대명사를 놓을 때는 주로 소유격(your)을 쓴다.
* 인칭대명사는 목적격(you)에 비해서 소유격(your)을 쓰는 것이 크게 불편하지 않다.

Notes

worth 뒤에 명사를?
형용사 worth 뒤에 명사를 놓아서 worth를 보완할 수도 있다.
The movie is worth the money.
"그 영화는 그 돈의 가치가 있다."
It's worth more than $300.
"그것은 3백불 이상의 가치가 있다."

9 형용사 worth 뒤의 동명사

예문 New York is worth visiting. 뉴욕은 방문할 가치가 있다.

해설
* 형용사 worth는 '~할 가치가 있'이라는 뜻이다.
* **worth의 의미상 worth 뒤에는 보충설명을 해주는 단어가 있어야 한다.**
* 그게 바로 worth 뒤에 있는 동명사다.
* 예문에서 worth 뒤의 동명사 visiting은 형용사 worth를 보완 설명한다.
* 즉, worth visiting은 '방문할 가치가 있는'이라는 뜻이다.
* 단, 문장 앞에 가주어 It이 있을 때에는 worth 뒤의 동명사가 진주어다.
    It's worth visiting New York. "뉴욕을 방문하는 것은 가치 있는 일이다."
* worth 뒤에는 to 부정사가 아니라 동명사를 진주어로 쓴다고 앞에서 배웠다.

심층해설❶ 명사 worth

명사 worth('가치')도 있다. 주로 다음과 같이 쓴다.
They ordered a million dollars' worth of equipment.
"그들은 백만 불어치의 장비를 주문했다."

심층해설❷ 형용사 worthwhile?

① 형용사 worthwhile('가치 있는')은 보충설명이 없을 때 쓴다.
② 즉, worthwhile 뒤에 있는 동명사나 to 부정사는 진주어다.
   It could be worthwhile comparing/to compare the two.
   "그 둘을 비교하는 것은 가치 있는 일일 수 있다."

심층해설❸ 형용사 worthy?

형용사 worthy('가치 있는')는 of+명사로 보충 설명할 때 쓴다.
The subject is worthy of careful study.
"그 주제는 면밀한 검토가 필요하다"

심층해설❹ worthwhile, worth, worthy?

① 보충 설명이 필요 없으면 형용사 worthwhile을 쓴다.
② 동명사/명사로 보충 설명할 때는 형용사 worth를 쓴다.
③ of+명사로 보충 설명할 때는 형용사 worthy를 쓴다.

▶ 맺음말

✔ ~ing와 having p.p.는 능동태 동명사이고, being p.p.와 having been p.p.는 수동태 동명사다. 동명사는 명사처럼 주어/보어/목적어의 역할을 한다. 전치사 뒤에는 to 부정사를 놓을 수 없으므로 그 대신 동명사를 놓는다. 14개 타동사 뒤에는 to 부정사가 아니라 동명사를 목적어로 쓴다.

✔ look forward to와 object to의 to는 전치사이므로 그 뒤에 원형동사가 아니라 동명사를 놓는다. be used to의 to도 전치사이므로 그 뒤에 동명사를 놓는다.

✔ forget, remember, regret 뒤에 있는 단순형 동명사는 과거의 동작을, 단순형 to 부정사는 미래의 동작을 나타낸다. try ~ing는 '시험 삼아 ~을 해 보다'이고, try + to 부정사는 '~하려고 노력하다'라는 뜻이다. stop의 목적어는 ~ing다. 그러나 stop 바로 뒤에 to 부정사를 놓을 수도 있다. 이 때 to 부정사는 stop의 목적어가 아니라 '~하기 위하여'라는 뜻으로 목적을 나타낸다.

✔ 8개 동사(like, love, hate, begin, start, prefer, continue, propose) 뒤에는 to 부정사나 동명사를 목적어로 쓸 수 있다. 단, would like/hate/prefer 등 would가 붙어있을 때는 그 뒤에 to 부정사만 쓴다.

✔ 명사와 동명사는 뜻이 다르다. 예를 들면, 명사 development는 '발전', 동명사 developing은 '발전시키기' 또는 '개발하기'다. 동명사/명사로 쓰는 ~ing(예: beginning)는 명사일 때는 그 뒤에 of 전치사구가 있고, 동명사일 때는 of가 없다. 예를 들면, beginning a month('한 달을 시작하기')에서 beginning은 동명사다.

✔ no use, no good, (It's 뒤의) worth, worthwhile 뒤의 동명사는 진주어다. '~하기 위하여'는 주로 to 부정사로 나타내지만, **문장의 주어가 동작의 대상일 때에는 for+동명사로 목적을 나타낸다.**

✔ 동명사 앞에 인칭대명사를 놓을 때에는 소유격, 명사를 놓을 때에는 목적격을 쓰는 것이 일반적이다. worth 뒤의 동명사는 worth를 보충 설명한다. 단, 주어가 가주어 It일 때는 worth 뒤의 동명사가 진주어다. **worthwhile과 worthy도 worth처럼 '가치 있는'이라는 뜻의 형용사다. 단, worthwhile은 보충설명이 필요 없을 때, worthy는 of+명사로 보충설명을 할 때 사용한다.**

현재분사 (Present Participles)

핵심강의

☐ 현재분사에는 단순형/완료형이 있다. **단순형은 원형동사의 끝에 ~ing을 붙인 것이고, 완료형은 having p.p.다. 현재분사는 명사 앞에서 능동 형용사로 쓴다.** 예를 들면, a boring conversation('지겨운 대화')에서 boring은 현재분사로 명사 conversation을 수식한다. **현재분사는 명사 뒤에서 능동태관계절을 대신 한다.** 예를 들면, the man talking to your wife에서 현재분사 talking은 능동태 관계절 who is talking을 대신한다.

☐ **현재분사는 분사구를 이끌기도 한다.** 분사구는 80% 이상 이유절을 줄인 것이다. 단, 이유절과 주절의 주어가 같아야 한다. 분사구는 동시 시간절을 줄인 것일 수도 있다. 즉, while/as가 이끄는 시간절의 주어가 주절의 주어와 같을 때 while/as절을 분사구로 줄일 수 있다.

☐ **분사구는 결과절을 대신할 수도 있다. 단, '결과' 분사구는 늘 주절 뒤에 온다.** 그리고 **확실히 결과절임을 보여주기 위해서 분사구 앞에 comma를 찍는다.** comma는 주절을 먼저 해석하라는 신호다. 결국 문장 앞에 놓인 분사구는 이유절이나 시간절을 줄인 것이고, 주어+동사 뒤에 있는 분사구는 주로 결과절을 대신한다. 분사구는 주로 writing에서 많이 쓴다.

☐ 단순형 분사가 이끄는 분사구는 문장의 동사와 같은 시간대에 발생한 일을, **완료형 분사가 이끄는 분사구는 문장의 동사보다 한 단계 먼저 발생한 일을 나타낸다.** 완료형 분사는 현재까지 일어난 일을 나타내지 않는다.

☐ 현재분사는 위 3가지 중요한 역할 외에 다음과 같은 8가지 표현에서도 사용된다. 이 표현들의 뜻을 미리 알아두는 것이 빠른 해석을 위해서 꼭 필요하다:
1) 지각동사+목적어+~ing 2) catch somebody ~ing 3) find somebody ~ing
4) leave somebody/something ~ing 5) keep somebody ~ing 6) go/come ~ing
7) spend/waste something ~ing 8) busy ~ing

1 형태

> **Key Point 1** 현재분사의 형태?
>
> 현재분사에는 단순형(~ing)과 완료형(having p.p.)이 있다.
> ① 단순형: 원형동사의 끝에 ~ing를 붙인 것(sleeping)
> ② 완료형: having+과거분사(having slept)

> **Key Point 2** 동명사와 현재분사?
>
> ① 능동태 동명사와 현재분사의 형태는 같다.
> ② 둘 다 단순형은 ~ing 이고, 완료형은 having p.p.다.
> ③ 역할에 따라 동명사 또는 현재분사라고 부를 뿐이다.

2 역할

1 명사 앞에서 능동 형용사

예시 1 a boring conversation 지겨운 대화

해설
* 현재분사는 명사 앞에서 능동 형용사의 역할을 한다.
* 예문에서 boring은 명사 conversation을 꾸미는 능동 형용사다.
* 현재분사는 능동의 뜻을 가지므로 boring은 '지겹게 만드는' 이라는 뜻이다.
* 타동사 bore는 '(남을) 지겹게 만들다'라는 뜻이기 때문이다.

예시 2 an interesting book 재미있는 책

해설
* 현재분사 interesting은 '흥미를 유발시키는' 즉, '재미있는' 이다.
* 타동사 interest는 '(남의) 흥미를 유발시키다'라는 뜻이다.
* 즉, 현재분사 형용사 interesting은 '(독자 등을) 재미있게 해주는'이다.

예시 3 the opposing view/sides 반대하는 의견/쌍방

해설
* 현재분사 opposing은 '반대하는' 이라는 뜻이다.
* 남의 의견에 반대하는 의견이므로 the opposing view가 맞다.
* the opposing sides는 '서로를 반대하는 측들'이니까 결국 '쌍방'이다.

예시 4 a falling leaf 떨어지는 잎

해설
* 현재분사 falling은 '떨어지는'이라는 뜻이다. 자동사 fall의 현재분사다.

Notes

a sleeping pill에서 sleeping?

① a sleeping pill('수면제')에서 sleeping은 동명사다.
② 이 때 sleeping이 현재분사라면 '자고 있는'이라는 뜻이 된다.
③ a sleeping pill에서 동명사 sleeping은 용도를 나타낸다.
④ a sleeping pill은 '수면을 취할 목적으로 먹는 약' 즉, '수면제'다.
⑤ 다음 ~ing도 현재분사가 아니라 용도를 나타내는 동명사다.
  a swimming pool '수영장'
  a dining hall '식당'
  a boarding pass '탑승권'
⑥ 이 ~ing들을 현재분사로 보면 nonsense가 되기 때문이다.
⑦ 예를 들면, a swimming pool에서 swimming을 현재분사로 보면 '수영하고 있는'이 된다.

Notes

자동사 현재분사, 타동사 현재분사?
① 자동사 현재분사는 '~하는'이다.
② 타동사 현재분사는 '(남을) ~하게 하는'이다.
③ boring, interesting, opposing은 타동사 현재분사다.
④ falling, approaching은 자동사 현재분사다.

명사 뒤에서 형용사?
① 명사 뒤의 현재분사를 단순하게 형용사로 보는 것은 좋지 않다.
② 능동태 관계절을 줄인 것으로 보아야 한다.
③ 그래야 자신도 관계절을 줄여야 하겠다고 생각하게 된다.

예시 5   **the approaching election** 다가오는 선거

해설   * 현재분사 approaching은 '다가오는'이다. 자동사 approach의 현재분사다.

예시 6   **a sleeping child** 자고 있는 아기

해설   * 현재분사 sleeping은 '자고 있는'이라는 뜻이다. 자동사 sleep의 현재분사다.

2 명사 뒤에서 능동태 관계절 대신

예문 1   **Look at the man talking to your wife.**
당신 부인과 얘기하는 저 남자를 보라.

해설   * 명사 뒤에 있는 현재분사는 능동태 관계절을 대신한다.
* 예문의 명사 뒤에 있는 talking은 능동태 관계절 who is talking을 대신한다.
  Look at the man <u>talking</u> to your… = Look at the man <u>who is talking</u> to your…
* 관계절이 대단히 거추장스러운 것이기 때문에 가능하면 분사로 줄인다.
* 관계대명사가 주어일 때 현재분사로 대체가 가능하다.

예문 2   **I am looking for a map marking political boundaries.**
나는 정치적 국경선들을 보여주는 지도를 찾고 있다.

해설   * 예문에서 명사 뒤에 있는 marking은 관계절 which marks를 대신한다.
  I am looking for a map <u>marking</u> political boundaries.
  = I am looking for a map <u>which marks</u> political boundaries.
* 관계대명사가 관계절의 주어이므로 관계절을 현재분사로 줄일 수 있다.

3 분사구

> **Key Point 분사구?**
> ① 분사구는 분사로 시작하는 구(phrase)다.
> ② 분사구는 이유절/시간절/결과절/조건절/양보절을 대신한다.
> ③ 주절과 부사절의 주어가 같을 때 분사구를 만든다.
> ④ 양쪽 주어가 다르면 분사구의 주어를 표시해야 한다.

(1) 단순형 현재분사가 이끄는 분사구

① 이유

예문 1   **Fearing that people would recognize him, Tom Cruise never went out.**
사람들이 자기를 알아볼 것을 두려워해서 톰 크루즈는 결코 외출하지 않았다.

해설
- 예문에서 Fearing that people would recognize him은 분사구다.
- 현재분사 fearing이 이끌고 있는 구(phrase)이기 때문이다.
- **분사구는 주로 이유절을 대신한다.**
- 예문의 분사구는 Because he feared that people would~를 줄인 것이다.
- 양쪽 주어(Tom Cruise)가 같기 때문에 **이유절을 분사구로 압축했다.**
- 양쪽 시제가 같기 때문에 단순형 현재분사(fearing)를 썼다.

예문 2 Not knowing what to do, I called the police.
나는 어떻게 해야 할지를 몰라서 경찰에 전화했다.

해설
- 예문에서 Now knowing what to do는 분사구다.
- not knowing what to do는 Because I did not know what to do를 줄인 것이다.
- **즉, 부정문을 분사구로 줄일 때에는 Not을 현재분사 앞에 놓는다.**
- 주절과 이유절의 주어가 같기 때문에 이유절을 분사구로 줄였다.
- **fear나 know와 같은 상태동사가 이끄는 분사구는 항상 이유절을 대신한다.**

② 시간

예문 Coming up the stairs, she fell over and hurt her right arm.
그녀는 계단을 올라오다가 넘어져서 오른 쪽 팔을 다쳤다.

해설
- 현재분사가 이끄는 분사구가 동시 시간절을 줄인 것일 수도 있다.
- 즉, while/as가 이끄는 시간절을 분사구로 줄일 수 있다.
  Coming up the stairs = While she was coming up the stairs
- 주절의 주어와 같기 때문에 시간절을 분사구로 만들었다.
- **come처럼 동작동사의 분사구는 이유절 또는 시간절을 대신한다.**
- 동작동사는 진행형 시제로 만들 수 있기 때문이다.
- 상태동사의 분사구는 시간절을 대신하지 않는다.
- 상태동사는 진행형 시제로 만들 수 없기 때문이다.

③ 결과

예문 They polluted the river, killing many fish in it.
그들은 강을 오염시켰고 그 결과로 그곳의 많은 물고기를 죽게 했다.

해설
- 현재분사가 이끄는 분사구가 결과절을 줄인 것일 수도 있다.
- 단, **결과 분사구는 주절 뒤쪽에 온다. 뒤에 발생한 일이기 때문이다.**
- **결과 분사구라는 표시로 결과 분사구 앞에 comma를 찍는다.**
- 이 comma는 주절을 먼저, 분사구는 뒤에 해석하라는 표시다.
- 예문에서 killing many fish in it은 결과를 나타내는 분사구다.
- 이 분사구는 결과절 so that they killed many fish in it을 줄인 것이다.
- 주절과 결과절의 주어가 같기 때문에 결과절을 분사구로 줄였다.

Notes

결과 분사구 앞에 comma?
① 결과 분사구 앞에는 comma를 찍는다.
② comma가 없으면 오역하기 쉽기 때문이다.
③ 위 예문에 comma가 없으면 killing은 river를 수식하게 된다.
④ comma가 있으므로 주절을 먼저 해석하게 된다.
⑤ 주절을 먼저 해석하면 오역의 위험성이 없다.

④ 조건

예문 I'll come tomorrow, weather permitting.

날씨만 좋으면 내일 오겠다.

해설
* 극히 일부 경우에 현재분사가 이끄는 분사구가 조건절을 대신한다.
* 예문에서 분사구 weather permitting은 조건절을 대신한다.
* 물론 이 분사구는 분사 앞에 분사구의 주어가 별도로 표시된 경우다.
* 즉, weather permitting은 permitting 앞에 분사구의 주어를 표시했다.
* 주절의 주어는 I이고, 조건절의 주어는 the weather이기 때문이다.
* 분사구 weather permitting은 if the weather permits와 같다.
* 즉, weather permitting은 '날씨만 허락해준다면'이라는 뜻이다.

(2) 완료형 현재분사가 이끄는 분사구

① 이유

예문 Having seen the film, I don't want to read the book.

나는 이미 그 영화를 보았기 때문에 그 책을 읽고 싶지 않다.

해설
* 완료형 현재분사가 이끄는 분사구는 압도적으로 이유를 나타낸다.
* 완료형 현재분사는 주절보다 한 단계 먼저 발생한 일을 나타낸다.
* 분사구 Having seen the film은 Because I have seen the film을 대신한다.
* 예문의 having seen은 see의 완료형 현재분사다.
* having seen은 완료형 동명사일 수도 있다.
* 그러나 완료형 동명사는 전치사 뒤에만 온다.
* 예문에서 영화를 본 것이 현재보다 앞선 일이므로 완료형 현재분사를 썼다.
* 단순형 현재분사는 양쪽이 같은 시간대에 발생할 때에 사용하기 때문이다.

② 시간

예문 Having spent three days in Paris, they headed for Vienna.

그들은 파리에서 3일을 보낸 후에 비엔나로 향했다.

해설
* 완료형 현재분사가 이끄는 분사구가 시간절을 대신할 수 있다.
* 단, 완료형이므로 주절보다 한 단계 먼저 발생한 일을 나타낸다.
* 예문에서 Having spent three days…는 After they spent three days…를 대신한다.
* 단, 이런 분사구의 훌륭한 대안이 있다. 즉, 축약절이라는 것이다.
* 위 분사구 대신에 축약절인 After spending three days in Paris를 많이 쓴다.
  Having spent three days in Paris = After spending three days in Paris
* 축약절은 Section 30에서 다룬다.
* 축약절이 시간을 나타내는 (완료) 분사구보다 만들기 쉽기 때문이다.
* 즉, having spent보다 after spending이 만들기 쉽다. 해석도 훨씬 쉽다.

③ 양보

예문 Having said that, I agree that we can't go back now.
그렇게 말은 했지만 우리가 지금 돌아갈 수 없다는 데에 동의한다.

해설
* 완료형 분사구가 양보절을 대신하는 경우도 있다.
* Having said that은 Although I said that을 줄인 것이다.
* 즉, Having said that은 '비록 내가 그렇게 말을 했지만'이라는 뜻이다.
* 이 분사구는 speaking에서 많이 쓴다.
* 분사구가 양보절을 대신하는 경우는 거의 이 표현이 유일하다.

3 현재분사의 기타 기능

Key Point 기타 기능
① 현재분사는 형용사로 쓰이거나 분사구를 이끄는 역할을 한다.
② 현재분사는 이 외에도 다음과 같은 표현에서 자주 등장한다.

1 지각동사 뒤

예문 I saw something burning in the kitchen.
나는 부엌에서 무엇인가가 계속 타는 것을 보았다.

해설
* 지각동사 뒤에 현재분사(burning)를 놓을 수 있다.
* 이 때 현재분사는 원형동사에 비해서 동작의 계속을 강조한다.
* 즉, 예문에서 현재분사 burning은 '계속 타고 있는'이라는 뜻이다.
* 지각동사 뒤의 원형동사는 단순한 동작을 나타낸다.
  I saw the boy cross the street. "나는 그 소년이 길을 건너는 것을 보았다."

2 catch somebody ~ing

예문 I caught them stealing my car.
나는 그들이 내 차를 훔치는 현장을 목격했다.

해설
* catch somebody ~ing는 '~가 ~하는 현장/광경을 목격하다'라는 뜻이다.
* 이 표현은 주로 범죄현장을 목격했다는 뜻으로 쓴다.

Notes

수동태 지각동사 뒤에는?
① 수동태 지각동사 뒤에는 원형동사를 놓을 수 없다.
He was seen come out of her house. (×)
② 수동태 지각동사 뒤에는 현재분사를 놓는다.
He was seen coming out of her house. (○)
"그가 그녀 집에서 나오는 것이 목격되었다."

Notes

found가 두 가지?

① find('찾아내다' 등)의 단순과거와 과거분사가 found다.
② found('설립하다')라는 동사가 있다: found-founded-founded

3 find somebody ~ing

예문) I found him standing at the door.
나는 그가 문가에 서 있음을 우연히 알게 되었다.

해설) *find somebody ~ing는 '~가 ~하고 있음을 우연히 알게 되다'라는 뜻이다.

4 leave somebody ~ing

예문) She left us waiting outside.
그녀는 우리가 계속 밖에서 기다리도록 방치했다.

해설) *leave somebody ~ing는 '~가 계속 ~하도록 방치하다'라는 뜻이다.
*leave의 동사변화는 leave-left-left다.

5 keep somebody ~ing

예문) Sorry to keep you waiting.
당신을 계속 기다리게 만들어서 미안합니다.

해설) *keep somebody ~ing는 '~가 계속 ~하도록 만들다'라는 뜻이다.
*keep somebody/something from ~ing는 '~가 ~하지 못하도록 막다'라는 뜻이다.
The noise kept me from sleeping. "그 소음이 나를 잠들지 못하게 했다."

She spends two hours a day to study English (×)?

① spend/waste 뒤에 '~하느라고'는 현재분사로 나타낸다.
He spends two hours a day to study English. (×)
He spends two hours a day studying English. (O)

② to부정사는 목적을 나타낸다.
He spends two hours a day watching CNN to study English.
"그는 영어공부를 하기 위해 하루 두 시간을 CNN을 보느라고 쓴다."

6 spend/waste something ~ing

예문) He spends two hours a day studying English.
그는 영어 공부하느라고 하루에 두 시간을 쓴다.

해설) *spend/waste something ~ing는 '~을 ~하느라고 쓰다/낭비하다'라는 뜻이다.
*즉, 예문에서 studying은 '공부하느라고'라는 뜻의 현재분사다.
*spend/waste 뒤에 명사가 올 때는 명사 앞에 전치사 on을 쓴다.
We spend a lot of money on R&D. "우리는 많은 돈을 연구개발에 쓴다."

7 go/come ~ing

예문 1) I went swimming in the river.
나는 그 강으로 수영하러 갔다.

해설) *go ~ing는 '(스포츠/레저활동 등) ~을 하러 가다'라는 뜻이다.
*이 때 ~ing는 현재분사다.
*원래 'go on ~ing'이었던 것이 시간이 흐르면서 go ~ing로 줄어들었다.

* go on ~ing에서 ~ing는 동명사였다. 그러나 go ~ing에서 ~ing는 현재분사다.
* go ~ing 뒤의 전치사 사용에 대해서 조심해야 한다. 오른쪽 Notes를 참고하라.

예문 2 Come swimming with us. 우리 집에 수영하러 오라.

해설
* come ~ing를 쓸 수도 있다.
* come swimming은 '수영하러 오다'라는 뜻이다.

예문 3 We will go climbing/hiking on Saturday.
우리는 토요일에 등산갈 것이다.

해설
* '등산가다'는 go climbing 또는 go hiking이다.
* 당일치기 등산은 go hiking이라고 한다.

8 busy 뒤

예문 She was busy packing. 그녀는 짐을 꾸리느라고 바빴다.

해설
* busy ~ing는 '~을 하느라고 바쁘다'라는 뜻이다.
* busy packing은 '짐을 꾸리느라고 바쁜'이다.

Notes

I went swimming to the river? (×)

① go ~ing 뒤에는 위치를 나타낸다.
② 우리말에서는 이런 경우에 방향을 나타낸다.
③ 따라서 go ~ing 뒤에 우리말 식 전치사를 놓기 쉽다.
I went swimming to the river. (×)
I went swimming in the river. (O)
"나는 그 강으로 수영하러 갔다."
She's gone shopping to Macy's. (×)
She's gone shopping at Macy's. (O)
"그녀는 Macy 백화점에 쇼핑하러 갔다."

go ~ing?

① 다음과 같은 go ~ing들도 있다.
go shopping/fishing/sailing/skiing/skating/hunting/jogging/walking
'쇼핑/낚시/요트/스키/스케이트/사냥/조깅/걷기운동 하러 가다'
② go walking은 '걷기 운동하러 가다'이다.
③ go for a walk은 '(casual하게) 산책하러 가다'이다.

맺음말

✔ 현재분사는 능동태 동명사와 형태가 같다. 둘의 역할이 다를 뿐이다. **단순형 현재분사는 명사 앞에서 능동 형용사, 명사 뒤에서 능동태 관계절을 대신한다. 완료형 현재분사는 이런 형용사 역할을 하지 않고 분사구만 이끈다.** 단순형과 완료형 현재분사 둘 다 분사구를 이끈다. 단순형이 이끄는 분사구는 동사와 같은 시간대에 벌어진 일을, 완료형이 이끄는 분사구는 동사보다 한 단계 먼저 발생한 일을 나타낸다.

✔ **현재분사가 명사 앞에서 형용사 역할을 할 때, 자동사 현재분사는 '~하는' 이고 타동사 현재분사는 '~을 ~하게 하는' 이라는 뜻이다.** 예를 들면, a sleeping child에서 sleeping은 자동사 sleep의 현재분사이므로 '자는', an interesting book에서 interesting은 타동사 interest의 현재분사이므로 '흥미를 유발시키는' 이다.

✔ 현재분사가 명사 뒤에서 능동태 관계절을 대신한다는 것은 결국 주격 관계대명사와 동사를 현재분사로 압축한다는 뜻이다. 예를 들면, a map marking political boundaries는 a map which is marking political boundaries를 줄인 것이다.

✔ **분사구는 주절 앞에 놓는 이유/시간 분사구와 주절 뒤에 놓는 결과 분사구가 있다.** 문장 앞에 오는 분사구는 80% 이상 이유절이다. 특히 상태동사를 가지고 만든 분사구는 항상 이유절을 대신한다. 상태동사는 진행형 시제로 만들 수 없어서 동시 시간절에 쓰지 못하기 때문이다. **분사구에서 가장 중요한 사실은 문장의 주어와 분사구의 숨겨진 주어가 같아야 한다는 것이다.**

✔ **지각동사 뒤에 오는 현재분사는 원형동사에 비해서 동작의 계속을 강조한다.** catch somebody ~ing은 '~가 ~하고 있는 광경을 포착하다' 라는 뜻이다. find somebody ~ing는 '(기대하지 않았는데) ~가 ~하고 있음을 알게 되다' 라는 뜻이다. **leave somebody ~ing은 '~가 ~하도록 방치하다' 라는 뜻이다.** keep somebody ~ing은 '~가 계속 ~하도록 하다' 라는 뜻이다. go ~ing는 많은 스포츠/레저 활동을 나타낼 때 쓴다. 이 때 go ~ing 뒤에 방향이 아니라 위치를 표시해야 한다는 점에 주의해야 한다. 예를 들면, go swimming in the river이지 go swimming to the river가 아니다. spend/waste 뒤에 ~ing가 오면 '~하느라고 ~을 쓰다' 라는 뜻이다. busy ~ing은 '~하느라고 바쁘다' 라는 뜻이다.

Section 28 과거분사 (Past Participles)

Notes

핵심강의

☐ 과거분사에는 3가지 형태(단순형, 진행형, 완료형)가 있다. 각각 ~ed, being p.p., having been p.p.의 형태를 갖는다. 112개의 주요 불규칙 과거분사가 있다. 예를 들면, write의 과거분사는 written이다.

☐ 과거분사의 역할도 3가지다. **첫째, 명사 앞에서 수동의 뜻을 갖는 형용사다. 둘째, 명사 뒤에서 수동태 관계절을 대신한다. 셋째, 분사구를 이끈다.** 이 3가지 경우 모두 타동사의 과거분사만 쓴다. 자동사의 과거분사에는 수동의 뜻이 없기 때문이다.

☐ the injured player에서 injured는 타동사 injure의 과거분사로 명사 앞에서 수동 형용사의 역할을 하고 있다. 즉, injured는 '부상당한' 이라는 뜻이다. the people invited to the party에서 **과거분사 invited은 명사 뒤에서 수동태 관계절 who were invited을 대신한다.**

☐ **과거분사가 이끄는 분사구는 90% 이상 이유절을 대신한다.** 양쪽 주어가 같고 이유절의 동사가 수동태이면 과거분사가 이끄는 분사구를 만든다. 극히 드물게 조건절을 대신하는 분사구도 있다.

☐ **분사구의 주어가 문장 주어와 다를 때에는 분사구 앞에 분사구의 주어를 표시한다. 이런 분사구의 주어 앞에 전치사 with를 붙일 수 있다.** 즉, with+명사+분사는 주어가 표시된 분사구다. with를 생략할 수 있지만 특히 회화에서는 주로 with를 사용한다. with가 있으면 명사+과거분사를 주어+단순과거로 착각하는 일이 없기 때문이다. 전치사 다음에는 주어+동사가 올 수 없다.

☐ **과거분사 형용사는 수동의 뜻을 갖지만, 극히 일부 자동사에서 파생한 과거분사 형용사는 능동의 뜻을 갖는다.** 이런 과거분사는 이미 형용사로 진화 완료한 것이기 때문에 보통 과거분사라고 부르지 않고 형용사라고 부른다. 예를 들면, gone과 finished는 각각 '가버린' 과 '마친' 이라는 뜻의 능동형용사다.

1 형태

> **Key Point** to부정사, 동명사, 현재분사, 과거분사의 형태?
> ① to 부정사에는 능동태 4가지와 수동태 2가지 형태가 있다.
> ② 동명사에는 능동태 2가지와 수동태 2가지 형태가 있다.
> ③ 현재분사에는 단순형과 완료형 2가지가 있다.
> ④ 과거분사에는 단순형, 진행형, 완료형 3가지가 있다.

1 단순형 과거분사

(1) 규칙: 원형동사의 끝에 ~ed를 붙인 것 (boiled)

예시 boiled water 끓인 물

해설
* boiled는 boil의 단순형 규칙 과거분사다. 동사 끝에 ~ed를 붙인 것이기 때문이다.
* 예시에서 boiled는 '끓여진' 이라는 뜻으로 명사 water를 수식한다.

(2) 불규칙: 주로 원형동사의 중간모음을 바꾼 것 (written)

예시 a written report 서면 보고서

해설
* written은 동사 write의 단순형 불규칙 과거분사다.
* 동사 write의 끝에 ~ed를 붙인 것이 아니기 때문이다.
* 예시에서 written은 '쓰여진' 이라는 뜻의 수동 형용사로 명사 report를 수식한다.

2 진행형 과거분사: being+과거분사 (being written)

예시 a story being written about the scandal
그 스캔들에 대해서 쓰여지고 있는 이야기

해설
* being written은 진행형 과거분사다. being + p.p.이기 때문이다.
* 명사 뒤에서 진행형 과거분사는 계속되는 수동적인 동작을 나타낸다.
* 예시에서 being written은 '쓰여지고 있는' 이라는 뜻이다.

3 완료형 과거분사: having been+과거분사 (having been written)

예문 Having been written about so many times, the war story is now boring. 그렇게도 여러 번 쓰여졌기 때문에 그 전쟁 이야기는 이제 지겹다.

해설
* having been written은 write의 완료형 과거분사다.
* 완료형 과거분사는 동사시제보다 한 단계 먼저 동작이 발생되었음을 나타낸다.
* 예시에서 having been written은 '(그 전에) 쓰여졌기 때문에' 라는 뜻이다.
* 완료형 과거분사는 분사구를 만들 때만 사용한다.

Notes

단순형 과거분사의 불규칙 형태?
① 단순형 과거분사에는 불규칙 형태들이 있다: e.g. written
② 주요 동사(112개)의 불규칙변화가 이 교재의 Appendix에 나와있다.
③ 과거분사의 형태를 모르면, 완료시제, 수동태시제, 과거분사의 독자적 역할들을 모르게 된다.

being+과거분사가 동명사이기도 하다?
① being p.p.는 수동태 동명사이기도 하다. 주어/보어/목적어일 때다.
② being p.p.가 과거분사일 때는 형용사 역할과 분사구를 이끄는 역할을 한다.

having been+과거분사가 동명사이기도 하다?
① having been p.p.는 수동태 완료형 동명사이기도 하다. 전치사 뒤에 쓴다.
② having been p.p.가 과거분사일 때는 분사구만 이끈다.

Notes

과거분사라는 명칭?
1. 과거분사는 과거를 나타내는 것이 아니다.
2. 현재분사가 현재를 나타내지 않는 것과 같다.
3. 이 분사의 명칭은 대단히 불완전하다.
4. 다만, 현재분사는 현재 동작이 진행 중이고, 과거분사는 과거에 동작이 있었다는 뜻이다.
5. 현재분사는 항상 능동의 뜻을 갖고, 과거분사는 항상 수동의 뜻을 갖는다고 생각하는 것이 좋다.

원래 분사의 뜻은?
1. 동사의 일부분이 되는 단어라는 뜻이다.
2. 현재분사는 be와 함께 진행형 동사를 만든다.
3. 과거분사는 be와 함께 수동태, have와 함께 완료동사를 만든다.
4. Section 27과 28에서는 분사의 독자적인 기능들을 살펴보고 있다.

2 역할

1 명사 앞에서 수동 형용사

예시 1 a written report 서면 보고서

해설
* 과거분사는 명사 앞에서 수동 형용사의 역할을 한다.
* 예문에서 과거분사 written은 '쓰여진'이라는 뜻이다.

예시 2 the injured player 그 부상당한 선수

해설
* 예문에서 과거분사 injured는 '부상당한'이라는 뜻의 형용사다.
* 동사 injure는 당연히 '(남을) 부상당하게 하다'라는 뜻의 타동사다.
* 타동사의 과거분사만 형용사로 쓸 수 있기 때문이다.

예시 3 a stolen car 도난 당한 차

해설
* 예문에서 과거분사 stolen은 '도난 당한'이라는 뜻이다.

예시 4 the interested audience 흥미를 느낀 청중

해설
* 예문에서 과거분사 interested은 '흥미가 유발된/관심을 가진'이라는 뜻이다.
* 동사 interest는 '(남의) 흥미를 유발시키다'라는 뜻이다.

예시 5 the market-driven economy 시장에 의해서 주도되는 경제

해설
* 동사 drive('주도하다')의 과거분사 driven은 '주도되는'이라는 뜻이다.
* the market-driven economy는 the economy driven by the market과 같다.

2 명사 뒤에서 수동태 관계절 대신

예문 1 The people questioned gave very different answers.
질문을 받은 사람들이 매우 다른 답들을 제시했다.

해설
* 명사 뒤에 있는 과거분사는 수동태 관계절을 대신한다.
* 예문에서 questioned는 수동태 관계절 who were questioned을 대신한다.
  The people (who were) questioned gave very different answers.
* 즉, **과거분사는 명사와 일부 대명사 뒤에서 수동 형용사의 역할을 한다.**
* 예문에서 questioned는 '질문을 받은'이라는 뜻의 과거분사다.
* 예문의 동사는 gave다. 따라서 **questioned는 단순과거가 아니라 과거분사다.**

예문 2 Most of the people invited to the party didn't show up.
그 파티에 초대된 사람들 중 대부분이 나타나지 않았다.

해 설
* 명사 people 뒤에 있는 과거분사 invited은 수동태 관계절을 대신한다.
* 즉, **예문의 과거분사 invited은 who were invited를 대신한다.**
* 예문의 동사는 didn't show up이다. 따라서 invited은 단순과거가 아니다.

예문 3 That picture of the children being talked to by Angelina Jolie is wonderful.
안젤리나 졸리에 의해 계속 말이 건네지는 어린이들을 찍은 저 사진은 멋지다.

해 설
* 명사 뒤에 있는 진행형 과거분사(being talked to)도 관계절을 대신한다.
* 단, **진행형 과거분사는 수동태 진행형 동사가 쓰인 관계절을 대신한다.**
* 즉, 예문의 being talked to는 who are being talked to를 대신한다.
  That picture of the children (who are) being talked to by Angelina is wonderful.
* 따라서 예문의 being talked to는 '계속 이야기가 건네지는'이라는 뜻이다.
* 진행형 과거분사는 단순형에 비해서 **'동작의 계속'을 강조**한다.
* 예문에서 Angelina가 어린이들에게 계속 말을 걸고 있다.

3 분사구

(1) 이유

예문 1 Weakened by successive storms, the bridge was no longer safe.
그 교량은 연속적인 폭풍에 의하여 약화되어 더 이상 안전하지 않았다.

해 설
* 과거분사가 이끄는 분사구는 압도적으로 이유절을 대신한다.
* 예문에서 Weakened by successive storms는 과거분사가 이끄는 분사구다.
* 즉, 과거분사 Weakened는 Because it was weakened를 줄인 것이다.
  Weakened by successive storms = Because it was weakened by successive…
* 즉, 과거분사가 이끄는 분사구는 주로 수동태 이유절을 줄인 것이다.
* weakened는 단순과거가 아니다. 동사는 그 앞에 주어가 있어야 한다.

예문 2 The pigeons here lead an easy life, always being fed by tourists.
여기 비둘기들은 편히 산다. 항상 관광객들에 의해 먹여지기 때문이다.

해 설
* 예문에서 진행형 과거분사 being fed가 분사구를 이끌고 있다.
* 이 분사구도 이유절을 대신한다.
  always being fed by tourists = because they are always being fed by tourists
* **과거분사가 이끄는 분사구이므로 수동태 이유절을 줄인 것이다.**
* 진행형 과거분사이므로 수동태 진행형 동사를 대신한다.

Notes

이유 분사구를 주절 뒤에 놓는 경우?
❶ 이유 분사구를 극적으로 제시할 때 주절 뒤에 놓는다.
❷ 그렇지 않은 경우에는 주절 앞에 놓는다.
❸ 옆 예문 2에서는 이유 분사구를 강조한다.
❹ 즉, 이유절이 더 중요한 정보라는 뜻이다.
❺ 그래서 이유 분사구를 뒤에 놓았다.

Notes

예문 3   Having been warned about the strike, we weren't surprised.
우리는 그 파업에 대해서 경고를 받았기 때문에 놀라지 않았다.

해설
* having been warned는 warn의 완료형 과거분사다.
* 완료형 과거분사는 동사보다 한 단계 먼저 발생한 일을 나타낸다.
* 예문에서 having been warned는 동사(weren't)보다 먼저 발생한 일이다.
* 과거분사가 이끄는 분사구이므로 수동태 절을 줄인 것이다.
  Having been warned about… = Because we had been warned about…

(2) 조건

예문   Taken every day, the medicine will improve your health.
매일 복용되면 그 약은 당신의 건강을 개선해 줄 것이다.

해설
* 과거분사가 이끄는 분사구가 조건절을 대신하는 경우도 있다.
* **예문에서 과거분사 Taken은 조건절 If it is taken을 줄인 것이다.**
  Taken every day = If it is taken every day
* 과거분사가 이끄는 분사구가 조건절을 대신하는 경우는 극히 드물다.
* 조건절을 분사구로 줄이면 의사전달이 안 될 위험이 크기 때문이다.

4 with+명사+분사

Key Point with+명사+분사?
① with+명사+분사는 부대상황을 나타낸다.
② 또는 주어가 표시된 분사구라고 할 수 있다.
③ 즉, 주절의 주어와 분사구의 주어가 다를 때 이 구문을 쓴다.
④ 따라서 이 표현은 주로 이유절이나 동시 시간절을 대신한다.
⑤ 문어체에서는 전치사 with가 없어도 맞다.
⑥ 능동태 동사이면 현재분사, 수동태 동사이면 과거분사를 쓴다.

예문 1   With the couple traveling, the house seems empty.
그 부부가 여행 중이기 때문에 그 집은 비어있는 것처럼 보인다.

해설
* **With the couple traveling은 분사구의 주어가 표시된 분사구와 같다.**
* 즉, With the couple traveling은 문어체 분사구 The couple traveling과 같다.
* With the couple traveling은 '그 부부가 여행하고 있기 때문에'이다.
* 분사구의 주어는 the couple이고, 주절의 주어는 the house다.
* 이런 경우 분사구의 주어를 생략할 수 없다. 엉터리 문장이 되기 때문이다.
  Traveling, the house seems empty. (✗) (주택은 여행할 수 없음)
* 분사구 앞에 the couple이 없으면 the house가 여행을 한다는 뜻이 된다.

예문 2　With nobody having any more to say, the meeting was closed.
아무도 더 발언할 것이 없어서 그 회의는 폐회되었다.

해설
* With nobody having any more to say는 주어가 표시된 분사구다.
* 문어체 분사구 Nobody having any more to say와 같다.
* 분사구의 주어(nobody)와 문장주어(the meeting)가 다르다.
* Nobody를 누락하면 '회의가 발언할 것을 갖지 않다'라는 nonsense가 된다.
   Having nothing more to say, the meeting was closed. (X)
   (With) Nobody having any more to say, the meeting was closed. (O)

예문 3　With their hands tied behind their backs, they could do nothing.
그들의 손이 등뒤에 묶여 있었기 때문에 그들은 아무것도 할 수 없었다.

해설
* With their hands tied behind their backs는 주어가 표시된 분사구다.
* 이 분사구는 Because their hands were tied behind their backs와 같다.
* 문어체에서는 with를 생략할 수 있다.
   Their hands tied behind their backs, they could do nothing.
* 예문에서 tied는 단순과거가 아니라 과거분사라는 점에 유의해야 한다.
* with 뒤에 있는 tied는 과거분사다. 전치사 뒤에는 동사가 나올 수 없다.
* 이 분사구는 '그들의 손이 등 뒤에 묶여있었기 때문에'라는 뜻이다.

5 자동사의 과거분사가 형용사로 쓰이는 경우

심층해설 무슨 뜻인가?
① 자동사에는 수동의 뜻이 없으므로 자동사의 과거분사를 형용사로 쓸 수 없다.
② 그러나 극히 일부 자동사의 과거분사를 형용사로 쓴다.
③ 이 과거분사들은 이제 완전히 형용사로 진화했다고 생각한다.
④ 단, 이 단어들은 자동사에서 왔기 때문에 뜻이 능동이다.

예시 1　the recently-arrived immigrants 최근에 도착한 이민자들

해설
* 예문에서 arrived는 '도착한'이라는 뜻의 능동 형용사다.
* 형용사 arrived는 자동사 arrive에서 진화했기 때문에 뜻이 능동이다.

예시 2　developed countries 선진국들

해설
* **developed도 '발전한'이라는 뜻의 능동 형용사다.**
* 과거분사 developed는 자동사 develop에서 진화했기 때문에 뜻이 능동이다.
* 여기서 developed는 '발전된'이라는 수동의 뜻이 아니다.
* advanced countries('선진국들')에서도 advanced는 자동사에서 나온 형용사다.

Notes

? Nobody having any more to say?
① Nobody having any more to say는 주어가 표시된 분사구다.
② 문어체에서는 with+명사+분사에서 with를 생략할 수 있다.
   Nobody having any more to say, the meeting was closed.
   = With nobody having any more to say, the meeting was closed.

Notes

예문 3   Those days are gone now. 그런 시절은 이제 가버렸다.

해설
* 형용사 gone은 '가버린'이라는 뜻의 형용사다.
* 예문에서 gone은 불완전자동사(are) 뒤에서 형용사 보어의 역할을 한다.
* gone은 자동사 go에서 진화한 형용사이기 때문에 뜻이 능동이다.
* 예문에서 are gone은 수동태 동사가 아니다.
* 자동사를 수동태로 만들 수 없기 때문이다.

예문 4   I am finished with the report. 나는 그 보고서를 마쳤다.

해설
* 형용사 finished는 '마친'이라는 뜻이다.
* 예문에서 are finished는 수동태 동사가 아니다.
* 예문에서 finished는 불완전자동사(am) 뒤에서 형용사 보어다.
* 형용사 finished는 자동사 finish에서 진화했기 때문에 뜻이 능동이다.

심층해설   missed와 missing?

① missed와 missing은 특별하다.
② 과거분사 missed는 '놓친'이라는 뜻이다.
   the missed opportunity '그 놓친 기회'
③ 현재분사 missing은 '행방불명 된'이라는 뜻이다.
   the missing child '행방불명 된 아이'

형용사 lost?

형용사 lost는 형용사 missing과 missed 둘 다를 대신할 수 있다.
the lost opportunity = the missed opportunity '그 놓친 기회'
the lost child = the missing child '그 행방불명된 아이'

▶ 맺음말

✔ 과거분사의 형태는 현재분사 형태보다 까다롭다. 112개 이상의 불규칙 과거분사 형태가 있기 때문이다. 진행형 과거분사가 있고, 그 형태가 수동태 동명사와 같기 때문이다.

✔ **진행형 과거분사(being p.p.)는 두 가지 역할을 한다. 첫째, 명사 뒤에서 수동태 진행형 동사가 쓰인 관계절을 대신한다. 둘째, 진행형 동사가 쓰인 종속절을 대신하는 분사구를 이끈다.**

✔ 완료형 과거분사(having been p.p.)는 수동태 완료형 동명사와 형태가 같다. 단, 완료형 과거분사는 분사구를 만들 때만 사용한다. 따라서 문장의 앞에 온다. **수동태 완료형 동명사는 전치사 다음에만 온다.**

✔ the interesting audience가 아니라 the interested audience다. 전자는 '재미있는 청중'이라는 뜻이다. 이론적으로 가능하지만 흔히 쓰는 말이 아니다. 후자는 '흥미를 느낀 청중'이라는 뜻이다. 타동사 interest는 '남의 흥미를 유발시키다'라는 뜻이다. 따라서 '흥미가 유발된'이라고 하려면 과거분사 (interested)를 써야 한다. 현재분사(interesting)는 능동의 뜻이므로 '재미있는'이다.

✔ **과거분사가 이끄는 분사구는 수동태 이유절을 줄인 것이 대부분이다.** 분사구의 주어가 필요한 경우에는 분사구 앞에 그냥 붙이거나 with+주어를 붙이면 된다. **with+명사+분사를 '부대상황'이라고도 부른다.** 이런 경우 현재분사는 능동태 동사를, 과거분사는 수동태 동사를 줄인 것이다.

✔ "He is gone"에서 is gone은 수동태 동사가 아니다. 자동사(go)를 가지고 수동태 동사를 만들지 못하기 때문이다. is는 불완전자동사, gone은 형용사 보어다. gone은 '가버린'이라는 뜻의 형용사다. gone처럼 자동사의 과거분사가 이제 완전히 형용사로 진화 완료한 단어들은 arrived, developed, finished 등이 있다.

Chapter 7

가정법, 축약절, 어순의 도치 등

Section 29_ **가정법**

Section 30_ **축약절, 병치, 중복**

Section 31_ **어순의 도치**

Section 32_ **간접화법**

Section 33_ **명령법**

Section 34_ **부가의문**

Section 35_ **구두법**

Section 29 가정법 (Subjunctive)

Notes

가정법?
1. 가정법은 전혀 현실이 될 수 없는 현재나 과거를 가정한다.
2. 현재를 가정하면 현재가정이다.
3. 과거를 가정하면 과거가정이다.

핵심강의

☐ 가정법에는 현재가정과 과거가정이 있다. 현재가정은 if 절에 단순과거, 주절에 would/could/might + 원형동사를 쓴다. would는 '의향'을, could는 '능력'을, might는 '가능성'을 나타낸다. 과거가정은 if 절에 과거완료, 주절에 would/could/might + have p.p.를 쓴다.

☐ **if 절에 쓴 조동사 were to는 전제조건을 나타낸다. if를 생략하고 그 자리에 were를 갖다 놓을 수 있다.** 그리고 if it were not for는 '만일 ~이 없다면' 이라는 뜻이다. if를 생략하고 그 자리에 were를 갖다 놓을 수 있다. 또, if it were not for 대신에 전치사 but for('~이 없다면')나 without을 쓸 수도 있다.

☐ **It's time 뒤에 주어+동사가 나올 때 동사는 단순과거다.** 이는 직설법 동사가 아니라 가정법 동사다. 예를 들면, "It's time we went"는 "이제 우리가 꼭 떠나야 하겠다"라는 뜻이고 went는 가정법 동사다. time 앞에 about이 있으면 공손한 표현이 되고, high가 있으면 그럴 시기가 무르익었다는 뜻이 된다.

☐ 과거가정에서 if 절의 if를 생략하고 과거완료 조동사 had를 그 자리에 갖다 놓을 수 있다. If it had not been for는 '만일 ~이 없었다면' 이라는 뜻이다. 이때도 if를 생략하고 그 자리에 had를 갖다 놓을 수 있다. 또는 if 절 대신에 전치사 but for나 without을 쓸 수 있다.

☐ **should have p.p.는 과거의 의무를, must have p.p.는 과거의 추측을 나타낸다. may have p.p.는 '~했을지도 모른다'는 뜻인데 현재도 그 가능성이 살아있다는 뜻이다.** 이 3가지 동사들은 주로 if 절 없이 쓴다.

☐ 혼합형 가정법은 if 절에서 과거, 주절에서 현재를 가정한다. If only S+V는 운명을 바꿀만한 결정적인 변수를 가정할 때 쓴다. 주로 주절은 생략한다. I wish S+V는 가정할 때만 사용한다. I wish 뒤의 동사가 과거이면 현재를, 동사가 과거완료이면 과거를 가정한다.

1 현재가정

1 기본 공식

예문 If I knew her telephone number, I would tell you.
만일 내가 그녀의 전화번호를 안다면 네게 말해줄 텐데.

해설
* 현재를 가정할 때는 조건절에 단순과거, 주절에 would+원형동사를 쓴다.
* **예문은 조건절에 knew, 주절에 would tell을 썼으므로 현재가정이다.**
* 현재 나는 그녀의 전화번호를 모르지만, 안다면 ~해 줄 텐데 라는 뜻이다.

2 주절의 조동사 would/could/might

(1) would

예문 If I knew her telephone number, I would tell you.
만일 내가 그녀의 전화번호를 안다면 네게 말해줄 텐데.

해설
* 주절의 조동사 would는 주로 의향을 나타낸다.
* **would는 '~할 텐데' 또는 be 동사 앞에서는 '~일 텐데'라는 뜻이다.**

(2) could

예문 If I knew her telephone number, I could tell you.
만일 내가 그녀의 전화번호를 안다면 네게 말해줄 수 있을 텐데.

해설
* 주절의 조동사 could는 능력을 나타낸다. '~할 수 있을 텐데'라는 뜻이다.
* **예문은 내가 전화번호를 모르기 때문에 말해 줄 수 없어서 안타깝다는 뜻이다.**

(3) might

예문 If he knew her telephone number, he might tell us.
만일 그가 그녀의 전화번호를 안다면 우리에게 말해줄지도 모르는데.

해설
* 주절의 조동사 might는 가능성을 나타낸다.
* **might는 '~할지도 모르는데' 라는 뜻이다.**
* 예문은 만약 그가 전화번호를 안다면 우리에게 말해 줄 가능성도 있다는 뜻이다.

Notes

우리말에서는?
우리말에서는 가정의 표시로 동사끝에 '~텐데'를 붙인다.

Notes

Were we to move north?
1. Were we to move north는 If we were to move north를 줄인 것이다.
2. 즉, if를 생략하고 그 자리에 were를 놓을 수 있다.
3. 생략형이 존재한다는 것은 그만큼 많이 쓰인다는 뜻이다
4. 현재 의향이 없는데, 만약 있다면 어떻게 될 것인지 가정한다.

Were it not for water?
1. Were it not for water는 If it were not for를 줄인 것이다.
2. 즉, 접속사 if를 생략하고 그 자리에 were를 놓을 수 있다.

But for water?
1. But for water는 Were it not for water와 같다.
2. 즉, '만약에 물이 없다면'이라는 뜻이다.
3. but for는 가정법에만 쓴다.
4. 전치사 without('~이 없다면')은 직설법/가정법에 쓴다.
   Without water, no living things could survive. (가정법)
   "물이 없다면 어떠한 생물도 살아남을 수 없을 텐데."
   Without a license, you can't drive. (직설법)
   "면허증 없이는 운전할 수 없다."

3 if 절의 조동사 were to

예문 If we were to move north, we could buy a bigger house.
우리가 북쪽으로 이사하려 한다면 더 큰 집을 살 수 있을 텐데.

해설
* if 절에 조동사 were to가 쓰이면 현재를 가정한다.
* were to가 단순과거 조동사이기 때문이다.
* **were to는 if 절에서 전제조건을 나타낸다. 즉, '~하려 한다면' 이라는 뜻이다.**
* 그럴 의향이 없지만 만약 있다면 어떻게 될 것인지를 가정할 때 쓴다.

4 If it were not for

예문 If it weren't for water, no living things could survive.
물이 없다면 어떠한 생물도 살아남을 수 없을 텐데.

해설
* **if it were not for는 '만약 ~이 없다면' 이라는 뜻이다.**
* 즉, 현재 존재하고 있는 것을 존재하지 않는다고 가정할 때 쓴다.
* if 절에 단순과거(weren't)가 쓰였으므로 현재가정임을 안다.

5 It's time + 주어+동사

예문 1 It's time we went. 우리는 이제 꼭 가야 한다.

해설
* **It's time 주어+동사는 '이제 꼭 ~할 때가 되었다' 라는 뜻을 전달한다.**
* It's time 주어+동사는 "It's time (for somebody) to do" 보다 절박한 표현이다.
* 예문은 '지금은 우리가 아까 갔어야 할 그렇게 늦은 시간이다'라는 뜻이다.
* 따라서 예문은 우리가 이제 더 이상 출발을 늦출 수 없다는 뜻이 된다.
* It's time 뒤의 단순과거(went)는 현재를 가정할 때 쓰는 가정법 동사다.
* 즉, 이 단순과거는 직설법 단순과거가 아니다.

예문 2 It's about time we ended the uncertainty.
이제 대략 우리가 그 불확실성을 끝내야 할 때가 된 것 같다.

해설
* It's about time의 about은 '대략' 이라는 뜻의 부사다.
* 따라서 It's about time…은 It's time… 보다 더 겸손하게 말할 때 쓴다.

예문 3 It's high time we ended the uncertainty.
이제 우리가 그 불확실성을 끝내야 할 때가 무르익었다.

해설
* It's high time의 high는 '무르익은' 이라는 뜻이다.
* 따라서 It's high time…은 It's time… 보다 더 시급하다는 뜻을 전달한다.

6 주절만 있는 경우

예문 1 I wouldn't worry. 나라면 걱정하지 않을 텐데.

해설
* 완곡하게 충고할 때 If I were you를 생략하고 주절만 제시할 수 있다.
* 예문은 다음 가정법 문장을 줄인 것이다: I wouldn't worry if I were you.

예문 2 What would you do as President?
네가 대통령이라면 어떻게 하겠니?

해설
* 예문도 현재를 가정한다.
* 예문에서 would는 현재를 가정할 때 쓰는 조동사이기 때문이다.
* **예문에서 as President는 if you were President와 사실상 같은 뜻이다.**
* 즉, '(대통령이라면) 대통령으로서'라는 뜻이기 때문이다.

2 과거가정

1 기본 공식

예문 If you had called, I would have picked you up.
네가 전화했다면 내가 너를 마중했었을 텐데.

해설
* 과거를 가정할 때는 if 절에 과거완료, 주절에 would have p.p.를 쓴다.
* 예문에서 if 절에 had called, 주절에 would have picked up를 썼다.
* 과거를 가정할 때는 과거보다 한 단계 뒤에 있는 과거완료 시제를 쓴다.
* 주절에는 would have p.p.를 쓴다. 이를 'would +완료형동사'라고도 부른다.

2 주절의 조동사

(1) would

예문 If you had called, I would have picked you up.
네가 전화했다면 내가 너를 마중했었을 텐데.

해설
* 주절의 would have p.p.는 주로 의향을 나타낸다.
* 즉, would have p.p.는 '~했었을 텐데'라는 뜻이다.

Notes

(2) could

예문: If he had run a bit faster, he could have won.
그가 조금 더 빨리 뛰었다면 승리할 수 있었을 텐데.

해설: * 주절의 could have p.p.는 능력을 나타내며 '~할 수 있었을 텐데'이다.

(3) might

예문: If you had worked harder, you might have passed the exam.
네가 더 열심히 공부했다면 그 시험에 합격했을지도 모르는데.

해설: * 주절의 might have p.p.는 추측을 나타내며 '~했을지도 모르는데'이다.

3 Had+주어+p.p.

예문: Had you worked harder, you might have passed the exam.
네가 더 열심히 공부했다면 그 시험에 합격했을지도 모르는데.

해설:
* Had+주어+p.p.는 If+주어+had p.p.를 줄인 것이다.
* 즉, if를 생략하고 그 자리에 과거완료 조동사 had를 갖다 놓은 것이다.
* 예문의 Had you worked harder는 If you had worked harder를 줄인 것이다.

4 If it had not been for

예문: If it had not been for him, I would have died.
그가 없었다면 나는 죽었을 것이다.

해설:
* If it had not been for는 '~가 없었다면'이라는 뜻이다.
* 즉, 과거에 존재했던 것을 존재하지 않았다고 가정할 때 쓴다.
* if 절에 과거완료를 썼기 때문에 과거를 가정한다는 것을 알 수 있다.
* If it had not been for를 Had it not been for로 줄일 수 있다.
  Had it not been for him, I would have died.
* Had it not been for를 전치사 but for로 대체할 수도 있다.
  But for him, I would have died. "그가 없었다면 나는 죽었을 것이다."
* but for 대신에 without을 쓸 수도 있다.
  Without him, I would have died. "그가 없었다면 나는 죽었을 것이다."

5 should have p.p.

예문: You should have studied harder. 너는 더 열심히 공부했었어야 했는데.

해설:
* should have p.p.는 '~했었어야 했는데'라는 뜻이다.
* 과거의 일을 애석해 할 때 쓴다.
* 예문에서 상대방은 과거에 열심히 공부하지 않은 사람이다.

❓ **should have p.p.와 had to는 다르다?**

① should have p.p.는 과거의 이행되지 않은 의무를 나타낸다.
You should have studied harder. "너는 더 열심히 공부했었어야 했는데."

② 열심히 공부했어야 했는데 하지 않은 경우에 쓴다.

③ had to는 이행된 과거의 의무를 나타낸다.
I had to study hard to pass the exam. "나는 그 시험에 합격하기 위해서 열심히 공부해야 했다."

④ 나는 열심히 공부해서 그 시험에 합격했다는 뜻이다.

6 must have p.p.

예문 You must have studied hard. 너는 열심히 공부했음에 틀림없다.

해설
* must have p.p.는 '~했음에 틀림없다'라는 뜻이다.
* must have p.p.는 이행되지 않은 과거의 의무를 나타내지 않는다.
* 그런 뜻은 should have p.p.로 나타낸다.

7 may have p.p.

예문 1 Our ancestors may have lived in Africa.
우리의 조상들이 아프리카에서 살았을지 모른다.

해설
* may have p.p.는 '~했었을지 모른다'라는 뜻이다. 과거를 추정할 때 쓴다.
* 그러나 may have p.p.는 아직도 그 가능성이 살아있을 때만 쓴다.
* 조동사 may가 현재조동사이기 때문이다.
* may have p.p.는 주로 if절 없이 사용한다.
* 예문은 과거에 그랬을지 모르고, 현재도 그 가능성이 유효하다는 뜻이다.

예문 2 She may have missed her bus. 그녀가 그 버스를 놓쳤을지 모른다.

해설
* may have missed는 버스를 놓쳤을 가능성이 아직도 살아있다는 뜻이다.
* 즉, 그녀가 버스를 놓치지 않았다는 반증이 아직 없다는 뜻이다.

심층해설 may have p.p.와 might have p.p.는 다르다?

❶ may have p.p.는 그랬을지 모르고 현재도 그럴지 모른다는 뜻이다.
❷ might have p.p.는 현재는 소멸된 과거의 가능성에 대해서만 쓴다.
If she had left just a few minutes late, she might have missed her bus.
"그녀가 3-4분만 늦게 떠났다면 버스를 놓쳤을 것이다."

Notes

헷갈리는 이유?
❶ must+원형동사는 현재의 추측이나 의무를 나타낸다.
❷ 그러나 must have p.p.는 과거의 '추측'만 나타낸다.
❸ must have p.p.는 과거의 '의무'를 나타내지 않는다.
❹ 즉, must have p.p.는 '~했어야 했다'라는 뜻이 아니다.

3 혼합형 가정법

예문 If I had met him a year earlier, I would be his wife now.
만일 내가 그를 그 1년 전에 만났다면 나는 지금 그의 아내가 되어있을 텐데.

해설
* if 절에서 과거를, 주절에서 현재를 가정하는 것을 혼합형 가정법이라고 한다.
* 따라서 혼합형 가정법은 if 절에 과거완료, 주절에 would+원형동사를 쓴다.
* 예문에서 if 절에 과거완료 had met, 주절에 would be를 썼다.

Notes

❓ If only와 only if?

❶ If only는 가정할 때 쓴다. '~하기만 해도/했어도'라는 뜻이다.
If only you had told me about it!
"네가 그것에 대해서 나에게 이야기만 했어도."

❷ only if는 직설법 조건문에 쓴다. '~할 경우에만'이라는 뜻이다.
You'll succeed only if you work hard. "너는 열심히 노력할 경우에만 성공할 것이다."

4 If only S+V

예문
If only I were better looking! 내가 더 잘 생기기만 해도.
If only you had told me about it!
네가 그것에 대해서 나에게 이야기만 했어도.

해설
* If only S+V는 운명을 바꿀만한 결정적인 변수를 가정할 때 쓴다.
* If only 뒤에 단순과거가 있으면 현재를, 과거완료가 있으면 과거를 가정한다.
* 첫째 예문(were)은 현재를, 둘째 예문(had told)은 과거를 가정한다.
* 현재를 가정하면 '~하기만 해도', 과거를 가정하면 '~하기만 했어도'이다.
* 이런 경우에 주로 주절은 생략된다. 말 안 해도 알기 때문이다.

5 I wish S+V

❓ 왜 I was가 아니라 I were 인가?

❶ 가정법에서는 be 동사의 과거를 were 하나로 통일했다.
❷ 즉, 가정법에서는 주어에 관계없이 were를 쓴다.

예문 1
I wish I were ten kilos lighter.
내가 체중이 10킬로 더 가볍다면 좋을 텐데.

해설
* I wish S+V는 가정할 때만 쓴다.
* I wish 뒤의 동사가 과거(were)이면 현재를 가정한다.
* I wish 뒤에 곧 발생해야 할 일을 담은 다음 예문은 틀렸다.
  I wish you will deliver us the goods immediately. (✗)
* 이런 직설법 문장에는 I wish 대신에 I hope/trust 등을 써야 한다.
  I hope/trust (that) you will deliver us the goods immediately. (○)
* 'I wish 주어+동사'는 도저히 현실이 될 가능성이 없는 일에만 쓰기 때문이다.

심층해설 I wish 뒤에 문장이 올 때 was를 쓸 수 있나?
① I wish 뒤에 문장이 올 때 was를 쓰는 것은 영국식이다.
② 영국식에서 I wish 뒤의 주어가 I/he/she/it일 때 was도 쓴다.
I wish my nose was/were a little higher.
"내 코가 조그만 더 높다면 좋을 텐데."
③ 특히 현실이 될 가능성이 조금이라도 있으면 이렇게 한다.
④ 미국식 영어에서는 가정이므로 was를 쓰지 않고 were만 쓴다.

예문 2
I wish you had told me about it.
네가 그것에 대해서 내게 이야기해 주었으면 좋았을 텐데.

해설
* I wish 다음에 과거완료(had told)를 쓰면 과거를 가정한다.
* 예문은 네가 이야기를 해 주지 않았는데, 해 주었다면 좋았을 것이라는 뜻이다.
* 즉, 돌이킬 수 없는 과거를 안타까워하고 있다.

▶ 맺음말

▼ 가정법은 현실이 될 수 없는 것에 대해서만 쓴다. 현대영어에 미래가정법이라는 용어는 없다. 미래의 일은 직설법 조건문으로 나타낸다. 가정의 대상이 되는 것은 과거나 현재다. 직설법 조건문은 조건절에 현재, 주절에 주로 단순미래를 쓴다.

▼ **if 절에 단순과거가 있으면 현재가정이고, if 절에 과거완료가 있으면 과거가정이다.** if 절 안에 조동사 were to가 있으면 '~하려 한다면'이라는 뜻이다. 현재 그럴 의향이 없음을 안타까워 할 때 쓴다. if it were not for는 현재 있는 것을 없다고 가정할 때 쓴다. 전치사 but for와 뜻이 같다.

▼ **It's time 뒤에 주어+동사가 나올 때는 현재를 가정하므로 단순과거 동사를 쓴다.** 예를 들면, "It's time we went"는 "It's time to go"보다 절박한 표현이다. 즉, 우리는 이제 꼭 가야겠다는 뜻이다. **if 절이 없는 가정법 문장은 상대방에게 완곡하게 제안할 때 쓴다.** 예를 들면, "I would get up earlier"는 상대방에게 일찍 일어나도록 권유할 때 쓴다.

▼ **과거가정은 if 절에 과거완료, 주절에 would/could/might have p.p.를 쓴다.** would는 '의향', could는 '능력', might는 '가능성'을 나타낸다. 과거를 가정하는 if 절은 항상 if를 생략하고 if 자리에 과거완료 조동사 had를 놓을 수 있다. if it had not been for는 동사가 과거완료(had been)이므로 과거를 가정한다. '만일 ~이 없었다면'이라는 뜻이다. but for로 대체할 수도 있다.

▼ **should have p.p.는 과거에 이행되지 않은 의무를 나타낸다.** '~했었어야 했는데'라는 뜻이다. **must have p.p.는 과거에 대한 확실한 추측을 나타낸다.** 즉, '~했음에 틀림없다'라는 뜻이다. **may have p.p.** 는 '~했을지도 모른다'라는 뜻인데 현재도 그 가능성이 살아있다는 뜻이다.

▼ 혼합형가정법은 if 절에서 과거, 주절에서 현재를 가정한다. if절에 과거완료를, 주절에 would+원형동사 등을 쓴다. if only는 '~하기만 해도/했어도'라는 뜻이므로 결정적인 변수를 가정할 때 쓴다. **I wish 뒤에 주어+동사가 오면 전체가 가정법 문장이 된다. 동사가 과거이면 현재, 과거완료이면 과거를 가정한다.**

Section 30

축약절, 병치, 중복

> **Notes**

핵심강의

□ **축약절(reduced clauses)은 3가지 종속절을 줄인 것을 말한다.** 부사절 중에는 시간, 조건, 양보, 양태절을 줄일 수 있다. 명사절은 조동사 should/can이 쓰인 경우에 줄일 수 있다. 관계절은 부가형 관계절의 경우에 관계대명사와 be 동사를 생략할 수 있다.

□ **부사절을 축약하면 '접속사+분사/형용사/전치사구'가 남는데 가장 대표적인 형태는 '접속사+분사'다.** 현재분사를 쓰면 능동태 동사를 줄였다는 뜻이고, 과거분사를 쓰면 수동태 동사를 썼다는 뜻이다. 시간 접속사는 when, since, while, after, before, until, whenever, once 뒤에서, 조건절에서는 if와 unless 뒤에서, 양보절에서는 though 뒤에서, 양태절에서는 as와 as if 뒤에서 축약이 가능하다.

□ **명사절을 축약하면 '접속사 + to 부정사'가 남는다. 명사절에 조동사 should 나 can이 쓰였고, 접속사 whether나 who 등 의문사들이 쓰였을 때 축약이 가능하다.** 물론 can의 과거 could가 쓰인 경우에도 축약이 가능하다.

□ **관계절을 축약하면 명사보어나 형용사보어만 남는다.** 부가형 관계절의 주격 관계대명사와 be 동사를 생략할 수 있다. 명사보어가 남는 경우에 이 명사를 동격 명사라고도 부른다. 명사보어나 형용사보어를 강조하고 싶으면 주어 앞에 놓을 수도 있다.

□ **병치구조(parallel structure)는 비교하거나 등위접속사를 사용할 때 양쪽이 '나란해야' 한다는 원칙이다.** 즉, 양쪽의 구조가 같아야 하고, 양쪽이 단어일 때 품사가 같아야 하고, 양쪽에 동명사나 to 부정사를 쓸 때 일관성을 유지해야 한다.

□ **중복(redundancy)은 명사주어가 길다고 명사 바로 뒤에 대명사 it을 놓아서 it을 주어로 쓸 수 없다는 규칙이다.** 또는 명사 목적어가 길다고 명사 바로 뒤에 대명사 it을 놓아서 it을 목적어로 쓸 수 없다는 규칙이다. 가주어 it이나 가목적어 it은 to 부정사구나 명사절을 대신하고, 이런 것들 앞에 놓인다.

1 축약절 (Reduced Clauses)

> **Key Point** 축약절?
> ① 축약절은 종속절(부사절/명사절/관계절)을 줄인 것이다.
> ② 종속절의 종류에 따라 축약하는 방법이 다르다.

1 부사절의 축약

> **Key Point** 부사절의 축약?
> ① 부사절을 축약할 때는 분사를 이용한다.
> ② 즉, 접속사+현재분사/과거분사로 축약한다.
> ③ 단, 분사 대신에 형용사/전치사구로 축약할 수도 있다.

(1) 시간절

① when

예문 When calling from overseas, dial 82 first.
해외에서 전화할 때 우선 82번을 돌려라.

해설
* when 뒤의 주어+능동태 동사를 현재분사(calling)로 축약할 수 있다.
* **단, 주절과 시간절의 주어가 같아야 한다.**
* 예문의 when calling은 when you call을 축약한 것이다.

② since

예문 She has become quite different since returning from her trip to Asia. 그녀는 아시아 여행에서 돌아온 이래로 상당히 달라졌다.

해설
* **since 뒤의 주어+능동태 동사를 현재분사로 줄일 수 있다.**
* 예문의 since returning은 since she returned를 줄인 것이다.
* 접속사 since 뒤에는 항상 단순과거동사를 놓는다.
* 따라서 현재분사로 줄여도 원래 단순과거였음을 알 수 있다.

③ while

예문 1 He drowned while trying to swim across a river.
그는 강 건너로 수영하려고 하다가 익사했다.)

해설
* 접속사 while 뒤에서도 축약할 수 있다.
* 예문의 while trying은 while he was trying을 줄인 것이다.
* 접속사 while 뒤에서 축약되는 경우는 대단히 많다.

Notes

축약절의 현재분사?
❶ 축약절의 현재분사는 주어+능동태 동사를 줄인 것이다.
❷ since returing은 접속사에 현재분사를 붙인 것으로 축약절이다.
❸ 왼쪽 예문에서 since returning은 since she returned을 줄인 것이다.

Notes

after talking이 전치사+동명사?
① 그렇게 보는 것은 좋지 않다.
② 접속사+현재분사로 보라.
③ 접속사+과거분사가 존재하기 때문이다.
④ 접속사+과거분사는 축약절로만 설명이 가능하다.
⑤ 일관성을 유지해야 한다.

예문 2 **While in Germany, he traveled a lot.**
독일에 있을 동안 그는 여행을 많이 했다.

해설
* 예문의 While in Germany는 While he was in Germany를 줄인 것이다.
* 양쪽 주어가 같고, while 절의 동사가 be일 때 주어+동사를 생략한다.

④ after

예문 **After talking to you, I always feel better.**
당신과 얘기를 하고 나면 나는 항상 기분이 좋아진다.

해설
* 예문의 After talking은 축약절이다. After I talk to you를 줄인 것이다.
* 현재분사 talking은 능동태 동사를 줄인 것이다.

⑤ before

예문 **Before signing the contract, you should read it through.**
너는 그 계약서에 서명하기 전에 그것을 끝까지 읽어야 한다.

해설
* 예문의 Before signing은 Before you sign을 줄인 축약절이다.
* 현재분사 signing은 능동태 동사를 줄인 것이다.

⑥ until

예문 **Beat the butter until soft.** 부드러워질 때까지 그 버터를 휘저어라.

해설
* 예문의 until soft는 until it is soft를 줄인 것이다.
* 양쪽 주어가 같고 until 뒤의 동사가 be일 때 주어+동사를 생략한다.

⑦ whenever

예문 **Whenever introduced, Americans shake hands.**
미국인들은 소개될 때마다 악수를 한다.

해설
* Whenever introduced는 Whenever they are introduced를 줄인 것이다.
* 즉, whenever 뒤의 introduced는 수동태 동사를 줄인 과거분사다.
* 이는 대단히 중요하다. 예문에서 introduced는 단순과거가 아니다.
* 단순과거는 능동의 뜻을 갖지만 과거분사는 수동의 뜻을 갖는다.
* 접속사 바로 뒤에 단순과거를 놓을 수 없다. 과거분사는 올 수 있다.

once+과거분사?
① once+과거분사는 축약절이다.
② 여기서 과거분사는 주어+수동태 동사를 줄인 것이다.
③ 과거분사를 단순과거로 착각하지 않도록 조심해야 한다.

⑧ once

예문 **Once destroyed, brain cells do not regenerate.**
두뇌세포는 일단 파괴되면 재생되지 않는다.

해설
* 예문의 Once destroyed는 Once they are destroyed를 줄인 것이다.
* 즉, once 뒤의 destroyed는 수동태 동사를 줄인 과거분사다.
* 접속사 once는 '일단 ~하면'이라는 뜻이다.
* 양쪽 주어가 같고, once 뒤에 수동태 동사가 오면 과거분사로 줄인다.

(2) 조건절

① if

예문 1 If possible, please let me know by this evening.
가능하면 오늘 저녁까지 알려달라.

해설 * If possible은 If it is possible을 줄인 것이다.

예문 2 There is little, if any, evidence for flying saucers.
비행접시에 대한 증거는, 만일 있다 하더라도, 거의 없다.

해설
* if any는 축약절이다. if there is any에서 there is를 생략한 것이다.
* 즉, if any는 '혹시 있다 할지라도'라는 뜻이다.
* 따라서 정확히 말하자면 이 때 if는 even if를 대신한 것이다.
* 사안에 대해서 부정적인 생각을 가지고 있을 때 if any를 붙인다.
* 예문에서 작가는 비행접시의 증거에 대해서 부정적인 입장이다.

② unless

예문 Never open the back unless otherwise instructed.
달리 지시 받지 않는 한, 결코 뒤를 열지 마라.

해설
* unless otherwise instructed은 unless you are otherwise instructed이다.
* 즉, unless 뒤의 instructed은 수동태 동사를 줄인 과거분사다.
* 여기서 otherwise는 '달리/다르게'라는 뜻의 부사다.

(3) 양보절

예문 Though exhausted, he went to bed very late.
그는 기진맥진했지만 매우 늦게 잠자리에 들었다.

해설
* 주로 양보 접속사 though 뒤에서 주어+be 동사를 생략할 수 있다.
* 예문의 Though exhausted은 Though he was exhausted를 줄인 것이다.
* 예문에서 exhausted은 '기진맥진한'이라는 뜻의 형용사다.
* 주절과 양보절의 주어(he)가 같기 때문에 축약했다.

(4) 양태절

① as

예문 Anne is going to join us, as agreed last week.
지난 주에 합의된 것처럼 앤은 우리랑 합류한다.

해설
* as 뒤의 주어+수동태 동사를 과거분사(agreed)로 줄일 수 있다.
* 예문의 as agreed는 as it was agreed('합의된 것처럼')를 줄인 것이다.
* 영국식에서는 as it was agreed를 as was agreed로 축약할 수도 있다.
* as 뒤의 능동태 문장은 현재분사로 줄이지 않는다.
  as we agreed last week → as agreeing last week (×)

② as if

예문 He acted as if certain of success.
그는 마치 성공을 확신하는 듯이 행동했다.

해설
* 양태 접속사 as if 뒤의 주어+be 동사를 생략할 수 있다.
* 예문의 as if certain은 as if he was certain을 줄인 것이다.
* 주절과 양태절의 주어가 같기 때문에 축약했다.

2 명사절의 축약

Key Point 명사절의 축약?
① 명사절에 조동사 should/can/could가 있을 때 축약할 수 있다.
② **명사절은 명사절접속사 + to 부정사로 축약한다.**
③ 단, 명사절 접속사 if와 that 뒤에서는 축약할 수 없다.
④ whether와 who 등 의문사 뒤에서 명사절을 축약할 수 있다.

(1) whether

예문 He couldn't remember whether to turn left or right.
그는 좌회전해야 할지 우회전해야 할지 기억해 낼 수 없었다.

해설
* 예문의 whether to turn은 whether he should turn을 줄인 것이다.
* 양쪽 주어가 같고 명사절에 조동사 should가 있으므로 축약했다.

(2) what 등 의문사

예문 1 I don't know what to say. 나는 무엇이라고 해야 할지 모르겠다.

해설
* 예문의 what to say는 what I should say를 줄인 것이다.
* 양쪽 주어가 같고 명사절에 조동사 should가 쓰였으므로 축약했다.

예문 2 Could you tell me how to get to the airport?
제가 어떻게 공항에 갈 수 있는지 말씀해주실래요?

해설
* how to get to the airport는 how I can get to the airport를 줄인 것이다.
* 양쪽 주어가 같고 명사절에 조동사 can이 쓰였으므로 축약했다.
* **축약된 명사절은 주로 조동사 should가 쓰인 경우다.**
* 바로 위 예문처럼 can/could가 쓰인 명사절이 축약된 경우는 소수다.
* 따라서 축약된 명사절을 해석할 때는 먼저 should를 넣어 보아야 한다.
* 예문처럼 should가 어색하면 can이 있었던 것으로 생각하면 된다.

Notes

I don't know what to do?
❶ 명사절이 축약된 것이다.
❷ what to do는 what I should do를 줄인 것이다.
❸ 예문은 "나는 어떻게 해야할 지 모르겠다."라는 뜻이다.

3 관계절의 축약

Key Point 관계절의 축약?
① 부가형 관계절의 주격 관계대명사와 be 동사를 생략한다.
② 결국 관계절을 축약하고 나면 명사/형용사 보어가 남는다.

(1) 명사보어가 남는 경우

예문 1 Vienna, the capital of Austria, is gorgeous.
오스트리아의 수도 비엔나는 기가 막히게 멋있다.

해 설
* the capital of Austria는 which is the capital of Austria을 축약한 것이다.
* 즉, 부가형 관계절의 주격 관계대명사 which와 동사 is를 생략했다.
* 남아있는 명사보어(the capital of Austria)를 동격명사라고도 부른다.

예문 2 The capital of Austria Vienna is gorgeous.
오스트리아의 수도 비엔나는 기가 막히게 멋있다.

해 설
* 축약된 관계절을 강조하기 위해서 주어(Vienna) 앞에 놓을 수도 있다.
* 이 때에는 축약된 관계절과 주어 사이에 comma를 찍지 않는다.
* 예문에서 둘 사이에 comma를 찍으면 the capital이 주어가 된다.
* the capital이 주어가 되면 'Vienna인 오스트리아의 수도'라는 nonsense가 된다.
* 예문의 주어는 Vienna다. the capital of Austria는 축약된 관계절이다.

(2) 형용사보어가 남는 경우

예문 1 Water, important for survival, is becoming scarce in Africa. 생존을 위해서 중요한 물이 아프리카에서 희소해져 가고 있다.

해 설
* important for survival은 which is important for survival을 줄인 것이다.
* 즉, 부가형 관계절의 주격 관계대명사 which와 동사 is를 생략한 것이다.

예문 2 Important for survival, water is becoming scarce in Africa.
생존을 위해서 중요한 물이 아프리카에서 희소해져 가고 있다.

해 설
* 축약된 관계절을 강조하기 위해서 주어 앞에 놓을 수 있다.
* 예문의 주어는 water이고, important for survival은 축약된 관계절이다.
* 이 경우에는 축약된 관계절 끝에 comma를 찍는다. 주어가 나온다는 표시다.
* comma가 있어도 형용사 important를 주어로 볼 위험은 없다.

Notes

4 술부의 축약

예문 1 Yes, I have. 네 그랬습니다.

해 설
* 회화에서 short answer를 만들 때 술부(동사+목적어/보어)를 축약한다.
* 예문은 "Yes, I have seen the movie." 등을 축약한 것이다.
* 술부를 축약할 때는 be 동사나 조동사에서 축약한다: Yes, I am/have.
* 일반동사의 경우에는 대동사 do를 써서 축약한다: Yes, I do.
* 술부를 축약했다는 표시로 축약된 술부를 세게 읽는다.

예문 2 What they say is surprising isn't.

그들이 놀랍다고 말하는 것이 놀랍지 않다.

해 설
* 예문에서 isn't는 술부 isn't surprising을 줄인 것이다.
* 앞에 형용사 surprising이 이미 언급되었기 때문에 isn't 뒤에서는 생략했다.
* 예문의 주어는 명사절 what they say is surprising이다.
* 명사절 what they say is surprising 안에서 they say는 삽입구다.

2 병치구조 (Parallel Structure)

Key Point 병치구조?
① 병치구조란 '양쪽이 나란해야 한다'라는 규칙이다.
② 나란하다는 것은 문장구조와 품사가 일관성이 있다는 뜻이다.
③ 등위접속사를 사용할 때와 양쪽을 비교할 때 이 규칙을 지킨다.

1 등위접속사를 사용할 때

예문 1 The winner receives not only a TV set but also a car.

승자는 TV만이 아니라 승용차도 받는다.

해 설
* 예문에서 등위접속사 not only A but also B의 A와 B의 구조가 나란하다.
* 즉, not only 뒤에 목적어를, but also 뒤에도 목적어를 놓았다.
* 다음 예문은 A와 B의 구조가 나란하지 않아서 틀렸다.
  The winner not only receives a TV set but also a car. (✗)
* 즉, not only 뒤에 동사+목적어, but also 뒤에 목적어를 놓아서 틀렸다.

예문 2 She is not only beautiful but also intelligent.

그녀는 아름다울 뿐만 아니라 지적이기도 하다.

| 해설 | * not only 뒤에 형용사(beautiful), but also 뒤에 형용사(intelligent)를 놓았다.
* 등위접속사의 양쪽이 같은 품사이기 때문에 예문은 병치구조를 이룬다.
* 다음 예문은 양쪽의 품사가 일정하지 않아서 틀렸다.
   She is not only <u>beautiful</u> but also <u>speaks intelligently</u>. (✗)
* 즉, not only 뒤에 형용사, but also 뒤에 동사+부사를 놓았기 때문에 틀렸다. |

2 둘을 비교할 때

| 예문 | Walking for two hours burns as many calories as running for an hour.
두 시간 동안 걷는 것은 한 시간 동안 달리는 것만큼 많은 칼로리를 연소한다. |

| 해설 | * 예문에서 등위비교급 as many as의 앞과 뒤가 일관성을 유지하고 있다.
* 즉, 예문에서 등위비교급 as many as의 앞과 뒤에 각각 동명사를 썼다.
* 다음 예문은 등위비교급의 양쪽이 일관되지 않아서 틀렸다.
   <u>Walking</u> for two hours burns as many calories as <u>to run</u> for an hour. (✗)
* 즉, as many as 앞에는 동명사를, 뒤에는 to 부정사를 썼기 때문에 틀렸다. |

Notes

왜 이 규칙이 필요한가?
① ~ing는 동명사와 현재분사 양쪽으로 쓴다.
② to 부정사는 명사, 형용사, 부사의 역할을 한다.
③ ~ing나 to 부정사 한쪽으로 통일하지 않으면 너무 어지럽다.

3 중복 (Redundancy)

Key Point 중복?
앞의 명사구(주어/목적어)를 대명사 it으로 중복해서 말할 수 없다.

1 주어의 중복

| 예문 1 | Education on environmental issues is crucial.
환경 문제에 관한 교육은 대단히 중요하다. |

| 해설 | * 예문의 주어는 Education on environmental issues다.
* 이 명사구를 대명사 it으로 중복해서 말할 수 없다.
   Education on environmental issues <u>it</u> is crucial. (✗)
* 회화에서 이렇게 말하는 사람도 많지만 writing에서는 철저하게 금지한다. |

| 예문 2 | The woman on the left is French.
왼쪽에 있는 여성은 프랑스인이다. |

| 해설 | * 예문의 주어는 the woman on the left다.
* 이 명사구를 대명사 she로 중복해서 말할 수 없다.
   The woman on the left <u>she</u> is French. (✗) |

Notes

가주어와 가목적어 it?

❶ 가주어와 가목적어 it은 앞에 놓는다.

❷ 즉, to 부정사구나 명사절 앞에 it을 놓는다.
It's impossible to finish it today. (가주어 it 뒤에 to 부정사구)
We've found it impossible to understand her. (가목적어 it 뒤에 to 부정사구)
It's unbelievable that he is a genius. (가주어 it 뒤에 명사절)
She made it clear that she was not interested in the offer. (가목적어 it 뒤에 명사절)

❸ 명사 뒤에 it을 놓는 것은 있을 수 없다.

❹ 단, 구어체에서는 인정한다.
The money in the safe, it is gone.(구어체)
"금고안의 돈이 없어져 버렸다."
The money in the safe is gone. (표준 영어)

* 회화에서 이렇게 말하는 사람도 많지만 writing에서는 철저하게 금지한다.
* she가 전혀 필요없는 상황이기 때문이다.

2 목적어의 중복

예문 We find education on environmental issues crucial.
우리는 환경 문제에 관한 교육이 대단히 중요하다고 생각한다.

해설
* 예문의 목적어는 education on environmental issues다.
* 이 명사목적어를 대명사 it으로 불필요하게 중복해서 말할 수 없다.
  We find education on environmental issues it crucial. (✗)
* 즉, 명사목적어가 길다고 그 뒤에 대명사 it을 놓을 수 없다.
* 언어권에 따라 이렇게 엉터리로 영어를 사용하는 사람들도 있다.
* 가주어/가목적어 it과 혼동하기 때문이다.

▶ 맺음말

✓ 부사절을 축약하면 주로 접속사+분사가 남는다. 예를 들면, before/after ~ing는 축약절이다. 이는 전치사+동명사가 아니라 접속사+현재분사다. 이런 ~ing 앞에는 부사를 놓아야 한다. 이 ~ing는 동사를 줄인 현재분사이기 때문이다. 이 ~ing를 동명사로 보면 그 앞에 형용사를 놓는 오류를 범할 수 있다.

✓ **when과 since 뒤에서 축약이 가능하다. 주로 when ~ing와 since ~ing로 축약된다.** while ~ing은 대단히 많이 쓴다. whenever와 once 뒤에 과거분사가 오면 수동태 문장을 축약한 것이다. 접속사 뒤의 be 동사를 생략해서 접속사+형용사/전치사구가 남은 경우도 있다. 예를 들면 while in Germany나 until soft는 축약절이다.

✓ **if possible과 if any는 조건절을 축약한 것이다. if+형용사이기 때문이다.** if possible은 '가능하다면', if any는 '만약 있다 하더라도' 라는 뜻이다. 각종 manual에서 많이 쓰는 unless+과거분사도 축약절이다. unless 뒤에 과거분사가 왔으므로 수동태 문장이 축약된 것으로 보아야 한다.

✓ **양보절은 주로 though+형용사로 축약한다. 양쪽 주어가 같고 동사가 be 동사일 때 이렇게 축약한다.** 양태접속사 as나 as if 뒤에서 각각 과거분사나 형용사로 축약한다. 예를 들면, as agreed는 as it was agreed를 축약한 것이고 as if certain은 as if he was certain 등을 축약한 것이다.

✓ **명사절은 접속사+to 부정사로 축약한다.** 예를 들면, what to say/do는 축약절이다. 관계절은 부가형 관계절의 주격 관계대명사와 be를 생략하고 명사보어나 형용사 보어만 남은 것이다. 이 보어를 강조하기 위해서 주어 앞에 놓을 수도 있다.

✓ **병치구조는 비교할 때나 등위접속사를 사용할 때 양쪽이 일관성을 유지해야 한다는 규칙이다.** 그래야 비교할 때 무엇과 무엇을 비교하는지, 등위접속사가 무엇과 무엇을 연결하는지 빨리 알 수 있다. 양쪽의 문장구조가 일관성을 유지해야 하고, 특히 형용사와 부사 중 한가지 품사로 통일하고, 동명사와 to 부정사는 어느 한쪽으로 통일해야 한다.

✓ **중복이란 일상회화에서 너무 긴 명사주어나 명사목적어 뒤에 불필요하게 it을 놓는 것은 문법적으로 잘 못되었다는 것이다.** 회화에서는 가능하지만 writing에서는 틀린 것으로 채점된다.

Section 31 — 어순의 도치 (Inversion)

Notes

어순의 도치?
주어+동사의 순서를 동사+주어의 순서로 뒤집어 놓는 것을 말한다.

핵심강의

☐ **어순의 도치란 주어+동사라는 정상 어순을 동사+주어의 어순으로 뒤집어 놓는 것을 말한다.** 영어에서는 어순이 도치되는 경우가 많다. 우선 의문문에서 어순이 도치된다. 예외가 있다면 의문대명사가 주어인 경우다. 예를 들면, "Who said that?"이라고 한다. 주어 who가 주어이기 때문에 어순을 도치하지 않았다.

☐ 의문문 외에도 5가지 경우에 어순을 도치한다. **첫째, 강조하기 위해서 부정사(negatives)를 문장 앞에 놓는 경우다.** 예를 들면, "Not only did we lose…"라고 한다. 부정사 not only를 강조하기 위해서 문장 앞에 놓았기 때문에 그 뒤에 어순을 도치해서 did we lose라고 한다.

☐ **둘째, only가 들어있는 구절을 강조하기 위해서 문장 앞에 놓으면, 그 뒤에서 동사+주어의 순서가 된다.** 예를 들면, "Only then did he realize…"라고 한다. only then을 강조하기 위해서 문장 앞에 놓았기 때문에 그 뒤에 어순을 도치해서 did he realize라고 했다.

☐ **셋째, 장소전치사구를 문장 앞에 놓고 그 뒤에 자동사를 놓으면 주어는 자동사 뒤에 온다.** 예를 들면, "Under the table was a huge dog"에서 장소전치사구 under the table로 문장을 시작하고 동사가 자동사 was이기 때문에 주어 a huge dog이 동사 was 뒤에 왔다.

☐ **넷째, 결과절 앞에 있는 such와 so를 강조하기 위해서 문장 앞에 놓으면 그 뒤에 어순을 도치한다.** 예를 들면, "So ridiculous did he look…"이라고 한다. so ridiculous를 강조하기 위해서 문장 앞에 놓았기 때문에 어순을 도치했다.

☐ **다섯째, 장소부사를 문장 앞에 놓고 주어가 명사이면 동사 뒤에 명사주어를 놓는다.** 예를 들면, "Away went the runners"라고 한다.

☐ 우위/열위 비교할 때 than 뒤에 주어+동사도 맞고 동사+주어도 맞다. 양태접속사 as 뒤에도 주어+동사도 맞고 동사+주어도 맞다.

1 의문문

예문 1 Do you want to postpone the meeting?
너는 그 회의를 연기하기를 원하느냐?

해설
* 의문문에서는 의문문의 표시로 어순을 도치한다.
* 의문문이라는 것을 문장 시작부분부터 알 수 있도록 하기 위해서 어순을 도치한다.
* 예문은 의문문임으로 동사(Do)+주어(you)의 순서로 놓았다.
* 예문은 Yes/No로 대답해야 하는 Yes/No-Question이다.

예문 2 Why do you want to postpone the meeting?
왜 너는 그 회의를 연기하기를 원하느냐?

해설
* 예문처럼 WH-Question(의문사로 시작하는 질문)에서도 어순을 도치한다.
* 예문은 의문문이므로 의문사 Why 뒤에 동사(do)+주어(you)의 순서로 놓았다.
* 단, 의문대명사가 의문문의 주어일 때는 주어+동사의 순서로 놓는다.
  Who wrote it? "누가 그것을 썼나?" (의문대명사 who가 주어임)
* 주어 who 뒤에 동사 wrote가 왔다.

예문 3 Where do you think he is?
너는 그가 어디있다고 생각하니?

해설
* WH-Question에 삽입구가 있을 때 어떻게 해야 하는지 알고 있어야 한다.
* 삽입구는 어순을 도치한다: do you think
* 본문은 어순을 도치하지 않는다: he is
* 삽입구가 없을 때는 다음과 같이 어순이 도치된다: Where is he?

Notes

2 단어/구의 강조

> **Key Point** 단어/구의 강조?
> ① 문장의 특정 단어나 구를 강조하고자 할 때에도 어순을 도치한다.
> ② 다음과 같은 5가지 경우가 있다.

1 부정사(negatives)로 시작하는 평서문

예문 1 Not a single word did she say. 그녀는 단 한마디의 말도 하지 않았다.

해설
* 부정사로 시작하는 평서문에서 어순의 도치가 발생한다.
* 예문은 부정사인 Not으로 시작했다. 그래서 동사+주어의 어순이 되었다.
* 즉, 예문은 '~ did she say'의 어순이 되었다.
* **Not a single word를 강조하기 위해서 이를 문장 맨 앞에 놓았기 때문이다.**
* 평범한 문장은 다음과 같다: She did not say a single word. (주어+동사의 어순)
* 단, 부정사가 들어있는 부분이 주어일 때는 정상어순이 된다.
  <u>Not all Americans</u> like hamburgers. (주어+동사의 어순)
  "모든 미국인이 햄버거를 좋아하는 것은 아니다.

> **심층해설** 어떻게 어순을 도치하나?
> ① be 동사가 쓰였을 때는 be 동사+주어의 순서로 놓는다.
> ② 조동사가 쓰였을 때는 조동사+주어+본동사의 순서로 놓는다.
> ③ 일반동사가 쓰였을 때는 do+주어+원형동사의 순서로 놓는다.

예문 2 Not until we met him did we understand the seriousness of his problem.
우리는 그를 만날 때까지는 그의 문제점의 심각성을 이해하지 못했다.

해설
* 예문은 부정사(Not)로 시작했고 부정사가 들어있는 부분이 주어가 아니다.
* 따라서 예문에서 어순의 도치가 발생했다. 즉, ~ did we understand라고 했다.
* 즉, 동사 did 뒤에 주어 we를 놓았다. 예문은 until 절을 강조한다.
* 평범한 어순의 문장은 다음과 같다.
  <u>We did not understand</u> the seriousness of his problem until we met him.

> **심층해설** 부정사(Negatives)?
> ① 다음과 같은 단어/구가 부정사다.
>   a. Not, Never, Neither, Nor, Nowhere, Not until…, Not only…
>   b. Hardly, Seldom, Rarely, Scarcely, Little '거의 아니'
>   c. At no time '어떠한 경우에도 아니'
>   d. Under no circumstances '어떠한 상황에서도 아니'
> ② 위 c.와 d.는 전치사로 시작하지만 의미상 부정사로 분류한다.

예문 3 Not only did we lose our money but we were almost killed, too. 우리는 돈을 잃었을 뿐만 아니라 거의 죽을 뻔하기도 했다.

해설
* 예문은 부정사(not)로 시작한다. 그래서 그 뒤에 did we lose라고 했다.
* did we lose는 어순이 도치된 것이다. 동사(did)+주어(we)이기 때문이다.
* 평범한 어순의 문장은 다음과 같다.
  <u>We not only</u> lost our money but we were almost killed, too.

예문 4 Hardly had we reached the lake when it started raining.
우리가 그 호수에 도착하자마자 비가 오기 시작했다.

해설
* 예문은 부정사(Hardly)로 시작한다. 그래서 그 뒤에 had we reached가 되었다.
* had는 조동사, we는 주어이므로 예문은 어순이 도치된 것이다.
* **부정사를 강조하기 위해서 일부러 문장 앞에 놓았기 때문이다.**
* 평범한 어순의 문장은 다음과 같다.
  <u>We hardly reached</u> the lake when it started raining.

예문 5 Little did he realize the danger he faced.
그는 자기가 직면한 위험을 거의 깨닫지 못했다.

해설
* 예문은 부정사(Little)로 시작한다. 그래서 그 뒤에 did he ~가 되었다.
* little을 강조하기 위해서 일부러 문장 앞에 놓았기 때문이다.
* did로 과거표시를 했기 때문에 그 뒤에는 원형동사(realize)를 놓는다.
  Little did he <u>realized</u> the danger he faced. (✗)
* 평범한 어순의 문장은 다음과 같다.
  He <u>realized</u> very little of the danger he faced.

심층해설 왜 어순을 도치하나?

① 부정사 바로 뒤에 주어를 놓으면 주어가 잘 안 들린다.
② 주어 앞에 be동사/조동사/do 대동사가 있어야 잘 들린다.
③ 영어는 강약이 교차하는 언어이기 때문이다.
④ 강하게 읽는 부정사 바로 뒤에 주어를 놓으면 주어가 잘 안 들린다.
⑤ 강조하는 단어 뒤에서 일단 동사가 완충역할을 해 준다.
⑥ 그래야 그 뒤에 나오는 주어가 잘 들린다.

예문 6 Under no circumstances should you see him again.
어떠한 상황에서도 너는 그를 다시 만나서는 안 된다.

해설
* **예문은 부정사(Under no circumstances)로 시작한다.**
* under no circumstances는 전치사구이지만 의미상 부정사로 분류한다.
* 그래서 그 뒤에 어순을 도치해서 should you see라고 했다.
* 평범한 어순의 문장은 다음과 같다.
  <u>You shouldn't</u> see him under any circumstances.

Notes

❓ 이중으로 과거표시?
❶ do로 과거표시하면 충분하다.
  Little did he realize...(○)
❷ 이중으로 과거표시하면 틀린다.
  Little <u>did</u> he <u>realized</u>...(✗)

Notes

Only five people showed up?
주어에 only가 있을 때 어순을 도치하지 않는다.
Only five people showed up.
"다섯 명만 나타났다."

2 only로 시작하는 평서문

예문 1 Only after the war did water begin to be purified.
그 전쟁 후에서야 물이 정수 되기 시작했다.

해 설
* only로 시작하는 구절을 강조하려고 문장 앞에 놓으면 어순을 도치한다.
* 예문은 only after the way를 강조하려고 일부러 문장 앞에 놓은 경우다.
* 그래서 그 뒤에 did water begin이라고 했다. 즉, 주어+동사의 순서가 되었다.
  Only after the war water began to be purified. (✕)
* 평범한 어순의 문장은 다음과 같다.
  Water began to be purified only after the war.

예문 2 Only then did he realize that it was a holiday.
그때서야 그는 그날이 공휴일임을 깨달았다.

해 설
* Only then을 강조하기 위해서 일부러 문장 앞에 놓았다.
* 따라서 그 뒤에 어순을 도치해서 did he realize라고 했다.
  Only then he realized that it was a holiday. (✕)

3 장소 전치사구로 시작하는 평서문

예문 1 In the doorway stood a man with a gun.
문가에 총을 든 남자가 서있었다.

해 설
* 장소 전치사구로 문장을 시작하고 동사가 자동사이면 어순을 도치한다.
* 즉, 이런 경우 전치사구+자동사+주어의 어순이 된다.
* In the doorway는 장소전치사구, stood는 자동사, a man with a gun은 주어다.
* **단, 이 경우 강조대상은 장소전치사구가 아니라 문장 끝에 오는 주어다.**
* 즉, 예문은 a man with a gun을 극적으로 제시한다.
* 장소전치사구는 강조의 대상이 되지 않는다. 그럴만한 가치가 없다.

예문 2 Under the table was a huge dog.
그 식탁 밑에 엄청나게 큰 개가 있었다.

해 설
* 예문은 장소전치사구(Under the table)로 시작하고 동사(was)가 자동사다.
* **따라서 동사(was) 뒤에 주어(a huge dog)가 왔다. 예문은 주어를 강조한다.**
* 단, be 동사 대신에 there is/was 등을 쓰면 도치할 필요가 없어진다.
  There was a huge dog under the table. = Under the table there was a huge dog.
* there is/was를 쓰는 경우에는 주어를 항상 그 뒤에 놓기 때문이다.

예문 3   Among the first to arrive was the ambassador.
처음 도착한 사람들 중에 그 대사가 있었다.

해설
* 예문의 among the first to arrive는 장소 전치사구이고 was는 자동사다.
* 따라서 이 문장의 주어는 동사 뒤에 있는 the ambassador다.
* 예문은 주어인 the ambassador를 강조한다.
* 예문의 among the first to arrive는 정확히 '장소'를 뜻하지는 않는다.
* 그러나 넓게 보면 장소/위치를 나타낸다고 볼 수 있다.

4 Such/So가 들어있는 부분으로 시작하는 평서문

예문 1   So ridiculous did he look that everybody burst out laughing. 그가 그렇게도 우스꽝스럽게 보여서 모두 웃음을 터트렸다.

해설
* 동사 뒤에 놓아야 할 such/so가 들어있는 부분을 문장 앞에 놓을 수 있다.
* 단, 이 경우 그 대가로 어순을 도치한다.
* 예문은 so 부분(so ridiculous)을 강조하기 위해서 문장 앞에 놓았다.
* 그래서 어순을 도치해서 did he look이라고 했다.
  So ridiculous <u>he looked</u> that everybody burst out laughing. (✗)
  So ridiculous <u>did he look</u> that everybody burst out laughing. (○)
* 평범한 어순의 문장은 다음과 같다.
  <u>He looked so ridiculous</u> that everybody burst out laughing.

예문 2   So do I. 나도 그래.

해설
* 부사 so를 문장 앞에 놓았기 때문에 어순을 도치해서 do I라고 했다.
* 단, So do I와 I do so는 뜻이 다르다.
* So do I는 상대방의 말에 맞장구 칠 때 쓴다. 주어인 I를 강하게 읽는다.
* I do so는 "나는 정말로 그렇게 한다."라는 뜻이고 do를 강하게 읽는다.

5 장소부사로 시작하고, 동사가 동작동사이고, 주어가 명사인 평서문

예문   Away went the runners. 멀리 그 선수들이 사라졌다.

해설
* 장소부사(away)로 문장을 시작하고, 동작동사(went)이면 어순을 도치한다.
  Away <u>the runners went</u>. (✗)   Away <u>went the runners</u>. (○)
* 단, 주어가 대명사이면 어순을 도치하지 않는다: Away <u>they went</u>.
* 주어가 명사일 때만 어순을 도치한다: Away went the runners.

Notes

3 성질 형용사가 부정관사 앞에 놓이게 되는 경우

성질형용사?
① 사람/동물/사물의 성질을 나타낸다.
② 대부분의 형용사는 성질형용사다.
③ 관사 뒤에 놓는다.
   a polite person. '공손한 사람'

Key Point 무슨 말인가?
① 일반적으로 부정관사가 성질형용사 앞에 온다.
② 관사가 성질형용사보다 더 중요한 한정사이기 때문이다.
③ 그러나 성질형용사를 수식하는 부사가 있을 때는 예외다.
④ 이런 경우에는 부사+형용사+관사+명사의 순서가 된다.
⑤ 부사가 형용사를 수식하기 때문에 형용사 바로 앞에 부사를 놓아야 한다.

1 too

예문 She is too polite a person to refuse it.
그녀는 그것을 거절하기에는 너무 공손한 사람이다.

해설
* 예문에서 too polite a person이 맞다. too a polite person이 아니다.
* **too가 부사이므로 그 바로 뒤에 형용사 polite부터 놓아야 한다.**
* 부사(too)는 형용사(polite)를 수식하지 관사(a)를 수식하지 못한다.
* 즉, 보통 a polite person이지만 too 뒤에서는 polite a person이 맞다.

2 so

예문 It was so warm a day that I could not work.
그날은 그렇게도 더운 날이어서 나는 일을 할 수가 없었다.

해설
* 예문에서 so warm a day가 맞다. so a warm day가 아니다.
* so('그렇게')가 부사이므로 그 뒤에 형용사 warm부터 놓아야 한다.
* **즉, 보통 a warm day이지만 부사 so 뒤에는 warm a day가 맞다.**

as가 부사?
등위접속사 as~as에서 첫번째 as는 부사다. '그만큼'이라는 뜻이다.

3 as

예문 I have as good a voice as you do.
나는 당신이 가지고 있는 것 만큼 좋은 목소리를 갖고 있다.

해설
* **예문에서 as good a voice가 맞다. as a good voice가 아니다.**
* as('그만큼')가 부사이므로 그 뒤에 형용사 good부터 놓는다.
* 즉, 보통 a good voice이지만 부사 as 뒤에는 good a voice가 맞다.

4 that

예문 I couldn't afford that big a car. 나는 그렇게 큰 차를 부담할 수 없었다.

해설
* 예문에서 that big a car가 맞다. that a big car가 아니다.
* 여기서 that은 '그렇게'라는 뜻의 부사다. 그 뒤에 형용사부터 놓아야 한다.
* 즉, 보통 a big car이지만 부사 that 뒤에는 big a car가 맞다.

5 how

예문 How good a teacher she is! 그녀는 얼마나 훌륭한 선생님인가!

해설
* 예문에서 How good a teacher가 맞다. How a good teacher가 아니다.
* how는 부사이므로 그 뒤에 형용사 good부터 놓는다.
* 즉, 보통 a good teacher이지만 부사 how 뒤에는 good a teacher가 맞다.

> **Notes**
>
> **that이 부사?**
> ❶ 지시형용사 that이 있다.
>   that car
> ❷ 지시대명사 that이 있다.
>   That's my car.
> ❸ 부사 that도 있다.
>   that big a car

---

4 than 뒤에서 어순의 도치

예문 City dwellers have a higher death rate than do country people. 도시 주민들은 시골사람들보다 더 높은 사망률을 갖는다.

해설
* than 뒤에 주어+동사가 일반적이지만 문어체에서는 동사+주어도 맞다.
* 예문에서 than 뒤에 country people do도 맞고 do country people도 맞다.
* 즉, than 뒤에 동사부터 놓고 그 뒤에 명사주어를 놓을 수 있다.

---

5 양태 접속사 as 뒤에서 어순의 도치

예문 It is an oil-producing country as are most of Arab countries. 그것은 대부분의 아랍 국가들이 그런 것처럼 산유국이다.

해설
* 양태접속사 as 뒤에는 주어+동사도 맞고 (문어체에서는) 동사+주어도 맞다.
* 예문에서 as 뒤에 most of Arab countries are도 맞고 are most of Arab ~도 맞다.
* 즉, 양태접속사 as 뒤에는 동사(are)부터 놓고 그 뒤에 주어를 놓을 수 있다.

> Notes

6 인용구 뒤에서 주어가 명사일 때 어순의 도치

예문 "Is this the president's house?" asked the stranger.
"이것이 대통령의 저택입니까?"라고 그 낯선 사람이 물었다.

해설
* **인용구 뒤에는 명사주어+동사도 맞고 동사+명사주어도 맞다.**
* 즉, 예문에서 the stranger asked도 맞고 asked the stranger도 맞다.
* 단, 주어가 대명사일 때에는 어순을 도치할 수 없다.
  "Is this the president's house?" he asked.
* 또한 인용구 앞에 놓을 때는 항상 주어+동사의 순서로 놓는다.
  The stranger asked, "Is this the president's house?"
  He asked, "Is this the president's house?"

▶ 맺음말

✓ 우리말에서는 어떤 경우에도 동사+주어로 놓지 않는다. 의문문에서도 어순은 주어+동사다. **영어는 우선 의문문에서 어순을 도치한다.** 상대방이 의문문임을 빨리 알아차리도록 하기 위해서다. 예를 들면, "Do you like Indian movies?"라고 한다.

✓ **평서문에서 어순을 도치하는 경우도 있다. 원래 뒤에 놓아야 하는 부정사(negatives)나 only가 들어 있는 구절을 강조하기 위해서 문장 앞에 놓으면 그 뒤에서 어순을 도치한다.** 이럴 때 꼭 어순을 도치해야 하는 진짜 이유는 주어를 알아듣기 쉽도록 하기 위해서다. 강조하는 단어 바로 뒤에 주어를 놓으면 주어가 잘 안 들린다. 영어는 강약이 교차하는 언어이기 때문이다. 따라서 동사가 완충역할을 하도록 강조할 단어 뒤에 동사+주어의 순서로 놓는다.

✓ 어순을 도치할 때 동사가 be 동사이면 주어와 위치를 맞바꾸고, 조동사가 쓰인 때에는 조동사+주어+본동사의 순서로 놓고, 일반동사의 경우에는 대동사 do/does/did+주어+본동사의 순서로 놓는다.

✓ **장소전치사구를 문장 앞에 놓고 그 뒤에 자동사+주어가 오는 경우에는 장소전치사구가 아니라 주어를 강조한다.** 따라서 이런 경우에는 주어를 극적으로 읽는다. 예를 들면, "Under the table was a huge dog"에서 a huge dog을 강하게 읽는다. 물론 이런 경우 be 동사 대신에 there is/was 등을 쓰면 어순을 도치할 필요 없다: Under the table there was a huge dog.

✓ **관사를 성질형용사 앞에 놓는다. 한정사인 관사가 성질형용사보다 더 중요하기 때문이다.** 그러나 성질형용사를 수식하는 부사가 있으면 어순이 '부사+성질형용사+관사+명사'가 된다. '부사+관사+성질형용사+명사'가 아니다. 부사는 관사를 수식하지 못하기 때문이다. 예를 들면, **too polite a person이라는 어순이 맞다.** 보통은 a polite person이지만 부사 too가 있기 때문에 바로 그 뒤에 우선 성질형용사 polite를 놓는다. 부사 too 외에 부사 so, as, that, how 뒤에서도 이와 같은 현상이 발생한다.

✓ **than과 양태접속사 as 뒤에서 주어+동사의 어순으로 놓지만 문어체에서는 동사+주어의 순서도 맞다.** 인용구 뒤에 주어+동사를 놓을 때 주어가 명사이면 주어+동사의 어순도 맞고 동사+주어의 어순도 맞다. 주어가 대명사면 주어+동사의 순서만 맞다.

Section 32 간접화법 (Indirect Speeches)

Notes

간접화법?
① 간접화법은 A의 질문이나 진술을 B에게 옮길 때 사용한다.
② 모든 간접화법 문장은 주절+명사절로 구성된 복문이다.

핵심강의

☐ 간접화법은 speaking에서 많이 쓴다. 상대적으로 직접화법은 신문/잡지에서 많이 쓴다. 언론에서는 정확하게 말을 옮겨야 하기 때문이다. 예를 들면, He said that he was hungry는 간접화법이고, He said, "I'm hungry."는 직접화법이다.

☐ **간접화법에서는 어순을 조정해야 한다.** 예를 들면, "Do you love me?"라는 질문을 간접화법으로 옮기면 어순이 주어+동사가 되어서 "She asked me if I loved her"가 된다. 즉, 'Do you love…'가 'I loved'로 바뀐다.

☐ **간접화법에서는 시제 일치를 시킨다.** "He said that he was hungry"는 시제 일치 되었다. 주절의 동사도 과거(said)이고 종속절의 동사도 과거(was)다.

☐ **특히 주어/보어/목적어가 대명사일 때 간접화법에서는 대명사들을 조정해야 한다.** "Do you love me?"에 쓰인 대명사 you와 me가 간접화법에서는 I와 her로 바뀐다: She asked me if I loved her.

☐ **장소부사 중 일부는 간접화법 문장에서 조정되어야 한다.** 예를 들면, "Have you been here before?"라는 질문을 옮길 때, 장소가 달라졌다면 더 이상 here를 쓸 수 없다. there 등으로 바꾸어야 한다: She asked me if I had been there before.

☐ **시간부사는 거의 다 조정해야 한다.** 예를 들면, tomorrow는 하루 이상 시간이 달라졌다면 더 이상 tomorrow라고 할 수 없다. the following day나 the next day로 바꾸어야 한다. yesterday는 the previous day 또는 the day before로 바꾼다. an hour ago는 an hour before 또는 an hour earlier로 바꾼다.

☐ 간접화법 문장을 우리말로 해석할 때 주절의 동사가 과거이면 종속절의 동사 시제를 한단계 앞으로 당겨서 해석해야 한다는 점에 주의해야 한다.

☐ 제대로 된 간접화법 문장을 만들어 낸다는 것은 영문법을 거의 다 알고 있다는 뜻이다. 반면에 틀린 간접화법을 만들어 낸다는 것은 치명적인 오류라고 평가된다. 따라서 현재 자신이 제대로 간접화법 문장을 만들어 내고 있는지 확실하게 점검해야 한다.

1 어순의 조정

예문 1 "Do you love me?" → She asked me if I loved her.

해 설
* A의 질문을 B에게 옮길 때 어순을 주어+동사의 순서로 바꾸어 놓아야 한다.
* 간접화법에서는 주어+동사의 순서가 되어야 하기 때문이다.
* 예문에서 왼쪽 질문을 간접화법 문장으로 바꾸면 주어+동사(I loved)가 된다.

심층해설 if/whether?
① Yes/No-Question을 간접화법으로 전환할 때는 if/whether를 쓴다.
② 이 때 if/whether는 '~인지'이다.

예문 2 "Where is a post office?"
→ She asked me where a post office was.

해 설
* WH-Question도 간접화법으로 전환할 때 주어+동사의 어순으로 바꾼다.
* 그래서 위 간접화법 문장에서 '~ where a post office was' 라고 했다.
* 즉, 주어 a post office가 동사 was 앞에 온다.
* 이 규칙을 제대로 지키지 않는 사람들이 많다. 다음 간접화법 문장은 틀렸다.
  She asked me where was a post office. (✗)
* 간접화법 문장에서 의문사가 주어일 때만 의문사 바로 뒤에 동사가 온다.
  I didn't know what was in there. "나는 그 안에 무엇이 있는지 몰랐다."
* 의문대명사 what이 주어이므로 간접화법 문장에서도 동사(was)앞에 왔다.

2 시제일치

예문 1 "Do you love me?" → She asked me if I loved her.

해 설
* 시제일치 section에서 시제 일치 규칙에 대해서 자세히 배웠다.
* **간접화법 문장에서는 주절과 종속절의 시제를 일치 시켜야 한다.**
* 따라서 주절이 과거이면 종속절의 시제도 같이 과거라야 한다.
* 예문에서 주절의 동사가 과거(asked)이므로 종속절에서도 과거(loved)를 썼다.

예문 2 "I can do it." → He said that he could do it.

해 설
* 조동사도 시제일치시켜야 한다.
* 예문에서 간접화법 문장의 동사가 과거이므로 조동사 can을 could로 바꾸었다.

| Notes |

3 주어와 목적어의 조정

예문 "Do you love me?" → She asked me if I loved her.

해설
* 주어/목적어가 대명사일 때는 주로 간접화법 문장에서 이를 조정해야 한다.
* 예문에서 대명사 you와 me를 간접화법에서 I와 her로 조정했다.

4 장소의 조정

예문 "Have you been here before?"
→ She asked me if I had been there before.

해설
* communication을 하는 장소가 달라지면 장소표현도 달라진다.
* 예문에서 장소부사 here를 there로 조정했다.
* 질문을 받았던 장소와 이 질문을 옮기는 장소가 달라졌다는 암시다.

간접화법에서 조정해야 하는 시간표현들?

① now → then, at that time, immediately
② today → that day
③ yesterday → the day before, the previous day
④ tomorrow → the following day, the next day
⑤ this week → that week
⑥ next week → the next week, the following week
⑦ last Tuesday → the Tuesday before
⑧ last year → the year before, the previous year
⑨ an hour ago → an hour before, an hour earlier

5 시간의 조정

예문 "I will come back tomorrow."
→ He said that he would come back the following day.

해설
* 시간이 달라지면 당연히 시간표현을 조정한다.
* 예문에서 tomorrow를 the following day로 고쳤다.
* 이야기를 들은 때로부터 최소한 하루가 지났다는 뜻이다.
* 단, 똑 같은 날 말을 옮길 때는 시간표현을 조정하지 않는다.
  He said that he would come back <u>tomorrow</u>. "그는 내일 돌아오겠다고 말했다."
* 이 외에 간접화법에서 조정해야 하는 시간표현들을 왼쪽 Notes에 정리했다.

▶ 맺음말

✓ **간접화법은 주절+명사절로 구성된다. 따라서 의문문을 간접화법으로 만들 때에는 어순의 복귀가 필요하다.** 즉, 의문문을 만드느라고 어순을 도치한 경우에는 동사+주어로 되어있는 어순을 주어+동사로 돌려놓아야 한다. 더 이상 의문문이 아니기 때문이다.

✓ 둘째, 주절+명사절이므로 시제 일치 규칙이 적용된다. 즉, 주절의 동사가 과거이므로 명사절의 동사도 과거라야 한다. 이 두 가지 문제는 각각 별도의 section에서 이미 다루었다.

✓ 셋째, 주어와 목적어 등이 대명사이면 간접화법에서 주로 달라져야 한다. 대화 쌍방이 달라졌기 때문이다. 그러나 이 문제는 우리말에서도 그러하기 때문에 별 문제가 되지 않는다.

✓ 넷째, 장소표현을 조정하는 문제도 쉽다. 일부 장소부사를 조정하면 된다. 예를 들면, here를 there로 조정하는 정도다. 마지막으로 **시간표현을 조정하는 문제는 주의를 요한다.** 장소표현에 비해서 시간표현은 조정해야 하는 것들이 많기 때문이다. 그리고 그 조정이 생각보다 까다롭기 때문이다. 예를 들면, tomorrow는 하루 이상 시간이 흘렀다면 the following day 또는 the next day라고 한다. next week은 일단 1주일이 지나면 the next week으로 고쳐야 한다.

✓ **간접화법은 신문/잡지 이외의 일반적인 writing에도 쓰지만 특히 회화에서 많이 쓴다.** 물론 그 사람의 말을 생생하게 전달하고 싶다면 직접화법을 이용할 수도 있지만, 훨씬 더 많은 경우에 간접화법을 이용하게 된다.

✓ 직접화법을 이용해서 말을 옮기는 경우에는 시제 일치시킬 필요 없고, 간접화법을 이용할 경우에는 시제 일치시켜야 한다. 즉, 간접화법에서 가장 중요한 것은 시제일치다.

Section 33 명령문

핵심강의

□ 긍정명령문에는 원형동사를 쓴다. 예를 들면, "Stop it now"라고 한다. Would you mind ~ing?는 정중하게 요청할 때 쓴다. 예를 들면, "Would you mind stopping the noise right now?"이라고 한다.

□ 부정명령문에는 Don't나 Never를 쓴다. 후자는 전자보다 더 강하다. 강조형 명령문은 명령문 앞에 Do를 붙인 것으로 명령문의 내용에 따라 두 가지 상반된 뜻을 나타낸다. **첫째, 권유하는 내용이면 평범한 명령문보다 더 친절하게 들린다.** 예를 들면, "Sit down"보다 "Do sit down"이 더 친절하게 들린다. **둘째, 금지할 때에는 더 이상 못 참겠다는 뜻이다.** 예를 들면, "Stop talking"보다 "Do stop talking"은 더 강한 금지가 된다.

□ **수동태 명령문에는 Get+p.p.를 쓴다.** get은 수동태 조동사다. 수동태 조동사 be는 명령문에 쓰지 않는다. 예를 들면, "Get dressed"는 수동태 명령문이다.

□ **상대방을 언급하는 명령문도 있다.** 화가 많이 났을 때 쓴다. 첫째, 명령문 앞에 You를 붙이는 경우다. 예를 들면, "You mind your own business"는 평범한 명령문 "Mind your own business" 앞에 You를 붙인 것이다. 둘째, 여러 사람에게 명령할 때는 명령문 앞에 Everyone을 붙일 수 있다. 예를 들면, "Everyone keep quiet!"은 "Keep quiet" 앞에 Everyone을 붙인 것이다.

□ **명령문 앞에 Go/Come and를 붙일 수 있다.** 예를 들면, "Go and play outside"라고 할 수 있다. 그리고 미국식에서는 and를 생략해서 "Go play outside"라고 할 수 있다.

□ **명령문 앞에 Try to 대신에 회화체에서 Try and를 붙일 수 있다.** 예를 들면, "Try and eat something"은 "Try to eat something"과 같다.

□ **명령문 앞에 Be sure to 대신에 회화체에서는 Be sure and를 붙일 수 있다.** 예를 들면, "Be sure and finish the report today"는 "Be sure to finish the report"와 같다.

1 긍정 명령문

예문 Stop it now. 이제 그만 하라.

해설
* 긍정 명령문을 만들 때에는 원형동사(stop)를 문장의 맨 앞에 놓는다.
* 공손하게 말하기 위해서 문장 맨 앞에 please를 붙일 때도 원형동사를 쓴다.
   Please stop it now.
* 이 please('제발'이라는 뜻의 부사)를 문장 끝에 놓을 수도 있다.
* 그런 때에는 please 앞에 comma를 찍는다.
   Stop it now, please.
* 타동사 please('남을 기쁘게 하다')와의 혼동을 확실히 막기 위해서다.
   He is hard to please (=It's hard to please him) "그는 성질이 까다롭다."

심층해설: Would you mind ~ing?와 Would you mind if~의 차이?

① Would you mind ~ing는 상대방의 action을 요청할 때 쓴다.
   Would you mind stopping the noise right now?
   "그 소음 좀 멈추어주세요."
② Would you mind if~는 상대방의 허가를 요청할 때 쓴다.
   Would you mind if I leave a bit early?
   "내가 좀 일찍 떠나도 되겠습니까?"
③ Would you mind ~ing는 보통 명령문보다 공손하게 들린다.
④ 즉, "Please stop~"보다 "Would you mind stopping~?"이 공손하다.
⑤ "I was wondering if you could stop~"도 대단히 공손하게 들린다.

2 부정 명령문

예문 1 Don't stop it now. 지금 그것을 멈추지 마라.

해설 * 부정 명령문에는 'Don't+원형동사'를 쓴다.

예문 2 Never break your word. 결코 약속을 어기지 마라.

해설 * 강력한 부정 명령문에는 'Never+원형동사'를 쓴다.

> Notes

3 강조형 명령문

> **Key Point** 강조형 명령문?
> ① 명령문 앞에 Do를 붙인 것을 강조형 명령문이라고 한다.
> ② 공손함을 보탤 때 또는 강력하게 명령할 때 이를 이용한다.
> ③ 명령문의 내용에 따라서 '공손'과 '강력한 명령'이 구별된다.

예문 1 Do sit down. 어서 앉으세요.

해설
* 명령문("Sit down.") 앞에 Do가 있으므로 강조형 명령문이다.
* 예문은 주로 상대방을 배려해서 앉으라고 할 때 많이 쓴다.
* 이런 류의 강조형 명령문은 특히 영국식에서 많이 쓴다.
* 미국식에서는 명령문 앞에 Please를 붙인다.
* 예문은 평범한 명령문 "Sit down."보다 친절하게 들린다.
* Do를 강하게 읽는다.

예문 2 Do stop talking. 제발 그만 떠드세요.

해설
* 명령문의 내용이 금지명령일 경우에 Do는 더 이상 못 참겠다는 뜻이다.
* 예문은 평범한 명령문 "Stop talking." 보다 훨씬 더 강한 금지명령이다.
* Do를 강하게 읽는다.

4 수동태 명령문

예문 Get dressed. 옷을 입으세요.

해설
* 수동태 명령문은 Get+p.p.로 만든다.
* dress는 '옷을 입히다'라는 타동사다. 수동태 get dressed는 '옷을 입다'가 된다.
* 명령문 앞에 Please를 붙일 경우에는 그 뒤에 be+p.p.도 많이 쓴다.
* Please be p.p.는 특히 business writing에서 자주 쓴다.
  <u>Please be informed</u> that we have accepted your offer of December 10th.
  "우리가 귀사의 12/10일자 제안을 수락했음을 통보합니다."

5 상대방을 언급하는 명령문

예문 1 You mind your own business! 너는 네 일이나 신경 써!

해설
* 명령문 앞에 You를 붙인 '상대방 언급 명령문'은 대단히 화가 났을 때 쓴다.
* 예문은 "Mind your own business."보다 훨씬 더 강력하다.
* 이 때 You를 강하게 읽는다.
* 평서문과 구별하기 위해서 이런 명령문 뒤에는 마침표 대신에 느낌표를 쓴다.
  You will really enjoy it. (평서문)
  You mind your own business! (명령문)
* 복잡한 기계작동법 등을 설명할 때 쓰는 'You+명령문'은 보통 명령문과 같다.
  You turn on, wait for a minute, push in the disk and there you are!
  "스위치를 켜고 1분 동안 기다렸다가 디스크를 넣으면 자 봐!"

예문 2 Don't you say a word! 너 입 닥치고 있어!

해설
* 예문은 금지명령(Don't say a word!)에 you를 추가한 것이다.
* 이 때 you를 강하게 읽는다.
* 이는 보통 금지명령보다 더 강력하게 상대방을 얼어붙게 한다.

예문 3 Everyone keep quiet! 모두 조용히 하라!

해설
* 다수에게 명령할 때는 명령문 앞에 Everyone/Everybody를 붙일 수 있다.
* 이렇게 하면 평범한 명령문보다 개별적이고 더 강한 명령문이 된다.
* 즉, 이런 명령문은 각자에게 명령하는 느낌을 준다.
* 이 때 Everyone/Everybody를 강하게 읽는다.
* 예문은 평서문이 아니다. 동사(keep)가 원형동사이기 때문이다.
* 그리고 문장의 끝에 느낌표까지 있기 때문이다.
* 다음 예문은 평서문이다.
  Everyone <u>keeps</u> quiet in class. "모두 수업시간에 조용히 한다."

예문 4 Don't anybody say a word! 누구도 입 열지 마라.

해설
* 금지 명령문에는 anybody를 붙여서 강력한 명령문을 만들 수 있다.
* 이는 다수에 대한 명령이 개별적인 명령처럼 들리도록 할 때 사용한다.
* 예문은 "Don't say a word!"에 anybody를 추가한 것이다.
* 이 때 anybody를 강하게 읽는다.

Notes

6 명령문 바로 앞에 있는 Go/Come (and)

예문 Go (and) play outside. 밖에 가서 놀아라.
Come (and) have a drink. 와서 술 한잔 해라.
Come (and) visit Malaysia. 말레이시아를 방문하러 오라.

해설
* 명령문("Play outside." 등) 바로 앞에 Go나 Come을 붙일 수 있다.
* 이 때 Go나 Come 뒤에 and를 사용할 수도 있고 생략할 수도 있다.
* 생략하는 것은 주로 미국식이다.
* 따라서 예를 들면, "Go hug Mom."은 미국식 영어다.
* 명령문 "Hug Mom." 앞에 and 없이 Go을 놓은 것이기 때문이다.
* "가서 엄마를 안아드려라"라는 뜻이다.

7 명령문 앞에 놓인 Try and

예문 Try and eat something. 뭘 좀 드세요.

해설
* 명령문 앞에 Try and를 붙일 수 있다.
* 예문은 명령문 "Eat something." 앞에 Try and를 붙인 것이다.
* 따라서 예문은 원래 "뭘 좀 먹어보려고 노력하라"는 뜻이다.
* 이 'Try and + 원형동사'는 'Try to + 원형동사' 대신에 쓰는 명령문이다.
* 즉, 예문은 "Try to eat something"과 뜻이 같다.
* 물론 Try to eat something에서 to eat something은 동사 try의 목적어다.

❓ Be sure와 Make sure?

① Be sure와 Make sure는 같다. '꼭/반드시 ~하라'라는 뜻이다.

② 단, Be sure는 to 부정사 앞에, Make sure는 명사절 앞에 쓴다.
Be sure <u>to finish the report today</u>. "꼭 그 보고서를 오늘 마쳐라."
Make sure <u>that the report is finished today</u>. "꼭 그 보고서가 오늘 마쳐지도록 하라."

③ 단, 회화에서는 to 부정사 앞에 make sure를 쓰기도 한다.
<u>Make sure to finish</u> the report today. "꼭 그 보고서를 오늘 마쳐라."

8 명령문 앞에 놓인 Be sure and

예문 Be sure and finish the report today. 그 보고서를 꼭 오늘 끝마쳐라.

해설
* 명령문(Finish the report today) 앞에 Be sure and를 붙일 수 있다.
* Be sure and를 붙이면 '꼭/반드시 ~하라'라는 뜻이 된다.
* 명령문 앞에 Be sure and를 붙이는 것은 구어체다.
* Writing에서는 Be sure to를 쓴다. 이 때 to는 to 부정사를 이끄는 to다.
<u>Be sure</u> to finish the report today. = <u>Be sure and finish</u> the report today.

▶ 맺음말

✓ 명령문은 Reading 보다는 Listening/Speaking에 중요하다. **명령문 끝에 다음 section에서 배울 부가의문을 붙여서 쓰기도 한다. 그냥 명령문은 너무 딱딱하게 들리기 때문이다.**

✓ **tag question(부가의문)이 붙으면 물타기 효과(water-down effect)가 생겨서 부드러워지고 상대방에게 '소통'하는 기분을 느끼게 해 준다.** 따라서 다음 section의 부가의문을 잘 이해해서 세련된 명령문을 만들 수 있도록 해야 한다.

✓ 문장 맨 앞에 please가 있으면 당연히 그 뒤에는 원형동사가 온다. **명령문을 부드럽게 만들기 위해서 부사 please를 명령문 앞에 붙인 것이기 때문이다.** 예를 들면 "Please help me."는 "Help me."보다 공손할 뿐만 아니라, please를 읽는 tone에 따라서 간청처럼 들리게 할 수도 있다.

✓ 명령문 앞에 붙일 수 있는 Try and와 Be sure and는 앞 단어와 연음해서 [n]으로 읽는다. 이 and를 [æn(d)]라고 읽지 않는다. 문법적으로는 Try to와 Be sure to가 맞다.

✓ **긍정명령문에 원형동사를 쓴다.** 부정명령문에는 Don't나 Never를 쓴다. 강조형명령문은 원형동사 앞에 Do를 붙인 것이다. 수동태명령문은 Get+p.p.이다. 상대방을 언급하는 명령문은 긍정명령문에는 You와 Everybody 등을 쓰고, 부정명령문에는 anybody 등을 쓴다. 명령문 앞에 Go나 Come을 붙일 때 미국식에서 그 뒤에 and를 생략하기도 한다.

✓ 명령문은 당연히 명령할 수 있는 위치에 있는 사람이 쓴다. 그러지 않으면 "Would you mind ~ing?" 또는 "I was wondering if~"등을 쓴다. 이보다 조금 가볍게 제안할 때는 "Would you like~?"을 쓴다. 즉, "Go play outside"보다 공손한 것이 "Would you like to go and play outside?"이고, 이보다 더 공손한 것은 "Would you mind playing outside?" 또는 "I was wondering if you could go and play outiside"이다.

Section 34 부가의문 (Tag Questions)

Notes

부가의문?

① 부가의문은 평서문의 끝에 붙이는 짧은 question이다.

② 부가의문은 동사+주어로만 구성된다.

③ 부가의문은 우리말로 '그렇지요?' 라는 뜻이다.

④ 부가의문은 주로 상대방의 동의를 구할 때 쓴다.

핵심강의

☐ 부가의문은 평서문/명령문 끝에 붙이는 약식 의문문으로 동사+주어로 구성된다. 부가의문은 우리말의 '그렇지요?'에 해당하며 주로 상대방의 동의를 구할 때 쓴다. **긍정문 뒤에는 부정 부가의문, 부정문 뒤에는 긍정 부가의문을 붙인다.** 예를 들면, "You are Steven" 뒤에는 부정 부가의문 'aren't you?'를 붙이고, "You aren't Steven" 뒤에는 긍정 부가의문 'are you?'를 붙인다.

☐ **바로 위의 예처럼 평서문의 동사가 be 동사이면 be 동사를 이용해서 부가의문을 만든다.** 만일 조동사가 쓰였으면 조동사를 이용해서 부가의문을 만든다. 예를 들면, "You can speak French"라는 문장의 끝에는 'can't you?'라는 부가의문을 붙인다. 일반동사가 쓰인 경우에는 대동사 do를 이용해서 부가의문을 만든다. 예를 들면, "She likes Kimchi" 뒤에는 'doesn't she?'라는 부가의문을 붙인다.

☐ **"I am…"으로 시작하는 문장의 부가의문은 'aren't I?'이다. "I'm not…"으로 시작하는 문장의 부가의문은 'am I?'이다.** 즉, 주어가 you/we/they일 때도 aren't를 쓰지만 I am 뒤에도 aren't를 쓴다.

☐ **명령문 뒤에는 다양한 부가의문을 붙일 수 있다.** 예를 들면, "Give me a hand" 뒤에는 'will you?', 'won't you?', would you?, 'can you?', 'can't you?'와 같은 다양한 부가의문을 붙일 수 있다. 'Let's'로 시작하는 문장 끝에는 'shall we?'를 붙일 수 있다. 미국식에서는 'right?' 또는 'okay?'를 부가의문으로 쓸 수 있다.

☐ **the same-way tag question이 있다. 긍정문 뒤에 긍정 부가의문, 부정문 뒤에 부정 부가의문을 붙이는 방식이다.** 이는 주로 특별한 관심이나 놀라움/분노를 나타낼 때 쓴다. 예를 들면, "She wants to marry him, does she?"는 문장도 긍정, 부가의문도 긍정이다. 어떻게 읽느냐에 따라서 특별한 관심 정도를 나타낼 수도 있고, 놀라움/분노를 나타낼 수도 있다.

☐ 부가의문의 intonation은 두 가지다. **주로 부가의문의 끝을 내린다. 순수한 질문이 아니기 때문이다.** 그러나 사실상 질문이면 부가의문의 끝을 올린다.

1) 부정 부가의문과 긍정 부가의문

예문 1 You are Steven, aren't you? 당신은 스티븐이다. 그렇지요?

해설
* 긍정문(You are Steven)의 끝에는 부정 부가의문(aren't you?)을 붙인다.
* 부정 부가의문은 부정형 동사(aren't) + 주어(you)로 만든다.
* 순수한 질문(Are you Steven?)에 비해서 예문은 상당한 확신이 있을 때 쓴다.

예문 2 You aren't Steven, are you? 당신은 스티븐이 아니다. 그렇지요?

해설
* 부정문(You aren't Steven)의 끝에는 긍정 부가의문(are you?)을 붙인다.
* 상대방이 Steven이 아니라고 생각하지만 혹시나 싶어서 물어볼 때 쓴다.
* 그러나 사실은 부정형 부가의문을 공손한 질문의 방식으로 이용하기도 한다.
* 즉, 예문은 단순히 "Are you Steven?"의 멋진/공손한 대안일 수도 있다.
* "당신 스티븐이냐?" 보다 "당신 스티븐 아니겠지요?"가 공손하다.
* 이런 경우 are you?의 끝 intonation을 올린다.

2) Be 동사가 쓰인 경우 부가의문

예문 You are Steven, aren't you? 너는 스티븐이다. 그렇지?
You aren't Steven, are you? 너는 스티븐이 아니다. 그렇지?

해설
* be 동사가 쓰인 경우 부가의문은 be 동사 자체를 이용해서 만든다.
* 첫째 예문에서 동사가 are이므로 부가의문에 aren't를 썼다.
* 둘째 예문에서 동사가 aren't이므로 부가의문에 are를 썼다.

3) 조동사가 쓰인 경우 부가의문

예문 1 She can speak French, can't she? 그녀는 불어를 한다. 그렇지?
She can't speak French, can she? 그녀는 불어를 못한다. 그렇지?

해설
* 조동사가 쓰인 경우 조동사를 이용해서 부가의문을 만든다.
* 첫째 예문에서 조동사 can이 쓰였으므로 부가의문에 can't를 썼다.
* 둘째 예문에서 조동사 can't가 쓰였으므로 부가의문에 can을 썼다.

Notes

예문 2   She has been ill, hasn't she? 그녀가 그 동안 아팠다. 그렇지?
She hasn't been ill, has she? 그녀는 그 동안 아프지 않았다. 그렇지?

해설   * 첫째 예문에 조동사 has가 쓰였으므로 부가의문에 hasn't를 썼다.
* 둘째 예문에 조동사 hasn't가 쓰였으므로 부가의문에 has를 썼다.

4 일반동사가 쓰인 경우 부가의문

예문   You like Kimchi, don't you? 당신은 김치를 좋아한다. 그렇지?
She likes Kimchi, doesn't she? 그녀는 김치를 좋아한다. 그렇지?
He liked Kimchi, didn't he? 그는 김치를 좋아했다. 그렇지?

해설   * 문장에 일반동사가 쓰인 경우에는 대동사 do를 이용해서 부가의문을 만든다.
* 위 세가지 예문 모두 일반동사 like을 썼다.
* 동사(like)의 시제에 따라 do/does를 쓸 것인지 did를 쓸 것인지를 결정한다.
* 두번째 예문에서 주어가 3인칭 단수이므로 동사 does를 썼다.

5 I am 뒤에 쓰는 부가의문 'aren't I?'

예문   I am late, aren't I? 나 지각했지요?

해설   * I am 뒤에 쓰는 부가의문은 'aren't I?'다. 'ain't I?'가 아니다.
* aren't는 널리 쓰인다: aren't I?, aren't you?, aren't we?, aren't they?

그럼 ain't는 무엇인가?

❶ ain't는 slang이다. 표준영어에는 쓸 수 없다.

❷ slang에서는 ain't가 am not, are not, is not 모두를 대신한다.

❸ 심지어 slang에서는 ain't가 have not, has not를 대신한다.

❹ ain't는 be/have의 인칭변화를 감당할 수 없는 자를 위한 것이다.

❺ 단, 지식인이라도 장난스럽게 ain't를 쓰는 경우가 있다.
You ain't seen nothing.
"정말 재밌는 것은 이제부터다."

❻ 이 예문은 표준영어의 다음 문장과 뜻이 같다.
You haven't seen anything yet.

6 명령문 뒤의 부가의문

예문 1   Give me a hand, will you? 나를 도와달라. 그래 줄 거지?

해설   * 명령문 뒤에 부가의문을 붙이면 딱딱한 분위기를 누그러뜨리는 효과가 있다.
* **긍정 명령문 뒤에는 다음과 같은 다양한 부가의문들을 이용할 수 있다.**
will you?, won't you?, would you?, can you?, can't you?
* 즉, 긍정 명령문 뒤에는 긍정/부정 부가의문을 붙일 수 있다.

[예문 2] **Don't do that, will you?** 그 일을 하지 마라. 알았지?

[해설]
* 단, 부정/금지 명령문 뒤에는 긍정 부가의문만 붙일 수 있다.
  will you?, would you?, can you?
* 예문은 Don't로 시작하는 부정/금지 명령문이다. 그 뒤에 'will you?'를 썼다.

7 Let's 뒤의 부가의문

[예문] **Let's go, shall we?** 갑시다. 어서.

[해설]
* Let's 뒤의 부가의문은 shall we?이다.
* Let's로 시작하는 문장은 사실상 명령과 같기 때문에 누그러뜨릴 필요가 있다.
* **끝에 'shall we?'를 붙이면 부드러운 제안이나 권유가 된다.**
* Let's는 Let us를 줄인 것이기 때문에 부가의문에 we가 들어간다.

8 미국식 부가의문

[예문] **You like it, right?** 마음에 들지, 그렇지?
You like it, okay? 마음에 들지, 그렇지?

[해설]
* 미국식에서는 복잡한 부가의문들 대신에 단순한 부가의문을 쓸 수도 있다.
* 즉, 모든 문장 끝에 'right?' 또는 'okay?'를 붙이는 방법이다.
* 미국식에서는 주어의 인칭이나 수에 관계없이 이 부가의문을 쓸 수 있다.

9 The same-way tag question

[예문 1] **She wants to marry him, does she?**
그녀가 그와 결혼하기를 원한다는 말이야?

[해설]
* 긍정문 뒤에 긍정 부가의문을, 부정문 뒤에 부정 부가의문을 쓸 수 있다.
* 주로 특별한 관심이나 놀라움/분노를 나타낼 때 쓴다.
* 부가의문을 읽는 방식에 따라서 관심 또는 놀라움/분노를 나타낸다.

> Notes

예문 2 You don't like my looks, don't you?

너는 내 외모가 맘에 안 든다 그거지?

해 설
* 부정문 뒤에 부정 부가의문을 썼다.
* 이런 경우 예문은 상대방에 대한 적대감을 나타낸다. 싸우자는 뜻이다.
* 예문은 다음 문장과 nuance가 다르다.
  You don't like my looks, <u>do you</u>? "제 외모 별로지요?" (부인해주기를 기대함)

10 부가의문의 intonation

예문 1 You don't know where my wallet is, do you?

내 지갑 어디 있는지 모르지요, 그렇지요?

해 설
* 예문의 부가의문은 그 끝을 올린다. 이렇게 하면 순수한 질문에 가깝다.
* 즉, "Do you know where my wallet is?" 보다 공손하게 들리는 질문일 뿐이다.

예문 2 It's a beautiful view, isn't it? 멋진 경치지요?

해 설
* 예문의 부가의문은 그 끝을 내린다. 질문거리가 되지 못하기 때문이다.
* 이런 부가의문이 대부분이다. 이런 경우에는 맞장구 치는 것으로 충분하다.
* 몰라서 물어보는 것이 아니기 때문이다.

▶ 맺음말

▼ 부가의문은 원어민이 아니면 잘 사용하지 못하거나 또는 대단히 자신 없어하는 부분이다. **부가의문을 쓰는 것은 마치 기계에 정기적으로 윤활유를 바르는 것과 같다.** 윤활유 없는 기계를 상상할 수 없듯이 부가의문 없는 conversation은 있을 수 없다. 예를 들면, TOEIC Part 2의 question에 부가의문이 자주 등장한다. 실제로 부가의문을 많이 사용하기 때문이다. 이제 부가의문을 이용해야 한다. 예를 들면, 부가의문이 '~hasn't she?'라면 앞부분이 'She has~'라는 뜻이다.

▼ 부가의문은 상대방의 동참을 끌어낼 수 있는 가장 확실한 방법이다. 그냥 질문은 첫 2-3개 정도가 좋지, 그 이상 받으면 짜증난다. **부가의문은 사실은 질문인데 언뜻 들으면 진술처럼 들리기 때문에 좋다.**

▼ **상대방이 혹시 반론을 가지고 있다면, 그것을 제시할 수 있는 기회를 준다는 차원에서도 부가의문을 쓰는 것이 좋다.** 일방적으로 자신의 생각을 상대방에게 강요하지 않는다는 느낌을 주기 때문이다.

▼ **부가의문의 intonation은 주로 내린다. 사실상 질문이 아니기 때문이다.** 그러나 원래 질문을 해야 하는데, 의문문의 형식을 사용하는 것이 부담스러운 경우가 있다. 그런 경우에는 부가의문의 끝을 올린다. 예를 들면 wallet을 잃어버렸다. "Do you know where my wallet is?"라고 물어보는 것은 부담스럽다. 상대방이 내 지갑을 훔쳐 갔으리라고 의심한다는 느낌도 줄 수 있다. 그래서 "You don't know where my wallet is, do you?"라고 한다. 이때 "do you?"는 끝을 올린다. 거의 100% 질문이기 때문이다.

▼ **부가의문 중에서 "aren't I?"가 독특하다.** 진술할 때는 "I am"과 "You are"가 구별되지만 부가의문에서는 "aren't I?"와 "aren't you?"처럼 I와 you에 똑같이 "aren't"를 쓰기 때문이다.

▼ **the same-way intonation이 있다.** 예를 들면, 긍정문 뒤에 긍정부가의문을 붙이는 경우다. 특별한 관심이나 놀라움/분노를 나타낼 때 이용한다.

Section 35 구두법 (Punctuation)

Notes

구두법?
구두법이란 comma, semi-colon, colon, dash 등의 사용법을 말한다.

핵심강의

☐ 구두법은 마침표, comma, colon, semi-colon, dash 등의 사용법을 말한다. 마침표(full stop)는 문장이 끝났을 때 쓴다. 쉼표(comma)는 3가지 역할을 한다. **첫째, 셋 이상의 단어나 구를 나열할 때 마지막 두 개 사이에는 and를 사용하고 그 이전에는 comma를 쓴다.** 예를 들면, 'Britain, France and Germany' 라고 한다. 이런 comma는 소리가 나지 않는 and라고 부를만하다.

☐ **둘째, comma는 흔히 쓰지 않는 한정형 형용사들 사이에 쓴다.** 예를 들면, 'a graceful, aquatic bird'에서 두 형용사 사이에 comma를 썼다. graceful과 aquatic이 일상회화에서 자주 쓰지 않는 형용사이기 때문이다. **셋째, 정상어순을 방해하는 단어의 앞 뒤에 comma를 찍는다.** 예를 들면, "My father, however, didn't want to go there"에서 부사 however가 주어와 동사 사이에 끼어 있으므로 그 앞뒤에 comma를 찍었다. 이 외에도 부사절+주절에서 이제 부사절이 끝나고 주절이 시작된다는 신호로 부사절이 끝나는 곳에 comma를 찍는다.

☐ colon(:)은 주로 다음 두 가지 역할을 한다. **첫째, 이유를 나타낸다.** 예를 들면, "We decided not to go on vacation: We had too little money"에서 colon은 이제 이유를 소개하겠다는 표시다. **둘째, 여러 가지를 나열할 때 쓴다.** 이 때 colon은 문장이 아직 완전히 끝난 것은 아니라는 표시다.

☐ dash(-)는 두 가지 역할을 한다. **첫째, informal writing에서는 갑자기 생각난 것을 추가할 때 쓴다.** 예를 들면, 일단 문장을 시작한 후에 'I think'를 보태고 싶으면 다음과 같이 dash 뒤에 추가할 수 있다: We'll be arriving on Monday - at least, I think so. **둘째, 신문/잡지에서 괄호 대신에 dash를 쓴다.**

☐ **따옴표(quotation marks)는 4가지 역할을 한다.** 첫째, 자신 또는 다른 사람의 말/글을 인용할 때 쓴다. 둘째, irony를 나타낼 때 쓴다. 셋째, 단어가 특별한 뜻으로 쓰이고 있다는 표시다. 넷째, 책이나 영화 제목에 쓴다.

1 쉼표 (comma)

1 셋 이상의 단어/구들을 연결할 때

예문 1 I visited Britain, France and Germany.
나는 영국, 프랑스, 독일을 방문했다.

해설
* comma는 세 개의 단어/구를 연결할 때 첫째와 둘째 사이에 놓는다.
* 예문에서 France와 Britain 사이에 comma를 썼다.
* and는 둘째와 셋째 사이에 놓는다.

예문 2 I visited Britain, France, Germany and Italy.
나는 영국, 프랑스, 독일, 이태리를 방문했다.

해설
* 네 개를 연결할 때는 마지막 둘 사이에 and를, 그 전에는 comma를 쓴다.
* 예문에서 France, Britain, Germany 사이에 comma를 썼다.

2 흔히 쓰지 않는 한정형 형용사들 사이에

예시 a graceful, aquatic bird 우아하고 물에 사는 새

해설
* 흔히 쓰지 않는 한정형 형용사들 사이에 comma를 쓸 수 있다.
* 예문의 형용사 graceful과 aquatic은 자주 쓰는 형용사가 아니다.
* 그래서 두 형용사가 한정형임에도 불구하고 둘 사이에 comma를 썼다.
* 이 때 comma는 두 단어가 모두 형용사라는 표시다.
* comma가 없으면 graceful이 aquatic을 수식하는 부사로 착각할 수 있다.

3 정상 어순을 방해하는 단어의 앞뒤에

예문 My father, however, didn't want to go there.
그러나 내 아버지는 거기에 가시지 않았다.

해설
* 정상 어순을 방해하는 단어의 앞뒤에 comma를 찍는다.
* 예문에서 부사 however의 앞뒤에 comma를 찍었다.
* 주어+동사라는 정상어순을 방해했기 때문이다.
* 접속부사 however는 주로 이렇게 주어와 동사 사이에 놓는다고 배웠다.
* 즉, '그러나'를 주어를 말한 다음에 놓아서 반전시킬 때 however를 쓴다.

> Notes

2 세미 콜론 (semi-colon)

예문 I like this one; she likes that one.
나는 이것을 좋아한다. 그러나 그녀는 저것을 좋아한다.

해설
* semi-colon(;)은 위쪽은 마침표이고 아래쪽은 쉼표로 구성되어있다.
* semi-colon은 등위접속사 and나 but 대신에 쓴다.
* 예문에서 semi-colon은 but 대신에 쓰였다.
* 두 단문의 관계가 분명한 경우 and/but 대신에 semi-colon을 써서 멋을 낸다.
* 영국식에서는 semi-colon 뒤에 소문자로, 미국식에서는 대문자로 시작한다.
  I like this one; She likes that one. (미국식)

3 콜론 (colon)

1 이유

예문 We decided not to go on vacation: We had too little money. 우리는 휴가 가지 않기로 결정했다. 우리는 돈이 너무 없었기 때문이다.

해설
* colon(:)은 위와 아래 모두 마침표로 구성되어있다.
* **colon 뒤의 문장은 이유를 나타낸다.**
* 예문에서 We had too little money는 이유를 나타낸다.
* 미국식에서는 colon 뒤에 대문자로, 영국식에서는 소문자로 시작한다.
  We decided not to go on vacation: we had too little money. (영국식)
* 이유 접속사를 써서 종속절을 만드는 것과 비교하면 간결해서 좋다.

2 나열

예문 We visited the following countries: Britain, France, Germany, Italy, Greece, Turkey and Egypt.
우리는 다음과 같은 국가들을 방문했다: 영국, 프랑스, 독일, 이태리, 그리스, 터키, 이집트.

해설
* colon은 여러 가지를 나열할 때 많이 쓴다.
* 예문에서 countries 뒤에 colon을 썼다. 여러 국가들을 나열하기 위해서다.
* 문장이 완전히 끝난 것이 아니므로 colon 대신 마침표를 쓸 수 없다.
  We visited the following countries. Britain, France, Germany and Italy. (✗)

4 대시 (dash)

1 afterthought를 추가할 때

예문 We'll be arriving on Monday - at least, I think so.
우리는 월요일에 도착할 것이다. 최소한 나는 그렇게 생각한다.

해설
* dash(-)는 회화나 informal writing에서 afterthought를 추가할 때 쓴다.
* afterthought는 '문장을 시작한 후에 갑자기 생각이 나서 보태는 것'이다.
* writing에서는 예문을 다음과 같이 고쳐 쓰면 된다.
  I think that we'll be arriving on Monday.

2 괄호 대신

예문 The boys - Jim, John and Jeff - left the party early.
그 소년들은 – 짐, 존 그리고 제프 – 그 파티에서 일찍 떠났다.

해설
* dash는 신문/잡지에서 괄호 대신에 쓰기도 한다.
* 바쁜 현대인은 괄호 안에 있는 것은 잘 안 읽는다.
* 그래서 신문/잡지에서 괄호 대신에 dash를 많이 쓴다.

Notes

hyphen과 dash의 차이점?

① hyphen(-)과 dash(-)는 컴퓨터 keyboard에서 하나의 key다.
② hyphen은 그 앞뒤에 space를 두지 않는다: a two-month course '2개월 과정'
③ dash는 앞뒤에 space를 둔다:
We'll be arriving on Monday - at least, I think so.
The boys - Jim, John and Jeff - left the party early.

---

5 따옴표 (quotation marks)

1 인용

예문 1 He said, "I will come back soon."
그는 "내가 곧 돌아오겠다"라고 말했다.

해설
* 따옴표는 다른 사람의 말을 직접 옮길 때 쓴다.
* 예문에서 I will come back soon은 그 사람이 직접 한 말이다.
* 인용할 때는 보고동사(예문에서 said) 뒤에 comma를 찍는다.
* 마침표는 뒤쪽 따옴표의 앞에 놓는다. 다음 예문처럼 따옴표의 뒤에 놓지 않는다.
  He said, "I will come back soon". (✗)

Notes

❓ Quote - Unquote?

❶ speaking에서는 인용구 표시를 'Quote-Unquote'로 한다.
❷ 인용구가 시작되는 부분에서 'Quote'라고 말한다.
❸ 인용구가 끝나는 부분에서 'Unquote'라고 말한다.

❓ Air/Finger quotes?

❶ 양쪽 집게와 중지 손가락을 써서 인용구 표시를 만들기도 한다.
❷ 이를 air quotes 또는 finger quotes라고 부른다.

예문 2 She said, "His last words were 'Glory to God'."
그녀는 "그의 마지막 말은 '하느님께 영광을!'이었다"라고 말했다.

해설
* 미국식에서는 double quotation("~")를 쓴다.
* quotation mark 안에 다시 인용할 경우에는 single quotation('~')을 쓴다.
* 따라서 예문은 미국식 punctuation을 사용했음을 알 수 있다.
* 영국식에서는 그 반대다.
* 우선 single quotation('~')를 쓰고 그 안에 double quotation("~")을 쓴다.
  She said, 'His last words were "Glory to God".' (영국식)
* 마침표는 마지막 따옴표 직전에 놓는다.

2 Irony

예문 Tom claimed that he was too "busy" to help me.
톰은 자기가 너무 '바빠서' 나를 도울 수 없다고 말했다.

해설
* 따옴표는 irony를 나타낼 때도 쓴다.
* 예문에서 busy라는 단어에 따옴표를 했다.
* 그가 이 단어를 쓴 것이 너무 ironical 하다는 뜻이다.
* 그가 사실은 한가한데 바쁘다고 해서 어이 없다는 뜻이다.
* 또는 그가 이제는 바쁘신 몸이 되었다고 비꼬고 있다.

3 Special Meaning

예문 A textbook can be a "wall" between teacher and class.
교재가 교사와 학생 사이에 '벽'이 될 수 있다.

해설
* 따옴표는 어떤 단어가 비정상적인 뜻으로 쓰였다는 표시이기도 하다.
* 예문에서 wall에 따옴표가 되어있는 이유는 교재가 진짜 벽이 아니기 때문이다.

4 책이나 영화 제목 등에

예문 She won the best actress award for her role in "Secret Sunshine." 그녀는 '밀양'에서의 역할로 최우수 여우주연상을 받았다.

해설
* 따옴표는 책이나 영화 제목 등에 널리 쓰인다.
* 이런 경우 따옴표 대신에 italic 체를 쓸 수도 있다.
  She won the best actress award for her role in *Secret Sunshine*.

▶ 맺음말

✓ 구두법은 comma, semi-colon, colon, dash, quotation marks 등의 사용규칙이다. 마침표와 의문부호는 어디에 사용하는지 다 알기 때문에 본문에서 다루지 않았다. 그 외에 **여러분이 꼭 알아야 하는 punctuation 규칙들을 정리했다.** 웬만한 사전에는 부록으로 punctuation 규칙이 첨부되어 있다. 그러나 너무 자세하게 나와 있어서 실용적이 못된다.

✓ **특별히 colon과 semi-colon의 차이점을 확실하게 알아둘 필요가 있다.** colon(:)은 이유를 소개하거나 여러가지 것들을 나열할 때 쓴다. semi-colon(;)은 and나 but 대신에 쓴다. 즉, 구태여 and나 but을 쓰지 않아도 두 문장의 관계를 확실히 알 수 있을 때에는 and/but 대신에 semi-colon을 쓴다. and보다는 but 대신에 semi-colon을 쓰는 경우가 많다.

✓ comma를 쓰는 4가지 경우가 있다고 배웠다. comma는 이 외에도 초점부사 too나 either 앞에 쓴다고 배웠다. **따옴표가 단어에 붙어 있으면, irony를 나타내거나 그 단어가 가지고 있는 special meaning으로 쓰이고 있다는 뜻이다.** 또는 그 단어(들)가 책/영화 제목이라는 뜻이다.

✓ **서양언어에서 punctuation은 spelling의 일부로 여길 정도로 중요하다.** 예를 들면, 문장이 끝났는데 마침표를 찍지 않는다는 것은 상상할 수도 없는 일이다. 마찬가지로 부사절+주절에서 부사절이 끝나는 곳에 쉼표를 찍지 않는다는 것도 있을 수 없는 일이다.

✓ **semi-colon은 주로 양쪽 문장을 극적으로 대비시킬 때 쓴다.** 접속사없이 상반되는 두개의 message 로만 양쪽을 대비시킨다. 특히 business writing에서 여러가지를 나열할 경우가 많다. **이 때에는 문장의 끝에 마침표가 아니라 colon을 쓴다.** 아직 문장이 완전히 끝난 것은 아니라는 표시다.

✓ 미국식에서는 인용할 때 double quotation marks("~")를 쓴다. 그 안에서 다시 인용할 필요가 있을 때에는 single quotation marks('~')를 쓴다. 영국식에서는 그 반대다.

Appendix 불규칙 동사변화

1. arise - arose - arisen 일어나다
2. is/am/are - was/were - been ~이다
3. bear - bore - born(borne) 참다
4. beat - beat - beat(beaten) 때리다
5. become - became - become ~이 되다
6. begin - began - begun 시작하다
7. bend - bent - bent 구부리다
8. bind - bound - bound 묶다, 매다
9. bite - bit - bitten 물다
10. bleed - bled - bled 피 흘리다
11. blow - blew - blown 불다
12. break - broke - broken 부수다
13. breed - bred - bred 키우다
14. bring - brought - brought 가져오다
15. broadcast - broadcast - broadcast 방송하다
16. build - built - built 건설하다
17. burst - burst - burst 터트리다
18. buy - bought - bought 사다
19. cast - cast - cast 던지다
20. catch - caught - caught 잡다
21. choose - chose - chosen 고르다
22. come - came - come 오다
23. cost - cost - cost 비용이 들다
24. cut - cut - cut 자르다
25. deal - dealt - dealt 다루다
26. dig - dug - dug 파다
27. do - did - done 하다
28. draw - drew - drawn 당기다
29. drink - drank - drunk 마시다
30. drive - drove - driven 운전하다
31. eat - ate - eaten 먹다
32. fall - fell - fallen 떨어지다
33. feed - fed - fed 먹이다
34. feel - felt - felt 느끼다
35. fight - fought - fought 싸우다
36. find - found - found 찾다
37. flee - fled - fled 도망치다
38. fly - flew - flown 날다
39. forbid - forbade - forbidden 금지하다
40. forecast - forecast - forecast 예측하다
41. forget - forgot - forgotten 잊다
42. forgive - forgave - forgiven 용서하다
43. freeze - froze - frozen 얼리다
44. give - gave - given 주다
45. go - went - gone 가다
46. grow - grew - grown 자라다, 키우다
47. hang - hung - hung 매달다
48. hang - hanged - hanged 매달다
49. have - had - had 갖다
50. hear - heard - heard 듣다
51. hide - hid - hidden 숨기다
52. hit - hit - hit 때리다
53. hold - held - held 잡다
54. hurt - hurt - hurt 부상 입히다
55. keep - kept - kept 유지하다
56. know - knew - known 알다
57. lay - laid - laid 놓다
58. lead - led - led 이끌다, 지도하다

59	leave - left - left 떠나다		88	slide - slid - slid 미끄러지다
60	lend - lent - lent 빌려주다		89	speak - spoke - spoken 말하다
61	let - let - let 시키다		90	spend - spent - spent 쓰다
62	lie - lay - lain 눕다		91	spread - spread - spread 퍼지다
63	lose - lost - lost 잃다		92	stand - stood - stood 서다
64	make - made - made 만들다		93	steal - stole - stolen 훔치다
65	mean - meant - meant 의미하다		94	stick - stuck - stuck 들러 붙다
66	meet - met - met 만나다		95	sting - stung - stung 찌르다
67	mistake - mistook - mistaken 오해하다		96	swear - swore - sworn 맹세하다
68	overcome - overcame - overcome 극복하다		97	sweep - swept - swept 쓸다
69	pay - paid - paid 지불하다		98	swim - swam - swum 수영하다
70	put - put - put 놓다		99	swing - swung - swung 흔들다
71	read - read - read 읽다		100	take - took - taken 가져가다
72	ride - rode - ridden 타다		101	teach - taught - taught 가르치다
73	ring - rang - rung (종을) 울리다		102	tear - tore - torn 찢다
74	rise - rose - risen 오르다		103	tell - told - told 말하다
75	run - ran - run 뛰다, 달리다		104	think - thought - thought 생각하다
76	say - said - said 말하다		105	throw - threw - thrown 던지다
77	see - saw - seen 보다		106	understand - understood - understood 이해하다
78	seek - sought - sought 추구하다			
79	sell - sold - sold 팔다		107	wear - wore - worn 입다
80	send - sent - sent 보내다		108	weave - wove - woven (실을) 짜다
81	set - set - set 놓다		109	weep - wept - wept 울다
82	shake - shook - shaken 흔들다		110	win - won - won 이기다
83	shoot - shot - shot 쏘다, 촬영하다		111	wind - wound - wound 감다
84	shut - shut - shut 닫다		112	write - wrote - written 쓰다
85	sing - sang - sung 노래하다			
86	sit - sat - sat 앉다			
87	sleep - slept - slept 자다			

저자 직강
무료 온라인
동영상 강의
www.langpl.com

All new
GRAMMAR Basics

국내 최다 토익 77회 만점자의 영문법 체계가 보인다!

★★★ { 영어 표현을 사용하는 상황과 이유를 꼼꼼히 분석! } ★★★

★★★ { 각 부분의 개념을 정확한 숫자로 정리! } ★★★

★★★ { 문법 이론이 아닌 실용성 있는 실제 예문 중심으로 설명! } ★★★

★★★ { 영어를 제대로 공부한 사람만이 할 수 있는 지침 제시! } ★★★

본책 + 문제집 + 해설서 + 저자 직강 MP3 (무료 다운로드) + 저자 직강 동영상 (무료 강의)

초보자를 위한 영문법

국내 최다!

토익·토플·텝스·편입·고시·수능 영문법 5주 만에 끝내기
토익 만점 77회
'만점의 법칙' 공개!

영문법 HOT 베스트셀러

All new GRAMMAR Basics

문제집

저자 임인재 (前 한국외대 통역대학원 강사)

SISAEdu® Yes★English

All new GRAMMAR Basics 문제집

All new GRAMMAR Basics

목차 (Contents)

Chapter 1 문장구조와 단어형태
- Section 1   문장구조 ··· 06
- Section 2   단어형태 ··· 10
- Section 3   유사어 ·· 12

Chapter 2 명사와 관사
- Section 4   명사 ··· 14
- Section 5   집합명사 ··· 18
- Section 6   명사의 소유격 ··································· 20
- Section 7   수사 ··· 22
- Section 8   관사 ··· 24

Chapter 3 형용사와 대명사
- Section 9   형용사 ·· 28
- Section 10 대명사 ·· 30
- Section 11 비교급과 최상급 ································ 34

Chapter 4 부사, 전치사, 접속사
- Section 12 부사 1 ··· 36
-             부사 2 ··· 40
- Section 13 전치사 1 ·· 44
-             전치사 2 ·· 48
- Section 14 등위접속사 ······································ 52
- Section 15 부사절 접속사 ··································· 54
- Section 16 명사절 접속사 ··································· 58
- Section 17 관계절 ·· 60

Chapter 5 동사

- Section 18 능동태 동사시제 ······ 62
- Section 19 수동태 ······ 66
- Section 20 조동사 ······ 68
- Section 21 상태동사 ······ 72
- Section 22 주어와 동사의 일치 ······ 74
- Section 23 시제일치 ······ 76
- Section 24 사역동사 ······ 78

Chapter 6 to 부정사, 동명사, 현재분사, 과거분사

- Section 25 to 부정사 ······ 80
- Section 26 동명사 ······ 82
- Section 27 현재분사 ······ 84
- Section 28 과거분사 ······ 86

Chapter 7 가정법, 축약절, 어순의 도치 등

- Section 29 가정법 ······ 88
- Section 30 축약절, 병치, 중복 ······ 90
- Section 31 어순의 도치 ······ 92
- Section 32 간접화법 ······ 94
- Section 33 명령문 ······ 96
- Section 34 부가의문 ······ 98
- Section 35 구두법 ······ 100

SECTION 1. 문장구조 GRAMMAR CHECKUP

1 다음 중 옳은 것에 표시하시오.

01 She spoke (intelligent / intelligently).

02 It sounds (interesting / interestingly).

03 It remains (a mystery / as a mystery).

04 They declared (independent / independence).

05 Please tell (me / to me) her telephone number.

06 He said (me / to me) that he was going to resign.

07 She made some coffee (to / for) the five of us.

08 She made him (a star / as a star).

09 He made it (clear / clearly) to everybody.

10 They elected him (President / as President).

11 We call him (a genius / as a genius).

12 Please keep it (fresh / freshly).

2 다음 문장 중에서 틀린 곳을 올바르게 고치시오.

01 It appears (to be) very easily.

02 They offered me with a job.

03 Explain us the reason.

04 She made to me some coffee.

05 Who will find an apartment to the couple?

06 I find her attitude strangely.

07 I would consider it as an honor.

08 They named to their daughter Sarah.

09 It tastes too sweetly.

10 He told to me that he was planning to go to graduate school.

3 문장 형식에 맞도록 다음 문장 중 고쳐야 할 부분을 찾으시오.

01 She told <u>to me</u> that he was <u>not only</u> <u>arrogant</u> but also <u>selfish</u>.
         ⓐ   ⓑ   ⓒ   ⓓ

02 While my car <u>was being fixed</u>, the dealer provided <u>me</u> <u>a courtesy car</u>.
    ⓐ   ⓑ   ⓒ   ⓓ

03 She may find <u>it</u> <u>hardly</u> to <u>accept</u> her <u>failure</u> in the entrance examination.
                 ⓐ   ⓑ   ⓒ   ⓓ

04 If you <u>could get</u> <u>me it</u> in the next couple of days, I <u>would</u> really appreciate <u>it</u>.
           ⓐ   ⓑ   ⓒ   ⓓ

05 It proved <u>stably</u>, but was found to <u>be</u> <u>extremely</u> slow and <u>unpolished</u>.
              ⓐ   ⓑ   ⓒ   ⓓ

06 I wish <u>to you</u> <u>every success</u> in helping the world's <u>poor</u> and <u>needy</u>.
           ⓐ   ⓑ   ⓒ   ⓓ

4 다음 중 나머지와 다른 하나를 고르시오.

01 (a) She <u>has become</u> a lawyer.
    (b) The boy <u>is getting</u> taller.
    (c) He <u>will make</u> a good president.
    (d) He <u>failed</u> to conquer the mountain.

02 (a) I <u>call</u> them natural disasters.
    (b) I will <u>find</u> you an apartment.
    (c) She can <u>deny</u> her son nothing.
    (d) The old lady <u>left</u> him a big fortune.

03 (a) I <u>made</u> him a star.
    (b) She always <u>makes</u> me happy whenever I feel depressed.
    (c) Jane <u>made</u> her father some coffee.
    (d) The novel <u>made</u> her famous.

04 (a) I have <u>loved</u> you since I met you.
    (b) She really <u>enjoyed</u> watching the game.
    (c) They <u>appointed</u> her CEO.
    (d) I <u>thought</u> that you were Korean.

5 다음 빈칸에 가장 알맞은 답을 고르시오.

01 The preview for that movie was interesting enough to attract my attention, but the film turned out _____
(a) bored
(b) boring
(c) boredom
(d) boringly

02 I will have the car _____ by five.
(a) readily
(b) readiness
(c) ready
(d) readying

03 Send _____ who don't know the meeting date.
(a) the memo to them
(b) the memo to those
(c) those the memo
(d) to those the memo

04 We found _____
(a) to understand her impossible
(b) impossible to understand her
(c) it impossible to understand her
(d) to it impossible to understand her

05 Make _____
(a) one copy her and another me
(b) one copy to her and another to me
(c) one copy for her and another for me
(d) to her one copy and to me another

Some Notes

SECTION 1. 문장구조 GRAMMAR CHECKUP

6 다음 대화에서 빈칸에 가장 알맞은 답을 고르시오.

01 **A** How much do I owe you for lunch?
    B Nothing. [_____] tonight.
    (a) Buy me a drink
    (b) Buy to me a drink
    (c) Buy for me a drink
    (d) Buy for a drink to me

02 **A** What will you buy for your girlfriend's birthday gift?
    B Instead of gifts, I will [_____]
    (a) sing her with a song
    (b) sing to her a song
    (c) sing for her a song
    (d) sing her a song

03 **A** Who became the winner of the famous TV show *American Idol* last night?
    B I could predict the final result, but the judges declared [_____]
    (a) Carrie to the winner
    (b) for Carrie the winner
    (c) the winner to Carrie
    (d) Carrie the winner

7 다음 문장을 영어로 옮기시오.

01 우리는 바뀌는 경제여건을 계속해서 알고 있어야 한다.

02 그는 결혼한 이래로 많이 바뀌었다.

03 그 대학재단은 그에게 장학금을 부여할 것이다.

SECTION 2. 단어형태 GRAMMAR CHECKUP

1 다음을 올바른 접미사를 통해 보기와 같이 바꾸시오.

> **A. Example**
>
> employ → employer (noun) / employee (noun)

01 absent _____   02 accept _____

03 develop _____   04 discover _____

05 active _____   06 happy   _____

07 decide _____   08 marry   _____

> **B. Example**
>
> machine → mechanical (adjective)

01 change _____   02 use   _____

03 glory   _____   04 attract _____

05 fool   _____   06 hesitate _____

07 suffice _____   08 energy _____

2 다음 중 옳은 것에 표시하시오.

01 She suggested him in a (friend / friendly) manner.

02 Our visit to Turkey was a (love / lovely) experience.

03 I hate arriving (late / lately).

04 The door was (wide / widely) open.

05 She always works (hard / hardly).

06 It is (useless / uselessly) worrying about it.

07 He's (sound / soundly) asleep.

08 Can you be there at 6 o'clock (sharp / sharply)?

09 You can speak (free / freely) here.

10 Her dog runs (fast / fastly) to catch it when she throws a boomerang.

3 다음 중 나머지와 다른 하나를 고르시오.

01 (a) Wages are paid weekly.
    (b) Please let me know the date of our monthly meeting.
    (c) We prepare the report quarterly.
    (d) The train serve carries 100,000 passengers daily.

02 (a) She is not interested in worldly success.
    (b) Are you lonely?
    (c) The man is likely to succeed.
    (d) He is sleeping soundly.

03 (a) He can jump high.
    (b) You can eat free in my restaurant.
    (c) My watch must be fast.
    (d) We get up early.

04 (a) The bagel was undercooked.
    (b) These reasons are insufficient to persuade the members of the board of directors.
    (c) The IMF is an international organization.
    (d) The wind is moving westward.

4 다음 문장을 영어로 옮기시오

01 그가 일찍 돌아온다는 것은 가능성이 없다.

02 우리는 곧 평균 시급을 올리겠다.

03 그 학술지는 매달 출판된다.

Some Notes

SECTION 3. 유사어 GRAMMAR CHECKUP

1 다음 중 옳은 것에 표시하시오.

01　She has lived in Italy for (some time / sometime).

02　(Sometime / Sometimes) we go skiing in winter.

03　Banks will soon (rise / raise) their interest rates.

04　Would you like to have some (desert / dessert)?

05　The (principle / principal) of the high school is an admirable man.

06　Washington D. C. is the (capital / capitol) of the United States of America.

07　Who is in charge of (personal / personnel) management here?

08　Thank you for your (compliment / complement).

09　She loves all sports, (specially / especially) swimming.

10　He bought the letter paper at the (stationery / stationary) store.

2 다음 문장 중에서 틀린 곳을 올바르게 고치시오.

01　Cold weather effected the crops.

02　You look alike my brother.

03　Let's have dinner together sometimes next week.

04　Interest rates will raise soon.

05　She adviced taking a rest.

06　Please check the departure boards for farther information.

07　She dead in a car crash.

08　I lied the papers on the table.

09　The book is based on personnel experience.

10　She sat besides her son all night.

3 다음 문장 중에서 틀린 곳을 찾으시오.

01 It has been <u>reported</u> <u>that</u> the bus <u>collided with</u> a <u>stationery</u> vehicle.
            ⓐ   ⓑ   ⓒ   ⓓ

02 Five experts <u>have made</u> the <u>especially</u> <u>designed</u> shoes <u>for</u> the athlete for six months.
                  ⓐ   ⓑ   ⓒ   ⓓ

03 The company allows only <u>authorized</u> <u>personal</u> to have <u>access to</u> <u>its</u> main computer system.
                              ⓐ   ⓑ   ⓒ   ⓓ

04 She <u>was advised</u> to seek legal <u>advise</u> when she had a hard time <u>solving</u> some
        ⓐ   ⓑ   ⓒ

    <u>business matters</u>.
    ⓓ

05 Both <u>techniques</u> <u>compliment</u> <u>each other</u> and would be <u>best</u> used together.
         ⓐ   ⓑ   ⓒ   ⓓ

06 <u>Although</u> Ted and his younger brother look <u>exactly</u> <u>like</u>, they act very <u>differently</u>.
    ⓐ   ⓑ   ⓒ   ⓓ

4 다음 문장을 영어로 옮기시오.

01 좋은 포도주는 좋은 식사를 완성시켜주는 것이다.

02 나는 드러누워서 두 눈을 감았다.

03 대도시들은 어디에서나 닮았다.

Some Notes

SECTION 4. 명사 GRAMMAR CHECKUP

1 괄호 안 단어를 사용하여 각 문장을 완성하시오. (경우에 따라 단어는 복수형이 될 수도 있음)

01 The plant has a beautiful yellow _____ in spring. (flower)

02 The conference will be held in New York on the thirtieth of _____. (August)

03 The deadline for _____ has expired. (application)

04 One of the most meaningful _____ was a watch from my grandmother. (gift)

05 There are a lot of large and small _____ in Canada. (lake)

06 The ground was full of dead _____. (leaf)

07 The _____ are around their mother. (deer)

08 This _____ includes many kinds of interesting stories. (book)

09 She has already skipped too many _____. (class)

10 Have you ever seen _____ flying in a V-shaped formation? (goose)

2 다음 빈칸에 가장 알맞은 답을 고르시오.

01 We are low on (fund / funds).

02 (A water / The water) is evaporated by the sun.

03 That was (an exciting experience / exciting experience).

04 The Internet is an effective (mean / means) of communication.

05 She wrote the authoritative book on (genetic / genetics).

06 The unemployment (statistic / statistics) are disturbing.

07 The (new / news) is shocking.

08 Special (equipment / equipments) was used for the operation.

09 The archaeologists dedicated their lives to searching for the (remain / remains) of an old castle.

10 The pen is next to the (scissor / scissors)

3 다음 문장 중에서 틀린 곳을 찾으시오.

01 Please place your valuable in this strongroom.
      ⓐ   ⓑ   ⓒ   ⓓ

02 The blind reads with their fingers.
      ⓐ   ⓑ   ⓒ   ⓓ

03 The 1950 wines was among the best in this country.
            ⓐ   ⓑ   ⓒ   ⓓ

04 Until we find suitable replacement, he will be there for us.
     ⓐ   ⓑ   ⓒ   ⓓ

05 We have received 400 application for the job.
        ⓐ   ⓑ   ⓒ   ⓓ

06 Many kinds of historic building are located in Western Europe.
          ⓐ   ⓑ   ⓒ   ⓓ

07 My grandparents have raised sheeps since they emigrated from Korea to
          ⓐ   ⓑ   ⓒ   ⓓ
    New Zealand.

08 The area is rich in different animal specieses.
         ⓐ   ⓑ ⓒ   ⓓ

Some Notes

4 다음 빈칸에 가장 알맞은 답을 고르시오.

01 **A** Did you read that article about the disease?
    B Yes. According to the article, the disease was caused by ☐ in unsanitary living conditions.
    (a) a bacteria
    (b) bacterium
    (c) bacterion
    (d) bacteria

02 **A** Have you ever seen ☐ at the subway station in Manhattan?
    B I've heard a lot about them from my friends living there, but I've never seen them.
    (a) a mice
    (b) mouses
    (c) mice
    (d) mices

03 **A** What are the health benefits of ☐ ?
    B As far as I know, they help strengthen bones since they are rich in calcium.
    (a) a potato
    (b) potatoes
    (c) potatos
    (d) a potatoes

5 다음 문장 중에서 틀린 곳을 찾아 고치시오.

01 She sends her regard to her teacher.

02 Donate the proceed.

03 That remain to be seen.

04 I'd like to open a saving account.

05 They are in high spirit.

06 Escort him off the premise.

07 Pay him US$2 million in damage.

08 They want better life.

SECTION 4. 명사 GRAMMAR CHECKUP

6 다음 빈칸에 가장 알맞은 답을 고르시오.

01 The rich _____ getting richer and the poor _____ getting poorer.
(a) are
(b) am
(c) is
(d) was

02 Gasoline is no longer _____.
(a) cheap fuel
(b) cheap a fuel
(c) a cheap fuel
(d) a fuel cheap

03 The typhoon kills _____ people every year.
(a) hundred of thousand of
(b) hundreds of thousand of
(c) hundred of thousands of
(d) hundreds of thousands of

7 다음 문장을 영어로 옮기시오.

01 그 아홉 살 소녀는 좋은 예의범절 때문에 그녀의 선생님께 칭찬을 받았다.

02 대부분의 미국 대학들은 장애인들을 위해 특별히 고안된 시설들을 가지고 있다.

03 그 그림이 피카소의 작품인지 아닌지에 대해 논쟁이 있어 왔다.

Some Notes

SECTION 5. 집합명사 GRAMMAR CHECKUP

1 다음 중 옳은 것에 표시하시오.

01 The company is holding (its / their) annual meeting.

02 (A / Ø) large audience gathered around the winner.

03 Many (cattle / cattles) are suffering.

04 They raise (poultry / poultries) for meat and eggs.

05 (People / Persons) are always looking for a bargain.

06 There (isn't / aren't) much mail today.

07 NASA has the most advanced (equipment / equipments) concerned with spacecraft.

08 They are waiting for their (baggage / baggages).

09 (A police / The police) are patrolling the neighborhood.

10 There was (an evidence / no evidence) that the man was involved in the crime.

2 다음 문장 중에서 틀린 곳을 올바르게 고치시오.

01 All this mails must be answered.

02 Local clergies are campaigning against the plan.

03 Staffs are required to use the rear exit after 9:00 p.m.

04 For informations about tourist attractions in France, press five.

05 The machineries in the company should be replaced as soon as possible.

06 The jurys were divided in opinions.

07 I was short of cashes at that time.

08 She is looking for a beautifully finished piece of furnitures which can be used for various purposes.

09 The committees meet tomorrow.

10 Three cattle are standing under the tree.

Some Notes

3 다음 빈칸에 가장 알맞은 답을 고르시오.

01　All passengers and _____ survived the crash.
　　(a) crew
　　(b) crews
　　(c) the crews
　　(d) crow

02　I was assigned the task of checking all _____.
　　(a) an equipment
　　(b) a equipment
　　(c) the equipment
　　(d) the equipments

03　They sell _____.
　　(a) a stationery
　　(b) stationery
　　(c) stationeries
　　(d) stationerys

04　He is very knowledgeable about _____.
　　(a) a livestock
　　(b) livestock
　　(c) livestocks
　　(d) livestockes

4 다음 문장을 영어로 옮기시오.

01　부칠 가방들 있으세요?
　　_____

02　경영진은 그 공장을 폐쇄하는 것을 고려 중이다.
　　_____

03　그녀에게 불리한 증거는 전혀 없다.
　　_____

SECTION 6. 명사의 소유격 GRAMMAR CHECKUP

1 다음 중 옳은 것에 표시하시오.

01 The (student' / student's) car is in the parking lot.

02 (Dogs' / Dogs's) ears are so sensitive to noise.

03 The president announced the (country / country's) new policy.

04 The (committee' / committee's) report went to the heart of the matter.

05 Edward John Smith was the (Titanics' / Titanic's) captain.

06 (My sister-in-law's / My sister's-in-law) car was damaged in the traffic accident.

07 There are many Hollywood (actors' / actors's) houses in Beverly Hills.

08 FAO Schwarz is one of the most famous stores that sells the (children' / children's) products.

09 The woman is the (boss' / boss's) wife.

10 (Socrates' / Socrates's) idea was not accepted in his time.

2 다음 문장 중에서 틀린 곳을 올바르게 고치시오.

01 Davids' company went bankrupt last year.

02 The animal' legs needs to be treated by a veterinarian.

03 The child' toys were spread all over the floor.

04 The tomorrow weather will be cold.

05 Last Sundays' game was cancelled due to heavy rain.

06 Are you ready for this mornings' meeting?

07 I was attracted by the beautiful sunset at the journey end's.

08 He is a John's friend.

09 They bought a bouquet at the florist.

10 We met at Ann, didn't we?

Some Notes

3 다음 빈칸에 가장 알맞은 답을 고르시오.

01 Your MP3 player looks better than _____.
   (a) David
   (b) David's
   (c) Davids
   (d) Davids'

02 She is _____.
   (a) cousin of Jennifer
   (b) a Jennifer's cousion
   (c) a cousin of Jennifer
   (d) a cousin of Jennifer's

03 Did you read the article in _____?
   (a) today paper
   (b) today's paper
   (c) paper today
   (d) paper today's

04 Water covers about 70% of _____.
   (a) a earth surface
   (b) the earth of the surface
   (c) the earth's surface
   (d) surface a

4 다음 문장을 영어로 옮기시오.

01 오늘날의 기술 발달은 사람들의 사생활을 침범해오고 있다.

02 나의 상사는 몰디브에서의 일주일간의 휴가로부터 런던으로 방금 돌아왔다.

03 남미에 있었을 때 몇 시간의 비행기 연착은 별일이 아니었다.

SECTION 7. 수자 GRAMMAR CHECKUP

1 다음 숫자를 단어로 바꾸시오.

01 1/5
02 1/4
03 2/3
04 2/5
05 $3.6 billion
06 0.39%
07 0.20%
08 789
09 1,100
10 2.3m

2 밑줄 그은 숫자를 올바르게 읽은 것을 고르시오.

01 The Inca civilization, which once flourished in South American, collapsed in <u>1532</u>.
(fifteen thirty-two / one thousand and five hundred and thirty-two)

02 Look at this man, he must be <u>2.1 meters</u> tall.
(two meters and ten centimeters / two point three meters)

03 Dissolve the butter mixture in <u>3/4</u> cup warm water.
(third-fours / three-fourths)

04 Bank of America raised interest rates by <u>0.25%</u>.
(zero point two five percent / a quarter of a percent)

05 In 2002, a total of <u>1,600</u> workers have already been made redundant.
(sixteen hundred / one comma six hundred)

06 The Mayflower ship left England in <u>1620</u>.
(one thousand and six hundred and twenty / sixteen twenty)

Some Notes

3 밑줄 그은 숫자를 옳게 표시한 것을 고르시오.

01 It was built in <u>1988</u>.
(a) one thousand nine hundred eighty-eight
(b) nineteen hundred eighty-eight
(c) nineteen eighty-eight
(d) one nine eight eight

02 The tribe went to the ground in <u>537</u>.
(a) five hundred and thirty-seven
(b) five thirty-seven
(c) five hundred thirty-seven
(d) five three seven

03 The company's profits have decreased by <u>5.38%</u> this quarter.
(a) five point three eight percent
(b) five point thirty eight percent
(c) five and three eight percent
(d) five and thirty eight percent

04 Pour <u>1/2</u> cup cream sauce over salmon before serving.
(a) a half
(b) one two
(c) one and a half
(d) one seconds

4 다음 문장을 영어로 옮기시오.

01 청년 실업은 24.5퍼센트로 감소해왔다.

02 통틀어, 에밀리 디킨슨(Emily Dickinson)은 평생 동안 1,775편의 시를 썼다.

03 그것은 우리에게 2시간 10분 걸렸다.

SECTION 8. 관사   GRAMMAR CHECKUP

1 다음 빈칸에 가장 알맞은 답을 고르시오.

01 Have you seen (a / an / Ø) cat around here?

02 I'm looking for (a / an / Ø) hotel.

03 (A / An / Ø) doctor must like people.

04 Send (a / an / Ø) SOS.

05 We met on (a / an / Ø) wet Monday.

06 She gave us (a / an / Ø) good breakfast.

07 I had (a / an / Ø) cold last night.

08 Picasso, (a / the / Ø) painter, lived here for quite a while.

09 His car hit a tree; you can still see the mark on (a / an / the) tree.

10 Look at (a / the / Ø) wheels of the car.

11 (A / The / Ø) President was shot.

12 It's (a / the / Ø) longest river in Africa.

2 다음 문장 중에서 틀린 곳을 올바르게 고치시오.

01 Pass me a ketchup, please.

02 A player who was injured wouldn't leave the field.

03 What's a name of the street?

04 A coffee that we had this morning was Colombian.

05 An earth revolves around a sun.

06 Canada is above a United States of America.

07 Last year, I went to a Bahamas for vacation.

08 Empire State Building is one of the tallest buildings in the world.

09 A United Nations was founded in 1945.

10 Severe droughts and poor soil management result in the Dust Bowl in 1930's.

3 다음 문장 중에서 틀린 곳을 찾으시오.

01　The Lion is called a king of beasts.
　　　　ⓐ　　　ⓑ　ⓒ　　ⓓ

02　In an early 1960s, U.S. engineers made many plans for manned spacecraft.
　　　ⓐ　　　　　　　　　　　ⓑ　　　　ⓒ　　　ⓓ

03　We are having very cold April.
　　　　ⓐ　　ⓑ　ⓒ　ⓓ

04　She spent happy ten minutes looking through the photos.
　　　　ⓐ　　ⓑ　　　　　　ⓒ　　　　　ⓓ

05　The Allied Forces won a Second World War.
　　ⓐ　　　　ⓑ　　　ⓒ　　ⓓ

4 다음 빈칸에 가장 알맞은 답을 고르시오.

01　Can you get tickets for _____ New York Philharmonic Orchestra concert?
　　(a) a
　　(b) an
　　(c) the
　　(d) Ø

02　_____ New York Times covered the aftermath of the earthquake.
　　(a) a
　　(b) an
　　(c) the
　　(d) Ø

03　Some have said that it is not _____ useful tool.
　　(a) a
　　(b) an
　　(c) the
　　(d) Ø

04 I had ☐ late lunch.
   (a) a
   (b) an
   (c) the
   (d) Ø

05 We need ☐ extra ten thousand dollars.
   (a) a
   (b) an
   (c) the
   (d) Ø

5 다음 중 나머지와 다른 하나를 고르시오.

01 (a) The summer is approaching.
   (b) Do you sell eggs by the kilo or by the dozen?
   (c) Both the children are good at English.
   (d) All the three brothers were arrested.

02 (a) What time do you go to school?
   (b) I graduated from the University of Texas two years ago.
   (c) We go to church on Sundays.
   (d) He's been in hospital since Monday.

03 (a) The tiger is now a rare animal.
   (b) The rose blooms in May.
   (c) Does the banana grow in this weather?
   (d) Did you lock the car?

Some Notes

SECTION 8. 관사 — GRAMMAR CHECKUP

6 다음 빈칸에 가장 알맞은 답을 고르시오.

01
  A May I speak to Mr. Smith?
  B I'm sorry. He's _____ on business.
  (a) out of the town
  (b) out of a town
  (c) out of town
  (d) out of towns

02
  A Do you think the government should spend more money on space exploration?
  B Certainly, _____ has provided us with a lot of useful information.
  (a) a satellite in the space
  (b) a satellite in a space
  (c) a satellite in space
  (d) a satellite in spaces

03
  A What is the biggest museum in the world?
  B _____ is the largest one.
  (a) British Museum
  (b) A British Museum
  (c) British Museums
  (d) The British Museum

7 다음 문장을 영어로 옮기시오.

01 대부분의 미국인들은 George Washington이 최초의 미국 대통령이라고 생각한다.

02 남녀는 평등하게 창조되었다.

03 21세기 한국의 기술은 놀라운 속도로 발전했다.

SECTION 9. 형용사 GRAMMAR CHECKUP

1 다음 빈칸에 가장 알맞은 답을 고르시오.

01 The boy is (clever / cleverly).

02 We find him very (wise / wisely).

03 Do you have any room (available / availably) for tonight?

04 We've bought (a big rectangular white / a big, rectangular and white) table.

05 The day was (cold wet windy / cold, wet and windy).

06 It was very kind (of you / for you) to help him out.

07 Your eyes are (the same as / the same that) mine.

08 The woman plays (classic / classical) music.

09 Slow (economic / economical) growth results from raising taxes.

10 The myriads of (star / stars) were twinkling in the night sky.

11 It was careless (of / for) you to say such a thing.

12 I ran into (the handsome new / the new handsome) neighbor at the grocery store.

2 다음 문장 중에서 틀린 곳을 올바르게 고치시오.

01 It was stupid for her to spend so much money on the dress.

02 That is the same man as asked me for money yesterday.

03 Abraham Lincoln is one of the greatest historic figures in U.S. history.

04 A great number of disabled person want to have a job.

05 It is impossible of him to finish it by three.

06 Some of the electric appliances in the kitchen will be replaced.

07 The city hall in the center of town is a historical building.

08 Flamingos are pink beautiful birds.

3 다음 문장 중에서 틀린 곳을 찾으시오.

01 It is <u>nice</u> <u>for you</u> <u>to show</u> me <u>the way</u>.
         ⓐ   ⓑ   ⓒ   ⓓ

02 <u>The wetlands</u> are home <u>to a</u> <u>large number of</u> <u>bird</u>, fish, and other animals.
        ⓐ   ⓑ   ⓒ   ⓓ

03 <u>The woman</u> made <u>a decision to playing</u> a role <u>in</u> an authentic <u>historic</u> drama.
        ⓐ   ⓑ   ⓒ   ⓓ

04 <u>The boy</u> plays <u>the</u> <u>electrical</u> guitar <u>with</u> great dexterity.
        ⓐ   ⓑ   ⓒ   ⓓ

05 <u>It is sensible</u> <u>for us</u> to deal with <u>the matter</u> in <u>this way</u>.
        ⓐ   ⓑ   ⓒ   ⓓ

06 <u>A good</u> many <u>person</u> think <u>that</u> she is <u>right</u>.
        ⓐ   ⓑ   ⓒ   ⓓ

4 다음 문장을 영어로 옮기시오.

01 수 많은 사람들이 매년 뉴욕에 있는 메트로폴리탄 박물관을 방문한다.

02 나는 네 장래에 대해서 걱정이다.

03 금요일을 위한 티켓 남은 것 있나요?

Some Notes

SECTION 10. 대명사 GRAMMAR CHECKUP

1 다음 빈칸에 가장 알맞은 답을 고르시오.

01 Have you seen (them / their) report?

02 Talk to (them / their).

03 Send the memo to (them / those) who don't know the meeting date.

04 I know one of (them / they).

05 It is (their / theirs).

06 Have you seen (his / he)?

07 His opinion is different from (her / hers).

08 Both of (Ø / the) women wanted to marry him.

09 Everyone (has / have) a computer.

10 She knows every (student / students) in her class.

11 We each (has / have) a computer.

12 Every one of us (need / needs) energy.

2 다음에서 틀린 곳을 찾아 올바르게 고치시오.

01 Everyone of us needs energy.

02 He sends me flowers everyday.

03 Cooking became a part of her every day life.

04 Either of the buses go there.

05 Neither of the buses go there.

06 Not either goes there.

07 Every bread is on the table.

08 All of the glasses was broken.

Some Notes

3 다음 문장 중에서 틀린 곳을 찾으시오.

01 We have got not plans for the summer.
          ⓐ   ⓑ   ⓒ   ⓓ

02 A few passenger have survived Friday's catastrophe at John F. Kennedy International
              ⓐ   ⓑ   ⓒ   ⓓ
    Airport.

03 Arsenal have played a fewer games this year.
              ⓐ   ⓑ   ⓒ   ⓓ

04 I have a little interests in politics.
        ⓐ   ⓑ   ⓒ   ⓓ

05 Most of readers of this book are young students.
              ⓐ   ⓑ   ⓒ   ⓓ

4 다음 빈칸에 가장 알맞은 답을 고르시오.

01 _____ is impossible to finish the report by Friday.
    (a) It
    (b) That
    (c) This
    (d) Who

02 It's the CEO _____ we are talking about.
    (a) when
    (b) those
    (c) whose
    (d) who

03 She made _____ clear that she was not interested in the offer.
    (a) it
    (b) that
    (c) this
    (d) who

04 Red apples taste better than green ☐ .
    (a) Ø
    (b) one
    (c) ones
    (d) the one

05 Your idea sounds better than ☐ of the sales manager.
    (a) it
    (b) them
    (c) that
    (d) those

5 다음 중 나머지와 다른 하나를 고르시오.

01 (a) You can have <u>neither</u> of them.
    (b) <u>Neither</u> of the stories was true.
    (c) I have read <u>neither</u> of these.
    (d) <u>Neither</u> answer is correct.

02 (a) Not <u>all</u> Americans like hamburgers.
    (b) <u>All</u> the hotels are already booked out.
    (c) The girl ate <u>all</u> of the apples.
    (d) <u>All</u> the students were excited.

03 (a) The <u>others</u> will get here next Monday.
    (b) Be kind to <u>others</u>.
    (c) My boss never listens to <u>others</u>.
    (d) She is always considerate of <u>others</u>.

SECTION 10. 대명사 GRAMMAR CHECKUP

6 다음 빈칸에 가장 알맞은 답을 고르시오.

01 A It's raining outside and I have some problems with my car. What if I came tomorrow?
   B I will be busy tomorrow. Let's meet _____.
   (a) some other times
   (b) some other time
   (c) some others time
   (d) some others times

02 A How about going shopping this weekend?
   B I'm sorry, but I'll go to my mother's house this weekend. She lives _____.
   (a) on own her
   (b) on her own
   (c) own her on
   (d) her on own

03 A Can I borrow some books to read on the journey?
   B Take _____ you like.
   (a) any of book
   (b) any of books
   (c) any of the book
   (d) any of the books

7 다음 문장을 영어로 옮기시오.

01 그 세 후보는 서로를 비난했다.

02 아무도 내 생일을 축하해 주지 않았다.

03 사람들은 항상 다른 사람들의 인생이 더 재미있다고 생각한다.

SECTION II. 비교급과 최상급 GRAMMAR CHECKUP

1 다음 빈칸에 가장 알맞은 답을 고르시오.

01 Natural gas is (cheap / cheaper) than electricity.

02 Girls are usually (much mature / more mature) than boys.

03 Your idea is (good / better) than mine.

04 It's a lot (bad / worse) than I expected.

05 The flood killed (many / more) than 5,000 people.

06 She is (elder / older) than him.

07 This is superior (to / than) that.

08 Tom is (the taller / the taller boy) of the two boys.

09 The better I know her, (the more / the most) I admire her.

10 There are (much / many) more opportunities in Australia.

11 She is as (tall / taller) as her brother.

12 She speaks English as (fluent / fluently) as a native speaker.

2 다음 문장 중에서 틀린 곳을 올바르게 고치시오.

01 It is more worse than the previous one.

02 She spent most money than we expected.

03 A is as three times strong as B.

04 John is the smarter boy in our class.

05 This is a best book that I have ever read.

06 This dictionary is the best.

07 This bike is by the best in the store.

08 Her room is twice bigger than mine.

3 다음 문장 중에서 틀린 곳을 찾으시오.

01 I think that much more parents have similar concerns.
　　　　　ⓐ　　ⓑ　　　　　　　　ⓒ　　　　　ⓓ

02 It was much of a meeting than a party.
　　ⓐ　　ⓑ　　ⓒ　　　　　ⓓ

03 Sales have more as doubled in the last year.
　　　　ⓐ　　　　ⓑ　　　　　ⓒ ⓓ

04 The more you learn, a more you want to learn.
　　ⓐ　　　　　ⓑ　　ⓒ　　　　ⓓ

05 It is not nearly as cold than it was yesterday.
　　ⓐ　　　ⓑ　　　　　ⓒ　　ⓓ

06 Farther information was added as a footnote.
　　ⓐ　　　　　　　　ⓑ　　　　ⓒ ⓓ

4 다음 문장을 영어로 옮기시오.

01 그녀는 올림픽 금메달을 딴 가장 나이 어린 사람이다.

02 그녀는 자기 가족을 위하여 무엇인가 할 때 가장 열심히 일한다.

03 너는 내가 지금까지 만나본 사람들 중에서 단연코 최고의 사람이다.

Some Notes

SECTION 12A. 부사 I (방법/장소/시간/빈도/정도부사) — GRAMMAR CHECKUP

1 다음 빈칸에 가장 알맞은 답을 고르시오.

01 Time goes by so (quick / quickly).

02 The area relies (exclusive / exclusively) on tourism.

03 She can jump (high / highly).

04 The man works (hard / hardly).

05 My grandmother talks (slow / slowly).

06 It is (beautiful / beautifully) designed house.

07 They are now (shore / ashore).

08 He went (downstairs / to downstairs).

09 They want to study (overseas / in overseas).

10 I want to go (home / to home).

2 다음 문장 중에서 틀린 곳을 올바르게 고치시오.

1. Have you seen her late?

2. They hardly did not criticize each other.

3. He has been never given an award.

4. She used to always hurry in the morning.

5. They are now living separate.

6. The shop is western of the station.

7. They moved to overseas.

8. The man ultimate agreed to resign.

Some Notes

3 다음 문장 중에서 틀린 곳을 찾으시오.

01 Let's have dinner altogether sometime next week.
         ⓐ   ⓑ   ⓒ   ⓓ

02 There are quite a little students that have a great deal of difficulty in studying on their
              ⓐ   ⓑ   ⓒ   ⓓ
    own.

03 I have seen her anywhere before.
      ⓐ   ⓑ   ⓒ   ⓓ

04 The rain final stopped when the dawn broke.
             ⓐ   ⓑ   ⓒ   ⓓ

4 밑줄 친 단어나 구와 같은 표현을 고르시오.

01 I try to exercise every other day.
    (a) every second day
    (b) every another day
    (c) every others day
    (d) every other days

02 I am busy on weekdays.
    (a) every other weekdays
    (b) every weekday
    (c) every another weekday
    (d) every the other weekday

03 I will never forget this.
    (a) I will not even forget this.
    (b) I will forget not this ever.
    (c) I will not forget this ever.
    (d) I will forget this not ever.

04. He has hardly any money.
    (a) a few
    (b) few
    (c) a little
    (d) little

5 다음 중 나머지와 다른 하나를 고르시오.

01 (a) He's away in the country.
   (b) Go up the street.
   (c) There's a gas station ahead of us.
   (d) They went ashore when the ship reached the port.

02 (a) The victim left a large family behind.
   (b) Refer to the names listed below.
   (c) Turn right.
   (d) We hung his picture above the fireplace.

03 (a) Free at last!
   (b) He returned to his family after the war ended.
   (c) Do it right away.
   (d) Afterwards, she studied law.

6 다음 빈칸에 가장 알맞은 답을 고르시오.

01 A Is he exercising on a regular basis?
   B Yes, _____.
   (a) he is always.
   (b) he always is.
   (c) he always does.
   (d) he do always.

02 A How do I look?
   B You look _____.
   (a) prettier than ever
   (b) prettier than never
   (c) pretty than ever
   (d) pretty than never

SECTION 12A. 부사 I (방법/장소/시간/빈도/정도부사) GRAMMAR CHECKUP

03   **A** How do you get to school every morning?
      B _____.
      (a) I go usually to school by bus.
      (b) I go to school usually by bus.
      (c) I usually go to school by bus.
      (d) I go to usually school by bus.

04   **A** How often do they hold the meeting?
      B They hold the meeting _____.
      (a) on monthly basis
      (b) on a month basis
      (c) on the monthly base
      (d) on a monthly basis

05   **A** Have you made any progress on the project?
      B _____, no one has thought of a solution.
      (a) as yet
      (b) as still
      (c) as far
      (d) as ever

7 다음 문장을 영어로 옮기시오.

01 그 가게는 그 역의 서쪽에 있다.

02 나는 아직도 뉴욕에서 할 일이 너무나 많기 때문에 아직 확실한 계획이 없습니다.

03 언젠가 너는 내 충고를 고마워 할 것이다.

Some Notes

SECTION 12B. 부사 2 (강도/초점/관점/접속/의문 부사) GRAMMAR CHECKUP

1 다음 빈칸에 가장 알맞은 답을 고르시오.

01   It is (absolute / absolutely) impossible.

02   Your help was (great / greatly) satisfied.

03   It is (sharp / sharply) different from this.

04   She did not like it, (too / either).

05   The album was pretty expensive, (but / however) we have decided to buy it.

06   It is mainly used by the children, (incident / incidentally).

07   (In addition / In addition to), I promised her we would come.

08   I am (awful / awfully) sorry for missing your deadline.

09   Explain it as (simple / simply) as possible.

10   The shipbuilding industry is a (high / highly) profitable part of Korean industry.

11   (Maybe / May be) I am right and (Maybe / May be) I am wrong.

12   (Clear / Clearly), there is something wrong with it.

2 다음 문장 중에서 틀린 곳을 올바르게 고치시오.

01   Regrettable, the experiment ended in failure.

02   Express your ideas clear.

03   You have not shipped it, therefore we would like to cancel the order.

04   As a result of, inflation will soon be under control.

05   It is extreme important.

06   He was by no mean the first person to develop the washing machine.

07   It is fairly impossible.

08   I joined them, however, I did not like it.

09   As a result of, we would like to cancel the order.

10   The plan depends chief on his willingness to cooperate.

3 다음 박스 속에서 접속부사를 사용해 각 문장을 완성하시오.

> Besides   Nevertheless   Otherwise   that is to say   Meanwhile

01 The left for Paris two weeks ago, [   ] on the tenth of May.

02 My parents gave me the money. [   ] I couldn't have afforded the trip.

03 Stress can destroy your health. [   ], exercise can reduce its effects.

04 I was sick. [   ], I went to the work.

05 I don't really want to go. [   ], it's too late now.

4 다음 박스 속에서 올바른 관점부사를 사용해 각 문장을 완성하시오.

> every   only   also   largely   neither

01 I couldn't [   ] get a seat.

02 She doesn't like it that much. [   ], it is too expensive.

03 The room gets damp. It is [   ] because of the rain.

04 He had to choose [   ] one person because there isn't enough room in the car.

05 I don't like horror movies. [   ] does she like them.

5 다음 중 밑줄 친 부분과 같은 것을 고르시오.

01   I'd say he is right.
   (a) In my opinion
   (b) Needless to say
   (c) Generally speaking
   (d) by the way

02   Meanwhile, Susan took a leave of absence from her job.
   (a) In the meanwhile
   (b) Meantime
   (c) In the meantime
   (d) On the contrary

03   In fact, I can't drive.
   (a) As a whole
   (b) Actually
   (c) No doubt
   (d) Subsequently

6 다음 중 나머지와 다른 하나를 고르시오.

01   (a) Even I did not see him on Monday.
   (b) He speaks even Portuguese
   (c) You need an even surface to work on.
   (d) He never even opened the letter.

02   (a) Frankly, I am not satisfied with your work.
   (b) On the whole, Koreans are diligent.
   (c) I can't believe she got that money honestly.
   (d) To be honest with you, I found it a bit too wordy.

03   (a) It is utterly important.
   (b) She is definitely older than him.
   (c) I certainly feel better today.
   (d) Obviously, he is guilty.

SECTION 12B. 부사 2(강도/초점/관점/접속/의문 부사) — GRAMMAR CHECKUP

7 다음 빈칸에 가장 알맞은 답을 고르시오.

01 A Are you ready to go to the party tonight?
    B Frankly, I am _____ now, so I don't want to go this time.
    (a) obviously exhausted
    (b) consequently exhausted
    (c) completely exhausted
    (d) merely exhausted

02 A Do you have any information about the new CEO?
    B _____, he is a successful businessman.
    (a) As far as I know
    (b) As soon as I know
    (c) As well as I know
    (d) All the same, I know

03 A We badly need a car, but we are running behind money to buy a new one.
    B _____ I can lend you my second car for a while.
    (a) Regrettably
    (b) Then maybe
    (c) By the way
    (d) By no means

8 다음 문장을 영어로 옮기시오.

01 그녀는 담배 광고를 신랄하게 비난했다.
    _____

02 그들이 정말로 그 차이점을 아는 것은 아니다.
    _____

03 요컨대, 오늘은 대단히 실망스러운 하루였다.
    _____

SECTION 13A. 전치사 I (1. 개별전치사 / 2. 집단전치사)   GRAMMAR CHECKUP

1 다음 중 옳은 것에 표시하시오.

01 We stopped (at / on / in) Los Angeles on the way to New York.

02 What's (at / on / in) the radio?

03 It was the worst storm (at / on / in) years.

04 We will meet again (at / on / in) Monday morning.

05 (At / On / In) the beginning of October, the new law will take effect.

06 What are you going to do (at / on / in) the weekend?

07 We lived in Canada from 1997 (at / in / to) 1999.

08 He worked hard (during / while) the vacation.

09 Tokyo is (between / among) the largest cities in the world.

10 Look at the girl (at / in / on) jeans.

11 The chair is made (of / from) plastic.

12 Productivity is (at / on / in) the rise.

2 다음 문장 중에서 틀린 곳을 올바르게 고치시오.

01 The train leaves five minutes later.

02 See you on next Monday.

03 He is in the hospital since Monday.

04 We were together during two weeks during the vacation.

05 He's not at his home.

06 She became a CEO on the age of thirty.

07 I didn't do it in purpose.

08 She didn't know the reason of the delay.

09 He came up with a solution of the problem.

10 I'm having difficulty in my travel arrangements.

3 다음 문장 중에서 틀린 곳을 찾으시오.

01   The job is quite different with what I expected.
      ⓐ   ⓑ   ⓒ   ⓓ

02   My teaching style is similar with that of the professor who taught me in college.
         ⓐ   ⓑ   ⓒ   ⓓ

03   We will replace him to a more competent worker.
              ⓐ   ⓑ   ⓒ   ⓓ

04   I often mistake her of her mother over the phone.
        ⓐ   ⓑ ⓒ   ⓓ

05   The destruction of forests is contributing on the greenhouse effect.
        ⓐ   ⓑ   ⓒ   ⓓ

4 다음 빈칸에 가장 알맞은 답을 고르시오.

01   _____ in New York, she was welcomed by the director.
     (a) As arrival
     (b) In arriving
     (c) At arriving
     (d) On arrival

02   I'm _____ next week.
     (a) gone on business trip
     (b) going on a business trip
     (c) gone in a business trip
     (d) going in business trip

03   We _____.
     (a) criticize the company for the accident
     (b) criticize the accident for the company
     (c) criticize the accident the company
     (d) criticize the company to the accident

04 They sat _____ .
(a) near a window
(b) near by a window
(c) close by a window
(d) nearby to a window

05 He _____ the bank _____ $2 million.
(a) reminded, of
(b) robbed, of
(c) punished, for
(d) accused, of

5 다음 중 나머지와 다른 하나를 고르시오.

01 (a) I saw her _____ the bus stop.
(b) He is still _____ work.
(c) I'm impressed _____ her English.
(d) I was driving _____ 70 kilometers an hour.

02 (a) It's far _____ cost-effective.
(b) I'm tired _____ walking all day.
(c) _____ his earliest childhood, he loved music.
(d) He was on sick leave _____ a heart attack.

03 (a) They brought him to the hospital _____ time.
(b) There is no way _____ proving that he was stealing.
(c) There are many advantages _____ living alone.
(d) Are you interested _____ sports?

04 (a) I am short _____ money.
(b) She is independent _____ her parents.
(c) She is capable _____ producing excellent work.
(d) You are not to blame _____ the accident.

SECTION 13A. 전치사 I (1. 개별전치사 / 2. 집단전치사) GRAMMAR CHECKUP

6 다음 빈칸에 가장 알맞은 답을 고르시오.

01 A See you after work. Where shall we meet?
    B There is an outdoor café across from City Hall. Let's meet _____ the cafe.
    (a) in front of
    (b) as far as
    (c) on top of
    (d) up to

02 A We'll _____ the problem.
    B Don't waste your energy on useless things.
    (a) focus to solving
    (b) focus to solve
    (c) focus on solving
    (d) focus on being solved

03 A Did you hear that the ship sank a _____ ?
    B I was surprised at the news.
    (a) a few miles of the coast
    (b) a few miles off the coast
    (c) few miles of a coast
    (d) a few miles of a coast

7 다음 문장을 영어로 옮기시오.

01 그녀는 가난한 사람들을 구제하는 데에 많은 돈을 기부해왔다.

02 우리는 그 변화를 계속 알고 있어야 한다.

03 그 소음은 나를 잠들지 못하게 했다.

SECTION 13B. 전치사 2(구동사/기타전치사규칙)   GRAMMAR CHECKUP

1 다음 중 옳은 것에 표시하시오.

01   Apply (of / for) a passport.

02   I don't care (for / about) your opinion.

03   He lives (in / on) unemployment insurance.

04   A baseball team consisted (of / for) eleven players.

05   We can cope (in / with) the difficult situation.

06   The job loss resulted (in / from) the mistake.

07   It depends (on / to) the leadership.

08   Does this belong (on / to) you?

09   They operated (in / on) her yesterday afternoon.

10   I agree (for / with) your policy.

11   Not that I know (of / from).

12   Bring (out / up) your child properly.

2 다음 문장 중에서 틀린 곳을 올바르게 고치시오.

01   The United States comprises of 50 states.

02   Don't interfere another's life.

03   We will participate the event.

04   I am thinking of to buy a new car.

05   I ran into an old friend of mine during I was visiting Paris.

06   On Friday, like on Tuesday, the meeting will be at 8:30.

07   It is true except for when he smiles.

08   Let's discuss about it now.

09   The train is now entering into a tunnel.

10   This is what I wanted to talk.

3 다음 문장 중에서 틀린 곳을 찾으시오.

01 Please refrain of smoking during the show.
    　　　　　ⓐ　ⓑ　　　　ⓒ　　　　ⓓ

02 I'll be pleased to refer him with an appropriate agency.
    　　　ⓐ　ⓑ　　　　　ⓒ　　　ⓓ

03 Many children are still dying from hunger.
    ⓐ　　　　　　ⓑ　　　ⓒ　　ⓓ

04 We have got to put of the meeting.
    　　ⓐ　　ⓑ　ⓒ　ⓓ

05 Can you stop by at my office for a moment?
    　　　　　　ⓐ ⓑ ⓒ　　　ⓓ

4 다음 빈칸에 가장 알맞은 답을 고르시오.

01 Why don't you _____ the job?
    (a) put in for
    (b) put up with
    (c) put out of
    (d) put on with

02 Do you _____ your boss?
    (a) get away from
    (b) get up with
    (c) get down for
    (d) get along with

03 _____ the violin, he plays the piano and the flute.
    (a) Besides from
    (b) Aside from
    (c) Aside of
    (d) In addition

04. She should keep off fatty foods _____ bacon and hamburgers.
    (a) including
    (b) along with
    (c) regardless of
    (d) as well as

5 다음 중 나머지와 다른 하나를 고르시오.

01 (a) He succeeded ☐ solving the problem.
    (b) The tool belongs ☐ the bottom drawer.
    (c) We had a reception ☐ honor of Mr. Burnanke.
    (d) He insisted ☐ paying for the meals.

02 (a) Take the hat ☐ .
    (b) I will see you ☐ at the airport.
    (c) The car broke ☐ .
    (d) Call ☐ the meeting.

03 (a) I can't figure it ☐ .
    (b) He stands ☐ in a crowd.
    (c) Point ☐ the advantages of the proposal.
    (d) She had ☐ orange pajamas.

04 (a) She has complied ☐ the rules.
    (b) We always end ☐ arguing.
    (c) Wrap it ☐ , please.
    (d) I had to run to catch ☐ with him.

6 다음 빈칸에 가장 알맞은 답을 고르시오.

01 A What does OPEC ☐ ?
    B OPEC ☐ Organization of Petroleum Exporting Countries.
    (a) stand for, stands for
    (b) stand of, stands of
    (c) stand to, stands to
    (d) stand off, stands off

02 A How many students have ☐ this course?
    B The course is already closed.
    (a) signed for up
    (b) signed up for
    (c) signed up with
    (d) signed in for

SECTION 13B. 전치사 2(구동사/기타전치사규칙) GRAMMAR CHECKUP

03 **A** How was the movie? Was it good?
    B It did not _____ my expectations.
    (a) live up with
    (b) live along with
    (c) live out for
    (d) live up to

04 **A** The company finally _____.
    B I've heard that the company will be taken over by its rival company soon.
    (a) went back
    (b) went out
    (c) went under
    (d) went over

7 다음 문장을 영어로 옮기시오.

01 담배는 술과 함께 대부분의 나라에서 과세된다.

02 그가 사과해야 하느냐라는 의문점이 논의될 것이다.

03 우리는 가능한 한 빨리 당신의 답장을 받기를 고대한다.

Some Notes

SECTION 14. 등위접속사 GRAMMAR CHECKUP

1 다음 중 옳은 것에 표시하시오.

01　You can (and / but / or) should go there.

02　He is not only arrogant (and / but / or) also selfish.

03　She speaks both English (and / but / or) Chinese.

04　I rang the bell (and / but / or) there was no answer.

05　Rain (and / but / or) shine, we'll go.

06　All the passengers (and / but / or) crew survived the crash.

07　Neither Mary (or / nor) Susan could come.

08　I don't know, (or / nor) do I care.

09　It has rained for many days, and (or / but / so) the ground is very wet.

10　We rarely eat out, (yet, for) we can't afford it.

11　You can either write (or / nor) call.

12　Do you sell eggs by the kilo (or / nor) by the dozen?

2 다음 문장 중에서 틀린 곳을 올바르게 고치시오.

01　She is getting taller or taller.

02　I joined them, nor I did not like it.

03　Not only you yet also she has musical talent.

04　It's good, and then it could be improved.

05　Run and else you will be late.

06　Neither you but she is wrong this time.

07　The designer has both knowledge or originality.

08　She did not say anything about it, or did she even attempt to hint at it.

3 다음 문장 중에서 틀린 곳을 찾으시오.

01 A bicycle is cheaper than a car, but it does not pollute the air.
    ⓐ   ⓑ   ⓒ   ⓓ

02 We had a break or then went back to work.
            ⓐ   ⓑ   ⓒ   ⓓ

03 It has been scorching for many months, but thus the ground is very dry.
       ⓐ   ⓑ   ⓒ   ⓓ

04 No, she has never been to either Paris and London.
    ⓐ   ⓑ   ⓒ   ⓓ

05 The Chinese eat so much fatty foods, and thus they have fewer incidences of heart
                ⓐ   ⓑ   ⓒ   ⓓ
    disease.

06 The woman neither knows or cares what happened to him.
                      ⓐ   ⓑ   ⓒ   ⓓ

4 다음 문장을 영어로 옮기시오.

01 서둘러라. 그렇지 않으면 서울로 돌아가는 연결편 비행기를 놓칠 것이다.

02 그는 바이올린 외에 피아노와 플루트도 연주한다.

03 나는 비자를 가지고 있었다. 그래서 나는 그 국경을 넘을 수 있었다.

Some Notes

SECTION 15. 부사절 접속사 GRAMMAR CHECKUP

1 다음 중 옳은 것에 표시하시오.

01 (When / While) you called, I was taking a shower.

02 I've loved you (since / after) I met you.

03 I fell asleep (when / while) I was watching TV.

04 Do it (after / before) you forget it.

05 He bought the house (after / before) he was promoted.

06 (The moment / By the time) Steve saw her, he fell in love with her.

07 (If / Even if) you do it, you will be punished.

08 Let's wait (when / until) the rain stops.

09 The roof leaks (when / whenever) it rains.

10 (Every time / The last time) I saw her, It was raining cats and dogs outside.

11 You will pass the exam (even if / only if) you work hard.

12 I bought it (because / in case) I liked it.

2 다음 문장 중에서 틀린 곳을 올바르게 고치시오.

01 Because of it's raining again, we'll have to stay at home.

02 Take an umbrella so that it rains.

03 It's not in order that I hated him.

04 It was so a cold day that we couldn't go out.

05 Cold so it was, we went out.

06 No matter while you say, I won't believe you.

07 Why don't you do it though I told you?

08 He speaks even if he knew everything.

09 Where you go, I will follow you.

10 I stopped in that you could catch up.

3 다음 문장 중에서 틀린 곳을 찾으시오.

01   As soon as we get the approval, we will let you know immediately.
        ⓐ   ⓑ   ⓒ   ⓓ

02   Now then he is married, he has become much more responsible.
         ⓐ   ⓑ   ⓒ   ⓓ

03   Be careful in order that you fall from the tree.
        ⓐ   ⓑ   ⓒ   ⓓ

04   It was even if the world had come to an end.
            ⓐ   ⓑ   ⓒ ⓓ

05   Whatever we go by bus or train, it will take at least six hours.
        ⓐ   ⓑ   ⓒ   ⓓ

4 다음 빈칸에 가장 알맞은 답을 고르시오.

01   You can ask for help _____ you need it.
   (a) whatever
   (b) whoever
   (c) whichover
   (d) whenever

02   _____ you travel, stay at a CNN partner hotel.
   (a) The first time
   (b) The last time
   (c) The next time
   (d) Every time

03   I will have finished the report _____ you come back from your trip.
   (a) by the time
   (b) every time
   (c) each time
   (d) last time

04 We will send them to you [   ] we get the tickets.
 (a) as if
 (b) as though
 (c) as soon as
 (d) albeit

05 [   ] it began to rain.
 (a) No sooner we had reached the lake than
 (b) No had we reached the lake sooner than
 (c) No sooner than had we reached the lake
 (d) No sooner had we reached the lake than

5 다음 중 나머지와 다른 하나를 고르시오.

01 (a) Stay at home [   ] the snow stops.
 (b) I had loved you [   ] I met you
 (c) It has been two years [   ] I left home.
 (d) [   ] she was married, she has lived in New York

02 (a) [   ] you can see, it's raining now.
 (b) Let's do our best [   ] we did in the past
 (c) [   ] I have told you again and again, it is not that simple.
 (d) His first acting role, [   ] small, was a great success.

03 (a) Happy [   ] she was, there was something missing.
 (b) Hot [   ] it was, I had to work outside.
 (c) Difficult [   ] it was, she passed the test
 (d) It doesn't matter [   ] you win or lose.

Some Notes

SECTION 15. 부사절 접속사 GRAMMAR CHECKUP

6 다음 빈칸에 가장 알맞은 답을 고르시오.

01 **A** Can I borrow your car tomorrow?
 B You can take my car _____ you drive carefully.
 (a) even if
 (b) as long as
 (c) as soon as
 (d) as if

02 **A** _____ it rains tomorrow, what should we do?
 B I think that we should attend the conference _____ it rains or not.
 (a) As soon as, even if
 (b) As long as, the way
 (c) Assuming that, whether
 (d) Providing that, as if

03 **A** What do you think is the best way to deal with this?
 B In my opinion, the best way is to _____ you have always done it.
 (a) done it the way
 (b) do them the way
 (c) do it a way
 (d) do it the way

7 다음 문장을 영어로 옮기시오.

01 나는 당신의 견해를 많이 존중하지만 당신의 결론에 동의할 수 없다.

02 심지어 우리가 이야기를 하는 동안에도 많은 어린이들이 기아로 죽고 있다.

03 비록 그들은 용감하게 싸웠지만 승리할 가능성은 없었다.

SECTION 16. 명사절 접속사 — GRAMMAR CHECKUP

1 다음 중 옳은 것에 표시하시오.

01 (That / What) he is a genius is unbelievable.

02 Tell me (that / what) has happened.

03 Do you know (who / whom) won the race?

04 Tell us (that / which) car is yours.

05 Ask him (when / what) he will return.

06 (Whoever / Whatever) gets home first starts cooking.

07 She said (that / what) she had seen nothing.

08 They are demanding (that / what) he apologize for the comment.

09 It is essential (that / what) the meeting start at eight.

10 Ask him (whatever / whether) he likes it.

11 I wonder (who / whom) they have elected.

12 Do you understand (that / what) I am saying?

2 다음 문장 중에서 틀린 곳을 올바르게 고치시오.

01 The main thing is what you are happy.

02 Do you know who coat this is?

03 Tell me that we should do next.

04 I often forget whose floor I left my car in.

05 Choose which you want.

06 If she is married does not matter.

07 The doctor suggested that she stops smoking.

08 I insist that he be innocent.

3 다음 문장 중에서 틀린 곳을 찾으시오.

01 We had <u>a</u> discussion <u>about</u> <u>if</u> he <u>should</u> resign.
    　　　　ⓐ　　　　　　　ⓑ　 ⓒ　　ⓓ

02 Do you <u>know</u> <u>which</u> is the red car <u>which</u> <u>is blocking</u> the street?
    　　　　ⓐ　　ⓑ　　　　　　　ⓒ　　ⓓ

03 I insist <u>that</u> you <u>will</u> <u>take</u> <u>an</u> immediate action.
    　　　　ⓐ　　　ⓑ　　ⓒ　ⓓ

04 <u>What</u> you will invite <u>to</u> the party <u>is</u> your <u>business</u>.
    　ⓐ　　　　　　　　ⓑ　　　　　ⓒ　　　ⓓ

05 Are you suggesting <u>that</u> imported organic <u>vegetables</u> at that time <u>be</u> not meeting <u>that</u>
    　　　　　　　　　ⓐ　　　　　　　　　ⓑ　　　　　　　　ⓒ　　　　　ⓓ
    standard?

06 I move <u>that</u> we <u>adjourns</u> this meeting and all <u>go</u> <u>about</u> our normal business.
    　　　　ⓐ　　　ⓑ　　　　　　　　　　　ⓒ　ⓓ

4 다음 문장을 영어로 옮기시오.

01 나는 네가 지출을 줄일 것을 권고한다.

02 우리는 모든 것을 조심스럽게 계획하는 것이 중요하다.

03 우리는 UNICEF에 백만 불을 기부하자는 그의 제안을 논의했다.

Some Notes

SECTION 17. 관계절 GRAMMAR CHECKUP

1 다음 중 옳은 것에 표시하시오.

01 The desk (that / whom) you ordered yesterday is currently out of stock.

02 My sister, (who / which) lives in Canada, has two sons.

03 That is the actress (whom / which) the newspapers criticized.

04 The director (which / whose) assistant I met this morning really tried my paces.

05 The movie (that / what) was shown later was not good.

06 I have done everything (that / which) can be done.

07 This is the man (to who / to whom) I gave the money.

08 Focus on the plan (whom / which) we are talking about.

09 People (who / which) exercise regularly live longer.

10 I still remember the place (in that / in which) we had brunch last month.

11 Have you ever watched the way (that / which) cats wash each other?

12 The person (whom / which) I met by accident last night knew you.

2 다음 문장 중에서 틀린 곳을 올바르게 고치시오.

01 I poured him a glass of wine, who he drank at once.

02 Do you remember the manager which brought us this report yesterday?

03 The employees both of who won the prize will not participate in the project.

04 The actor, which the magazines criticized, committed suicide.

05 The governor, that promises to cut taxes, will be reelected.

06 All which you say is true.

07 It is the plan about that we are talking.

08 This is the man which I gave the money on.

09 He ignored her, it proved unwise.

10 Do you remember the place when we had lunch?

3 다음 빈칸을 적절한 관계대명사로 채운 후, 나머지와 다른 하나를 찾으시오.

01 (a) The stories, some of _____ I have forgotten were not that important.
   (b) The movie _____ she saw last night is based on a true story.
   (c) The company _____ president I met last month went bankrupt last week.
   (d) It is the book _____ I told you to read.

02 (a) It is the only thing _____ matters.
   (b) I didn't say anything _____ wasn't true.
   (c) I hope you have got all _____ you need.
   (d) The book _____ got favorable reviews in the press was disregarded by readers.

03 (a) Mansions _____ overlook the river cost more.
   (b) Mr. Smith _____ has a lot of teaching experience will join the school in June.
   (c) The woman _____ called last week wants to buy the house.
   (d) A candidate _____ promises to cut taxes wins election in the U.S.

04 (a) Sunday is the day _____ we are not so busy.
   (b) This will revolutionize the way in _____ Americans are formally educated.
   (c) July is the month _____ we are extremely busy.
   (d) There are times _____ I wonder why I do this job.

4 다음 문장을 영어로 옮기시오.

01 나는 당신을 처음 만난 날을 결코 잊지 않겠다.

02 그것은 한국 전쟁에 대해서 만들어진 것 중에서 최고의 영화다.

03 내가 돌아온 이유는 내 가족들과 같이 있기 위해서였다.

SECTION 18. 능동태 동사시제 GRAMMAR CHECKUP

1 다음 중 옳은 것에 표시하시오.

01 They (play / plays) tennis on Sundays.
02 The earth (go / goes) around the sun.
03 (Do / Does) you drive?
04 I (like / likes) wine.
05 His plane (depart / departs) at 11:50.
06 She (was / were) happy then.
07 They (work / worked) hard last night.
08 He (will meet / will meets) her at 4 o'clock this afternoon.
09 We (will / are going to) get a new car soon.
10 He (has read / have read) the report.

2 다음 문장 중에서 틀린 곳을 올바르게 고치시오.

01 Will you are going out this evening?
02 Water boil at 100 degrees Celsius.
03 I am loving you and will always does.
04 The train leave in five minutes.
05 They have a great time in Miami Beach last year.
06 I thought it were a bit too expensive.
07 Look at the sky. It going to rain.
08 I were hoping you could lends me some money.

Some Notes

3 다음에서 틀린 곳을 찾으시오.

01 Don't goes out. We are about to have lunch.
          ⓐ   ⓑ   ⓒ   ⓓ

02 She play the violin in a symphony orchestra on Sundays.
        ⓐ   ⓑ   ⓒ   ⓓ

03 He said that he dated her for three years before they got married.
        ⓐ   ⓑ   ⓒ   ⓓ

04 I have knowed him for quite a long time since I was a little girl.
            ⓐ   ⓑ   ⓒ   ⓓ

05 They have finished their meal in total silence two hours ago.
              ⓐ   ⓑ   ⓒ   ⓓ

4 괄호 안 동사를 활용하여 문장을 완성하시오.

01 After it _____ for 24 hours, it finally stopped. (rain)

02 I _____ in Manhattan since I _____ working at Lehman Brothers. (live, start)

03 I _____ her on the far side of the road last night. (see)

04 The exhibition _____ on Monday and _____ on Friday. (begin, end)

05 She _____ to music in her room when I was in the living room. (listen)

06 I _____ the book two days ago. It means that I _____ it for two days. (buy, have)

07 He usually _____ coffee every morning, but today he _____ tea instead of coffee. (drink, have)

08 She and I _____ to the party tomorrow. Do you want to join us? (go)

5 다음 빈칸에 가장 알맞은 답을 고르시오.

01 We _____ the matter for two hours.
   (a) has been discussing
   (b) have been discussing
   (c) have be discussing
   (d) have been discussed

02 _____ a ghost?
   (a) Have you ever seen
   (b) Have you ever see
   (c) Has you ever seen
   (d) Has ever you seen

03 I realized that we _____ .
   (a) met before
   (b) have met before
   (c) had met before
   (d) had before meeted

6 다음 중 나머지와 다른 하나를 고르시오.

01 (a) We are leaving on Monday.
   (b) She is taking a nap.
   (c) Students are watching a movie.
   (d) He is studying at the library.

02 (a) You shall have all you wish for.
   (b) He shall regret this.
   (c) He is determined that you shall succeed.
   (d) The president shall hold office for five years.

03 (a) I have been to Paris.
   (b) I have been waiting for her for two hours.
   (c) You have typed the letter.
   (d) I don't have that much money on me.

SECTION 18. 능동태 동사시제 GRAMMAR CHECKUP

7 다음 빈칸에 가장 알맞은 답을 고르시오

01 A What does she do every morning?
    B She _____ a walk along the beach after drinking coffee.
    (a) take
    (b) takes
    (c) is taking
    (d) was taking

02 A How many cups of coffee have you had since you came here?
    B I _____ three cups of coffee.
    (a) drank
    (b) drink
    (c) have had
    (d) had had

03 A What had you done before you became a professor?
    B I _____ a professional photographer for ten years.
    (a) had been
    (b) am
    (c) am being
    (d) have been

8 다음 문장을 영어로 옮기시오.

01 그녀가 잠자리에 들 때쯤이면 그녀는 완전히 발표 준비를 끝냈을 것이다.

02 홍콩은 1997년 중국에 반환되기 전에 155년 동안 영국의 식민지였다.

03 나는 내년 5월에 그 나라 전국을 드라이브하고 있을 것이다.

SECTION 19. 수동태 GRAMMAR CHECKUP

1 다음을 수동태로 바꾸시오.

01 The company pays us monthly. →

02 Uruguay won the first World Cup. →

03 They built the house in 2007. →

04 We showed them the antiques. →
→

05 Paulo Coelho wrote the book. →

06 He has completed the report. →

07 Alex will invite Bill to the party. →

08 Someone is watching him. →

09 The reporter was interviewing her. →

10 She had opened the door. →

11 The wind is moving the curtain. →

12 His wife has changed him a lot. →

2 괄호 안 단어를 사용하여 능동 또는 수동을 활용해 문장을 완성하시오.

01 They _____ two apples each. (give)

02 Energy _____ to change the temperature of objects. (need)

03 Flowers _____ to me by him. (send)

04 It _____ you well. (fit)

05 She _____ late last night. (arrive)

06 You _____ when the train will arrive there. (tell)

07 He _____ to everybody in the country. (know)

08 I knew why I _____. (choose)

3 다음에서 틀린 곳을 찾으시오.

01 She <u>attacked</u> by a man <u>wearing</u> a pair of <u>sunglasses</u> and <u>long</u> black boots last night.
     　　ⓐ　　　　　　　ⓑ　　　　　　　　ⓒ　　　　　　ⓓ

02 They <u>were allowed</u> to <u>visit</u> Harry <u>once</u> a week.
     　　ⓐ　　ⓑ　　　ⓒ　　　　ⓓ

03 <u>The</u> <u>electric</u> light bulb <u>was invent</u> <u>by</u> Thomas Edison.
     ⓐ　　ⓑ　　　　　　ⓒ　　　ⓓ

04 <u>The</u> meeting <u>is</u> <u>hold</u> <u>on</u> <u>a</u> monthly basis by them.
     ⓐ　　　　ⓑ　ⓒ　ⓓ

05 <u>New</u> technology <u>are</u> sometimes <u>treated</u> <u>with</u> suspicion.
     ⓐ　　　　　　ⓑ　　　　　　ⓒ　　　ⓓ

06 This species <u>become</u> <u>almost</u> extinct as its habitat <u>is being</u> <u>destroying</u>.
     　　　　　ⓐ　　　ⓑ　　　　　　　　　　ⓒ　　　　ⓓ

4 다음 문장을 영어로 옮기시오.

01 폭풍우 때문에 공항의 모든 비행기들은 결항되거나 추후 통지가 있을 때까지 운항이 연기되었다.

02 그것은 미국 독립 전쟁에 대해서 만들어진 것 중에서 최고의 영화다.

03 세금인하를 약속하고 있는 그 주지사는 재선될 것이다.

Some Notes

SECTION 20. 조동사 GRAMMAR CHECKUP

1 다음 중 옳은 것에 표시하시오.

01 People should (drive / drives) more carefully.
02 You (are to finish / are due to finish) the report by 5:00.
03 Need I (stay / to stay) here?
04 You don't (have go / have to go) there.
05 You ought (vote / to vote).
06 I (used to / am used to) smoke.
07 We would rather not (go / to go) out today.
08 I had a visa, so I was able (cross / to cross) the border.
09 How dare you (call / to call) me a liar?
10 It is not very far, so we might as well (walk / to walk).
11 I (do / does) agree.
12 (May / Can) God be with you!

2 다음 문장 중에서 틀린 곳을 올바르게 고치시오.

01 I might gets a job soon.
02 There maybe a strike next week.
03 You would better see a doctor.
04 Rules are to observed.
05 If you don't have to smoke, do it outside.
06 She would not rather do it than do it that way.
07 I would be a waiter in my twenties.
08 We are not able to wait for Christmas.

Some Notes

3 다음에서 틀린 곳을 찾으시오.

01 I would rather to have a glass of beer.
　　　ⓐ　　　　ⓑ　　ⓒ　　　　ⓓ

02 When I worked on the farm, I used to get up at 5 a.m.
　　ⓐ　　　　　ⓑ　　　　　　ⓒ　　　ⓓ

03 You had not better comment further on that.
　　　　ⓐ　　　　　ⓑ　　　ⓒ　ⓓ

04 You are not talk during the exam.
　　　ⓐ ⓑ ⓒ　ⓓ

05 Contractors will can propose changes to the scope of work.
　　　　　　　ⓐ　ⓑ　　ⓒ　　　　　　　　　　　ⓓ

4 다음 빈칸에 가장 알맞은 답을 고르시오.

01 I've heard that your son entered the Harvard Law School. You _____ be proud of him.
　(a) may
　(b) cannot
　(c) must
　(d) should

02 Susa _____ know his address because she works for the same company as him.
　(a) may
　(b) cannot
　(c) don't have to
　(d) is to

03 The car _____ start this morning.
　(a) oughtn't to
　(b) mustn't
　(c) shouldn't
　(d) wouldn'

04 She [_____] read when she was four.
   (a) might
   (b) may
   (c) could
   (d) was able to

05 This cover [_____] be removed.
   (a) is to not
   (b) is not to
   (c) had not better
   (d) would not rather

5 다음 빈칸에 가장 알맞은 답을 고르시오

01 **A** She looks just like Anna. Do you know her?
    B No, but I've heard that Anna has a sister. I think she [_____] Anna's sister.
   (a) had better be
   (b) need to be
   (c) have to be
   (d) must be

02 **A** As far as I know, you have a presentation tomorrow that you need to prepare for.
    B Do you mean I [_____] the movie right now?
   (a) need not be watching
   (b) shouldn't be watching
   (c) wouldn't be watching
   (d) might not be watching

03 **A** I am here to meet the manager.
    B He is not in his office. You [_____] come back later as wait for him.
   (a) may as well
   (b) may well
   (c) may rather
   (d) may better

SECTION 20. 조동사 GRAMMAR CHECKUP

04 A How's the weather in Chicago?
   B Now that Chicago _____ be very cold in winter, take a few extra warm clothes.
   (a) may
   (b) might
   (c) could
   (d) can

6 다음 문장을 영어로 옮기시오.

01 하와이가 미국에서 가장 아름다운 주일 가능성이 많다.

02 우리는 지금 출발하는 게 좋겠다. 그렇지 않으면 비행기를 놓칠 것이다.

03 그것에 대해서 더 이상 말하지 않는 것이 낫겠다.

Some Notes

SECTION 21. 상태동사 GRAMMAR CHECKUP

1 괄호 안 단어를 사용하여 능동 또는 수동을 활용해 문장을 완성하시오.

01 I _____ happy. (feel)

02 I _____ the doctor at ten o'clock. (see)

03 Those roses _____ beautiful. (smell)

04 Would you _____ opening the window, please? (mind)

05 Who _____ the beach? (own)

06 It _____ you well. (suit)

07 The court _____ evidence tomorrow. (hear)

08 Who _____ me back now? (hold)

09 She _____ of going to Canada to study English right now. (think)

10 The trumpets _____ now and that _____ fabulous. (sound)

11 She _____ the pudding when I ran into her at a cafe near Central Park. (taste)

12 I _____ that she is making a mistake. (feel)

2 다음 중 나머지 하나와 다른 것을 고르시오.

01 (a) We <u>admire</u> Admiral Lee Sun-Shin.
    (b) They <u>admire</u> the scenery.
    (c) I <u>admire</u> my parents a lot.
    (d) She <u>admires</u> politicians who adhere to their principles.

02 (a) Can anyone <u>value</u> their assets?
    (b) We <u>value</u> loyalty.
    (c) I really <u>value</u> friendship.
    (d) He <u>values</u> his teaching experience above all things.

03 (a) The bottle <u>holds</u> two liters.
    (b) The plane <u>holds</u> about 200 passengers.
    (c) The woman is <u>holding</u> her mother's hand tightly.
    (d) This theater can <u>hold</u> 2,500 people.

3 다음 문장 중에서 틀린 곳을 올바르게 고치시오.

01 A I am thinking of taking a backpack trip to Europe. Would you care to join me?
    B It sounds a good idea.

02 A Who is the woman with your boss?
    B I am thinking that she is the new personnel manager.

03 A I am feeling like giving up on the bar examination.
    B I know you have studied hard for it. So never give up. I am believing you will pass the exam.

04 A I was hearing somebody coming up the stairs when you stepped out for a while.
    B As far as I know, there is no one else but us in this building today.

05 A I have already reserved a room for you at a hotel in Rome.
    B Thank you. I am really appreciating your help.

4 다음 문장을 영어로 옮기시오.

01 그들은 환경보호에 대한 공약을 결핍하고 있다.

02 주황색을 좋아하는 사람들은 착하고 우정과 사회적인 관계를 소중히 여긴다.

03 나는 한 가지 항목만 제외하고는 모두 좋다고 생각한다.

Some Notes

SECTION 22. 주어와 동사의 일치 GRAMMAR CHECKUP

1 다음 중 옳은 것에 표시하시오.

01 She (has become / have become) a lawyer.
02 Leaves (turn / turns) brown in the fall.
03 That (was / were) an exciting experience.
04 Not all washing powders (is / are) kind to your skin.
05 Your MP3 player (look / looks) better than David's.
06 The coffee that we had this morning (was / were) Colombian.
07 Both the children (is / are) good at English.
08 Neither of the buses (go / goes) there.
09 The firms he criticized in the report (has filed / have filed) a lawsuit against him.
10 Either Mom or the boys (is / are) going to clean the room.
11 Jane as well as her brother (like / likes) to go fishing on Sundays.
12 Lots of furniture (was / were) damaged in the flood.

2 다음 문장 중에서 틀린 곳을 올바르게 고치시오.

01 The player who were injured wouldn't leave the field.
02 A few has survived.
03 A majority of Canadians supports the law.
04 The rest of the palace were a bit cold.
05 Little have changed.
06 Most of the information are incorrect.
07 Forty miles are a long way to walk.
08 The gin and tonic aren't strong.
09 He does not know the women who is standing by the window.
10 A couple of my friends is going to open a travel agency.

Some Notes

3 다음 동사 중 한가지를 사용하여 문장을 완성한 후 나머지와 다른 하나를 찾으시오.

01 **has/have**

(a) A number of violent crimes _____ occurred.

(b) The woman _____ two cars.

(c) I already _____ seen the report.

(d) Sales _____ more than doubled in the last year.

02 **is/are**

(a) Neither the managers nor the director _____ to attend the banquet.

(b) Three weeks _____ a long time to wait for an answer.

(c) Two hundred dollars _____ a lot to spend on a dress.

(d) Where _____ your belongings?

03 **don't/doesn't**

(a) The fish and chips _____ taste good.

(b) What you are saying _____ make sense.

(c) The remainder of the students _____ like hamburgers.

(d) He _____ care about your opinion.

4 다음 문장을 영어로 옮기시오.

01 많은 사회문제들이 실업에 의하여 야기된다.

_____

02 그 보석들은 물론 그 문서도 그 금고 안에 잠겨 있다.

_____

03 그 이슈에 대해서 질문을 받은 대부분의 사람들은 대답하기를 거절한다.

_____

SECTION 23. 시제일치 GRAMMAR CHECKUP

1 다음 중 옳은 것에 표시하시오.

01 He said that he (will / would) come back.
02 He said that he (is / was) hungry.
03 He knew the place well because he (lives / lived) there.
04 The man who was playing the piano (is / was) from Italy.
05 Tom said that the children (have / had) better go to bed early.
06 I knew that I (had to / have to) overcome the trauma.
07 He knew the place well because he (uses to / used to) live there.
08 She said that she (will / would) return the books to the library for me.
09 He told me that there (are / were) about 30 people on the bus.
10 The reason why I came back (is / was) to be with my family.
11 I thought that it (is / was) a bit too expensive.
12 While I (am / was) sleeping in my room, she called me.

2 다음의 직접 화법을 간접 화법으로 바꾸시오.

01 "I don't smoke."   → He said that _____
02 "I am waiting for Ann."   → He said that _____
03 "I have finished it."   → He said that _____
04 "I have been waiting for Ann." → He said that _____
05 "I loved her."   → He said that _____
06 "I was waiting for Ann."   → He said that _____
07 "I will be in Paris soon."   → He said that _____
08 "We have met before."   → He said that _____

Some Notes

3 다음 빈칸에 가장 알맞은 답을 고르시오.

01 He said that he _____ her for two years before they _____.
   (a) dates, gets married
   (b) is dating, get married
   (c) had dated, got married
   (d) dated, had got married

02 He has announced that _____.
   (a) taxes be raised
   (b) taxes will be raised.
   (c) taxes raised would be
   (d) taxes would be raise

03 I knew why _____.
   (a) I am chosen
   (b) I have chosen
   (c) I had been chosen
   (d) I have been chosen

04 They said that if they were to move north, they _____ buy a bigger house.
   (a) can
   (b) could
   (c) is able to
   (d) able to

4 다음 문장을 영어로 옮기시오.

01 코페르니쿠스는 지구가 태양 둘레를 돈다고 결론 내렸다.

02 그는 자기가 백만장자라면 세계일주를 할 텐데 라고 말했다.

03 그는 거기 살곤 했기 때문에 그 장소를 잘 알았다.

SECTION 24. 사역동사 GRAMMAR CHECKUP

1 다음 중 옳은 것에 표시하시오.

01 We will soon have you (walked / walking).

02 I can't get the car (start / to start).

03 Get your hair (cut / cutting).

04 We won't let that (happen / to happen).

05 Who made her (cry / to cry)?

06 The manager had everybody (write / to write) a report.

07 The politician had eggs (thrown / throwing) at him.

08 I will let him (go / to go). It's my responsibility.

09 I must get this car (serviced / servicing) soon.

10 She had to shout to make herself (heard / hearing).

11 She wouldn't let me (get in / to get in).

12 Don't get him (talk / talking) about politics.

2 괄호 안 동사를 활용하여 문장을 완성하시오.

01 I'd like to have my daughter _____ to a school in New York. (transfer)

02 My father made me _____ the lawn. (mow)

03 She had the travel agent _____ my schedule for the trip. (arrange)

04 The professor made me _____ various articles before writing the paper. (read)

05 I'll try to get it _____ in time. (do)

06 Could you let me _____ your phone number one more time? (know)

07 Please let _____ of my arm. (go)

08 She needs to get her dress _____. (clean)

09 The professional photographer got his assistant _____ another camera lens. (bring)

10 He was made _____ twenty hours a day. (work)

3 다음 중 나머지와 다른 하나를 고르시오.

01 (a) He always <u>makes</u> me laugh.
    (b) Nothing will <u>make</u> me change my mind.
    (c) Don't <u>make</u> me do it against my will.
    (d) She <u>makes</u> coffee for us all.

02 (a) He <u>had</u> a car and a boat.
    (b) I <u>had</u> the report finished last week.
    (c) We <u>had</u> our car repaired.
    (d) The teacher <u>had</u> the desks in class fixed.

03 (a) You will never <u>get</u> him to understand.
    (b) Can you really <u>get</u> that old car going again?
    (c) It was not easy to <u>get</u> him to sign the document.
    (d) What did you <u>get</u> for your birthday?

04 (a) They won't <u>let</u> her leave the country.
    (b) This dress <u>makes</u> me look fat.
    (c) I <u>got</u> a letter from Dave yesterday.
    (d) I'll <u>have</u> my secretary pick the document up.

4 다음 문장을 영어로 옮기시오.

01 우리는 누구에게도 하루에 8시간이상 일하도록 강요할 수 없다.

02 그녀는 어제 버스에서 지갑을 도난 당했다.

03 그 교수님은 학생들로 하여금 그들이 여태까지 배워왔던 것을 복습하도록 시켰다.

SECTION 25. TO 부정사 — GRAMMAR CHECKUP

1 다음 중 옳은 것에 표시하시오.

01 They would like (to painting / to paint) the fence now.

02 He seems to (earn / have earned) a lot of money in the 1990's.

03 I can't afford to (buy / buying) a new car.

04 It tends to (raining / rain) a lot in June.

05 She asked me (to meet / meeting) the director.

06 I encouraged him (trying / to try) again.

07 (To compromise / compromised) is advisable.

08 His plan is to (studied / study) overseas.

09 He seems (to be following / to be followed) us.

10 The carpets (to be cleaning / to be cleaned) are in the garage.

2 다음 문장 중에서 틀린 곳을 올바르게 고치시오.

01 I expect passing the exam.

02 She declined paying the bill.

03 Would you care to having some more water?

04 When did you learn to playing violin?

05 I didn't mean to offended you.

06 I advised her to coming back soon.

07 Floods cause food prices rising.

08 We didn't force him to signing the paper.

09 It enabled us winning the race.

10 We forbid them to smoked in the hall.

11 I suggested her to leave immediately.

12 Do you have anything adding?

3 다음에서 틀린 곳을 찾으시오.

01 What she does is to trying to protect the forests.
　　　　　ⓐ　　 ⓑ　ⓒ　　　　　ⓓ

02 He is the youngest athlete winning an Olympic gold medal.
　　　　 ⓐ　　 ⓑ　　　　　ⓒ　　ⓓ

03 The next person to speaking was Mr. Kim.
　　 ⓐ　　　ⓑ　　 ⓒ　　　ⓓ

04 The house seems to be deserting.
　　 ⓐ　　　 ⓑ　　ⓒ　　ⓓ

05 She finally got to his place, only discover that he was away.
　　　　　　　　 ⓐ　　　　　　ⓑ　　ⓒ　　 ⓓ

06 To been honest, I'm not satisfied with your work.
　　 ⓐ　　　　　　　　　ⓑ　　ⓒ　 ⓓ

07 He seems to having been spying for North Korea in the 1980's.
　　　 ⓐ　　ⓑ　　　　　ⓒ　　　　　　　　　　　ⓓ

4 다음 문장을 영어로 옮기시오.

01 그 보고서를 금요일까지 마치는 것은 거의 불가능하다.

02 그녀는 한번이라도 겨울에 에베레스트를 등반해 본 유일한 여성이다.

03 그 차는 2년 전에 도난 당했던 것처럼 보인다.

Some Notes

SECTION 26. 동명사 GRAMMAR CHECKUP

1 다음 중 옳은 것에 표시하시오.

01 He was accused of (having written / to have written) a false report.

02 (Smoking / Smoked) cigarettes is bad for your health.

03 Her hobby is (read / reading) poetry.

04 I am looking forward to (meet / meeting) her.

05 It is beginning (snowing / to snow).

06 It is no use (expecting / to expect) him to show up.

07 Is that cake (for eating / to eat)?

08 I don't mind (your / yours) going without me.

09 New York is worth (visiting / to visit).

10 I was angry at Tom's (trying / tried) to lie to me.

11 (Developing / Developing of) a new product is not easy.

12 Do you object to (work / working) on Sundays?

2 다음 문장 중에서 틀린 곳을 올바르게 고치시오.

01 I wouldn't advise to take the car.

02 He was indicted of to have received bribes.

03 She recommends to meet him.

04 I am used to stand in line.

05 She regrets to leaving school at this age.

06 I would prefer getting up early tomorrow morning.

07 It is worth to visit New York.

08 I dislike people to telling me what to do.

09 She enjoys to play tennis.

10 The noise kept me from asleep.

3 다음에서 틀린 곳을 찾으시오.

01 I am <u>looking</u> forward <u>to receive</u> your <u>reply</u> as <u>soon</u> as possible.
　　　　　ⓐ　　　　　　ⓑ　　　　　　ⓒ　　　　ⓓ

02 He <u>went</u> on <u>to saying</u> <u>that</u> he will never <u>return</u>.
　　　ⓐ　　　　ⓑ　　ⓒ　　　　　　　　ⓓ

03 The team <u>is</u> in Detroit <u>this</u> weekend. They <u>have</u> a good chance of <u>to win</u>.
　　　　　　ⓐ　　　　　　ⓑ　　　　　　　ⓒ　　　　　　　　　ⓓ

04 <u>The</u> management is <u>considering</u> <u>to close</u> <u>the</u> factory.
　　 ⓐ　　　　　　　　　ⓑ　　　　ⓒ　　ⓓ

05 I <u>was</u> assigned <u>the</u> task of <u>check</u> all the <u>equipment</u>.
　　　ⓐ　　　　　ⓑ　　　　ⓒ　　　　　ⓓ

06 There <u>are</u> many <u>advantages</u> to <u>live</u> alone.
　　　　 ⓐ　　　　　ⓑ　　　ⓒ ⓓ

07 There <u>is</u> no way <u>of</u> <u>to prove</u> that he <u>was stealing</u>.
　　　　 ⓐ　　　　ⓑ　　ⓒ　　　　　　ⓓ

4 다음 문장을 영어로 옮기시오.

01 그는 자신의 패배에 대해서 그렇게도 많이 쓰여졌던 것에 대해서 기분이 좋지 않다.

02 그 여배우는 자기 스캔들에 대해서 쓰여지는 것을 개의치 않는다.

03 나는 차 구입을 위해 더 많은 돈을 절약하는 것을 고려 중이다.

Some Notes

SECTION 27. 현재분사 GRAMMAR CHECKUP

1 다음 중 옳은 것에 표시하고 해석하시오.

01 Look at the man (talked / talking) to your wife.

02 We must remain aware of the (change / changing) economic conditions.

03 That was an (excited / exciting) experience.

04 I saw something (burning / to burn) in the kitchen.

05 I caught them (stolen / stealing) my car.

06 She left us (waiting / to waiting) at the door.

07 Sorry to keep you (waiting / to wait).

08 I went (swimming in / swimming to) the river.

09 She was busy (packing / of packing).

10 He spends two hours a day (studying / to study) English.

11 I found him (stood / standing) at the door.

12 Come (swimming / to swimming) with us.

2 다음 문장 중에서 틀린 곳을 올바르게 고치시오.

01 How about going to shop this afternoon?

02 Briefly, this has been rather a disappoint day.

03 The followed day was sunny.

04 I know the woman stood amongst a crowd of children.

05 He referred to the rise unemployment.

06 She wants to avoid some bored conversation with her neighbors.

07 I bought an interested book yesterday.

08 There are plenty of oppose views on the issue.

09 The man watched falling leaves seems not to realize the danger he will face.

10 Amending the law has nothing to do with the approach election.

Some Notes

3 다음 밑줄 친 부분을 옳게 바꾼 것을 고르시오.

01 While she was coming up the stairs, she fell over and hurt her right arm.
   (a) Coming up the stairs
   (b) She coming up the stairs
   (c) While be coming up the stairs
   (d) While was coming up the stairs

02 They polluted the river, so that they killed many fish in it.
   (a) killed many fish in it.
   (b) so that killed many fish in it.
   (c) killed many fish in it.
   (d) killing many fish in it

03 Because I did not know what to do, I called the police.
   (a) I not knowing what to do
   (b) Not knowing what to do
   (c) Doing not know what to do
   (d) Because not known what to do

04 I'll come tomorrow, if the weather permits.
   (a) weather permitting
   (b) if the weather permits
   (c) if permitting
   (d) permitting

4 다음 문장을 영어로 옮기시오.

01 그들은 파리에서 3일을 보낸 후에 비엔나로 향했다.

02 그렇게 말은 했지만 우리가 지금 돌아갈 수 없다는 데에 동의한다.

03 나는 정치적인 국경선을 보여주는 지도를 찾고 있다.

SECTION 28. 과거분사 GRAMMAR CHECKUP

1 다음 중 옳은 것에 표시하고 해석하시오.

01 The people (questioned / questioning) gave very different answers.

02 Most of the people (invited / inviting) to the party didn't show up.

03 I am (finished / finishing) with the report.

04 Those days are (gone / going) now.

05 The player (injured / be injured) wouldn't leave the field.

06 Do you have any tickets (left / leaving) for Friday?

07 It is a beautifully (designed / designing) house.

08 I am completely (exhausted / exhausting).

09 We are thoroughly (satisfied / satisfying).

10 I am (disappointed / disappointing) with the results.

11 Are you (interested / interesting) in sports?

12 (Compared / Comparing) with ours, theirs is a palace.

2 괄호 안 단어를 과거 분사를 사용하여 각 문장을 완성하고 해석하시오.

01 I am _____ by her English. (impress)

02 She knows the man _____ by the police. (catch)

03 The US Embassy did not provide us with a _____ report. (write)

04 The government needs to help the recently-_____ immigrants adjust to Korean society. (arrive)

05 He spoke in an _____ voice. (educate)

06 Most developing countries follow the precedent set by the _____ countries. (develop)

07 The _____ ring was returned to its rightful owner. (steal)

08 More _____ skills are needed to operate this machinery. (specialized)

3 다음에서 틀린 곳을 찾으시오.

01 Taking every day, the medicine will improve your health.
    ⓐ   ⓑ   ⓒ   ⓓ

02 Been warned about the strike, we weren't surprised.
    ⓐ   ⓑ   ⓒ   ⓓ

03 With the couple travel, the house seems empty.
    ⓐ   ⓑ   ⓒ   ⓓ

04 Left Madrid four years ago, she has returned to visit her friends several times.
    ⓐ   ⓑ   ⓒ   ⓓ

05 With their hands tying behind their backs, they could do nothing.
    ⓐ   ⓑ   ⓒ   ⓓ

06 The picture of the children being talking to by Angelina Jolie is wonderful.
    ⓐ   ⓑ   ⓒ   ⓓ

4 다음 문장을 영어로 옮기시오.

01 그 교량은 연속적인 폭풍에 의하여 약화되어 더 이상 안전하지 않았다.

02 여기 비둘기들은 편히 산다. 항상 관광객들에 의해 먹여지기 때문이다.

03 그렇게도 여러 번 쓰여졌기 때문에 그 전쟁 이야기는 이제 지겹다.

Some Notes

SECTION 29. 가정법 GRAMMAR CHECKUP

1 다음 중 옳은 것에 표시하시오.

01 If I knew her telephone number, I (will tell / would tell) you.

02 It is time we (go / went).

03 I (will not worry / would not worry) if I were you.

04 If I (were to move / were moving) north, we could buy a bigger house.

05 It is high time we (end / ended) the uncertainty.

06 If you had called, I (would pick / would have picked) you up.

07 (Have it not been for / Had it not been for) him, I would have died.

08 If only I (am / were) better looking!

09 I wish I (am / were) ten kilos lighter.

10 If I were you, I (will quit / would quit) the job.

11 If she had left just a few minutes late, she (might miss / might have missed) her bus.

12 If only you (had told / have told) me about it!

2 다음 동사를 올바른 형태로 고쳐 채우시오.

01 If he _____ a bit faster, he could have won. (run)

02 If it _____ not for you, I would not be here. (be)

03 Had you worked harder, you might _____ the exam. (pass)

04 If I had enough time to finish this tonight, I _____ to the party. (go)

05 If I had realized he was wrong, I _____ such a choice. (not, make)

06 If I did not attend the class, I _____ the class. (fail)

07 If I had not been for your help, I _____ there. (not, go)

08 It is about time that they _____ the vast problem. (acknowledge)

3 다음을 If 또는 I wish로 시작하는 문장으로 만드시오.

01 The car is too expensive, so I am not going to buy it.
→

02 The weather was not nice, so we did not go to the amusement park.
→

03 She forgot locking up the door, so she was robbed of her valuables.
→

04 I cannot take a picture of the beautiful landscape because I don't have a camera.
→

05 She does not have enough time, so she can't visit him.
→

06 I was late for school last Monday, so I missed the important lecture.
→

07 I am sorry she lives so far away.
→

08 It is sad that they failed the bar exam.
→

4 다음 문장을 영어로 옮기시오.

01 물이 없다면 어떠한 생물도 살아남을 수 없을 텐데.

02 만일 내가 그를 그 1년 전에 만났다면, 나는 지금 그의 아내가 되어있을 텐데.

03 우리의 조상들은 아프리카에서 살았을지 모른다.

SECTION 30. 축약절, 병치, 중복 GRAMMAR CHECKUP

1 다음 문장의 조건절을 가능한 한 축약하여 바꾸시오.

01 When you call from overseas, dial 82 first.
02 He drowned while he was trying to swim across a river.
03 After I talk to you, I always feel better.
04 Beat the butter until it is soft.
05 Whenever they are introduced, Americans shake hands.
06   If it is possible, please let me know by this evening.
07 He couldn't remember whether he should turn left or right.
08 Vienna, which is the capital of Austria, is gorgeous.
09 Have you ever seen the movie? Yes, I have seen the movie.
10 He acted as if he was certain of success.
11 Though he was exhausted, he went to bed very late.
12 Could you tell me how I can get to the airport?

2 다음 문장 중에서 틀린 곳을 올바르게 고치시오.

01 The winner not only receives a TV set but also a car.
02 The woman on the left she is French.
03 We find education on environmental issues it crucial.
04 She is not only beautiful but also speaks intelligently.
05 I prefer to study at the library to studying at home.
06   Never open the back unless be otherwise instructed.
07 Walking for two hours burns as many calories as to run for an hour.
08 The medicine is not effective if not taking as instructed.

Some Notes

3 다음 빈칸에 가장 알맞은 답을 고르시오.

01 Water, _____, is becoming scare in Africa.
  (a) which important for survival
  (b) is important for survival
  (c) important for survival
  (d) important survival

02 The door, _____ to the building, is always closed.
  (a) is the only emergency exit
  (b) which the only emergency exit
  (c) who is the only
  (d) the only emergency exit

03 There is little, _____, evidence for flying saucers.
  (a) if any
  (b) if is any
  (c) if there any
  (d) there is any

04 Before _____, you should read it through.
  (a) signed the contract
  (b) sign the contract
  (c) the contract
  (d) signing the contract

4 다음 문장을 영어로 옮기시오.

01 그녀는 아시아 여행에서 돌아온 이래로 상당히 달라졌다.

02 두뇌 세포는 일단 파괴되면 재생되지 않는다.

03 그가 놀랍다고 말하는 것이 놀랍지 않다.

SECTION 31. 어순의 도치 GRAMMAR CHECKUP

1 다음 중 옳은 것에 표시하시오.

01 (Do / Does) you want to postpone the meeting?
02 Not a single word (she said / did she say).
03 Not only did we (lost / lose) our money but we were almost killed, too.
04 It was so (a warm day / warm a day) that I could not work.
05 How (a good teacher / good a teacher) she is!
06 On the chair (there was / was there) a small cat.
07 I couldn't afford that (a big car / big a car).
08 Among the first to arrive (the ambassador was / was the ambassador).
09 Where (you do / do you) think he is?
10 She is too (a polite person / polite a person) to refuse it.
11 In the doorway (stood a man / did a man stand) with a gun.
12 Under no circumstances (you should see / should you see) him again.

2 다음 문장 중에서 틀린 곳을 올바르게 고치시오.

01 Why you do want to postpone the meeting?
02 Little did he realized the danger he faced.
03 Under the table did a huge dog.
04 Only after the war water began to be purified.
05 Away the runners went.
06 I have as a good voice as you do.
07 Only then he realized that it was a holiday.
08 "Is this the president's house?" asked he.

Some Notes

3 다음에서 틀린 곳을 찾으시오.

01 The teacher could not understand why did most students fail to pass the exam.
            ⓐ   ⓑ   ⓒ   ⓓ

02 What do you think is the most typical French dish!
     ⓐ   ⓑ   ⓒ   ⓓ

03 Not until we met him we understood the seriousness of his problem.
     ⓐ   ⓑ   ⓒ   ⓓ

04 Nowhere in the world chefs can make such unbelievably delicious meals.
              ⓐ   ⓑ   ⓒ   ⓓ

05 Not did all Americans agreed with the decision to go to war in Iraq.
     ⓐ   ⓑ   ⓒ   ⓓ

06 The team leader was not late for the meeting, nor did she left early.
                      ⓐ   ⓑ   ⓒ   ⓓ

4 다음 문장을 영어로 옮기시오.

01 그가 그렇게 우스꽝스럽게 보여서 모두 웃음을 터뜨렸다.

02 도시 주민들은 시골사람들보다 더 높은 사망률을 갖는다.

03 우리가 그 호수에 도착하자마자 비가 오기 시작했다.

Some Notes

SECTION 32. 간접화법   GRAMMAR CHECKUP

1 다음 문장을 간접 화법으로 바꾸시오.

01 Jenny asked, "Do you love me?"
   → She asked me _____

02 Erica asked, "Where is a post office near the hospital?"
   → She wanted to know _____

03 Tina said, "I can do it."
   → She said _____

04 Sally asked, "Have you been to London before?"
   → She said _____

05 Michelle said, "I will come back tomorrow."
   → She said _____

2 다음 문장을 주어진 문장의 정보를 이용하여 바꾸어 완성하시오.

01 I asked, "What kind of person is he?"
    She answered, "He is not only arrogant but also selfish."
    → When I asked her what kind of person _____, she told me that he _____ not only arrogant but also selfish.

02 He said, "I helped my friend to paint the house."
    His mother said, "It was very kind of you to help him out."
    → When he told his mother that he _____ his friend to paint the house, she told him that it _____ very kind of you to help him out.

03 Sue asked Tony, "Who will win the election?"
    Tony replied, "I am not interested in politics."
    → When Sue asked Tony who _____ the election, he replied that he _____ politics.

Some Notes

3 다음 빈칸에 가장 알맞은 답을 고르시오

01   **A** The restaurant is unkind and doesn't taste good.
      B It is? I thought you said _____.
    (a) kind it is and good taste
    (b) it is kind and tastes good
    (c) it was kind and tasted good
    (d) it had been kind and had tasted good.

02   **A** I graduated from college last year.
      B You did? I thought you told me you _____.
    (a) were still a student last year
    (b) has been still a student last year
    (c) had been still a student last year
    (d) had been still a student the year before

03   **A** She can speak English as fluently as a native speaker.
      B She can? I thought you said _____.
    (a) she couldn't speak English well.
    (b) she cannot speak English well.
    (c) she is not able to speak English well.
    (d) she had not been able to speak English well.

4 다음 문장을 영어로 옮기시오.

01   그는 결혼하기 전에 그녀와 5년 동안 데이트했다고 말했다.

02   그는 그녀가 그의 주소를 알지도 모른다고 말했다.

03   그는 자기가 부자라면 세계일주를 할 텐데 라고 말했다.

SECTION 33. 명령문 GRAMMAR CHECKUP

1 다음 중 옳은 것에 표시하시오.

01 Please (stop / stops) it now.
02 Don't even (think / thinks) about it.
03 (Apply / Applies) the ointment where it hurts.
04 (Don't / Doesn't) marry him: he's only after your money.
05 (Look / Looking) into the drawer.
06 Would you mind (stop / stopping) the noise right now?
07 Never (break / breaks) your word.
08 (Do stop / Does stop) talking and get on with your work.
09 Don't anybody (say / says) a word!
10 Be sure to (finish / finishing) the report today.
11 Would you like to (go and play / going and playing) outside?
12 I was wondering if you could (come have / come having) a drink.

2 다음 문장 중에서 틀린 곳을 올바르게 고치시오.

01 Doesn't interfere with another's life.
02 Please refrains from smoking.
03 Would you mind open the window, please?
04 Everyone keeps quiet in class!
05 Please try to being more positive an objective.
06 Be sure to getting enough calcium and vitamin C.
07 Brings up your child properly.
08 Would you like to asking him to her me back?
09 Try to pointing out the advantages of the proposal.
10 Be sure to picking up some milk from the store.

Some Notes

3 다음 빈칸에 가장 알맞은 답을 고르시오

01 **A** I hate to say goodbye, but it's time to go.
    B _____ my regards.
    (a) Try to giving your family
    (b) Be sure give your family
    (c) Be sure to give your family
    (d) Be sure that give your family

02 **A** Don't hesitate to tell me if you need anything.
    B _____. We are ready for our housewarming party.
    (a) Come to having a good time
    (b) Get have a good time
    (c) Get and have a good time
    (d) Come and have a good time

03 **A** _____ your lights are working before you drive.
    B Oh, thank you for reminding me of it.
    (a) Make and be sure that
    (b) Make to be sure that
    (c) Be sure and
    (d) Make sure that

4 다음 문장을 영어로 옮기시오.

01 우리가 귀사의 12/10자 제안을 수락했음을 통보합니다.

02 다음에 뉴욕에 오시면 저한테 들르세요.

03 막판 변경이 있을지 모르니까 인사 담당 이사에게 확인하라.

SECTION 34. 부가의문문 GRAMMAR CHECKUP

1 다음 중 옳은 것에 표시하시오.

01 You are Steven, (are you / aren't you)?

02 You aren't Steven, (are you / aren't you)?

03 She can speak French, (can she / can't she)?

04 She can't speak French, (can she / can't she)?

05 She has been ill, (has she / hasn't she)?

06 She hasn't been ill, (has she / hasn't she)?

07 You like Kimchi, (do you / don't you)?

08 She likes to go fishing, (does she / doesn't she)?

09 He liked her very much, (did he / didn't he)?

10 Give me a hand, (don't you / will you)?

11 I am late, (ain't I / aren't I)?

12 Don't do that, (will you / won't you)?

2 다음 부가의문문을 완성하시오.

01 It's a beautiful view, _____?

02 It was more of a meeting than a party, _____?

03 She can go swimming, _____?

04 Let's have dinner together tonight, _____?

05 She has arrived, _____?

06 She still hasn't heard from him, _____?

07 You go to church on Sundays, _____?

08 He doesn't know where my wallet is, _____?

09 He went to bed early because he was extremely tired, _____?

10 Stay calm in an emergency, _____?

Some Notes

3 다음 빈칸에 가장 알맞은 답을 고르시오.

01 She didn't do it on purpose, _____?
    (a) can she
    (b) does she
    (c) doesn't she
    (d) did she

02 Don't blame her for the accident, _____?
    (a) will you
    (b) won't you
    (c) can't you
    (d) shouldn't you

03 You like it, _____?
    (a) all right
    (b) right
    (c) correct
    (d) ture

04 He will concentrate his efforts on solving the problem, _____?
    (a) wouldn't he
    (b) doesn't he
    (c) will he
    (d) won't he

4 다음 문장을 영어로 옮기시오.

01 그는 결코 당신을 처음 만난 날을 잊지 못할 것입니다. 그렇지요?

02 당신은 그녀가 얼마나 오랫동안 거기에 앉아있었는지 몰랐지요. 그렇지요?

03 그에게 정치에 대해서 계속 이야기하도록 시키지 마라. 알았지?

SECTION 35. 구두법 GRAMMAR CHECKUP

1 다음 문장을 구두법에 따라 올바로 표시하시오.

01 I have loved you since I met you
02 Could you get me something to drink
03 She loves all sports especially swimming.
04 Picasso the painter lived here for quite a while.
05 To sum up he is a lucky fellow.
06 I however did not like it.
07 It's good and yet it could be improved.
08 When you called I was taking a shower.
09 He bought the house after he was promoted
10 Would you come this way please?
11 He said "I have been waiting for Ann and Angela."
12 She said, If I were a millionaire I would travel around the world."
13 Coming up the stairs she fell over and hurt her right arm.
14 Yes he is He is a great teacher.
15 I have experienced despair too.

2 다음 문장 중에서 틀린 곳을 올바르게 고치시오.

01 I visited Britain France and German
02 It is a graceful aquatic bird.
03 My father however didn't want to go there.
04 I like this one she likes that one.
05 She decided not to buy the car She thought that it was a bit expensive.
06 We visited the following countries. Britain, France, Germany, Italy, Greece, Turkey and Egypt.
07 We will be arriving on Monday at least, I think so.
08 I visited France, Germany, Italy, Greece.

3 다음에서 틀린 곳을 찾으시오.

01 Generally speaking books are pretty expensive in the U.S.
     ⓐ   ⓑ   ⓒ ⓓ

02 Important for survival water is becoming scarce in Africa.
       ⓐ   ⓑ   ⓒ   ⓓ

03 "Is this the president's house" asked the stranger.
        ⓐ   ⓑ ⓒ   ⓓ

04 You don't know where my wallet is, do you.
     ⓐ ⓑ   ⓒ ⓓ

05 South Africa has many interesting tropical plants and animals and beautiful beaches.
         ⓐ ⓑ   ⓒ   ⓓ

06 Having seen the film I don't want to read the book.
     ⓐ   ⓑ ⓒ   ⓓ

07 This morning my father said, "Did you get enough sleep last night"
     ⓐ   ⓑ ⓒ   ⓓ

4 다음 문장을 영어로 옮기시오.

01 우리는 휴가를 가지 않기로 결정했다. 우리는 돈이 없었기 때문이다.

02 그녀는 "밀양"에서의 역할로 최우수 여우주연상을 받았다.

03 그녀는 "그의 마지막 말은 '하느님께 영광을!'이었다" 라고 말했다.

04 교재가 교사와 학생 사이에 '벽'이 될 수 있다.

Some Notes

Some Notes

Some Notes

저자 직강
무료 온라인
동영상 강의
www.langpl.com

All new
GRAMMAR Basics

국내 최다 토익 77회 만점자의 영문법 체계가 보인다!

★★★ { 영어 표현을 사용하는 상황과 이유를 꼼꼼히 분석! } ★★★

★★★ { 각 부분의 개념을 정확한 숫자로 정리! } ★★★

★★★ { 문법 이론이 아닌 실용성 있는 실제 예문 중심으로 설명! } ★★★

★★★ { 영어를 제대로 공부한 사람만이 할 수 있는 지침 제시! } ★★★

본책 ➕ 문제집 ➕ 해설서 ➕ 저자 직강 MP3 (무료 다운로드) ➕ 저자 직강 동영상 (무료 강의)

All new GRAMMAR Basics 해설서

목차 (Contents)

Chapter 1 문장구조와 단어형태
- Section 1   문장구조 ··· 04
- Section 2   단어형태 ··· 06
- Section 3   유사어 ··· 08

Chapter 2 명사와 관사
- Section 4   명사 ··· 09
- Section 5   집합명사 ··· 12
- Section 6   명사의 소유격 ·· 13
- Section 7   수사 ··· 15
- Section 8   관사 ··· 16

Chapter 3 형용사와 대명사
- Section 9   형용사 ··· 18
- Section 10   대명사 ··· 19
- Section 11   비교급과 최상급 ·· 21

Chapter 4 부사, 전치사, 접속사
- Section 12   부사 1 ··· 23
-                 부사 2 ··· 25
- Section 13   전치사 1 ·· 28
-                 전치사 2 ·· 30
- Section 14   등위접속사 ·· 32
- Section 15   부사절 접속사 ·· 34
- Section 16   명사절 접속사 ·· 36
- Section 17   관계절 ··· 38

Chapter 5 동사

- Section 18 능동태 동사시제 ⋯⋯⋯⋯⋯⋯⋯⋯⋯⋯⋯⋯⋯⋯⋯⋯⋯⋯⋯⋯⋯⋯⋯ 40
- Section 19 수동태 ⋯⋯⋯⋯⋯⋯⋯⋯⋯⋯⋯⋯⋯⋯⋯⋯⋯⋯⋯⋯⋯⋯⋯⋯⋯⋯⋯ 43
- Section 20 조동사 ⋯⋯⋯⋯⋯⋯⋯⋯⋯⋯⋯⋯⋯⋯⋯⋯⋯⋯⋯⋯⋯⋯⋯⋯⋯⋯⋯ 44
- Section 21 상태동사 ⋯⋯⋯⋯⋯⋯⋯⋯⋯⋯⋯⋯⋯⋯⋯⋯⋯⋯⋯⋯⋯⋯⋯⋯⋯⋯ 46
- Section 22 주어와 동사의 일치 ⋯⋯⋯⋯⋯⋯⋯⋯⋯⋯⋯⋯⋯⋯⋯⋯⋯⋯⋯⋯ 48
- Section 23 시제일치 ⋯⋯⋯⋯⋯⋯⋯⋯⋯⋯⋯⋯⋯⋯⋯⋯⋯⋯⋯⋯⋯⋯⋯⋯⋯⋯ 50
- Section 24 사역동사 ⋯⋯⋯⋯⋯⋯⋯⋯⋯⋯⋯⋯⋯⋯⋯⋯⋯⋯⋯⋯⋯⋯⋯⋯⋯⋯ 51

Chapter 6 to 부정사, 동명사, 현재분사, 과거분사

- Section 25 to 부정사 ⋯⋯⋯⋯⋯⋯⋯⋯⋯⋯⋯⋯⋯⋯⋯⋯⋯⋯⋯⋯⋯⋯⋯⋯⋯⋯ 53
- Section 26 동명사 ⋯⋯⋯⋯⋯⋯⋯⋯⋯⋯⋯⋯⋯⋯⋯⋯⋯⋯⋯⋯⋯⋯⋯⋯⋯⋯⋯ 55
- Section 27 현재분사 ⋯⋯⋯⋯⋯⋯⋯⋯⋯⋯⋯⋯⋯⋯⋯⋯⋯⋯⋯⋯⋯⋯⋯⋯⋯⋯ 56
- Section 28 과거분사 ⋯⋯⋯⋯⋯⋯⋯⋯⋯⋯⋯⋯⋯⋯⋯⋯⋯⋯⋯⋯⋯⋯⋯⋯⋯⋯ 58

Chapter 7 가정법, 축약절, 어순의 도치 등

- Section 29 가정법 ⋯⋯⋯⋯⋯⋯⋯⋯⋯⋯⋯⋯⋯⋯⋯⋯⋯⋯⋯⋯⋯⋯⋯⋯⋯⋯⋯ 60
- Section 30 축약절,병치, 중복 ⋯⋯⋯⋯⋯⋯⋯⋯⋯⋯⋯⋯⋯⋯⋯⋯⋯⋯⋯⋯⋯ 62
- Section 31 어순의 도치 ⋯⋯⋯⋯⋯⋯⋯⋯⋯⋯⋯⋯⋯⋯⋯⋯⋯⋯⋯⋯⋯⋯⋯⋯ 64
- Section 32 간접화법 ⋯⋯⋯⋯⋯⋯⋯⋯⋯⋯⋯⋯⋯⋯⋯⋯⋯⋯⋯⋯⋯⋯⋯⋯⋯⋯ 66
- Section 33 명령문 ⋯⋯⋯⋯⋯⋯⋯⋯⋯⋯⋯⋯⋯⋯⋯⋯⋯⋯⋯⋯⋯⋯⋯⋯⋯⋯⋯ 66
- Section 34 부가의문 ⋯⋯⋯⋯⋯⋯⋯⋯⋯⋯⋯⋯⋯⋯⋯⋯⋯⋯⋯⋯⋯⋯⋯⋯⋯⋯ 68
- Section 35 구두법 ⋯⋯⋯⋯⋯⋯⋯⋯⋯⋯⋯⋯⋯⋯⋯⋯⋯⋯⋯⋯⋯⋯⋯⋯⋯⋯⋯ 70

SECTION 1. 문장구조

1 Answer Keys

01 intelligently
02 interesting
03 a mystery
04 independence
05 me
06 to me
07 for
08 a star
09 clear
10 President
11 a genius
12 fresh

01 그녀가 유식하게 말했다.
　해설　1형식 문장으로 수식어인 부사가 와야 한다.

02 그것이 재미있게 들린다.
　해설　2형식 문장으로 동사(지각동사: sound) 뒤에 형용사 보어가 와야 한다.

03 그것은 수수께끼로 남아있다.
　해설　2형식 문장으로 동사 뒤에 명사/형용사 보어가 가능하다. 전치사구(as a mystery)는 보어가 아니다.

04 그들은 독립을 선언했다.
　해설　3형식 문장으로 동사 뒤에 명사 목적어가 와야 한다.

05 나에게 그녀의 전화번호를 말해주세요.
　해설　수여동사(tell) 뒤에서는 간접 목적어 앞에 전치사 to를 놓지 않는다.

06 그는 나에게 사직하겠다고 말했다.
　해설　완전타동사(say)의 경우에는 간접 목적어 앞에 전치사를 놓는다.

07 그녀는 우리 다섯을 위해서 커피를 끓여주었다.
　해설　3형식 문장에 쓰인 수여동사 buy, make, find 뒤에는 전치사 to가 아니라 for를 쓴다.

08 그녀는 그를 스타로 만들었다.
　해설　5형식 문장으로 목적 보어가 필요하며 전치사구(as a star)는 보어가 되지 못한다.

09 그는 그것이 모두에게 분명해지도록 만들었다.
　해설　5형식 문장이므로 it은 목적어이며, 목적보어는 형용사(clear)가 와야 한다.

10 그들은 그를 대통령으로 선출했다.
　해설　5형식 문장으로 him은 목적어이며 목적보어는 명사(President)가 와야 한다. 전치사구(as President)는 보어가 될 수 없다.

11 우리는 그를 천재라고 부른다.
　해설　5형식 문장으로 목적 보어(명사)가 필요하며 전치사구(as a star)는 보어가 되지 못한다.

12 그것을 신선한 상태로 유지하세요.
　해설　5형식 문장으로 불완전 타동사 keep은 목적어와 목적보어(형용사: fresh)를 필요로 한다.

2 Answer Keys

01 easily → easy
02 with a job → a job
03 us the reason → the reason to us
04 to me → me
05 to → for
06 strangely → strange
07 as an honor → an honor
08 to their daughter → their daughter
09 sweetly → sweet
10 to me → me

01 그것은 매우 쉬워 보인다.
　해설　2형식 문장으로 동사 뒤에 형용사 보어 easy가 와야 한다.

02 그들은 나에게 일자리를 제안했다.
　해설　offer는 수여동사로 4형식 문장에 쓰이며 목적어 me와 목적보어(명사/형용사)가 필요하다. 그러므로 전치사 with는 생략되어야 한다.

03 우리에게 그 이유를 설명해라.
　해설　Explain은 완전타동사로 4형식이 아니라 3형식 문장에 쓰이므로 목적어 us와 목적보어 the reason의 어순이 아닌 목적어 the reason 과 전치사구 to us의 형식이 되어야 한다.

04 그녀는 내게 커피를 만들어주었다.
　해설　수여동사(make) 뒤 간접목적어 앞에는 전치사를 놓지 못한다.

05 누가 그 부부를 위해서 아파트를 찾아줄 거냐?
　해설　3형식에 쓰인 수여동사 buy, make, find 뒤에는 전치사 for를 쓴다.

06 나는 그녀의 태도가 이상하다고 생각한다.

해설 5형식 문장의 목적보어는 형용사 또는 명사의 형태를 취한다.

07 나는 그것을 영광으로 여기겠다.
해설 5형식 문장으로 전치사구(as an honor)가 아니라 목적보어 an honor가 와야 한다.

08 그들은 그들의 딸 이름을 Sarah라고 지었다.
해설 5형식 문장으로 불완전 타동사(name)는 간접목적어 앞에 전치사 to를 놓지 않는다.

09 그것은 너무 단 맛이 난다.
해설 지각동사(taste) 뒤에는 형용사를 놓는다.

10 그는 나에게 대학원에 들어갈 계획이라고 말했다.
해설 수여동사(tell) 뒤에 간접목적어 앞에 전치사를 놓지 않는다.

3 Answer Keys

01 (a)　**02** (d)　**03** (b)　**04** (b)　**05** (a)
06 (a)

01 그녀는 그가 거만할 뿐만 아니라 이기적이라고 나에게 말했다.
해설 수여동사 tell의 경우에는 간접목적어 앞에 전치사(to)를 놓지 않는다.

02 나의 차가 수리되고 있는 동안 그 판매원은 서비스로 승용차를 제공해 주었다.
해설 동사 provide는 완전타동사로 3형식 문장에만 쓴다. 주로 provide+직접목적어(me)+ 전치사구(with a courtesy car)의 형태를 취한다.

03 그녀는 입학시험에서의 낙방을 받아들이기 힘들다고 여길 수도 있다.
해설 동사 find는 불완전타동사로 주로 5형식 문장을 쓰며 여기서는 find+목적어(it)+목적보어 (hard)로 구성된다. 이는 목적보어의 자리에는 명사/형용사가 와야 하기 때문이며 여기서 쓰인 hardly는 '거의 ~아니다'라는 뜻의 부사로 목적보어가 될 수 없다.

04 다음 이틀 후에 주시면 대단히 감사하겠습니다.
해설 수여동사 get은 '~에게 ~을 갖다 주다'라는 뜻으로 4형식 문장으로 쓰이나 만약 간접 목적어와 직접 목적어 둘 다 인칭대명사일 때 수여동사를 3형식 문장으로 쓴다. 따라서, 여기서는 get me it이 아니라 get it to me가 되어야 한다.

05 그것은 안정적인 것으로 밝혀졌으나, 속도가 너무 늦고 잘 다듬어지지 않은 사실도 발견되었다.
해설 불완전 자동사 prove는 '(결국) ~임이 드러나다'라는 뜻으로 to 부정사를 보어로 쓸 수 있다. 여기서는 to be stable이 되어야 하며 to be는 생략 가능하므로 부사 stably가 아니라 형용사 stable이 와야 하고 2형식 문장이다.

06 나는 당신들이 전 세계의 가난하고 어려운 사람들을 돕는데 성공하기를 기원합니다.
해설 수여동사 wish는 '~에게 ~을 기원하다'라는 뜻으로 4형식 문장에 주로 쓰인다. 따라서, 여기서는 wish+간접목적어(you)+직접목적어(every success)로 구성되어야 하며 간접목적어 앞에 전치사를 놓지 않는다.

4 Answer Keys

01 (d)　**02** (a)　**03** (c)　**04** (c)

01 (a) 그녀는 변호사가 되었다. (b) 그 소년은 키가 점점 더 크고 있다. (c) 그는 좋은 대통령이 될 것이다. (d) 그는 그 산을 정복하는데 실패했다.
해설 (a), (b), (c)는 모두 '되다'의 의미를 갖는 2형식 동사들이다. 반면 (d)는 목적어를 필요로 하며 문장은 3형식이다.

02 (a) 나는 그것들을 자연재해라고 부른다. (b) 나는 너에게 아파트를 찾아줄 것이다. (c) 그녀는 아들에게 아무것도 거절하지 못한다. (d) 그 할머니가 그에게 큰 재산을 남겼다.
해설 (b), (c), (d)는 간접목적어와 직접목적어를 취하는 4형식 문장이지만 (a)는 목적어와 목적보어를 취하는 5형식 문장이다. (call: ~을 ~으로 부르다)

03 (a) 나는 그를 스타로 만들었다. (b) 그녀는 내가 우울할 때마다 항상 나를 행복하게 만든다. (c) Jane은 그녀의 아버지에게 커피를 끓여주었다. (d) 그 소설은 그녀를 유명하게 만들었다.
해설 (a), (b), (d)는 5형식의 불완전타동사 make이며 (c)는 4형식의 수여동사 make를 나타낸다.

04 (a) 나는 너를 만난 이래로 너를 사랑해왔다. (b) 그녀는 그 게임을 정말로 재미있게 보았다. (c) 그들은 그녀를 CEO로 임명했다. (d) 나는 당신이 한국 사람이라고 생각했다.
해설 (a), (b), (d)는 3형식 문장이지만 (c)는 목적어 her과 목적보어 CEO를 취하는 5형식 문장이다. (appoint: ~을 ~으로 임명하다)

5 Answer Keys

01 (b)　**02** (c)　**03** (b)　**04** (c)　**05** (c)

01 그 영화의 예고편은 나의 관심을 끌기에 충분히 흥미로

웠지만 그 영화는 지겨운 것임이 드러났다.

해설 trun out은 '(결국) ~임이 드러나다'라는 뜻으로 turn out 뒤에는 to 부정사구(to be boring)를 보어로 쓸 수 있고 여기서 to be는 일반적으로 생략되어 형용사 만 남는다. 또한 주어가 the film이므로 주어를 서술 하는 능동 형용사 boring이 와야 한다.

02 나는 그 차가 다섯 시까지 준비되도록 조치하겠다.

해설 불완전 타동사 get/have는 '~이 ~(상태)가 되도록 조치하다'라는 뜻으로 여기 5형식 문장에서 the car는 목적어, 그 뒤에 오는 단어는 목적보어이다. 목적보어 의 자리에는 명사/ 형용사가 올 수 있으며 따라서 여 기서는 의미상 '준비된'이라는 뜻의 형용사 ready가 와야 한다.

03 회의 날짜를 모르는 사람에게 그 메모를 보내라.

해설 send는 '~에게 ~을 보내다'라는 뜻으로 send+간접 목적어(those who ~)+직접목적어(the memo)의 4형 식 문장으로 구성된다. 단, 간접목적어가 너무 길 때 send+직접목적어+전치사 to+ 간접목적어의 3형식 어순을 취한다. 또한, them과 같은 인칭대명사는 관 계절의 선행사가 될 수 없다.

04 우리는 그녀를 이해하는 것이 불가능하다는 것을 알게 되었다.

해설 동사 find는 주어+동사+목적어+목적보어의 5형식 문 장으로 쓸 수 있다. 단, 목적어의 자리에 to 부정사구 가 올 때 가목적어 it을 목적어의 자리에 놓고 to 부정 사를 목적보어 뒤에 놓는다.

05 그녀를 위하여 한 부, 나를 위해 또 한 부 복사해 달라.

해설 수여동사 make는 make+직접목적어(one copy)+전 치사+간접목적어의 3형식 문장으로 쓸 수 있는데 이 때 수여 동사 뒤에는 전치사 to가 아니라 for가 와야 한다. 왜냐하면 이 동사는 '~을 위하여' 이런 동작을 행하기 때문이다.

6 Answer Keys

01 (a)   **02** (d)   **03** (d)

01 A 내가 그 점심 값으로 당신에게 얼마를 빚고 있습 니까?
B 됐어요. 대신 오늘 저녁 한 잔 사세요.

해설 buy는 '~에게 ~을 사주다'라는 뜻의 수여동사로 buy+간접목적어(me)+직접목적어(a drink)로 구성되 며 수여동사 뒤의 간접목적어 앞에는 전치사를 놓지 않는다.

02 A 여자친구 생일 선물로 너는 무엇을 살거니?
B 선물 대신에, 나는 그녀에게 노래를 불러주겠어.

해설 sing은 수여동사로 sing+간접목적어(her)+직접목적 어(a song)로 구성되며 수여동사 뒤의 간접목적어 앞 에는 전치사를 놓지 않는다.

03 A 어젯밤 American Idol의 우승자는 누가 되었습니까?
B 나는 그 최종 결과를 예측할 수 없었지만 그 심사위 원들은 Carrie를 승자로 선언했다.

해설 불완전 타동사 declare는 '~을 ~으로 선언하다'라는 뜻으로 주어+동사+목적어+목적보어 로 구성된 5형 식 문장에 쓴다. 여기에서 Carrie는 목적어이고, the winner는 명사 목적보어이다.

7 Answer Keys

01 We must remain aware of the changing economic conditions.

02 He has changed a lot since he got married.

03 The academic institution will grant him a scholarship.

SECTION 2. 단어형태

1 Answer Keys

A. 01 absence   **02** acceptance
   03 development   **04** discovery
   05 activity   **06** happiness
   07 decision   **08** marriage
B. 01 changeable   **02** useful / useless
   03 glorious   **04** attractive
   05 foolish   **06** hesitant
   07 sufficient   **08** energetic

A.

01 absent (형용사 '결석한') + ence → absence (명사 '결석')

02 accept (동사 '수락하다') + ance → acceptance (명사 '수락')

03 develop (동사 '발전시키다') + ment → development (명사 '발전')

04 discover (동사 '발견하다') + ery → discovery (명사 '발견')

05 active (형용사 '활동적인') + ity/ness → activity / activeness (명사 '활동'/'활발함')

06 happy (형용사 '행복한') + ness → happiness (명사 '행복')

07 decide (동사 '결정하다') + sion → decision (명사 '결정')

08 marry (동사 '결혼하다') + age → marriage (명사 '결혼')

B.

01 change (명사 '변화') + able → changeable (형용사 '바뀔 수 있는')

02 use (명사 '사용') + ful / less → useful / useless (형용사 '유익한' / '쓸모 없는')

03 glory (명사 '영광') + ious → glorious (형용사 '영광스러운')

04 attract (동사 '관심을 끌다') + ive → attractive (형용사 '매력적인')

05 fool (명사 '바보') + ish → foolish (형용사 '바보 같은')

06 hesitate (동사 '주저하다') + ant → hesitant (형용사 '주저하는')

07 suffice (동사 '충분하다') + ent → sufficient (형용사 '충분한')

08 energy (명사 '에너지') + ic → energetic (형용사 '정력적인')

2 Answer Keys

01 friendly
02 lovely
03 late
04 wide
05 hard
06 useless
07 sound
08 sharp
09 freely
10 fast

01 그녀는 그에게 호의적으로 제안했다.
   해설 명사 manner를 수식하려면 형용사(friendly: 친절한)가 와야 한다.

02 터키를 방문했던 것은 멋진 경험이었다.
   해설 명사 experience를 수식하려면 형용사(lovely: 멋진/매력적인)가 와야 한다.

03 나는 늦게 도착하는 것을 싫어한다.
   해설 lately는 '최근에'라는 뜻의 부사이며 문맥상 부사 late(늦게)가 적절하다.

04 그 문은 활짝 열려 있었다.
   해설 부사 widely는 '널리/광범위하게'라는 뜻이므로 부적합하며 부사 wide(활짝)가 와야 한다.

05 그녀는 항상 열심히 일한다.
   해설 부사 hardly는 '거의 ~아니'라는 뜻으로 부적합하며 부사 hard는 '열심히'라는 뜻으로 적합하다.

06 그것에 대해 걱정해봤자 소용이 없다.
   해설 주격보어 자리에는 명사/형용사가 와야 한다. 그러므로 형용사 useless가 적합하다.

07 그는 곤히 자고 있다.
   해설 형용사 sound는 '건전한'이고, 부사 sound는 '곤히'라는 뜻으로 형용사 asleep을 수식하려면 부사 sound(곤히)가 와야 한다. 단, 부사 soundly는 같은 뜻을 가지나 문장 중간이 아니라 문장 끝에 놓인다.

08 너는 그곳에 정각 6시에 도착할 수 있겠니?
   해설 sharply는 '날카롭게'라는 뜻으로 문맥상 적당하지 않다. 부사 sharp(정각에)가 와야 한다.

09 당신은 여기에서 자유롭게 발언할 수 있다.
   해설 free는 형용사(자유로운) 또는 부사(무료로)로 문장에서 쓰이나 문맥상 부사여야 하지만 의미가 적절하지 않으므로 부사 freely(자유롭게)가 와야 한다.

10 그녀가 부메랑을 던질 때 그녀의 강아지는 그것을 잡기 위해 빨리 뛴다.
   해설 fastly라는 단어는 없으며 fast 문장 안에서 형용사(빠른) 또는 부사(빨리)로 쓰인다.

3 Answer Keys

01 (b)   02 (d)   03 (c)   04 (d)

01 (a) 임금은 일주일 단위로 지급된다. (b) 우리의 월례 회의 일자를 알려주세요. (c) 우리는 그 보고서를 분기별로 준비한다. (d) 철도가 매년 10만 명의 승객을 나른다.
   해설 (a), (c), (d)는 모두 문장에서 부사로 쓰이나 (b)는 명사를 수식하는 형용사이다.

02 (a) 그녀는 세속적인 성공에 관심이 없다. (b) 너는 외롭니? (c) 그 남자는 성공할 것 같다. (d) 그는 곤히 자고 있다.
   해설 (a), (b), (c)는 문장 안에서 형용사이지만 (d)는 부사이다.

03 (a) 그는 높이 점프할 수 있다. (b) 너는 우리 식당에서 무료로 식사할 수 있다. (c) 내 시계가 빠르다. (d) 우리는 일찍 일어난다.
   해설 (a), (b), (d)는 형용사 또는 부사로 쓰이나 문장 안에서 부사로 사용된 반면 (c)는 주어 my watch의 주격보어로 형용사이다.

04 (a) 그 베이글은 덜 익었다. (b) 이러한 이유들은 이사회의 구성원들을 설득하기에 충분하지 않다. (c) IMF는 국제적인 기구이다. (d) 바람이 서쪽으로 움직이고 있다.

해설 (a), (b), (c)는 형용사이지만 (d)는 부사이다.

4 Answer Keys

01 It is unlikely that he will return soon.
02 We will soon raise the average hourly wage.
03 The journal is published monthly.

SECTION 03 유사어

1 Answer Keys

01 some time
02 Sometimes
03 raise
04 dessert
05 principal
06 capital
07 personnel
08 compliment
09 especially
10 stationery

01 그녀는 상당 기간 이태리에서 살아왔다.
해설 some time은 형용사 + 명사로 '상당한 시간'이라는 뜻이며 sometime은 '언젠가'라는 뜻으로 문맥상 some time이 적합하다.

02 우리는 가끔 겨울철에 스키 타러 간다.
해설 sometimes는 '가끔'이라는 뜻이며 sometime은 '언젠가'라는 뜻으로 문맥상 빈도부사가 적합하다.

03 은행들이 곧 자신들의 금리를 올릴 것이다.
해설 rise는 자동사로 '(가격 등이) 오르다'이며 raise는 타동사로 '(가격 등을) 올리다'라는 뜻으로 주어가 Banks이니 후자가 적합하다.

04 디저트를 드실래요?.
해설 desert는 '사막'이고, dessert는 '디저트'이다. 의미상 후자가 적합하다.

05 그 고등학교 교장은 존경 받을 만한 사람이다.
해설 principle은 '원칙'이고, principal은 '교장'이다. 의미상 후자가 적합하다.

06 Washington D. C.는 미국의 수도이다.
해설 capital은 '수도' 또는 '자본'이고, capitol은 '의사당 건물'이라는 뜻이다.

07 누가 여기서 인사관리를 담당하고 있습니까?
해설 personal은 '개인적인'이라는 형용사이고, personnel은 '사람들/직원들'이라는 뜻의 집합 명사다.

08 당신의 칭찬에 감사 드립니다.
해설 compliment는 '칭찬'이라는 뜻의 명사이고 complement는 '보완(물)'이라는 뜻의 명사이다.

09 그녀는 모든 스포츠, 특히 수영을 좋아한다.
해설 especially는 '특히' 또는 '유별나게'라는 뜻이며 specially는 '특별하게'라는 뜻으로 문맥상 전자가 적합하다.

10 그는 그 편지지를 사무용품 가게에서 샀다.
해설 stationery는 '사무용품'이라는 뜻이며, stationary는 '움직이지 않는'이라는 뜻의 형용사다.

2 Answer Keys

01 effected → affected
02 alike → like
03 sometimes → sometime
04 raise → rise
05 adviced → advised
06 farther → further
07 dead → died
08 lied → laid
09 personnel → personal
10 besides → beside

01 추운 날씨가 그 작물들에게 영향을 미쳤다.
해설 effect는 '영향'이라는 뜻의 명사, affect는 '영향을 미치다'라는 뜻이 동사다. 문맥상 동사가 필요하며 그러므로 후자가 적합하다.

02 너는 내 형/동생처럼 생겼다.
해설 like는 '~처럼'이라는 뜻의 전치사, alike는 '닮은'이라는 뜻의 형용사다.

03 다음 주 언젠가 식사를 같이 하자.
해설 sometime은 '언젠가'라는 뜻의 시간부사이며 sometimes는 '가끔'이라는 뜻의 빈도부사이다.

04 곧 금리가 오를 것이다.

해설 rise는 자동사로 '(가격 등이) 오르다'라는 뜻이고 raise는 타동사로 '(가격 등을) 올리다'라는 뜻으로 문장의 주체가 interest rates 이므로 전자가 적합하다.

05 그녀는 휴식을 취할 것을 권고했다.

해설 advice는 '충고'라는 뜻의 명사, advise는 '충고하다'라는 뜻의 동사다.

06 더 자세한 정보를 알고 싶다면 출발 시간표를 확인하세요.

해설 farther/further는 둘 다 형용사 far의 비교급으로 '더 먼'이라는 뜻이지만 further는 '추가적인'이라는 뜻도 있다.

07 그녀는 자동차 사고로 죽었다.

해설 died는 동사 die의 단순과거이고, dead는 '죽은'이라는 뜻의 형용사이므로 문맥상 동사가 와야 한다. .

08 나는 그 서류들을 그 테이블에 놓았다.

해설 lied는 동사 '거짓말하다'라는 뜻의 단순과거이고, laid는 타동사로 '~을 ~에 놓다'라는 뜻이다. 그러므로 문맥상 후자가 적합하다.

09 그 책은 개인적인 경험에 기반을 두고 있다.

해설 personal은 '개인적인'이라는 형용사이고, personnel은 '사람들/직원들'이라는 뜻의 집합 명사다. 명사 experience를 수식할 수 있는 것은 형용사 personal이다.

10 그녀는 밤새 그녀의 아들 옆에 앉아 있었다.

해설 beside는 '옆에'라는 뜻의 전치사이고, besides는 '~외에'라는 뜻의 전치사이다.

3 Answer Keys

01 (d)　02 (b)　03 (b)　04 (b)　05 (b)
06 (c)

01 그 버스는 정지해 있는 차량과 충돌했다고 보도되었다.

해설 stationery는 '사무용품'이라는 뜻이므로 문맥에 적절하지 않으며, '움직이지 않는'이라는 뜻의 형용사 stationary로 대체되어야 한다.

02 다섯 명의 전문가가 그 선수를 위해 특별하게 디자인된 신발을 6개월 동안 만들어 왔다.

해설 especially는 '특히' 또는 '유별나게'라는 뜻이며 specially는 '특별하게'라는 뜻으로 문맥상 후자가 적합하다.

03 그 회사는 관계자만이 메인 컴퓨터 시스템에 접근하는 것을 허용한다.

해설 personal은 '개인적인'이라는 형용사이고, personnel은 '사람들/직원들'이라는 뜻의 집합 명사다. 문장에서 목적어의 역할을 하기 위해서는 형용사 personal이 아니라 명사 personnel이 와야 한다.

04 그녀는 일부 사업상 문제를 해결하는데 어려움을 겪고 있을 때, 법률적 조언을 구하라는 충고를 들었다.

해설 advice는 '충고'라는 뜻의 명사, advise는 '충고하다'라는 뜻의 동사이므로 동사 seek의 목적어이자 형용사 legal (법률과 관련된)의 수식을 받으려면 명사 advice가 와야 한다.

05 두 기술은 서로를 보완하며 함께 사용될 때 최고의 궁합을 보여줄 것이다.

해설 compliment는 '칭찬하다'라는 뜻의 동사이고 complement는 '보완하다'라는 뜻의 동사이다.

06 Ted와 그의 남동생은 정말 닮았지만, 매우 다르게 행동한다.

해설 like는 '~처럼'이라는 뜻의 전치사, alike는 '닮은'이라는 뜻의 형용사다.

4 Answer Keys

01 A good wine is a complement to a good meal.

02 I lay down and closed my eyes.

03 Major cities are alike everywhere.

SECTION 04 명사

1 Answer Keys

01 flower
02 August
03 application
04 gifts
05 lakes
06 leaves
07 deer
08 book
09 classes
10 geese

01 그 식물은 봄에 아름다운 노란 색 꽃이 핀다.

해설 flower는 가산 명사이며 앞에 부정관사 a가 왔으므로 단수형 flower가 와야 한다.

02 그 학회는 8월 30일에 뉴욕에서 열린다.

해설　August(8월)은 고유명사로 부정관사를 붙일 수 없고 복수형으로 만들 수도 없다.
03 지원 마감일이 지났다.
해설　application(신청)은 추상명사로 부정관사를 붙일 수 없고 복수형으로 만들 수도 없다.
04 내가 받은 가장 의미 있는 선물 중 하나는 할머니에게 받은 시계였다.
해설　gift(선물)는 가산명사이며 'one of the 최상급 + 복수명사'의 어순이 되어야 하므로 복수형이 되어야 한다.
05 캐나다에는 크고 작은 호수들이 많다.
해설　lake(호수)는 가산명사로 'a lot of'와 함께 복수형을 취한다.
06 땅은 낙엽으로 가득 차 있었다.
해설　leaf(나뭇잎)은 가산명사로 앞에 부정관사 a 가 없으므로 복수형을 취해야 한다.
07 그 사슴들은 자기 어미 주위에 있다.
해설　deer(사슴)는 가산명사로 뒤에 복수동사 are가 있으므로 주어가 복수형이 되어야 한다.
08 이 책은 여러 종류의 재미있는 이야기를 수록하고 있다.
해설　book(책)은 가산명사이며 이 문장 안에서 주어의 역할을 하는데 동사가 현재형 단수이며 지시 형용사 This의 수식을 받고 있으므로 단수형이 와야 한다.
09 그녀는 이미 너무 많은 수업을 빠졌다.
해설　class는 가산명사이며 many와 함께 복수형을 취한다. ~s로 끝나는 단어이므로 단어 끝에 ~es를 붙여 복수형을 만든다.
10 V자 대형으로 나는 기러기들을 본적이 있나요?
해설　goose(기러기)는 가산명사로 앞에 부정관사 a이 없으므로 복수형이 와야 한다.

2 Answer Keys

01 funds
02 The water
03 an exciting experience
04 means
05 genetics
06 statistics
07 news
08 equipment
09 remains
10 scissors

01 우리는 자금이 부족하다.
해설　명사 fund는 '펀드/기금' 이라는 뜻으로 여기서 쓰이려면 관사가 명사 앞에 와야 하나 관사가 보기에 없으므로 '자금'이라는 뜻으로 쓰이는 복수명사 funds가 적합하다.
02 물은 햇빛에 의해 증발된다.
해설　water는 물질명사로 부정관사를 붙일 수 없고 복수형으로 만들 수도 없다.
03 그것은 흥미진진한 경험이었다.
해설　추상명사 앞에 형용사가 있으면 항상 구체적인 것을 뜻하므로 그 앞에 부정관사를 붙인다.
04 인터넷은 의사전달의 효과적인 수단이다.
해설　means(수단)는 단수와 복수의 형태다 같다. 여기서는 부정관사와 함께 단수형으로 쓰였다.
05 그녀는 유전학에 관한 권위있는 책을 썼다.
해설　~ics로 끝나는 모든 명사는 불가산명사이며 따라서 부정관사를 붙일 수 없다.
06 그 실업 수치들은 불안하다.
해설　statistic(통계 수치)는 일반적으로 복수 취급하는 명사로 동사 are와 함께 문장 안에서 복수형으로 쓰였다.
07 그 뉴스는 충격적이다.
해설　news는 ~s로 끝나지만 복수가 아니라 불가산명사로 주어일 때 단수동사 is로 받는다.
08 수술을 위해 특별한 장비가 사용되었다.
해설　equipment(여러 종류의 장비)는 불가산 집합명사이다
09 그 고고학자들은 그들의 생애를 고성의 유적을 탐구하는 데 바쳤다.
해설　remains는 s를 붙여 유적이라는 뜻을 가지며 이와 비슷한 경우로 잔재를 뜻하는 ruins가 있다.
10 그 펜은 가위 옆에 있다.
해설　scissors는 복수명사로 복수형으로만 쓴다.

3 Answer Keys

01 (c)　02 (b)　03 (b)　04 (b)　05 (b)
06 (b)　07 (c)　08 (d)

01 귀중품을 이 귀중품 보관실에 보관해 주세요.
해설　valuable은 '귀중한'이라는 뜻의 형용사이며 문맥상 동사 place의 목적어가 되기 위해서는 명사가 와야 하므로 '귀중품'이라는 뜻의 복수명사 valuables가 와야 한다.

02 맹인들은 손가락으로 판독한다.

해설 the blind는 the + 형용사로 계층전체를 나타내기 때문에 복수 취급하므로 동사 read가 와야 한다.

03 1950년도 산 여러 종류의 포도주들은 이 나라의 최고급 포도주 중 하나였다.

해설 '여러 종류의 물질들'이라는 뜻일 때는 물질명사를 복수형으로 쓰며 wines는 '여러 종류의 포도주들'이라는 뜻이므로 복수동사 were가 와야 한다.

04 우리가 적당한 후임자를 찾을 때까지, 그는 우리를 위해 그 자리에 머물 것이다.

해설 추상명사 앞에 형용사가 있으므로 부정관사를 붙여야 하며 가산명사 a replacement는 '후임자'라는 뜻이다.

05 우리는 그 일자리에 400통의 지원서를 접수했다.

해설 application을 불가산으로 쓰면 '지원', 가산으로 쓰면 '지원서'다. 문맥상 의미는 후자가 알맞으므로 applications가 되어야 한다.

06 많은 종류의 역사적인 건물들이 서유럽에 위치해 있다.

해설 Many kinds of의 수식을 받고 뒤에 오는 동사가 복수이므로 주어역할을 하는 명사는 복수형 historic buildings가 되어야 한다.

07 나의 조부모님은 한국에서 뉴질랜드로 이민간 이래로 양을 사육해왔다.

해설 명사 sheep은 단수와 복수의 형태가 같다.

08 이 지역에는 다양한 동물 종이 있다.

해설 명사 species는 단수와 복수의 형태가 같다.

4 Answer Keys

01 (d)   02 (c)   03 (b)

01 ┌ A 그 질병에 관한 기사 읽었어?
     └ B 응. 기사에 따르면 그 질병은 비위생적인 생활 상태에서 발생하는 박테리아가 원인이라더군.

해설 bacteria는 bacterium의 복수형이므로 부정관사가 올 수 없다.

02 ┌ A 맨하튼의 지하철역에서 쥐 본 적 있니?
     └ B 거기 사는 친구들로부터 그것에 관해 많이 들었지만, 한번도 본 적은 없어.

해설 mice는 mouse의 복수형이므로 부정관사가 올 수 없다.

03 ┌ A 감자의 건강상의 혜택은?
     └ B 내가 알기로는 감자는 칼슘이 풍부해서 뼈를 튼튼하게 해줍니다.

해설 복수동사이므로 주어의 복수형이 와야 한다. potato의 복수형은 potatoes이다

5 Answer Keys

01 regard → regards
02 proceed → proceeds
03 remain → remains
04 saving → savings
05 spirit → spirits
06 premise → premises
07 damage → damages
08 better life → a better life

01 그녀는 그녀의 선생님에게 안부를 전한다.

해설 regard는 '여기다'라는 뜻의 동사이고, regards는 '안부'라는 뜻의 복수명사이므로 동사의 목적어가 되려면 명사가 와야 한다.

02 그 수익금을 기부하라.

해설 proceed는 '나아가다'라는 뜻의 동사이고, proceeds는 '수익금'이라는 뜻의 복수명사이므로 동사의 목적어가 되려면 복수명사 proceeds가 와야 한다.

03 그것은 두고 보아야 한다.

해설 remain은 '~으로 남다'라는 뜻의 자동사이며 remains는 '유적/유물/유해'라는 뜻의 복수명사이다. 여기서는 동사의 역할을 하며 주어가 3인칭 단수이며 현재형이므로 동사에 ~s가 붙어야 한다.

04 나는 보통예금 계좌를 개설하고 싶다.

해설 saving은 '절약하기'라는 뜻의 동명사이며 또한 '절약하는'이라는 뜻의 현재분사이기도하다. 하지만, 여기서는 savings는 '저금'이라는 뜻의 복수명사로 a savings account, 즉 '저축/보통 예금'이라는 뜻으로 쓰였다.

05 그들은 사기충천해 있다.

해설 spirit은 '정신'이라는 뜻의 불가산명사이고, spirits는 '사기'라는 뜻의 복수명사이다. 여기서는 형용사 high의 수식을 받는 '사기'라는 뜻의 복수명사이다.

06 그를 구내 밖으로 데려가라.

해설 premise는 '전제'라는 뜻이고 premises는 '구내'라는 뜻의 복수명사이다. 문맥상 여기서는 복수명사의 의미를 가지므로 후자가 와야 한다.

07 그에게 손해배상금으로 2백만 불을 지불하라

해설 damage는 '파손'이라는 뜻이며 복수형으로 만들지 못한다. 하지만 damages는 '손해배상금'이라는 뜻의 복수명사로 복수형으로 쓴다. 그러므로 여기서는

문맥상 후자가 적합하다.

08 그들은 더 나은 삶을 원한다.
해설   추상명사 앞에 형용사가 있으면 항상 구체적인 것을 뜻하므로 그 앞에 부정관사 a가 와야 한다.

6 Answer Keys

01 (a)   **02** (c)   **03** (d)

01 부자는 더 부유해지고 빈자는 더 가난해지고 있다.
해설   the rich와 the poor는 계층 전체를 나타내기 때문에 복수이며 그러므로 복수동사가 와야 한다.

02 휘발유는 더 이상 저렴한 연료가 아니다.
해설   물질명사 fuel 앞에 형용사 cheap이 있으므로 이러한 경우 부정관사 a를 그 앞에 붙인다.

03 태풍으로 인한 사망자 수는 연간 수십만 명에 달한다.
해설   명사 앞에 쓴 수사는 형용사이므로 항상 단수형으로 쓰지만 수사 뒤에 명사가 오지 않는 한 복수형이라야 한다.

7 Answer Keys

01 The nine-year-old girl was complimented by her teacher because of her good manners.

02 Most American universities have specially designed facilities for the handicapped.

03 There has been an argument regarding whether the paining is a Picasso or not.

SECTION 05 집합명사

1 Answer Keys

01 its
02 A
03 cattle
04 poultry
05 People
06 isn't
07 equipment
08 baggage
09 The police
10 no evidence

01 그 회사는 연례회의를 개최 중이다.
해설   정관사/소유형용사/지시형용사가 붙어있는 단수명사를 단수 또는 복수 취급한다. 단수 취급하면 '조직', 복수 취급하면 '구성원들'이라는 뜻으로 여기서는 단수동사가 쓰였으므로 the company는 '회사'를 의미하므로 단수 소유 형용사 its가 와야 한다.

02 많은 청중이 승자 주위에 몰려들었다.
해설   형용사로 수식된 audience에는 부정관사를 붙인다.

03 많은 소들이 고통을 당하고 있다.
해설   cattle는 암소, 황소, 송아지 등을 집합적으로 일컬으므로 뜻도 복수, 취급도 복수로 한다.

04 그들은 고기와 알을 얻기 위해 가금류를 기른다.
해설   poultry는 닭, 오리, 칠면조 등을 포함하며 뜻도 복수, 취급도 복수로 한다.

05 사람들은 항상 싼 구매를 찾는다.
해설   people은 '사람들'이라는 뜻의 집합명사로 복수취급하며 뒤에 복수동사가 온다.

06 오늘은 우편물이 많지 않네요.
해설   mail은 불가산명사이므로 그 앞에 much가 왔으며 그러므로 단수동사가 와야 한다.

07 미 항공 우주국은 우주선과 관련된 최첨단의 장비를 가지고 있다.
해설   equipment는 불가산명사로 부정관사를 붙이거나 복수형으로 만들 수 없다.

08 그들은 그들의 수하물을 기다리고 있다.
해설   baggage는 '가방들'이라는 뜻으로 집합명사로 불가산명사로 취급한다.

09 경찰이 동네를 순찰 중이다.
해설   (the) police는 '경찰들'이라는 뜻으로 집합명사이다. 뜻도 복수이고, 취급도 복수로 한다.

10 그가 그 범죄에 연루되었다는 증거가 없다.
해설   evidence는 '증거'라는 뜻으로 불가산명사이다. 그러므로 부정관사를 붙이거나 복수형으로 만들 수 없다.

2 Answer Keys

01 mails → mail
02 clergies → clergy
03 staffs → staff
04 informations → information
05 machineries → machinery
06 jurys → jury
07 cashes → cash
08 furnitures → furniture

09 committees → committee
10 Three cattle → Three head of cattle/three bulls

01 이 모든 메일은 응답되어야 한다.
　해설　불가산 명사이므로 단수형으로 쓴다.

02 지방 성직자들이 그 계획에 반대하는 캠페인을 하고 있다.
　해설　clergy는 '성직자들'이라는 뜻으로 복수취급 한다.

03 직원들은 오후 9시 이후에는 뒷문을 이용해 주세요.
　해설　staff이 집단적으로 볼 때는 단수 취급하며 개별적으로 볼 때는 복수 취급한다. 여기서는 직원들이 개별적으로 퇴근하는 상황이기 때문에 복수취급(are required) 하며 이미 뜻이 복수이기 때문에 복수형을 쓰지 않는다.

04 프랑스의 관광명소에 대한 정보는 5번을 누르십시오.
　해설　information은 '정보들'이라는 뜻의 집합명사로 불가산명사로 취급한다.

05 그 회사의 기계들은 가능한 한 빨리 교체되어야 한다.
　해설　machinery는 '기계류'라는 뜻의 집합명사로 불가산명사로 취급한다.

06 배심원단의 의견이 갈렸다.
　해설　jury는 집단적으로 볼 때는 단수 취급하며 개별적으로 볼 때는 복수 취급한다. 여기서는 배심원단이 서로 의견이 엇갈린 상황이기 때문에 복수취급(were divided)하며 이미 뜻이 복수이기 때문에 복수형을 쓰지 않는다.

07 나는 그 당시에 현금이 부족했다.
　해설　cash는 '현금'이라는 뜻의 집합명사로 불가산명사로 취급한다.

08 그녀는 여러 가지 목적으로 사용될 수 있는 끝마무리가 멋지게 된 가구 한 점을 찾고 있다.
　해설　furniture는 '가구들'이라는 뜻의 집합명사로 불가산명사로 취급한다

09 그 위원회의 위원들이 내일 회의를 한다.
　해설　동사 meet은 복수동사이므로 the committee는 '위원들'이라는 뜻의 집합명사이며 복수취급 한다. 하지만 복수형으로 쓰지 않는다.

10 세 마리의 소떼가 나무 아래에 서 있다.
　해설　cattle과 같은 집합명사는 직접 셀 수 없다. Three cattle 대신에 three head of cattle이라고 할 수 있다. 또는 보통 명사를 써서 a cow and two bulls식으로 세는 것이 일반적이다.

3 Answer Keys

01 (a)　**02** (c)　**03** (b)　**04** (b)

01 그 추락사고에서 모든 승객과 승무원이 살아남았다.
　해설　crew는 '승무원 전체' 또는 '인부 전체'라는 뜻으로 이미 뜻이 복수이기 때문에 crews라고 하지 않는다.

02 나에게 그 모든 장비를 점검하는 임무가 부여되었다.
　해설　equipment는 '장비들'이라는 뜻의 집합명사로 불가산명사로 취급된다.

03 그들은 문구류 장사를 한다.
　해설　stationery는 '문구류/사무용품들'이라는 뜻의 집합명사로 불가산명사로 취급된다.

04 그는 가축에 대해서 매우 지식이 많다.
　해설　livestock은 '가축전체'라는 뜻의 집합명사로 소, 돼지, 말, 양 등을 포함하며 복수형으로 쓸 수 없다.

4 Answer Keys

01 Do you have any baggage to check in?

02 The management is considering closing the factory.

03 There is not the slightest evidence against her.

SECTION 06 명사의 소유격

1 Answer Keys

01 student's
02 Dogs'
03 country's
04 committee's
05 Titanic's
06 My sister-in-law's
07 actors'
08 children's
09 boss's
10 Socrates'

01 그 학생의 차는 주차장에 있다.
　해설　student는 사람이므로 소유격을 만들기 위해서 's를 명사의 뒤에 붙인다.

02 개들의 귀는 소리에 매우 민감하다.
　해설　dog는 동물이므로 소유격을 만들 때 's를 명사 뒤에 붙이나 ~s/~es로 끝나는 명사의 복수형에는 apostrophe(')만 찍는다.

03 대통령은 그 나라의 새로운 정책을 선포했다.
　해설　country는 국가이므로 소유격을 만들기 위해서 's를 명사 뒤에 붙인다.

04 그 위원회의 보고서는 그 문제의 핵심을 다뤘다.
　해설　committee는 단체를 나타내는 명사로 명사 뒤에 's를 붙여 소유격을 만든다.

05 Edward John Smith는 타이타닉 호의 선장이었다.
　해설　Titanic은 선박을 나타내는 명사로 명사 뒤에 's를 붙여 소유격을 만든다

06 내 처제의 차는 교통사고로 망가졌다.
　해설　합성어의 마지막 단어에 's를 붙여서 소유격을 만든다.

07 비버리 힐즈에는 헐리우드 배우들의 집들이 많이 있다.
　해설　~s/~es를 붙여서 복수를 만드는 명사의 소유격은 끝에 apostrophe(')만 찍는다.

08 FAO Schwarz는 아동용 상품을 파는 가장 유명한 상점 중 하나이다.
　해설　불규칙 복수명사의 소유격은 명사 끝에 's를 붙여서 만든다.

09 그 여자는 그 상사의 부인이다.
　해설　보통명사가 ~s로 끝나는 경우에는 그 끝에 's를 붙여 소유격을 만든다.

10 소크라테스의 아이디어는 그의 시대에는 받아들여지지 않았다.
　해설　1880년 이전 사람의 이름을 언급할 때는 이름 끝에 apostrophe만 붙여 소유격을 만든다.

2 Answer Keys

01 Davids' → David's
02 animal' → animal's
03 child' → child's
04 tomorrow' → tomorrow's
05 Sundays' → Sunday's
06 mornings' → morning's
07 the journey end's → the journey's end
08 a friend's of John → a friend of John's
09 the florist → the florist's
10 Ann → Ann's

01 데이빗의 회사는 지난 해에 파산했다.
　해설　David는 사람이므로 그 끝에 's를 붙여 소유격을 만든다.

02 그 동물의 다리는 수의사에 의해 치료받을 필요가 있다.
　해설　animal은 동물이므로 그 끝에 's를 붙여 소유격을 만든다.

03 그 아이의 장난감은 온 바닥에 널려 있었다.
　해설　child는 사람을 나타내는 명사이므로 그 끝에 's를 붙여 소유격을 만든다.

04 내일 날씨는 추울 것이다.
　해설　tomorrow와 요일은 그 끝에 's를 붙여 소유격을 만든다.

05 지난 일요일의 게임은 폭우로 취소되었다.
　해설　Sunday는 요일이므로 그 끝에 's를 붙여 소유격을 만든다.

06 오늘 오전에 있을 회의 준비가 되었나요?
　해설　morning, afternoon, evening에도 그 끝에 's를 붙여 소유격을 만든다.

07 나는 여행의 끝 무렵에 아름다운 일몰 광경에 매혹되었다.
　해설　일부 고정표현에서는 water, journey, stone에 's를 붙여 소유격을 만든다.

08 그는 존의 친구다.
　해설　one of John's friends라는 의미가 되려면 John의 끝에 's를 붙이고 그 앞에 다시 of를 붙여 이중 소유격을 만들면 된다. (→ a friend of John's) 이는 부정관사 바로 뒤에 소유격을 놓을 수 없기 때문이다.

09 그들은 그 꽃가게에서 부케를 샀다.
　해설　the florist's는 '꽃집'이다. 그 뒤의 명사 shop을 생략한 것이다.

10 우리는 앤의 집에서 만났어, 그렇지?
　해설　'~의 집'이라고 할 때 사람이름 뒤의 place를 생략하고 Ann's라고 쓸 수 있다.

3 Answer Keys

01 (b)　**02** (d)　**03** (b)　**04** (c)

01 네 MP3 player는 David의 것보다 좋아 보인다..
　해설　앞에 언급한 명사를 반복하지 않기 위해서 소유격 뒤의 명사를 생략한다. 여기서는 소유격 David's 뒤의 MP3 player를 생략하면 된다.

02 그녀는 Jennifer의 사촌이다.

해설 Jennifer의 사촌이라는 의미가 되려면 Jennifer의 끝에 's를 붙이고 그 앞에 다시 of를 붙여 이중 소유격을 만들면 된다. (→ a friend of Jennifer's) 이는 부정관사 바로 뒤에 소유격을 놓을 수 없기 때문이다.

03 오늘 신문에 그 기사 읽었니?
해설 today, yesterday, tomorrow와 요일은 's 붙여서 소유격을 만든다.

04 물은 지구 표면의 약 70%를 차지한다.
해설 the earth의 소유격은 of the earth가 아니라 the earth's다.

4 Answer Keys

01 Today's technological advances have been invading people's privacy.
02 My boss has just returned to London from a week's vacation in Maldives.
03 When we were in South American, a few hours' flight delay was no big deal.

SECTION 07 수사

1 Answer Keys

01 one-fifth / a fifth
02 one(a) quarter / one-fourth / a fourth
03 two-thirds
04 two-fifths
05 three point six billion dollars
06 (zero) point three nine percent
07 (zero) point two percent
08 seven hundred (and) eighty-nine
09 one thousand one hundred / eleven hundred
10 two meters (and) thirty centimeters / two point three meters

01-02 분자는 기수(one)로, 분모는 서수(fifth)로 읽는다.
03-04 분자가 2 이상일 때에는 분모를 복수형(thirds)으로 읽는다.
05 소수점은 point라고 읽으며 three point six는 3.6이라는 뜻이다.

06-07 소수점 앞의 zero는 생략할 수 있다. 또한 소수점 뒤의 숫자는 개별적으로 읽는다.
08 미국식에서는 숫자만 읽는 반면 영국식에서는 hundred 다음에 and를 넣어서 읽을 수 있다.
09 1,100부터 1,900까지 백 단위의 9개 수는 hundred 단위로 읽을 수도 있다.
10 두개의 계측단위 사이에 and를 놓을 수 있지만 생략하는 것이 일반적이다. 즉, 2미터 30센티는 two meters (and) thirty centimeters라고 읽는 것이 일반적이나 또한 2.3미터이기도 하기 때문에 two point three meters라고도 읽는다.

2 Answer Keys

01 fifteen thirty-two
02 two meters and ten centimeters
03 three-fourths
04 a quarter of a percent
05 sixteen hundred
06 sixteen twenty

01 한때 남미에서 번영했던 잉카 문명은 1532년 멸망했다.
해설 연도는 두 자리 단위로 끊어서 읽는다.
02 이 남자 좀 봐, 그는 키가 2.1미터는 되겠어.
해설 두 가지 계측 단위 사이에 and를 놓을 수 있지만 생략하는 것이 일반적이다.
03 따뜻한 물 4분의 3컵에 버터 혼합물을 용해시키시오.
해설 3/4는 주로 three quarters라고 하지만 three-fourths라고 할 수도 있다.
04 뱅크 오브 아메리카는 금리를 0.25% 인상했다.
해설 소수점 앞의 zero는 생략할 수 있으며 소수점 뒤의 숫자는 개별적으로 읽는다. 0.25%는 one-fourth of a percent 또는 a quarter of a percent라고 한다.
05 2,002년에 총 1,600명의 노동자가 이미 정리해고 되었다.
해설 1,100에서 1,900까지 9개의 수는 hundred 단위로 읽을 수 있다.
06 메이플라워호는 1620년에 영국을 떠났다.
해설 연도는 두 자리 단위로 끊어서 읽는다.

3 Answer Keys

01 (c)   **02** (b)   **03** (a)   **04** (a)

01 그것은 1988년에 건설되었다.
해설 연도는 두 자리 단위로 끊어서 읽는다.

02 그 부족은 537년에 멸망했다.
　해설 537은 뒤쪽 두 자리 숫자를 묶고 나서(thirty-seven), 그 앞 숫자(five)부터 읽는다.

03 이번 분기 그 회사의 수익은 5.38% 감소했다.
　해설 소수점은 point라고 읽고, 소수점 뒤의 숫자는 개별적으로 읽는다.

04 상에 올리기 전에 1/2컵의 크림 소스를 연어에 얹어라.
　해설 1/2는 one half 또는 a half라 읽는다. One and a half는 1과 1/2이다.

4 Answer Keys

01 Youth unemployment has decreased by 24.5 (twenty-five point five) percent.
02 In total, Emily Dickinson wrote 1,775 (one thousand seven hundred seventy-five) poems in her life.
03 It took us two hours (and) ten minutes.

SECTION 08 관사

1 Answer Keys

01 a　**02** a　**03** A　**04** an　**05** a
06 a　**07** a　**08** the　**09** the　**10** the
11 The　**12** the

01 이 근처에서 고양이를 본 적 있나요?
　해설 가산명사이고 자음소리로 시작하는 단어 앞에는 부정관사 a를 놓는다.

02 나는 호텔을 찾고 있다.
　해설 명사 hotel은 가산명사이며 자음소리로 시작하므로 부정관사 a가 와야 한다.

03 의사는 사람들을 좋아해야 한다..
　해설 명사 doctor는 가산명사이며 자음소리로 시작하므로 부정관사 a가 앞에 오며 a doctor는 '어떠한 의사라도'라는 뜻으로 doctor라는 가산명사를 개별적으로 일반화한 것이다.

04 구난신호를 보내라.
　해설 SOS는 글자의 자음으로 시작하지만, 소리는 모음 [e]로 시작한다.

05 우리는 어느 비 오는 월요일에 만났다.
　해설 요일이 형용사로 수식되면 그 앞에 부정관사를 붙인다. Wet Monday는 없다. 왜냐하면 '늘 비오는 월요일'이라는 뜻이기 때문이다.

06 그녀는 우리에 맛있는 아침식사를 주었다.
　해설 breakfast/lunch/dinner가 수식되면 그 앞에 a/an을 놓는다.

07 나는 지난 밤에 감기에 걸렸다.
　해설 불가산명사 cold는 '추위'이고, 가산명사 cold는 '감기'다.

08 그 유명한 화가 피카소가 여기에서 상당시간 살았다.
　해설 동격명사 앞에 붙은 the는 '그 유명한'이라는 뜻이고, italic체로 쓰고, 강하게 읽는다.

09 그의 차가 나무에 부딪혔다. 너는 아직도 그 나무에서 그 자국을 볼 수 있다.
　해설 앞에 언급된 명사가 뒤에 다시 나오면 그 명사 앞에 the를 붙인다.

10 저 차의 바퀴들을 보라.
　해설 명사 wheels가 전치사구에 의하여 수식되었기 때문에 the를 붙인다.

11 대통령이 총을 맞았다.
　해설 말하고 있는 사람과 듣는 사람이 이미 알고 있는 명사에는 the를 붙인다.

12 그것은 아프리카에서 가장 긴 강이다.
　해설 최상급 형용사에 의하여 수식된 명사에는 the를 붙인다.

2 Answer Keys

01 a → the
02 A → The
03 a → the
04 A → The
05 An → The earth, a → the
06 a → the
07 a → the
08 Ø Empire State Building → The Empire State Building
09 A → The
10 in 1930's → in the 1930's

01 케첩 좀 전달해주세요.
　해설 여기에서 ketchup은 이 식탁 위의 특정 ketchup이므로 the를 붙였다.

02 부상당한 선수가 운동장을 떠나려 하지 않았다.
해설 여기에서 player가 관계절 who was injured에 의하여 수식되었으므로 명사 player 앞에 the를 붙여야 한다.

03 그 거리의 이름이 무엇이냐?
해설 전치사구(of the street)에 의하여 수식된 명사(name)에 the를 붙인다.

04 우리가 오늘 아침에 마신 커피는 콜롬비아 산이었다.
해설 명사가 관계절에 의하여 수식되면 그 명사 앞에 the를 붙인다.

05 지구는 태양의 주위를 돈다.
해설 세상의 유일한 사물/존재는 특정된 것이므로 그 앞에 the를 붙인다.

06 캐나다는 미국 위에 있다.
해설 국가 이름이 복수인 경우에는 국가이름 앞에 항상 the를 붙인다.

07 작년에 나는 휴가차 바하마 군도에 갔었다.
해설 섬 이름이 복수일 때에도 the를 붙인다.

08 엠파이어 스테이트 빌딩은 세계의 가장 높은 빌딩들 중 하나이다.
해설 세계적으로 유명한 건물 이름에 the를 붙인다.

09 국제연합은 1945년에 설립되었다.
해설 중요한 단체/기관 이름에 the를 붙인다.

10 극심한 가뭄과 열악한 토양 관리는 1930년대에 건조 지대를 야기했다.
해설 1980년대, 1990년대라고 할 때 the를 붙인다.

3 Answer Keys

01 (c)　**02** (a)　**03** (b)　**04** (b)　**05** (c)

01 사자는 동물의 왕으로 불린다.
해설 동물/식물 종자를 일반화할 때는 the + 단수를 쓰며 전치사구(of beasts)에 의하여 수식된 명사(king)에 the를 붙인다.

02 1960년대 초 미 공학자들은 유인 우주선에 대한 많은 계획을 세웠다.
해설 1980년대, 1990년대라고 할 때 the를 붙인다.

03 우리는 유별나게 매우 추운 4월을 겪고 있다.
해설 월이 형용사로 수식되면 그 앞에 부정관사를 붙이며 뜻은 '유별나게 추운 (어느) 4월'이다.

04 그녀는 그 사진을 훑어보면서 행복한 10월을 보냈다.
해설 복수 금액/시간 앞에 형용사가 있을 때는 그 앞에 부정관사를 붙인다.

05 연합군은 2차 세계 대전에서 승리했다.
해설 서수에 의하여 수식된 명사도 의미상 특정되므로 the를 붙인다.

4 Answer Keys

01 (c)　**02** (c)　**03** (a)　**04** (a)　**05** (b)

01 뉴욕 필하모닉 오케스트라 공연 표를 구해줄 수 있나요?
해설 오케스트라 이름에 the를 붙인다.

02 New York Times는 지진의 여파를 다루었다.
해설 일간지 이름 앞에 the를 붙인다.

03 일부의 사람들은 그것이 유용한 도구가 아니라고 말해왔다.
해설 명사 tool은 가산 명사이며 형용사 useful의 수식을 받는다. 이 경우 부정관사는 형용사 useful의 첫 자음 소리 [j]에 의해 결정되며 그러므로 a가 와야 한다.

04 나는 늦게 점심을 먹었다.
해설 breakfast/lunch/dinner가 형용사에 의해 수식되면 부정관사를 붙인다. a late lunch는 '(어쩌다) 늦은 점심식사'라는 뜻이다.

05 우리는 추가로 만 달러를 필요로 한다.
해설 복수 금액/시간 앞에 형용사가 있을 때는 그 앞에 부정관사를 붙인다.

5 Answer Keys

01 (b)　**02** (b)　**03** (d)

01 (a) 여름이 다가오고 있다. (b) 당신은 계란을 킬로 단위로 파나, 12개 단위로 파나? (c) 그 어린이 둘 다 영어를 잘한다. (d) 그 삼형제 모두 체포되었다.
해설 (a), (c), (d)는 정관사의 생략이 가능하나 (b)는 생략이 불가능하다. 왜냐하면 판매단위는 'by the + 단수' 나타내기 때문이다.

02 (a) 너는 몇 시에 학교에 가니? (b) 나는 2년 전에 텍사스 대학을 졸업했다. (c) 우리는 일요일마다 교회에 기도하러 간다. (d) 그는 월요일 이래로 입원해왔다.
해설 (a), (c), (d)는 가산 명사를 무관사 단수로 쓰는 경우로 이는 명사가 원래의 목적대로 사용되고 있기 때문이다. 하지만 (b)는 공식적인 대학 이름 앞에 정관사

the를 붙여야 하므로 나머지 명사와 다르다.

03 (a) 호랑이는 이제 희귀 동물이다. (b) 장미는 5월에 꽃이 핀다. (c) 이런 날씨에 바나나 나무가 자라? (d) 차를 잠갔니?

해설 (a), (b), (c)는 'the + 단수명사'로 문맥상 동물/식물을 일반화한 경우이며 (d)는 특정 car를 나타내기 위해 the를 붙인 경우이므로 나머지와 다르다.

6 Answer Keys

01 (c) 02 (c) 03 (d)

01 A Smith씨와 통화할 수 있을까요?
B 미안하지만, 그는 출장 가고 지금 없습니다.

해설 out of town은 '이 도시/마을 밖에'라는 뜻으로 무관사 단수 town은 '이 마을/도시'을 가리킨다.

02 A 정부가 우주탐사에 돈을 더 많이 투자해야 한다고 생각하니?
B 물론이지. 우주공간에 떠있는 인공위성은 우리에게 많은 유용한 정보를 제공해왔어.

해설 space가 '우주'라는 뜻일 때는 무관사 단수로 쓴다.

03 A 세계에서 가장 큰 박물관은?
B 대영박물관이 가장 큽니다.

해설 박물관/미술관 이름에 the를 붙인다.

7 Answer Keys

01 Most Americans think George Washington was the first president of the United States.

02 Man and woman were created equal.

03 Technology in Korea during the 20st century developed with amazing speed.

SECTION 09 형용사

1 Answer Keys

01 clever
02 wise
03 available
04 a big rectangular white
05 cold, wet and windy
06 of you
07 the same as
08 classical
09 economic
10 stars
11 of
12 the handsome new

01 그 소년은 영리하다.
해설 문장에서 주격보어의 자리에는 명사/형용사가 온다.

02 우리는 그가 매우 현명하다고 생각한다.
해설 5 형식 문장으로 목적격보어의 자리에 형용사가 온다.

03 오늘 밤 묵기 위한 빈 방 있나요?
해설 형용사는 명사/대명사 바로 뒤에서 앞의 명사/대명사를 설명한다.

04 우리는 크고 직사각형 모양의 하얀 식탁을 샀다.
해설 한정형 형용사들 사이에는 and를 놓지 않는다.

05 그 날은 춥고 비가 오고 바람이 불었다.
해설 서술형 형용사들 사이에는 항상 and를 놓는다.

06 네가 그를 도운 것은 매우 친절한 일이었다.
해설 성격형용사 뒤에서는 진주어가 of로 시작한다.

07 네 눈은 내 눈과 같은 색이다.
해설 'A와 B는 같다'고 할 때 B가 단어이면 the same as를 쓴다.

08 그 여자는 고전 음악을 연주한다.
해설 혼동하기 쉬운 형용사로 classical music이다. Classic는 '대표적인'이라는 뜻이다.

09 둔화된 경제 성장은 세금 인상이 원인이 된다.
해설 economic은 '경제의'라는 뜻이고 economical은 '경제적인'이라는 뜻이므로 문맥상 전자가 적합하다.

10 엄청나게 많은 별들이 밤하늘에 반짝이고 있다.
해설 a myriads of는 '많은 수의'라는 뜻으로 뒤에 명사의 복수형이 온다.

11 그런 말을 하다니 너도 경솔하다.
해설 성격 형용사 뒤에서는 진주어가 of로 시작한다.

12 나는 우연히 그 잘생긴 새 이웃을 식료품점에서 만났다.
해설 형용사를 나열할 때에는 주관적 형용사(handsome) 뒤에 객관적 형용사(new)를 놓는다.

2 Answer Keys

01 for → of
02 as → that
03 historic → historical
04 person → people
05 of → for
06 electric → electrical
07 historical → historic
08 pink beautiful → beautiful pink

01 그녀가 그렇게 많은 돈을 그 드레스에 쓴 것은 어리석었다.
  해설 지각형용사 뒤에서는 진주어가 전치사 of로 시작한다.
02 저 사람은 어제 내게 돈을 요구한 사람과 같은 사람이다.
  해설 'A는 B와 같다'고 할 때 B가 절이면 the same that을 쓴다.
03 Abraham Lincoln은 미국 역사상 가장 위대한 역사적 인물들 중 한 사람이다.
  해설 historic은 '역사적인'이라는 뜻이고, historical은 '역사(상)의'라는 뜻으로 문맥상 후자가 적합하다.
04 수많은 장애인들이 직업을 갖기를 원한다.
  해설 a great number of는 '수많은'이라는 뜻으로 그 뒤에 복수가 온다.
05 그가 그것을 3시까지 마치는 것은 불가능하다
  해설 가주어 It과 함께 오는 진주어는 보통 전치사 for로 시작한다.
06 부엌에 있는 전기 기구들 중 일부가 교체될 것이다.
  해설 electric은 '전기로 작동하는'이라는 뜻이고, electrical은 '전기의'라는 뜻으로 문맥상 후자가 적합하다.
07 도심에 있는 시청은 역사적인 건물이다.
  해설 historic은 '역사적인'이라는 뜻이고, historical은 '역사(상)의'라는 뜻으로 문맥상 전자가 적합하다.
08 홍학은 아름다운 분홍색 새이다.
  해설 주관적인 형용사(beautiful) 뒤에 객관적인 형용사(pink)를 놓는다.

3 Answer Keys

01 (b) 02 (d) 03 (d) 04 (c) 05 (b)
06 (b)

01 길을 가르쳐주셔서 고맙습니다.
  해설 성격형용사(nice) 뒤에서는 진주어가 of로 시작한다.
02 그 늪지대는 많은 조류, 어류, 그리고 다른 동물들의 서식지이다.
  해설 a large number of는 '수많은'이라는 뜻으로 그 뒤에 명사의 복수형이 온다.
03 그 여자는 정통 사극에 출연하기로 결정을 내렸다.
  해설 historic은 '역사적인'이라는 뜻이고, historical은 '역사(상)의'라는 뜻으로 문맥상 후자가 적합하다.
04 그 소년은 전기 기타를 아주 능숙하게 연주한다..
  해설 electric은 '전기로 작동하는'이라는 뜻이고, electrical은 '전기의'라는 뜻으로 문맥상 전자가 적합하다.
05 우리가 이러한 방식으로 그 문제를 해결하는 것은 합리적이다.
  해설 지각형용사(sensible) 뒤에서는 진주어가 of로 시작한다.
06 상당수의 사람들이 그녀가 옳다고 생각한다..
  해설 a good many는 '아주 많은'이라는 뜻으로 그 뒤에 명사의 복수형이 온다.

4 Answer Keys

01 A large number of people visit the Metropolitan Museum of Art in New York each year.
02 I'm concerned about your future.
03 Do you have any tickets left for Friday?

SECTION 10 대명사

1 Answer Keys

01 their   02 them   03 those
04 them   05 theirs   06 his
07 hers   08 the   09 has
10 student 11 have   12 needs

01 그들의 보고서를 보았니?
  해설 명사 앞에는 인칭대명사의 소유격(their)을 놓는다.
02 그들에게 말하라.
  해설 전치사 뒤에는 목적격(them)을 놓는다.
03 회의 날짜를 모르는 사람들에게 그 메모를 보내라.

해설 인칭대명사(them)는 관계절의 선행사가 될 수 없지만 지시대명사(those)는 관계절의 선행사가 될 수 있다.

04 나는 그들 중 한 사람을 안다.
해설 전치사 뒤에는 목적격을 놓는다.

05 그것은 그들의 것이다.
해설 소유대명사는 '~의 것'이라는 뜻으로 theirs는 '그들의 것'이라는 뜻으로 주격 보어의 자리에 올 수 있다.

06 너는 그의 것을 보았니?
해설 his는 예외적으로 소유격 형용사이기도 하고 소유대명사이기도 하다. 여기서는 소유 대명사로 '그의 것'이라는 뜻이다.

07 그의 의견은 그녀의 의견과 다르다.
해설 her는 '그녀의 것'이라는 뜻의 소유대명사이고 hers는 '그녀의 것'이라는 뜻으로 여기서는 그의 의견과 그녀의 의견을 비교하는 것이므로 그녀의 의견을 대신할 hers가 적합하다.

08 그 여성 둘 다 그와 결혼하기를 원했다.
해설 여기서는 both는 그 뒤에 전치사 of가 왔기 때문에 대명사이며 대명사 both 뒤에는 the를 생략할 수 없다.

09 모든 사람이 컴퓨터를 가지고 있다.
해설 Everyone은 대명사로 단수 취급한다. 그러므로 동사는 단수동사 has가 와야 한다.

10 그녀는 그녀의 학급의 모든 학생을 안다.
해설 every는 '모든'이라는 뜻의 단수 형용사로 뒤에는 단수 명사가 온다.

11 우리 각자가 컴퓨터를 가지고 있다.
해설 회화에서는 each를 문장 중간에 놓을 수 있으며 "We each ~"에서는 주어가 We이므로 복수동사(have)로 받는다.

12 우리 모두 에너지를 필요로 한다.
해설 every one은 '모두'라는 뜻의 단수 대명사로 독자적으로 쓰지 못하고 전치사구와 같이 쓰이며 단수 동사가 뒤에 온다.

2 Answer Keys

01 Everyone of us → Everyone
02 everyday → every day
03 every day → everyday
04 go → goes
05 go → goes
06 Not either → Neither
07 Every → All
08 was → were

01 모두 에너지를 필요로 한다.
해설 everyone/everybody는 전치사구와 같이 쓰이지 않는다.

02 그는 나에게 매일 꽃을 보낸다.
해설 every day는 '매일'이라는 뜻의 빈도 부사로 every와 day는 띄어 쓴다.

03 요리는 그녀의 일상이 되었다.
해설 everyday는 '일상의'라는 뜻의 형용사로 한 단어로 쓴다.

04 그 버스들 중 어느 쪽이라도 거기에 산다.
해설 either는 '둘 중 어느 쪽이라도'라는 뜻의 단수 대명사로 대명사 either가 주어일 때 단수동사로 받는다.

05 그 두 버스 중 어느 쪽도 거기에 가지 않는다.
해설 neither는 '둘 중 어느 쪽이 아니'라는 뜻의 단수 대명사로 대명사 neither가 주어일 때 단수동사로 받는다.

06 아무것도 거기에 가지 않는다.
해설 neither가 목적어일 때는 neither를 not ~either로 대체할 수 있지만 neither가 주어일 때는 not ~either로 대체할 수 없다.

07 모든 빵이 식당 위에 있다.
해설 every는 불가산명사와 함께 쓰일 수 없다. 하지만 형용사 all은 불가산 명사를 수식할 수 있다.

08 그 잔들은 모두가 깨졌다.
해설 all은 '모두'라는 뜻의 복수 대명사로 all이 주어일 때 복수동사(were broken)로 받는다.

3 Answer Keys

01 (b)   02 (a)   03 (b)   04 (b)   05 (a)

01 우리는 이번 여름을 위한 계획을 가지고 있지 않다.
해설 not은 부정의 의미를 가지고 동사와 함께 쓰인다. 반면 no는 '(하나도, 조금도) 없는'이라는 뜻의 형용사로 명사 앞에 놓인다.

02 일부 승객들이 John F. Kennedy International Airport에서의 금요일 대참사에서 살아 남았다.
해설 a few는 '약간/일부/3-4의'라는 뜻의 복수 형용사로 뒤에 복수 가산명사가 온다.

03 아스날이 금년에 더 적은 수의 게임을 했다.
해설 a few의 비교급은 a fewer가 아니라 fewer이다. a fewer라는 단어는 없다.

04 나는 정치에 약간의 관심을 가지고 있다.
해설 a little는 '약간'이라는 뜻의 형용사로 양을 나타내기 때문에 그 뒤에 불가산명사(interest)가 온다.
05 이 책의 독자들은 대부분 젊은 학생들이다.
해설 most는 '대부분'이라는 뜻의 형용사/대명사이며 대명사 most는 특정된 명사 앞에만 쓴다. 그러므로 most of the readers가 되어야 한다.

4 Answer Keys

01 (a) **02** (d) **03** (a) **04** (c) **05** (c)

01 그 보고서를 금요일까지 마치는 것은 불가능하다.
해설 대명사 It을 가주어로 쓸 수 있다. 여기서는 it은 가주어, to finish the report by Friday는 진주어이다. 또한 대명사 it은 가목적어로 쓸 수 있으며 여기에서 it은 가목적어, to understand her는 진목적어이다.

02 우리가 얘기하고 있는 주제는 그 사장이다.
해설 강조구문은 어떤 한 단어/구를 강조할 때 사용하는 구문으로 만일 A를 강조하면 It is/was A that S+V이다. 사람을 강조할 때는 that 대신에 who를 쓸 수도 있다.

03 그녀는 그 제안에 관심이 없다는 점을 분명히 했다.
해설 대명사 it은 가목적어로 쓸 수 있으며 여기에서 it은 가목적어, to understand her는 진목적어이다.

04 빨간 사과가 파란 사과보다 더 맛있다.
해설 여기서는 앞에 언급한 불특정 복수형 명사 apples를 대신해야 하므로 앞에 언급한 불특정 복수형 명사를 대신하는 one의 복수형 ones를 쓰는 것이 좋다.

05 너의 아이디어가 영업부장의 것보다 더 좋게 들린다.
해설 that은 앞에 언급한 단수를 those는 복수를 대신한다. 여기서 앞에 언급한 idea를 대신해야 하므로 단수 that이 와야 한다.

5 Answer Keys

01 (d) **02** (c) **03** (a)

01 (a) 너는 그 둘 중 아무것도 가질 수 없다. (b) 둘 중 어느 이야기도 사실이 아니었다. (c) 나는 그 둘 중 어느 쪽도 읽지 않았다. (d) 어느 대답도 옳지 않다.
해설 (a), (b), (c)는 '둘 중 어느 쪽도 아니'라는 뜻의 단수 대명사인 반면 (d)는 '둘 중 어느 쪽도 아니'라는 뜻의 단수 형용사로 뒤에는 다수명사가 온다.

02 (a) 모든 미국인이 햄버거를 좋아하는 것은 아니다. (b) 모든 호텔이 이미 다 예약되었다. (c) 그 소녀는 그 사과를 모두 다 먹었다. (d) 모든 학생들은 흥분되었다.
해설 (a), (b), (d)는 '모든'이라는 뜻의 복수 형용사인 반면 (c)는 '모두'라는 뜻의 복수 대명사이다.

03 (a) 그 나머지 사람들은 다음 월요일에 여기 도착할 것이다. (b) 다른 사람에게 친절해라. (c) 나의 상사는 남의 의견을 받아들이지 않는다. (d) 그녀는 항상 다른 사람들에게 사려깊다.
해설 (b), (c), (d)는 '(막연하게) 다른 사람들/물건들'이라는 뜻의 대명사이며 (a)는 the가 있기 때문에 '그 나머지 사람들/물건들'이라는 뜻의 대명사이다.

6 Answer Keys

01 (b) **02** (b) **03** (d)

01 ┌ A 밖에는 비가 오고 내 차는 좀 이상해. 혹시 내가 내일 네게 가는 것은 어떨까?
   └ B 내일 바쁠꺼야. 다음에 만나자.
해설 other는 '다른'이라는 뜻의 형용사로 불가산 명사 앞에서도 쓸 수 있다.

02 ┌ A 이번 주말에 쇼핑 가는 것 어때?
   └ B 미안하지만 주말엔 엄마 집에 갈꺼야. 우리 엄마 혼자 사시거든.
해설 on one's own은 by oneself 처럼 '혼자'라는 뜻으로 '그녀 혼자'라고 하면 on her own이 되어야 한다.

03 ┌ A 여행 중에 읽을 책을 몇 권 빌릴 수 있을까요?
   └ B 네가 좋아하는 거라면 어느 책이든 가져가라.
해설 긍정 평서문에 쓴 any는 '어떠한 ~도'라는 뜻이다. 여기서는 대명사로 쓰였다.

7 Answer Keys

01 The three candidates criticized one another.
02 No one wished me a happy birthday.
03 One always thinks other people's lives are more interesting.

SECTION II. 비교급과 최상급

1 Answer Keys

01 cheaper **02** more mature
03 better **04** worse **05** more
06 older **07** to **08** the taller

09 the more　**10** many　**11** tall
12 fluently

01 천연가스가 전기보다 값이 싸다.
　해설　여기서는 뒤에 than이 오므로 앞에 비교급이 와야 하며 cheap은 1음절 단어로 원급 끝에 ~er를 붙여서 비교급을 만들면 된다.

02 여자아이들은 남자아이들보다 일반적으로 더 성숙하다.
　해설　여기서는 뒤에 than이 오므로 앞에 비교급이 와야 하며 mature는 2음절 단어로 원급 앞에 more를 붙여서 '더 성숙한'이라는 뜻의 비교급을 만들 수 있다.

03 너의 아이디어가 나의 것보다 좋다.
　해설　여기서는 뒤에 than이 오므로 앞에 비교급이 와야 하며 good은 불규칙 형태의 비교급 better를 쓴다.

04 그것은 내가 기대했던 것보다 훨씬 못하다.
　해설　여기서는 뒤에 than이 오므로 앞에 비교급이 와야 하며 bad는 불규칙 형태의 비교급 worse를 쓴다.

05 홍수로 5,000명 이상의 사람들이 죽었다.
　해설　여기서는 뒤에 than이 오므로 앞에 비교급이 와야 하며 many의 불규칙 형태의 비교급 more를 쓴다.

06 그녀는 그보다 나이가 더 많다.
　해설　여기서는 뒤에 than이 오므로 앞에 비교급이 와야 하며 문장에서 보어의 자리에 오려면 old의 비교급 older가 와야 한다. elder는 또 다른 비교급 형태이지만 명사 앞에서 한정형으로만 쓰인다.

07 이것은 저것보다 우수하다.
　해설　4개의 형용사(superior, inferior, senior, junior) 뒤에는 than 대신에 to를 쓴다.

08 그 두 소년 중에서 톰이 더 크다.
　해설　비교급 뒤에 올 명사가 이미 앞에 언급되었거나 뒤에 언급될 경우 비교급 뒤에 명사를 생략할 수 있다.

09 나는 그녀를 더 잘 알게 될수록, 그만큼 더 그녀를 존경하게 된다.
　해설　'~하면 할수록 그만큼 더 ~하다'라는 뜻으로 두 변화가 비례함을 나타낼 때 "the 비교급 ~, the 비교급 ~." 구문을 쓴다.

10 호주에는 훨씬 더 많은 기회들이 있다.
　해설　much는 복수(opportunities) 앞에는 쓰지 못하며 much 대신에 many를 쓴다.

11 그녀는 자기 오빠만큼 키가 크다.
　해설　등위 비교급의 형태는 'as+원급+as'다.

12 그녀는 원어민만큼 영어를 유창하게 말한다.
　해설　as fluently as는 fluently의 등위 비교급으로 '똑 같이 유창하게'이다.

2 Answer Keys

01 more worse → worse
02 most → more
03 as three times strong as → three times as strong as
04 smarter → smartest
05 a → the
06 the → Ø
07 by → by far
08 twice bigger than → twice as big as

01 그것은 지난번 것보다 더 나쁘다.
　해설　worse는 이미 형용사 bad의 비교급이므로 more를 앞에 두면 틀리다.

02 그녀는 우리가 예상했던 것보다 더 많은 돈을 썼다.
　해설　than 앞에 형용사의 비교급이 와야 한다. 여기서는 much의 비교급 more가 와야 한다.

03 A는 B보다 3배 더 강하다.
　해설　three times는 as ~as안에 놓지 않는다.

04 John은 우리 학급에서 가장 영리한 소년이다.
　해설　문맥상 '가장 영리한'이라는 의미가 되려면 형용사 smart의 최상급이 와야 한다.

05 이것은 내가 읽은 것 중에서 최고의 책이다.
　해설　최상급 앞에는 정관사 the를 놓는다.

06 이 사전은 매우 좋다.
　해설　진짜 최상급이 아니라 '매우~'의 뜻일 때 최상급 앞에 the를 쓰지 않는다.

07 이 자전거는 이 가게에서 압도적으로 최고다.
　해설　최상급을 강조하는 부사로 가장 많이 쓰는 것이 by far다. by far는 '압도적으로/단연코'라는 뜻이다.

08 그녀의 방은 내 방 보다 두 배 더 크다.
　해설　'2배 더~'라고 할 때에는 등위 비교급만 쓴다. 우위 비교급 twice stronger than을 쓸 수 없다.

3 Answer Keys

01 (b)　**02** (b)　**03** (b)　**04** (c)　**05** (c)
06 (a)

01 나는 훨씬 더 많은 부모님들이 비슷한 관심사를 가진다

고 생각한다.

해설 much는 복수(parents) 앞에 쓰지 못하며 대신 이런 경우에는 many를 쓴다.

02 그것은 파티보다 회의에 더 가까웠다.

해설 명사를 가지고 비교할 때 'more of a+명사'를 쓴다. 여기서는 a meeting과 a party를 비교한다.

03 판매가 지난 1년 동안 두 배 이상 증가했다.

해설 more than double은 '두 배 이상 증가하다'라는 뜻이다. 따라서 여기서는 have more than doubled는 more than double의 현재완료다.

04 더 많이 배울수록 더 많이 배우고 싶어진다.

해설 '~하면 할수록 그만큼 더 ~하다'라는 뜻으로 두 변화가 비례함을 나타낼 때 "the 비교급 ~, the 비교급 ~." 구문을 쓴다.

05 오늘은 어제만큼 거의 똑같이 추운 것은 아니다.

해설 not nearly as cold as 는 결국 '훨씬 더 따뜻한'이므로 문맥상 than은 as로 바꾸어야 한다.

06 추가적인 정보는 각주로 첨가되었다.

해설 farther는 '더 먼'이라는 뜻이며 '추가적인'이라는 뜻이 없다.

4 Answer Keys

01 She is the youngest person to win an Olympic gold medal.

02 She works the hardest when she's doing something for her family.

03 You are the very best person I have ever met in my life

SECTION 12A. 부사(강도/초점/관점/접속/의문부사)

1 Answer Keys

01 quickly **02** exclusively **03** high
04 hard **05** slowly **06** beautifully
07 ashore **08** downstairs **09** overseas
10 home

01 시간은 그렇게도 빨리 지나간다.

해설 방법부사는 주로 형용사+ly로 만들어지며 문맥상 부사가 필요하므로 quickly가 적합하다.

02 그 지역은 전적으로 관광에 의존한다.

해설 exclusively는 방법부사로 문맥상 동사를 수식하는 부사가 적합하다.

03 그녀는 높이 점프할 수 있다.

해설 방법부사 high는 '높이'라는 뜻이며 highly는 '매우'라는 뜻으로 문맥상 전자가 적합하다.

04 그 남자는 열심히 일한다.

해설 방법부사 hard는 '열심히'라는 뜻이며 hardly는 '거의 ~아니다(없다)'라는 뜻으로 문맥상 전자가 적합하다.

05 나의 할머니는 천천히 말한다.

해설 방법부사는 주로 그 앞에 있는 동사를 수식하며 여기서는 slowly가 동사 talks를 수식한다.

06 그것은 아름답게 설계된 집이다.

해설 방법부사 beautifully는 형용사/부사도 수식한다. 여기서는 형용사 designed를 수식하는 부사이며 형용사 beautiful은 형용사 designed를 수식하지 못한다.

07 그들은 이제 해변에 상륙했다.

해설 ashore는 '해변에' 또는 '해변으로'라는 뜻이고 shore는 '해변'이라는 뜻의 명사이다.

08 그는 아래층으로 갔다.

해설 downstairs는 장소부사로 '아래층에/아래층으로'의 뜻이며 명사가 아니므로 to가 필요하지 않다.

09 그들은 유학하기를 원한다.

해설 overseas는 '해외로/해외에서'라는 뜻의 장소부사로 명사가 아니므로 in이 필요하지 않다.

10 나는 집에 가고 싶다.

해설 home은 '집으로'라는 뜻의 장소부사로 전치사 to를 앞에 놓지 않는다.

2 Answer Keys

01 late → lately
02 hardly did not → hardly
03 has been never → has never been
04 used to always hurry → always used to hurry
05 separate → separately
06 western → west
07 to overseas → overseas
08 ultimate → ultimately

01 너는 최근에 그녀를 보았니?
해설 late은 '늦게'라는 뜻이고 lately는 '최근에'라는 뜻으로 문맥상 후자가 적합하다.

02 그들은 거의 서로를 비난하지 않았다.
해설 hardly는 '거의 ~아니'라는 뜻으로 긍정문에 쓴다.

03 그에게 상이 주어져본 적이 한번도 없다.
해설 조동사가 둘 이상이면 첫 번째 조동사 뒤에 불확정빈도부사 never를 놓는다.

04 그녀는 늘 아침에 서두르곤 했다.
해설 부사 always는 to로 끝나는 3가지 조동사(used to, ought to, have to) 앞에 놓는다. 이는 이 조동사들의 to 바로 뒤에 원형동사를 놓아야 하기 때문이다.

05 그들은 지금 따로 살고 있다.
해설 separate은 '별도의'라는 뜻이고 separately는 '별도로'라는 뜻으로 문맥상 후자가 적합하다. 여기서 이 부사는 동사를 꾸민다.

06 그 가게는 그 역의 서쪽에 있다.
해설 western은 '쪽에 위치한/서부의'라는 뜻의 형용사이고, west는 '서쪽에'라는 뜻의 장소 부사이다. 따라서 '그 역의 서쪽에'라는 뜻이 되려면 west of the station이 되어야 한다.

07 그들은 해외로 이주했다.
해설 abroad는 '해외로' 또는 '해외에서'라는 뜻의 장소부사다. 따라서 전치사가 필요하지 않다.

08 그는 결국 사직하는 데에 동의했다.
해설 ultimate는 '궁극적인/최후의'라는 뜻의 형용사이고, ultimately는 '결국/마침내'라는 뜻의 시간 부사이다. 따라서 문맥상 후자가 적합하다.

3 Answer Keys

01 (b) **02** (a) **03** (c) **04** (a)

01 다음 주 언제 식사를 같이 하자.
해설 altogether는 '완전히'라는 정도 부사이고 여기서는 '같이'라는 뜻의 방법 부사 together가 와야 한다.

02 혼자 공부하는데 많은 어려움을 겪는 꽤 많은 학생들이 있다.
해설 quite a few와 quite a little은 '상당히 많은'이라는 뜻으로 전자는 셀 수 있는 명사 앞에 후자 앞에는 셀 수 없는 명사 앞에 온다. 따라서 여기서는 셀 수 있는 명사 students가 이 표현 뒤에 왔으므로 quite a few가 앞에 와야 한다.

03 나는 전에 어디에선가 그를 본 적이 있다.
해설 anywhere는 '어디에서도'라는 뜻이고, somewhere는 '어디에선가'라는 뜻으로 문맥상 후자가 적합하다.

04 날이 밝자 마침내 비가 그쳤다.
해설 마침내 그쳤다라는, 즉 동사를 꾸미는 부사의 형태 finally가 와야 한다. final은 '마지막의'라는 뜻의 형용사로써, 명사를 수식하는 데 쓰인다.

4 Answer Keys

01 (a) **02** (b) **03** (c) **04** (d)

01 나는 이틀에 한번 꼴로 운동하려고 노력한다.
해설 every other day는 '이틀에 한번씩'이라는 뜻으로 every second day와 같다.

02 나는 평일에는 바쁘다.
해설 on weekdays는 '평일마다'라는 뜻으로 every weekday와 같다.

03 나는 결코 이 일을 잊지 않겠다.
해설 never와 not ever는 '결코 ~아니'라는 뜻으로 같다.

04 그는 거의 돈을 가지고 있지 않다.
해설 명사 앞에서 hardly any는 형용사 little처럼 '거의 없는'이라는 뜻이다.

5 Answer Keys

01 (b) **02** (d) **03** (b)

01 (a) 그는 멀리 시골에 가 있다. (b) 그 도로의 위쪽으로 가라. (c) 우리 앞에 주유소가 있다. (d) 배가 항구에 닿자 그들은 상륙했다.
해설 (a), (c), (d)는 모두 장소부사로 위치/방향을 나타내는 반면 (b)는 전치사로 그 뒤에 명사 등이 온다.

02 (a) 그 희생자는 대 식구를 뒤에 남겼다. (b) 아래에 나열된 이름들을 참고하라. (c) 우회전하라. (d) 우리는 그의 사진을 벽난로 위에 걸었다.
해설 (a), (b), (c)는 모두 장소부사로 위치/방향을 나타내는 반면 (d)는 전치사로 그 뒤에 명사 등이 온다.

03 (a) 마침내 해방이다! (b) 전쟁이 끝난 후에 그는 그의 가족에게로 돌아왔다. (c) 즉시 그것을 하라. (d) 그 후에 그녀는 법을 공부했다.
해설 (a), (c), (d)는 모두 시간 부사인 반면 (b)는 부사절을 이끄는 접속사이다.

6 Answer Keys

01 (b) 02 (a) 03 (c) 04 (d) 05 (a)

01 ┌ A 그는 규칙적으로 운동을 하고 있나요?
   └ B 네 그는 항상 그렇습니다.

해설 short answer에서는 빈도부사(always)를 be 동사나 조동사 앞에 놓는다.

02 ┌ A 나 차림이 어떠니?
   └ B 너는 전에 어떤 때보다도 더 예뻐 보여.

해설 than ever는 '전에 어떤 때보다도'라는 뜻으로 형식상으로는 비교급이지만 뜻은 최상급이다.

03 ┌ A 아침마다 어떻게 학교에 가나요?
   └ B 나는 보통 버스편으로 학교에 갑니다.

해설 빈도부사는 일반적으로 일반동사 앞에 온다.

04 ┌ A 그들은 얼마나 자주 그 회의를 개최하나요?
   └ B 그들은 그 회의를 매달 개최한다.

해설 '매달/월 단위로'는 on a monthly basis 또는 확정빈도부사 monthly를 쓴다.

05 ┌ A 그 프로젝트에 진전이 있나요?
   └ B 현재까지는 아무도 해결책을 생각해내지 못했다.

해설 as yet은 '(미래에 어떻든) 현재까지는'이라는 뜻으로 문맥상 적합하다.

7 Answer Keys

01 The shop is to the west of the station.
02 I don't have any concrete plans yet because I still have a great deal of things to do in New York.
03 Some day you will be grateful for my advice.

SECTION 12B. 부사2(강도/초점/관점/접속/의문부사)

1 Answer Keys

01 absolutely 02 greatly 03 sharply
04 either 05 but 06 incidentally
07 In addition 08 awfully 09 simply
10 highly 11 Maybe, Maybe 12 Clearly

01 그것은 절대적으로 불가능하다.

해설 absolute는 '절대적인'이라는 뜻의 형용사이고, absolutely는 '절대적으로/도저히'라는 뜻의 부사이다. 문맥상 후자가 적합하다.

02 도와주셔서 정말 고마웠습니다.

해설 great는 '엄청난/대단한'라는 뜻이고, greatly는 '크게/대단히'라는 뜻으로 문맥상 후자가 적합하다.

03 그것은 이것과 극명하게 다르다.

해설 sharp는 '날카로운/예리한'이라는 뜻이고, sharply는 '극명하게'라는 뜻으로 문맥상 형용사를 수식할 수 있는 부사인 후자가 적합하다.

04 그녀도 그것을 좋아하지 않는다.

해설 부사 either는 '~도'라는 뜻으로 부사 either는 부정문에만 쓴다. 부정문에는 too를 쓸 수 없다.

05 그 앨범은 너무 비쌌지만, 우리는 그것을 사기로 결정했다.

해설 접속부사 however는 두 문장을 의미상 접속하며 등위접속사 but은 두 절을 연결하는 역할을 한다. 여기서는 두 절을 연결해야 하므로 but이 와야 한다.

06 한편 그것은 주로 그 어린이들에 의해서 사용된다.

해설 incident는 '부수적인'이라는 뜻의 형용사이고, incidentally는 '한편'이라는 뜻의 부사이다. 여기서는 화제를 바꿀 때 사용하는 접속부사가 필요하며 이는 문장 앞 또는 끝에 놓는다.

07 더구나 나는 그녀에게 우리가 가겠다고 약속했다.

해설 in addition은 부사이고, in addition to는 전치사이다. in addition to는 전치사 이므로 뒤에 전치사의 목적어가 와야 하는데 여기서는 그렇지 않으므로 접속부사 in addition이 와야 한다.

08 나는 정말로 기한을 넘겨서 죄송합니다.

해설 형용사 sorry를 수식하려면 부사가 와야 한다. 따라서 sorry앞에는 강조부사 awfully가 와야 한다.

09 그것을 최대한 간단하게 설명하라.

해설 as 형용사/부사 as possible은 '가능한 한 ~한/~하게'라는 뜻으로 여기서는 동사 explain을 수식하는 강조부사 simply가 와야 한다.

10 조선업은 한국 산업의 매우 수익성이 좋은 부분이다.

해설 high는 '(공간적으로) 높이'라는 뜻의 부사이고, highly는 '매우'라는 뜻의 부사이다. 문맥상 형용사 profitable을 수식하려면 강조부사 highly가 와야 한다.

11 내가 옳을지도 모르고 틀릴지도 모른다.

해설 may be는 조동사+be 동사를 말하며 maybe는 관점부사로 '아마도'라는 뜻이다. Maybe는 문장 앞에 오며 여기서는 이 관점부사가 필요하다.

12 분명히 그것은 무엇인가 잘못 되었다.

해설 관점부사 clearly는 '분명히'라는 뜻이고, 형용사 clear는 '명백한'이라는 뜻이다. 관점부사는 주로 문장 앞에 놓고 그 뒤에 comma를 찍으므로 여기서는 관점부사 clearly가 와야 한다.

2 Answer Keys

01 Regrettable → Regrettably
02 clear → clearly
03 it. therefore → it. Therefore,
04 As a result of → As a result
05 extreme → extremely
06 mean → means
07 fairly → absolutely
08 however, → but
09 As a result of → As a result
10 chief → chiefly

01 유감스럽게도 그 실험은 실패로 끝났다.

해설 regrettably는 '유감스럽게도'라는 뜻의 관점부사로 문장의 맨 앞에 온다.

02 당신의 생각들을 명확하게 표현하라.

해설 clearly는 '분명히'라는 뜻의 관점부사이고, clear는 '명백한'이라는 뜻의 형용사이다.

03 당신은 그것을 출하하지 못했고 따라서 우리는 그 주문을 취소하고 싶다.

해설 접속부사 therefore는 두 문장을 연결해주는 역할을 하므로 it 뒤에 마침표를 Therefore 다음에 comma가 와야 한다.

04 결과적으로, 인플레이션이 곧 통제될 것이다.

해설 As a result of는 전치사로 그 뒤에는 전치사의 목적어가 와야 하는데 여기에는 그 목적어가 없으므로 '그 결과로/따라서'라는 뜻의 부사로 바뀌어야 한다.

05 그것은 극도로 중요하다.

해설 형용사 important를 수식하려면 부사 extremely가 와야 한다.

06 그는 결코 세탁기를 처음 개발한 사람이 아니었다.

해설 by no means는 '결코 아니'라는 뜻이다.

07 그것은 절대적으로 불가능하다.

해설 등급을 매길 수 없는 형용사 impossible 앞에는 정도부사 fairly를 쓰지 않는다. 대신 강조 부사 absolutely/just(절대적으로/도저히)를 쓴다.

08 나는 그들에게 합류했다. 하지만 나는 그것이 좋지 않았다.

해설 접속부사 however는 두 절을 접속하지 못한다. 두 절을 접속하려면 접속사 but이 와야 한다.

09 따라서, 우리는 그 주문을 취소하고 싶다.

해설 as a result는 접속부사로 문장과 문장을 연결하는 역할을 하며 as a result of는 전치사로 그 뒤에 명사가 온다. 따라서 여기서는 as a result가 와야 한다.

10 그 계획은 주로 그의 협조의사에 달렸다.

해설 chief는 '주된'이라는 뜻이고 chiefly는 '주로'라는 뜻으로 문맥상 부사가 와야 한다.

3 Answer Keys

01 that is to say   02 Otherwise
03 Meanwhile   04 Nevertheless
05 Besides

01 그들은 2주 전 즉, 5월 10일에 파리로 떠났다.

해설 that is to say는 '즉'이라는 뜻으로 앞의 문장에서 언급한 two weeks ago의 정확한 시점을 다시 설명하기 위해 사용된다. 문어체에서는 i.e.도 사용 가능하며 이는 라틴어 id est(영어의 that is)의 약어이다.

02 부모님이 나에게 돈을 주셨다. 안 그랬으면 내가 그 여행을 할 형편이 안 되었을 것이다.

해설 빈칸 이하의 문장에 could have p.p.(couldn't have afforded)는 과거사실에 대한 반대의 의미를 가진다. 따라서, 여기서는 '돈을 낼 수 없었을 텐데 낼 수 있게 되었다'는 의미이므로 '안 그랬으면'이라는 뜻의 접속부사 otherwise가 와야 한다.

03 스트레스는 당신의 건강을 파괴할 수 있다. 한편, 운동은 그 영향을 줄일 수 있다.

해설 문맥상 여기서는 '(다른) 한편'이라는 뜻의 접속부사 meanwhile이 와야 한다.

04 나는 아팠다. 그럼에도 불구하고 출근했다.

해설 앞뒤 문장의 상황을 고려할 때 '그럼에도 불구하고'라는 뜻의 접속부사 nevertheless가 와야 한다.

05 나는 정말로 가고 싶지 않아. 더구나 지금은 너무 늦었어.

해설 앞뒤 문맥상 '나는 가고 싶지 않을 뿐만 아니라 시간도 늦었다'는 의미가 되어야 한다. 따라서 '더구나'라는 뜻의 접속부사 besides가 와야 한다.

4 Answer Keys

01 even **02** Also **03** largely **04** only
05 Neither

01 빈 좌석이 하나도 없었다.
해설 문맥상 '심지어 ~도'라는 뜻의 초점 부사 even이 와야 한다. 또한 even은 동사 get을 수식한다.

02 그녀는 그것을 그다지 좋아하지 않는다. 또한 그것은 너무 비싸다.
해설 문맥상 의미를 추가하기 위해 '또한'이라는 뜻의 부사 also가 와야 한다.

03 그 방은 습기가 차다. 그것은 주로 그 비 때문이다.
해설 방에 습기가 찬 이유는 '주로' 비 때문이므로 문맥상 박스 안의 부사 중 가장 적합한 부사는 '주로'라는 뜻의 부사 largely가 와야 한다.

04 차에 충분한 공간이 없기 때문에 그는 단지 한 명을 선택해야 했다.
해설 문맥상 한 명만 선택해야 한다는 의미가 되어야 하므로 '~뿐/~만'이라는 뜻의 부사 only가 와야 한다.

05 나는 공포 영화를 좋아하지 않았다. 그녀도 그것을 좋아하지 않았다.
해설 '나도 그녀도 공포영화를 좋아하지 않는다'라는 의미가 되려면 not ~ either 또는 neither가 와야 한다. 여기서는 주어와 동사가 도치 되었으므로 그 앞에는 그 뒤에 어순이 도치되는 부정사 neither가 와야 한다.

5 Answer Keys

01 (a) **02** (c) **03** (b)

01 내 의견으로는 그가 옳다.
해설 I'd say, in my opinion, in my view는 '내 의견으로는'이라는 뜻이다.

02 한편 수잔은 직장에서 휴직을 얻었다.
해설 meanwhile, in the meantime, on the other hand는 '(다른) 한편'이라는 뜻이다.

03 사실은 나는 운전할 줄 모른다.
해설 in fact, as a matter of fact, actually는 '사실은'이라는 뜻이다.

6 Answer Keys

01 (c) **02** (b) **03** (a)

01 (a) 나조차 월요일에 그를 만나지 못했다. (b) 그는 심지어 포르투갈어도 한다. (c) 작업을 하려면 윗면이 반반한 곳이 필요하다. (d) 그는 그 편지를 끝내 뜯어보지도 않았다.
해설 (a), (b), (d)의 even은 모두 '심지어 ~도'라는 뜻의 초점부사인 반면 (c)의 even은 '평평한'이라는 뜻의 형용사이다.

02 (a) 솔직히 나는 너의 일에 만족하지 못한다. (b) 대체로 한국인은 부지런하다. (c) 난 솔직히 그녀가 그 돈을 가져갔다는 게 믿어지지 않는다. (d) 솔직히 말해서 그건 조금 당황했다.
해설 (a), (c), (d)의 frankly, honestly, to be honest는 '솔직히 말하자면'이라는 뜻으로 관점부사로 분류되는 반면 (b)의 on the whole은 '대체로'라는 뜻의 관점 부사이다.

03 (a) 그것은 매우 중요하다. (b) 그녀는 분명히 그보다 연상이다. (c) 나는 확실히 오늘 기분이 더 좋다. (d) 명백히 그는 유죄다.
해설 (b), (c), (d)는 모두 '분명히'라는 뜻의 관점 부사인 반면 (a)는 '매우'라는 뜻의 강조부사이다.

7 Answer Keys

01 (c) **02** (a) **03** (b)

01 A 오늘 밤 파티에 갈 준비됐어?
B 솔직히, 나는 지금 너무 기진맥진한 상태라 이번엔 가고 싶지 않다.
해설 obviously는 '분명히/명백히', consequently는 '따라서', completely는 '완전히', merely는 '단지 ~일 뿐'이라는 뜻으로 뒤에 오는 형용사 exhausted를 수식하려면 completely가 가장 적합하다.

02 A 새로 부임한 최고경영자에 대해 아는 것이 있니까?
B 내가 아는 한 그는 성공한 사업가이다.
해설 '내가 아는 한'이라는 뜻이 되려면 as far as I know가 와야 한다. As soon as는 '~하자마자', as well as는 '~에 더하여/~마찬가지로', all the same은 '그러나'라는 뜻으로 적합하지 않다.

03 A 우리는 차가 몹시 필요하다. 하지만 우리가 새 차를 사기에는 돈이 부족하다.
B 그렇다면 아마도, 내가 당분간 내 차 한대를 빌려줄 수 있다.
해설 Then maybe는 '그렇다면 아마도'라는 뜻이다. Regrettably는 '유감스럽게도', by the way는 '한편', by no means는 '결코 아니'라는 뜻으로 문맥상 적합하지 않다.

8 Answer Keys

01 She sharply criticized cigarette advertising.
02 They don't really know the difference.
03 Briefly, this has been rather a disappointing day.

SECTION 13A 전치사(01개별전치사 /02집단전치사)

1 Answer Keys

01 at **02** on **03** in **04** on **05** At
06 on **07** to **08** during **09** among
10 in **11** of **12** on

01 우리는 뉴욕으로 가는 길에 L/A에 잠깐 들렀다.
  해설 잠깐 머무는 장소에 at을 쓴다. 따라서 동사 stop 뒤에 at을 써야 한다.

02 라디오에서 무엇을 하고 있나?
  해설 on the radio는 '라디오에서' 또는 '라디오 위에'라는 뜻으로 radio 앞에는 항상 정관사 the 가 있어야 한다.

03 그것은 수년 동안 있었던 것 중에서 최악의 폭풍이었다.
  해설 미국식에서는 부정문과 최상급 뒤에서 for 대신에 in을 쓸 수 있다. in years는 '수년 동안'이라는 뜻이다.

04 우리는 월요일 아침에 다시 만날 것이다.
  해설 morning/afternoon/evening/night이 요일/형용사로 수식되면 on을 쓴다.

05 10월초에, 그 새로운 법은 발효될 것이다.
  해설 at the beginning of는 '~의 초에'라는 뜻이다. 그 뒤에 명사 등이 온다.

06 이번 주말에 무엇을 할거니?
  해설 on the weekend는 동사에 따라 '이번 주말에' 또는 '지난 주말에'라는 뜻이 된다.

07 우리는 1997년부터 1999년까지 캐나다에서 살았다.
  해설 from A to B는 '~부터 ~까지'라는 뜻이다.

08 그는 그 방학 동안 열심히 일했다.
  해설 during은 전치사이고, while은 접속사이다. 그러므로 during 다음에는 단어, while 다음에는 절이 온다. 여기서는 뒤에 명사(the vacation)가 오므로 during이 적합하다.

09 도쿄는 세계에서 가장 큰 도시 중 하나다.
  해설 among은 one of ('~중의 하나') 대신에 쓰기도 하므로 여기서는 among이 적합하다.

10 청바지를 입고 있는 저 소녀를 보라.
  해설 '(옷을) 입은'이라는 뜻일 때 전치사 in을 쓴다.

11 그 의자는 플라스틱으로 만들어졌다.
  해설 재료의 성격이 바뀌지 않으면 made of를 쓴다.

12 생산성이 증가 추세에 있다.
  해설 be on the rise는 '증가 중'이라는 뜻이다.

2 Answer Keys

01 five minutes later → in five minutes
02 on next Monday → next Monday
03 is → has been
04 during → for
05 at his home → at home
06 on the age of thirty → at the age of thirty
07 in purpose → on purpose
08 of → for
09 of → to
10 in → with

01 그 기차는 지금부터 5분 후에 떠난다.
  해설 five minutes later는 '그 5분 후에' 또는 '5분 늦게'라는 뜻으로 '지금부터 5분 후에'라는 뜻이 되려면 in five minutes가 되어야 한다. 문맥상 later는 필요하지 않다.

02 다음 월요일에 만나자.
  해설 요일/week/month/year에 next/last가 있으면 전치사를 놓지 못한다.

03 그는 월요일 이래로 병원에 입원해왔다.
  해설 '~이래로'라는 뜻의 since는 의미상 두 시점을 연결하기 때문에 동사가 완료시제라야 한다.

04 우리는 그 방학 중에 2주 동안 같이 있었다.
  해설 for('동안') 뒤에는 기간, during('동안에') 뒤에는 event가 온다. 따라서 기간을 나타내는 two weeks 앞에는 전치사 for가 와야 한다.

05 그는 집에 없다.
  해설 home, work, doctor's, dentist's 앞에 전치사 at을 쓰며 이런 경우 home과 work 앞에 소유격 형용사를 놓지 않는다.

06 그녀는 30세에 대표이사가 되었다.
  해설 속도/온도/나이에 at을 쓴다.

07 나는 그것을 고의로 하지 않았다.
　해설　명사 purpose는 전치사 on과 함께 '고의로'라는 뜻으로 쓰인다.

08 그녀는 그 지연의 이유를 알지 못했다.
　해설　명사 reason 뒤에 전치사 for를 쓴다. 이 때 for는 '~에 대한'이라는 뜻이다. 우리말은 '~의'이지만 영어는 of가 아니라 for다.

09 그 남자는 그 문제점의 해결방안을 생각해냈다.
　해설　명사 solution/key 뒤에 to를 쓰며 이 때 to는 '~에 대한'이라는 뜻이다.

10 나는 내 여행 준비에 어려움을 겪고 있다.
　해설　명사 difficulty 뒤에는 with를 쓴다. 이 때 with는 '~에 있어서'라는 뜻이다.

3 Answer Keys

01 (c)　**02** (b)　**03** (b)　**04** (c)　**05** (d)

01 그 일은 내가 예상했던 것과 다르다.
　해설　형용사 different 뒤에 with가 아니라 from을 쓴다.

02 나의 교수법은 대학에서 나를 가르치셨던 교수님의 그것과 유사하다.
　해설　형용사 similar 뒤에 with가 아니라 to를 쓴다.

03 우리는 그를 더 유능한 직원으로 대체하겠다.
　해설　동사 replace 뒤에는 전치사 by 또는 with를 쓴다.

04 나는 전화할 때 자주 그녀를 그녀 엄마로 착각한다.
　해설　mistake A for B는 'A를 B로 착각하다'라는 뜻이다.

05 숲의 파괴가 온실 효과에 기여하고 있다.
　해설　자동사 contribute 뒤에는 전치사 to를 쓴다.

4 Answer Keys

01 (d)　**02** (b)　**03** (a)　**04** (a)　**05** (b)

01 뉴욕에 도착했을 때 그녀는 그 이사의 영접을 받았다.
　해설　on/upon + arrival/arriving/departure/departing/leaving은 '도착/출발 할 때'이며 이러한 전치사구들은 시간절을 간소화한 것이다.

02 나는 다음 주에 출장 간다.
　해설　go on a trip은 '여행가다'이고 go on a business trip은 '출장 가다'이다. 시제상 동사는 현재진행형 be 동사(am) + going이 되어야 한다.

03 우리는 그 사고에 대해서 그 회사를 비난한다.
　해설　동사 criticize 뒤에 먼저 사람/조직을 놓고 그 뒤에 전치사 for를 쓴다. 따라서 criticize somebody for something은 '~에 대해서 ~을 비난하다'이다.

04 그는 창문 가까이에 앉았다.
　해설　'문맥상 '~의 가까이에'라는 뜻의 전치사 near와 함께 near a window가 와야 한다.

05 그는 그 은행에서 2백만 불을 강탈했다.
　해설　동사 rob은 rob somebody of something의 구조로 사용한다.

5 Answer Keys

01 (c)　**02** (d)　**03** (b)　**04** (d)

01 (a) 나는 그녀를 그 버스 정거장에서 보았다. (b) 그는 아직도 직장에 있다. (c) 나는 그녀의 영어에 감명 받았다. (d) 나는 시속 70 킬로미터로 운전하고 있었다.
　해설　(a), (b), (d)에 bus stop, work, 70 kilometers와 같은 장소, 속도 앞에는 모두 전치사 at이 와야 하나 (c)에 impressed 뒤에 전치사 with 또는 by를 쓴다.

02 (a) 그것은 전혀 비용효과적이 아니다. (b) 나는 하루 종일 걸어서 피곤하다. (c) 그는 월요일 이래로 병원에 입원해왔다. (d) 그는 심장마비 후에 병가 중이었다.
　해설　(a), (b), (c)에 모두 전치사 from이 와야 하나 (d)에는 '~후에'라는 뜻의 전치사 following이 와야 한다. 참고로 (a)에 far from + 형용사는 '전혀 ~이 아니'라는 뜻이며, (b)에 tired from은 '~때문에 피곤한'이며, (c)에 from은 '~부터'라는 뜻이다.

03 (a) 그들은 그를 늦지 않게 병원으로 데려왔다. (b) 그가 훔치고 있었다는 것을 증명할 방법이 없다. (c) 혼자 사는 것에는 많은 장점이 있다. (d) 당신은 스포츠에 관심 있나요?
　해설　(a), (c), (d)에 모두 전치사 in이 와야 하나 (b)에는 전치사 of가 와야 하는데 이는 명사 way 뒤에 of + ~ing는 '~을 할 수 있는 방법'이라는 뜻이기 때문이다. 참고로 (a)에 in time은 '제 때에/늦지 않게'라는 뜻이며, (c)에 명사 advantage 뒤에 전치사 to 또는 in을 쓰며, (d)에 형용사 interested 뒤에 in을 쓴다.

04 (a) 나는 돈이 부족하다. (b) 그녀는 자기 부모로부터 독립했다. (c) 그녀는 훌륭한 작품을 만들어 낼 수 있다. (d) 그 사고는 네 탓이 아니다.
　해설　(a), (b), (c)에는 모두 전치사 of가 와야 하나 (d)에는 전치사 for가 와야 한다. 이는 자동사 blame 뒤에 전치사 for를 쓰기 때문이다. 참고로 (a)에 short of는 '~이 부족한'이라는 뜻이며, (b)에 independent of는 '~

로부터 독립된'이며, (c)에 capable of + ~ing는 '~을 할 수 있는'이라 는 뜻이다.

6 Answer Keys

01 (a) 02 (c) 03 (b)

01
- A 일 끝나고 만나자. 우리 어디에서 만날까?
- B 시청 맞은편에 노천 카페가 하나 있어. 그 카페 앞에서 만나자.

해설 in front of는 '~의 앞에(서)'라는 뜻이다.

02
- A 우리는 그 문제해결에 집중할 것입니다.
- B 쓸데없는 일에 에너지를 낭비하지 마세요.

해설 자동사 focus 뒤에는 전치사 on이 온다.

03
- A 너 그 배가 해변에서 3-4 마일 떨어진 해상에서 침몰했다는 거 들었니?
- B 그 소식에 무척 놀랐어요.

해설 off + 해안은 '~의 해상에서'라는 뜻이다.

7 Answer Keys

01 She has contributed lots of money to relieving the poor.
02 We must remain aware of the changes.
03 The noise kept me from sleeping.

SECTION 13B 전치사2(구동사/기타전치사규칙)

1 Answer Keys

01 for   02 about   03 on   04 of
05 with 06 from   07 on   08 to
09 on   10 with   11 of   12 up

01 여권을 신청하라.
해설 apply for는 '~을 신청하다' 또는 '~에 지원하다'이다. for가 없는 타동사는 '적용하다' 또는 '바르다'라는 의미가 된다.

02 나는 당신의 의견에 관심이 없다.
해설 care about은 '~에 대해서 관심을 갖다'라는 뜻이고 care for는 '~을 좋아하다'라는 뜻이다. 여기서는 문맥상 전자가 적합하다.

03 그는 그 실업보험에 기대어 산다.
해설 live on + 수입은 '(변변치 않은 수입)~애 기대어 산다'라는 뜻이다.

04 야구 팀은 11명의 선수로 구성된다.
해설 consist of는 '~로 구성되다'라는 뜻이다.

05 우리는 그 어려운 상황에 대처할 수 있다.
해설 cope with는 '(사람/사물을) 다루다'라는 뜻이다.

06 그 실직은 그 실수에서 기인했다.
해설 result from 은 '~에서 기인하다'라는 뜻이다.

07 그것은 리더십에 달렸다.
해설 depend on 뒤에 사물이 오면 '~에 달려있다' 라는 뜻이다.

08 이것이 당신 것이냐?
해설 belong to 뒤에 사람이 오면 '(물건이) ~의 것이다'라는 뜻이다.

09 그들은 어제 오후에 그녀를 수술했다.
해설 operate on은 '~을 수술하다'라는 뜻이다.

10 나는 당신의 정책에 동의한다.
해설 agree with 뒤에는 사람/정책/의견이 오며 그 의미는 '~에 동의하다'이다.

11 내가 알기에는 그렇지 않다.
해설 Not that I know of.는 구어체 문장으로 대단히 많이 쓰이며 상대방의 말을 받아서 내 생각으로는 그렇지 않다는 뜻이다.

12 당신 애를 제대로 키워라.
해설 bring up은 '(아이를) 양육하다'라는 뜻이다.

2 Answer Keys

01 comprises of → comprises
02 interfere → interfere in/with
03 participate → participate in
04 to buy → buying
05 during → while
06 like on Tuesday → as on Tuesday
07 except for → except
08 discuss about → discuss
09 entering into → entering
10 talk → talk about

01 미국은 50개 주로 구성되어있다.
해설 comprise는 타동사로 그 자체가 '~으로 구성되어있다'라는 뜻이다.

02 남의 인생에 간섭하지 마라.
　해설　interfere는 자동사로 그 뒤에 전치사 in/with가 있어야 한다. Interfere in/with는 '~에 간섭하다'라는 뜻이다.

03 우리는 그 행사에 참여할 것이다.
　해설　participate은 자동사로 그 뒤에 전치사 in이 있어야 하며 participate in은 '~에 참여하다'라는 뜻이다.

04 나는 새 차를 사는 것을 고려 중이다.
　해설　전치사(of) 뒤에 to부정사를 놓을 수 없다. 모든 전치사 뒤에는 동명사를 쓴다.

05 내가 파리를 방문하고 있는 중에 나는 우연히 옛 친구를 만났다.
　해설　전치사(during) 뒤에 절(I was visiting Paris)를 놓을 수 없다. 전치사 뒤에는 단어를 놓으며 절 앞에는 전치사가 아니라 접속사(while)를 쓴다.

06 화요일에 그런 것처럼 금요일에도 그 회의가 8:30에 열린 것이다.
　해설　전치사구(on Tuesday) 앞에는 전치사 like가 아니라 접속사 as를 쓴다. 이는 on Tuesday는 it is at 8:30 on Tuesday를 줄인 것이기 때문이다.

07 그것은 그 미소 지을 때를 제외하고는 진실이다.
　해설　전치사나 접속사 앞에는 except for를 쓰지 않고 except를 쓴다.

08 그것을 지금 논의하자.
　해설　discuss는 타동사로 그 뒤에 전치사를 놓을 수 없으며 바로 목적어 it이 온다.

09 기차가 이제 굴 속으로 들어간다.
　해설　enter는 타동사로 뒤에 전치사를 놓을 수 없으며 바로 목적어(a tunnel)를 놓는다.

10 이것이 내가 말하고 싶었던 것이다.
　해설　명사절 안의 동사가 자동사일 때 전치사가 문장 끝에 올 수 있다. 그러므로 여기서는 자동사 talk 뒤에 전치사 about이 와야 한다.

3 Answer Keys

01 (a)　**02** (c)　**03** (c)　**04** (c)　**05** (b)

01 상영중에는 흡연을 삼가해주세요.
　해설　refrain from ~ing은 '~하는 것을 삼가다'라는 뜻이다.

02 나는 기꺼이 그를 적절한 기관에 소개 시켜주겠다.
　해설　refer A to B는 'A를 B에 소개 시키다'라는 뜻이다.

03 많은 아이들이 아직도 기아 때문에 죽는다.
　해설　die from은 '(질병/기아 이외의 원인) ~때문에 죽다'라는 뜻이고 die of는 '(질병/기아) ~때문에 죽다'라는 뜻이다. 여기서는 전치사 뒤에 hunger(기아)가 나오므로 die of가 와야 한다.

04 우리는 그 회의를 연기해야 한다.
　해설　put off는 postpone처럼 '연기하다'라는 뜻이므로 of는 off로 바뀌어야 한다.

05 내 사무실에 잠깐 들를 수 있겠니?
　해설　stop by와 drop by는 '~에 잠깐 들르다'라는 뜻으로 stop by나 drop by 뒤에 따로 장소 전치사를 쓸 필요는 없다.

4 Answer Keys

01 (a)　**02** (d)　**03** (b)　**04** (a)

01 왜 너는 그 일자리에 지원하지 않나?
　해설　put in for는 '~에 지원하다'라는 뜻이다. apply for와 같은 뜻이다.

02 너는 네 상사와 잘 지내니?
　해설　get along with 또는 get on with는 '~와 잘 지내다'라는 뜻이다.

03 그는 바이올린 외에 피아노, 플루트도 연주한다.
　해설　aside from은 '~외에'라는 뜻이다. 즉, aside from은 besides나 in addition to와 같은 뜻이다.

04 그녀는 베이컨과 햄버거와 같은 지방식품을 멀리해야 한다.
　해설　문맥상 '~을 포함하여'라는 뜻의 including이 적합하다. 이는 또한 such as, like, for example/instance로 대체될 수 있다.

5 Answer Keys

01 (d)　**02** (c)　**03** (d)　**04** (a)

01 (a) 그는 그 문제를 해결하는 데에 성공했다. (b) 그 공구는 맨 아래 서랍에 놓는 것이다. (c) 우리는 버냉키 씨를 위하여 리셉션 파티를 열었다. (d) 그는 그 음식 값을 내겠다고 고집했다.
　해설　(a), (b), (c)에는 in이 공통으로 놓인다. succeed in은 '~에 성공하다', belong in은 '(물건이 원래)~에 놓이는 것이다', in honor of는 '~에게 경의를 표하여', 즉 '~을 위하여'라는 뜻이다. 반면, (d)에는 on이 놓이는데 이는 insist on이 '~을 고집하다'라는 뜻이기 때문이다.

02 (a) 그 모자를 벗어라. (b) 내가 공항에서 너를 전송해주마. (c) 그 차가 고장 났다. (d) 그 회의를 취소하라.

해설 (a), (b), (d)에는 모두 off가 놓이는 반면 (c)에는 down을 놓아야 한다. 이는 take off는 '(옷 등을) 벗다', see off는 '전송하다', call off는 '취소하다' 이고, breake down은 '고장나다'라는 뜻이기 때문이다.

03 (a) 나는 그것을 이해할 수 없다. (b) 그는 군중 속에서 두드러져 보인다. (c) 그 제안의 장점들을 지적하라. (d) 그녀는 청바지를 입고 있는 중이다.

해설 (a), (b), (c)에는 out이 공통으로 놓인다. figure out은 '~을 이해하다', stand out은 '두드러져 보이다', point out은 '~을 지적하다'라는 뜻이다. 반면, (d)에는 on이 놓이는데 이는 have on이 '(옷을) 입고 있다'라는 뜻이기 때문이다.

04 (a) 그녀는 그 규칙을 준수했다. (b) 우리는 항상 결국 말다툼을 하게 된다. (c) 그것을 포장해 주세요. (d) 나는 그를 따라잡기 위해서 뛰어야 했다.

해설 (b), (c), (d)에는 up이 공통으로 놓인다. end up은 '결국 ~하게 되다', wrap up은 '~을 포장하다', catch up with는 '(앞 사람/차 등을) 따라잡다'라는 뜻이다. 반면, (a)에는 with가 놓이는데 이는 comply with가 '(규칙 등을) 준수하다'라는 뜻이기 때문이다.

6 Answer Keys

01 (a)　**02** (b)　**03** (d)　**04** (c)

01 ┌ A OPEC는 무엇을 의미하니?
　　└ B OPEC는 석유 수출국 기구의 약어야.

해설 stand for는 '(약어가) ~을 의미하다'라는 뜻이다.

02 ┌ A 얼마나 많은 학생들이 이 강좌에 등록했습니까?
　　└ B 그 강좌는 이미 마감되었습니다.

해설 sign up for는 '~에 신청하다/가입하다'라는 뜻이다.

03 ┌ A 그 영화 어땠어? 재미있었어?
　　└ B 그것은 내 기대에 부응하지 못했어.

해설 live up to는 '(~의 기대에) 부응하다'라는 뜻이다.

04 ┌ A 그 회사 결국 망했군.
　　└ B 내가 알기로 그 회사는 경쟁사가 인수 할거라더군.

해설 go under는 '(배가) 침몰하다' 또는 '(기업이) 망하다'라는 뜻이다.

7 Answer Keys

01 Tobacco is taxed in most countries, along with alcohol.

02 The question whether he should apologize will be discussed.

03 We are looking forward to receiving your reply as soon as possible.

SECTION 14。등위접속사

1 Answer Keys

01 and　**02** but　**03** and　**04** but
05 or　**06** and　**07** nor　**08** nor　**09** so
10 for　**11** or　**12** or

01 나는 거기에 갈 수 있고 그리고 가야 한다.

해설 and는 단어/구를 접속할 때 또는 정보를 추가할 때 but은 두 단어/구/절을 대비시킬 때 쓴다. 또한 or는 '또는'이라는 뜻이다. 여기서는 문맥상 단어/구를 접속하는 and가 와야 한다.

02 그는 오만할 뿐만 아니라 이기적이기도 하다.

해설 not only A but also B는 'A는 물론이고 B도'라는 뜻으로 여기서는 but이 적합하다.

03 그녀는 영어와 중국어 둘 다를 한다.

해설 both A and B는 'A와 B 둘 다'라는 뜻이므로 여기서는 and가 적합하다.

04 나는 초인종을 울렸지만 응답이 없었다.

해설 but은 '그러나'라는 뜻으로 두 단어/구/절을 대비시키는 역할을 하므로 여기서는 and나 or가 아니라 두 절을 대비시키는 but이 적합하다.

05 비가 오든 또는 해가 나든 우리는 갈 것이다.

해설 or는 '또는'이라는 뜻으로 rain or shine은 양보절 whether it rains or shines를 줄인 것이다.

06 그 추락사고에서 모든 승객과 승무원이 살아남았다.

해설 and는 단어/구를 접속할 때 또는 정보를 추가할 때 but은 두 단어/구/절을 대비시킬 때 쓴다. 또한 or는 '또는'이라는 뜻이다. 여기서는 문맥상 단어를 접속하는 and가 와야 한다.

07 메리도 수잔도 올 수 없었다.

해설 neither A nor B는 'A도 아니고 B도 아니'라는 뜻으로 neither 뒤에는 항상 nor가 온다.

08 나는 알지도 못하고 관심도 없다.

해설 접속사 nor는 '또한 ~도 아니'라는 뜻으로 두 단문을 연결시켜주는 역할을 한다. 단, nor는 부정문(I don' t know) 뒤에 사용하며 nor가 부정사이므로 nor 뒤에는 어순이 도치된다.

09 여러 날 동안 비가 왔다. 그래서 땅이 매우 젖었다.
해설 and so는 '따라서'라는 뜻의 결과 등위접속사로 and so 앞의 단문은 원인을 and so 뒤의 단문은 결과를 나타낸다. and so에서 and는 생략할 수 있다.

10 우리는 거의 외식하지 않는다. 그 까닭은 우리가 부담할 수 없기 때문이다.
해설 등위접속사 for는 '그 까닭은'이라는 뜻으로 두 절을 연결하는 역할을 한다.

11 너는 편지를 쓰거나 또는 전화를 할 수 있다.
해설 either A or B는 'A 또는 B 둘 중 어느 쪽이라도'이라는 뜻으로 공식적인 표현에 쓴다.

12 당신은 계란을 킬로 단위로 파나요, 아니면 12개 단위로 파나요?
해설 or는 '또는'이라는 뜻이고, nor는 '또한 ~도 아니'라는 뜻으로 일반적으로 neither와 함께 쓰인다. 그러므로 문맥상 여기서는 전자 or가 적합하다.

2 Answer Keys

01 or → and
02 nor → but
03 yet → but
04 and then → and yet
05 and → or
06 but → nor
07 or → and
08 or → nor

01 그녀는 하루가 다르게 키가 커가고 있다.
해설 끊임없는 변화를 강조하기 위해 비교급 형용사/부사를 반복할 수 있는데, 여기서는 비교급 형용사 taller를 반복하기 위해 문맥상 taller and taller가 되어야 한다.

02 나는 그들과 합류했지만 그것을 좋아하지 않았다.
해설 접속사 nor는 '또한 ~도 아니'라는 뜻으로 두 단문을 연결시켜주는 역할을 하나, 부정문 뒤에 사용하며 부정사이므로 뒤에는 어순이 도치된다. 반면 but은 '그러나'라는 뜻으로 두 단어/ 구/절을 대비시키는 역할을 하므로 여기서는 nor가 아니라 but이 적합하다.

03 너뿐만 아니라 그녀도 음악에 재능이 있다.
해설 not only A but also B는 'A는 물론이고 B도'라는 뜻으로 여기서는 두절을 접속하는 역할을 하는 '그러나'라는 뜻의 yet이 아니라 but이 적합하다.

04 그것은 좋다. 그러나 개선될 수 있다.
해설 (and) then은 '그 다음에'라는 뜻으로 문맥상 적합하지 않다. 여기서는 '그러나'라는 뜻의 접속사 (and) yet이 적합하다.

05 뛰어라. 그러지 않으면 너는 늦을 것이다.
해설 문맥상 and는 적합하지 않다. 여기서는 문맥상 '그렇지 않으면'이라는 뜻의 or가 적합하다.

06 이번에는 너도 그녀도 잘못이 아니다.
해설 neither A nor B는 'A도 아니고 B도 아니'라는 뜻으로 neither 뒤에는 항상 nor가 온다.

07 그 디자이너는 지식과 독창력을 겸비하고 있다.
해설 both A and B는 'A와 B 둘 다'라는 뜻이므로 여기서는 and가 적합하다.

08 그녀는 그것에 관해 어떤 것도 말하지 않았고, 또한 그것을 암시하려고 시도하지도 않았다.
해설 여기서는 문맥상 '또한 ~도 아니'라는 뜻으로 두 단문을 연결시켜주는 역할을 하는 접속사가 필요하다. 또한, 접속사 뒤에 문장의 어순이 도치되었으므로 이에 적합한 접속사는 nor이다.

3 Answer Keys

01 (c) 02 (b) 03 (c) 04 (d) 05 (c)
06 (b)

01 자전거는 승용차보다 싸고 대기를 오염시키지도 않는다.
해설 문맥상 여기서는 '그리고'라는 의미의 접속사 and가 필요하다. 또한, 구어체에서는 두 절을 접속하는 and 대신에 plus를 쓸 수 있다.

02 우리는 휴식을 취한 다음에 다시 작업을 시작했다.
해설 문맥상 or가 아니라 '그 다음에'의 의미를 갖는 등위접속사 and then이 적합하다.

03 여러 달 동안 무더웠다. 그래서 땅이 매우 말랐다.
해설 문맥상 두절을 연결하려면 '따라서'라는 의미의 접속사가 필요하다. 그러므로 or thus가 아니라 and thus가 적합하며 여기서 and는 생략할 수 있다.

04 아니요, 그녀는 파리나 런던에 가본적이 없습니다.
해설 either A or B는 'A 또는 B 둘 중 어느 쪽이라도'라는 뜻으로 either는 and가 아니라 or와 함께 쓰인다.

05 중국인들은 기름진 음식을 너무 많이 먹는다. 그럼에도 불구하고 심장병 발병률이 낮다.
해설 문맥상 두절을 연결하려면 '그럼에도 불구하고/그러나'라는 뜻의 접속사가 와야 한다. and thus는 '그 다음에'라는 의미로 적합하지 않으므로 and yet이 적합하다.
06 그 여자는 그에게 무슨 일이 있었는지 알지도 못하고 관심도 없다.
해설 neither A nor B는 'A도 아니고 B도 아니'라는 뜻으로 neither 뒤에는 항상 nor가 온다.

4 Answer Keys

01 Hurry up, or you will miss your connecting flight back to Seoul.
02 Aside from the violin, she plays the piano and the flute.
03 I had a visa, so I was able to cross the border.

SECTION 15. 부사절접속사

1 Answer Keys

01 When 02 since 03 while
04 before 05 after 06 The moment
07 If 08 until 09 whenever
10 The last time 11 only if
12 because

01 네가 전화했을 때 나는 샤워 중이었다.
해설 when은 '~할 때에'라는 뜻으로 시점을 나타내고, while은 '~하는 동안에'라는 뜻이다. 문맥상 전자가 적합하다.

02 나는 너를 만난 이래로 계속 너를 사랑해왔다.
해설 since는 '~이래로'라는 뜻이고 since 절에는 항상 단순과거를 쓰고 주절에는 현재완료 또는 과거완료 동사를 쓴다. 반면, after는 '~후에'라는 뜻의 접속사이다. 여기서는 문맥상 since가 적합하다.

03 나는 TV를 보다가 잠들었다.
해설 when은 '~할 때에'라는 뜻으로 시점을 나타내고, while은 '~하는 동안에'라는 뜻으로 while이 이끄는 시간절은 주절과 동시에 벌어진 일을 나타내며 주로 진행형 동사를 쓴다. 그러므로 문맥상 후자가 적합하다.

04 잊기 전에 그것을 하라.
해설 before는 '~전에'라는 뜻이고, after는 '~후에'라는 뜻의 접속사로 문맥상 전자가 적합하다.

05 그는 진급된 후에 그 집을 샀다.
해설 before는 '~전에'라는 뜻이고, after는 '~후에'라는 뜻의 접속사로 문맥상 후자가 적합하다.

06 Steve는 그녀를 본 순간에 그녀와 사랑에 빠졌다.
해설 the moment는 '~한 순간에'라는 뜻의 접속사이고, by the time은 '늦어도 ~할 때까지'라는 뜻의 시간 접속사로 전자가 문맥상 적합하다.

07 네가 그것을 하면 처벌 받을 것이다.
해설 if는 '~한다면/~이라면'이라는 뜻으로 대표적인 조건 접속사이다. 반면 even if는 '비록 ~할 경우에라도'라는 뜻이다. 문맥상 전자가 적합하다.

08 비가 그칠 때까지 기다리자.
해설 until은 '~까지'라는 뜻의 접속사이고 when은 '~할 때'라는 뜻의 접속사이다. 문맥상 전자가 적합하다.

09 비가 올 때마다 지붕이 샌다.
해설 whenever은 '~할 때마다'라는 뜻의 접속사이고 when은 '~할 때'라는 뜻의 접속사로 문맥상 전자가 적합하다.

10 내가 그녀를 마지막으로 보았을 때, 밖에는 아주 세차가 비가 오고 있었다.
해설 the last time은 '마지막으로 ~했을 때'라는 뜻의 접속사이고 every time은 '~할 때마다' 라는 뜻의 접속사이다. 주절에 과거 진행형이 사용되었으므로 문맥상 전자가 적합하다.

11 너는 열심히 공부할 경우에만 그 시험에 합격할 것이다.
해설 only if는 '~할 경우에만'이라는 뜻이고, even if는 '비록 ~할 경우에라도'라는 뜻이다. 여기서는 문맥상 전자가 적합하다.

12 내가 그것을 좋아했기 때문에 그것을 샀다.
해설 because는 '~때문에'라는 뜻이고, in case는 '~할지 모르니까' 또는 '~하는 경우에 대비 해서'라는 뜻이다. 문맥상 종속절은 주절의 이유를 나타내므로 전자가 적합하다.

2 Answer Keys

01 Because of → As/Since/Because
02 so that → in case
03 in order that → that
04 so → such
05 so → as
06 while → what
07 though → as
08 even if → as if

09 Where → Wherever
10 in that → so that

01 다시 비가 오고 있으므로 우리는 집에 머물러있어야 하겠다.
해설　because of는 '~때문에'라는 뜻의 전치사로 단어 앞에 온다. 하지만 여기서는 뒤에 절이 나오므로 '~때문에'라는 뜻의 접속사 as/since/because가 와야 한다.

02 비가 올지 모르니까 우산을 갖고 가라.
해설　so that은 '할 수 있도록'이라는 뜻의 목적절 접속사이다. 하지만 여기서는 문맥상 '~할지 모르니까'라는 뜻의 접속사 in case가 와야 한다.

03 그것은 내가 그를 미워했기 때문이 아니다.
해설　in order that은 '~할 수 있도록'이라는 뜻의 이유 접속사이다. 하지만 여기서는 '~했기 때문이 아니다'라는 의미가 되어야 하므로 It' not that이 와야 한다.

04 그날은 그렇게 추운 날이어서 그 결과로 우리는 외출할 수 없었다.
해설　'그 결과로'라는 뜻이 되려면 such+형용사+명사 뒤의 that절이 와야 한다.

05 비록 그날 추웠지만 우리는 외출했다.
해설　형용사/부사를 강조하는 시적인 양보절이다. 이 경우에는 형용사/부사를 문장 앞에 놓고 그 뒤에 as/though+주어+동사를 놓는다.

06 네가 뭐라고 하든지 간에 나는 너를 믿지 않겠다.
해설　no matter+의문사는 '~이든지 간에'라는 뜻의 양보접속사로 여기서는 '네가 뭐라고 하든지 간에'가 되어야 하므로 no matter what you say가 되어야 한다.

07 왜 너는 내가 너에게 말해준 것처럼 그 일을 하지 않니?
해설　though는 '비록 ~이지만'이라는 뜻의 접속사이다. 하지만 여기서는 문맥상 '~처럼'이라는 뜻의 접속사 as가 와야 한다.

08 그는 마치 모든 것을 아는 것처럼 말한다.
해설　even if는 '비록 ~할 경우에라도'라는 뜻의 접속사이다. 하지만 여기서는 문맥상 '마치 ~인 것처럼'이라는 뜻의 as if가 적합하다.

09 당신이 어디를 가든지 간에 나는 당신을 따라가겠다.
해설　'당신이 어디를 가든지 간에' 뜻의 양보절이 되어야 하므로 wherever you go가 되어야 한다.

10 나는 당신이 따라잡을 수 있도록 멈추었다.
해설　in that은 '~라는 점에서'라는 뜻의 이유 접속사이다. 여기서는 '~할 수 있도록'이라는 뜻의 목적절 접속사가 와야 하므로 so that이 적합하다.

3 Answer Keys

01 (a)　**02** (a)　**03** (b)　**04** (a)　**05** (a)

01 일단 우리가 그 승인을 받으면 즉시 당신에게 통보하겠다.
해설　접속사 as soon as는 '~하자마자'라는 뜻이다. 여기서는 두 절을 접속하기 위해 '일단 ~하면'이라는 뜻의 접속사 once가 필요하며 이것은 if와 as soon as를 결합한 접속사이다.

02 이제 그가 결혼했으므로 훨씬 더 책임감이 있게 되었다.
해설　문맥상 종속절은 주절의 이유가 되어야 하므로 '이제 ~하므로'라는 뜻의 접속사 now that이 와야 한다.

03 나무에서 떨어지지 않게 조심하라.
해설　in order that은 '~할 수 있도록'이라는 뜻의 목적절 접속사로 문맥에 적합하지 않다. 여기서는 '~하지 않도록'이라는 뜻의 lest가 적합하다.

04 마치 세상이 끝난듯했다.
해설　even if는 '비록 ~할 경우에라도'라는 뜻으로 문맥에 적합하지 않다. 여기에서 the world had come to an end는 사실이 아니므로 '마치 ~인 것 처럼'이라는 뜻의 as if가 적합하다.

05 우리가 버스로 가든 기차로 가든 그것은 최소한 6시간 걸릴 것이다.
해설　whatever는 '어느 것이든 간에'라는 뜻으로 문맥에 적합하지 않으며 여기서는 'A를 하든 또는 B를 하든'이라는 뜻의 whether A or B가 와야 한다.

4 Answer Keys

01 (d)　**02** (c)　**03** (a)　**04** (c)　**05** (d)

01 필요할 때는 언제든지 도움을 청할 수 있다.
해설　'~ 할 때마다'라는 뜻의 whenever가 와야 한다.

02 다음에 여행할 때에는 CNN 제휴 호텔에 머무르세요.
해설　'~한 다음 번에'라는 뜻의 접속사 (The) next time이 와야 한다.

03 나는 늦어도 네가 여행에서 돌아올 때까지는 그 보고서를 마칠 것이다.
해설　'늦어도 ~할 때까지는'이라는 뜻이 되려면 by the time이 와야 한다. every time/each time은 '~할 때마다', last time은 '마지막으로 ~했을 때'라는 뜻이다.

04 우리가 그 티켓들을 구입하자마자 네게 보내겠다.
해설　'~하자마자'라는 뜻의 as soon as가 적합하다. as if/

as though는 '~하는 한', albeit는 '~이긴 하지만'이라는 뜻이다.

05 우리가 그 호수에 닿자마자 비가 내리기 시작했다.

해설 no sooner A than B는 'A 하자마자 B했다'라는 뜻으로 no sooner 뒤에 과거완료, than 뒤에 단순과거를 쓴다. 또한 no sooner 뒤에 주어 동사는 도치된다.

5 Answer Keys

01 (a) **02** (b) **03** (d)

01 (a) 눈이 그칠 때까지 집에 있어라. (b) 나는 너를 만난 이래로 계속 너를 사랑했었다. (c) 고향을 떠난지도 2년이 지났다. (d) 그녀는 결혼한 이래로 뉴욕에 살아왔다.

해설 (b), (c), (d)에는 '~이래로'라는 뜻의 since를 놓아야 하며 since 절에는 항상 단순과거를 쓰고 주절에는 현재완료 또는 과거완료 동사를 쓴다. 반면, (a)는 '~까지'라는 뜻의 접속사 until이 와야 한다.

02 (a) 네가 보고 있는 것처럼 지금 비가 오고 있다. (b) 예전처럼 최선을 다하자. (c) 내가 누차 말했던 것처럼, 그것은 그렇게 간단하지 않다. (d) 그의 첫 배역은 작았지만 대단한 성공작이었다.

해설 (a), (b), (c)에는 '~처럼'이라는 뜻의 as가 와야 하는 반면 (d)에는 '비록 그것이 ~이지만' 이라는 뜻의 양보접속사 albeit가 와야 한다. 참고로 albeit small은 although it was small과 같다.

03 (a) 그녀는 행복하긴 했지만 뭔가가 부족했다. (b) 덥기는 했지만 나는 밖에서 일해야만 했다. (c) 어렵긴 했지만 그녀는 그 시험에 통과했다. (d) 네가 이기든 지든 그것은 중요하지 않다.

해설 (a), (b), (c)는 형용사/부사를 강조할 때 쓰는 시적인 양보절로 형용사/부사를 문장 앞에 놓고 그 뒤에 as/though+주어+동사 놓는다. 반면 (d)는 'A를 하든 또는 B를 하든'이라는 뜻의 양보절을 이끄는 whether가 와야 한다.

6 Answer Keys

01 (b) **02** (c) **03** (d)

01 ┌ A 내일 차 좀 빌릴 수 있을까요?
   └ B 네가 조심해서 운전하는 한 너는 내 차를 빌려가도 좋다.

해설 문맥상 '~하는 한'이라는 뜻의 접속사가 필요하므로 as long as가 적합하다. Even if는 '비록 ~할 경우에

라도', as if는 '마치 ~처럼', as soon as는 '~하자마자'라는 뜻이다.

02 ┌ A 혹시 내일 비가 오면 우리는 어떻게 해야 하지?
   └ B 내 생각에 비가 오든 안 오든 우리는 그 학회에 참여해야 한다.

해설 A에는 문맥상 '~라는 것을 가정한다면'이라는 뜻의 접속사 assuming that이 와야 하고 B에는 'A를 하든 또는 B를 하든'이라는 뜻이 whether가 와야 한다.

03 ┌ A 이것을 처리할 가장 좋은 방법은 무엇이라고 생각합니까?
   └ B 내 생각에, 가장 좋은 방법은 네가 늘 해왔던 방식대로 그것을 하는 것이다.

해설 문맥상 '~하는 방식으로'라는 뜻의 양태 접속사 the way가 와야 한다. 또한 문장의 보어 역할을 하기 위해서는 to 부정사 구가 되어야 하므로 to + 동사원형 + the way이 된다.

7 Answer Keys

01 Much as I respect your point of view, I don't agree with your conclusion.

02 Many children are dying of hunger even as we talk.

03 Bravely as/though they fought, they had no chance of winning.

SECTION 16. 명사절접속사

1 Answer Keys

01 That **02** what **03** who
04 which **05** when **06** Whoever
07 that **08** that **09** that
10 whether **11** whom **12** what

01 그가 천재라는 것은 믿을 수 없다.

해설 명사절 접속사 뒤에 절이 완전한 문장이므로 여기서는 what이 아니라 that이 와야 한다.

02 무슨 일이 일어났는지 내게 말해달라.

해설 명사절 접속사 뒤에 절이 불완전한 문장이므로 그 의미를 대신하는 접속사 what이 와야 한다. 여기서는 what이 명사절의 주어 역할을 하며 그 의미는 '무엇이'라는 뜻이다.

03 너는 그 시합에서 누가 승리했는지 아니?

해설 명사절 접속사 who는 '누가'라는 뜻이고, whom은 '누구를'이라는 뜻으로 문맥상 전자가 적합하다.

04 어느 차가 네 차인지 우리에게 말하라.
해설 '어느'라는 뜻으로 명사 앞에 쓰일 수 있는 명사절 접속사는 which이다.

05 그에게 언제 돌아올 것인지 물어보라.
해설 '언제'라는 뜻의 명사절 접속사가 와야 하므로 when이 적합하다.

06 집에 먼저 도착하는 누구라도 요리하기 시작한다.
해설 '~한 누구라도'라는 뜻의 명사절 접속사 whoever가 와야 한다.

07 그녀는 아무것도 못 보았다고 말했다.
해설 전체 문장의 목적어 역할을 하는 명사절이 되어야 한다. 그러기 위해서는 명사절 접속사 that이 와야 하고 이런 경우 that은 생략할 수 있다.

08 그들은 그의 언급에 대해서 사과하기를 강력히 요구하고 있다.
해설 동사 demand 뒤에 목적어 역할을 하는 명사절이 왔고, 접속사 뒤에 완전한 문장이 나오므로 접속사 that이 와야 한다. 또한 동사 demand 뒤의 명사절에는 원형동사를 쓴다.

09 그 회의가 8시에 시작하는 것이 긴요하다.
해설 예문에서 형용사 essential이 나오고 목적어 역할을 하는 명사절이 완전한 문장이므로 접속사 that이 와야 한다. 또한 형용사 essential 뒤의 명사절에는 원형동사 start를 쓴다.

10 그에게 그것을 좋아하는지 물어보라.
해설 '~인지'라는 뜻이 되려면 명사절 접속사 whether가 와야 한다. Whichever는 '~한 어느 것이라도'라는 뜻으로 문맥상 적합하지 않다.

11 나는 그들이 누구를 선출했는지 궁금하다.
해설 wonder가 타동사이고, 그 이하는 문장에서 목적어의 역할을 한다. they have elected는 완전한 의미를 갖고 있지 않으므로 그 의미를 대신할 '누구를'이라는 의미를 갖는 명사절 접속사 whom이 와야 한다.

12 내가 말하는 것을 이해합니까?
해설 동사 understand 뒤의 절이 문장에서 동사의 목적어 역할을 하려면 문맥상 '~하는 것'이라는 의미를 갖는 명사절 접속사 what이 필요하다.

2 Answer Keys

01 what → that
02 who → whose
03 that → what
04 whose → which
05 which → whichever
06 If → Whether
07 stops → stop
08 be → is

01 중요한 건 네가 행복하다는 것이다.
해설 여기에서 명사절은 보어의 역할을 하며 문맥상 you are happy는 완전한 의미를 갖고 있으므로 '~하는 것'이라는 뜻의 what이 아니라 형식적인 접속사 that이 와야 한다.

02 너는 이것이 누구의 외투인지 아느냐?
해설 coat this is가 명사절이 되려면 문맥상 명사 coat 앞에 '누구의 것'이라는 뜻의 whose가 와야 한다. 이 명사절은 문장에서 목적어 역할을 한다.

03 우리가 이제 무엇을 해야 하는지 말해달라.
해설 we should do next가 완전한 의미의 명사절 접속사가 되려면 '무엇을'이라는 뜻의 접속사 what이 와야 한다.

04 나는 종종 내가 몇층에 내 차를 뒀는지 잊어버린다.
해설 동사 forget 뒤에 목적어 역할을 하는 명사절이 온다. 문맥상 '몇 층에 내가 차를 주차했는지'라는 뜻이 되므로 '누구의'라는 뜻의 whose가 아니라 '어느'라는 뜻으로 명사 floor를 수식하는 명사절 접속사 which가 와야 한다.

05 네가 원하는 어느 것이라도 골라라.
해설 Choose which you want는 '어는 것을 원하는지를 골라라'라는 뜻으로 이는 의미상 올바르게 되기 위해서 Tell me which you want 또는 Choose whichever you want가 되어야 한다.

06 그녀가 결혼했는지 아닌지는 중요하지 않다.
해설 if절은 주어나 보어 또는 전치사의 목적어가 될 수 없으므로 if처럼 '~인지'라는 뜻의 명사절 접속사 whether가 와야 한다.

07 그 의사는 그녀가 금연할 것을 제안했다.
해설 '제안하다'라는 뜻의 타동사 suggest 뒤의 명사절 안에 동사는 원형동사 stop을 쓴다.

08 그녀는 그가 무죄라고 끈질기게 주장한다.
해설 동사 insist가 '~이라고 주장하다'라는 뜻일 때는 명사절에 원형동사 be가 아니라 일반동사 is가 와야 한다.

3 Answer Keys

01 (c)　　**02** (b)　　**03** (b)　　**04** (a)　　**05** (c)
06 (b)

01 우리는 그가 사직해야 하는지 아닌지에 대해서 논의했다.
   해설　여기서는 if절이 전치사의 목적어로 쓰였다. 하지만 if절은 주어나 보어 또는 전치사의 목적어가 될 수 없으므로 if처럼 '~인지'라는 뜻의 명사절 접속사 whether가 와야 한다.

02 당신은 길을 막고 있는 그 빨간 차가 누구의 것인지 아십니까?
   해설　여기서는 명사절이 동사 know의 목적어 역할을 하며 문맥상 '누구의 것'이라는 뜻이 되어야 하므로 whose를 놓아야 한다. 참고로 whose 뒤에 명사가 없을 때는 '누구의 것'이라는 뜻이다.

03 나는 당신이 즉각적인 조치를 취할 것을 끈질기게 요구한다.
   해설　동사 insist가 '~을 계속 요구하다'라는 뜻일 때는 명사절에 will take가 아니라 원형동사 take가 와야 한다.

04 네가 누구를 그 파티에 초대하느냐는 네 일이다.
   해설　여기서는 주어 역할을 하는 명사절의 접속사가 의미상 적합하지 않다. 문맥상 '~한 사람'이라는 뜻의 명사절 접속사가 와야 하므로 what이 아니라 who가 적합하다.

05 당신은 그 당시에 수입된 유기농 채소들이 그 기준을 충족시키지 못하고 있다는 것을 암시하고 있습니까?
   해설　동사 suggest가 '암시하다'라는 뜻일 때는 명사절에 원형동사가 아니라 직설법 단순현재시제로 are가 와야 한다.

06 나는 우리가 폐회하고 모두 정상적인 업무를 시작할 것을 발의한다.
   해설　동사 move가 '발의하다'라는 뜻일 경우 명사절 안에 원형동사(adjourn, go)를 쓴다.

4 Answer Keys

01 I recommend that you reduce your expenditure.

02 It is important that we plan everything carefully.

03 We discussed his proposal that we donate $1 million to UNICEF.

SECTION 17. 관계절

1 Answer Keys

01 that　　**02** who　　**03** whom
04 whose　**05** that　**06** that
07 to whom　**08** which　**09** who
10 in which　**11** that　**12** whom

01 당신이 어제 주문한 책상이 현재 재고가 없다.
   해설　선행사가 사물이고 관계절에 목적어 역할을 하는 that이 와야 한다.

02 내 누이는 캐나다에서 사는데 아들이 둘이다.
   해설　부가형 관계절은 선행사와 관계절 사이에 comma가 있고, 이미 특정된 선행사에 대한 부수적인 정보를 담는다. 여기서는 선행사가 사람이고 관계절에서 주어 역할을 하므로 관계 대명사 who가 와야 한다.

03 저 사람이 그 신문들이 비난했던 여배우다.
   해설　선행사가 사람이고 관계절에서 목적어 역할을 하는 목적격 관계대명사 whom/who/that이 와야 한다.

04 내가 오늘 아침에 보좌관을 만난 이사는 나의 역량을 철저하게 시험했다.
   해설　선행사가 사람이고 관계절에서 목적어의 역할을 하려면 명사 assistant 앞에 형용사 역할을 하는 whose가 와야 한다.

05 나중에 상영된 그 영화는 별로였다.
   해설　선행사가 사물일 때 주격 관계대명사는 which/that이다. What은 관계대명사가 아니다.

06 나는 조치될 수 있는 모든 일을 했다.
   해설　선행사에 every, any, all이 있으면 which를 쓸 수 없고 반드시 that을 써야 한다.

07 이 사람이 내가 그 돈을 준 남자다.
   해설　관계대명사 앞에 전치사(to)가 오는 경우 관계대명사 who/that을 쓸 수 없다.

08 우리가 얘기하고 있는 계획에 집중하라.
   해설　전치사(about)를 관계절의 끝에 놓는 것이 일반적이며 이런 경우 선행사가 사물일 때 which/that을 관계대명사로 쓸 수 있다.

09 규칙적으로 운동하는 사람들이 더 오래 산다.
   해설　선행사가 사람이고 관계절에서 주어의 역할을 하므로 관계대명사 who가 와야 한다.

10 나는 여전히 우리가 지난 달 브런치를 먹었던 그 장소를 기억한다.

해설 선행사가 장소이므로 장소 관계부사 where가 와야 한다. 또는 in/at/on which를 쓸 수 있다.

11 너는 고양이들이 서로 씻어주는 방식을 본 적이 있니?

해설 방법 관계부사 that은 '그런 방식으로'라는 뜻으로 그 앞에 있는 선행사는 항상 the way 이다. 참고로 방법 관계부사 that은 관계절 안에서 부사의 역할을 한다. 또한 관계부사 that 대신에 항상 in which를 쓸 수 있다.

12 내가 지난 밤 우연히 만났던 그 사람은 너를 알고 있었다.

해설 선행사가 사람이고 관계절에서 목적어의 역할을 하는 관계대명사 whom이 와야 한다.

2 Answer Keys

01 who → which
02 which → who/that
03 who → whom
04 which → whom
05 that → who
06 which → that
07 that → which
08 which → who/whom/that
09 it → which/and it
10 When → where

01 나는 그에게 포도주 한잔을 따라주었고 그는 그것을 단숨에 마셔버렸다.

해설 계속형 관계절은 주절이 끝난 다음에 오며 주절과 관계절 사이에 comma가 있다. 계속형 관계절은 주절 뒤에 발생한 일을 묘사한다. 여기서는 선행사가 사물이고 목적격 관계대명사가 와야 하므로 which가 놓여야 한다.

02 당신은 어제 우리에게 이 보고서를 가져왔던 부장을 기억합니까?

해설 선행사가 사람이고 관계절의 주어 역할을 해야 하므로 관계대명사 who/that이 적합하다.

03 둘 다 그 상을 받은 직원들은 그 프로젝트에 참여하지 않을 것이다.

해설 전치사 뒤에 목적격 관계대명사가 올 경우에는 주격인 who가 아니라 목적격인 whom을 쓴다.

04 잡지들이 비난한 배우는 자살했다.

해설 선행사가 사람이고 관계절에서 목적어 역할을 하는 관계대명사 whom이 와야 한다. 참고로 목적격 관계대명사는 관계절이 한정형일 때 생략할 수 있다.

05 주지사가 세금 인하를 약속하고 있는데 재선될 것이다.

해설 부가형 관계절과 계속형 관계절에는 that을 관계대명사로 사용할 수 없다. 여기서는 관계절은 부가형이므로 that을 who로 고쳐야 한다.

06 네가 말하는 모든 것이 진실이다.

해설 선행사에 every, any, all이 있으면 which를 쓸 수 없고 반드시 that을 써야 한다.

07 그것이 우리가 얘기하고 있는 계획이다.

해설 전치사가 관계대명사와 함께 쓰이는 경우 that은 쓸 수 없다. 여기서는 선행사가 사물이고, 전치사의 목적어가 되는 관계대명사 which가 와야 한다.

08 이 사람이 내가 그 돈을 준 남자다.

해설 전치사를 관계절의 끝에 놓는 것이 일반적이며 이런 경우 선행사가 사람일 때 whom/ who/that을 관계대명사로 쓴다.

09 그는 그녀를 무시했고, 그것은 현명치 못한 일임이 드러났다.

해설 주절 전체를 받는 관계대명사는 '그 사실은' 또는 '그것은'이라는 뜻의 관계대명사 which 이다. It을 그래도 유지하고자 하는 경우 등위접속사 and와 함께 which의 의미를 대신할 수 있다.

10 너는 우리가 점심을 먹었던 장소를 기억하니?

해설 여기서는 선행사가 the place, 즉 장소이므로 '그 장소에서'라는 뜻의 장소 관계부사 where 가 와야 하며 이것은 관계절 안에서 장소부사의 역할을 한다.

3 Answer Keys

01 (c)   02 (d)   03 (a)   04 (b)

01 (a) 내가 잊어버린 그 이야기들의 일부는 그다지 중요하지 않다. (b) 그녀가 어젯밤에 본 영화는 실화에 바탕을 둔다. (c) 내가 지난 달 사장을 만난 그 회사는 지난 주에 파산했다. (d) 그것이 내가 너에게 읽으라고 했던 그 책이다.

해설 (a)에는 선행사가 사물이고 전치사의 목적어가 되는 관계대명사 which, (b)에는 선행사가 사물이 관계절의 목적어 역할을 하는 which, (d)에는 선행사가 사물이고 관계절의 동사 read의 목적어가 되는 관계대명사 which가 공통으로 놓여야 하는 반면 (c)에는 선행사가 사물이고 관계절 의 목적격이 되어야 하므로 president를 수식해주는 역할을 하는 관계대명사 whose가 와야 한다.

02 (a) 그것은 유일하게 중요한 일이다. (b) 나는 사실이 아닌 건 말하지 않았다. (c) 네가 필요로 하는 모든 것을 얻길 바란다. (d) 언론에서 호평 받았던 그 책은 독자들에

게 외면당했다.

해설 (a), (b), (c)는 모두 which를 쓰지 못하고 that을 써야 하는 경우인 반면 (d)는 선행사가 사물이고 관계절에서 주어의 역할을 하는 관계대명사 which/that 둘 다 가능하다.

03 (a) 강을 내려다보는 저택들은 가격이 더 비싸다. (b) 교수 경험이 많은 스미스 씨는 6월에 우리 학교에서 함께 일할 것이다. (c) 지난 주에 전화했던 그 여자는 그 집을 사고 싶어한다. (d) 미국에서는 세금인하를 약속하는 후보가 선거에서 승리한다.

해설 (b), (c), (d)는 선행사가 사람이고 관계절에 주어 역할을 하는 관계대명사 who가 와야 하는 반면 (a)는 선행사가 사물이고 관계절의 주어 역할을 하는 관계대명사 which가 와야 한다.

04 (a) 일요일은 우리가 그렇게 바쁘지 않은 날이다. (b) 이것은 정식으로 교육받는 방식을 혁신을 일으킬 것이다. (c) 7월은 우리가 대단히 바쁜 때이다. (d) 내가 이 일을 왜 하는지 궁금할 때가 있다.

해설 (a), (c), (d)는 선행사가 the day/the month/times 이므로 관계절에서 시간 부사 역할을 하는 시간 관계부사 when이 와야 하는 반면 (b)는 선행사는 the way이고 그 뒤에는 '그런 방식으로'라는 뜻의 방법 관계부사 that이 이끄는 관계절로 that은 항상 in which로 대체될 수 있다. 따라서 빈칸에는 which가 와야 한다.

4 Answer Keys

01 I will never forget the day when I first met you.

02 It is the best film that has ever been made about the Korean War.

03 The reason for which I came back was to be with my family.

SECTION 18. 능동태 동사시제

1 Answer Keys

01 play
02 goes
03 Do
04 like
05 departs
06 was
07 worked
08 will meet
09 are going to
10 has read

01 그들은 일요일마다 테니스를 한다.
해설 주어가 복수이고 단순현재시제인 경우 동사의 형태는 원형동사(play)와 같다.

02 지구는 태양 둘레를 돈다.
해설 주어가 3인칭 단수이고 단순현재시제인 경우에는 원형동사의 끝에 원칙적으로 ~s를 붙인다.

03 당신은 운전하십니까?
해설 주어가 2인칭 단수이고 단순현재시제인 경우 원형동사를 사용한다. 여기서는 의문문 이므로 일반동사를 의문문으로 만들기 위해 필요한 대동사 do의 원형을 사용한다. 여기서 단순현재는 규칙/습관을 나타낸다.

04 나는 포도주를 좋아한다.
해설 상태동사(like/love)의 경우에 단순현재는 현재상태를 나타낸다. 상태동사는 진행형 동사로 만들 수 없다. 따라서 단순현재로 현재상태를 나타낸다.

05 그의 비행기는 11:50에 떠난다.
해설 계획된 미래를 나타내므로 단순현재로 쓴다. 단, 주어가 3인칭 단수이므로 원형동사의 끝에 원칙적으로 ~s를 붙인 동사의 형태를 쓴다.

06 그녀는 그 때 행복했다.
해설 be 동사의 단순과거는 was와 were이다. 주어가 3인칭 단수일 때 was를 쓴다.

07 그들은 지난 밤 열심히 일했다.
해설 과거시점 last night을 통해 단순과거임을 알 수 있다. 또한, 단순과거는 원형동사의 끝에 원칙적으로 ~ed를 붙인다.

08 그는 그녀를 오늘 오후 4시에 만날 것이다.
해설 단순미래 동사는 조동사+원형동사로 만든다. 단순미래 조동사는 will이다.

09 우리는 곧 새 자동차를 살 것이다.
해설 be going to는 will보다 확실한 미래를 나타낸다. 주어가 1인칭일 때는 '결국 ~하기로 결심하다'라는 뜻을 나타낸다.

10 그는 그 보고서를 읽었다.
해설 현재완료는 has p.p. 또는 have p.p.다. 주어가 3인칭 단수일 때는 has p.p를, 그 외에는 have p.p.를 쓴다.

2 Answer Keys

01 are → be
02 boil → boils
03 am loving → love, does → do
04 leave → leaves
05 have → had
06 were → was
07 It → It's
08 were → was, could lends → could lend

01 오늘 저녁 외출하실 겁니까?
　해설　여기서는 단순미래보다 더 공손한 표현으로 미래 진행형을 쓰고 있으며 미래진행은 will be + ~ing다.

02 물은 섭씨 100도에서 끓는다.
　해설　진리를 나타낼 때 단순현재를 쓴다. 여기서는 주어가 3인칭 단수 현재시제이므로 원형동사의 끝에 ~s를 붙여야 한다.

03 나는 당신을 사랑한다. 그리고 항상 그럴것이다.
　해설　상태동사(like, love)의 경우에 단순현재는 현재의 심적인 상태를 나타낸다. 상태동사는 진행형 동사로 만들 수 없다. 단순 미래는 조동사+원형동사로 만든다. 그러므로 does는 will과 함께 쓰일 때 원형동사 do가 되어야 한다.

04 그 기차는 5분 후에 떠난다.
　해설　계획된 미래를 나타낼 때 단순현재를 쓴다. 여기서는 주어가 3인칭 단수 현재시제이므로 원형동사에 ~s를 붙여야 한다.

05 그들은 마이애미 비치에서 멋진 시간을 가졌다.
　해설　과거시점 last year가 왔으므로 동사는 단순 과거가 되어야 한다. have 동사의 과거형은 had이다.

06 그것은 조금 너무 비싼 것 같습니다.
　해설　자신의 의견을 공손하게 진술할 때 단순현재 대신에 단순과거를 쓴다. 여기서는 동사 think의 목적어 역할을 하는 명사절의 주어(it)가 3인칭 단수 이므로 be동사의 과거형 were가 아니라 was가 와야 한다.

07 하늘을 보라. 곧 비가 올 것이다.
　해설　주어가 3인칭 일 때 be going to는 will보다 확실한 미래를 나타낸다. 여기서는 be going to의 be동사가 빠져있으며 그 올바른 형태는 주어가 3인칭 단수이므로 is가 와야 한다.

08 돈을 좀 빌려주실 수 있기를 희망합니다.
　해설　상대방에게 정중하게 요청할 때 과거진행을 쓴다. 과거 진행은 be동사의 과거형 was/were +~ing형이며 여기서는 주어가 1인칭 단수이므로 was가 적합하다. 또한 조동사 can/could 다음에는 항상 원형동사가 와야 하므로 lend가 되어야 한다.

3 Answer Keys

01 (a)　02 (a)　03 (b)　04 (a)　05 (a)

01 나가지 마라. 우리는 곧 점심을 먹을 것이다.
　해설　단순현재의 부정형은 do not/does not + 원형동사이다. 그러므로 Don't 다음에 온 goes는 원형동사 go가 되어야 한다.

02 그녀는 일요일마다 교향악단에서 바이올린을 연주한다.
　해설　단순현재는 주어가 3인칭 단수 일 때 원형동사의 끝에 ~s를 붙인다.

03 그는 결혼하기 전에 그녀와 3년 동안 계속 데이트했다고 말했다.
　해설　단순과거 got married 이전에 3년 동안 계속된 일을 나타내기 위해 과거완료를 쓴다. 과거완료는 had + p.p.다. 그러므로 단순과거 dated는 과거완료 had dated로 바꿔야 한다.

04 나는 어린 아이였을 때 이래로 꽤 오랜 시간 동안 그를 알아왔다.
　해설　for/since와 같이 쓴 현재완료는 계속을 나타내며 그 형태는 has/have p.p.다. 동사 know는 불규칙변화를 하며 그 과거분사는 known이다.

05 그들은 2시간 전에 완전한 침묵 속에서 식사를 마쳤다.
　해설　two hours ago라는 과거의 시점은 단순과거와 함께 쓰인다.

4 Answer Keys

01 had rained
02 have lived, started
03 saw
04 begins, ends
05 was listening
06 bought, have had
07 drinks, is having
08 will go

01 24시간 동안 비가 온 후에 갑자기 그쳤다.
　해설　주절이 단순과거이고 종속절이 그 시점까지 일어난 일을 나타내므로 과거완료 had rained가 되어야 한다.

02 나는 Lehman Brothers에서 일하기 시작했던 이래로 Manhattan에서 살아왔다.

> **해설** since가 이끄는 절은 단순과거를 쓰며 그 시점부터 현재까지의 일을 나타내는 주절은 현재완료를 쓰는 것이 일반적이다.

03 나는 오늘 아침 도로 저쪽 편에 있는 그녀를 보았다.

> **해설** 과거 시점(last night)은 단순과거와 함께 쓰인다. 동사 see의 과거형은 saw이다.

04 그 전시회는 월요일에 시작해서 금요일에 끝난다.

> **해설** 축제/전시회가 schedule에 따라 진행될 때 단순현재를 쓴다. 여기서는 계획된 미래를 나타내는 미래시간 on Monday와 on Friday가 나오므로 동사는 단순현재이고 주어가 3인칭 단수이므로 원형동사의 끝에 ~s를 붙인다.

05 내가 거실에 있었을 때 그녀는 음악을 그녀의 방에서 음악을 듣고 있었다.

> **해설** 과거진행은 주로 단순과거가 쓰인 종속절(when I was in the living room)과 함께 쓰인다. 동사가 listen이므로 과거진행형 was listening이 되어야 한다.

06 나는 그 책을 이틀 전에 샀다. 그것은 내가 이틀 동안 그 책을 소유해왔음을 의미한다.

> **해설** 과거시점(two days ago)은 단순과거와 함께 쓰이고 for two days와 같이 과거 시점부터 현재까지의 특점 기간을 나타낼 때 현재완료를 쓴다.

07 그는 매일 아침 대개 커피를 마신다. 그러나 오늘은 커피 대신에 차를 마시고 있다.

> **해설** 규칙/습관을 나타낼 때 단순현재를 쓴다. 그러나 현재 진행중인 상황을 나타낼 때는 현재진행형을 쓴다.

08 그녀와 나는 내일 파티에 갈 것이다. 너도 함께 갈래?

> **해설** 미래시점(tomorrow)은 일반적으로 단순미래와 함께 쓰인다.

5 Answer Keys

01 (b)　**02** (a)　**03** (c)

01 우리는 그 문제를 2시간 째 논의하고 있는 중이다.

> **해설** 현재완료진행은 has/have been ~ing다.

02 너는 귀신을 본 적이 있니?

> **해설** 현재완료는 과거부터 현재까지의 경험, 계속, 완료를 나타내며 부사 ever와 같이 쓴 현재완료는 경험을 나타낸다. 주어가 2인칭 단수이므로 Have you ever seen이 되어야 한다.

03 나는 우리가 그 전에 만난 적이 있었다는 것을 깨달았다.

> **해설** 여기서는 깨달은 시점이 과거이고 그보다 더 이전에 만났던 경험이 있음을 말하므로 과거완료를 쓴다. 또한, 부사 ever/never/before와 같이 쓴 과거완료 (had met)는 경험을 나타낸다.

6 Answer Keys

01 (a)　**02** (d)　**03** (d)

01 (a) 우리는 월요일에 떠난다. (b) 그녀는 낮잠을 자고 있다. (c) 학생들은 영화를 보고 있다. (d) 그는 도서관에서 공부하고 있다.

> **해설** (b), (c), (d)는 현재 진행중인 상황을 나타내는 현재진행이고 (a)는 확정미래를 나타내기 위해 쓰이는 현재 진행이다.

02 (a) 나는 네가 원하는 모든 것을 갖도록 해주마. (b) 나는 그가 이 일을 후회하게 만들어 주겠다. (c) 그는 당신을 반드시 성공시킬 각오이다. (d) 대통령은 5년 동안 재직한다.

> **해설** (a), (b), (c)는 약속 또는 위협을 나타내는 조동사로 말하는 사람의 의지가 들어있는 shall이며 (d)는 규칙이나 법을 나타내는 의무조동사 should와 같은 shall이다.

03 (a) 나는 파리에 가본 적이 있다. (b) 나는 그녀를 2시간이나 기다리고 있다. (c) 너는 그 편지를 타자했다. (d) 나는 그렇게 많은 돈은 지니고 있지 않다.

> **해설** (a), (b), (c)는 현재완료 또는 현재완료진행을 나타내는 조동사 have인 반면, (a)는 '가지고 있다'라는 뜻의 일반동사 have이다.

7 Answer Keys

01 (b)　**02** (c)　**03** (a)

01 A 매일 아침 그녀는 무엇을 합니까?
B 그녀는 커피를 마신 후 해변을 따라 산책합니다.

> **해설** 규칙/습관을 나타낼 때 단순현재를 쓴다. 주어가 3인칭 단수이므로 원형동사의 끝에 ~s를 붙인다.

02 A 여기 온 이래로 너는 커피를 몇 잔 마셨습니까?
B 세 잔 마셨습니다.

> **해설** 여기 온 시점(과거)부터 지금까지 몇 잔을 마셨는가를 물어보고 있으므로 현재완료를 써야 한다. 주어가 1인칭이고 단수이므로 have 그리고 그 뒤에 본동사의 과거분사 had가 와야 한다.

03 A 당신은 교수가 되기 전에 무엇을 했습니까?
B 나는 10년 동안 사진작가로 활동 해왔습니다.

해설   before가 이끄는 종속절의 시점이 단순과거이고 그 이전에 어떤 일을 했었는지를 묻고 있으므로 과거완료가 와야 한다.

8 Answer Keys

01 By the time she goes to bed tonight, she will have fully prepared for her presentation.
02 Hong Kong had been a British colony for 155 years before it was returned to China in 1997.
03 I will be driving around the country next May.

SECTION 19. 수동태

1 Answer Keys

01 We are paid monthly.
02 The first World Cup was won by Uruguay.
03 The house was built in 2007.
04 They were shown the antiques. / The antiques were shown to them.
05 The book was written by Paulo Coelho.
06 The report has been completed by him.
07 Bill will be invited to the party by Alex.
08 He is being watched.
09 She was being interviewed by reporters.
10 The door had been opened by her.
11 The curtain is being moved by the wind.
12 He has been changed a lot by his wife.

01 회사는 매달 우리에게 급여를 지급한다.
   해설   수동태 동사는 be + p.p.로 만든다. 동사 pay의 과거분사는 paid이다. 동작의 주체는 수동태 동사 뒤에 by+동작의 주체로 언급된다. 단, 누구나 다 아는 주체인 경우 생략한다.

02 우루과이가 첫 번째 월드컵을 차지했다.
   해설   동작의 주체를 적극적으로 제시하고 싶을 때 수동태 문장을 쓰며 따라서 문장 끝에 by Uruguay를 놓아서 동작의 주체를 강조한다.

03 그들은 2007년 그 집을 지었다.
   해설   타동사 뒤에 목적어 the house가 주어가 되고 주어 They는 일반적인 동작의 주체이므로 생략할 수 있다.

수동태 단순과거는 was/were p.p.다. 동사 build의 과거분사는 built다.

04 우리는 그들에게 그 골동품들을 보여주었다.
   해설   제 4형식의 수동태는 2가지이며 직접목적어가 주어가 될 때는 동사 뒤에 전치사가 오고 간접목적어가 주어가 될 때는 동사 뒤에 바로 직접목적어를 놓는다.

05 Paulo Coelho는 그 책을 썼다.
   해설   수동태 단순과거는 was/were p.p.다. 동사 write의 과거분사는 written이다.

06 그는 그 보고서를 완성했다.
   해설   수동태 현재완료는 has/have been + p.p.다.

07 Alex는 Bill을 파티에 초대할 것이다.
   해설   수동태 단순미래는 will be + p.p.다.

08 누군가가 그를 주시하고 있다.
   해설   수동태 현재진행은 am/are/is being + p.p.이다.

09 그 기자는 그녀를 인터뷰하고 있었다.
   해설   수동태 과거진행은 was/were being + p.p.이다.

10 그녀가 그 문을 열었었다.
   해설   수동태 과거완료는 had been + p.p.이다.

11 바람이 커튼을 움직이게 하고 있다.
   해설   수동태 현재진행은 am/are/is being + p.p.이다.

12 그의 아내는 그를 많이 바꾸어 놓았다.
   해설   수동태 현재완료는 has/have been + p.p.다.

2 Answer Keys

01 were given
02 is needed
03 were sent
04 fits
05 arrived
06 will be told
07 is known
08 had been chosen

01 그들은 각각 두 개의 사과를 받았다.
   해설   주어가 3인칭 복수이고 단순과거이므로 were + p.p.(given)이다.

02 물체의 온도를 변화시키기 위해 에너지가 필요하다.
   해설   주어가 3인칭 단수일 때 수동태 단순현재는 is + p.p.(needed)이다.

03 꽃이 그에 의해 나에게 보내졌다.
해설 주어가 3인칭 복수 일 때 단순과거는 were + p.p.(sent)이다.

04 그것은 네게 잘 맞는다.
해설 타동사 중 fit은 수동태로 만들 수 없고 능동태 문장에만 쓴다.

05 그녀는 어젯밤 늦게 도착했다.
해설 자동사 뒤에는 목적어가 없기 때문에 능동태 문장으로만 쓸 수 있으며 과거의 시점과 함께 단순과거로 쓴다.

06 당신은 그 기차가 언제 거기에 도착할 것인지 얘기를 듣게 될 것이다.
해설 수동태 단순 미래는 will be + p.p.다.

07 그는 그 나라의 모든 사람에게 알려져 있다.
해설 주어가 3인칭 단수이므로 수동태 단순현재는 is + p.p.(known)이다.

08 나는 왜 내가 선택되었는지 알고 있었다.
해설 수동태 과거완료는 had been + p.p.(chosen)이다.

3 Answer Keys

01 (a) **02** (a) **03** (c) **04** (c) **05** (b)
06 (d)

01 그녀는 지난 밤 선글라스를 끼고 긴 검정 부츠를 신은 남자의 공격을 받았다.
해설 동작의 주체(a man wearing ~)가 너무 길어도 수동태 문장을 만든다. 여기서는 주어가 3인칭 단수이고 과거시점(last night)과 함께 수동태 단순과거이므로 was attacked가 되어야 한다.

02 그들은 1주일에 한번 Harry를 방문하도록 허용된다.
해설 규칙/습관을 나타낼 때 단순현재를 쓰며 수동태 단순현재는 am/are/is + p.p.이다.

03 전구는 Thomas Edison에 의해 발명되었다.
해설 과거의 역사적인 사실을 말할 때 단순과거를 쓰며 수동태 단순과거는 was/were + p.p. (invented) 이다.

04 그 회의는 월 단위로 그들에 의해서 개최된다.
해설 수동태 단순현재는 주어가 3인칭 단수 일 때 is + p.p.이다. 여기서 '개최하다'라는 뜻의 동사 hold의 불규칙 과거분사 held가 be동사 뒤에 와야 한다.

05 새 기술은 가끔 의혹을 갖고 대해진다.
해설 주어가 3인칭 단수이고 단순현재이므로 be동사는 is가 와야 한다.

06 이 종은 그 서식지가 파괴되어짐에 따라 거의 멸종되었다.
해설 as가 이끄는 종속절은 수동태 현재진행이므로 am/are/is being + p.p.가 되어야 한다. 따라서 destroying이니라 과거분사 destroyed가 와야 한다.

4 Answer Keys

01 Due to the storm, all flights at the airport have been canceled or postponed until further notice.
02 It is the best film that has ever been made about the War of American Independence.
03 The governor who promises to cut taxes will be reelected.

SECTION 20. 조동사

1 Answer Keys

01 drive
02 are to finish
03 stay
04 have to go
05 to vote
06 used to
07 go
08 to cross
09 call
10 walk
11 do
12 May

01 사람들이 더 조심해서 운전해야 한다.
해설 조동사 should는 가장 약한 의무를 말하며 조동사 뒤에는 반드시 원형동사가 와야 한다.

02 너는 그 보고서를 5시까지 마쳐야 한다.
해설 be to는 객관적인 의무를 나타내며 '~하도록 되어있다' 즉, '~해야 한다'라는 뜻이다.

03 내가 여기 머물 필요가 있나?
해설 need는 '(약속이 되어 있어서) ~할 필요가 있다'라는 뜻으로 의문문/부정문에서 조동사로 쓴다. need 바로 뒤에는 원형동사가 온다.

04 너는 거기에 갈 필요 없다.
해설 don't have to와 doesn't have to는 '~할 필요 없다' 라는 뜻으로 그 뒤에는 동사원형이 온다.

05 너는 투표해야 한다.
해설 ought to는 공적인 의무를 나타내며 그 뒤에는 원형동사가 온다.

06 나는 전에 담배를 피우곤 했다.
해설 과거의 습관을 나타낼 때 조동사 used to를 쓰며 이는 '~하곤 했었다'라는 뜻으로 그 뒤에는 원형동사가 온다.

07 우리는 오늘 외출하지 않았으면 좋겠다.
해설 would rather not은 '차라리 ~을 하지 않았으면 좋겠다'라는 뜻으로 그 뒤에 원형동사가 온다.

08 나는 비자를 가지고 있었다. 그래서 나는 그 국경을 넘을 수 있었다.
해설 was/were able to는 과거에 한번 할 수 있었던 일에 쓰며 그 뒤에는 원형동사가 온다.

09 네가 어떻게 감히 나를 거짓말쟁이로 부르나?
해설 동사 dare는 '감히 ~하다'라는 뜻으로 의문문/부정문에서 조동사로 쓴다. 이런 경우 그 뒤에 원형동사가 온다.

10 그곳이 매우 멀지 않기 때문에 우리는 걸어가는 것도 괜찮겠다.
해설 might/may as well은 '~하는 것도 괜찮겠다'라는 뜻이다. 그 뒤에는 원형동사가 온다.

11 나는 정말로 동감이다.
해설 문장을 강력하게 진술할 때 강조 조동사 do/does/did를 쓴다. 1인칭 단수 단순현재이므로 do가 적합하다.

12 하느님이 당신과 함께 하기를!
해설 기원문을 만들 때 조동사 may를 쓴다. "May+주어+원형동사…!"는 기원문이며 '~가 ~하기를 기원한다!'라는 뜻이다.

2 Answer Keys

01 gets → get
02 maybe → may be
03 would better → had better
04 to observed → to be observed
05 don't have to → must
06 would not rather → would rather not
07 would be → used to be
08 are not able to → can't

01 나는 곧 취직할지도 몰라.
해설 might는 가장 약한 추측을 나타내며 '혹시 ~일지 모른다'라는 뜻이다. 조동사 다음에는 항상 원형동사가 온다.

02 다음 주에 파업이 있을지도 몰라.
해설 maybe는 '아마도'라는 뜻의 관점부사이고, may be는 '조동사 may + be동사'다.

03 너는 의사한테 가보는 것이 좋겠다.
해설 had better는 '~하는 것이 좋겠다'라는 뜻의 의무 조동사로 그러지 않으면 큰 일 난다는 뜻이 함축되어 있다. 따라서 반드시 해야 한다는 뜻으로 would better가 아니라 had better다.

04 규칙들은 지켜져야 한다.
해설 be to는 뜻이 강하기 때문에 사물(rules)을 주어로 한 문장에서 많이 쓴다. 이런 경우 be to 뒤에 수동태 원형동사(be observed)가 온다.

05 네가 꼭 담배를 피워야 한다면 밖에서 하라.
해설 가장 강한 의무를 나타낼 때 '반드시 ~해야 한다'라는 뜻의 must를 쓴다. '~할 필요가 없다'라는 뜻의 don't have to는 문맥상 적합하지 않다.

06 그렇게 하느니 차라리 하지 않는게 좋겠다.
해설 would rather not은 '차라리 ~을 하지 않았으면 좋겠다'라는 뜻으로 그 뒤에 원형동사가 온다. would rather의 부정형은 would not rather가 아니라 would rather not이다.

07 나는 20대에 웨이터 일을 했었다.
해설 상태동사(be) 앞에는 과거시점이 표시되어 있어서 항상 used to만 쓴다.

08 빨리 크리스마스가 왔으면 좋겠다.
해설 주로 주어가 2/3인칭 일 때 can't는 대단히 강한 금지를 나타내며 이는 '~할 능력이 없다'라는 뜻이 아니라 금지를 나타낸다. 반면 was/were able to는 과거에 한번 할 수 있었던 일에 쓴다.

3 Answer Keys

01 (b) 02 (c) 03 (a) 04 (c) 05 (b)

01 나는 차라리 맥주 한잔을 했으면 좋겠다.
해설 would rather는 '차라리 ~을 했으면 좋겠다'라는 뜻의 선호 조동사로 그 뒤에는 원형동사 (have)가 온다.

02 그 농장에서 일할 때 나는 5시에 일어나곤 했다.
해설 한 문장 안에 과거시점(when I worked on the farm)이 표시되어 있을 때 조동사 would를 쓴다. 이런 경우 used to를 쓰지 않는다.

03 당신은 그것에 대해 더 이상 견해를 밝히지 않는 것이 낫겠다.

해설 had better not은 '~하지 않는 것이 좋을 것이다'라는 뜻이다. 따라서 had better의 부정형은 had not better가 아니라 had better not이다.

04 시험 중에 말해서는 안 돼.

해설 be not to는 '~을 해서는 안 돼'라는 뜻이다. 이는 be to가 거의 명령처럼 들리는 의무조동사이기 때문이며 주로 부모/교사/상사가 쓴다.

05 계약자들은 작업의 범위에 변경을 요구할 수 있다.

해설 can의 단순미래나 현재완료는 없다. 이런 시제에서는 be able to를 쓴다. 따라서 단순미래는 will be able to가 된다.

4 Answer Keys

01 (c) **02** (a) **03** (d) **04** (c) **05** (b)

01 나는 너의 아들이 Harvard Law School에 들어갔다고 들었다. 너는 아들이 자랑스럽겠다.

해설 문맥상 '~임이 틀림없다'라는 뜻의 조동사 must가 와야 한다.

02 그녀는 그와 같은 회사에 다니니까 그녀가 그의 주소를 알지도 모른다.

해설 '~일지도 모른다'라는 뜻으로 강한 추측을 나타낸다.

03 오늘 아침에 차가 영 시동이 안 걸리더라.

해설 조동사 wouldn't는 과거의 계속적인 거절을 나타내며 '영 ~하지 않으려 하더라'라는 뜻이다.

04 그녀는 네 살 때에 글을 읽을 수 있었다.

해설 can의 과거 could는 장기간에 걸쳐서 여러 번 할 수 있었던 일에 쓴다. 여기서는 그녀가 네 살 때에 계속 책을 읽을 수 있었기 때문에 could가 적합하다.

05 이 뚜껑은 제거되어서는 안 된다.

해설 각종 manual에서 사물을 주어로 한 문장에서는 부담 없이 be not to를 쓴다. 사물이 주어이기 때문에 be not to 뒤에 수동태 원형(be removed)을 놓는다.

5 Answer Keys

01 (d) **02** (b) **03** (a) **04** (d)

01
 A 그녀는 Anna와 닮았다. 그녀를 아니?
 B 아니, 그러나 나는 Anna에게 여동생이 있다고 들었어. 내 생각에 그녀는 Anna의 여동생임에 틀림없어.

해설 (a), (b), (c)의 조동사는 모두 강도의 차이는 있지만 의무를 나타내는 조동사인 반면 (d)에 조동사 must는 '~임에 틀림없다'라는 뜻의 가장 강한 추측을 나타낸다.

02
 A 내가 알기로는, 너는 준비할 필요가 있는 프레젠테이션이 내일 있어.
 B 당신은 내가 지금은 그 영화를 봐서는 안 된다는 말씀이신가요?

해설 should는 가장 약한 의무를 나타내며 주로 주관적인 생각을 나타낸다. 여기서는 내 생각에는 그렇게 하는 것이 바람직스럽다는 뜻이 된다.

03
 A 매니저를 만나러 왔습니다.
 B 그는 지금 자리에 없습니다. 기다리는 것보다는 나중에 다시 오시는 것이 좋겠습니다.

해설 may as well은 '~하는 것이 괜찮겠다'라는 뜻이다. 이 조동사는 이 방법도 좋지만 대안도 좋다는 뜻이다.

04
 A 시카고 날씨는 어때?
 B 겨울에 시카고 날씨는 추울 수 있으니까 따뜻한 옷을 몇 벌 챙겨가도록 해.

해설 can은 '~일 수 있다'는 추측의 조동사로 일반적 가능성이나 이론적 가능성을 나타낼 때 쓴다. 여기서는 일반적인 가능성을 나타내며 이런 경우에는 특정 가능성을 나타내는 might/ may/could는 적당하지 않다.

6 Answer Keys

01 Hawaii may well be the most beautiful state in America.

02 We had better leave now or we'll miss our plane.

03 I would rather not say anything more about that.

SECTION 21. 상태동사

1 Answer Keys

01 feel
02 am seeing
03 smell
04 mind
05 owns
06 suits
07 is hearing

```
08 is holding
09 is thinking
10 are sounding, sounds
11 was tasting
12 feel
```

01 나는 행복감을 느낀다.
  해설 지각동사들은 상태동사다. 상태동사 feel은 '~한 느낌이 들다'이다. 뒤에 형용사 보어 (happy)가 온다.

02 나는 10시에 그 의사를 만날 것이다.
  해설 상태동사 see는 '(수동적으로) ~을 보게 되다'라는 뜻인 반면 동작동사 see는 '~를 만나다' 라는 뜻이다. 여기서 동사 see는 그 뒤에 미래시점이 나오므로 확정된 미래를 나타내기 때문에 그에 쓰이는 현재진행형이 와야 하며 동작동사이다.

03 저 장미들은 냄새가 좋다.
  해설 상태동사 smell은 '~한 냄새가 나다'이다. 뒤에 형용사 보어가 오며 상태동사는 진행형 동사로 만들 수 없다.

04 창문 좀 열어주시겠어요?
  해설 상태동사 mind는 '~을 싫어하다/꺼려하다'라는 뜻이며 그 뒤에는 if 절이나 동명사가 온다.

05 누가 그 해변을 소유하고 있나?
  해설 상태동사 own은 '~을 소유하다'라는 뜻이다. 상태동사는 현재진행형 동사로 만들 수 없다.

06 그것은 네게 잘 어울린다.
  해설 상태동사 suit은 '(색깔/디자인이) 어울리다'라는 뜻이다. 따라서 이 동사는 진행형으로 쓰지 않는다.

07 법원이 내일 증언을 청취할 것이다.
  해설 상태동사 hear는 '(의도하지 않았는데) ~이 들리다'라는 뜻인 반면 동작동사 hear는 '(증언을) 청취하다'라는 뜻으로 그 뒤에 주로 '증언'이 온다. 여기서 동사 hear는 동작동사로 그 뒤에 미래시점이 나오므로 확정된 미래를 나타내기 때문에 그에 쓰이는 현재진행형이 와야 한다.

08 누가 나를 뒤로 잡아당기고 있니?
  해설 상태동사 hold는 '~이 (용기에) 들어간다'라는 뜻인 반면 동작동사 hold는 '~를 붙잡다' 라는 뜻으로 그 뒤에 사람/동물/물건 등이 온다. 여기서 동사 hold는 동작동사로 now와 함께 현재진행을 써야 한다.

09 지금 그녀는 영어를 공부하기 위해서 캐나다로 가는 것을 생각 중이다.
  해설 여기서는 동사 뒤에 전치사가 왔으므로 이런 경우 think는 동작동사이며 '~에 대해 생각 중이다'라는 뜻이다. right now와 함께 현재진행을 써야 한다.

10 지금 트럼펫 소리가 울리고 있고 그것들은 멋지게 들린다.
  해설 상태동사 sound는 '~처럼 들리다'라는 뜻인 반면 동작동사 sound는 '소리를 내다' 라는 뜻이다. 여기서 앞 절의 동사 hold는 동작동사로 now와 함께 현재진행을 써야 하고 뒤 절의 sound는 뒤에 형용사 fabulous가 오므로 상태동사로 단순현재를 써야 한다.

11 Central Park 근처의 한 카페에서 그녀를 우연히 만났을 때 그녀는 푸딩을 맛보고 있었다.
  해설 여기서는 목적어가 the pudding이므로 동사 taste는 '~의 맛을 보다'라는 뜻의 동작 동사라는 것을 알 수 있다. 또한 when이 이끄는 종속절의 시제가 단순과거이므로 주절의 시제는 과거진행이 되어야 하므로 was tasting이 와야 한다.

12 나는 그녀가 실수하고 있다는 느낌이 든다.
  해설 사고동사 feel은 '~라는 느낌이 든다'라는 뜻이며 그 뒤에 명사절이 온다. I think that S+V보다 더 겸손하게 말할 때 쓰며 진행형 동사로 만들 수 없다.

2 Answer Keys

01 (b)　**02** (a)　**03** (c)

01 (a) 우리는 이순신 장군을 흠모했다.
  (b) 그들은 그 경치에 경탄한다.
  (c) 나는 나의 부모님을 많이 존경한다.
  (d) 그녀는 그들의 원칙을 고수하는 정치가들을 존경한다.
  해설 (a), (c), (d)는 '(사람을) 흠모하다'라는 뜻의 상태동사로 뒤에 주로 사람이 오는 반면 (b)는 '(경치를) 경탄하다'라는 뜻의 동작동사로 뒤에 주로 경치가 온다.

02 (a) 누구라도 그들의 자산을 평가할 수 있겠니?
  (b) 우리는 의리를 귀중하게 여긴다.
  (c) 나는 우정을 소중하게 생각한다.
  (d) 그는 무엇보다도 그의 강의 경험을 소중히 여긴다.
  해설 (b), (c), (d)는 '~을 귀중하게 여기'라는 뜻의 상태동사로 그 뒤에 덕목이 나오는 반면 (a)는 '~을 평가하다'라는 뜻의 동작동사로 그 뒤에 자신 등이 나온다.

03 (a) 그 병에는 2리터가 들어간다.
  (b) 그 비행기는 승객이 200명쯤 수용할 수 있다.
  (c) 그 여자는 어머니의 손을 꼭 잡고 있다.
  (d) 이 극장은 2천 5백 명의 관객을 수용할 수 있다.
  해설 (a), (b), (d)는 '~이 (용기에) 들어간다'라는 뜻의 상태동사로 주어는 병과 같은 용기이고 그 뒤에 용량이 언급되는 반면 (c)는 '~를 붙잡다'라는 뜻의 동작동사로 그 뒤에 사람/물건/동물 등이 나온다.

3 Answer Keys

01 a good idea → great/like a good idea
02 am thinking → think
03 am feeling → feel, am believing → believe
04 was hearing → heard
05 am appreciating → appreciate

01 A 나는 여름에 유럽으로 배낭 여행을 갈 계획이야. 너도 같이 갈래?
B 그거 괜찮은 생각이네요.
해설 상태동사 sound는 '~처럼 들리다'이다. 그 뒤에 형용사 보어가 올 수 있으며 명사를 놓을 때는 전치사 like 뒤에 놓는다.

02 A 당신의 상사와 함께 있는 그 여자는 누구입니까?
B 나는 그녀가 새로 부임한 인사부장이라고 생각해.
해설 상태동사 think는 '~을 ~라고 생각하다'이다. 그 뒤에 명사절이 온다. 이런 think는 상태동사이므로 진행형으로 만들지 않는다.

03 A 변호사 시험을 포기하고 싶은 생각이 들어요.
B 나는 당신이 열심히 시험 준비를 공부해왔다는 것을 알고 있어요. 그러니 절대 포기하지 마세요. 나는 당신이 시험에 합격할 거라고 믿어요.
해설 동사 feel은 여기서 '~한 느낌이 들다'라는 뜻의 상태도사로 쓰였으므로 단순현재가 되어야 하며 또한 동사 believe도 상태동사로 쓰였으므로 진행형으로 만들 수 없다. 현재 믿거나 알고 있다 하더라도 현재진행이 아니라 단순현재로 말한다.

04 A 당신이 잠시 자리를 비웠을 때 누군가 계속 계단을 올라오는 소리를 들었어요.
B 내가 알기로는 오늘 이 빌딩에 우리 말고는 아무도 없는데요.
해설 상태동사 hear는 '(의도하지 않았는데) ~이 들리다'라는 뜻이다. hear somebody coming up은 '누군가가 계속 올라오는 소리를 듣게 되다'라는 뜻으로 단순현재로 쓴다.

05 A 나는 너를 위해 이미 로마의 한 호텔에 방을 예약했어.
B 감사합니다. 도와주셔서 정말 고맙습니다.
해설 동사 appreciate는 '~을 고마워하다'라는 뜻으로 상태동사이다. 따라서 단순현재를 쓴다.

4 Answer Keys

01 They lack commitment to the environmental protection.
02 People who like orange color are kind and value friendship and social relationships.
03 I think that everything is fine with the exception of one item.

SECTION 22. 주어와 동사의 일치

1 Answer Keys

01 has become
02 turn
03 was
04 are
05 looks
06 was
07 are
08 goes
09 have filed
10 are
11 likes
12 was

01 그녀는 변호사가 되었다.
해설 주어가 3인칭 단수이므로 have가 아니라 has가 와야 한다.

02 나뭇잎들은 가을에는 갈색으로 바뀐다.
해설 주어 leaves는 leaf의 복수형이므로 복수동사 turn이 와야 한다.

03 그것은 흥미진진한 경험이었다.
해설 주어가 3인칭 단수이므로 be 동사의 과거 단수동사 was가 와야 한다.

04 모든 종류의 세제가 당신 피부에 무난한 것은 아니다.
해설 주어 all washing powders가 복수이므로 복수 단순현재 동사 are가 와야 한다.

05 네 MP3 player는 David의 것보다 좋아 보인다.
해설 주어 Your MP3 player는 3인칭 단수이므로 looks가 와야 한다.

06 우리가 오늘 아침에 마신 커피는 콜롬비아 산이었다.
해설 주어와 동사 사이에 관계절이 있으면 동사는 주어에 일치시킨다. 여기서는 주어는 the coffee로 3인칭 단수이므로 단순과거동사 was가 와야 한다.

07 그 어린이 둘 다 영어를 잘한다.
해설 주어 Both the children은 복수명사이므로 복수 단순현재동사 are가 와야 한다.

48

08 그 두 버스 중 어느 쪽도 거기에 가지 않는다.

해설 neither는 '둘 중 어느쪽도 아니'라는 뜻으로 단수 대명사이다. 따라서 대명사 neither가 주어일 때 3인칭 단수동사 goes가 와야 한다.

09 그가 그 보고서에서 비판한 회사들이 그에 대해서 소송을 제기했다.

해설 주어와 동사 사이에 관계절이 있으면 동사는 주어에 일치시킨다. 여기서는 주어는 the firms이므로 동사도 복수 have filed라야 한다.

10 엄마 또는 아들들이 그 방을 청소할 것이다.

해설 "either A or B가 주어일 때 동사는 B에 맞춘다"라는 것을 외워야 한다. 따라서 여기서는 B가 the boys이므로 복수동사 are가 와야 한다.

11 그녀의 오빠는 물론 제인도 일요일에 낚시 가기를 즐긴다.

해설 주어가 A as well as B일 때 동사는 A에 맞춘다. 따라서 여기서는 A가 Jane이므로 3인칭 단수동사 likes가 와야 한다.

12 많은 가구가 그 홍수로 파손되었다.

해설 lots of도 a lot of처럼 형용사로 이 문장의 주어는 furniture이다. 이는 셀 수 없는 명사로 단수 취급하며 따라서 단수동사가 와야 한다.

2 Answer Keys

01 were → was
02 has → have
03 supports → support
04 were → was
05 have → has
06 are → is
07 are → is
08 aren't → isn't
09 is → are
10 is → are

01 부상당한 선수가 운동장을 떠나려 하지 않았다.

해설 주어 the player는 그 뒤에 오는 관계절의 주어의 역할을 하며 따라서 동사는 the player와 일치해야 한다. The player가 3인칭 단수이므로 be동사의 단수 과거형 동사 was가 와야 한다.

02 일부가 살아 남았다.

해설 a few는 복수 대명사로 복수동사 have survived로 받는다.

03 과반수의 캐나다 사람들이 그 법을 지지한다.

해설 a majority of도 '과반수의'라는 뜻의 형용사로 그 뒤에는 복수 명사가 온다. 따라서 주어는 Canadians이며 복수명사이므로 그 뒤에 복수 동사가 와야 한다.

04 그 궁전의 나머지 부분은 약간 추웠다.

해설 여기서는 of 이하가 단수 (the palace)이므로 the rest를 단수 취급(was) 한다.

05 그 동안 바뀐 것이 거의 없다.

해설 little은 대명사이기도 하며 이 대명사가 주어일 대 단수동사(has changed)로 받는다.

06 그 정보의 대부분은 부정확하다.

해설 대명사 most는 항상 복수가 아니다. of 이하가 단수 (information)이면 most를 단수 취급한다 따라서 주어가 단수이므로 단수동사 is가 와야 한다.

07 40 마일은 걷기에는 먼 길이다.

해설 주어가 복수 거리(forty miles)라도 항상 단수 취급한다. 따라서 동사는 단수 동사 is가 와야 한다.

08 이 진 토닉은 독하지 않다.

해설 gin and tonic은 칵테일 이름으로 하나의 물건이므로 단수 취급한다. 따라서 동사도 단수(isn't)라야 한다.

09 그는 그 창가에 서있는 여성들을 모른다.

해설 know의 목적어가 되는 the women은 그 뒤에 오는 관계절의 주어 역할을 하므로 이에 따라 동사가 결정되어야 한다. The women은 3인칭 복수이므로 복수 동사 are가 와야 한다.

10 내 친구들 중 2-3명이 여행사를 개업할 것이다.

해설 a couple of는 '2-3명의/2-3개의'라는 뜻의 형용사로 그 뒤에 복수가 온다. 따라서 주어는 friends로 뒤에 복수 동사 are going to가 와야 한다.

3 Answer Keys

01 (b)   02 (d)   03 (c)

01 (a) 그 동안 많은 강력범죄가 발생했다.
(b) 그녀는 두 대의 차가 있다.
(c) 나는 이미 그 보고서를 보았다.
(d) 판매가 지난 1년 동안 두 배 이상 증가했다.

해설 (a), (c), (d)에는 have가 와야 하는 반면 (b)에는 주어가 3인칭 단수이므로 단수동사 has가 와야 한다. 참고로 (a)에서 주어가 복수명사 crimes이므로 복수동사 have occurred가 와야 하고, (c)에서 주어는 1인칭 단수 I로 동사 have seen이 와야 하고, (d)에 주어는 복수명사 Sales로 복수동사 have가 와야 한다.

02 (a) 그 부장들이나 그 이사 어느 쪽도 그 연회에 참석하지 않을 것이다.
(b) 3주는 답장 하나 기다리기에는 긴 시간이다.

(c) 200달러는 드레스 한 벌에 쓰기에는 많다.
(d) 당신의 소지품은 어디에 있습니까?

해설 (a), (b), (c)는 is가 와야 하는 반면 (d)에는 복수 주어 your belongings 뒤에 복수동사 are가 와야 한다. (a)에 Neither A nor B가 주어일 때 동사는 B에 맞춰야 하므로 the director에 맞추려면 단수동사 is, (b)에 주어 Three weeks로 복수기간일 때도 항상 단수 취급하므로 is, (c)에 주어 Two hundred dollars는 복수금액이므로 항상 단수 취급하므로 단수동사 is가 와야 한다.

03 (a) 그 생선감자튀김은 맛이 별로다.
(b) 당신이 주장하고 있는 것은 말이 안 된다.
(c) 그 학생들 중 나머지는 햄버거를 좋아하지 않는다.
(d) 그는 당신의 의견에 관심이 없다.

해설 (a), (b), (d)는 does not이 와야 하는 반면 (c)에서 the rest/remainder('나머지')는 of이하에 의해서 단수/복수를 결정하는데 여기서는 복수가 왔으므로 복수동사 do not이 와야 한다. 참고로 (a)는 주어가 요리이름 fish and chips이므로 단수취급 하여 그 뒤에 단수동사 does not 이 오고, (b)에 명사절은 하나의 아이디어로 단수취급 하므로 단수동사 does not가 오고, (d)에 3인칭 단수 주어 뒤에도 단수동사 does not이 온다.

4 Answer Keys

01 A lot of social problems are caused by unemployment.
02 Not only the jewels but also the document is locked up in the safe.
03 Most of those questioned about the issue refuse to answer.

SECTION 23. 시제일치

1 Answer Keys

01 would
02 was
03 lived
04 was
05 had
06 had to
07 used to
08 would
09 were
10 was
11 was
12 was

01 그는 돌아오겠다고 말했다.
해설 주절의 동사가 과거(said)이면 종속절의 조동사도 과거형(would)이라야 한다.

02 그는 배고프다고 말했다.
해설 주절의 동사가 과거(said)이면 종속절의 동사도 같이 과거(was)라야 한다.

03 그는 거기 살았기 때문에 그 장소를 잘 알았다.
해설 주절의 동사가 과거(knew)이면 종속절의 시제도 과거(lived)라야 한다.

04 피아노를 연주하는 남자는 이태리 출신이었다.
해설 명사절의 동사가 과거(was playing)이면 전체 문장의 동사도 과거(was)라야 한다.

05 Tom은 애들이 일찍 잠자리에 드는 것이 좋겠다고 말했다.
해설 조동사 had better는 시제일치 시키지 않는다.

06 나는 이 고통을 이겨내야 한다는 것을 알았다.
해설 주절의 동사가 과거(knew)이면 종속절의 조동사도 과거형(had to)이라야 한다.

07 그가 거기 살곤 했기 때문에 그 장소를 잘 알았다.
해설 조동사 used to는 주절의 동사가 과거(knew)라도 그대로 쓴다.

08 그녀는 나를 위해 도서관에 책을 반납해 주겠다고 말했다.
해설 주절의 동사가 과거(said)이면 종속절의 조동사도 과거형(would)이라야 한다.

09 그는 버스에 대략 30명이 있었다고 말했다.
해설 주절의 동사가 과거(told)이면 종속절의 동사도 과거형(were)라야 한다.

10 내가 돌아온 이유는 내 가족들과 같이 있기 위해서였다.
해설 관계절의 동사가 과거(came)이면 전체 문장의 동사도 과거(was)라야 한다.

11 그것은 조금 너무 비싼 것 같다.
해설 주절의 동사가 과거(thought)이면 종속절의 동사도 과거형(was)라야 한다.

12 내가 내 방에서 자고 있을 때 그녀가 나에게 전화를 했다.
해설 주절의 동사가 과거(called)이면 종속절의 동사도 과거(was sleeping)라야 한다.

2 Answer Keys

01 he didn't smoke.
02 he was waiting for Ann.
03 he had finished it.
04 he had been waiting for Ann.
05 he had loved her.
06 he had been waiting for Ann.
07 he would be in Paris soon.
08 we had met before.

01 나는 담배를 피지 않는다.
　해설　시제일치 시킬 때 단순현재(don't smoke)는 단순과거(didn't smoke)로 바꾼다.

02 나는 Ann을 기다리고 있다.
　해설　현재진행(am waiting)은 과거진행(was waiting)으로 바꾼다.

03 나는 그것을 끝마쳤다.
　해설　현재완료(have finished)는 과거완료(had finished)으로 바꾼다.

04 나는 Ann을 기다려오고 있다.
　해설　현재완료진행(have been waiting)은 한 단계 뒤쪽 시제인 과거완료진행(had been waiting) 으로 바꾼다.

05 나는 그를 사랑했다.
　해설　단순과거(loved)는 과거완료(had loved)으로 바꾼다.

06 나는 Ann을 기다리고 있었다.
　해설　과거진행(was waiting)은 과거완료진행(had been waiting)으로 바꾼다.

07 나는 곧 파리에 있을 것이다.
　해설　단순미래는 조동사(will)를 과거형 조동사(would)로 바꾼다.

08 우리는 전에 만난 적이 있다.
　해설　현재완료(have met)는 과거완료(had met)으로 바꾼다.

3 Answer Keys

01 (c)　**02** (b)　**03** (c)　**04** (b)

01 그는 결혼하기 전에 그녀와 2년 동안 계속 데이트했다고 말했다.
　해설　주절의 동사가 과거(said)이면 종속절의 동사도 과거라야 하지만 종속절 내의 주절과 종속절의 관계를 고려하면 주절의 사건이 종속절의 사건을 앞서므로 종속절의 동사는 과거(got married), 주절은 대과거(had dated)가 되어야 한다.

02 그는 세금이 인상될 것이라고 발표했다.
　해설　주절의 동사가 현재완료(has announced)이면 종속절의 동사는 원래 시제 그대로 쓴다.

03 나는 내가 왜 선택되었는지 알았다.
　해설　주절의 동사가 과거(surprised)이면 종속절의 동사도 과거 또는 과거완료(had been chosen) 라야 한다.

04 우리가 북쪽으로 이사하려 한다면 더 큰 집을 살 수 있을 텐데.
　해설　주절의 동사가 과거라도 종속절이 가정법이면 시제 일치 시키지 않는다. 원래 그가 사용한 가정법 문장은 "If they were to move north, they could buy a bigger house."이다.

4 Answer Keys

01 Copernicus concluded that the earth goes around the sun.
02 He said that if he were a millionaire, he would travel around the world.
03 He knew the place well because he used to live there.

SECTION 24. 사역동사

1 Answer Keys

01 walking
02 to start
03 cut
04 happen
05 cry
06 write
07 thrown
08 go
09 serviced
10 heard
11 get in
12 talking

01 우리는 곧 네가 계속 걸을 수 있도록 해주겠다.

해설 have+목적어+현재분사에서도 have는 '시키다'라는 뜻의 사역동사다. have 뒤의 원형동사 는 단순한 동작을, 현재분사는 계속되는 동작을 나타낸다.

02 나는 이 차가 시동 걸리게 하지 못하겠다.
해설 get+목적어+to 부정사에서 get은 사역동사로 '시키다'라는 뜻이다. 다른 사역동사와는 달리 get 뒤에는 원형동사가 아니라 to 부정사를 놓는다.

03 머리카락을 잘라라.
해설 명령문에 사역동사 get을 많이 쓴다. 여기서 get은 사역동사이고, 머리카락은 잘려지는 것이므로 과거분사 cut이 와야 한다.

04 우리는 그런 일이 일어나지 않도록 하겠다.
해설 사역동사 let은 '허용하다'라는 뜻이고 let 뒤에는 목적어(that)+원형동사(happen)가 온다.

05 누가 그녀를 울게 만들었나?
해설 사역동사 make은 '강요하다'라는 뜻이다. 사역동사 make 뒤에는 목적어(her)+원형동사 (cry)가 온다.

06 그 부장은 모두에게 보고서를 작성하도록 시켰다.
해설 have+목적어+원형동사에서 have는 '시키다'라는 뜻의 사역동사로 had everybody write은 '모든 사람이 ~을 쓰도록 시키다'라는 뜻이다.

07 그 정치가는 계란세례를 당했다.
해설 have+목적어+과거분사에서 have가 '당하다'라는 뜻일 수 있다. 해석을 해보고 안 좋은 일이면 have를 '당하다'라고 해석하면 된다.

08 내가 그를 놓아주었다. 그것은 내 책임이다.
해설 사역동사 let은 '허용하다'라는 뜻이고 let 뒤에는 목적어(him)+원형동사(go)가 온다.

09 나는 이 차가 곧 수리되도록 시켜야겠다.
해설 get+목적어+과거분사에서도 get은 '시키다'라는 뜻의 사역동사다. 차는 수리되어지는 것 이므로 사역동사 뒤에 과거분사가 와야 한다.

10 그녀는 자기 말이 들리도록 만들기 위해서 소리를 질러야 했다.
해설 사역동사 make 뒤에 재귀대명사(herself)+과거분사(heard)를 놓을 수 있다.

11 그녀는 나를 방안으로 들이려고 하지 않았다.
해설 사역동사 let은 '허용하다'라는 뜻이고 let 뒤에는 목적어(me)+원형동사(get)가 온다. get in은 '(방안으로) 들어가다'라는 뜻의 동사+부사로 구성된 구동사로 get은 생략될 수 있다.

12 그에게 정치에 대해서 계속 이야기하도록 시키지 마라.
해설 get+목적어+현재분사에서도 get은 '시키다'라는 뜻의 사역동사다. 현재분사는 동작의 계속을 나타내며 get him talking은 '그로 하여금 계속 말하도록 시키다'라는 뜻이다.

2 Answer Keys

01 transferred
02 mow
03 arrange
04 read
05 done
06 know
07 go
08 cleaned
09 to bring
10 to work

01 나는 뉴욕에 있는 한 학교로 나의 딸을 전학 시키려고 한다.
해설 사역동사 have는 '시키다'라는 뜻의 사역동사로 have+목적어+과거분사 형식을 취하며 여기서 과거분사는 수동의 뜻을 갖는다.

02 나의 아버지는 나에게 잔디를 깎도록 하셨다.
해설 사역동사 make은 '강요하다'라는 뜻이다. 사역동사 make 뒤에는 목적어(me)+원형동사 (mow)가 온다.

03 그녀는 여행사 직원에게 여행일정을 짜도록 했다.
해설 사역동사 have는 '시키다'라는 뜻의 사역동사로 have+목적어+원형동사의 형식을 취한다.

04 그 교수는 나로 하여금 논문을 쓰기 전에 여러 가지 참고 자료를 읽도록 했다.
해설 사역동사 make은 '강요하다'라는 뜻이다. 사역동사 make 뒤에는 목적어(me)+원형동사 (read)가 온다.

05 나는 제시간에 그것을 끝내도록 노력할 것이다.
해설 사역동사 get은 '시키다'라는 뜻의 사역동사로 get+목적어+과거분사(done) 형식을 취하며 여기서 과거분사는 수동의 뜻을 갖는다.

06 전화번호 좀 다시 한번 알려주시겠습니까?
해설 사역동사 let은 '허용하다'라는 뜻이고 let 뒤에는 목적어(me)+원형동사(know)가 온다.

07 내 팔을 놓으세요.
해설 사역동사 let은 go of와 함께 '(잡고 있는 것을) 놓다'라는 뜻이다.

08 그녀는 그녀의 드레스를 세탁할 필요가 있다.
해설 사역동사 get은 '시키다'라는 뜻의 사역동사로 get+목적어+과거분사(cleaned) 형식을 취하며 여기서 과거분사는 수동의 뜻을 갖는다.

09 그 전문 사진작가는 그의 조수에게 다른 카메라 렌즈를 가져오도록 했다.

해설 get+목적어+to 부정사에서 get은 사역동사로 '시키다'라는 뜻이다. 다른 사역동사와는 달리 get 뒤에는 원형동사가 아니라 to 부정사를 놓는다.

10 그는 하루에 20시간 일하도록 강요받았다.

해설 사역동사 make이 수동태가 되면 그 뒤에 to 부정사가 온다.

3 Answer Keys

01 (d) **02** (a) **03** (d) **04** (c)

01 (a) 그는 항상 나를 웃게 만든다.
(b) 그 무엇도 내 마음을 바꾸게 하지는 못할 것이다.
(c) 싫다는데 억지로 시키지 마라.
(d) 그녀는 우리 모두에게 커피를 만들어 주었다.

해설 (a), (b), (c)의 make는 '강요하다/~하게 만들다'라는 뜻의 사역동사인 반면 (d)의 make는 '만들다/제작하다'라는 뜻의 일반동사이다.

02 (a) 그는 한 대의 승용차와 한 척의 보트를 가지고 있었다.
(b) 나는 그 보고서를 지난 주에 마쳤다.
(c) 우리는 차를 수리했다.
(d) 그 선생님은 교실의 책상들을 수리했다.

해설 (b), (c), (d)의 had는 '시키다'라는 뜻의 사역동사인 반면 (a)의 had는 '가지고 있다/ 소유하다'라는 뜻의 일반동사다.

03 (a) 당신이 그 사람을 이해 시킬 수 없을 것이다.
(b) 정말 저 고물차를 다시 가게 할 수 있나요?
(c) 그로 하여금 그 서류에 사인하도록 한 것은 쉬운 일이 아니었다.
(d) 당신은 생일 때 무엇을 받았습니까?

해설 (a), (b), (c)의 get은 '시키다'라는 뜻의 사역동사인 반면 (d)의 get은 '받다'라는 뜻의 일반 동사이다.

04 (a) 그들은 그녀가 그 나라를 떠나는 것을 허락하지 않았다.
(b) 이 원피스는 나를 뚱뚱하게 보이게 한다.
(c) 나는 어제 Dave로부터 편지를 받았다.
(d) 나는 내 비서를 시켜 서류를 찾아오도록 할 것이다.

해설 (a)의 let은 '허용하다'라는 뜻의 사역동사이고, (b)의 make는 '강요하다/~을 ~하게 만들다'라는 뜻의 사역동사이고, (d)의 have는 '시키다'라는 뜻의 사역동사인 반면 (c)의 get은 '받다'라는 뜻의 일반동사이다.

4 Answer Keys

01 We can't force anybody to work more than 8 hours a day.

02 She got her purse stolen on the bus yesterday.

03 The professor had the students review what they had learned in class so far.

SECTION 25. TO 부정사

1 Answer Keys

01 to paint
02 have earned
03 buy
04 rain
05 to meet
06 to try
07 to compromise
08 study
09 to be following
10 to be cleaned

01 그들은 지금 울타리를 페인트칠하고자 한다.

해설 동사 like는 to 부정사와 동명사를 둘 다 목적어로 취하지만 동사와 같은 시간대에 발생 한 일을 나타낼 때 능동태 단순형 to + 동사원형의 형태를 취해야 한다.

02 그는 1990년대에 많은 돈을 벌었던 것처럼 보인다.

해설 to 부정사 이하는 본동사보다 한 단계 먼저 발생한 일을 나타내므로 완료형 to 부정사를 사용해야 한다.

03 나는 새 차를 살 여유가 없다.

해설 동사 afford는 to 부정사를 목적어로 취해야 하므로 동사원형 buy가 와야 한다.

04 6월에는 비가 많이 오는 경향이 있다.

해설 동사는 tend는 to 부정사를 목적어로 취한다.

05 그녀는 내게 그 이사를 만날 것을 요청했다.

해설 동사 ask의 직접 목적어가 되기 위해서는 to 부정사를 취해야 한다.

06 나는 그에게 다시 시도하도록 격려했다.

해설 동사 encourage의 간접목적어 뒤의 직접 목적어가 되기 위해서는 to 부정사를 취해야 한다.

07 타협하는 것이 바람직하다.

해설 문장에서 주어가 필요하며 to 부정사가 주어 역할을 할 수 있다.

08 그의 계획은 해외에서 공부하는 것이다.
- 해설　문장의 보어가 되어야 하므로 '공부하는 것'이라는 to study 를 취해야 한다.

09 그가 우리를 계속 따라오고 있는 것처럼 보인다.
- 해설　동사 seem의 보어가 되어야 하며 문맥상 능동태 진행형이어야 한다.

10 세탁되어야 할 양탄자가 차고에 있다.
- 해설　명사 carpets를 수식하는 to 부정사의 형용사적 역할을 묻는 문제, 수식 받는 대상은 세탁 되어야 하므로 수동태의 형태를 띠어야 한다.

2 Answer Keys

01 passing → to pass
02 paying → to pay
03 having → have
04 playing → play
05 offended → offend
06 coming → come
07 rising → to rise
08 signing → sign
09 winning → to win
10 smoked → smoke
11 her to leave immediately → that she leave immediately
12 adding → to add

01 나는 시험에 합격할 것을 기대한다.
- 해설　동사 expect('기대하다')는 to 부정사를 목적어로 취한다.

02 그녀는 그 대금을 지불하는 것을 거절했다.
- 해설　동사 decline('거절하다')는 to 부정사를 목적어로 취한다.

03 물 좀 더 마시겠습니까?
- 해설　동사 care('좋아하다')는 to 부정사를 목적어로 취한다.

04 언제 바이올린을 연주하는 것을 배웠습니까?
- 해설　동사 learn('배우다')는 to 부정사를 목적어로 취한다.

05 나는 일부러 너의 기분상하게 하려던 것이 아니었다.
- 해설　동사 mean('의도하다')는 to 부정사를 목적어로 취하므로 to+동사원형(offend)이 와야 한다.

06 나는 그녀에게 돌아오라고 충고했다.
- 해설　동사 advise('충고하다')는 to 부정사를 간접목적어(her) 뒤의 직접목적어(to come)로 취한다.

07 홍수로 음식 가격이 폭등했다.
- 해설　동사 cause('야기시키다')는 to 부정사를 간접목적어(food prices) 뒤의 직접목적어(to rise)로 취한다.

08 우리는 서류에 서명하도록 그에게 강요하지 않았다.
- 해설　동사 force('강요하다')는 to 부정사를 간접목적어(him) 뒤의 직접목적어(to sign)로 취한다.

09 그것은 우리로 하여금 시합에서 이기는 것을 가능케 했다.
- 해설　동사 enable('가능케 하다')는 to 부정사를 간접목적어(us) 뒤의 직접목적어(to win)로 취한다.

10 우리는 홀에서 그들이 담배 피는 것을 금지했다.
- 해설　동사 forbid('금지하다')는 to 부정사를 간접목적어(them) 뒤의 직접목적어(to smoke)로 취한다.

11 나는 그녀에게 즉시 떠날 것을 제안했다.
- 해설　동사 suggest는 suggest somebody to do의 구조로 쓸 수 없고 그 뒤에는 명사절을 쓰며 그 명사절에 원형동사를 써야 한다.

12 당신은 추가할 얘기가 있나요?
- 해설　anything 을 수식하려면 to 부정사가 적합하다. 따라서 adding은 to add가 되어야 한다.

3 Answer Keys

01 (c)　02 (c)　03 (c)　04 (d)　05 (b)　06 (a)　07 (b)

01 그녀가 하는 일은 그 숲을 보호하는 것이다.
- 해설　what 명사절이 주어이고 to 부정사가 보어이면 to를 생략할 수 있다. 그러므로 to trying은 to try 또는 to를 생략하고 try만 쓸 수 있다. 단, what 명사절의 동사가 do/does/did 등 do 동사라야 한다.

02 그는 올림픽 금메달을 딴 가장 나이 어린 선수다.
- 해설　to 부정사의 형용사적 용법 (winning → to win)

03 다음에 연설할 사람은 Mr. Kim이었다.
- 해설　to 부정사의 형용사적 용법 (to speaking → to speak)

04 그 집은 버려진 것처럼 보인다.
- 해설　to 부정사의 명사적 용법 중 보어 역할로서 의미상 집은 누군가에 의해 버려진 것이므로 desert동사는 수동의 형태가 되어야 한다. (deserting → deserted)

05 그녀가 결국 그의 집에 도착했지만 그가 없다는 사실만 알게 되었다.
- 해설　comma 뒤에 있는 only+to 부정사는 '그러나 ~을 알

게 되었을 뿐이다'라는 뜻으로 실망스 러운 결과를 나타내므로 to discover가 되어야 한다.

06 솔직히 말씀 드리자면 나는 당신의 일 처리에 만족하지 못한다.

해설   조건을 나타내는 to 부정사구로 to + 동사원형의 형태가 되어야 한다.

07 그는 1980년대에 북한을 위해 계속 간첩행위를 했던 것처럼 보인다.

해설   동사 seem의 보어 역할을 하기 위해서는 to + 동사원형의 형태가 되어야 하며 문맥상 동사 보다 먼저 계속되었던 일을 나타내므로 완료진행형, to have been spying이 되어야 한다.

4 Answer Keys

01 It's almost impossible to finish the report by Friday.
02 She is the only woman ever to have climbed Everest in winter.
03 The car seems to have been stolen two years ago.

SECTION 26. 동명사

1 Answer Keys

01 having written
02 Smoking
03 reading
04 meeting
05 to snow
06 expecting
07 for eating
08 your
09 visiting
10 trying
11 Developing
12 working

01 그는 허위보고서를 작성한 것으로 고발되었다.

해설   능동태 완료형 동명사(having written)는 동사보다 먼저 발생한 동작을 나타낸다. having written은 '썼던 것'이라는 뜻이다.

02 흡연은 건강에 나쁘다.

해설   동명사는 문장 안에서 주어 역할을 한다.

03 그녀의 취미는 시를 읽는 것이다.

해설   동명사는 보어가 될 수 있다.

04 나는 그녀를 만나기를 학수고대하고 있다.

해설   '학수고대하다'라는 뜻의 look forward to 뒤에 동명사 ~ing를 놓는다. to가 전치사이기 때문이다. 여기서 ~ing는 구동사 look forward to의 목적어이다.

05 눈이 오기 시작하고 있다.

해설   begin/start 뒤에 동명사 또는 to 부정사가 올 수 있으나 자체가 진행형일 때 주로 to 부정사를 쓴다.

06 그가 약속장소에 나타나리라고 기대하는 것은 소용없는 일이다.

해설   '그것은 소용 없다'라는 뜻의 It's no use/good 뒤에는 동명사를 진주어로 쓴다. 여기에서 it은 가주어, expecting him to show up은 진주어다. 이런 경우 to 부정사를 진주어로 쓸 수 없다.

07 저 케이크는 먹기 위한 것이냐?

해설   주어가 동작의 대상일 때 for+동명사로 목적을 나타낸다. 여기에서 that cake은 동작의 대상이므로 to eat 대신에 for eating을 써야 한다.

08 나는 네가 나 없이 가는 것을 개의치 않는다.

해설   동명사 앞에 인칭대명사를 놓을 때는 주로 소유격(your) 또는 목적격을 쓴다.

09 뉴욕은 방문할 가치가 있다.

해설   형용사 worth는 '~할 가치가 있는'이라는 뜻으로 그 뒤에 보완 설명을 위해 동명사 (visiting)가 온다.

10 나는 거짓말하려는 톰의 시도에 대해서 화가 났다.

해설   동명사 앞에 소유격을 놓아도 되고 목적격을 놓아도 된다. 전치사 at 뒤에는 동명사가 와야 한다.

11 신제품을 개발하는 것은 쉬운 일이 아니다.

해설   명사 뒤에는 of를 놓지만 동명사 뒤에는 of를 놓지 않는다. 여기서 동명사는 주어의 역할을 한다.

12 당신은 일요일에 근무하는 것을 반대하나?

해설   object to 뒤에도 동명사 ~ing를 놓는다. to가 전치사익 때문이다.

2 Answer Keys

01 to take → taking
02 to have received → having received
03 to meet → meeting

04 stand → standing
05 to leaving → to leave
06 getting up → to get up
07 to visit → visiting
08 to telling → telling/to tell
09 to play → playing
10 asleep → sleeping

01 나는 그 차를 탈 것을 권하지 않을 것이다.
해설 동사 advise는 '충고하다'라는 뜻으로 그 뒤에는 동명사를 취하는 동사이다.

02 그는 뇌물수수에 대해서 기소 당했다.
해설 동명사는 전치사(of)의 목적어가 될 수 있다. to 부정사는 전치사의 목적어가 될 수 없다.

03 그녀는 그를 만나는 것을 추천한다.
해설 동사 recommend는 '권고하다'라는 뜻으로 그 뒤에는 동명사를 취하는 동사이다.

04 나는 줄 서는 일에 익숙해져 있다.
해설 be used to는 '~에 익숙해져 있다'라는 뜻으로 그 뒤에는 동명사 ~ing를 놓는다.

05 그녀는 이 단계에서 중퇴할 것이 가슴 아프다.
해설 regret 뒤에는 동명사 또는 to 부정사가 올 수 있다. 동사 regret 뒤의 동명사는 동사보다 한 단계 먼저 발생한 일을 나타내며 to 부정사는 동사보다 후에 발생할 일을 나타낸다. 따라서 여기서는 문맥상 to leave가 적합하다.

06 나는 내일 아침 일찍 일어났으면 한다.
해설 동사 prefer 뒤에도 동명사 또는 to 부정사를 목적어로 쓸 수 있다. 단, '(지금) 선호하다' 라는 뜻의 would prefer 뒤에는 to 부정사만 쓴다.

07 뉴욕을 방문하는 일은 가치 있다.
해설 It's worth('그것은 가치 있다') 뒤에 동명사가 오며 이 동명사를 진주어로 쓴다.

08 나는 사람들이 내게 무엇을 해야 하는 지를 지시하는 것이 싫다.
해설 동사 dislike 뒤에는 동명사 또는 to 부정사 올 수 있다.

09 그녀는 테니스 치는 것을 즐긴다.
해설 동사 enjoy는 '즐기다'라는 뜻으로 그 뒤에는 동명사를 취한다.

10 그 소음이 나를 잠들지 못하게 했다.
해설 keep somebody from ~ing는 '~가 ~을 하지 못하도록 막다'라는 뜻으로 전치사 from 뒤에는 동사의 ~ing형이 와야 한다. Asleep는 '잠이 든/자고 있는'이라는 뜻의 형용사이다.

3 Answer Keys

01 (b)   02 (b)   03 (d)   04 (c)   05 (c)   06 (d)   07 (c)

01 나는 가능한 한 빨리 당신의 응답을 받기를 고대하고 있습니다.
해설 '학수고대하다'라는 뜻의 look forward to 뒤에 동명사 ~ing를 놓는다. to가 전치사이기 때문이다.

02 그는 이어서 결코 돌아오지 않겠다고 말했다.
해설 go on to do는 '이어서 ~하다'라는 뜻이다. 따라서 went on to say는 '이어서 ~라고 말했다' 라는 뜻으로 to saying을 to say로 바꾸어야 한다.

03 그 팀이 이번 주말에 Detroit에 와 있다. 그들은 승리할 확률이 높다.
해설 동명사(winning)는 전치사의 목적어가 될 수 있다.

04 경영진은 그 공장을 폐쇄하는 것을 고려 중이다.
해설 동사 consider는 '고려하다'라는 뜻으로 그 뒤에는 동명사를 취한다.

05 나에게 그 모든 장비를 점검하는 임무가 부여되었다.
해설 동명사(checking)는 전치사의 목적어가 될 수 있다.

06 혼자 사는 것에는 많은 장점이 있다.
해설 명사 advantage 뒤에는 전치사 to/in이 오며 그 뒤에는 동명사(living)가 와야 한다.

07 그가 훔치고 있었다는 것을 증명할 방법이 없다.
해설 '~을 할 수 있는 방법'이라고 할 때 주로 명사 way 뒤에 of +~ing를 놓는다. 따라서 전치사 of 의 목적어는 동명사(proving)이 되어야 한다.

4 Answer Keys

01 He is not happy about having been written so much about his defeat.
02 The actress does not mind being written about her scandals.
03 I am considering saving more money to buy a car.

SECTION 27. 현재분사

1 Answer Keys

01 talking
02 changing
03 exciting
04 burning
05 stealing
06 waiting
07 waiting
08 swimming in
09 packing
10 studying
11 standing
12 swimming

01 당신 부인과 얘기하는 저 남자를 보라.
　해설　그 남자가 당신의 아내에게 이야기하고 있다는 것을 의미하므로 명사 the man 뒤에는 현재분사가 와야 한다. 이는 능동태 관계절 who is talking ~의 축약형이다.

02 우리는 바뀌는 경제 여건을 계속해서 알고 있어야 한다.
　해설　현재분사는 명사 앞에서 능동 형용사의 역할을 한다. 여기서 changing은 '변화하는'이라는 뜻의 형용사이며 change는 명사 또는 동사의 역할을 하므로 명사를 수식하는 형용사의 역할을 할 수 없다.

03 그것은 흥미진진한 경험이었다.
　해설　명사 experience 앞에는 형용사가 놓일 수 있으며 그 형용사의 주체는 명사 experience 이므로 문맥상 현재분사가 와야 한다.

04 나는 부엌에서 무엇인가가 계속 타는 것을 보았다.
　해설　지각동사(see) 뒤에 현재분사를 놓을 수 있으며 이는 동작의 계속을 강조하는 역할을 한다. 여기서 현재분사 burning은 '계속 타고 있는'이라는 뜻이다.

05 나는 그들이 내 차를 훔치는 현장을 목격했다.
　해설　catch somebody ~ing는 '~가 ~하는 현장/광경을 목격하다'라는 뜻으로 이 표현은 주로 범죄현장을 목격했다는 뜻으로 쓰인다.

06 그녀는 우리가 계속 밖에서 기다리도록 방치했다.
　해설　leave somebody ~ing는 '~가 계속 ~하도록 만들다'라는 뜻으로 전치사 to가 필요하지 않다.

07 당신을 계속 기다리게 만들어서 미안합니다.
　해설　keep somebody ~ing는 '~가 계속 ~하도록 만들다'라는 뜻으로 전치사 to가 필요하지 않다.

08 나는 그 강으로 수영하러 갔다.
　해설　go ~ing는 '(스포츠/레저 활동 등) ~을 하러 가다'라는 뜻으로 현재분사(swimming)가 와야 한다. go ~ing 뒤에는 위치를 나타내며 이런 경우 방향을 나타내므로 우리말 식 전치사(to)를 놓기 쉽다.

09 그녀는 짐을 꾸리느라고 바빴다.
　해설　busy ~ing는 '~을 하느라고 바쁘다'라는 뜻으로 여기서 busy packing은 '짐을 꾸리느라고 바쁜'이다.

10 그는 영어 공부하느라고 하루 두 시간을 쓴다.
　해설　spend/waste something ~ing은 '~을 ~하느라고 쓰다/낭비하다'라는 뜻이다. 여기서 studying은 '공부하느라고'라는 뜻의 현재분사다.

11 나는 그가 문가에 서 있음을 우연히 알게 되었다.
　해설　find somebody ~ing는 '~가 ~하고 있음을 우연히 알게 되다'라는 뜻이다.

12 우리 집에 수영하러 오라.
　해설　come ~ing를 쓸 수 있으며 여기서 come swimming은 '수영하러 오다'라는 뜻이다.

2 Answer Keys

01 to shop → shopping
02 disappoint → disappointing
03 followed → following
04 stood → standing
05 rise → rising
06 bored → boring
07 interested → interesting
08 oppose → opposing
09 watched → watching
10 approach → approaching

01 오늘 오후에 쇼핑 가는 것 어때?
　해설　go ~ing는 '(스포츠/레저 활동 등) ~을 하러 가다'라는 뜻으로 현재분사(shopping)가 와야 한다.

02 요컨대, 오늘은 대단히 실망스러운 하루였다.
　해설　명사 day 앞에서 수식을 하려면 동사 disappoint는 형용사 형태(현재분사 또는 과거분사)를 띄어야 한다. 여기서는 문맥상 현재분사 disappointing이 적합하다.

03 그 다음날은 맑았다.
　해설　명사 day를 수식하고 의미상 '다음 날'을 나타내려면 과거분사가 아니라 현재분사 (following)가 와야 한다.

04 나는 많은 아이들 사이에 서 있는 그 여자를 안다.
　해설　서 있는 사람이 그 여자 이므로 능동의 현재분사가 와야 한다. 이는 능동태 관계절 who is standing ~의 축약형이다.

05 그는 증가하는 실업을 언급했다.

해설 명사 unemployment를 수식해주는 형용사의 형태를 띠려면 명사이자 동사의 역할을 하는 rise는 현재분사 또는 과거분사의 형태를 띠어야 한다. 여기서는 실업이 증가하는 능동의 상황이므로 현재분사(rising)가 적합하다.

06 그녀는 그녀의 이웃과의 지루한 대화를 피하고 싶어 한다.
해설 명사 conversation 그 자체는 지루해지는 것이 아니라 '지겹게 만드는'이라야 하므로 능동의 현재분사(boring)이 와야 한다.

07 나는 어제 흥미로운 책 한 권을 샀다.
해설 현재분사 interesting은 '흥미를 유발시키는' 즉, '재미있는'이다.

08 그 문제에 대해 반대하는 의견들이 많다.
해설 현재분사 opposing은 '반대하는'이라는 뜻으로 남의 의견에 반대하는 의견이므로 opposing views가 맞다.

09 떨어지는 잎을 바라보고 있는 그 남자는 그가 직면할 위험을 깨닫지 못하고 있는 것 같다.
해설 떨어지고 있는 잎을 바라보고 있는 주체는 그 남자이므로 능동관계가 성립된다 따라서 현재분사 watching이 와야 한다.

10 그 법을 개정하는 것은 다가오는 선거와 관련이 없다.
해설 현재분사 approaching은 '다가오는'이다. 선거가 다가오고 있음을 나타내는 능동의 의미를 가지므로 명사 election 앞에 현재분사가 와야 한다.

3 Answer Keys

01 (a) **02** (d) **03** (b) **04** (a)

01 그녀는 계단을 올라오다가 넘어져서 오른 팔을 다쳤다.
해설 while/as가 이끄는 시간절을 분사구로 줄일 수 있다. 접속사 생략, 종속절의 주어가 주절의 주어와 일치할 때 주어 생략, 그 다음 동사에 ~ing를 붙여 being coming ~으로 만들고 여기서 being을 생략하면 이유절 또는 시간절을 대신할 수 있는 분사구가 된다.

02 그들은 강을 오염시켰고, 그 결과로 그곳의 많은 물고기를 죽게 했다.
해설 결과 분사구는 주절 뒤쪽에 오며 이는 그것이 뒤에 발생한 일이기 때문이다. 주절과 분사구의 주어가 일치하므로 분사구로 축약할 수 있다.

03 나는 어떻게 해야 할지를 몰라서 경찰에 전화했다.
해설 부정문을 분사구로 줄일 때에는 Not을 현재분사(knowing) 앞에 놓는다.

04 날씨만 좋으면 내일 오겠다.
해설 극히 일부의 경우에 현재분사가 이끄는 분사구가 조건절을 대신한다. 주절의 주어(I)와 조건절의 주어(the weather)가 다르므로 생략할 수 없다.

4 Answer Keys

01 Having spent three days in Paris, they headed for Vienna.
02 Having said that, I agree that we can't go back now.
03 I am looking for a map marking political boundaries.

SECTION 28. 과거분사

1 Answer Keys

01 questioned
02 invited
03 finished
04 gone
05 injured
06 left
07 designed
08 exhausted
09 satisfied
10 disappointed
11 interested
12 Compared

01 질문을 받은 사람들이 매우 다른 답들을 제시했다.
해설 다른 답을 제시하려면 그 사람들은 질문을 받았어야 한다. 따라서 명사 people과 그 뒤에 오는 수식어구 사이에는 수동관계가 성립하며 '질문을 받은'이라는 과거분사 questioned가 와야 한다.

02 그 파티에 초대된 사람들 중 대부분이 나타나지 않았다.
해설 파티에 '초대된' 사람들이므로 수동태 관계절(who were invited)을 대신하는 과거분사 invited가 와야 한다.

03 나는 그 보고서를 마쳤다.
해설 형용사 finished는 '마친'이라는 뜻으로 여기서 are finished는 수동태 동사가 아니라 finished는 형용사 보어이다. 형용사 finished는 자동사 finish에서 진화했기 대문에 뜻이 능동 이다. 또한 형용사 finishing은 '최후의, 마무리의'라는 뜻으로 문맥상 적합하지 않다.

04 그런 시절은 이제 가버렸다.
- 해설 형용사 gone은 '가버린'이라는 뜻이며 여기서 보어의 역할을 한다. 또한, 형용사 going은 '~에 다니는' 이라는 뜻으로 문맥상 적합하지 않다.

05 부상당한 선수가 운동장을 떠나려 하지 않았다.
- 해설 과거분사는 명사 뒤에서 수동태 관계절을 대신한다. 여기서는 수동태 관계절 who was injured를 과거분사 injured가 대신한다. 관계대명사 주격(who)+be동사(was)는 생략 가능하다.

06 금요일을 위한 티켓 남은 것 있나요?
- 해설 여기에서 과거분사 left는 '남아 있는'이라는 뜻이며 수동태 관계절 which are left를 대신 한다. 문맥상 남아있는 티켓을 의미하므로 과거분사가 적합하다.

07 그것은 예쁘게 설계된 집이다.
- 해설 현재분사/과거분사는 명사 앞에서 형용사의 역할을 한다. 문맥상 여기서는 '디자인된'이란 수동의 의미가 되어야 하므로 과거분사 designed가 적합하다.

08 나는 완전히 기진맥진해 있다.
- 해설 형용사 exhausted는 '기진맥진한'이라는 뜻이고 exhausting은 '기진맥진하게 만드는'이라는 뜻이다. 여기서는 문맥상 내가 기진맥진해 있는 것이므로 과거분사에서 진화한 형용사 exhausted가 적합하다.

09 우리는 완전히 만족한다.
- 해설 형용사 satisfied는 '만족하는'이라는 뜻이고 satisfying은 '만족스러운/만족감을 주는'이라는 뜻이다. 여기서는 문맥상 우리가 만족하는 것이므로 과거분사에서 진화한 형용사 satisfied가 와야 한다.

10 나는 그 결과에 실망했다.
- 해설 형용사 disappointed는 '실망한/낙담한'이라는 뜻이고 disappointing은 '실망스러운/기대에 못 미치는'이라는 뜻이다. 여기서는 문맥상 내가 실망한 것이므로 과거분사에서 진화한 형용사 disappointed가 와야 한다.

11 당신은 스포츠에 관심 있나요?
- 해설 형용사 interested는 '관심이 있는'이라는 뜻이고 interesting은 '재미있는/흥미로운'이라는 뜻이다. 여기서는 문맥상 당신이 스포츠에 '관심이 있는'지를 묻는 것이므로 과거분사에서 진화한 형용사 interested가 와야 한다.

12 우리 것에 비하면 그들의 것은 궁전이다.
- 해설 분사구는 부사절을 대신할 수 있다. 여기서는 부사절 When/If theirs is compared with ours가 종속절의 주어가 주절의 주어와 일치하므로 생략되고, 동사가 being compared로 축약된 후 being은 생략되므로 compared with ours가 된 것이다.

2 Answer Keys

01 impressed
02 caught
03 written
04 arrived
05 educated
06 developed
07 stolen
08 specialized

01 나는 그녀의 영어에 감명을 받았다.
- 해설 형용사 impressed '감명을 받은'이란 뜻으로 내가 감명받은 상황을 서술하기 위해 보어로 사용될 수 있다.

02 그녀는 경찰에 의하여 체포된 그 남자를 안다.
- 해설 명사 뒤에 오는 분사구는 수동태 관계절을 대신한다. 여기서는 '체포된' 그 남자를 뜻하며 수동태 관계절 which was caught by the police를 대신하는 과거분사 caught가 와야 한다.

03 미국 대사관은 우리에게 서면 보고서를 제공하지 않았다.
- 해설 a written report는 '서명 보고서'를 뜻하며 여기서 written은 '쓰여진'이라는 뜻의 과거분사 로 수동형용사의 역할을 한다.

04 정부는 새롭게 도착한 이민자들이 한국사회에 적응하도록 도울 필요가 있다.
- 해설 최근에 '도착한' 이민자들이라는 뜻이 되려면 '도착한'이라는 뜻의 arrived가 와야 한다. 이 형용사는 자동사 arrive에서 진화했기 때문의 능동의 뜻을 갖는다.

05 그는 교양있는 목소리로 말했다.
- 해설 '교양있는'이라는 의미를 갖으며 뒤에 오는 명사를 수식하려면 형용사 educated가 와야 한다.

06 대부분의 개발도상국들은 선진국들의 사례를 따른다.
- 해설 '선진국'은 developed country이며 여기서 developed는 '발달한/선진의'라는 뜻이다.

07 도난 당한 그 반지는 적법한 주인에게 반환되었다.
- 해설 '도난 당한' 반지를 말하므로 여기서는 stolen이 와야 한다.

08 더욱 전문화된 기술이 이 기계를 조작하기 위해 필요하다.
- 해설 '전문적인/전문화된' 기술을 말하므로 여기서는 specialized가 와야 한다.

3 Answer Keys

01 (a) 02 (a) 03 (c) 04 (a)
05 (b) 06 (c)

01 매일 복용되면 그 약은 당신의 건강을 개선해 줄 것이다.
해설 분사구의 경우 주절의 주어와 종속절의 주어가 일치할 때 생략이 가능하다. 분사구의 주어가 생략되었으므로 주어가 the medicine/it 임을 알 수 있고 그렇다면 이는 축약되기 전 조건절 If it is taken이었음을 쉽게 알 수 있다. 따라서 taking은 taken으로 바뀌어야 한다.

02 우리는 그 파업에 대해서 경고를 받았기 때문에 놀라지 않았다.
해설 이 분사구는 수동태 절 Because we had been warned about ~을 줄인 것이다. 완료형 과거분사는 동사보다 한 단계 먼저 발생한 일을 나타내며 따라서 having been warned ~가 되어야 한다.

03 그 부부가 여행 중이기 때문에 그 집은 비어있는 것처럼 보인다.
해설 분사구의 주어가 표시된 분사구이다. 분사구의 주어는 the couple이고, 주절의 주어는 the house이므로 분사구의 주어를 생략할 수 없다. 이런 경우 with+명사+분사의 형태를 취하며 동사가 능동의 의미를 가지므로 현재분사 traveling이 되어야 한다.

04 4년 전에 마드리드를 떠난 이래로 그녀는 여러 차례 친구들을 만나러 갔다.
해설 이 분사구는 부사절 Since she left Madrid ~을 줄인 것이다. 부사절의 주어와 동사의 관계를 고려할 때 능동의 의미를 갖는 현재분사 leaving이 와야 한다.

05 그들의 손이 등 뒤에 묶여 있었기 때문에 그들은 아무것도 할 수 없었다.
해설 분사구의 주어가 표시된 분사구이다. 분사구의 주어는 their hands이고, 주절의 주어는 they이므로 분사구의 주어를 생략할 수 없다. 이런 경우 with+명사+분사의 형태를 취하며 동사는 주어와 수동의 의미를 가지므로 과거분사 tied가 되어야 한다.

06 안젤리나 졸리에 의해 계속 말이 건네지는 어린이들을 찍은 저 사진은 멋지다.
해설 명사 뒤에 있는 분사는 관계절을 대신한다. 여기서는 '계속 이야기가 건네지는'이라는 뜻의 관계절 who are being talked를 대신해야 하므로 being talked가 되어야 한다.

4 Answer Keys

01 Weakened by successive storms, the bridge was no longer safe.
02 The pigeons here lead an easy life, always being fed by tourists.
03 Having been written about so many times, the war story is now boring.

SECTION 29. 가정법

1 Answer Keys

01 would tell
02 went
03 would not worry
04 were to
05 ended
06 would have picked
07 Had it not been
08 were
09 were
10 would quit
11 might have missed
12 had told

01 만일 내가 그녀의 전화번호를 안다면 네게 말해줄 텐데.
해설 현재를 가정할 때는 조건절에 단순과거, 주절에 would + 원형동사를 쓴다.

02 우리는 이제 꼭 가야 한다.
해설 It's time 주어+동사는 '이제 꼭 ~할 때가 되었다'라는 뜻이다. It's time 뒤에서 현재를 가정할 때는 단순과거(went)를 쓴다.

03 나라면 걱정하지 않을 텐데.
해설 완곡하게 충고할 때 If I were you를 생략하고 주절만 제시할 수 있다. 따라서 조건절은 단순과거, 주절은 would+원형동사를 쓴다.

04 우리가 북쪽으로 이사하려 한다면 더 큰 집을 살 수 있을 텐데.
해설 if절에 조동사 were to가 쓰이면 현재를 가정한다. Were to는 단순과거 조동사로 '~하려 한다면'이라는 뜻으로 의향은 없지만 만약 있다면 어떻게 될 것인지를 가정할 때 쓴다.

05 이제 우리가 그 불확실성을 끝내야 할 때가 무르익었다.
  해설 It's high time의 high는 '무르익은'이라는 뜻이다. 이는 It's time ~ 보다 더 시급한 뜻을 전달한다.

06 네가 전화했다면 내가 너를 마중했을 텐데.
  해설 과거를 가정할 때 if절에 과거완료, 주절에 would have p.p.를 쓴다.

07 그가 없었다면 나는 죽었을 것이다.
  해설 If it had not been for는 '~가 없었다면'이라는 뜻으로 과거에 존재했던 것을 존재하지 않았다고 가정할 때 쓴다. 또한 접속사 if를 생략하고 주어와 동사를 도치한 구문(had it not been for)으로 바꾸어 쓸 수 있다.

08 내가 더 잘 생기기만 해도.
  해설 If only S+V는 운명을 바꿀만한 결정적인 별수를 가정할 때 쓴다. If only 뒤에 단순과거(were)가 있으면 현재를, 과거완료가 있으면 과거를 가정한다.

09 내가 체중이 10킬로 더 가볍다면 좋을 텐데.
  해설 I wish S+V는 가정할 때만 쓴다. 뒤의 동사가 과거(were)이면 현재를 가정한다.

10 내가 너라면 그 일을 그만둘텐데.
  해설 현재를 가정할 때는 조건절에 단순과거, 주절에 would + 원형동사를 쓴다.

11 그녀가 3-4분만 늦게 떠났다면 버스를 놓쳤을 것이다.
  해설 과거를 가정할 때 if절에 과거완료, 주절에 would have p.p.를 쓴다.

12 네가 그것에 대해서 나에게 이야기만 했어도.
  해설 If only S+V는 운명을 바꿀만한 결정적인 변수를 가정할 때 쓴다. If only 뒤에 단순과거가 있으면 현재를, 과거완료(had told)가 있으면 과거를 가정한다.

2 Answer Keys

01 had run
02 were
03 have passed
04 would go
05 would not have made
06 would fail
07 might/could/would not have gone
08 acknowledged

01 그가 조금 더 빨리 뛰었다면, 승리할 수 있었을 텐데.
  해설 주절에 could have won이 왔으므로 이 문장은 가정법 과거로 if절에 과거완료 had run이 와야 한다.

02 네가 없다면, 나는 여기에 있지 않을 텐데.

해설 현재를 가정할 때는 조건절에 단순과거(were), 주절에 would + 원형동사를 쓴다.

03 네가 더 열심히 공부했다면, 그 시험에 합격했을지도 모르는데.
  해설 had+주어+p.p.는 If+주어+had p.p.를 줄인 것이다. 과거를 가정할 때 if절에 과거완료(had worked), 주절에 might have passed를 쓴다.

04 내가 오늘 밤 이것을 끝낼 충분한 시간이 있다면, 나는 그 파티에 갈 수 있을 텐데.
  해설 현재를 가정할 때는 조건절에 단순과거(had), 주절에 would + 원형동사를 쓴다.

05 만일 그가 틀렸다는 것을 알았더라면, 나는 그러한 선택을 하지 않았을 텐데.
  해설 과거를 가정할 때 if절에 과거완료, 주절에 would have p.p.를 쓴다.

06 만일 내가 그 수업을 듣는다면, 나는 낙제하지 않을 텐데.
  해설 현재를 가정할 때는 조건절에 단순과거(were), 주절에 would + 원형동사를 쓴다.

07 당신의 도움이 없었다면, 나는 거기에 가지 못했을지도 모르는데.
  해설 If it had not been for는 '~가 없었다면'이라는 뜻으로 과거에 존재했던 것을 존재하지 않았다고 가정할 때 쓴다. 과거를 가정할 때 if절에 과거완료, 주절에 would/could/might have p.p.를 쓴다.

08 이제 대략 그들이 그 방대한 문제를 인식할 때가 된 것 같다.
  해설 It's about time 주어+동사는 '이제 꼭 ~할 때가 되었다'라는 뜻이다. It's about time 뒤에서 현재를 가정할 때는 단순과거(acknowledged)를 쓴다.

3 Answer Keys

01 If the car were not too expensive, I would buy it.

02 If the weather had been nice, we would have gone to the amusement park.

03 If she had not forgotten locking up the door, she might not have been robbed of her valuables.

04 If I had a camera, I could take a picture of the beautiful landscape.

05 If she had enough time, she could visit him.

06 If I had not been late for school last Monday, I would not have missed the important lecture.

07 I wish she didn't live so far away.
08 I wish they had not failed the bar exam.

01 차가 너무 비싸서 나는 그것을 사지 않을 것이다.
　해설　현재를 가정할 때는 if 절에 단순과거(were), 주절에 would + 원형동사(buy)를 쓴다.

02 날씨가 좋지 않아서 우리는 놀이공원에 가지 않았다.
　해설　과거를 가정할 때는 if 절에 과거완료(had been), 주절에 would + have p.p.(have gone)를 쓴다.

03 그녀는 지난 밤 문단속하는 것을 잊었다. 그래서 그녀는 그녀의 귀중품을 도둑 맞았다.
　해설　과거를 가정할 때는 if 절에 과거완료(had forgotten), 주절에 문맥상 조동사 might('~할지도 모른다') + have p.p.(have been)를 쓴다.

04 나는 카메라가 없기 때문에 아름다운 풍경을 담을 수가 없다.
　해설　현재사실의 반대의 의미('만일 카메라가 있다면, 아름다운 풍경을 담을 수 있을 텐데')를 가정할 때는 if 절에 단순과거(had), 주절에 조동사 can의 과거형(could) + 원형동사(take)를 쓴다.

05 그녀는 충분한 시간이 없어서 그를 방문할 수 없다.
　해설　현재사실의 반대의 의미('만일 충분한 시간이 있다면, 그를 방문할 수 있을 텐데')를 가정 할 때는 if 절에 단순과거(had), 주절에 조동사 can의 과거형(could) + 원형동사(visit)를 쓴다.

06 지난 월요일에 학교에 지각해서, 중요한 강의를 놓쳤다.
　해설　과거사실의 반대의 의미('만일 지난 월요일에 학교에 지각하지 않았다면, 중요한 강의를 놓치지 않았을 텐데')를 가정 할 때는 if 절에 과거완료(had not been), 주절에 would + have p.p.(would not have missed)를 쓴다.

07 나는 그녀가 그렇게 멀리 살아서 유감이다.
　해설　I wish S+V는 가정할 때만 쓰이며 현재를 가정할 때 I wish 뒤에 과거동사(didn't live)를 쓴다. 또한 현재사실에 대한 반대의 의미('그녀가 그렇게 멀리 살지 않는다면 좋을 텐데.')를 가정할 때 동사는 문맥상 부정형(didn't live)이 되어야 한다.

08 나는 그들이 그 사법고시에 낙제해서 안타깝다.
　해설　I wish S+V는 가정할 때만 쓰이며 과거를 가정할 때 I wish 뒤에 과거완료(had not failed)를 쓴다. 또한 현재사실에 대한 반대의 의미('그들이 그 사법고시에 낙제하지 않았다면 좋았을 텐데.')를 가정할 때 동사는 문맥상 부정형(had not failed)이 되어야 한다.

4 Answer Keys

01 If it weren't for water, no living things could survive.
02 If I had met him a year earlier, I would be his wife now.
03 Our ancestors may have lived in Africa.

SECTION 30. 축약절, 병치, 중복

1 Answer Keys

01 When you call → When calling
02 while he was trying → while trying
03 After I talk → After talking
04 until it is soft → until soft.
05 Whenever they are introduced → Whenever introduced
06 If it is possible → If possible
07 whether he should turn → whether to turn
08 which is the capital of Austria → the capital of Austria
09 I have seen the movie → I have
10 as if he was certain → as if certain
11 Though he was exhausted → Though exhausted
12 how I can get → how to get

01 해외에서 전화할 때 우선 82번을 돌려라.
　해설　when 뒤의 주어+능동태 동사를 현재분사(calling)로 축약할 수 있다.

02 그는 강 건너로 수영하려고 하다가 익사했다.
　해설　while 뒤의 주어+능동태 동사를 현재분사(being trying)로 축약할 수 있고 being은 생략 된다.

03 당신과 얘기를 하고 나면 나는 항상 기분이 좋아진다.
　해설　after 뒤의 주어+능동태 동사를 현재분사(talking)로 축약할 수 있다.

04 부드러워질 때까지 그 버터를 휘저어라.
　해설　양쪽 주어가 같고 until 뒤의 동사가 be 일 때 주어+동사를 생략한다.

05 미국인들은 소개될 때마다 악수를 한다.
　해설　양쪽 주어가 같고 whenever 뒤의 동사가 be 일 때 주어+동사를 생략할 수 있으며 따라서 여기서는 수동태 동사를 줄인 과거분사만 남게 된다.

06 가능하면 오늘 저녁까지 알려달라.
   해설   If 절 뒤의 동사가 be동사 일 때 주어+동사 생략할 수 있다.

07 그는 좌회전해야 할지 우회전 해야 할지 기억해 낼 수 없었다.
   해설   양쪽 주어가 같고 명사절에 조동사 should가 있으므로 축약할 수 있다. 이때 동사의 앞에 to를 붙여 같은 '~인지 (아니면) ~인지'라는 뜻의 명사구를 만들 수 있다.

08 오스트리아의 수도 비엔나는 기가 막히게 멋있다.
   해설   부가형 관계절의 주격 관계대명사 which와 동사 is는 생략 가능하다.

09 당신은 그 영화를 본 적이 있습니까? 네, 그렇습니다.
   해설   회화에서 short answer를 만들 때 술부(동사+목적/보어)를 축약한다. 축약할 때는 be동사나 조동사에서 축약한다.

10 그는 마치 성공을 확신하는 듯이 행동했다.
   해설   주절과 양태절의 주어가 같기 때문에 양태 접속사 as if 뒤의 주어+be 동사를 생략 할 수 있다.

11 그는 기진맥진했지만 매우 늦게 잠자리에 들었다.
   해설   주로 양보 접속사 though 뒤에서 주어+be 동사를 생략할 수 있다. 주절과 양보절의 주어(he)가 같기 때문에 축약 가능하다.

12 제가 어떻게 공항에 갈 수 있는지 말씀해주실래요?
   해설   양쪽 주어가 같고 명사절에 조동사 can이 쓰였으므로 축약 가능하다.

2 Answer Keys

```
01 not only receives → receives not only
02 she → Ø
03 it → Ø
04 speaks intelligently → intelligent
05 to study → studying
06 be → Ø
07 to run → running
08 taking → taken
```

01 승자는 TV만이 아니라 승용차도 받는다.
   해설   여기서는 등위접속사 not only A but also B의 A와 B의 구조가 나란해야 하는데 not only 뒤에는 동사+목적어, but also 뒤에는 목적어를 놓아서 틀렸다. 동사는 A와 B에 모두 해당되므로 not only 앞에 와야 한다.

02 왼쪽에 있는 여성은 프랑스인이다.
   해설   여기서 주어는 The woman on the left다. 따라서 이 명사구를 대명사 she로 중복해서 말할 수 없다.

03 우리는 환경 문제에 관한 교육이 대단히 중요하다고 생각한다.
   해설   여기에서 목적어는 education on environmental issues다. 이 명사목적어를 대명사 it으로 불필요하게 중복해서 말할 수 없다.

04 그녀는 아름다울 뿐만 아니라 지적이기도 하다.
   해설   not only 뒤에는 형용사, but also 뒤에는 동사+부사를 놓았기 때문에 틀렸다. 등위 접속사의 양쪽이 같은 품사로 병치구조가 되어야 하므로 but also 뒤에 형용사(intelligent)를 놓아야 한다.

05 나는 집에서 보다 도서관에서 공부하는 것을 선호한다.
   해설   to study와 studying은 병치구조가 되어야 한다. 동사 prefer 뒤에는 to 부정사 또는 동명사가 올 수 있으나 prefer A to B의 표현에서 A와 B가 병치구조가 되려면 to 가 겹치지 않도록 동명사가 와야 한다. 따라서 A (to study)가 studying로 바뀌어야 한다.

06 달리 지시 받지 않는 한, 결코 뒤를 열지 마라.
   해설   unless be otherwise instructed은 unless you are otherwise instructed를 축약한 것으로 unless 뒤의 instructed는 수동태 동사이다. 따라서 unless 뒤의 주어+동사(be 동사)는 생략 가능하므로 be는 삭제 되어야 한다.

07 두 시간 동안 걷는 것은 한 시간 동안 달리는 것만큼 많은 칼로리를 연소한다.
   해설   등위비교급 as many as의 앞과 뒤가 일관성을 유지해야 하므로 뒤의 to run을 동명사 running으로 바꾸어야 한다.

08 처방대로 복용되지 않는다면 그 약은 효과가 없다.
   해설   주절의 주어와 종속절의 주어가 일치하므로 생략 되었으므로 종속절의 주어와 동사 take와의 관계는 수동이다. 따라서 현재분사 taking은 과거분사 taken으로 바뀌어야 한다.

3 Answer Keys

```
01 (c)   02 (d)   03 (a)   04 (d)
```

01 생존을 위해서 중요한 물이 아프리카에서 희소해져 가고 있다.
   해설   여기서는 부가형 관계절인 which is important for survival을 축약한 형태를 찾아야 한다. 관계절은 주격 관계대명사+be 동사를 생략할 수 있으므로

important for survival로 축약될 수 있다.

02 그 빌딩에 유일한 비상구인 그 문은 항상 닫혀 있다.

해설　주어를 서술해주는 부가형 관계절 which is the only emergency exit to the building은 주격 관계대명사 +be 동사를 생략할 수 있다.

03 비행접시에 대한 증거는, 만일 있다 하더라도, 거의 없다.

해설　if there is any에서 there is는 생략 가능하다. 즉, 그 축약절은 if any로 이는 '혹시 있다 할지라도'라는 뜻이다.

04 너는 그 계약서에 서명하기 전에 그것을 끝까지 읽어야 한다.

해설　주절의 주어와 종속절의 주어가 일치하므로 생략가능하며 본동사에는 ~ing를 붙여 축약형을 만들 수 있다.

4 Answer Keys

01 She has become quite different since returning from her trip to Asia.
02 Once destroyed, brain cells do not regenerate.
03 What they say is surprising isn't.

SECTION 31. 어순의 도치

1 Answer Keys

01 Do
02 did she say
03 lose
04 warm a day
05 good a teacher
06 there was
07 big a car
08 was the ambassador
09 do you
10 polite a person
11 stood a man
12 should you see

01 너는 그 회의를 연기하기를 원하느냐?

해설　의문문에서는 의문문의 표시로 어순을 도치한다. 의문문을 만들 때 동사가 일반동사인 경우 대동사(do)를 사용하는데 이는 주어가 단수 3인칭일 때 does, 그 이외에는 do가 온다.

02 그녀는 단 한마디의 말도 하지 않았다.

해설　부정사로 시작하는 평서문에서 어순의 도치가 발생하며 이는 동사+주어의 어순이 바뀜을 의미한다. 이 문장은 원래 She did not say a single word.인데 not a single word를 강조하기 위해 이를 문장 맨 앞에 놓았기 때문에 어순의 도치가 이루어진다.

03 우리는 돈을 잃었을 뿐만 아니라 거의 죽을 뻔하기도 했다.

해설　부정사(Not only)로 시작하는 문장에서 도치가 이루어진다. 여기서는 시제가 과거이므로 대동사 do의 단순과거(did)+주어(we)+본동사의 원형(lose) 순으로 와야 한다.

04 그날은 그렇게도 더운 날이어서 나는 일을 할 수가 없었다.

해설　성질형용사(warm)을 수식하는 부사 so('그렇게')가 있을 때에는 부사+형용사+관사+명사의 어순이 된다.

05 그녀는 얼마나 훌륭한 선생님인가!

해설　성질형용사(good)을 수식하는 부사 how가 있을 때에는 부사+형용사+관사+명사의 어순이 된다.

06 그 의자 위에는 작은 고양이 한 마리가 있었다.

해설　장소전치사구(On the chair)로 시작하는 문장은 주어 동사가 도치된다. 단, be 동사 대신에 there is/was 등을 쓰면 도치할 필요가 없어진다.

07 나는 그렇게 큰 차를 부담할 수 없었다.

해설　부사 that('그렇게')이 있을 때에는 그 뒤에 형용사부터 놓아야 한다.

08 처음 도착한 사람들 중에 그 대사가 있었다.

해설　장소전치사구(among the first to arrive)로 시작하는 문장은 주어 동사가 도치된다.

09 너는 그가 어디 있다고 생각하니?

해설　WH-Question에 삽입구가 있을 때에는 삽입구의 어순을 도치하여 동사(do)+주어(you)의 순서로 놓으며 본문(he is)은 어순을 도치하지 않는다.

10 그녀는 그것을 거절하기에는 너무 공손한 사람이다.

해설　too가 부사 그 바로 뒤에 형용사 polite부터 놓아야 한다.

11 문가에 총을 든 남자가 서 있었다.

해설　장소 전치사구로 문장을 시작하고 동사가 자동사이면 어순을 도치한다. 즉, 전치사구+ 자동사+주어의 어순이 된다.

12 어떠한 상황에서도 너는 그를 다시 만나서는 안 된다.

해설　Under no circumstances는 전치사구이지만 의미상 부정사로 분류하므로 부정사 뒤에서 어순을 도치해 should you see가 와야 한다.

2 Answer Keys

01 Why you do → Why do you
02 realized → realize
03 did → was
04 water began → did water begin
05 the runners went → went the runners
06 a good voice → good a voice
07 he realized → did he realize
08 asked he → he asked

01 왜 너는 그 회의를 연기하기를 원하느냐?
   해설 WH-Question에서도 어순을 도치하여 동사(do)+주어(you)의 순서로 놓는다.

02 그는 자기가 직면한 위험을 거의 깨닫지 못한다.
   해설 부정사(little)로 시작하는 문장에서 도치가 이루어진다. 여기서는 시제가 과거이므로 대동사 do의 단순과거(did)+주어(he)+본동사의 원형(realize) 순으로 와야 한다.

03 그 식탁 밑에 엄청나게 큰 개가 있었다.
   해설 장소전치사구(under the table)로 시작하는 문장은 주어 동사가 도치된다. 이런 경우 전치사구+자동사+주어의 어순이 된다. 여기서는 주어가 a hug dog 이므로 동사 was가 와야 한다.

04 그 전쟁 후에야 물이 정수되기 시작했다.
   해설 Only after the war를 강조하기 위해 문장 앞에 놓았다. 따라서 그 뒤에 어순이 도치되어 did water begin이 되어야 한다.

05 멀리 그 선수들이 사라졌다.
   해설 장소부사(away)로 문장을 시작하고, 주어가 명사(the runners)이고 동사가 동작동사(went) 이면 어순을 도치한다.

06 나는 당신이 가지고 있는 것 만큼 좋은 목소리를 갖고 있다.
   해설 성질형용사(good_을 수식하는 부사 as('그만큼')가 있을 때에는 부사+형용사+관사+명사 의 어순이 된다.

07 그때서야 그는 그 날이 공휴일임을 깨달았다.
   해설 Only then을 강조하기 위해 문장 앞에 놓았다. 따라서 그 뒤에 어순이 도치되어 did he realize가 되어야 한다.

08 "이것이 대통령의 저택입니까?"라고 낯선 사람이 물었다.
   해설 인용구 뒤에는 명사주어+동사 또는 동사+명사주어 둘 다의 어순이 맞다. 단, 주어가 대명사일 때에는 어순을 도치할 수 없다.

3 Answer Keys

01 (c) **02** (c) **03** (c) **04** (b) **05** (a) **06** (d)

01 그 선생님은 왜 대부분의 학생들이 그 시험에 떨어졌는지 이해할 수 없었다.
   해설 의문문이 문장 안에서 동사 understand의 목적으로 삽입될 때 의문사(why)+주어(most students)+동사(failed)의 어순을 취하며 도치하지 않는다.

02 가장 대표적인 프랑스 음식이 무엇이라고 생각하십니까?
   해설 WH-Question에 삽입구가 있을 때에는 삽입구의 어순을 도치하여 동사(do)+주어(you)의 순서로 놓으며 본문은 어순을 도치하지 않고 주어(the most typical French dish)+동사(is)가 된다.

03 우리는 그를 만날 때까지 그의 문제점의 심각성을 이해하지 못했다.
   해설 부정사(Not)로 시작하는 평서문에서는 어순의 도치가 발생한다. 이 문장의 주어는 we이고 동사는 understood이므로 도치하면 did we understand가 된다.

04 세계에 어디에도 그러한 믿을 수 없게 맛있는 음식을 만들 수 있는 요리사들은 없다.
   해설 부정사(Nowhere)로 시작하는 평서문에서는 어순의 도치가 발생한다. 이 문장의 주어는 chefs이고 동사는 can make이므로 도치하면 can chefs make가 된다.

05 모든 미국인들이 이라크 전에 나가는 결정에 동의한 것은 아니었다.
   해설 부정사(Not)로 시작하는 평서문은 도치나 부정사가 들어있는 부분이 주어일 때는 정상 어순이다.

06 그 팀장은 회의에 늦지도 않았고 일찍 자리에서 일어나지도 않았다.
   해설 부정사(nor)로 시작하는 평서문은 도치되어 그 뒤에 동사가 일반동사이고 단순과거인 경우 did+주어+원형동사의 순서로 놓는다.

4 Answer Keys

01 So ridiculous did he look that everybody burst out laughing.
02 City dwellers have a higher death rate than do country people.
03 Hardly had we reached the lake when it started raining.

SECTION 32. 간접화법

1 Answer Keys

01 if I loved her
02 where a post office near the hospital was.
03 that she could do it.
04 if I had been to London before.
05 that she would come back the following day.

01 Jenny는 물었다. "당신은 나를 사랑하나요?"
   해설 Yes/No Question을 간접화법으로 전환할 때는 if/whether('~인지')를 쓴다. 또한 간접화법 에서는 주어+동사의 순서가 되어야 한다.

02 Erica는 물었다. "병원 근처의 우체국은 어디에 있습니까?"
   해설 WH-Question도 간접화법으로 전환할 때 주어(a post office)+동사(was)의 어순으로 바꾼다.

03 Tina는 말했다. "나는 그것을 할 수 있다."
   해설 어순은 주어(he)+동사(could)가 되어야 하고 조동사도 시제일치(could) 시켜야 한다.

04 Sally가 물었다. "전에 런던에 가본 적이 있나요?
   해설 communication을 하는 장소가 달라지면 장소표현도 달라진다. 여기에서는 here를 there로 조정해야 된다.

05 Michelle은 말했다. "나는 내일 돌아올 것이다."
   해설 시간이 달라지면 시간표현도 조정하여 tomorrow를 the following day로 조정해야 한다.

2 Answer Keys

01 he was, was
02 had helped, had been
03 would, was not interested in

01 나는 물었다. "그는 어떤 사람입니까?" 그녀는 대답했다. "그는 거만할 뿐만 아니라 이기적 입니다."
   해설 직접화법의 시제가 단순현재이므로 간접화법으로 바꿀 때 단순과거가 와야 한다.

02 그는 말했다. "나는 내 친구가 집에 페인트 칠하는 것을 도와주었어요." 그의 어머니는 말했다. "네가 그를 도운 것은 매우 친절한 일이었다."
   해설 직접화법의 시제가 단순과거이므로 간접화법으로 바꿀 때 과거완료로 바꾸어야 한다.

03 Sue는 Tony에게 물었다. "누가 선거에서 승리할까?" Tony는 대답했다. "나는 정치에 관심이 없어."
   해설 직접화법의 시제가 단순현재이므로 간접화법으로 바꿀 때 단순과거가 와야 하며 조동사 will의 경우는 간접화법에서 would로 바꾸어야 한다.

3 Answer Keys

01 (c)   02 (d)   03 (a)

01 ┌ A 그 레스토랑은 불친절하고 맛도 없다.
   └ B 그래? 나는 네가 그 레스토랑이 친절하고 맛있다고 말했던 걸로 기억하는데.
   해설 직접화법 문장의 동사가 단순현재이면 간접화법 문장으로 바꿀 때 단순과거로 바꾸어야 한다.

02 ┌ A 나는 작년에 대학을 졸업했어.
   └ B 네가? 나는 전에 네가 아직도 학생이라고 나에게 말했던 걸로 기억하는데.
   해설 직접화법의 동사가 단순과거이면 간접화법으로 바꿀 때 과거 완료로, 시간표현 last year는 the year before('전 해')로 바꾸어야 한다.

03 ┌ A 그녀는 원어민만큼 영어를 유창하게 말할 수 있어.
   └ B 그녀가? 나는 네가 그녀는 영어를 잘 말할 수 없다고 말했던 걸로 기억하는데.
   해설· 직접화법을 간접화법으로 바꿀 때 조동사도 시제 일치 시켜야 하므로 can은 could가 되어야 한다.

4 Answer Keys

01 He said that he had dated her for five years before they got married.
02 He said that she might know his address.
03 He said that if he were rich, he would travel around the world.

SECTION 33. 명령문

1 Answer Keys

01 stop
02 think
03 Apply
04 Don't
05 Look

06 stopping
07 break
08 Do stop
09 say
10 finish
11 go and play
12 come have

01 이제 그만하세요.
해설 긍정 명령문을 만들 때에는 원형동사(stop)를 문장의 맨 앞에 놓는다. 또한 공손하게 말하기 위해 문장 맨 앞에 please 붙일 때에도 원형동사를 쓴다.

02 이것에 대해 생각도 하지 말아라.
해설 부정문에는 'Don't+원형동사'를 쓴다.

03 아픈 곳에 그 연고를 바르라.
해설 긍정 명령문을 만들 때에는 원형동사(apply)를 문장의 맨 앞에 놓는다.

04 그와 결혼하지 마라. 그는 너의 돈만 추구할 뿐이다.
해설 부정문에는 'Don't+원형동사(marry)'를 쓴다.

05 그 서랍 안을 들여다보라.
해설 긍정 명령문을 만들 때에는 원형동사(look)를 문장의 맨 앞에 놓는다.

06 그 소음 좀 멈추어주시겠어요?
해설 'would you mind ~ing'는 상대방의 action을 요구할 때 쓰는 표현으로 보통 명령문보다 공손하게 들린다.

07 결코 약속을 어기지 마라.
해설 강력한 부정 명령문에는 'Never+원형동사'를 쓴다.

08 제발 이야기 그만하고 일을 계속 하세요.
해설 명령문의 내용이 금지명령일 경우에 Do는 더 이상 못 참겠다는 뜻이다. 평범한 명령문보다 훨씬 더 강한 금지명령으로 Do를 강하게 읽는다.

09 누구도 입 열지 마라.
해설 금지 명령문에는 anybody를 붙여서 강력한 명령문을 만들 수 있다. 이는 다수에 대한 명령이 개별적인 명령처럼 들리도록 할 때 사용하며 여기서는 "Don't say a word"에 anybody를 추가한 것이므로 Don't+동사원형의 규칙은 그대로 지켜져야 한다.

10 꼭 그 보고서를 오늘 마쳐라.
해설 Be sure는 '꼭/반드시 ~하라'라는 뜻으로 이는 to 부정사(finish) 앞에 온다.

11 밖에 나가서 놀까요?
해설 'would you like + 원형동사'는 '~하기겠습니까?'라는 뜻으로 명령문 "Go and play outside" 보다 공손한 표현이다.

12 와서 술 한잔 할 수 있는지 궁금합니다.
해설 'I was wondering if you could ~'는 '당신이 ~할 수 있는지 궁금하다'라는 뜻으로 명령문 보다 대단히 공손한 표현이다.

2 Answer Keys

01 Doesn't → Don't
02 refrains → refrain
03 open → opening
04 keeps → keep
05 being → be
06 getting → get
07 Brings → Bring
08 asking → ask
09 pointing → point
10 picking → pick

01 남의 인생에 간섭하지 마라.
해설 부정문에는 'Don't+원형동사'를 쓴다.

02 흡연을 삼가 해주세요.
해설 긍정 명령문을 만들 때에는 원형동사(refrain)를 문장의 맨 앞에 놓는다. 또한 공손하게 말하기 위해 문장 맨 앞에 please 붙일 수 있다.

03 창문 좀 열어주시겠어요?
해설 'Would you mind ~ing ~'는 상대방의 action을 요구할 때 쓰는 표현으로 보통 명령문보다 공손하게 들린다.

04 수업시간에 모두 조용히 하라!
해설 다수에게 명령할 때는 명령문 앞에 Everyone/Everybody를 붙여 강한 명령문을 만들 수 있다. 여기서는 또한 문장의 끝에 느낌표가 있으므로 평서문이 아닌 명령문이므로 동사 keep은 원형동사가 되어야 한다.

05 더 긍정적이고 객관적이 되도록 노력하세요.
해설 명령문 앞에 Try and를 붙일 수 있으며 'Try and+원형동사'는 'Try to+원형동사' 대신에 쓰는 명령문이다.

06 충분한 양의 칼슘과 비타민 C를 섭취하도록 해라.
해설 명령문 앞에 'Be sure and'를 붙일 수 있으며 이는 '꼭/반드시 ~하라'라는 뜻이다. 'Be sure to+원형동사'가 이를 대신할 수 있다.

07 당신의 애를 제대로 키워라.
해설 긍정 명령문을 만들 때에는 원형동사(bring)를 문장의 맨 앞에 놓는다.

08 그에게 나한테 전화해달라고 해주시겠습니까?
해설 'Would you like to+원형동사'는 '~하시겠습니까?'라는 뜻으로 명령문 보다 공손한 표현이다.

09 그 제안의 장점을 지적하려고 노력해라.
해설 명령문 앞에 Try and를 붙일 수 있으며 'Try and+원형동사'는 'Try to+원형동사' 대신에 쓰는 명령문이다.

10 그 가게에서 우유 좀 꼭 사와라.
해설 명령문 앞에 'Be sure and'를 붙일 수 있으며 이는 '꼭/반드시 ~하라'라는 뜻이다. 'Be sure to+원형동사'가 이를 대신할 수 있다.

3 Answer Keys

01 (c)　　**02** (d)　　**03** (d)

01 A 헤어지고 싶지 않지만 가야 할 시간이네요.
　　B 가족들에게 꼭 안부 전해 주세요.
해설 명령문 앞에 'Be sure and'를 붙일 수 있으며 이는 '꼭/반드시 ~하라'라는 뜻이다. 'Be sure to+원형동사'이 이를 대신할 수 있다.

02 A 필요한 것이 있으면 서슴지 말고 말해.
　　B 그냥 와서 재미있게 놀아. 우리 집들이 준비 다 했어.
해설 명령문 바로 앞에 Go나 Come을 붙일 수 있다. 이 때 Go나 Come 뒤에 and를 사용할 수도 있고 생략할 수도 있다.

03 A 운전하기 전에 차에 등이 제대로 들어오는지 확인해라.
　　B 아! 그렇죠. 상기시켜줘서 고마워요.
해설 Make sure는 '꼭/반드시 ~하라'라는 뜻으로 명사절 앞에 쓴다.

4 Answer Keys

01 Please be informed that we have accepted your offer of December 10th.
02 Come and see me next time you are in New York.
03 Check with the personnel director for any last-minute changes.

SECTION 34. 부가의문문

1 Answer Keys

01 aren't you
02 are you
03 can't she
04 can she
05 hasn't she
06 has she
07 don't you
08 doesn't she
09 didn't he
10 will you
11 aren't I
12 will you

01 당신은 스티븐이다. 그렇지요?
해설 긍정문의 끝에는 부정 부가 의문(aren't you?)을 붙인다. 부정 부가의문은 부정형 동사 (aren't)+주어(you)로 만든다.

02 당신은 스티브가 아니다. 그렇지요?
해설 부정문의 끝에는 긍정 부가의문(are you?)을 붙인다.

03 그녀는 불어를 한다. 그렇지?
해설 조동사가 쓰인 경우 조동사를 이용해서 부가 의문을 만든다. 여기서는 조동사 can이 쓰였 으므로 부가의문에 can't를 써야 한다.

04 그녀는 불어를 못한다. 그렇지?
해설 조동사가 쓰인 경우 조동사를 이용해서 부가 의문을 만든다. 여기서는 조동사 can't가 쓰였으므로 부가의문에 can을 써야 한다.

05 그녀가 그 동안 아팠다. 그렇지?
해설 여기서는 조동사 has가 쓰였으므로 부가의문에 hasn't를 써야 한다.

06 그녀는 그 동안 아프지 않았다. 그렇지?
해설 여기서는 조동사 hasn't가 쓰였으므로 부가의문에 has를 써야 한다.

07 당신은 김치를 좋아한다. 그렇지?
해설 문장에 일반동사가 쓰인 경우에는 대동사 do를 이용해서 부가의문을 만든다. 여기서는 일반동사 like가 쓰였으므로 부가의문에 don't가 와야 한다.

08 그녀는 낚시하러 가는 것을 좋아한다. 그렇지?
해설 문장에 일반동사가 쓰인 경우에는 대동사 do를 이용해서 부가의문을 만든다. 여기서는 일반동사 likes가 쓰였으므로 부가의문에 doesn't가 와야 한다.

09 그는 그녀를 매우 많이 좋아했다. 그렇지?
해설 문장에 일반동사가 쓰인 경우에는 대동사 do를 이용해서 부가의문을 만든다. 여기서는 일반동사의 단순과거 liked가 쓰였으므로 부가의문에 didn't가 와야 한다.

10 나를 도와달라. 그래 줄 거지?
해설 명령문 뒤에 부가의문을 붙이면 딱딱한 분위기를 누그러뜨리는 효과가 있다. 긍정명령문 뒤에는 긍정/부정 부가의문을 붙일 수 있다. 'Will you?', 'won't you?', 'would you?', 'can you?', 'can't you?' 등이 올 수 있다.

11 나 지각했지요?
해설 I am 뒤에 쓰는 부가의문은 'aren't I?'다. 'ain't I?'가 아니다. ain't는 slang으로 표준영어에는 쓸 수 없다.

12 그 일을 하지 마라. 알았지?
해설 부정/금지 명령문 뒤에는 긍정 부가의문만 붙일 수 있다. 따라서 'will you?', 'would you?', 'can you?'가 가능하다.

2 Answer Keys

01 isn't it
02 wasn't it
03 can't she
04 shall we
05 hasn't she
06 has she
07 don't you
08 does he
09 isn't it
10 will you/won't you/would you/can you/can't you

01 멋진 경치지요?
해설 긍정문의 끝에는 부정 부가의문(isn't it?)을 붙인다. 부정 부가의문은 부정형 동사 (isn't)+ 주어(it)로 만든다.

02 그것은 파티보다는 회의에 가까웠어. 그렇지 않니?
해설 긍정문의 끝에는 부정 부가의문(wasn't it?)을 붙인다. 단순과거 부정 부가의문은 동사 (wasn't)+ 주어(it)로 만든다.

03 우리는 수영하러 갈 수 있다. 그렇지요?
해설 조동사가 쓰인 경우 조동사를 이용해서 부가의문을 만든다. 여기서는 조동사 can이 쓰였으므로 부가의문에 can't을 써야 한다.

04 오늘 밤 식사 같이 합시다.
해설 Let's 뒤의 부가의문은 shall we? 이다. Let's로 시작하는 문장은 사실상 명령과 같기 때문에 누그러뜨릴 필요가 있다. 따라서 끝에 'shall we?'를 붙이면 부드러운 제안이나 권유가 되며 Let's는 Let us의 축약형이기 때문에 부가의문에 we가 와야 한다.

05 그녀가 도착했다. 그렇지요?
해설 여기서는 조동사 has가 쓰였으므로 부가의문에 hasn't을 써야 한다.

06 그녀는 그에 대해 아직도 소식을 못 들었다. 그렇지요?
해설 여기서는 조동사 hasn't가 쓰였으므로 부가의문에 has를 써야 한다.

07 당신은 일요일에 마다 교회에 갑니다. 그렇지요?
해설 문장에 일반동사가 쓰인 경우에는 대동사 do를 이용해서 부가의문을 만든다. 여기서는 일반동사 go가 쓰였으므로 부가의문에 don't가 와야 한다.

08 그는 내 지갑 어디 있는지 모르지요. 그렇지요?
해설 부정문의 끝에는 긍정 부가의문(does he?)을 붙인다.

09 그는 극도로 피곤해서 일찍 잠자리에 들었다. 그렇지요?
해설 문장에 일반동사가 쓰인 경우에는 대동사 do를 이용해서 부가의문을 만든다. 여기서는 일반동사 단순과거 went가 쓰였으므로 부가의문에 didn't가 와야 한다.

10 비상시에 계속 침착해라. 그럴꺼지?
해설 긍정명령문 뒤에는 긍정/부정 부가의문을 붙일 수 있다. 'will you?', 'won't you?', 'would you?', 'can you?', 'can't you?' 등이 올 수 있다.

3 Answer Keys

01 (d) **02** (a) **03** (b) **04** (d)

01 그녀는 그것을 고의로 하지 않았어. 그렇지?
해설 문장에 일반동사가 쓰인 경우에는 대동사 do를 이용해서 부가의문을 만든다. 여기서는 일반동사의 단순과거 didn't do가 쓰였으므로 부가의문에는 긍정의 did가 와야 한다.

02 그 사고를 그녀의 탓으로 돌리지 마라. 알았지?
해설 부정/금지 명령문 뒤에는 긍정 부가의문만 붙일 수 있다. 따라서 'will you?', 'would you?', 'can you?'가 가능하다.

03 마음에 들지, 그렇지?
해설 미국식에서는 복잡한 부가의문들 대신에 단순한 부가의문을 쓸 수도 있다. 즉, 모든 문장 끝에 'right?' 또는 'okay?'를 붙이는 방법이다.

04 그는 그 문제를 해결하는 데에 그의 노력을 집중할 것이다. 그렇지?
해설 조동사가 쓰인 경우 조동사를 이용해서 부가의문을 만든다. 여기서는 조동사 will이 쓰였으므로 부가의문에 won't을 써야 한다.

4 Answer Keys

01 He will never forget the day when he first met you, won't you?
02 You didn't know how long she had been sitting there, did you?
03 Don't get him talking about politics, will you?

SECTION 35. 구두법

1 Answer Keys

01 ~ since I met you.
02 ~ to drink?
03 ~ sports, especially swimming.
04 Picasso, the painter, lived
05 To sum up,
06 I, however, did
07 It's good,
08 When you called,
09 ~ promoted.
10 ~ way, please?
11 He said,
12 "If I were a millionaire,
13 Coming up the stairs, ~
14 Yes, he is.
15 ~ despair, too.

01 나는 너를 만난 이래로 너를 사랑해왔다.
해설 문장을 끝마칠 때는 반드시 마침표(.)를 찍어야 한다.
02 나에게 마실 것을 갖다 줄래요?
해설 의문문의 끝에는 물음표(?)를 반드시 찍어야 한다.
03 그녀는 모든 스포츠, 특히 수영을 좋아한다.
해설 sports중에 특별히 하나를 언급할 때 comma(,)를 찍고 진술한다.
04 그 유명한 화가, 피카소가 여기에서 상당기간 살았다.
해설 주어 Picasso를 설명해주는 내용이 문장 중간에 삽입될 때 comma를 그 삽입구문 앞뒤에 찍는다.

05 요약하자면 그는 행운아다.
해설 To sum up은 '요약하자면'이라는 뜻의 관점부사로 이러한 부사는 일반적으로 문장의 맨 앞에 놓이며 그 뒤에 comma를 찍는다.
06 그러나 나는 그것을 좋아하지 않았다.
해설 정상 어순을 방해하는 단어의 앞뒤에 comma를 찍는다. 여기서는 부사 however의 앞뒤에 comma를 찍어야 한다. 이는 however가 주어+동사의 어순을 방해했기 때문이다.
07 그것은 좋다. 그러나 개선될 수 있다.
해설 and yet은 '그러나'라는 뜻의 등위 접속사로 두절을 연결해주는 역할을 한다. 이 두절을 연결하는 등위 접속사 앞에는 comma를 찍어야 한다.
08 네가 전화했을 때 나는 샤워 중이었다.
해설 부사절+주절이면 두 절 사이에 comma를 찍는 반면 주절+부사절이면 두 절 사이에 comma를 찍지 않는다.
09 그는 진급된 후에 그 집을 샀다.
해설 주절+부사절이면 두 절 사이에 comma를 찍지 않으므로 부사절 접속사 after 앞에는 comma를 찍지 않는다. 문장을 마칠 때에는 반드시 마침표(.)를 찍어야 한다.
10 이쪽으로 오시겠습니까?
해설 please는 '제발'이라는 뜻의 부사로 문장 끝에 놓을 수 있으며 이 때 please 앞에 comma를 찍는다.
11 그는 "나는 Ann과 Angela를 기다리고 있다"라고 말했다.
해설 따옴표는 다른 사람의 말을 직접 옮길 때 쓴다. 인용할 때는 보고동사(said) 뒤에 comma 를 찍는다. 마침표는 뒤쪽 따옴표의 앞에 놓는다.
12 그녀는 "내가 만약 백만장자라면 세계일주를 할 텐데"라고 말했다.
해설 조건절+주절이면 두 절 사이에 comma를 찍는다.
13 그녀는 계단을 올라오다가 넘어져서 오른 쪽 팔을 다쳤다.
해설 단순형 현재분사가 이끄는 분사구+주절은 분사구 뒤에 comma를 찍는다.
14 그렇습니다. 그는 정말 좋은 선생님입니다.
해설 short answer를 만들 때 Yes/No 뒤에는 comma(,)를 주어+동사 축약형 뒤에는 period(.)를 찍는다.
15 나는 절망도 경험한 적이 있다.
해설 too는 '~도'라는 뜻으로 too를 문장 끝에 놓으면 그 앞에 comma를 찍는다.

2 Answer Keys

01 Britain France → Britain, France
02 graceful aquatic → graceful, aquatic
03 father however didn't → father, however, didn't
04 one she → one; she
05 car She → car: She ~
06 countries. → countries:
07 Monday at least → Monday - at least
08 Italy, Greece → Italy and Greece

01 나는 영국, 프랑스, 독일을 방문했다.
해설 comma는 세 개의 단어/구를 연결할 때 첫째와 둘째 사이에 놓고 and는 둘째와 셋째 사이에 놓는다.

02 그것은 우아하고 물에 사는 새이다.
해설 흔히 쓰지 않는 한정형 형용사들 사이에 comma를 쓸 수 있다. Comma가 없으면 graceful 이 aquatic을 수식하는 부사로 착각할 수 있다.

03 그러나 내 아버지는 거기에 가시지 않았다.
해설 정상 어순을 방해하는 단어의 앞뒤에 comma를 찍는다. 여기서는 부사 however의 앞뒤에 comma를 찍어야 한다. 이는 however가 주어+동사의 어순을 방해했기 때문이다.

04 나는 이것을 좋아한다. 그러나 그녀는 저것을 좋아한다.
해설 두 문장의 관계가 분명한 경우 and/but 대신에 semi-colon(;)을 쓴다. semi-colon(;)은 위쪽은 마침표이고 아래쪽은 쉼표로 구성되어 있다.

05 그녀는 그 차를 사지 않기로 결정했다. 그녀는 그것이 너무 비싸다고 생각했기 때문이다.
해설 colon(:) 뒤의 문장은 앞의 문장의 이유가 된다. 이유 접속사를 써서 종속절을 만드는 것과 비교하면 간결해서 좋다.

06 우리는 다음과 같은 국가들을 방문했다: 영국, 프랑스, 이태리, 그리스, 터키, 이집트.
해설 colon은 여러 가지를 나열할 때 많이 쓴다. 여기서는 countries 뒤에 colon을 쓰고 여러 국가들을 나열할 수 있다. countries 다음에 문장이 끝난 것이 아니므로 마침표를 쓸 수 없다.

07 우리는 월요일에 도착할 것이다. 최소한 나는 그렇게 생각한다.
해설 dash(-)는 회화나 informal writing에서 afterthought를 추가할 때 쓴다. Afterthought는 '문장을 시작한 후에 갑자기 생각이 나서 보태는 것'이다.

08 나는 프랑스, 독일, 이태리, 그리스를 방문했다.
해설 comma는 네 개의 단어/구를 연결할 때 첫째와 둘째 사이에, 둘째와 셋째 사이에 놓고 and는 셋째와 넷째 사이에 놓는다.

3 Answer Keys

01 (b)　**02** (a)　**03** (b)　**04** (d)　**05** (c)　**06** (b)　**07** (d)

01 일반적으로 미국에서 책은 대단히 비싸다.
해설 Generally speaking은 '일반적으로'라는 뜻의 관점 부사로 이러한 부사는 일반적으로 문장의 맨 앞에 놓이며 그 뒤에 comma를 찍는다.

02 생존을 위해서 중요한 물이 아프리카에서 희소해져 가고 있다.
해설 축약된 관계절을 강조하기 위해서 주어 앞에 놓을 수 있으며 이 경우에는 축약된 관계절 끝에 comma를 찍는다.

03 "이것이 대통령의 저택입니까?" 라고 그 낯선 사람이 물었다.
해설 의문문을 마칠 때는 반드시 물음표(?)를 찍어야 한다.

04 내 지갑 어디 있는지 모르지요. 그렇지요?
해설 부가의문을 마칠 때는 반드시 물음표(?)를 찍어야 한다.

05 남미에는 많은 열대 식물, 동물, 아름다운 해변들이 있다.
해설 comma는 세 개의 단어/구를 연결할 때 첫째와 둘째 사이에 놓고 and는 둘째와 셋째 사이에 놓는다.

06 나는 이미 그 영화를 보았기 때문에 그 책을 읽고 싶지 않다.
해설 완료형 현재분사가 이끄는 분사구+주절은 분사구 뒤에 comma를 찍는다.

07 오늘 아침 나의 아버지는 "어젯밤에 잠을 충분히 잤니?" 라고 물었다.
해설 의문문을 마칠 때는 반드시 물음표(?)를 찍어야 한다.

4 Answer Keys

01 We decided not to go on vacation: We had too little money.

02 She won the best actress award for her role in "Secret Sunshine."

03 She said, "His last words were 'Glory to God'."

04 A textbook can be a "wall" between teacher and class.